**DIY!** 프리미엄 테마로 만드는 쇼핑몰/웹사이트
# 워드프레스 쇼핑몰

## DIY! 프리미엄 테마로 만드는 쇼핑몰 / 웹사이트
## 워드프레스 쇼핑몰

**지은이** 김덕기
**펴낸이** 박찬규  **엮은이** 윤가희  **디자인** 북누리  **표지디자인** 아로와 & 아로와나

**펴낸곳** 위키북스  **전화** 031-955-3658, 3659  **팩스** 031-955-3660
**주소** 경기도 파주시 문발로 115 세종출판벤처타운 311호

**가격** 35,000  **페이지** 492  **책규격** 188 x 240mm

**초판 발행** 2014년 04월 10일
ISBN 978-89-98139-52-0 (13000)

**등록번호** 제406-2006-000036호  **등록일자** 2006년 05월 19일
**홈페이지** wikibook.co.kr  **전자우편** wikibook@wikibook.co.kr

DIY! Online Shopping Mall with WordPress
Copyright © 2014 by 김덕기
All rights reserved.
First published in Korea in 2014 by WIKIBOOKS

이 책의 한국어판 저작권은 저작권자와의 독점 계약으로 위키북스가 소유합니다.
신 저작권법에 의해 한국 내에서 보호를 받는 저작물이므로 무단 전재와 복제를 금합니다.
이 책의 내용에 대한 추가 지원과 문의는 위키북스 출판사 홈페이지 wikibook.co.kr이나
이메일 wikibook@wikibook.co.kr을 이용해 주세요.

이 도서의 국립중앙도서관 출판시도서목록 CIP는
서지정보유통지원시스템 홈페이지(http://seoji.nl.go.kr)와
국가자료공동목록시스템(http://www.nl.go.kr/kolisnet)에서 이용하실 수 있습니다.
CIP제어번호 2014010473

# DIY! 워드프레스 쇼핑몰

프리미엄 테마로 만드는 쇼핑몰/웹사이트

위키북스

# 서·문

지난해 "워드프레스 쇼핑몰 만들기" 책을 출간하고 나서 많은 분께서 관심을 가져주셨습니다. 그중에는 워드프레스를 처음 접하는 분도 많이 있어서 질문을 받는데 난감한 적이 많았습니다. 책의 기획 의도는 워드프레스를 사용해본 웹디자이너나 개발자를 대상으로 무료 테마를 사용해 커스터마이징 하는 방법을 설명하고 여러 가지 기능을 추가하고 사용법을 소개하는 것이라서 초보자가 보기에는 아주 어려운 책이었습니다.

워드프레스를 처음 접할 뿐만 아니라 코드를 처음 작성해보는 분도 있어서 쇼핑몰을 만들려는 분의 열정이 참으로 대단하다는 느낌을 받았습니다. 그래서 출간한지 한 달 후 모든 계획을 제쳐놓고 더 쉬운 방법으로 워드프레스 쇼핑몰을 만드는 방법을 기획하게 됐습니다.

쉬운 방법이란 이미 쇼핑몰용으로 디자인된 워드프레스 프리미엄 테마를 이용하는 것이었습니다. 프리미엄 테마는 이미 디자인이 완성돼있을 뿐만 아니라 쇼핑몰에서 사용하는 다양한 기능이 갖춰져 있어서 추가로 플러그인을 설치하지 않아도 되며 무엇보다 디자인을 수정하지 않아도 된다는 장점이 있습니다. 다만 어떤 기능을 추가하기 위해 플러그인을 추가할 경우 커스터마이징이 필요하며 코딩을 해야 합니다.

책을 기획하고 나서 가장 우선으로 해야 할 일이 테마의 선택이었습니다. 어떤 기능이 포함돼있는지 초보자가 사용하기 쉬운 것인지 번역은 잘 되는지 여러 가지 조건을 고려해 7개 정도의 테마를 구매해 사용해보고 Legenda 테마를 선택했습니다. 사용해보니 쇼핑몰에 사용할 기능이 아주 많이 갖춰져 있었고 페이지나 슬라이더를 만들 수 있는 프리미엄 플러그인도 번들로 포함돼 있었습니다.

Legenda 테마의 많은 장점이 있는 가운데 단점이 있다면 인터넷 익스플로러 8 이하 버전을 지원하지 않는다는 것이었고 번역이 제대로 되지 않았습니다. 다행히 사이트 전면에서 필요한 부분은 번역이 제대로 적용됐으며 관리자 화면의 테마 설정 부분은 설명으로 해결할 수 있습니다. 또한, 인터넷 익스플로러 지원 부분은 마이크로소프트가 XP의 지원을 중단함에 따라 이 운영체제에서 작동하는 IE8의 사용이 많이 줄어들 것이므로 큰 문제는 되지 않을 것입니다.

필자는 테마를 선택할 때 가장 최근에 출시한 것 보다는 출시한 지 몇 개월 지난 테마 중 인기 있는 테마를 대상으로 선택합니다. 출시한지 오래된 테마는 기능성 면에서 좋을지라도 추가 기능의 업데이트와 같은 확장성 면에서 떨어질 것이고, 최근에 출시한 테마는 버그가 많기 때문입니다.

## 서문

우선 출시하고 나서 버그 리포트가 들어오면 수정하고 업데이트하는 과정이 반복됩니다. 대부분 테마나 플러그인의 개발이 그렇습니다. 개발자가 다양한 상황을 테스트해볼 수 없기 때문이죠. 그래서 몇 개월은 지나야 안정적인 프로그램이 됩니다.

이 책에서는 워드프레스 쇼핑몰 플러그인 중 세계적으로 가장 인기 있는 우커머스를 사용해 쇼핑몰을 만듭니다. 이 플러그인은 출시된 지 3년밖에 안 됐지만 그 이전에 인기리에 사용됐던 WP e-Commerce보다 사용자가 급증하고 있습니다. 지난해 10월보다 1백만이 넘는 다운로드 회수를 기록하고 있는 인기 있는 플러그인입니다.

우커머스의 인기는 세계 최대의 테마 판매 사이트인 씸포레스트(Theme Forest)의 이커머스 전용 테마를 보면 알 수 있습니다. 9년 동안 존재했던 WP e-Commerce는 10여 개에 불과하지만 우커머스 전용 테마는 180개를 넘으며 계속 추가되고 있습니다. 어떤 테마는 소장하고 싶을 정도로 기능도 좋고 디자인이 아주 훌륭합니다.

워드프레스 쇼핑몰 만들기에서 가장 문제가 되는 것이 결제 플러그인이었는데 최근 들어 국내에서 우커머스용 결제 플러그인이 다수 개발돼 출시되고 있습니다. 유료는 물론 무료 플러그인까지 나오고 있고 결제 회사(PG사)도 다양해졌습니다. 작년에 책을 출간할 때만 해도 엘지 유플러스와 페이게이트용 플러그인만 있었는데 이제는 이니시스와 KCP 결제 플러그인도 출시됐습니다.

현재 사용할 수 있는 플러그인 중에서는 우커머스 2.1 버전을 지원하는 플러그인으로는 코드엠샵과 엑심베이의 플러그인이 있고 플래닛에잇에서는 현재 개발 중으로 책이 나올 시기에 출시될 것으로 봅니다. 코드엠샵에서 개발한 플러그인은 무료이며 KG 이니시스 용으로 가맹해야만 사용할 수 있기 때문에 테스트해볼 수는 없었습니다.

우커머스 2.0 버전을 지원하는 플러그인으로는 플래닛에잇에서 개발한 두 종류로 페이게이트, LG U+용이 있으며 아진 시스템의 KCP용과 스튜디오 제이티에서 개발한 페이게이트용이 있습니다. 플러그인은 유료와 무료가 있는데 무료 플러그인은 설치나 사용 시 문제가 발생하면 자체적으로 해결해야 하지만 유료 플러그인은 지원서비스와 업데이트도 가능합니다.

# 이·책·의·구·성

### 1장 _ 워드프레스 쇼핑몰 만들기

대부분 프리미엄 테마는 데모 데이터를 제공합니다. 데모 데이터는 테마가 어떤 모양이고 어떤 기능이 있는지 구매자가 미리 보고 구매에 참고할 수 있도록 데모 사이트를 만들어 놓는데 이 사이트에서 사용된 모든 콘텐츠를 그대로 만들 수 있게 제공하는 파일입니다. 워드프레스 가져오기 기능으로 설치할 수 있지만 상당히 많은 양이라서 여러 번의 설치 과정을 거쳐야만 제대로된 데모 사이트를 만들 수 있습니다. 1장에서는 테마의 선택과 구입 과정을 설명하고 워드프레스와 테마를 설치한 다음 테마에서 제공하는 플러그인과 책을 진행하면서 필요한 플러그인을 설치하고 데모 데이터를 설치해 앞으로 진행할 과정의 기반을 만들어 놓습니다.

### 2장 _ 테마옵션 설정, 우커머스 설정

프리미엄 테마는 상당히 많은 기능이 포함되기 때문에 이들 기능을 제대로 사용하려면 다양한 옵션을 설정해야 합니다. 이 책에서 사용할 테마도 마찬가지라서 여러 가지 설정 방법을 알아보고 상점 플러그인인 우커머스의 설정 방법을 알아봅니다.

### 3장 _ 상점 관리

여러 가지 설정을 마친 다음 본격적인 상점 관리에 필요한 상품 추가하기를 진행합니다. 상품에는 단순상품이 있고 의류와 같은 하나의 상품이지만 사이즈와 색상이 다른 옵션 상품 추가하기, 하나의 상품에 관련된 상품인 그룹 상품 추가하기를 알아봅니다.

### 4장 _ 웹사이트 페이지 만들기

최근에 개발된 테마에는 웹사이트 페이지와 슬라이더를 쉽게 만들 수 있게 공통으로 페이지 빌더와 슬라이더 플러그인이 번들로 포함됩니다. 가장 인기 있는 슬라이더 플러그인인 레볼루션 슬라이더의 사용법을 알아보고 페이지 빌더인 비주얼 컴포우저를 사용해 각종 페이지를 만듭니다.

프리미엄 테마의 가장 큰 장점이 이러한 번들 플러그인의 내장입니다. 단순한 플러그인의 추가가 아니라 테마와 결합해 다양한 콘텐츠를 만들 수 있도록 하고 있습니다. 따라서 상점에 필요한 웹 페이지 뿐만 아니라 일반 웹사이트에서 사용되는 페이지도 만들 수 있으며 Legenda 테마는 쇼핑몰 기능이 상당하면서도 일반 웹사이트도 만들 수 있게 돼있습니다. 4장에서는 페이지 빌더를 이용해 다양한 페이지를 만드는 방법을 알아봅니다.

# 참·고·사·이·트

### Legenda 테마 데모 사이트: http://8theme.com/demo/legenda/

데모 데이터로 제공되지 않는 페이지를 참고할 수 있으며 More 메뉴에서 상당히 많은 단축코드 사용법을 볼 수 있습니다.

### 테마 개발자 사이트: http://support.8theme.com/

테마 커스터마이징이나 문제 발생 시 도움을 요청할 수 있는 사이트입니다. 개발자들이 직접 사이트를 방문에 문제점을 파악하고 해결해주기도 합니다. 프리미엄 테마의 장점이죠.

### 워드프레스 코덱스: http://codex.wordpress.org/

이곳은 워드프레스에서 사용되는 코드나 워드프레스 사용법, 문제 해결 방법 등 워드프레스를 사용하면서 가장 많이 방문하게 되는 곳입니다.

### 우커머스 문서 사이트: http://docs.woothemes.com/documentation/plugins/woocommerce/

이곳은 우커머스에 관한 모든 내용이 있습니다. 각종 코드도 있고 그림이 있는 사용 설명도 있습니다. 이 사이트에서 Support 메뉴는 테마나 플러그인을 구매한 사람만 이용할 수 있으며 질문 답변을 할 수 있는 곳으로 우커머스 전문가가 답변을 해줍니다.

### 구글: https://www.google.com

참고 사이트라고 할 수는 없지만 가장 광범위한 검색을 할 수 있어서 문제 해결에 많은 도움이 됩니다.

### 베누시안 블로그: http://martian36.tistory.com

필자의 블로그입니다. 워드프레스 정보, 포토샵, 웹디자인 정보에 관한 글이 있으며 첨부 파일은 아래의 URL에서 내려받아야 하므로 최소한 한번은 방문해야 하는 곳입니다.

http://martian36.tistory.com/1286

책을 다수 출간하다 보니 게시판의 필요성이 절실하게 됐습니다. 그동안 블로그에서 질문 답변을 해결했는데 검색 기능이 없어서 문의 사항을 쉽게 찾아볼 수 없었죠. 그래서 버디프레스와 비비프레스를 이용해 별도의 포럼 사이트를 만들 예정입니다. 완료되면 제 블로그에 공지하겠습니다.

## 목·차

# 1장
# 워드프레스 쇼핑몰 만들기

**01 _ 워드프레스 쇼핑몰** ··················································································· 18
    워드프레스로 쇼핑몰을 만드는 이유 ············································································· 18
    워드프레스 쇼핑몰 플러그인 ···························································································· 20
    우커머스를 쇼핑몰 플러그인으로 선택한 이유 ························································· 26
    우커머스 테마 ······················································································································· 26
    테마의 선택 ··························································································································· 28
    워드프레스 3.9 버전의 새 기능 ····················································································· 31
    이 책을 진행하는 데 필요한 사항 ················································································· 33

**02 _ 워드프레스 설치** ······················································································ 36
    서버 환경 만들기 ················································································································ 36
    워드프레스 설치 ·················································································································· 42
    워드프레스 설치의 두 가지 방법 ··················································································· 44

**03 _ 워드프레스 관리자 화면** ········································································· 51
    글 만들기 ······························································································································ 52
    편집기 도구모음 ·················································································································· 54
    기타 메뉴 ······························································································································ 65

**04 _ 유료 테마 구입** ······················································································· 66

## 05 _ 테마와 각종 플러그인 설치 — 75
- 워드프레스 관리자 화면에서 설치 — 75
- 테마 폴더를 직접 업로드 — 77
- 자식 테마 만들기 — 77
- 플러그인 설치 — 81
- 언어 파일 설치 — 84
- 플러그인의 기능 — 84

## 06 _ 데모 데이터 설치 — 86
- 새로운 워드프레스 사이트 만들기 — 86
- 테마 데모 데이터 설치 — 91
- 메뉴 만들기 — 97
- 레볼루션 슬라이더 사용 — 107
- 우커머스 데모 데이터 설치하기 — 110

## 07 _ 위젯 사용 — 112
- 위젯 영역 — 112
- 위젯 배치 — 113
- 상점 관련 페이지 설정하기 — 115
- 상점 페이지 둘러보기 — 117

## 2장
## Legenda 테마 설정과 우커머스 설정

**01 _ 테마 옵션 설정** ················································· **126**
　일반 설정(General) ················································· 126
　색상 설정(Color Scheme) ·········································· 128
　폰트 설정(Typography) ············································ 132
　헤더(Header) 설정 ·················································· 134
　푸터(Footer) 설정 ··················································· 137
　상점(Shop) 설정 ···················································· 138
　상품 페이지 레이아웃(Product Page Lauout) 설정 ············ 142
　상세 페이지(Single Product Page) 설정 ······················ 144
　퀵뷰(Quick View) ··················································· 148
　프로모 팝업(Promo Popup) ········································ 148
　블로그 레이아웃(Blog Layout) 설정 ····························· 152
　포트폴리오(Portfolio) 설정 ········································ 156
　컨택트 폼(Contact Form) 설정 ··································· 158
　반응형(Responsive) 설정 ·········································· 160
　데모 데이터 가져오기, 테마옵션 가져오기/내보내기 ········· 161

**02 _ 우커머스 설정** ················································· **163**
　일반 탭 ································································ 163
　상품 탭 ································································ 166
　저장소 ································································ 172
　세금 탭 ································································ 173
　배송 탭 ································································ 179
　결제 탭 ································································ 194

계정 탭 ······································································· 204
이메일 탭 ····································································· 205
결합 탭 ······································································· 213
위시리스트 탭 ······························································· 223

# 3장
# 상점 관리

## 01 _ 상품 추가 ···························································· 228
상품 목록 페이지 ···························································· 228
단순 상품 추가 ······························································· 231
다운로드 가능한 상품 추가 ·············································· 245
옵션 상품 ······································································ 248
그룹 상품 ······································································ 262
외부/연계상품 ································································ 266

## 02 _ 주문 페이지 ·························································· 270
주문 관리 페이지 ···························································· 270
주문 편집 페이지 ···························································· 271

## 03 _ 쿠폰 사용과 보고서 ················································ 276
쿠폰 사용 ······································································ 276

## 04 _ 보고서 ································································· 281

**목·차**

## 4장
## 웹사이트 페이지 만들기

**01 _ 레볼루션 슬라이더 사용** ········································································ 286
　슬라이더 만들기 ······················································································· 286
　　슬라이더 편집 ······················································································· 293
　레이어 슬라이더 사용 ················································································ 296
　이미 만들어진 슬라이더 사용 ······································································· 301
　콘텐츠 슬라이더 만들기 ············································································· 307
　　상품 콘텐츠 슬라이더 만들기 ···································································· 312

**02 _ 페이지 만들기** ···················································································· 315
　비주얼 컴포우저 설정 ················································································ 316
　정적인 블록 ···························································································· 316
　헤더 상단 바 패널 만들기 ··········································································· 317
　추천 추가 ······························································································· 323

**03 _ 푸터 영역 만들기** ··············································································· 327
　상단 푸터 ······························································································· 327
　프리 푸터 ······························································································· 332
　푸터 로고 ······························································································· 333
　정적인 블록 추가 ······················································································ 334
　하단 푸터 만들기 ······················································································ 335

## 04 _ 언어 선택기, 우측 패널 영역 ... 340
- 언어 선택기 영역 사용 ... 340
- 우측 패널 영역 사용 ... 342

## 05 _ 전면 페이지 만들기 ... 344
- 페이지 레이아웃 ... 344
- 배너 추가 ... 345
- 특성 상품 추가 ... 347
- LOOK BOOK 사용 ... 348
- 섹션 사용 ... 350
- 페이지 템플릿 만들기 ... 353

## 06 _ 전면 페이지 2 만들기 ... 355
- 섹션에 비디오 배경 사용 ... 356
- 콜 투 액션 ... 358
- 페이지 상단에 티저 콘텐츠 추가 ... 359
- 아이콘 박스 사용 ... 360
- 세퍼레이터(Separator)와 포트폴리오 사용 ... 363
- 파드니외 고객 섹션 ... 365

## 07 _ 전면 페이지 3 만들기 ... 367
- 가격 테이블 만들기 ... 367
- 티저 그리드(Teaser Grid) 사용 ... 371
- 글 슬라이더 사용 ... 375
- 탭 사용 ... 376

**목·차**

    티저 박스(Teaser box) ················ 378
    블로그 글 ················ 378
    메가 검색박스 ················ 379
    메시지 박스 ················ 380
    비디오 플레이어 ················ 381
    파이 차트 만들기 ················ 382

## 08 _ 이용약관 페이지 만들기 ················ 384

## 09 _ 자주 묻는 질문(FAQ) 페이지 만들기 ················ 388
    FAQ 사용 ················ 388
    컨택트 폼 사용 ················ 389

## 10 _ 카테고리 페이지, 상점 위치 페이지 만들기 ················ 392
    다양한 슬라이더 사용 ················ 392
    상품 카테고리 단축코드 ················ 394
    상점 위치 페이지 만들기 ················ 397

## 11 _ 회원가입 페이지 만들기 ················ 399
    회원가입 페이지 템플릿 ················ 399
    로그인 폼과 회원가입 폼 결합 ················ 402

## 12 _ 일반 웹사이트에서 회원가입 폼 사용 ················ 405
    WP-Members 플러그인 사용 ················ 405
    WP-Members 관련 페이지 만들기 ················ 412

## 13 _ 상세 페이지 콘텐츠 추가 ... 417
상품 정보 옵션 추가 ... 417
프로모션 배너, QR 코드 만들기 ... 427
상세 페이지 하단에 정적인 블록 사용 ... 430
고정된 콘텐츠 추가 ... 431

## 14 _ 공사 중(Under Construction) 페이지 만들기 ... 436
상점 공지 글 활성화 ... 436
메일침프(MailChimp) 사용 ... 437
공사중 페이지 만들기 ... 446
메일침프 뉴스레터 테스트 및 디자인 ... 450
뉴스레터 디자인 및 보내기 ... 456

## 15 _ 채팅 플러그인 사용 ... 466
메시지 입력 ... 466
채팅 온라인 ... 467
일반설정 ... 469
스킨 사용자 정의 ... 470

## 16 _ 게시판 사용 ... 472
KBoard 플러그인 설치 ... 472
게시판 생성 ... 473
게시판 페이지 만들기 ... 476
게시판 최신 글 목록 만들기 ... 479

## 17 _ 워드프레스 이전하기 ... 481

# 1장
## 워드프레스 쇼핑몰 만들기

01 _ 워드프레스 쇼핑몰
02 _ 워드프레스 설치
03 _ 워드프레스 관리자 화면
04 _ 유료 테마 구입
05 _ 테마와 각종 플러그인 설치
06 _ 데모 데이터 설치
07 _ 위젯 사용

1장의 내용을 간추려 보면 다음과 같습니다.

### 1. 워드프레스 쇼핑몰
워드프레스로 쇼핑몰을 만들면 어떤 점이 유리한지 알아보고 우커머스용 테마를 선택하는 방법과 현재 개발 중인 워드프레스 3.9 버전에 대해 알아보겠습니다.

### 2. 워드프레스 설치
워드프레스 설치는 자동 설치와 수동 설치 두 가지 방법이 있으며 웹 호스트에 실제 사이트를 올리기 전에 내 컴퓨터(로컬호스트)에서 서버 환경을 구축하고 워드프레스를 설치하는 방법을 알아봅니다.

### 3. 워드프레스 관리자 화면
워드프레스의 기능을 간략하게 알아보고 글 편집기를 사용하는 방법을 알아본 뒤 샘플 글을 만듭니다.

### 4. 유료 테마 구매와 테마 설치
이 책에서 사용할 테마를 구매하는 방법과 테마 및 테마에서 제공하는 플러그인을 설치하는 방법을 알아봅니다.

### 5. 데모 데이터 설치
대부분 유료 테마는 웹사이트를 쉽게 만들 수 있게 데모 사이트를 제공합니다. 이러한 데모 사이트를 만들기 위해 데모 데이터를 가져오고 각종 메뉴와 슬라이더를 설치합니다.

### 6. 위젯 사용
워드프레스의 콘텐츠는 대부분 플러그인을 이용해 원하는 곳에 배치합니다. 이러한 배치를 쉽게 할 수 있게 도와주는 것이 위젯이며 위젯을 이용해 각종 콘텐츠를 배치해보겠습니다.

# 01 워드프레스 쇼핑몰

## 01 워드프레스로 쇼핑몰을 만드는 이유

워드프레스는 세계적으로 가장 많이 사용하는 콘텐츠 관리 시스템(CMS: Content Management System)입니다. 워드프레스로 만든 웹사이트가 전세계의 모든 사이트 중 21.4%를 차지하고 있습니다. 이는 1년 전(2013년)보다 2% 정도 증가한 수치입니다. 10여 년 전 게시판 프로그램으로 시작한 워드프레스가 이런 성공을 거둘 수 있었던 이유는 강력한 플러그인 시스템과 테마를 도입한 덕분이라고 할 수 있습니다. 막상 설치하고 보면 워드프레스에 그리 대단한 기능이 있는 건 아닙니다. 기능이라고 해봐야 글을 발행하고 페이지를 만드는 것 밖에는 없을 정도로 아주 단순합니다. 하지만 단순하다는 것은 그만큼 어떤 기능을 추가하더라도 수용할 수 있다는 의미이기도 합니다.

### 강력하고 쉬운 플러그인 시스템

워드프레스를 처음 설치하고 나서 아무런 기능이 없다는 느낌을 받는 것은 당연한 일이고, 기능은 원하는 플러그인을 설치하면서 추가할 수 있습니다. 제 블로그에 한 방문자가 "워드프레스에 이런 기능은 없나요?"라고 질문을 해서 "그 기능은 이런 플러그인을 설치하면 됩니다."라고 답변했는데, 다시 어떤 기능에 대한 질문을 해서 "그 기능은 이런 플러그인을 설치하면 됩니다."라고 답변했더니 그 방문자가 "아, 워드프레스는 플러그인을 설치해야 되는 프로그램이군요."라고 결론을 내리면서 마지막 댓글을 달았던 적이 있습니다.

그렇습니다. 워드프레스는 플러그인을 추가하면서 계속해서 새로운 기능을 추가할 수 있게 강력한 코어 시스템 구조를 갖추고 있습니다. PHP 언어를 제대로 배워본 적이 없는 필자가 워드프레스 플러그인을 만듭니다. 이전의 "워드프레스 쇼핑몰 만들기" 책을 내면서도 상품 콘텐츠 슬라이더를 만들고 그것을 위젯으로 만드는 방법을 설명하기 위해 몇 개의 플러그인을 만들었습니다. 또한, 메뉴에 다양한 콘텐츠를 추가할 수 있는 메가 메뉴도 만들었습니다. 메가 메뉴는 대부분 유료 플러그인을 설치해야만 사용할 수 있습니다. 일정한 구조를 갖춘 코드에 조립식으로 코드를 추가하면 되더군요. 워드프레스에 있는 기능이 아니더라도 추가하고 싶은 기능이 있다면 플러그인을 찾아서 설치하면 되고, 없다면 생각하고 연구하여 추가할 수 있는 것이 플러그인입니다.

## 자유로운 테마 변경

워드프레스가 계속 인기를 얻을 수 있는 또 한 가지 이유는 바로 테마를 자유롭게 변경할 수 있기 때문입니다. 테마를 변경하는 방법에는 새로운 테마로 교체하는 방법과 설치한 테마의 일부를 다른 디자인으로 수정하는 방법이 있습니다. 테마를 교체하는 일은 누구나 할 수 있지만, 테마를 수정하는 일은 CSS를 알아야만 할 수 있습니다. 워드프레스가 인기를 누리면서 수많은 무료 테마가 만들어지고 있습니다. 개인이 만든 테마도 있고 유료 테마에서 일부 기능을 제외하고 유료 테마를 홍보하기 위해 만든 무료 테마도 많아서 이런 테마를 이용하면 유료 테마에 가깝게 만들 수도 있습니다.

유료 테마는 프리미엄 지원이 가능하다고 해서 프리미엄 테마라고 말합니다. 프리미엄 지원은 평생 업데이트 할 수 있고 테마에 대한 문세가 있거나 커스터마이징(사용자 정의)이 안될 경우 테마 사이트에 의뢰하면 운영자가 직접 사이트를 방문해서 수정해주기도 합니다.

## 수많은 기여자들

좋은 프로그램은 기여자가 많습니다. 어떤 대가를 원하지 않고 오픈소스를 개발하기 위해 모인 개발자들이 프로그램의 개선과 발전을 위해 기여하고 있습니다. 워드프레스의 업데이트 주기는 평균 6개월입니다. 매번 업데이트될 때마다 새로운 기능이 추가되며, 새로운 버전을 내놓을 때마다 보안용(Maintenance and Security Release) 버전을 이어서 내놓습니다. 책을 쓰고 있는 현재 3.9 버전이 개발되고 있고 새로운 기능을 추가하기 위해 노력하고 있습니다. 이러한 주기적인 업데이트는 모두 기여자들의 노력 덕분입니다.

## 02 워드프레스 쇼핑몰 플러그인

워드프레스에 플러그인을 추가하는 방식으로 얼마든지 원하는 사이트를 만들 수 있는데, 그 중에서도 가장 핵심적인 추가 기능은 쇼핑몰입니다. 워드프레스가 존재의 가치를 더욱 높일 수 있는 것이 바로 쇼핑몰 플러그인입니다. 쇼핑몰 플러그인은 워드프레스보다 용량도 크고 더 복잡하다고 할 수 있습니다. 그런데도 워드프레스는 이를 수용할 수 있습니다.

인터넷 쇼핑몰을 개발하는 데는 보통 수개월이 걸리고 비용도 일반 다른 웹사이트보다 더 많이 듭니다. 하지만 이제는 워드프레스에 쇼핑몰 플러그인 하나만 추가하면 간단하게 인터넷 쇼핑몰을 만들 수 있습니다. 워드프레스 쇼핑몰 플러그인은 단순히 메인 프로그램에 기능만을 추가하는 것으로 볼 수도 있겠지만 상품구매, 재고관리, 주문관리, 배송관리, 세금, 이메일, 결제연동 등 상품 구매와 관련된 다양하고 종합적인 과정이 체계적으로 처리돼야 하므로 단순한 기능의 추가가 아닙니다. 오히려 기본 프로그램인 워드프레스보다도 복잡하다고도 할 수 있습니다. 하지만 사용자는 방법만 알면 손쉽게 쇼핑몰을 만들 수 있습니다.

워드프레스 쇼핑몰 플러그인 가운데 우커머스(WooCommerce)는 비교적 최근에 개발된 프로그램입니다. 이 프로그램은 지고샵(Jigoshop)이라는 같은 쇼핑몰 플러그인에서 포크(Fork)된 플러그인입니다. 오픈소스 프로그램의 장점은 어떤 프로그램이 만들어지면 개발자가 소스를 공개하고 다른 개발자가 이를 발전시킬 수 있다는 것입니다. 워드프레스도 이런 오픈소스 프로젝트로 시작됐죠. 최초의 프로그램에서 다른 프로그램으로 발전시키는 것을 포크(Fork)라고 합니다. 우리나라에서는 이런 개념이 활성화돼 있지 않아 간단하게 표현할 만한 단어가 없습니다만 분기(分岐)라고 하는 것이 적당할 듯합니다.

워드프레스 쇼핑몰 플러그인은 아주 다양한데, 그 중에서 많이 사용되는 플러그인을 알아보면 다음과 같습니다.

## WP e-Commerce

우커머스를 사용하기 전에 가장 많이 사용하던 플러그인입니다. 2005년에 출시됐으며, 2014년 3월 현재 3.8.13.8 버전까지 나와 있고 다운로드 횟수는 2,719,000에 달합니다. 템플릿 파일을 테마 파일에 포함시켜 디자인을 변경할 수 있으며 쇼핑몰로서 완벽하게 작동하게 하려면 프로 버전과 몇 가지 플러그인을 구매해야 하며(200달러 소요) 한 개의 사이트만 운영할 수 있습니다.

- 공식 홈페이지: http://getshopped.org/

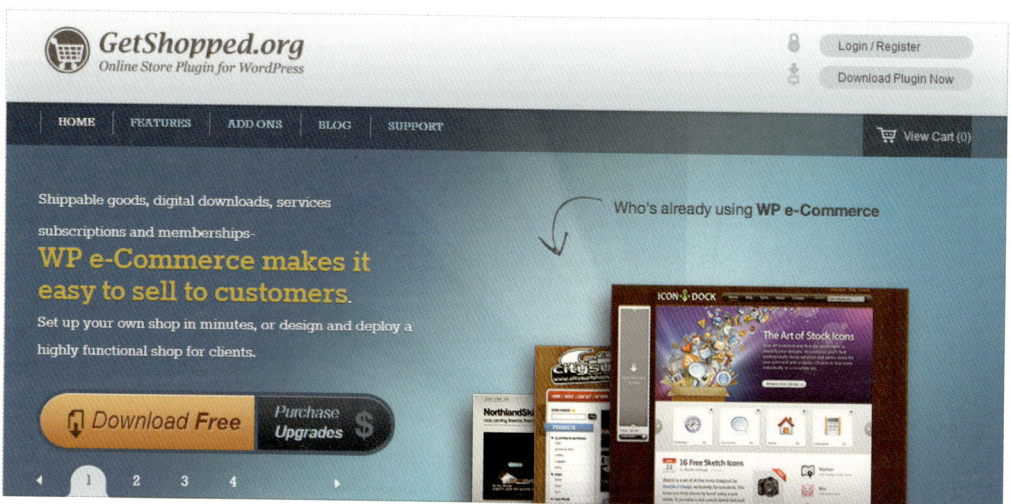

그림 1-1 WP e-Commerce 홈페이지

## 지고샵(Jigoshop)

우커머스의 개발자인 마이크 졸리(Mike Jolley)와 제이 코스터(Jay Koster)가 지고샵 플러그인의 개발사인 지고와트(Jigowatt)를 위해 처음 개발한 플러그인입니다. 2011년에 출시됐고 다운로드 횟수는 313,000입니다. 단순 상품, 다운로드 상품, 옵션 상품, 그룹 상품 등 다양한 형태의 상품을 취급할 수 있습니다.

- 공식 홈페이지: http://jigoshop.com/

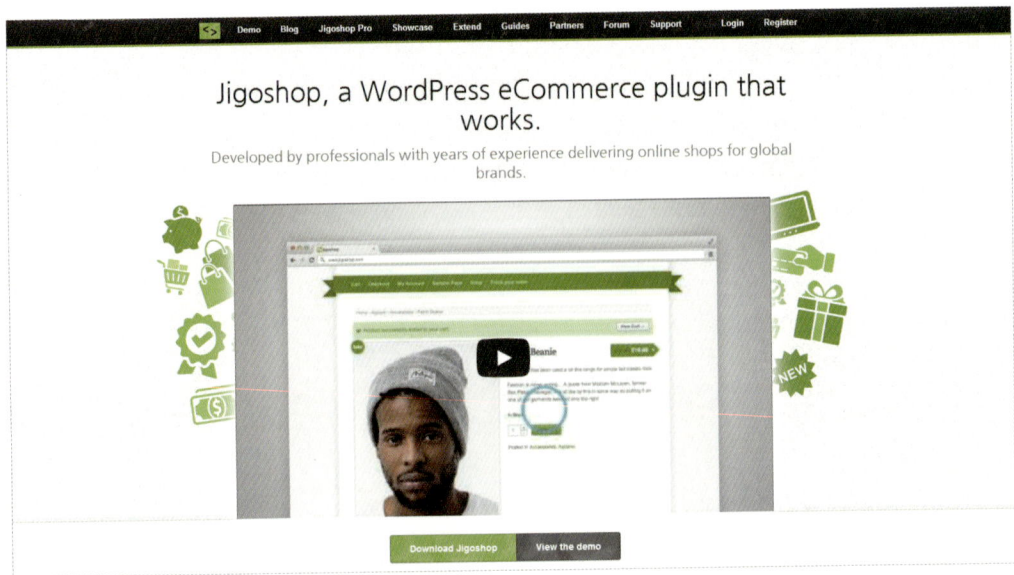

그림 1-2 지고샵 홈페이지

## 우커머스(WooCommerce)

지고샵과 거의 동시에 발표된 플러그인으로, 다운로드 횟수는 2,480,000입니다. 2013년 10월 처음 '워드프레스 쇼핑몰 만들기' 책을 출간할 때보다 백만 건이 늘었습니다. 이런 사용량의 증가는 그만큼 인기를 증명하는 것이겠죠.

우커머스의 탄생에는 우여곡절이 많았습니다. 테마 제작사인 우씸(WooThemes)은 이전부터 워드프레스 쇼핑몰 플러그인 개발에 관심을 두고 있었으나 여의치 않았습니다. 그래서 지고샵의 저작권 매입을 추진하고자 개발사인 지고와트에 구매의사를 전달했으나 그동안의 개발 비용에 비해 저평가된 금액을 제시해서 거절됐습니다. 이후 공동 개발을 제안했고 지고샵은 오픈소스 그대로 두고 우씸의 주도로 지고샵 기반의 새로운 플러그인 개발을 원했습니다. 하지만 이 또한 거절됐죠. 그래서 우씸은 GPL 오픈소스인 지고샵을 포크로 개발을 추진했습니다. 또한 지고샵의 개발자 두 명을 스카우트했습니다. 여기서 우씸은 비난을 받게 됩니다. 명성 있는 우씸이 신생업체의 프로그램을 가로챘다는 것이죠. 거기에 더해 개발자까지 빼갔으니 그동안 지고샵을 사용했던 사용자들은 모두 우씸을 비난했습니다.

사실 오픈소스인 프로그램을 포크해서 새로운 프로그램을 만드는 데는 아무런 문제가 없습니다. 라이선스에 이전 프로그램의 이름을 명기하고 새로운 프로그램의 이름을 만들면 되는 것이죠. 개발자를 스카우트한 것도 그들의 자유의사에 의해 선택한 것이니 비난할 만한 일은 아닙니다. 문제는 이제 막 시작한 프로젝트를 중간에 끼어들어 개발자까지 가로챘다는 데 있습니다. 일반적으로 포크란 개발이 중지된, 더는 활동하지 않는 프로젝트를 새롭게 만드는 데 주로 사용합니다.

이러한 우여곡절 끝에 3년 전 우씸에서는 개발부서인 우랩(WooLabs)을 신설하고 우커머스의 개발을 발표합니다. 지고샵을 기반으로 새로운 세부적인 기능을 추가하고 계속 업그레이드를 추진한 결과 현재 2.1 버전까지 출시됐습니다.

지고샵 사용자들의 비난에도 우커머스의 편리한 사용성과 소스코드를 수정 및 사용법의 공개로 우커머스의 사용자는 늘어났고 다양한 관련 플러그인들이 개발됐습니다. 그 인기는 우커머스 프리미엄 테마의 수를 보면 알 수 있습니다. 테마 판매사인 씸포레스트의 워드프레스 쇼핑몰 전용테마의 수를 보면 우커머스보다 8년이나 먼저 시장에 나온 WP e-Commerce는 10여 개에 불과하지만 우커머스 전용 테마는 180개가 넘습니다. 반드시 전용 테마를 사용해야만 쇼핑몰을 만들 수 있는 건 아니지만 디자인을 추가하지 않고도 바로 사용할 수 있는 테마가 많이 개발됐다는 것은 그만큼 사용자가 폭발적으로 증가했다는 의미가 됩니다.

우커머스와 지고샵을 비교해보면 전반적으로는 별 차이가 없지만 세부적인 부분에서는 상당한 차이가 있습니다. 이를테면, 지고샵의 기본 코드에 더해 편리성을 강조하고 보고서 기능이 대폭 추가됐습니다. 아울러 지고샵은 별도의 대시보드가 있지만 우커머스는 대시보드를 워드프레스 대시보드에 포함시켜 사용합니다.

- 공식 홈페이지: http://www.woothemes.com/woocommerce/

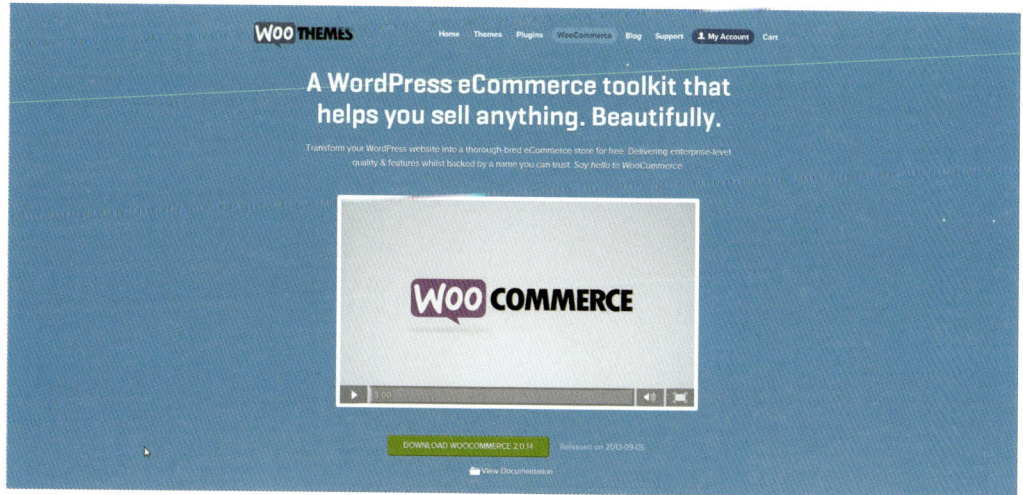

그림 1-3 우커머스 홈페이지

## 이지 디지털 다운로드(Easy Digital Downloads)

2012년에 개발된 디지털 상품 전용 쇼핑몰 플러그인으로 다운로드 횟수는 251,000입니다. 단순상품과 옵션상품을 지원하며, 이름에서 알 수 있듯이 간단하고 유연한 구조로 돼 있어서 확장성이 아주 좋습니다. 다른 플러그인에서도 디지털 상품을 지원하지만 디지털 상품 전용 쇼핑몰이라면 가벼운 프로그램을 사용하는 것이 좋겠죠.

- 공식 홈페이지: https://easydigitaldownloads.com/

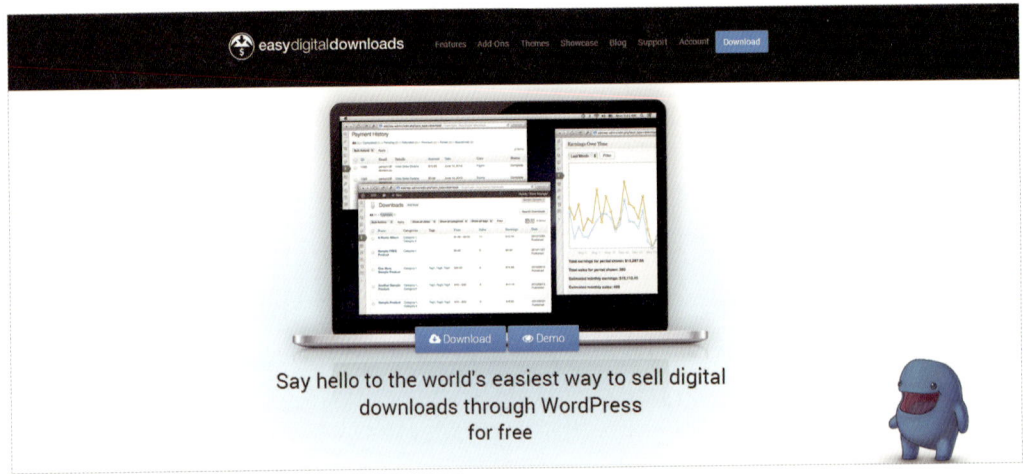

그림 1-4 이지 디지털 다운로드 홈페이지

## 독립 쇼핑몰 프로그램

워드프레스와 비교하자면 CMS에 쇼핑몰 플러그인과 테마까지 포함한 프로그램이라고 할 수 있습니다. 수십 종류의 전용 쇼핑몰 프로그램이 있으며 유명한 프로그램으로는 마젠토(Magento), 오픈카트(Opencart), 프레스타샵(Prestashop) 등이 있습니다. 이 가운데 가장 많이 사용되는 프로그램은 마젠토와 오픈카트입니다. 어떤 프로그램인지 알아보기 위해 실험적으로 사용해보기도 하고 오픈카트는 직접 디자인도 해봤는데 간단하면서도 체계적으로 잘 정리된 프로그램들입니다. 인기가 있는 것은 그만큼 잘 만들어졌다는 의미죠.

- 공식 홈페이지: http://www.magentocommerce.com/

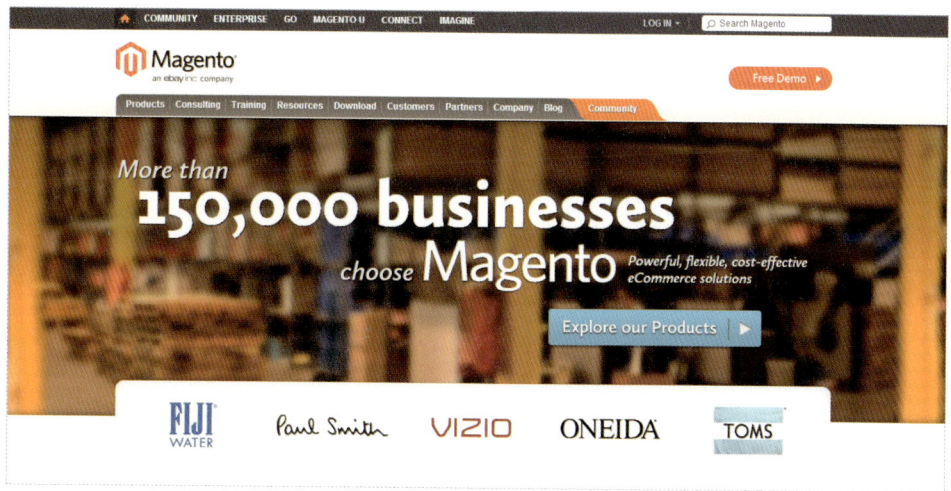

그림 1-5 마젠토 홈페이지

- 공식 홈페이지: http://www.opencart.com/

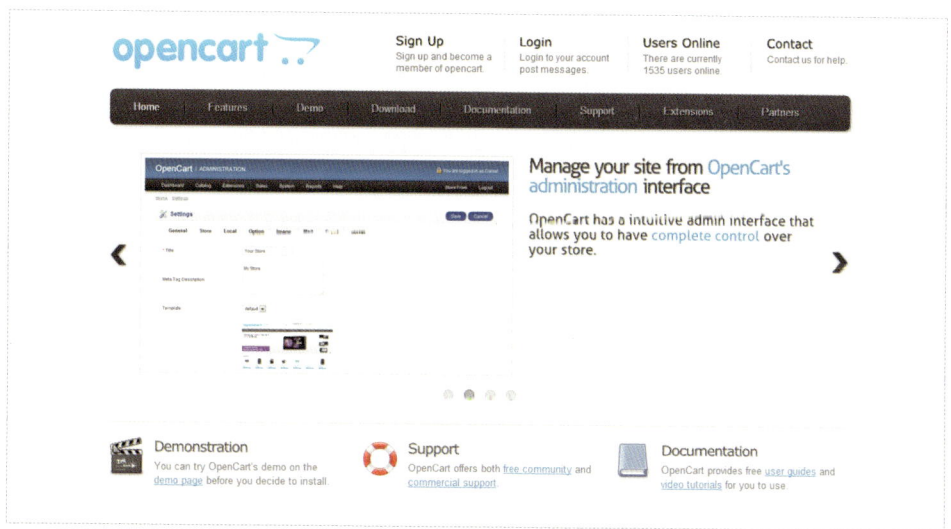

그림 1-6 오픈카트 홈페이지

## 03 우커머스를 쇼핑몰 플러그인으로 선택한 이유

2년전 워드프레스 책을 출간하고 나서 다음 책을 구상했는데, 워드프레스를 이용해 확장할 수 있는 사이트 가운데 가장 적절한 것이 쇼핑몰이었습니다. 쇼핑몰이야말로 웹사이트의 모든 기능이 들어 있다고 할 정도로 많은 기능을 제공하기 때문입니다. 그래서 몇 가지 워드프레스 쇼핑몰 플러그인을 한글화하는 작업을 했는데, 가장 먼저 한 것이 WP E-Commerce였습니다. 그다음으로 번역한 것이 우리나라에서 어느 정도 알려진 지고샵(Jigoshop)이었습니다. 두 개의 플러그인을 번역하면서 비교해보니 WP E-Commerce보다는 지고샵이 우리나라 실정에 맞는 플러그인이라고 생각됐습니다. 지고샵과 관련해서 검색하던 중 우커머스를 알게 됐는데, 이거다! 싶을 정도로 기능도 많고 체계적이었으며 국내 환경에 어울리는 플러그인이라는 생각이 들었습니다. 더구나 익히 알고 있던 테마 개발사(Woothemes)에서 개발한 플러그인이라서 쇼핑몰 테마에 맞게 잘 만들어졌다고 생각했습니다.

## 04 우커머스 테마

우커머스의 인기에 힘입어 각종 사이트에 우커머스 관련 자료도 많아지고 사용자도 계속 늘어나 최대의 테마 판매사인 썸포레스트에는 우커머스 전용 테마가 압도적으로 많습니다. 이 글을 쓰고 있는 현재 우커머스 전용 테마는 182개이고, WP E-Commerce용은 16개에 불과합니다. 워드프레스로 쇼핑몰을 만들기 위해 전용 테마만 사용할 수 있는 것은 아닙니다. 모든 테마를 쇼핑몰에 사용할 수 있죠. 전용 테마란 플러그인에 최적화된 기능이 추가로 구성된 것에 불과합니다. 플러그인마다 코드가 다르니 각 플러그인에 특화된 기능이 추가되는 것입니다.

이러한 전용 테마는 일반 테마에 비해 가격이 비쌉니다. 하지만 추가된 플러그인을 감안하면 오히려 저렴한 편입니다. 예를 들면, 요즘 많이 사용하는 레볼루션 슬라이더(Revolution slider) 플러그인은 플래시 프로그램으로 만든 것처럼 애니메이션이 아주 자유롭게 작동합니다. 처음 봤을 때는 플래시가 부활했나 착각할 정도였죠. 이런 추가 플러그인의 가격만 해도 15달러인데, 추가된 플러그인이 세 개이면 일반 테마보다 저렴한 셈입니다. 더구나 쇼핑몰용 디자인이라서 품질도 아주 우수하고 기능도 많아서 초기 화면만 여러 가지 샘플을 보여주기도 합니다.

그림 1-7 프리미엄 테마의 슬라이더

위 그림은 8theme이라는 테마 제작사에서 만든 Legenda라는 우커머스 테마의 홈 페이지 화면으로 레볼루션 슬라이더(Revolution slider)로 만든 슬라이더가 있습니다. 글자와 이미지 등 모든 요소가 애니메이션과 함께 나타납니다. 또한 페이지를 쉽게 만들 수 있는 비주얼 컴포우저와 실시간 채팅을 할 수 있는 채팅 플러그인도 포함돼있으며, 이들 플러그인의 가격만해도 65달러에 달합니다. 그런데 이 테마는 55달러에 판매되고 있습니다. 이렇게 저렴한 가격에 구매할 수 있는 이유는 개발자가 플러그인의 확장 버전을 구매하면 테마 개발에 사용할 수 있기 때문입니다. 비주얼 컴포우저의 경우 150달러만 지불하면 테마에 포함시킬 수 있습니다. 그러므로 번들 플러그인에 대한 지원은 플러그인 개발자에게 의뢰할 수 없습니다.

위 테마는 이 책에서 사용할 테마로 세계적으로 유명한 쇼핑몰 프로그램인 마젠토의 데마를 제삭하넌 회사에서 만든 테마라서 쇼핑몰에 필요한 다양한 기능이 포함돼 있습니다. 예를 들면, 위에서 언급한 플러그인 기능 외에 유료로 구매해야 하는 퀵뷰(Quick View)와 메가메뉴, 메가 검색 기능, 등이 포함돼있습니다. 사용해볼수록 좋은 테마더군요. 버전이 업데이트 되면서 새로운 기능이 계속 추가되고 있습니다.

# 05 테마의 선택

우커머스로 쇼핑몰을 만들면 어떤 테마든 사용할 수 있습니다. 우커머스를 지원하지 않는 테마도 몇 가지만 수정하면 바로 사용할 수 있고 워드프레스 기본 테마의 경우 이런 작업을 하지 않아도 우커머스 플러그인을 설치하는 것만으로 바로 사용할 수 있는 테마도 있습니다(Twenty Twelve). 우커머스의 인기로 유료 테마와 무료 테마가 아주 많이 등장하고 있으며, 최대의 유료 테마 사이트인 씸포레스트에서는 다른 쇼핑몰 플러그인에 비해 우커머스 플러그인의 테마가 압도적으로 많습니다.

## 무료 테마

무료 테마는 디자인이나 기능상으로 유료(프리미엄) 테마에 비해 많이 떨어집니다. 본격적인 쇼핑몰에 쓸 용도로는 우커머스용 무료 테마를 사용하지 않는 편이 좋습니다. 그보다는 일반 무료 테마 가운데 디자인이 괜찮은 테마를 선택한 후 몇 가지를 수정하면 우커머스 플러그인과 같이 사용할 수 있습니다. 어떤 테마든 한번 설치하고 나면 수정할 곳이 많으므로 어차피 수정할 바에는 좋은 테마를 선택하는 것이 좋겠습니다. 이 점은 유료 테마도 마찬가지입니다.

## 유료 테마

yith 테마

디자인이 좋은 테마는 값어치를 충분히 하고도 남습니다. 하지만 기능이 아주 많아서 모든 기능을 이해하려면 시간이 다소 걸립니다. 더구나 도움말이 영어로 돼 있어서 더욱 시간이 걸리죠. 그러나 같은 회사에서 만든 테마는 기능이 거의 비슷해서 한 가지 테마를 이해하고 나면 모든 테마를 손쉽게 사용할 수 있습니다. 가장 추천할 만한 테마 제작사는 yith(Your Inspiration Theme)라는 곳입니다. yith에서는 일반 테마도 만들고 있으며, 유료 버전과 함께 모든 테마에 대해 무료 버전도 제공합니다. 무료 테마를 사용해 쇼핑몰을 만들 경우 이곳에서 제작한 테마를 추천합니다. yith에서는 유료 테마에 사용되는 플러그인도 다양하고 제공하고, 이를 무료로 사용하도록 공개했습니다. 아울러 사용할 만한 플러그인은 한글로도 번역해둔 상태입니다.

- 공식 홈페이지: http://yithemes.com/

그림 1-8 yith 테마 데모 사이트

- 데모 사이트: http://demo.yithemes.com/sistina/

이 회사의 우커머스용 테마는 yith 홈페이지에서는 판매하지 않으므로 썸포레스트에서 구매해야 합니다. 위 링크로 가면 이 회사에서 제작한 테마를 디자인을 변경해가면서 살펴볼 수 있습니다. 상단의 바에서 총 7개의 테마를 선택할 수 있고 좌측의 버튼을 클릭해 색상이나 레이아웃을 변경해볼 수 있습니다.

이 회사에서 만든 테마의 디자인이나 기능성 면에서 아주 좋지만 페이지를 쉽게 만드는 기능이 없어서 일반 웹사이트의 다양한 페이지를 만들기는 어렵습니다.

## 씸포레스트(Themeforest)

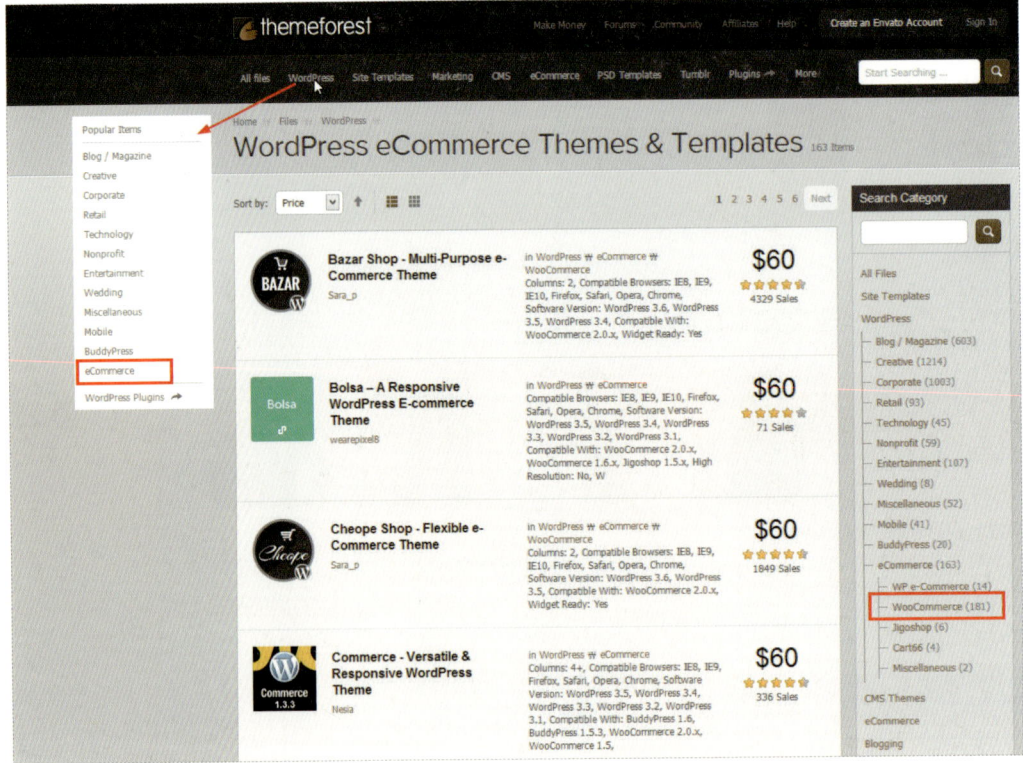

그림 1-9 씸포레스트 우커머스 테마

- 공식 홈페이지: http://themeforest.net/

유료 테마는 세계 최대의 테마 사이트인 씸포레스트에서 구매하는 것이 가장 편리합니다. 메뉴에서 워드프레스 → eCommerce를 선택하고 카테고리에서 WooCommerce를 선택합니다. 각 테마를 클릭하면 데모를 확인할 수 있습니다.

이곳에서 WooCommerce로 검색하면 상당히 많은 테마를 볼 수 있습니다. 여기에는 위 카테고리에 있는 우커머스 테마도 포함되는데 이렇게 많이 검색되는 이유는 많은 테마가 우커머스를 지원하기 때문입니다. 우커머스를 지원한다고 해서 우커머스 테마라고 할 수는 없고 단순히 테마를 설치하고 바로 상점을 이용할 수 있는 최소한의 기능이 추가됐을 뿐입니다. 따라서 WooCommerce Support라고 돼있다고 검토하지 않고 구매하면 후회하게 됩니다.

상점 테마는 상점만의 기능이 상당히 많이 갖춰져 있습니다. 상품 이미지 슬라이더, 이미지 줌 기능, 위시리스트, 상품 빨리 보기, 다양한 상품 레이아웃, 결제 페이지 레이아웃 등 많은 기능이 포함돼 있는 것이 위 WooCommerce 카테고리에 있는 테마입니다.

### 부트스트랩 테마

- 부트스트랩 테마: http://www.themesforbootstrap.com/tags/woocommerce

트위터 부트스트랩의 인기로 이 프레임워크를 이용한 테마도 많습니다. 위 링크를 방문해 부트스트랩으로 만든 테마를 한곳에서 살펴 볼 수 있습니다.

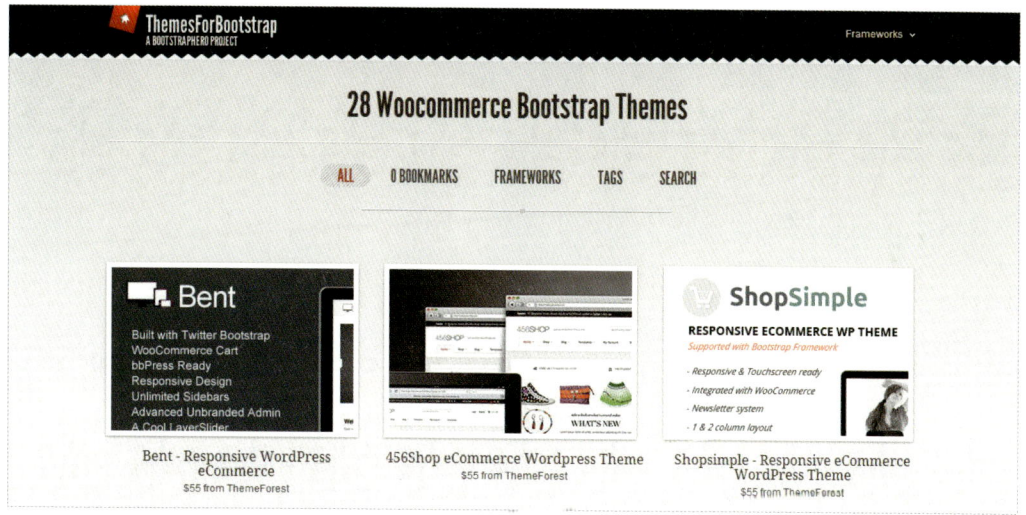

그림 1-10 부트스트랩 우커머스 테마

이 책에서 사용할 Legenda 테마도 부트스트랩 기반이므로 일부 부트스트랩의 클래스 선택자를 사용할 수 있습니다.

## 06 워드프레스 3.9 버전의 새 기능

현재 워드프레스 3.9 버전이 개발 중이며 2014년 4월 중 정식 버전 출시가 예상됩니다. 3.8 버전이 플러그인 우선 개발(features-as-plugins model)로 진행됐는데 총 13개의 기능이 추가될 예정이

었지만 마감 시간에 맞추지 못해서 대부분 다음 버전인 3.9로 이전 됐습니다. 그래서 3.9 버전에서 이들 기능 중 일부가 추가될 것입니다. 몇 가지 기능을 알아보면 다음과 같습니다.

## 위젯 사용자 정의(Widget Customizer)

위젯은 그동안 위젯 화면에서만 설치할 수 있었는데 이제는 사용자 정의 화면에서 위젯을 설치하면서 어떻게 보이는지 확인할 수 있게 됩니다. 현재 개발이 완료돼 3.9 베타 버전에 포함됐습니다.

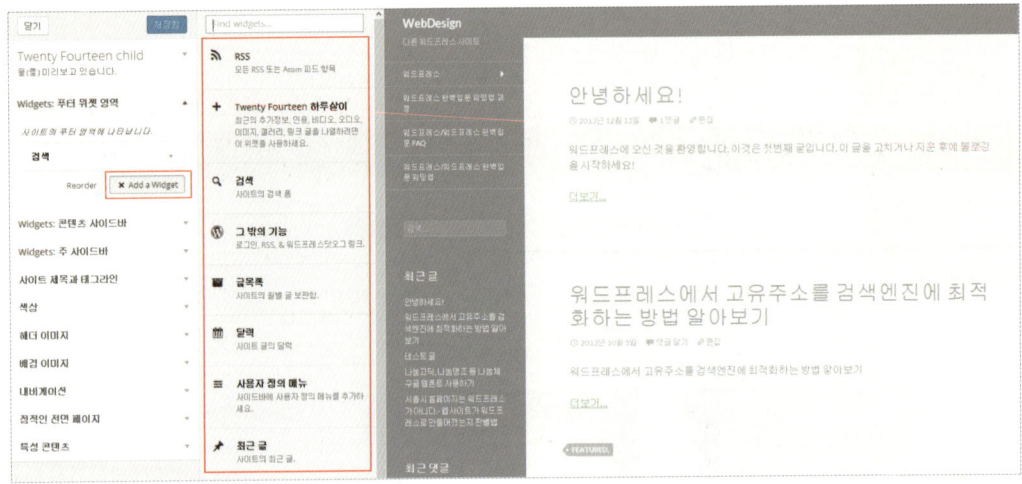

그림 1-11 위젯 사용자 정의

위 화면은 사용자 정의 화면입니다. 위젯 영역을 선택하고 Add Widget 버튼을 클릭하면 위젯들이 중간에 나타나며 클릭하면 설치되고 사이트 화면에서도 설치된 모습이 보입니다.

## AH-02

화면 상단의 화면옵션과 도움말 기능을 개선했습니다. 현재 개발 단계에 있습니다.

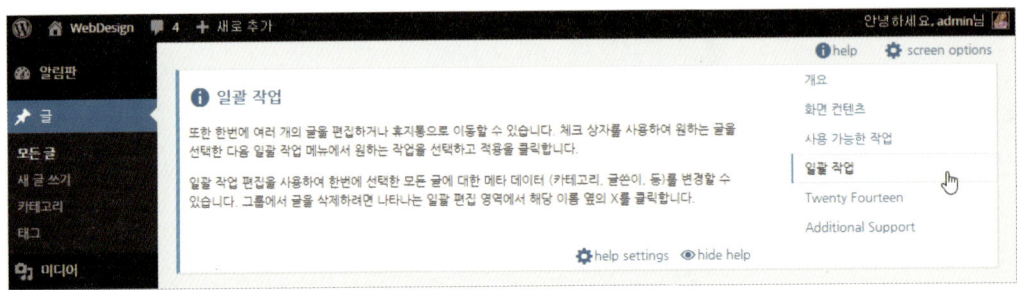

그림 1-12 화면옵션과 도움말

## 사이트 전면 편집기(WordPress Front-end Editor)

관리자 화면이 아닌 사이트 전면에서 글을 편집할 수 있는 기능입니다. 편집 링크를 클릭하면 바로 편집 모드로 전환됩니다. 현재 개발 단계에 있습니다.

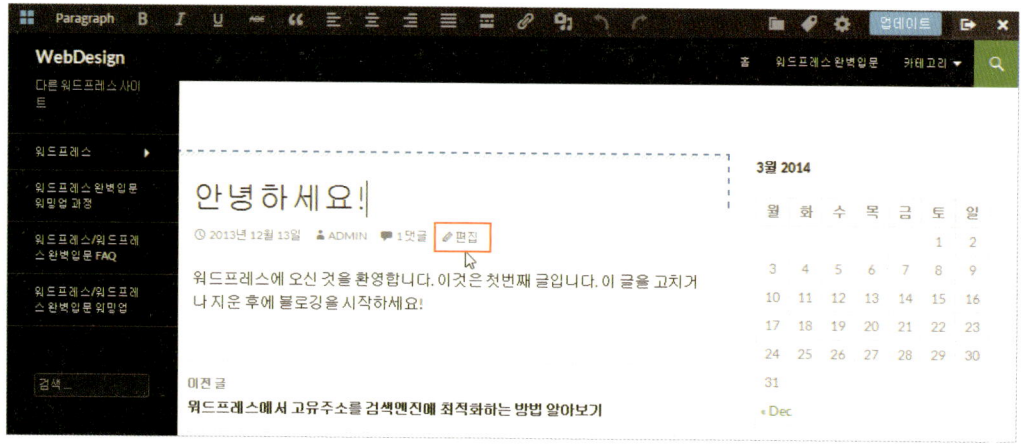

그림 1-13 전면 페이지 편집기

이들 개발 중인 기능은 확실히 추가될 예정입니다.

# 07 이 책을 진행하는 데 필요한 사항

## HTML과 CSS에 관한 지식

이 책은 워드프레스 HTML이나 CSS와 같은 웹디자인에 대한 지식이 전혀 없어도 웹사이트나 쇼핑몰을 만드는데 지장이 없게 만들었습니다. 다만 인터넷이나 컴퓨터에 대한 기본적인 지식은 필요합니다. 예를 들어 새로고침이라든가 URL을 제공해 프로그램을 설치한다고 했을 때 해당 URL에서 프로그램을 내려받아 압축을 해제하고 설치할 수 있어야 합니다. 프로그램은 내려받았는데 압축 해제는 어떻게 하는지 어떤 폴더에 저장했는지 몰라서는 안됩니다.

## 워드프레스에 관한 지식

워드프레스를 다뤄본 분들은 많은 도움이 됩니다. 전혀 다뤄보지 않았다면 기초 책을 권장해드립니다. 기초 책을 보지 않았더라도 책을 진행 할 수 있지만 이 책에서 워드프레스에 관해 많은 기초 내용을 수록 할 수 없으니 필요한 부분만 포함시켰습니다. 쇼핑몰이나 웹사이트를 만들고 운영하는 데 다양한 워드프레스 지식이 있어야 도움이 됩니다.

## 텍스트 편집기

이 책에서는 테마에 포함된 페이지 빌더를 이용해 페이지를 만들기 때문에 코드를 많이 사용하지는 않습니다. 하지만 어떤 테마든 잘못된 부분이 있기에 이를 수정하거나 개선하기 위해 제 나름대로 수정한 부분이 있으니 코드를 편리하게 입력하기 위해 텍스트 편집기를 사용하는 것이 바람직합니다.

텍스트 편집기는 서브라임 텍스트 3 버전을 권장합니다. 다른 프로그램을 사용하면 에러가 발생할 수도 있습니다. 예를 들어 국내에서 개발된 편집기를 사용하면 인코딩이 기본적으로 UTF-8로 돼 있지 않아 글자가 깨진다는 질문을 받곤 합니다.

서브라임 텍스트는 유료지만, 무료로 정식 버전을 사용할 수 있습니다(가끔 구매를 위한 팝업창이 나타나곤 합니다). 서브라임 텍스트는 3 버전이 더 빠르게 동작합니다.

- 서브라임 텍스트 2: http://www.sublimetext.com/2
- 서브라임 텍스트 3: http://www.sublimetext.com/3

## 구글 크롬 브라우저

페이지를 만들고 확인할 때는 최신 버전의 웹브라우저를 사용해야 합니다. 최신이라는 것은 최신의 웹표준이 잘 적용되는 브라우저를 의미합니다. 인터넷 익스플로러의 경우 8 버전까지 웹표준에 적합하지 않으므로 이 버전을 사용하면 안됩니다. 국내에서는 웹 브라우저로 인터넷 익스플로러를 많이 사용하지만, Legenda 테마는 인터넷 익스플로러 8 이하 버전은 지원하지 않으니 9 버전 이상, 가능하다면 10 버전을 사용할 것을 권장합니다. 9버전도 일부 최신의 웹표준을 적용하지 않고 있어서 제대로 표현되지 않을 수도 있습니다.

MS에서 운영 프로그램인 윈도우 XP를 올해 4월 중 지원을 중단한다고 합니다. 업데이트가 안 되는 것이죠. 그러면 XP까지만 사용할 수 있는 인터넷 익스플로러 8의 사용량도 많이 줄어들 것입니다.

## 웹 서버 환경 만들기

그 동안 많은 질문을 받아왔는데, 생각보다 많은 분들이 웹 호스팅 환경에서 직접 작업하는 방식을 선호했습니다. 이 방식은 상당히 불편한 방식입니다. 실험하다 보면 여러 개의 워드프레스를 설치해야 할 때도 있습니다. 내 컴퓨터에서 WAMP 서버나 오토셋(Autoset)을 사용해 서버 환경을 만들고 디자인이나 수정 작업을 마친 다음에 워드프레스와 함께 모든 코드를 웹 호스팅 환경에 업로드하면 설정된 상태 그대로 확인할 수 있습니다. 반드시 실제 사이트에서 작업해야 하는 부분은 그 이후에 추가로 작업하면 됩니다. 처음 작업하시는 분들은 내 컴퓨터에서 작업하시길 바랍니다. 이 책에서는 그동안 WAMP 서버의 사용상의 어려운 점이 있어서 국내에서 개발된 오토셋을 사용합니다.

## 질문/답변

책에서는 Legenda 테마를 사용합니다. 그런데 다른 테마를 사용하면서 책을 보시는 분들이 있을 겁니다. 다른 테마에도 비주얼 컴포우저나 레볼루션 슬라이더가 있으니 참고할 수는 있습니다. 그런데 이러한 공통적인 프로그램이 아닌 해당 테마에만 있는 기능이 작동이 안 된다는 문의하시는 분이 종종 있습니다. 프리미엄 테마는 그 수만큼 사용법이 다양합니다. 저도 워드프레스를 많이 다뤄봤지만 다뤄보지 않은 테마는 사용해봐야 알 수 있고 복잡한 기능은 파악하는데 오랜 시간이 걸립니다. 그러니 이러한 질문은 받을 수가 없습니다. 질문은 반드시 책에서 사용하는 테마에 대해서만 해주시기를 부탁 드립니다.

# 워드프레스 설치 02

## ∩1 서버 환경 만들기

워드프레스 설치는 어떻게 사용하느냐에 따라 내 컴퓨터 설치와 웹호스팅 설치가 있습니다. 내 컴퓨터에 설치하면 원하는 만큼 설치해서 시험 사용할 수 있고 웹호스팅 설치는 일반적으로 한 개만 설치하기 때문에 자유롭게 디자인을 실험하기가 어렵습니다. 그래서 대부분 내 컴퓨터에 설치하고 디자인과 콘텐츠를 완성한 다음 모든 내용을 웹호스팅에 업로드하면 설정과 콘텐츠 그대로 바로 웹호스팅에서 확인할 수 있습니다. 워드프레스의 설치는 다양한 방법이 있으니 아래 링크를 참고하시고 여기서는 가장 많이 사용하는 윈도우 플랫폼에서 오토셋을 이용해 내 컴퓨터에 워드프레스를 설치하고 사용하는 방법을 알아보겠습니다.

윈도우 플랫폼에서 오토셋을 설치하기에 앞서 워드프레스를 설치하는 몇 가지 방법은 아래의 링크를 참고하세요. 플랫폼에 따라 설치 방법이 다릅니다. 요청하실 경우 설치 방법을 블로그에 소개하겠습니다. 이전에 어떤 분이 윈도우 서버 2008에 설치하는 방법을 요청하셔서 이 프로그램의 최신 버전인 윈도우 서버 2012에 설치하는 방법을 올리기도 했습니다.

- MAMP를 사용해서 내 컴퓨터에 워드프레스 설치하기(매킨토시 컴퓨터 사용자) → http://martian36.tistory.com/1257
- 국내 무료 호스팅에 워드프레스 설치하기 → http://martian36.tistory.com/1270

내 컴퓨터에서 워드프레스를 원하는 만큼 설치할 수 있으며 워드프레스 수에 해당하는 데이터베이스를 만들면 됩니다. 더 편리하게 많은 수의 워드프레스를 시험하고자 한다면 다중 사이트(Multisite) 기능을 이용할 수도 있습니다.

- 워드프레스 다중사이트 만들기 → http://martian36.tistory.com/910

## 오토셋 설치

워드프레스는 설치하면 바로 사용할 수 있는 사이트 제작 프로그램이지만 정적인(Static) 콘텐츠가 아닌 데이터베이스와 연동해서 원하는 데이터를 불러와서 동적인(Dynamic) 콘텐츠를 생산하는 PHP에 의해 작동하는 프로그램입니다. PHP는 인터넷 서버 환경에서만 작동하는데, 워드프레스를 시험적으로 사용하기 위해 일일이 웹호스팅 서버에 설치할 수는 없는 일이고, 테마를 수정한다거나 새로운 테마를 만들기 위해 매번 웹호스팅 서버에 업로드해서 작업하는 방식은 불편합니다. 그래서 내 컴퓨터에 서버 환경을 만들어 웹호스팅과 같은 환경을 구축할 수 있습니다. 그러자면 서버를 만들기 위한 프로그램을 설치해야 하는데, 이때 세 가지 프로그램이 필요합니다. 우선 워드프레스는 PHP 언어로 만들어졌기 때문에 기본적으로 PHP 프로그램이 설치돼 있어야 합니다. 그리고 PHP로 만든 콘텐츠를 인터넷 사용자에게 전달하는 역할을 하는 것이 아파치 웹서버입니다. 또한 워드프레스에서 작성된 모든 글은 데이터베이스에 저장되고 방문자의 클릭에 따라 글이 보입니다. 이러한 데이터베이스는 MySQL이 담당합니다. 서버 환경을 구축하려면 이러한 세 가지 프로그램을 자신의 컴퓨터에 설치하면 됩니다.

이 세 가지 프로그램을 따로 설치할 수도 있지만 사용자의 편의를 위해 세 가지 프로그램이 한데 묶인 프로그램을 이용할 수도 있습니다. 별개의 프로그램으로 설치하면 서로 연동하기 위해 설정을 해야 하는 번거로움이 있지만 병합된 프로그램은 이미 서로 연동된 상태로 설치되므로 한번의 설치로 바로 서버 환경을 이용할 수 있습니다. 이러한 프로그램의 조합을 스택(Stack: 쌓아놓은 것, 조합)이라고 합니다. 이 스택은 웹서버인 아파치(Apache), 데이터베이스인 MySQL, 그리고 PHP의 첫 글자를 따서 AMP라 하고, 운영체제에 따라 WAMP(Windows+AMP), MAMP(Macintosh+AMP), LAMP(Linux+AMP)가 있습니다. 국내에서 개발된 프로그램은 Autoset, Amp_setup이 있습니다.

- WAMP: http://www.wampserver.com/en/
- MAMP: http://www.mamp.info/en/index.html
- LAMP: http://bitnami.org/stack/lampstack
- XAMPP: http://www.apachefriends.org/en/xampp.html

모든 운영체제에 설치할 수 있는 크로스 플랫폼인 XAMPP(X:Cross+AMP+Perl)가 있지만 XAMPP는 초보자가 사용하기에는 다소 불편합니다. 이러한 각 스택은 오픈소스 프로그램을 사용하기에 스택도 무료로 내려받아 사용할 수 있습니다. 스택은 내려받아서 설치만 하면 바로 사용할 수 있으며, 여기서는 사용자 비중이 가장 높은 윈도우 환경에 설치할 수 있는 Autoset 8을 설치하는 방법을 알아보겠습니다. 웹브라우저에서 아래 URL로 이동하면 해당 프로그램을 내려받을 수 있는 사이트로 이동합니다.

- http://autoset.net/xe/download_autoset_8_0_0

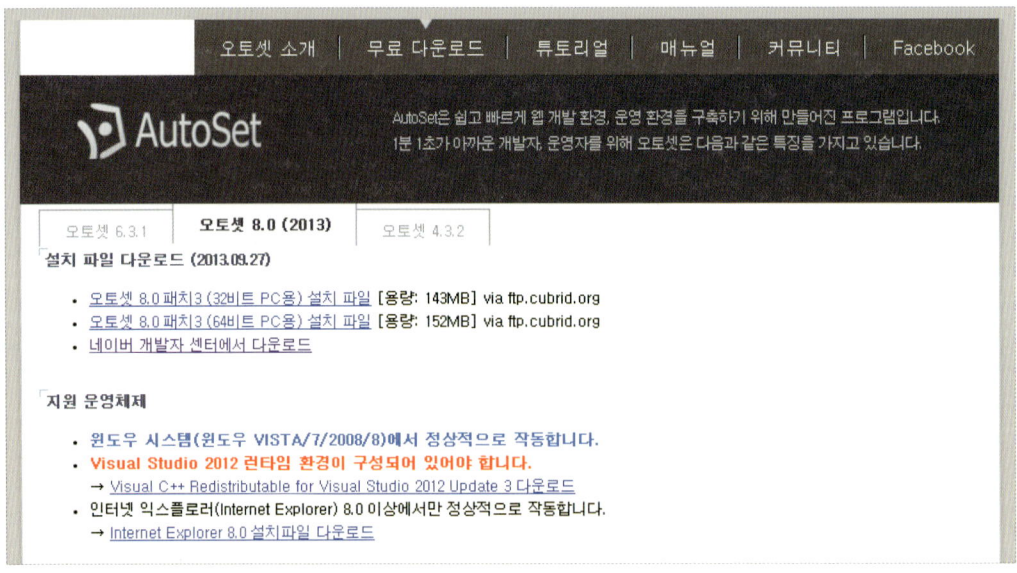

그림 1-14 오토셋 파일 내려받기 사이트

시스템에 따라서 64비트용과 32비트용이 있으니 자신의 컴퓨터에 맞는 프로그램을 내려 받으세요. 서버가 작동을 하지 않을 경우 "네이버 개발자 센터에서 다운로드" 링크를 클릭해서 내려받습니다. 이곳은 5개의 파일로 나눠져 있으니 모두 내려받아서 압축 해제하면 한 개의 파일이 됩니다.

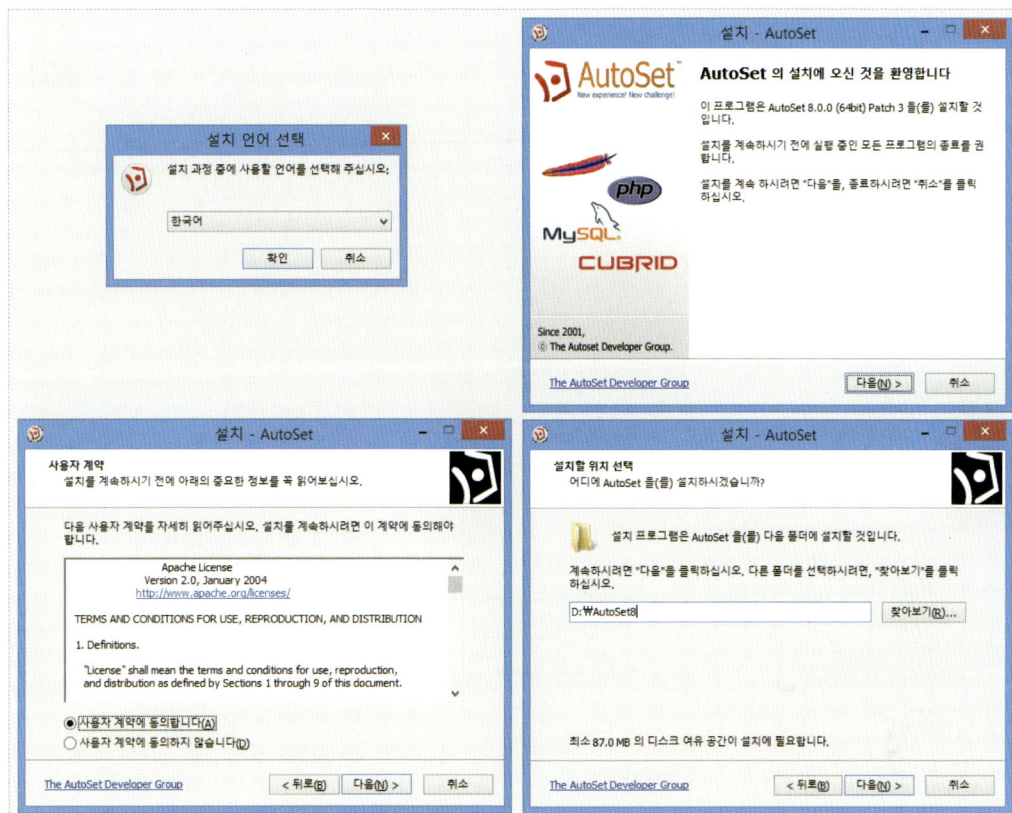

그림 1-15 오토셋 설치하기 1

내려받은 AutoSet800Patch3_x64.exe 파일을 클릭하면 위와 같은 과정을 거쳐서 설치됩니다. 설치하기 전에 다른 AMP 프로그램을 사용 중이라면 모두 중지하고 실행합니다. 한국어를 선택하고 마지막 화면에서 설치될 하드디스크를 변경할 수 있습니다.

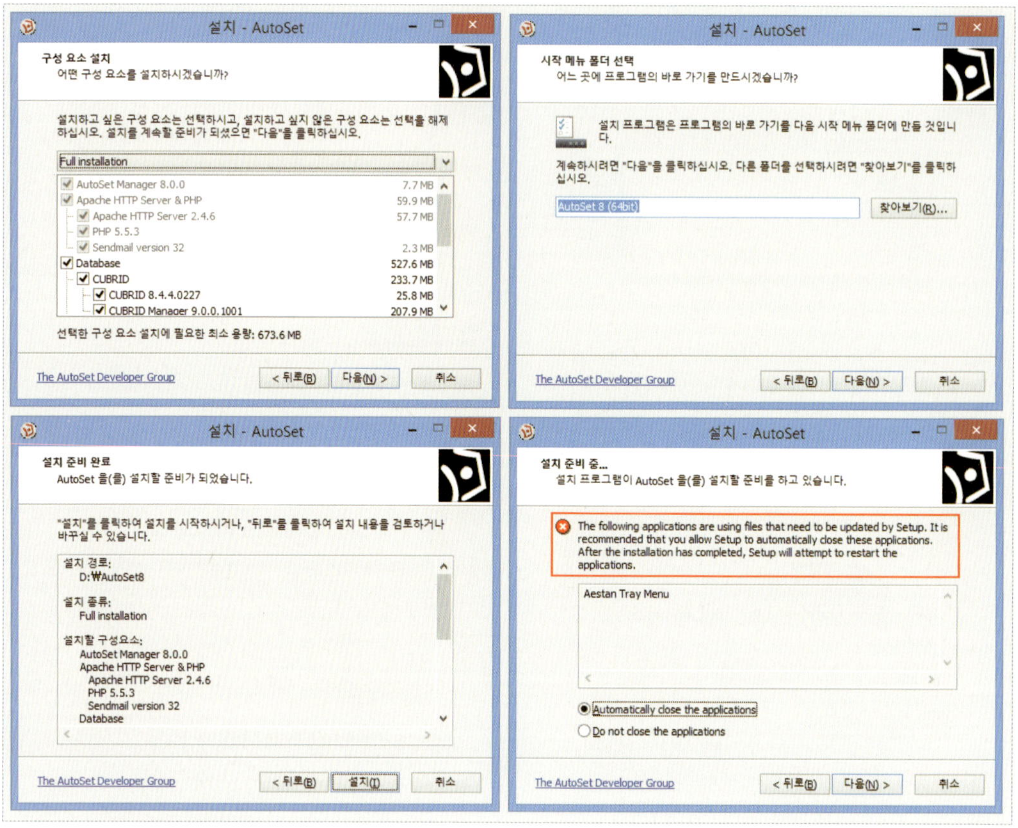

그림 1-16 오토셋 설치하기 2

구성 요소 설치 창에서 스크롤 바를 내려서 보면 워드프레스까지 설치됩니다. 마지막 창에서처럼 경고 메시지가 나오면 Automatically close the applications에 체크하고 다음 버튼을 클릭합니다.

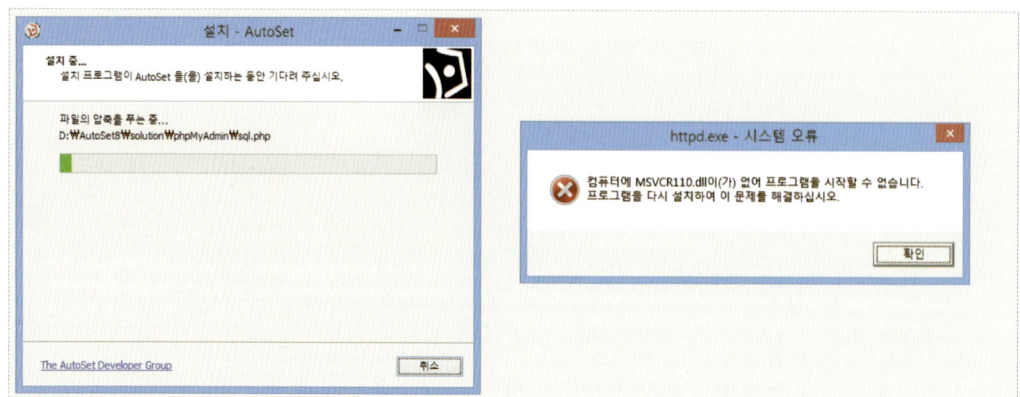

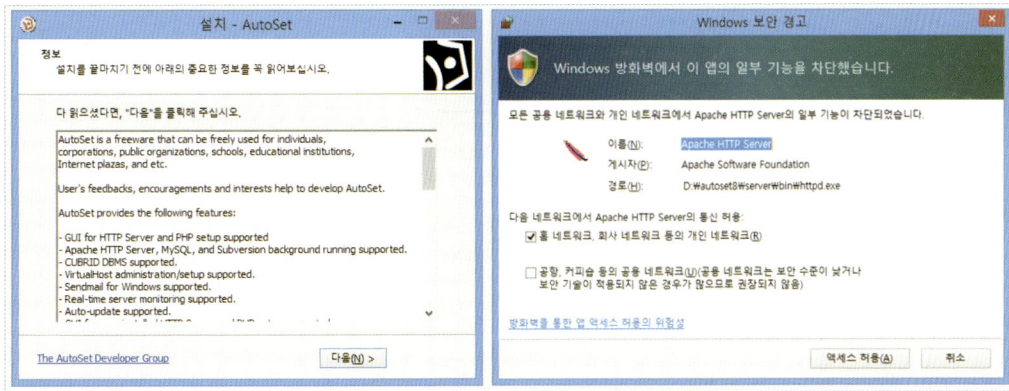

그림 1-17 오토셋 설치하기 3

설치가 진행되고 제 경우에는 WAMP 서버가 작동 중에 설치했더니 오류 메시지가 나옵니다. 이럴 경우 제어판에서 지금까지 설치한 프로그램을 제거하고 설치 폴더도 제거한 다음 다시 설치해야 합니다. 최종 화면에서 완료 버튼을 클릭하면 방화벽 차단 관련 메시지가 나오기도 하는데 액세스 허용을 클릭합니다.

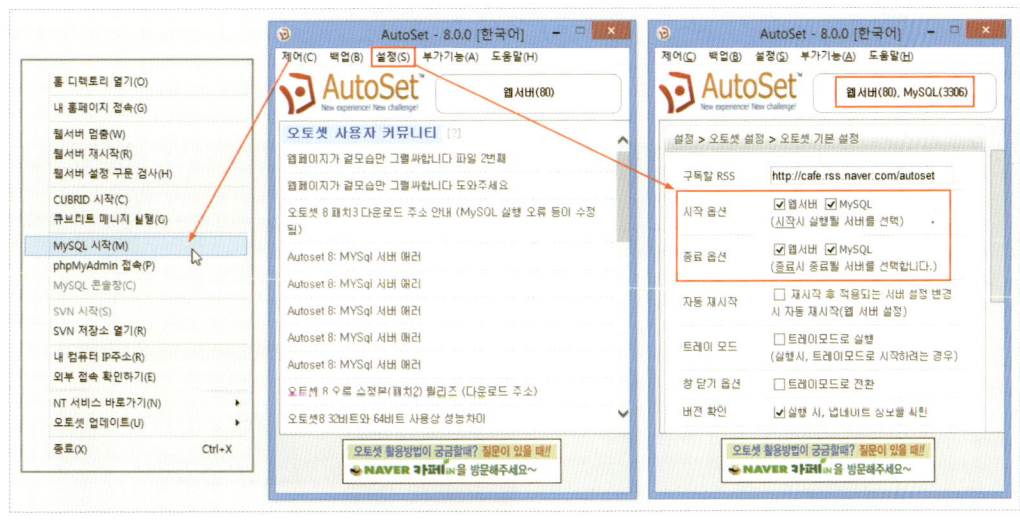

그림 1-18 오토셋 실행 창

오토셋을 처음 실행하면 웹서버(80)만 실행 됩니다. 오토셋에는 데이터베이스 프로그램으로 MySQL과 큐브리드가 있는데 여기서는 MySQL을 사용합니다. 제어 메뉴에서 MySQL을 클릭하면 실행되고 "웹서버(80)" 옆에 MySQL(3306)이 나타납니다. 설정메뉴에서 여러 가지 설정을 할 수 있으니 참고하세요. 위 세 번째 그림은 설정 → 오토셋 설정 → 오토셋 기본 정보를 클릭하면 나오는 내용입니다. 여기서 시작옵션과 종료옵션에 체크하고 아래로 스크롤 해서 변경사항 적용 버튼을 클릭하면 오토셋 종료와 시작 시 이들 프로그램이 자동으로 시작하거나 종료됩니다.

## 02 워드프레스 설치

### 워드프레스 내려받기

그림 1-19 오토셋의 워드프레스 설치 폴더

오토셋을 설치하고 설치 폴더에서 public_html 폴더로 들어가면 여러 가지 CMS 프로그램이 들어 있습니다. 이곳의 워드프레스는 영문 버전이므로 한글 언어 파일을 설치해야 하는데 번거로우므로 폴더를 제거합니다. 또한 다른 프로그램도 혼동이 되므로 모두 제거합니다.

그림 1-20 한글 워드프레스 내려받기 사이트

- http://ko.wordpress.org/

위 링크로 이동해서 오른쪽의 파란색의 버튼을 클릭해 워드프레스 한글 버전을 오토셋 설치 폴더의 public_html 폴더에 저장합니다. 압축을 해제하고 wordpress 폴더를 복사해서 public_html 폴더에 붙여 넣습니다.

## 데이터베이스 만들기

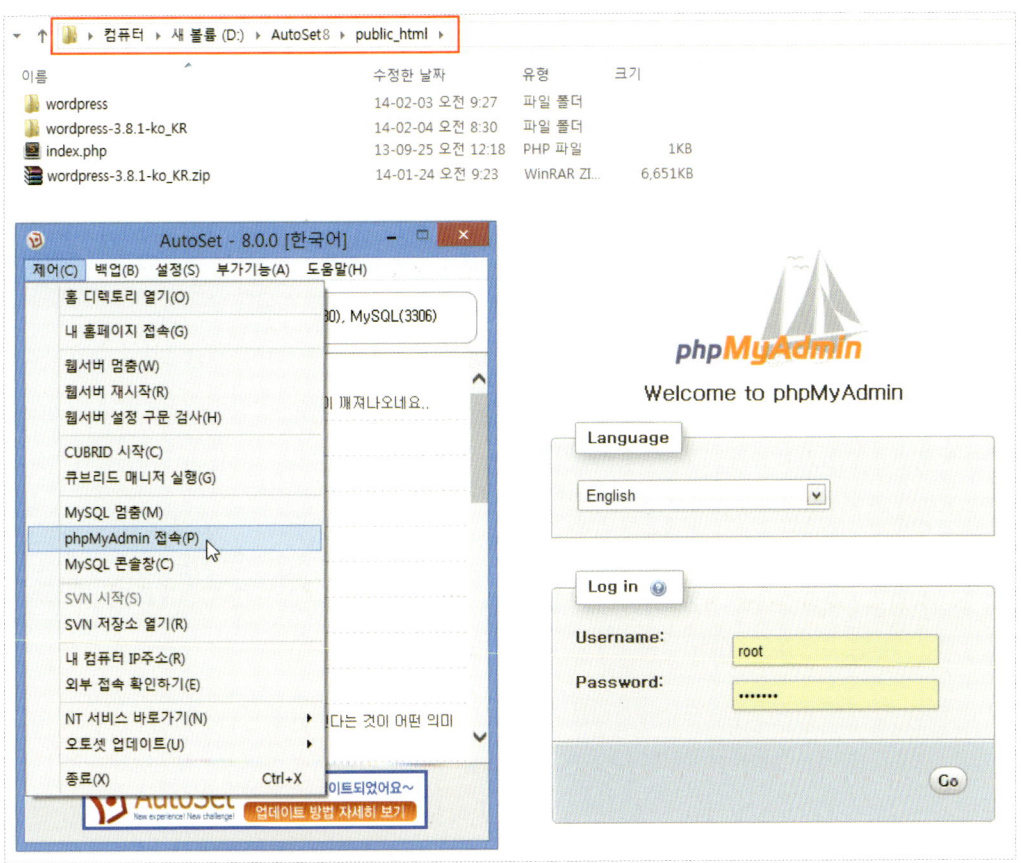

그림 1-21 오토셋에서 phpMyAdmin 접속

데이터베이스를 만들기 위해 오토셋의 메뉴에서 제어 → phpMyAdmin 접속을 클릭하면 기본 웹 브라우저에 우측 그림처럼 나타납니다. 오토셋의 MySQL은 기본적으로 비밀번호가 설정돼 있습니다. 사용자명에 root, 비밀번호에 autoset을 입력하고 Go 버튼을 클릭하면 로그인 됩니다.

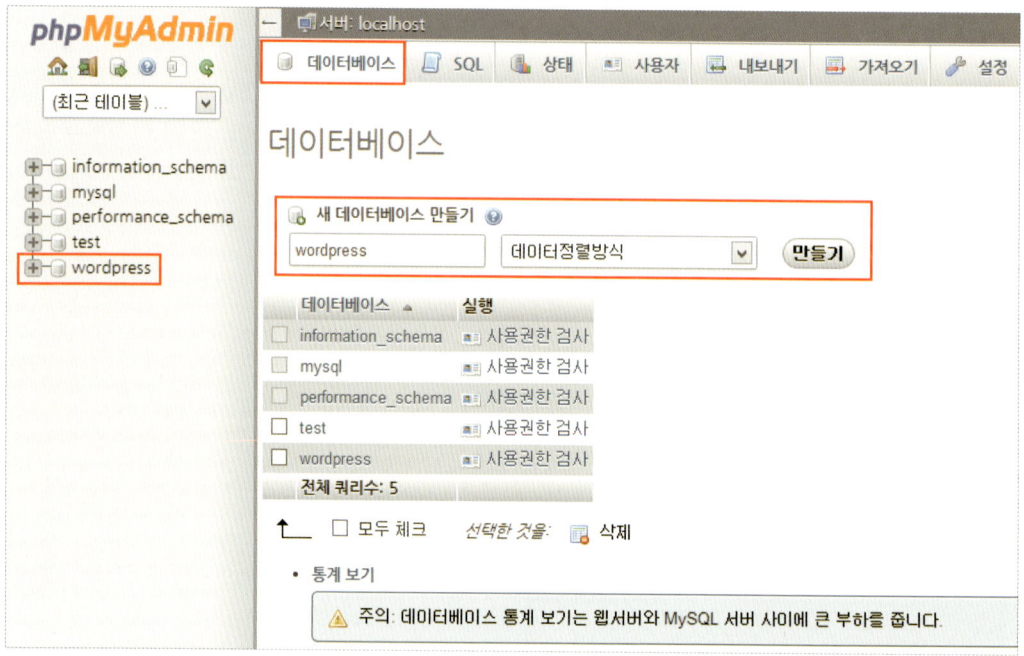

그림 1-22 데이터베이스 만들기

데이터베이스 탭을 클릭하고 입력란에 wordpress를 입력합니다. 이것은 워드프레스가 사용할 데이터베이스 이름입니다. 우측의 만들기 버튼을 클릭하면 좌측 사이드바에 데이터베이스가 만들어집니다.

## 03 워드프레스 설치의 두 가지 방법

워드프레스 폴더를 만들고 데이터베이스가 완성되면 설치 준비가 완료됩니다. 워드프레스의 설치 방법에는 자동설치와 수동설치 방법이 있습니다. 자동설치는 환경설정 파일을 워드프레스가 직접 만들어주는 방식이고 수동설치는 사용자가 만드는 방식입니다. 서버 환경에 따라 자동설치가 안될 때도 있으므로 수동으로 설치할 때도 있습니다. 이들 두 가지 방법을 알아보겠습니다.

## 자동설치

그림 1-23 자동 환경설정 파일 만들기

웹 브라우저의 주소란에 localhost/wordpress를 입력하고 엔터 키를 누르면 위와 같은 화면이 나타납니다. 위 화면이 나타나면 자동설치가 시작됩니다. 환경 설정 파일 만들기 버튼을 클릭합니다.

그림 1-24 필요한 데이터베이스 정보

워드프레스가 데이터베이스와 통신하기 위해 필요한 정보로 다섯 가지 정보가 필요합니다. 데이터베이스 이름(wordpress)은 이미 만들었고 사용자 이름(root)과 암호(autoset)는 이미 알고 있는 내용입니다. 데이터베이스 호스트는 localhost이고 테이블 접두어는 다음 화면에서 나타납니다. 전송(Let's go) 버튼을 클릭합니다.

그림 1-25 데이터베이스 정보 입력

위처럼 입력합니다. 테이블 접두어는 공유 서버처럼 하나의 데이터베이스를 사용하면서 여러 개의 워드프레스를 설치할 경우 서로 혼동을 방지하기 위해서 접두어를 다르게 할 수 있습니다. 전송 버튼을 클릭하면 워드프레스가 데이터베이스에 입력한 정보와 일치하는지 확인합니다. 간혹 데이터베이스의 사용자명과 비밀번호를 워드프레스 로그인 사용자명과 비밀번호와 혼동하는 경우가 있으니 주의하세요.

그림 1-26 환경 설정 완료

입력한 정보가 일치하면 위 화면이 나타납니다. 이전 과정에서 데이터베이스와 통신하기 위한 설정을 완료했으니 이제 워드프레스 설치 과정입니다. 워드프레스를 실행하는데 필요한 데이터를 데이터베이스에 설치하는 과정입니다. 실행하기 버튼을 클릭합니다.

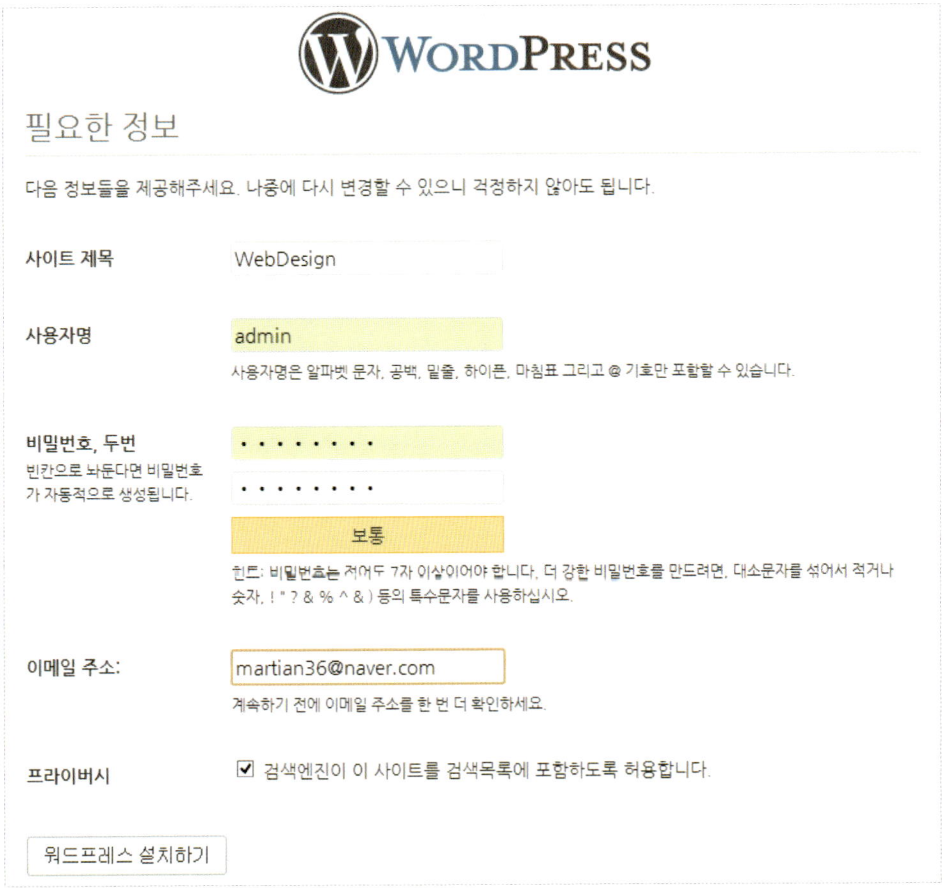

그림 1-27 워드프레스 설치 정보 입력

02. 워드프레스 설치  47

사이트 제목을 원하는 제목으로 입력합니다. 사용자명은 워드프레스 로그인 사용자명으로 보통 admin을 사용하는데 웹호스트에 설치하고 사용할 때에는 해킹을 방지하기 위해서 자신만이 알 수 있는 고유한 사용자명을 사용합니다. 비밀번호 또한 문자, 숫자, 특수문자, 영문 대소문자를 섞어서 만드는 게 좋습니다. 이메일 주소를 입력하고 워드프레스 설치하기 버튼을 클릭합니다.

그림 1-28 워드프레스 설치 완료

설치가 모두 완료됐다고 합니다. 워드프레스 폴더의 파일은 변화가 없으며 데이터베이스에 워드프레스가 필요한 데이터가 저장된 것입니다. 로그인 버튼을 클릭하면 다음 화면이 나타나며 아이디와 비밀번호를 입력한 다음 엔터 키를 누르면 워드프레스 관리자 화면이 나타납니다.

## 수동설치

주소창에 localhost/wordpress를 입력하고 엔터 키를 눌렀는데도 정상적으로 설치되지 않는 경우가 있는데 이럴 때는 다음과 같은 방법으로 수동으로 wp-config.php 파일을 만들어야 합니다. 워드프레스를 자주 설치하다 보면 수동설치가 더 편할 때도 있습니다.

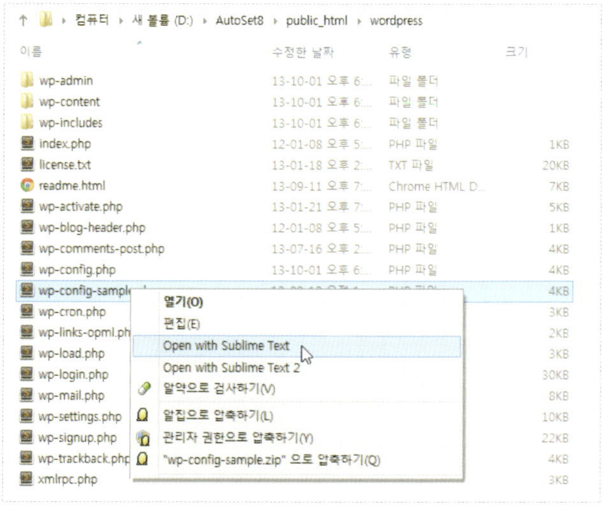

그림 1-29 수동으로 환경설정 파일 만들기

wordpress 폴더에서 wp-config-sample.php 파일을 마우스 오른쪽 버튼으로 클릭하고 텍스트 편집기(Open with Sublime Text)를 선택합니다.

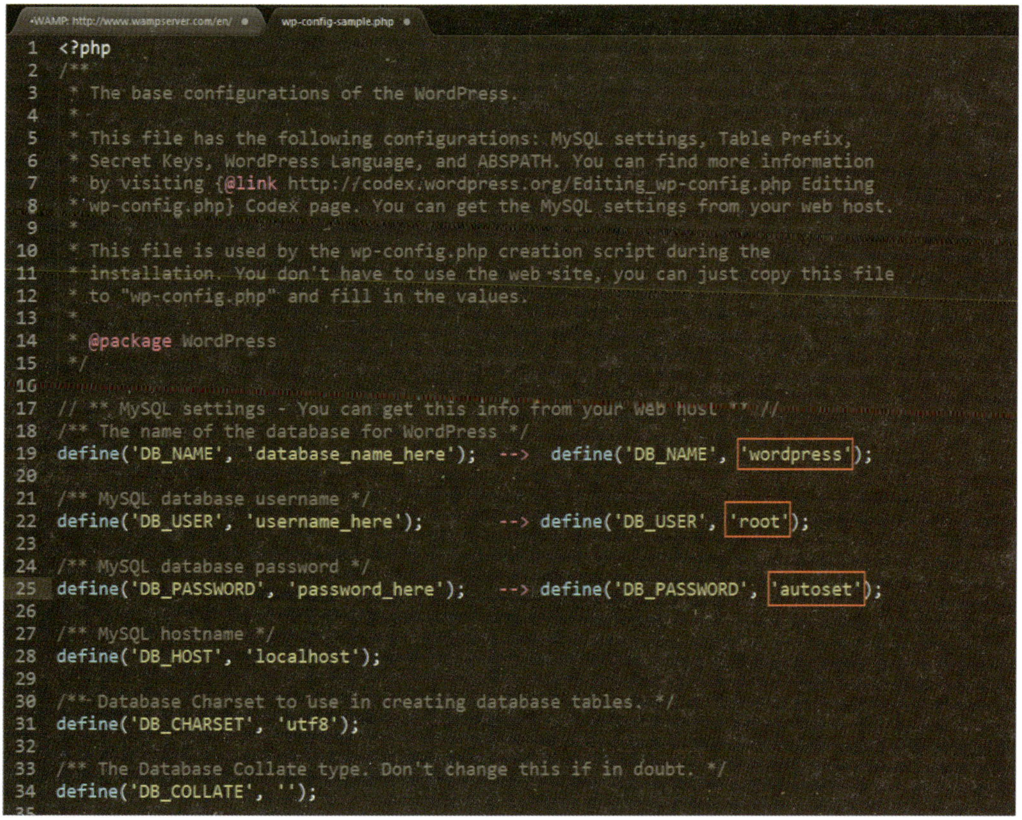

그림 1-30 wp-config.php 파일에 데이터베이스 정보 입력

이미 영어로 입력된 세 곳에서 데이터베이스 이름인 wordpress, 데이터베이스 사용자명인 root, 데이터베이스 비밀번호인 autoset으로 각각 변경합니다. Ctrl+Shift+S키를 누르면 다른이름으로 저장하기 화면이 나옵니다. 파일 이름에서 -sample을 제거하고 wp-config.php 파일로 이름을 변경해서 저장합니다. 그 다음 웹브라우저 주소 창에서 localhost/wordpress를 입력하고 엔터 키를 누르면 워드프레스가 데이터베이스와 통신을 시작하고 정보가 일치하면 설치화면이 나타납니다. 이제 워드프레스의 설치 정보를 입력하고 진행하면 됩니다.

# 03 워드프레스 관리자 화면

그림 1-31 워드프레스 관리자 화면

워드프레스 관리자 화면에 들어오면 위와 같은 화면이 나타납니다. 좌측에는 주메뉴가 있고 중앙은 메뉴의 선택에 따라 달라지는 콘텐츠 영역입니다. 워드프레스 관리자 화면의 콘텐츠 영역은 박스로 돼있는 것이 많습니다. 박스의 제목이 있는 부분에 마우스를 올리면 커서의 모양이 바뀝니다. 이는 클릭해서 이동할 수 있다는 의미입니다. 큰 화면에서 보면 우측 열이 점선으로 나타나는데 다른 박스를 클릭한 뒤 드래그해서 점선으로 이동할 수 있습니다. 또는 원하는 박스를 다른 박스 상단에 나타나게 배치할 수도 있습니다.

처음 설치한 후의 주메뉴는 크게 두 가지로 분류됩니다. 상단의 글, 미디어, 페이지, 댓글은 콘텐츠를 만들거나 관리하는데 사용하고 아래의 외모, 플러그인, 사용자, 도구, 설정은 사이트를 관리하는데 사용됩니다. 간단한 구조이지만 각 메뉴에는 하위 메뉴가 있어서 마우스를 올리면 나타납니다. 또한 플러그인을 설치하거나 프리미엄(유료) 테마를 설치하고 나면 메뉴가 아주 많아집니다. 그러기 전에 미리 각 메뉴의 기능을 간략하게 알아보겠습니다.

## 01 글 만들기

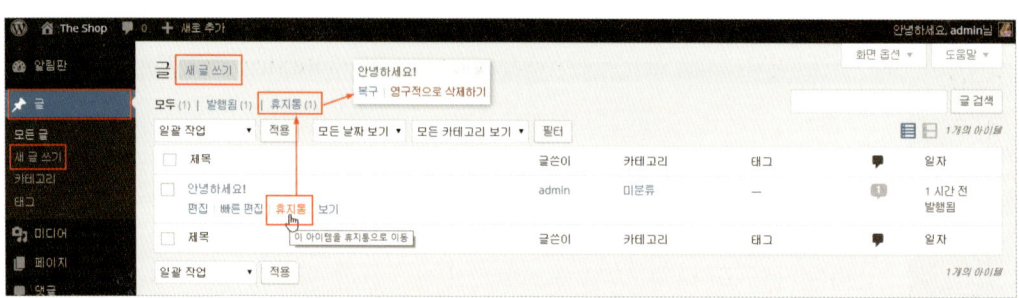

그림 1-32 모든 글 목록 페이지

주메뉴의 '글'을 선택하면 위와 같이 글 목록 화면이 나타납니다. 워드프레스를 설치하면 기본적으로 하나의 글이 만들어져 있습니다. 이 글은 필요 없으니 삭제합니다. 글 목록에 마우스를 올리면 링크가 나타나며 '휴지통'을 클릭하면 상단에 '휴지통' 링크가 나타나면서 글이 하나 표시됩니다. 이를 클릭해 들어가서 복구하거나 삭제할 수 있습니다.

## 새 글 쓰기

그림 1-33 새 글 쓰기 화면

'새 글 쓰기'를 선택해 글을 만들어보겠습니다. 나중에 콘텐츠 슬라이더를 만들 때 필요하니 세 개의 글을 만들겠습니다. 화면의 우측 상단에서 '화면옵션'을 클릭하면 여러 가지 옵션이 나타납니다. 기본으로 처음 4가지가 체크돼있는데 자주 사용하는 것들입니다. 요약과 토론에 체크하면 화면 하단에 박스가 나타납니다. 이러한 박스를 메타박스라고 합니다. 이들 메타박스도 제목 부분을 클릭 & 드래그해서 이동할 수 있으며 우측 끝의 삼각형 아이콘을 클릭하면 펼치거나 닫을 수 있습니다.

요약은 글 내용을 간추려 요약한 글을 입력하며 입력하지 않으면 사이트에서 요약 글이 필요한 경우 기본적으로 처음부터 55개의 단어가 나타납니다. 이 요약 글은 콘텐츠 위젯이나 글 목록 페이지에서 글의 짧은 글로 나타나고 더 보기를 원할 경우 이미지나 제목을 클릭하면 전체 글 페이지로 이동합니다.

토론은 댓글 허용여부를 결정합니다. 페이지 만들기 화면에서는 댓글을 허용하지 않도록 합니다.

글을 만들기 위해 제목을 입력하고 글 입력 상자에 적당한 글을 작성합니다. 편집기 우측 상단에 있는 비주얼 탭이 선택된 상태에서 도구모음 우측 끝에 있는 아이콘(툴바 토글)을 클릭하면 두 번째 줄에 텍스트를 꾸밀 수 있는 도구모음이 나타납니다. 각 도구모음은 인터넷 사용 시 자주 사용하는 글 편집기와 대부분 같은 기능을 합니다. 도구 아이콘에 마우스를 올리면 각 기능에 대한 툴팁이 나타납니다.

워드프레스 3.9 버전에서 도구 모음의 내용이 상당부분 바뀌었습니다. 툴팁의 모양도 바뀌었고 기능도 추가되거나 제거된 것도 있습니다.

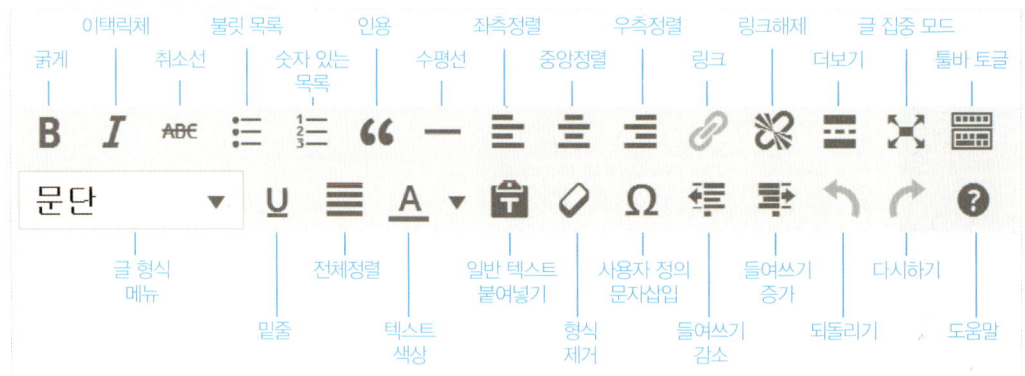

그림 1-34 도구 모음

각 도구의 기능을 알아보면 위와 같습니다. 이 책에서 사용할 Legenda 테마를 설치하고 나면 아래 그림처럼 도구가 더 나타납니다. 여기서는 이들 도구에 대해서 전체적으로 간략하게 알아보겠습니다.

## 02 편집기 도구모음

이 책을 쓰고 있는 중에 워드프레스가 3.9 베타 버전으로 나왔습니다. 편집기의 도구모음 부분이 상당히 변경되었기에 베타 버전을 기준으로 그림을 만들었으니 정식버전이 나오면 변경될 수도 있습니다. 또한 다른 장에서는 3.8 버전을 기준으로 만들어졌기 때문에 이를 감안해서 보시면 됩니다.

## 글자 굵게, 이탤릭체 만들기

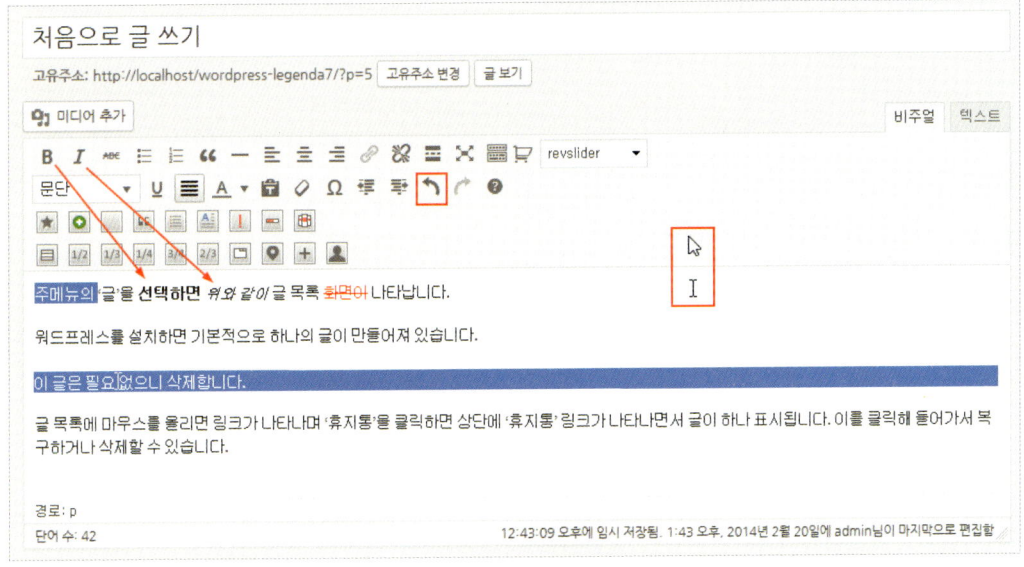

그림 1-35 굵은 글자, 이탤릭체

글을 입력하면서 엔터 키를 누르면 문단으로 나눠집니다. 따라서 그림 1-35에 있는 글은 4개의 문단으로 된 것이죠. 글자를 편집하려면 블록 설정합니다. 블록 설정이란 위 글자에서 배경을 파란색으로 만드는 작업이며 블록을 설정하고자 하는 첫 글자를 클릭하고 드래그하면 됩니다. 이렇게 블록 실정된 것을 선택됐다고 말하기도 합니다.

> **블록 설정 또는 선택 방법 팁**
> 긴 문장 블록 설정 : 블록 시작할 부분 클릭 + Shift + 블록 마지막 부분 클릭
> 한 단어 블록 설정 : 더블 클릭(스페이스 있는 곳까지 설정됨)
> 한 문단 블록 설정 : 트리플(빠르게 세 번) 클릭
> 전체 블록 설정 : Ctrl + A
> 입력 취소 : 도구모음의 되돌리기 아이콘 또는 Ctrl + Z

이렇게 블록 설정한 후에 도구를 사용합니다. 첫 번째 도구인 '굵게(B: Bold)'를 클릭하면 글자가 굵게 되고 '이탤릭체(I)'를 선택하면 기울어진 글자가 됩니다. 세 번째 도구는 취소 선을 만듭니다. 취소 선은 글 내용 중 글을 삭제하기보다는 변경이 됐다는 표시를 위해 사용합니다. 위에서 빨간색 글자의 글자 중앙에 선이 그어져 있는 것이 취소 선입니다.

## 목록

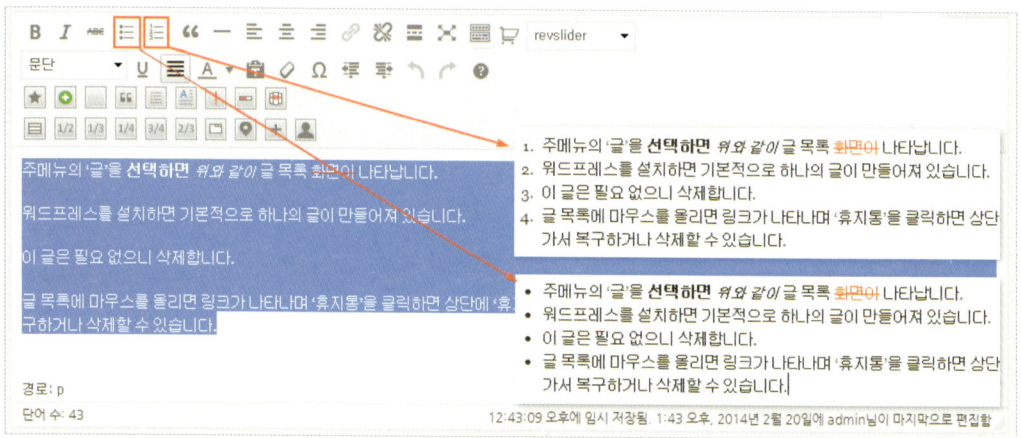

그림 1-36 목록 만들기

문단을 전체 설정한 다음 불릿이 있는 도구를 선택하면 목록화 되면서 불릿이 추가되며 숫자가 있는 도구를 선택하면 목록에 숫자가 추가됩니다.

## 인용

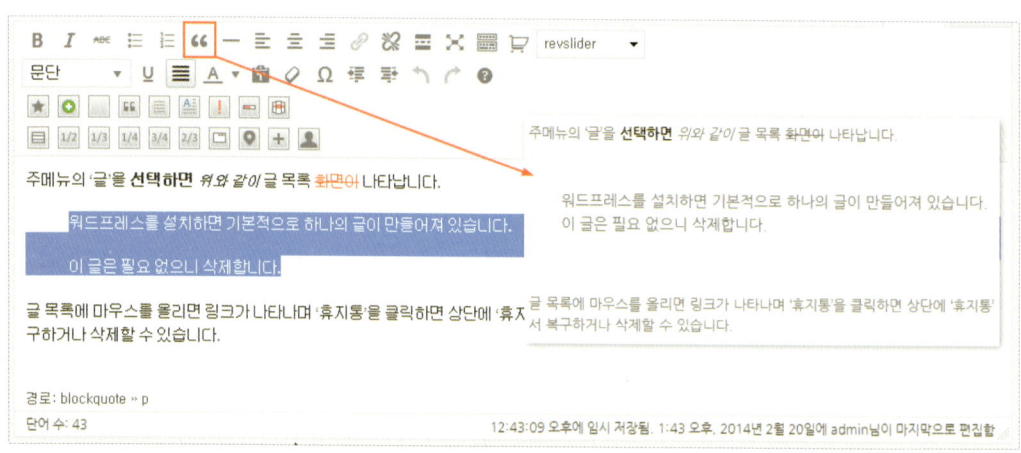

그림 1-37 인용

원하는 부분을 선택하고 인용 도구를 클릭하면 글자가 안으로 들어가며 사이트에서는 상하 테두리가 만들어지고 배경색이 옅은 회색으로 됩니다. 이 부분은 테마마다 다르게 나타납니다.

## 글자 정렬

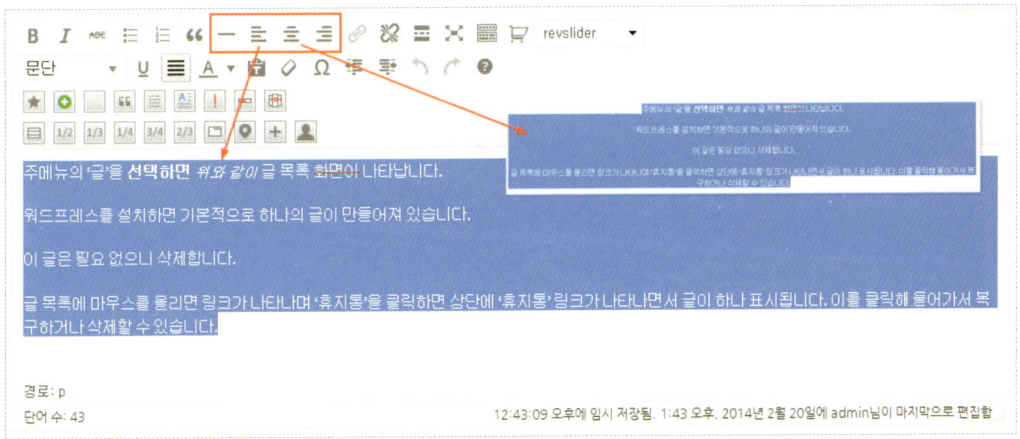

그림 1-38 글자 정렬

빨간 색 박스의 좌측 도구는 수평선을 만들며 글을 분리하기 위해 사용합니다. 글을 블록 설정하고 좌측정렬을 선택하면 왼쪽을 기준으로 정렬되고, 중앙정렬을 선택하면 글이 중앙을 기준으로 배열됩니다. 우측 정렬은 많이 쓰이지 않고 아랍권 언어에 사용합니다.

## 링크

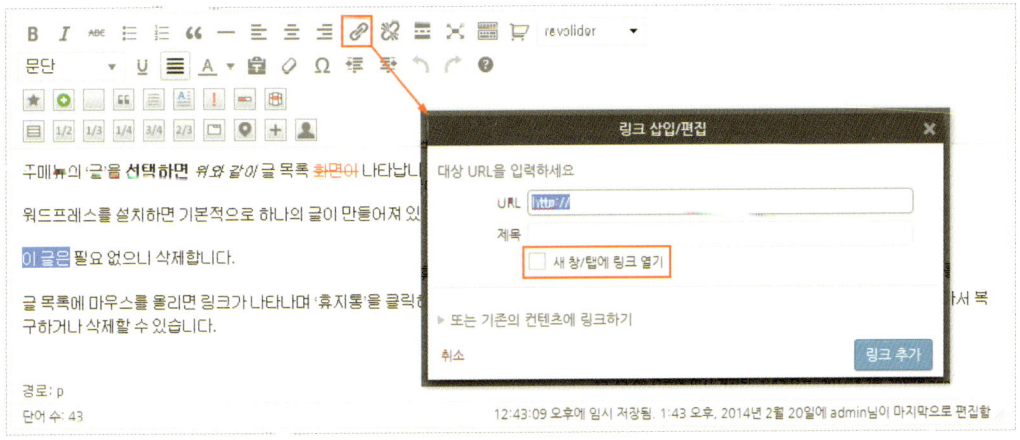

그림 1-39 링크

글자를 블록 설정하면 활성화 되지 않았던 링크 아이콘이 나타나며 이를 클릭하고 웹 사이트의 URL을 주소창에서 복사해 붙여넣으면 사이트에서 블록 설정된 글을 클릭했을 때 해당 URL로 이동합니다. 제목을 입력하면 사이트에서 해당 글자에 마우스를 올렸을 때 툴팁으로 나타납니다. 링크 아이콘 우측의 아이콘은 이러한 링크를 제거합니다.

## 더보기

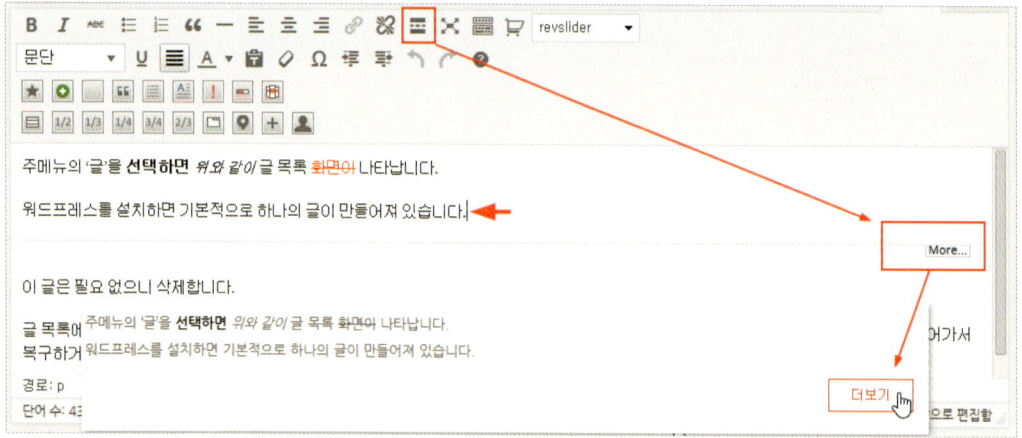

그림 1-40 더보기

사이트에는 글 목록 페이지와 단일 글 페이지가 있는데 글 목록 페이지에는 특성 이미지와 글의 처음부터 55개의 단어가 있는 글 목록이 있습니다. 단어 수를 더 제한하고자 할 경우 위처럼 원하는 곳에 클릭하고 더보기 아이콘을 클릭하면 클릭한 곳까지만 글자가 나타납니다.

## 글쓰기 집중 모드

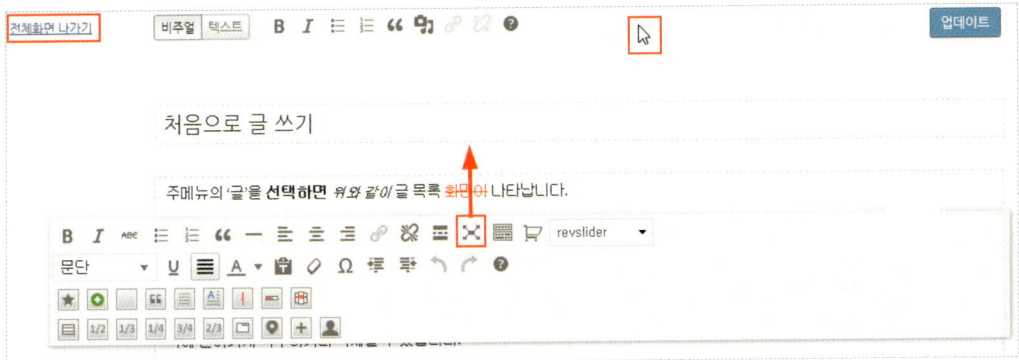

그림 1-41 글쓰기 집중 모드

전체 화면 아이콘을 클릭하면 글만 집중해서 쓸 수 있는 전체화면이 나타나며 마우스를 상단에 놓으면 도구가 나타납니다.

## 글 형식

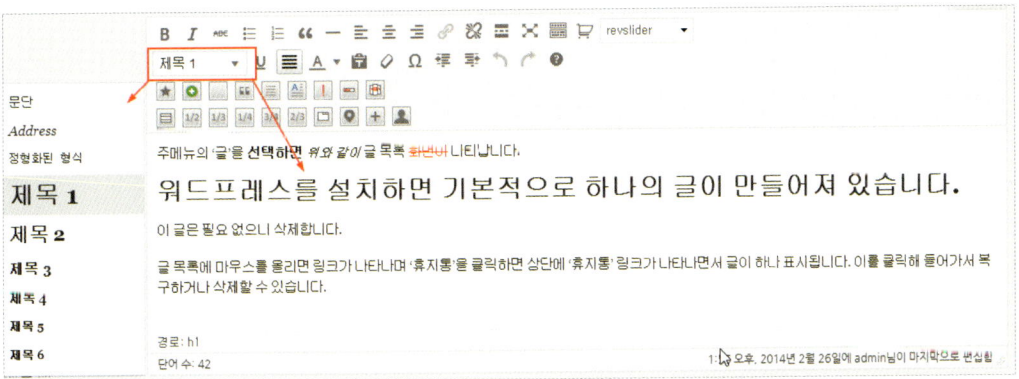

그림 1-42 글 형식

글 형식 메뉴는 블록 설정을 하지 않아도 한 문단의 형식을 변경할 수 있습니다. 따라서 문단에 클릭만 하고 글 형식에서 원하는 것을 선택하면 문단 전체에 적용됩니다.

## 밑줄, 전체 정렬

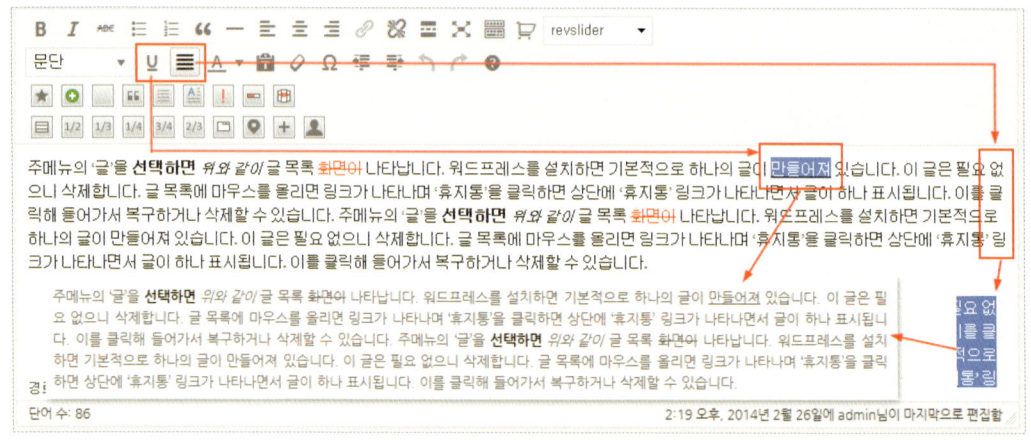

그림 1-43 밑줄, 전체 정렬

강조하고자 하는 글자를 블록 설정하고 밑줄 도구를 선택하면 밑줄이 만들어집니다. 그 옆의 도구는 전체 정렬 도구로 글 전체를 선택하고 이 도구를 선택하면 들쭉날쭉한 좌우 끝이 정렬됩니다.

## 텍스트 색상 도구

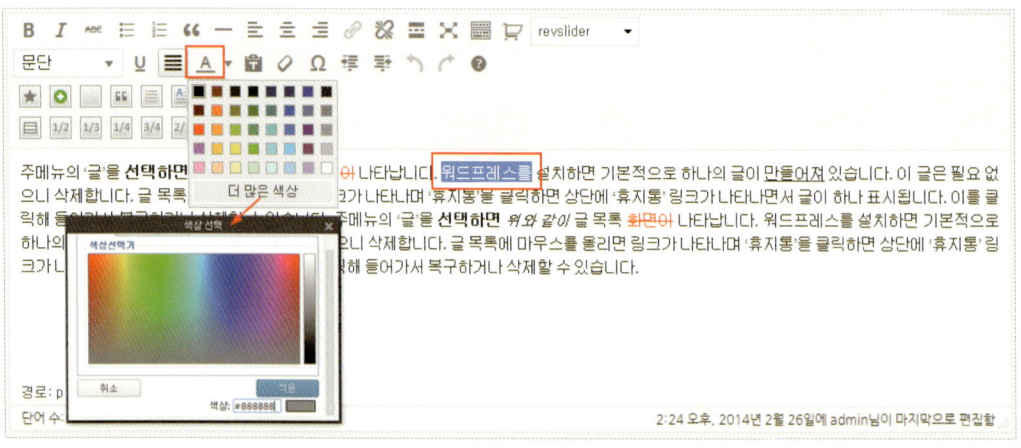

그림 1-44 텍스트 색상 도구

글자를 블록 설정한 다음 텍스트 색상 도구를 선택하고 색을 지정할 수 있고 더 많은 색상 버튼을 클릭하면 다양한 색을 만들 수 있습니다.

## 텍스트 붙여넣기

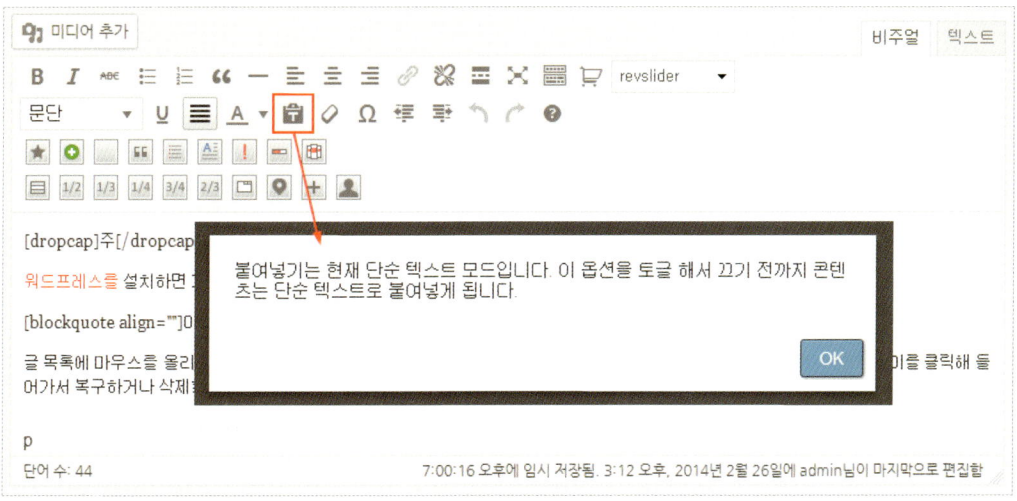

그림 1-45 텍스트 붙여넣기

글을 다른 곳에서 복사해 사용할 경우 일정한 포맷이 정해져 있을 수 있습니다. 예를 들어 인터넷의 글을 복사하면 태그나 색상 등 여러 포맷이 포함돼 있어서 그대로 붙여넣으면 원하는 형식으로 나타나지 않을 수도 있습니다. 그럴 경우 텍스트로 붙여넣기 도구를 선택하면 그림처럼 메시지가 나타납니다. OK 버튼을 클릭하면 도구가 활성화 된 상태가 되고 이후로는 포맷이 제거된 상태로 글을 붙여넣을 수 있습니다.

## 형식 제거, 특수 문자

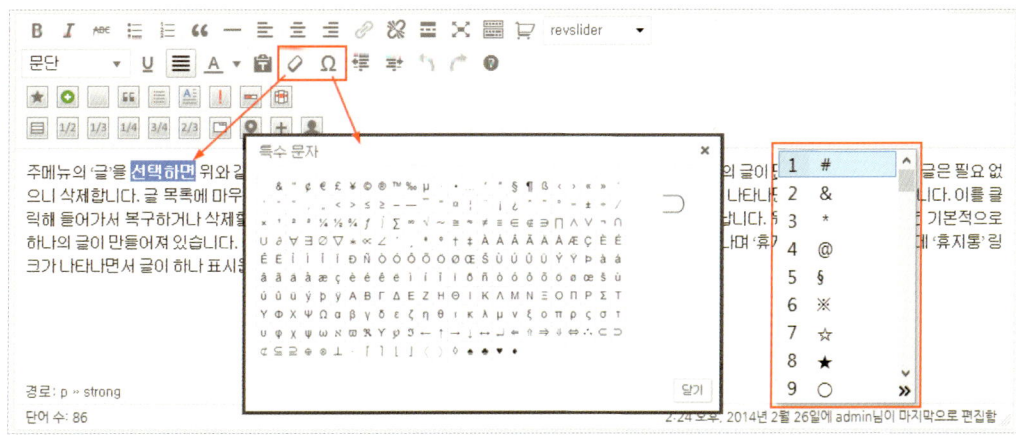

그림 1-46 형식 제거, 특수 문자

이미 도구를 사용한 글자에 대해 이를 제거하려면 형식 제거 아이콘을 클릭하고 취소선의 경우 취소선 아이콘을 클릭해야 합니다. 사용자 문자 삽입 아이콘을 클릭하면 각종 특수문자가 나타납니다. 문자를 클릭하면 커서가 있는 곳에 삽입됩니다. 한글의 자음을 입력하고 한자 키를 눌러 사용할 수도 있습니다. 그림 1-46의 우측 그림은 미음(ㅁ) 키를 누르고 한자 키를 눌렀을 때 나타나는 문자표입니다.

## Legenda 편집기 도구

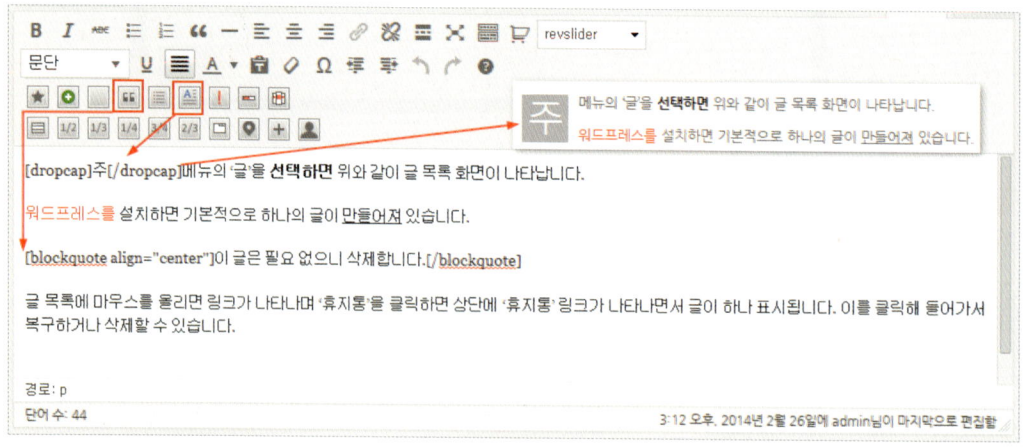

그림 1-47 Legenda 편집기 도구

Legenda 테마의 도구 모음은 주로 페이지 만들 때 사용하는 것이 많으니 여기서는 글에 사용될만한 도구만 설명하고 다른 도구는 페이지 빌더에 있는 도구이므로 생략합니다.

드롭캡은 첫 글자를 두 줄에 걸쳐 표시하는 기능입니다. 첫 글자를 블록설정하고 드롭캡 아이콘을 클릭하면 단축코드가 나타납니다. 단축코드는 각 테마에 특정된 코드로 함수에서 이미 어떤 기능을 하도록 미리 만들어뒀습니다. 그러니 같은 단축코드라도 다른 테마에서는 다르게 나타날 수 있습니다. 단축코드 사이에 영문으로 나타나는 것을 원래의 한글로 수정합니다.

인용은 이전에 알아본 기본 도구의 인용과 같은 역할을 하지만 아이콘을 클릭하면 align에 값이 없는 상태이므로 center를 입력해줘야 같은 효과가 나타납니다. left를 입력하면 글자가 좌측으로, right를 입력하면 우측으로 정렬됩니다.

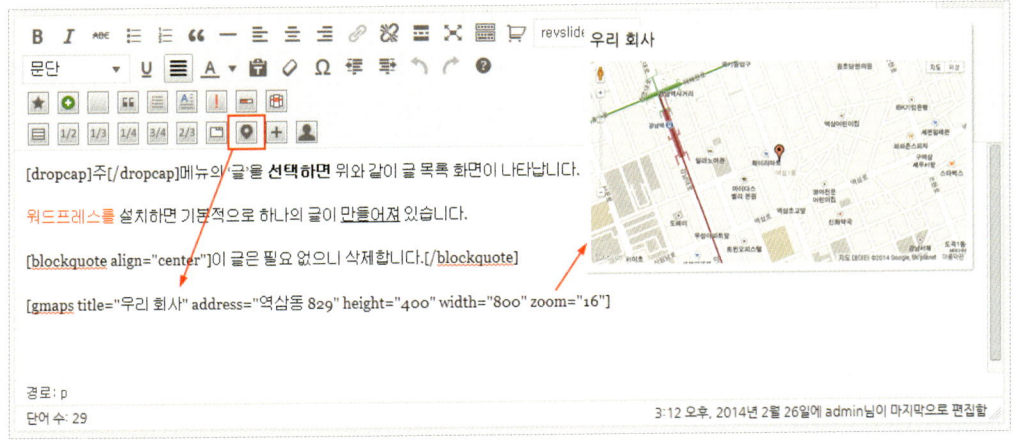

그림 1-48 구글지도

Add Google Map 아이콘을 클릭하면 구글맵 단축코드가 추가됩니다. title에 제목을 입력하고 address에 주소를 입력합니다. zoom은 지도의 확대 정도로 16이 적당합니다. 저장하고 사이트에서 보면 지도가 나타납니다.

이상으로 글 쓰기 도구모음을 알아봤는데 이들 도구는 글 작성과 페이지 만들기에서 자주 사용하는 것이니 숙지해두는 게 좋습니다. 여러 가지 콘텐츠를 만들면서 다시 설명하겠습니다.

## 카테고리 만들기

그림 1-49 카테고리 만들기

03. 워드프레스 관리자 화면  **63**

카테고리에서 '+새 카테고리 추가' 링크를 클릭하면 입력상자가 나타납니다. '워드프레스'로 입력하고 '새 카테고리 추가' 버튼을 클릭하면 카테고리가 추가됩니다. 다시 '글쓰기'로 입력하고 이번에는 상위 카테고리 선택상자에서 워드프레스를 선택하고 새 카테고리 추가 버튼을 클릭하면 워드프레스의 하위카테고리로 등록됩니다.

다음 단계는 이미지 업로드입니다. 이미지는 첨부 파일에 있으며 첨부 파일은 서문의 마지막 부분에 제 블로그 링크가 있습니다. 해당 블로그 페이지에서 찾기 쉬운 폴더로 내려받아 압축 해제해 놓습니다.

## 특성 이미지 설정

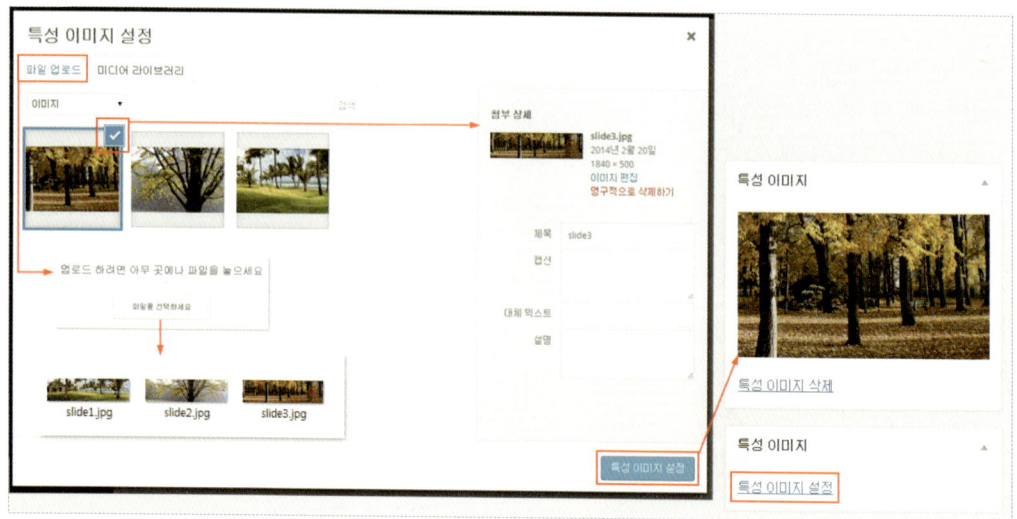

그림 1-50 특성 이미지 설정

글쓰기 화면의 우측 하단에 특성 이미지 박스가 있습니다. '특성 이미지 설정' 링크를 클릭하면 파일 업로더 창이 열립니다. '파일 업로드' 탭에서 '파일을 선택하세요' 버튼을 클릭하면 내 컴퓨터의 브라우저 창이 나타납니다. 첨부 파일의 slide1.jpg, slide2.jpg, slide3.jpg 를 선택해 업로드 하면 미디어 라이브러리 탭 창에 썸네일이 나타납니다. 내 컴퓨터에서 여러 개의 이미지를 선택할 때는 Shift 키나 Ctrl 키를 사용합니다.

하나의 이미지가 선택된 상태에서 '특성 이미지 설정' 버튼을 클릭하면 특성 이미지 박스에 이미지가 나타납니다. 특성이미지는 글 내용을 잘 표현하는 글의 대표 이미지로 생각하면 쉽습니다. 특성이미지는 테마에 따라서 사이트에서 나타나지 않기도 하고 일정한 방식으로 나타나기도 합니다. 기본 테마인 Twenty Fourteen에서는 글 상단에 큰 이미지로 나타납니다.

완료됐으면 화면 우측 상단의 공개하기 메타박스에서 공개하기 버튼을 클릭합니다. 글이 발행되고 나면 공개하기 메타박스의 우측 상단에 있는 '미리보기' 버튼을 클릭해 새 탭에서 발행한 글을 볼 수 있습니다.

위와 같은 방법으로 이미 만든 카테고리를 선택해서 글을 두 개 더 만듭니다. 이미지는 나머지 두 개를 사용합니다.

## 03 기타 메뉴

### 카테고리 메뉴

새 글 쓰기 메뉴 바로 아래에 있는 카테고리 메뉴는 글 쓰기에서 만든 카테고리를 편집하거나 새로운 카테고리를 만들 수 있는 곳입니다. 태그는 블로그에서 사용하는 것으로 웹사이트에서는 많이 사용하지 않으니 글에 추가하지 않았습니다.

### 페이지 메뉴

페이지는 웹사이드에서 아주 중요한 역할을 합니다. 워드프레스는 기본적으로 페이지 만들기 화면이 글 쓰기 화면과 거의 같습니다. 글쓰기 화면에서 작업한 방식대로 글을 만들고 발행하면 되지만 대부분의 페이지는 이런 글이 있는 것이 아니라 이미지가 있는 다양한 콘텐츠를 배치해 사용합니다. 이에 관해서는 프리미엄 테마를 설치하면 쉽게 페이지를 만들 수 있는 페이지 빌더가 있으므로 4장에서 집중적으로 만들어보겠습니다.

### 댓글 메뉴

댓글도 하나의 콘텐츠에 속합니다. 댓글을 수정하거나 스팸 처리할 수 있습니다.

콘텐츠 입력 부분을 간략하게 알아봤는데 설정 부분에 대해서는 책을 진행하면서 많은 부분에서 나오므로 개별적으로 설명하겠습니다.

# 04 유료 테마 구입

- http://themeforest.net/

웹브라우저 주소창에 위 링크를 입력하고 엔터 키를 누르면 미국의 대표적인 테마 사이트 중 하나인 씸포레스트로 이동합니다. 씸포레스트는 워드프레스뿐 아니라 각종 템플릿을 판매하는 것으로 유명한 템플릿 사이트입니다.

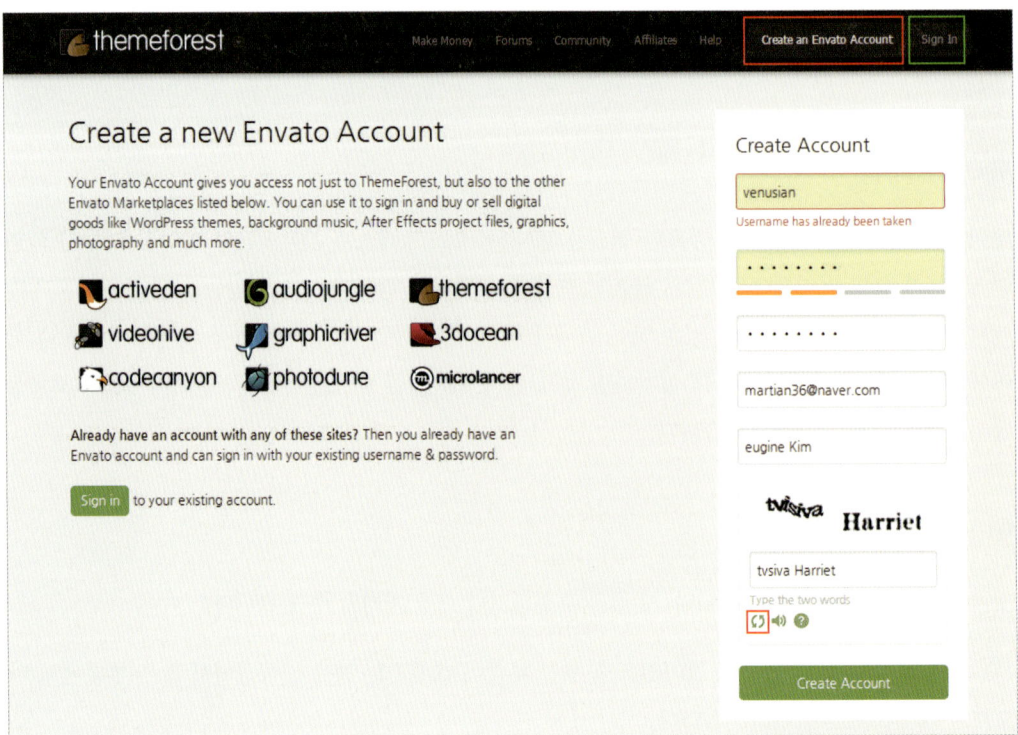

그림 1-51 씸포레스트 계정 만들기

우선 계정을 만들어야 구매할 수 있으므로 화면의 우측 상단에서 Create Account를 클릭합니다. 다음 화면에서 우측의 입력란에 각종 정보를 입력합니다. 보안 글자 입력에서 글자가 잘 안보이면 잘 보일 때까지 새로고침 아이콘을 클릭합니다. 그런 다음 Create Account 버튼을 클릭하면 다음 화면에서 이메일을 보냈다는 메시지가 나타납니다.

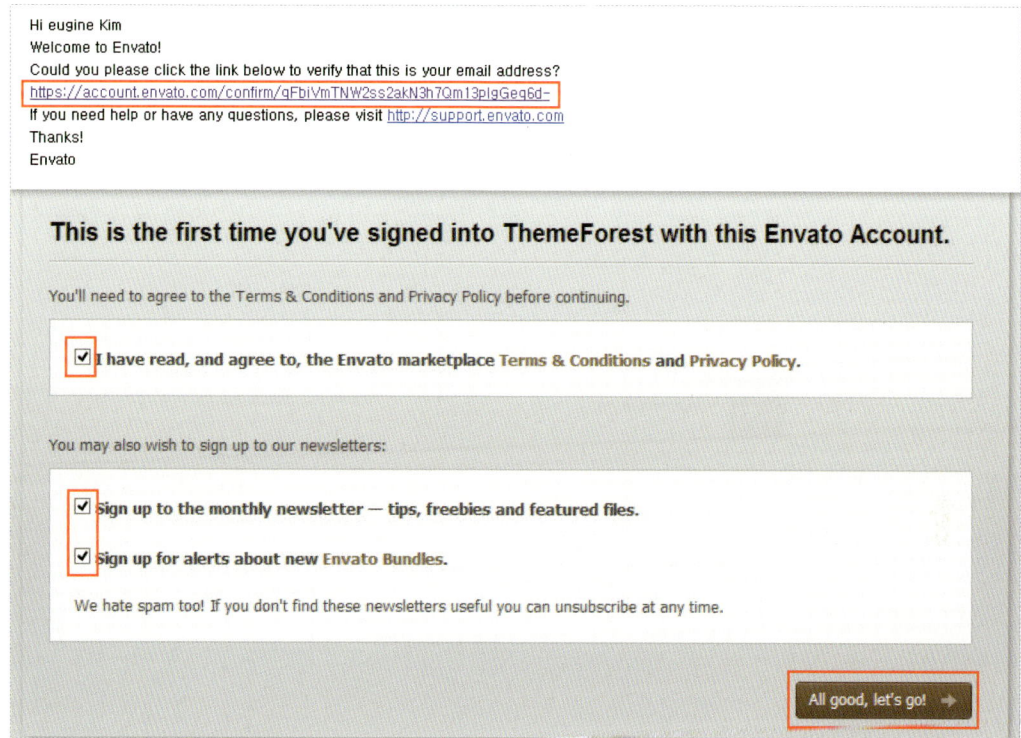

그림 1-52 씸포레스트 이용약관 동의

계정을 생성할 때 입력한 이메일에서 메일을 열고 확인 링크를 클릭하면 이용약관 동의 페이지가 나타납니다. 세 곳에 체크하고 All good, let's go! 버튼을 클릭합니다.

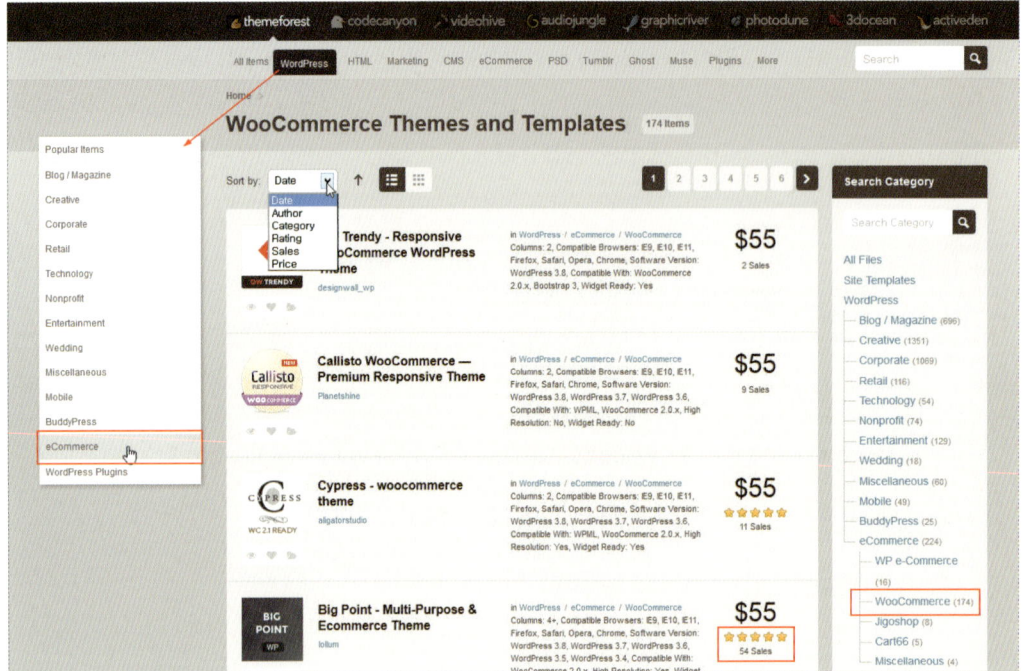

그림 1-53 테마 카테고리 선택

테마 찾기는 테마 이름을 알면 검색 상자를 이용하고 모를 경우 둘러보기로 찾습니다. 워드프레스 메뉴에서 원하는 카테고리를 선택합니다. 여기서는 쇼핑몰을 만들 것이므로 하단의 eCommerce를 선택합니다. 사이드바에서 WooCommerce를 선택하면 날짜순으로 최근에 올라온 순서대로 나타납니다. 평가(Rating) 또는 판매(Sales)순으로 보면 가장 좋은 평가를 받았거나 가장 많이 팔린 테마 순으로 나옵니다.

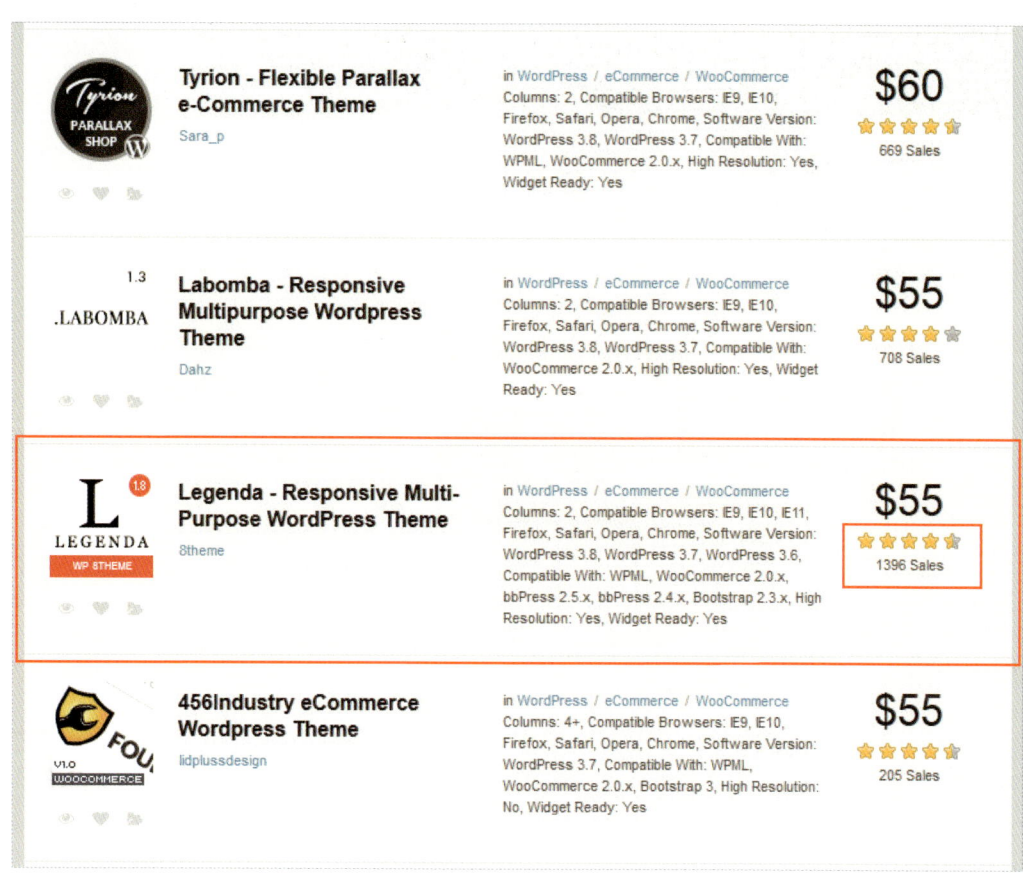

그림 1-54 테마 찾기

제 경우는 날짜 순으로 나열하고 스크롤하면서 가장 많이 팔린 테마를 주로 선택합니다. 왜냐하면 같은 시기에 나온 테마 중에서 가장 많이 팔린 테마이기 때문이죠. 그러니 많이 팔린 테마라고 해서 가장 좋은 것은 아닌 것입니다. 3년전에 나온 것이 1만개 팔린 것과 한달 전에 나와 1천개가 판매됐다면 후자가 더 좋은 테마일 수도 있습니다. Legenda 테마는 같은 시기에 나온 테마 중 판매량이 최고 두 배 차이가 납니다. 구매하고 사용해보니 그럴만한 가치가 있더군요. 상점 기능이 탁월했고 가장 많이 사용하는 페이지 빌더인 비주얼 컴포우저와 레볼루션 슬라이더 플러그인이 번들로 포함돼있고 기타 많은 플러그인이 내장돼 있습니다.

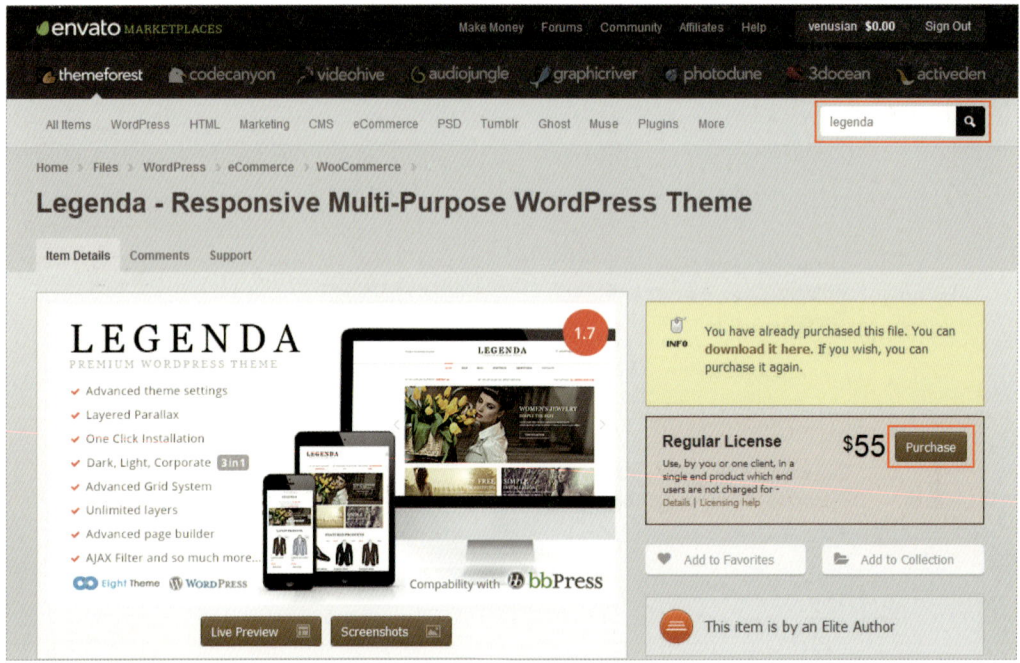

그림 1-55 테마 미리보기 및 구매

바로 찾으려면 검색창에 legenda로 검색하면 하나의 테마가 나타나며 테마 이름을 클릭하면 위와 같은 화면이 나타납니다. Live Preview 버튼을 클릭해서 어떤 테마인지 확인할 수 있습니다. 구매하기 위해 우측의 Purchase 버튼을 클릭합니다.

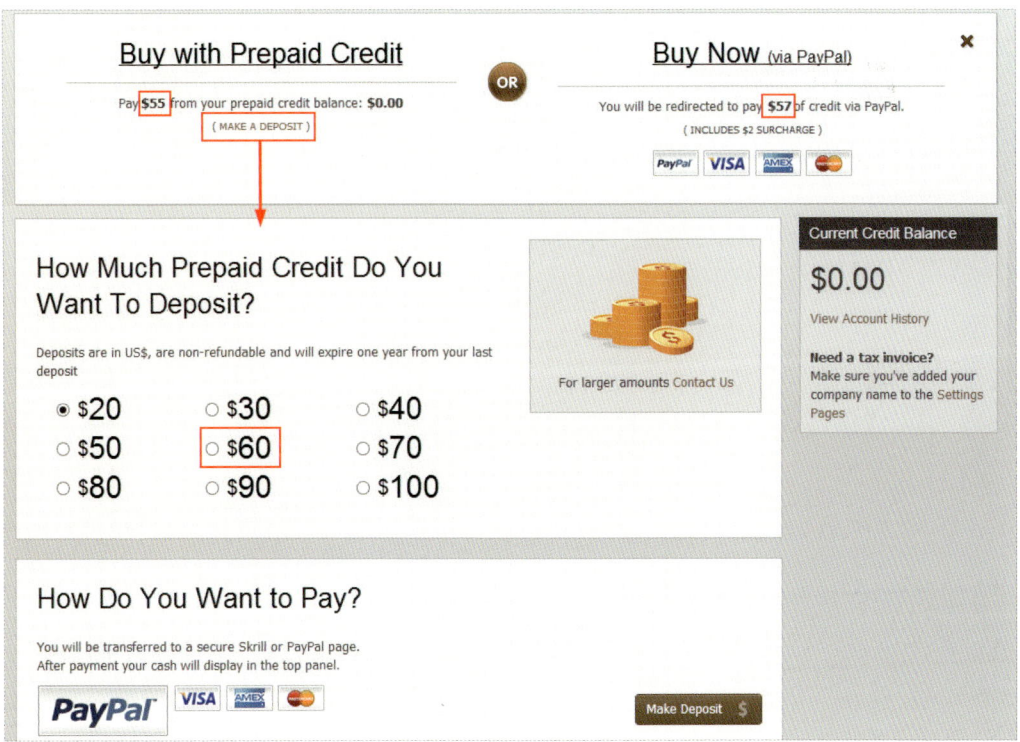

그림 1-56 결제 방법

다음 화면은 금액을 적립할 것인지 아니면 페이팔로 결제할 것인지 선택하는 화면입니다. 적립하면 추가 금액은 없고 페이팔로 바로구매 하면 2달러의 추가 금액을 내야 합니다. 이것은 적립해서 지속적인 구매를 유도하기 위한 것입니다. 앞으로 테마를 구입할 계획이라면 적립을 하는 것이 좋고 하나만 구매할 예정이라면 바로구매(Buy Now)를 하는 편이 좋습니다. 바로 구매를 위해 우측의 페이팔에서 하단의 아이콘을 선택했습니다.

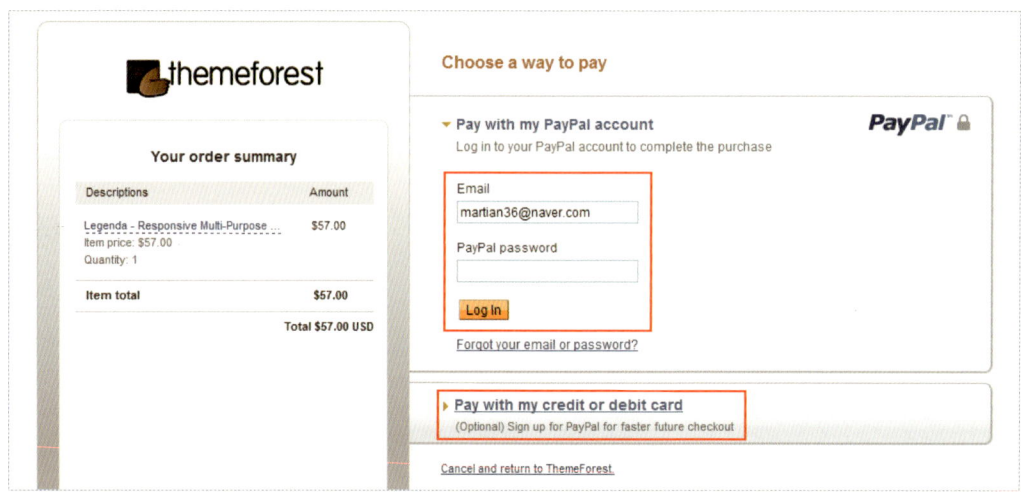

그림 1-57 결제 화면

다음 화면에서도 두 가지 방법이 있는데 하나는 페이팔 계정이 있는 경우 로그인해서 결제하는 방법이고 다른 하나는 카드로 직접 결제하는 방법입니다. 페이팔은 계정 만들기가 아주 번거롭습니다. 그래서 하단의 카드 직접 구매 링크를 클릭합니다.

그림 1-58 결제 진행

정보를 입력하고 하단에서 페이팔에 정보를 등록할 것인지 선택합니다. 플러스 아이콘을 클릭하면 창이 나타나며 등록하면 안전 결제가 가능하고 나중에 결제를 빠르게 할 수 있습니다.

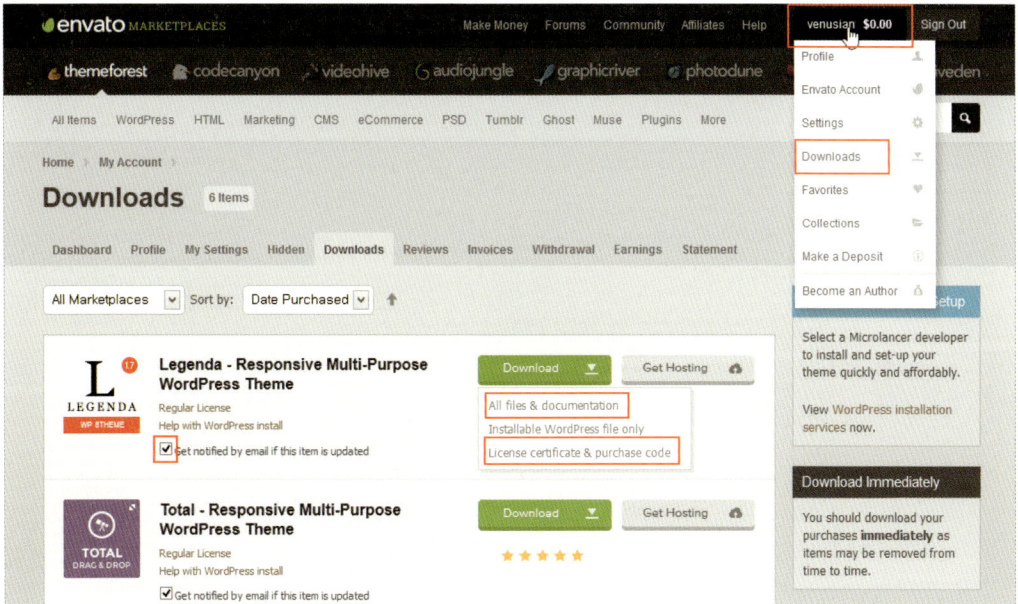

그림 1-59 파일 내려받기

결제 완료 후 상단 메뉴에서 Downloads 링크를 클릭하면 내려받기 화면이 나옵니다. 녹색의 Download 버튼을 클릭하면 세 가지 메뉴가 있습니다. All files & documentation과 License certificate & purchase code를 클릭해 내려받습니다. 라이센스 코드는 업데이트를 위해 필요합니다. 또한 업데이트가 있는 경우 이메일로 알림을 받기 위해 "Get notified by email the item is updated"에 체크합니다.

## 내려받은 파일의 구조

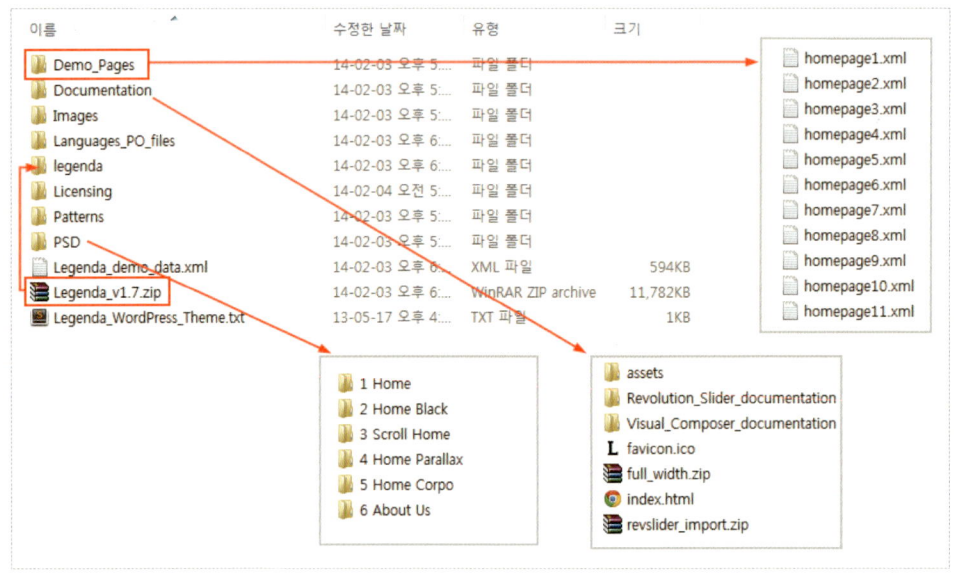

그림 1-60 내려받은 파일의 구조

All files & documentation을 클릭해 내려받으면 파일 이름이 themeforest-5888906-legenda-responsive-multipurpose-wordpress-theme.zip 파일로 돼있습니다. 이 파일의 압축을 해제하고 폴더로 들어가면 위와 같이 나옵니다. 테마로 사용할 Legenda_X.X.zip 파일을 압축 해제하면 legenda 폴더가 만들어집니다. 이 안에 실제 테마로 사용할 각종 템플릿이 있습니다.

유료 테마의 가장 좋은 점은 디자인을 참고할 수 있게 PSD 파일이 첨부돼있는 것입니다. 특히 이 테마는 사용되는 페이지의 많은 디자인이 PSD 파일로 제공됩니다. Documentation 폴더에는 테마 사용 가이드, 번들 플러그인인 레볼루션 슬라이더와 비주얼 컴포우저의 사용법이 있습니다. 또한 레볼루션 슬라이더의 데모 파일도 있습니다.

테마의 데모 사이트를 만들 수 있게 Legenda_demo_data.xml 파일이 있으며, xml 파일은 워드프레스 가져오기 기능을 이용해 설치할 수 있는데, 테마 설치 후 테마옵션 화면에서 직접 설치할 수 있습니다. 더 많은 데모 페이지를 만들어 참고할 수 있도록 Demo_Pages도 제공됩니다. 그러면 테마를 설치하고 필수 플러그인과 관련 플러그인을 설치한 다음 데모 사이트를 만들어보겠습니다.

# 05 테마와 각종 플러그인 설치

## 01 워드프레스 관리자 화면에서 설치

이 방법은 압축파일을 업로드해서 설치하는 방법으로 주로 웹호스팅에서 테마를 설치할 때 사용합니다.

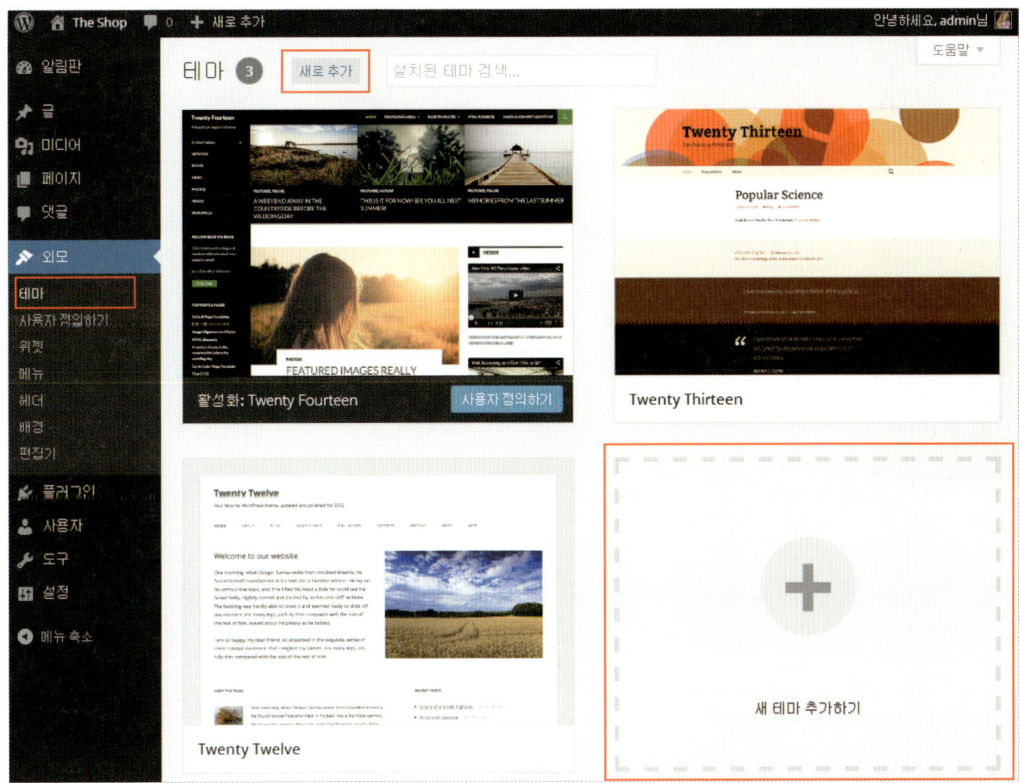

그림 1-61 테마 관리 화면

워드프레스 관리자 화면에서 외모 → 테마를 선택하면 위와 같은 화면이 나타납니다. 워드프레스는 설치 후 바로 사용할 수 있도록 기본 테마가 제공됩니다. 기본테마는 년도를 의미하는 이름을 사용합니다. 최근에 업데이트된 기본 테마인 Twenty Fourteen은 매거진 사이트에 적합한 테마로 이전에 워드프레스닷컴 사이트에서 유료로 150달러에 판매되던 Further라는 테마를 무료로 전환하면서 기본테마로 선택했습니다. 그러니 상당히 좋은 테마입니다.

관리자 화면에서 직접 설치하려면 새로 추가 버튼을 클릭하거나 빈 박스를 클릭합니다.

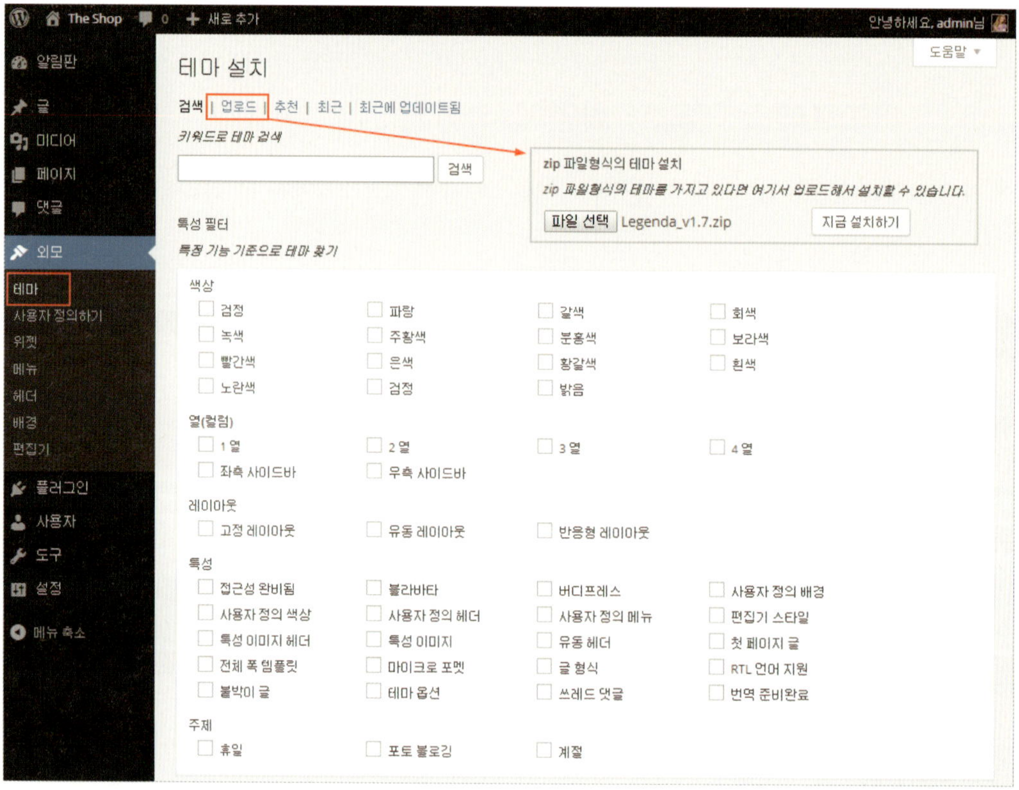

그림 1-62 테마 업로드 기능을 이용한 설치

다음 화면에는 무료 테마를 검색해서 사용할 수 있는 다양한 옵션이 있습니다. 이름을 알면 키워드로 검색하거나 필터링 해서 범위를 좁혀 선택할 수도 있습니다. 압축파일을 직접 설치할 경우 업로드 링크를 클릭하고 다음 화면에서 파일 선택 버튼을 클릭해 압축파일을 업로드하고 지금 설치하기 버튼을 클릭하면 됩니다.

여기서는 자식테마를 만들어 사용할 것이므로 폴더를 직접 업로드 하는 방법을 사용하겠습니다.

## 02 테마 폴더를 직접 업로드

웹호스팅 서버에 테마 폴더를 업로드 하려면 파일질라와 같은 FTP 프로그램을 사용하지만 내 컴퓨터의 경우는 폴더를 복사해서 바로 붙여넣는 것으로 끝납니다. 그러니 Autoset8/public_html/wordpress 폴더는 웹호스팅의 루트 디렉토리에 해당합니다.

그림 1-63 테마 폴더를 직접 업로드

내려받은 파일에서 Legenda_vX.X.zip을 압축 해제한 다음 legenda 폴더를 복사해 위 경로에 붙여넣습니다. 제 컴퓨터에서는 여러 개의 워드프레스를 설치해 실험을 하느라고 wordpress-legenda로 폴더로 돼있지만 wordpress로 생각하면 됩니다.

## 03 자식 테마 만들기

자식테마를 만들기 위해 legenda-child라는 이름으로 새 폴더를 만든 다음, legenda 폴더에서 screenshot.png 파일을 복사해 legenda-child 폴더로 붙여넣습니다.

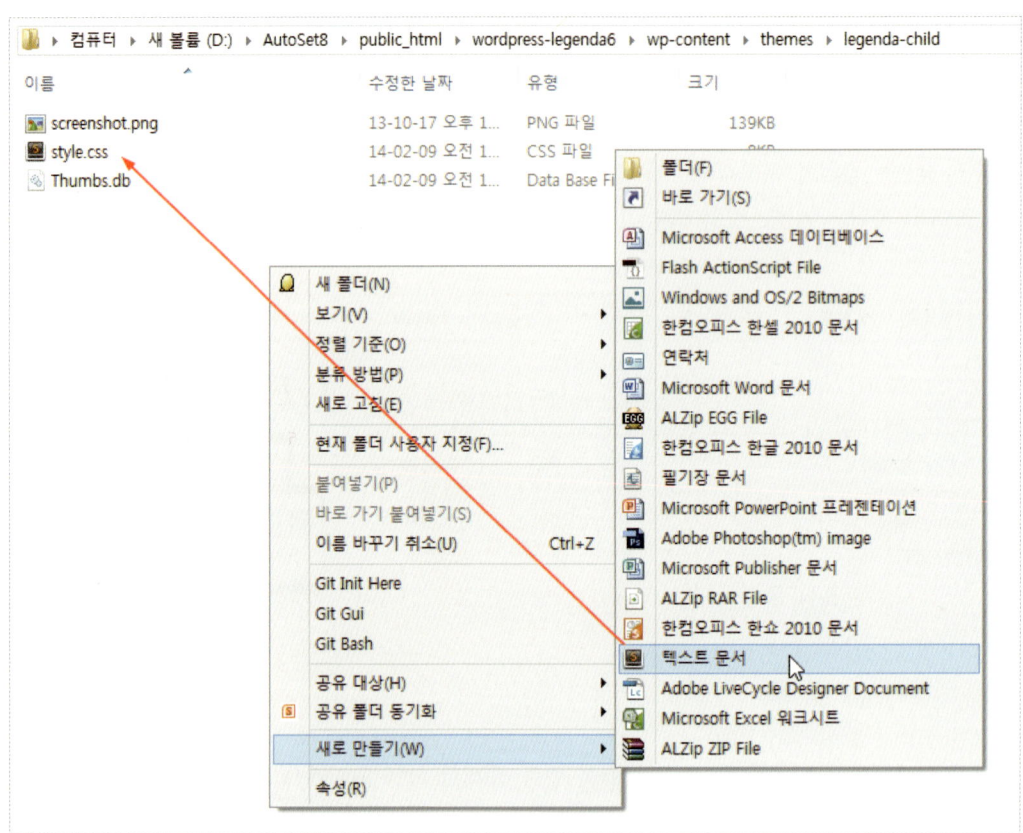

그림 1-64 자식테마 스타일시트 만들기

legenda-child 폴더로 들어가 빈 곳에서 마우스 오른쪽 버튼을 클릭한 다음 새로 만들기 → 텍스트 문서를 선택합니다. 파일이름을 style.css로 수정한 다음 엔터 키를 누르면 경고 메시지가 나타나는데 "예"를 클릭합니다. 같은 방법으로 이번에는 functions.php 파일을 만듭니다. 파일 이름이나 폴더 이름은 빈 스페이스 없이 정확히 입력해야 오류가 발생하지 않습니다. 간혹 테마 이름을 "legenda - child"처럼 대시의 양 옆에 스페이스를 추가해 테마가 인식이 안 된다는 분들도 있었습니다.

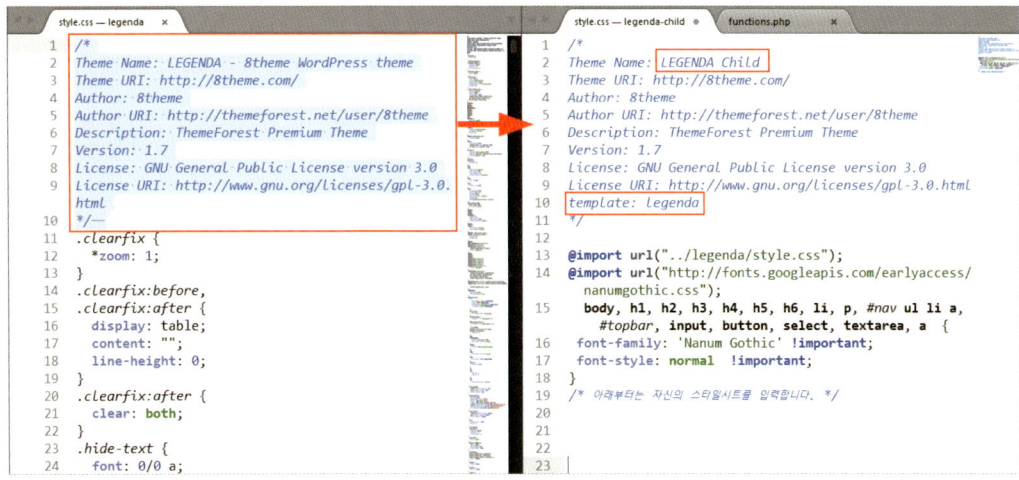

그림 1-65 스타일시트 코드 입력

부모 테마인 legenda 폴더에서 style.css 파일을 텍스트 편집기로 열고 상단의 주석 부분을 복사해 자식테마의 style.css 파일에 붙여넣습니다. Theme Name은 Legenda Child로 수정하고 주석 표시가 끝나는 */ 바로 위에 "template: legenda"를 입력합니다. 이 부분도 조심해야 합니다. template다음에 스페이스가 있으면 안되니 반드시 바로 다음에 콜론을 둬야 합니다. legenda라는 이름은 부모 폴더의 이름입니다. 이처럼 워드프레스의 주석은 테마를 인식하는데 중요한 역할을 합니다.

13번째 줄에는 부모테마의 스타일시트를 가져오는 @import 규칙을 사용했습니다. url에 경로가 있습니다. 이렇게 하면 자식테마는 부모 테마의 모든 스타일시트를 그대로 사용하게 됩니다. 바로 아래의 @import는 구글 웹폰트의 나눔고딕체를 가져오는 역할을 합니다. 각종 HTML 요소를 입력해 사이트의 모든 글자를 나눔고딕으로 만들어줍니다. 20번째 줄부터는 자신의 스타일시트를 입력해 테마를 수정할 수 있습니다. 하지만 거의 사용할 일이 없고 부득이한 경우 수정할 것입니다.

```
/*
Theme Name: LEGENDA Child
Theme URI: http://8theme.com/
Author: 8theme
Author URI: http://themeforest.net/user/8theme
Description: ThemeForest Premium Theme
Version: 1.7
License: GNU General Public License version 3.0
```

```
License URI: http://www.gnu.org/licenses/gpl-3.0.html
template: legenda
*/

@import url("../legenda/style.css");
@import url("http://fonts.googleapis.com/earlyaccess/nanumgothic.css");
body, h1, h2, h3, h4, h5, h6, li, p, #nav ul li a, #topbar, input, button, select, textarea, a  {
    font-family: 'Nanum Gothic' !important;
    font-style: normal  !important;
}
/* 아래부터는 자신의 스타일시트를 입력합니다. */
```

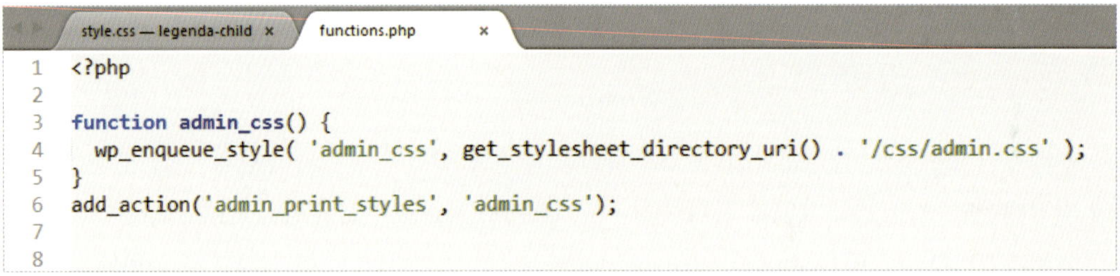

```
<?php

function admin_css() {
  wp_enqueue_style( 'admin_css', get_stylesheet_directory_uri() . '/css/admin.css' );
}
add_action('admin_print_styles', 'admin_css');
```

그림 1-66 functions.php 파일 만들기

이번에는 functions.php 파일을 열고 위와 같이 코드를 입력합니다. 이것은 관리자 화면을 나눔고 딕체로 사용하기 위한 코드입니다. 경로를 보면 css/admin.css로 돼있으니 이 경로에 admin.css 파일을 만들어줘야 합니다.

```
<?php

function admin_css() {
  wp_enqueue_style( 'admin_css', get_stylesheet_directory_uri() . '/css/admin.css' );
}
add_action('admin_print_styles', 'admin_css');
```

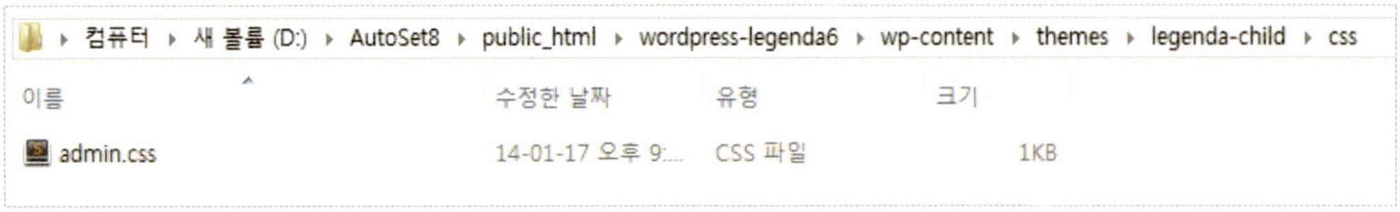

그림 1-67 관리자 화면 스타일시트 만들기

legenda-child 폴더에 css 폴더를 만들고 css 폴더로 들어가 admin.css 파일을 만듭니다. 이 파일을 텍스트 편집기에 열고 다음 코드를 추가합니다.

```css
@import url("http://fonts.googleapis.com/earlyaccess/nanumgothic.css");
  body, h1, h2, h3, h4, h5, h6, li, p {
  font-family: 'Nanum Gothic' !important;
  font-style: normal  !important;
}
```

모든 파일을 저장하고 첨부 파일에서 테마의 언어파일을 복사해 legenda/languages 폴더에 붙여 넣습니다. 워드프레스 테마관리 화면으로 가서 화면을 새로고침합니다.

## 04 플러그인 설치

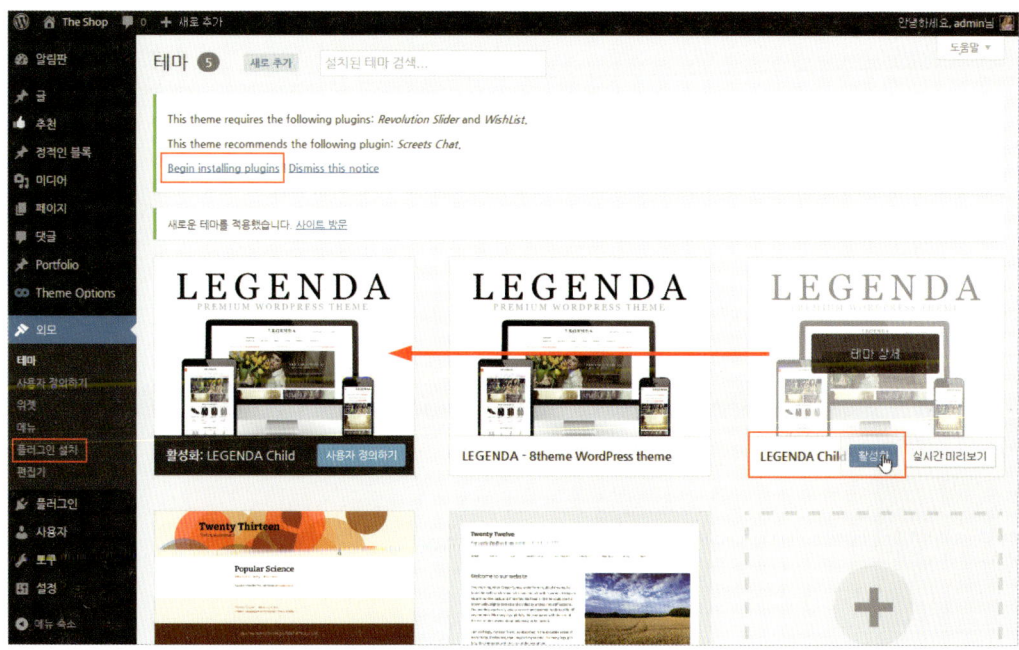

그림 1-68 자식 테마 활성화와 필수 플러스인 설치 링크

LEGENDA Child 테마에 마우스를 올려 활성화 버튼을 클릭하면 테마가 활성화 되면서 모든 글자가 나눔고딕체로 나타나고 상단에 메시지 박스가 나타납니다. 이 박스의 링크는 번들 플러그인이

나 테마에 필수로 사용되는 무료 플러그인을 설치하는 기능을 하며 이 링크는 주메뉴에도 있습니다. "Begin installing plugins" 링크를 클릭합니다.

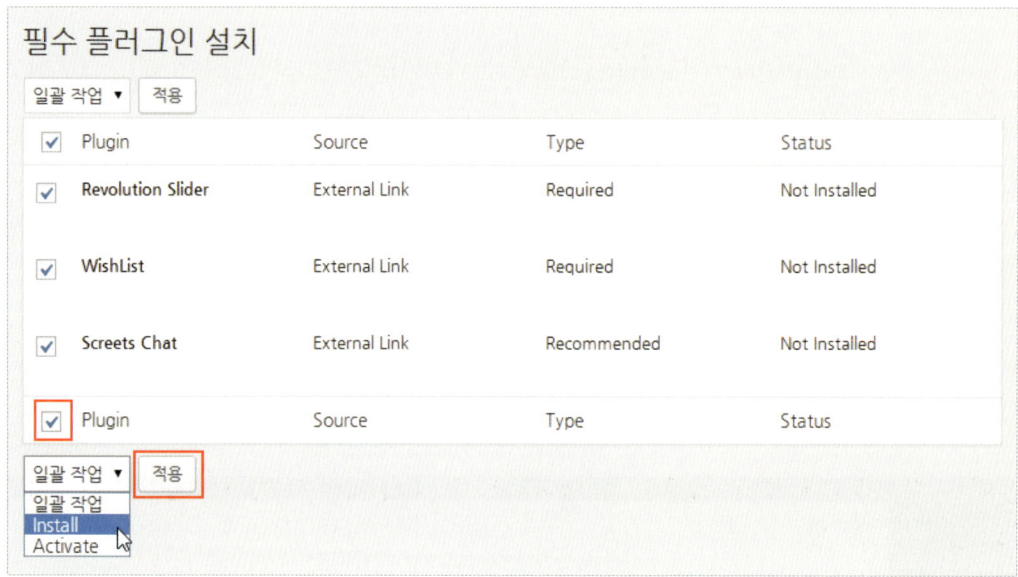

그림 1-69 필수 플러그인 설치

테마를 한글로 번역 했지만 제대로 적용이 안돼서 많은 부분이 영문으로 나타납니다. 업그레이드되면 개선될 것입니다. 목록의 상단이나 하단에서 Plugin 옆에 있는 체크박스에 체크하면 목록 전체가 체크됩니다. 드롭다운에서 Install을 선택하고 적용 버튼을 클릭합니다.

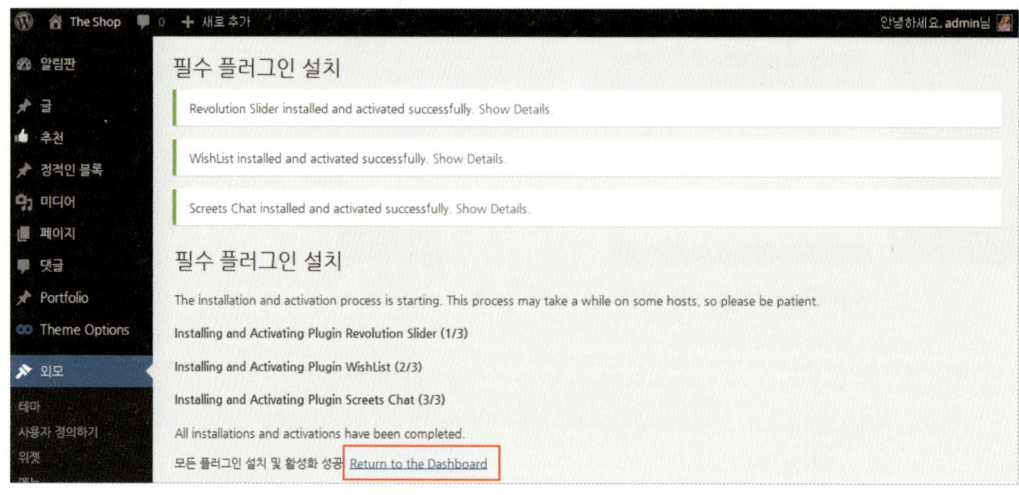

그림 1-70 플러그인 설치 및 활성화

대부분의 유료 테마는 설치 다음에 활성화 과정을 거치는데 이 테마는 한번에 활성화까지 됩니다. "Return to the Dashboard" 링크를 클릭합니다. 이 테마는 필수 플러그인만 설치하므로 쇼핑몰을 만드는 데 필요한 우커머스와 이 책에서 필요한 기타 플러그인을 설치하겠습니다.

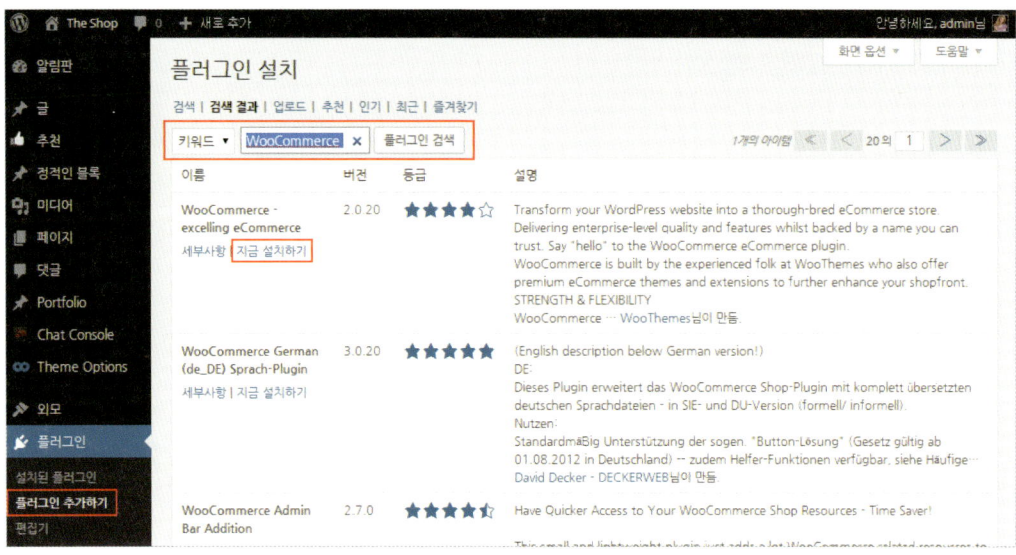

그림 1-71 추천 플러그인 설치

메뉴에서 플러그인 → 플러그인 추가하기를 선택하고 Woocommerce로 검색해 지금 설치하기 링크를 클릭합니다. 설치가 완료되면 활성화 링크를 클릭합니다.

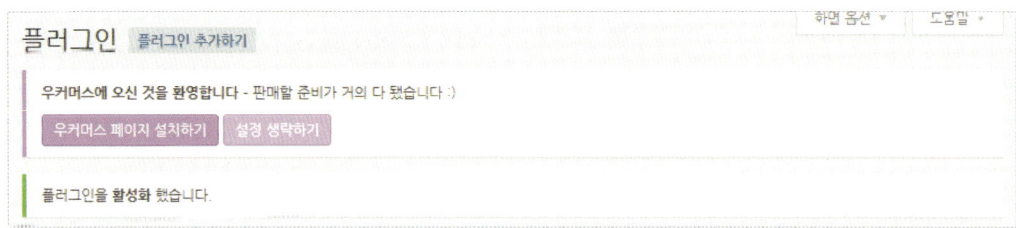

그림 1-72 우커머스 페이지 설치

활성화 후에 위와 같은 메시지 박스가 나타나며 우커머스 페이지 설치하기 버튼을 클릭해 페이지를 설치합니다.

같은 방법으로 MailChimp for WordPress, contact form 7으로 검색해 설치하고 활성화 합니다. 기본적인 플러그인만 설치했는데 필요에 따라 플러그인을 추가할 경우 앞으로는 위와 같은 설치 화면 없이 플러그인 이름만 제공하면 위 화면에서 검색하고 설치하면 됩니다.

## 05 언어 파일 설치

설치한 플러그인 중 한글로 번역한 것이 있으니 첨부 파일에서 각 플러그인 폴더에 복사해 붙여넣습니다.

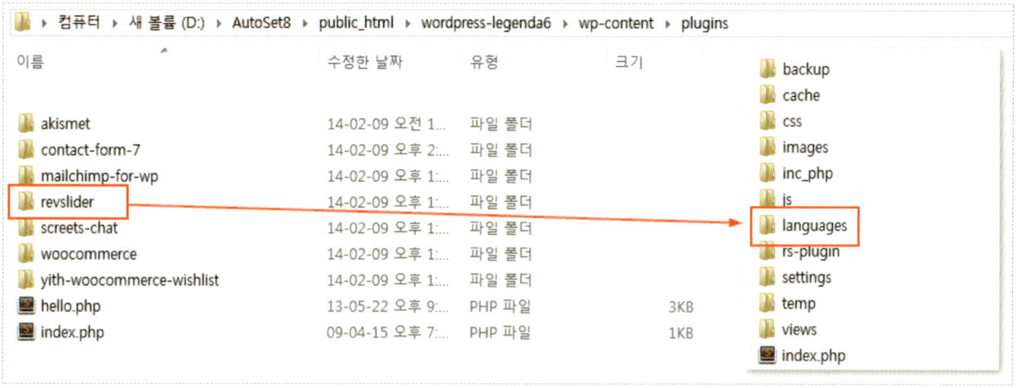

그림 1-73 언어 파일 설치

레볼루션 슬라이더는 플러그인 폴더에서 revslider 폴더의 languages 폴더에 붙여넣으면 됩니다. screets-chat는 테마의 필수 플러그인을 설치할 때 설치된 플러그인입니다. 번역 파일이 있는 플러그인은 위 revslider와 screets chat, yith woocommerce wishlist입니다. 첨부 파일에 있는 다른 언어 파일은 해당 플러그인을 설치하고 사용하면 됩니다.

## 06 플러그인의 기능

지금까지 설치한 플러그인의 기능을 간략하게 알아보면 다음과 같습니다.

- contact form 7 – 고객과 이메일로 의견을 교환할 때 사용하는 컨택트 폼을 만드는 플러그인으로 고객이 폼에 입력하고 전송 버튼을 클릭하면 관리자에게 이메일로 통지될 뿐만 아니라 고객에게도 바로 이메일 답장이 전송되며 세계적으로 가장 많이 사용하는 플러그인 중 하나입니다.

- mailchimp for wp: 고객으로부터 뉴스레터 가입을 받아 많은 고객에게 일괄적으로 뉴스레터를 보내는 기능을 합니다.
- revslider: 레볼루션 슬라이더로 이미지와 글자를 사용해서 멋진 슬라이더를 만들 수 있습니다.
- screets-chat: 사이트의 우측 하단에 배치되며 고객과 채팅을 할 수 있는 기능을 합니다.
- woocommerce: 쇼핑몰을 만드는데 필요한 플러그인입니다.
- yith woocommerce wishlist: 상품 상세 페이지에서 장바구니 버튼 옆에 버튼이나 링크를 만들어 상품을 위시리스트로 보내는 기능을 합니다.

플러그인으로는 설치하지 않았지만 기본적으로 테마에 포함된 기능으로 페이지를 쉽게 만드는 페이지 빌더인 비주얼 컴포우저와 퀵뷰(Quick View), 각종 슬라이더 플러그인이 테마에 내장돼 있습니다.

# 데모 데이터 설치 06

Legenda 테마는 데모 사이트에서 상당히 많은 데모 페이지를 제공합니다. 그 많은 페이지를 모두 가져오려면 시간이 상당히 오래 걸리므로 일부 페이지만 데모로 제공합니다. 이 책에서는 이러한 데모 페이지를 기준으로 페이지 만드는 방법을 설명합니다. 그러기 위해서는 데모 사이트를 별도로 만들어 운용하는 것이 좋습니다. 내가 실습하는 워드프레스와 데모 사이트의 워드프레스를 별도로 만드는 것이죠.

데모 데이터의 설치는 반드시 이전의 과정 즉, 각종 플러그인 설치가 우선돼야 합니다. 그래야 상품 데이터 등 각종 데이터가 제대로 설치됩니다.

## 01 새로운 워드프레스 사이트 만들기

### 데이터베이스 백업

지금까지 작업한 워드프레스에 데모 데이터를 설치하면 나중에 자신만의 사이트를 만들 때 각종 플러그인을 다시 설치해야 합니다. 그래서 지금까지 만든 것과 같은 워드프레스를 만들고 이곳에 데모 데이터를 설치하겠습니다. 이미 만든 워드프레스에는 여러 가지 테스트를 하고 백업한 워드프레스는 새로운 시험 사이트를 만들 수도 있고 실제 웹사이트에 업로드할 사이트를 만들 수도 있습니다.

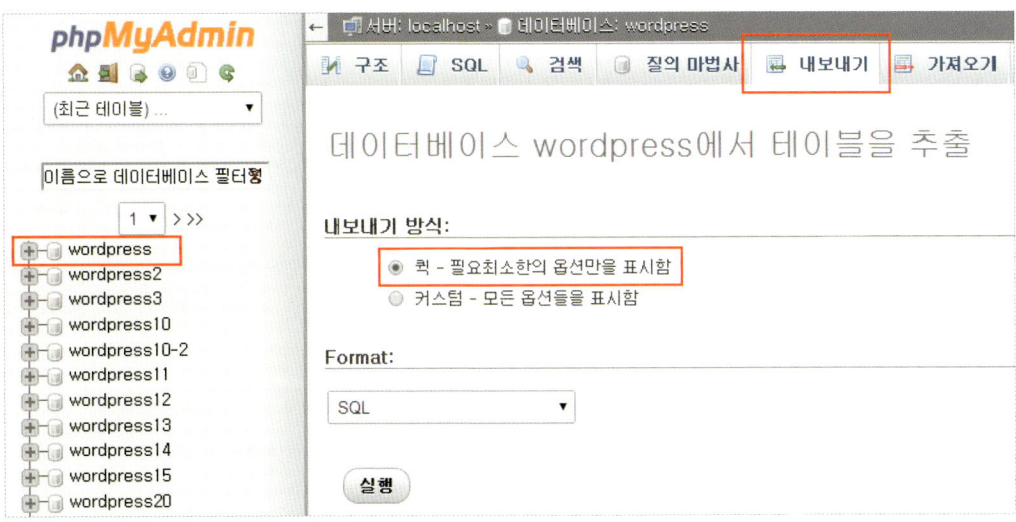

그림 1-74 데이터베이스 내보내기

phpMyAdmin을 열고 wordpress를 선택한 다음 내보내기 탭을 클릭합니다. "퀵"이 선택된 상태에서 실행 버튼을 클릭하고 wordpress.sql 파일을 Autoset/public_html/wordpress 폴더에 저장합니다.

## 워드프레스 이전

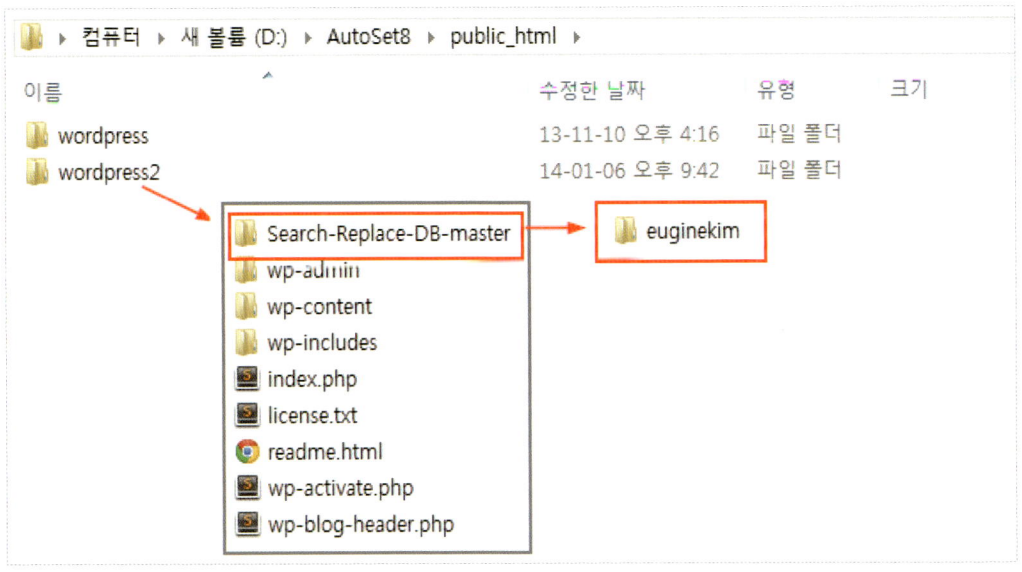

그림 1-75 데이터베이스 변경 프로그램

wordpress 폴더를 선택하고 Ctrl+C, Ctrl+V 키를 차례로 누르면 wordpress-복사본 폴더가 만들어집니다. 폴더 이름을 wordpress2로 변경합니다. 첨부 파일에서 Search-Replace-DB-master 폴더를 복사해 wordpress2 폴더에 붙여넣습니다. 폴더 이름은 자신 만이 알 수 있는 이름으로 변경하는 것이 좋습니다. 이 폴더는 데이터베이스의 특정 글자를 변경해주는 역할을 합니다. 주 기능은 URL을 변경하는데 사용하며 내 컴퓨터에서 웹호스팅으로 워드프레스를 이전하고 나서 로컬호스트의 URL을 웹호스팅 URL로 변경해줍니다. 따라서 웹호스팅에서 사용할 경우 누군가 접근할 수도 있으니 알 수 없는 이름으로 변경하는 것입니다. 여기서 작업하는 과정은 웹호스팅으로 이전하는 것과 동일한 과정을 거칩니다.

```
17   // ** MySQL settings - You can get this info from your web host ** //
18   /** The name of the database for WordPress */
19   define('DB_NAME', 'wordpress2');
20
21   /** MySQL database username */
22   define('DB_USER', 'root');
23
24   /** MySQL database password */
25   define('DB_PASSWORD', 'autoset');
```

그림 1-76 환경설정 파일 데이터베이스 이름 변경

wordpress2 폴더에서 wp-config.php 파일을 텍스트 편집기에 열고 데이터베이스 이름을 wordpress2로 변경한 후 저장합니다.

## 데이터베이스 가져오기

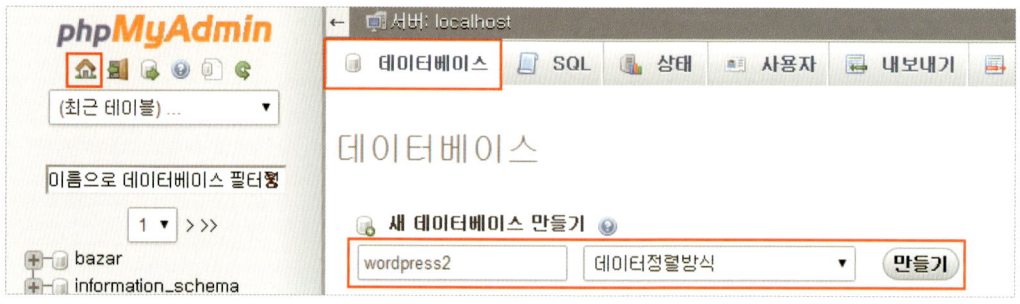

그림 1-77 새 데이터베이스 만들기

phpMyAdmin에서 홈 아이콘을 클릭하고 "wordpress2"로 새로운 데이터베이스를 만듭니다. 다음으로 wordpress 데이터베이스를 wordpress2로 그대로 가져오는 작업을 합니다.

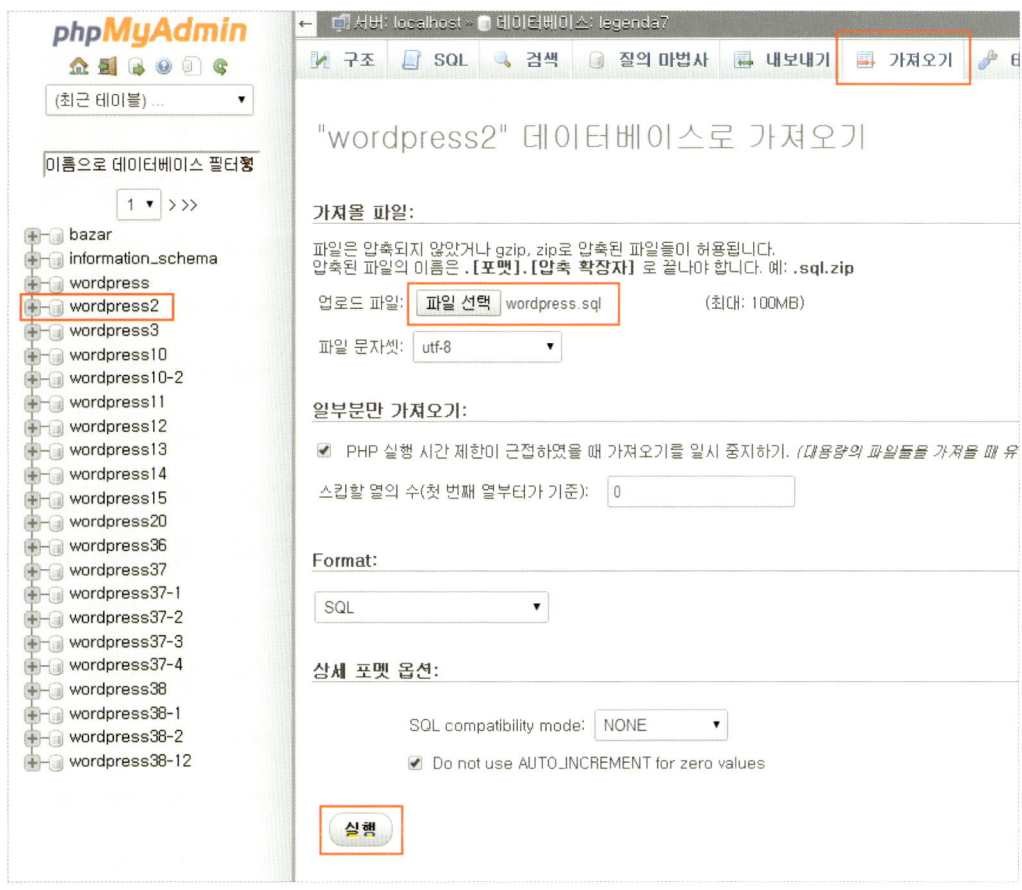

그림 1-78 데이터베이스 가져오기

wordpress2가 선택된 상태에서 가져오기 탭을 클릭합니다. 파일 선택 버튼을 클릭하고 브라우저 창에서 wordpress.sql 파일을 선택하고 실행 버튼을 클릭하면 업로드가 진행됩니다. 완료되면 상단에 성공 메시지가 나타납니다.

## 데이터베이스 변경

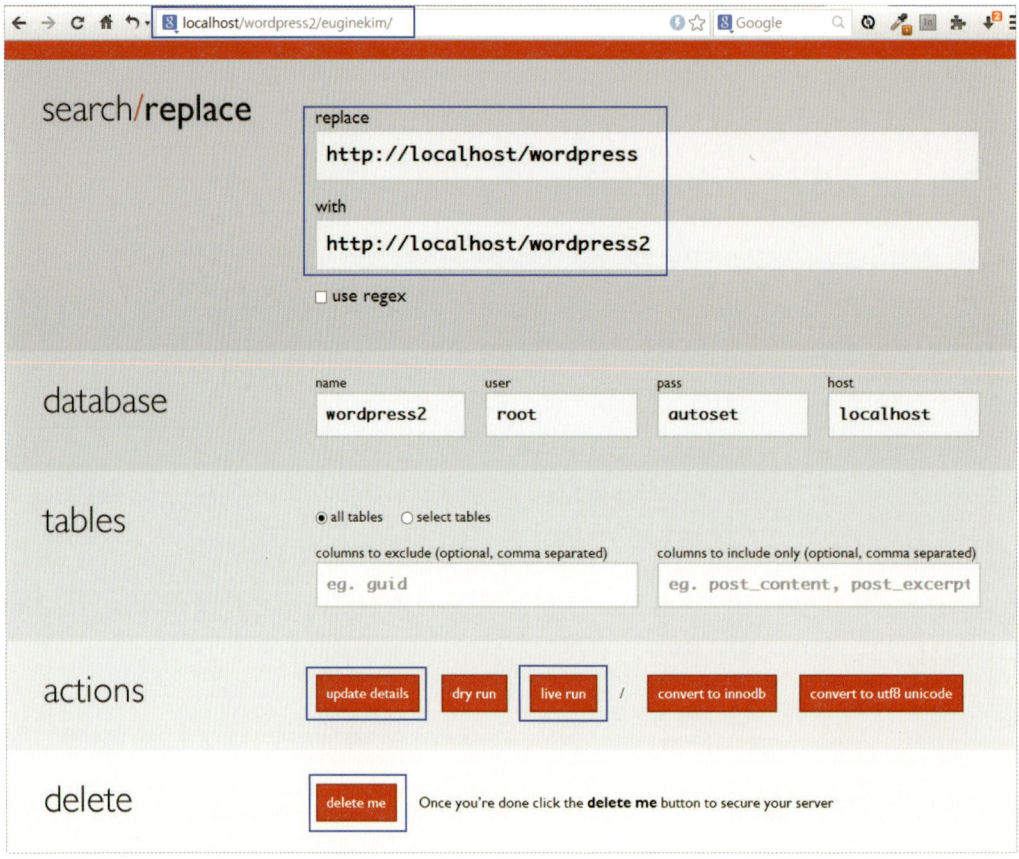

그림 1-79 데이터베이스 변경

웹브라우저의 새 탭에 wordpress2의 url을 입력한 다음 데이터베이스를 변경할 프로그램 폴더 이름을 추가하고 엔터 키를 누르면 위와 같은 화면이 나타납니다.

replace에 이전 사이트의 URL을 입력하고 with에 새 사이트의 URL을 입력합니다. update details 버튼을 클릭하고 live run을 클릭하면 데이터베이스 변경이 시작되며 하단에 교체되는 내용이 나타납니다. 웹호스팅에서 작업할 경우 완료되면 delete me 버튼을 클릭해 모든 파일을 제거합니다.

## 02 테마 데모 데이터 설치

Legenda 테마는 두 종류의 데모 데이터가 제공되는데 하나는 상점(e-commerce)용 사이트이고 다른 하나는 기업(corporate)용 사이트입니다. 하나의 데모 데이터를 가져오기 하면 이미 있는 데모 데이터는 제거되므로 또 다른 하나의 워드프레스(wordpress3)를 만들어 이곳에는 다른 데모 데이터를 가져오기 해서 참고하는 것도 좋은 방법입니다.

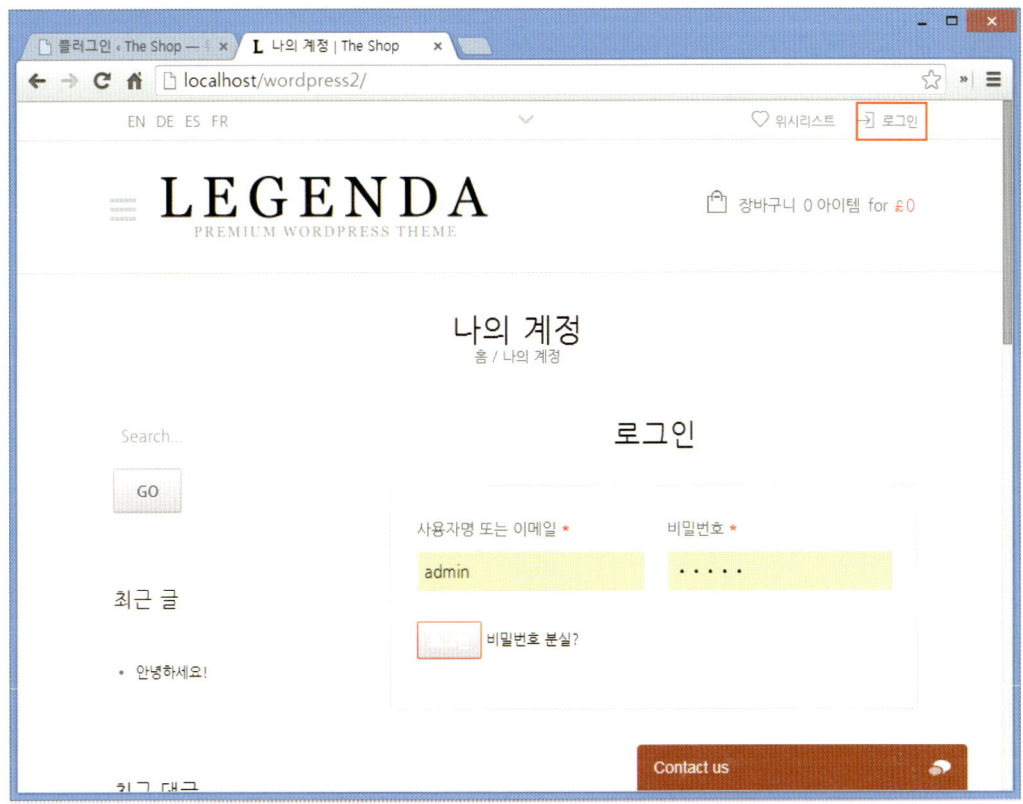

그림 1-80 새 워드프레스에 로그인

주소창에 localhost/wordpress2를 입력하고 엔터 키를 누르면 사이트 홈 페이지가 나타납니다. 로그인 링크를 클릭하고 이전의 로그인 정보를 입력해 로그인하면 상단에 툴바가 나타납니다.

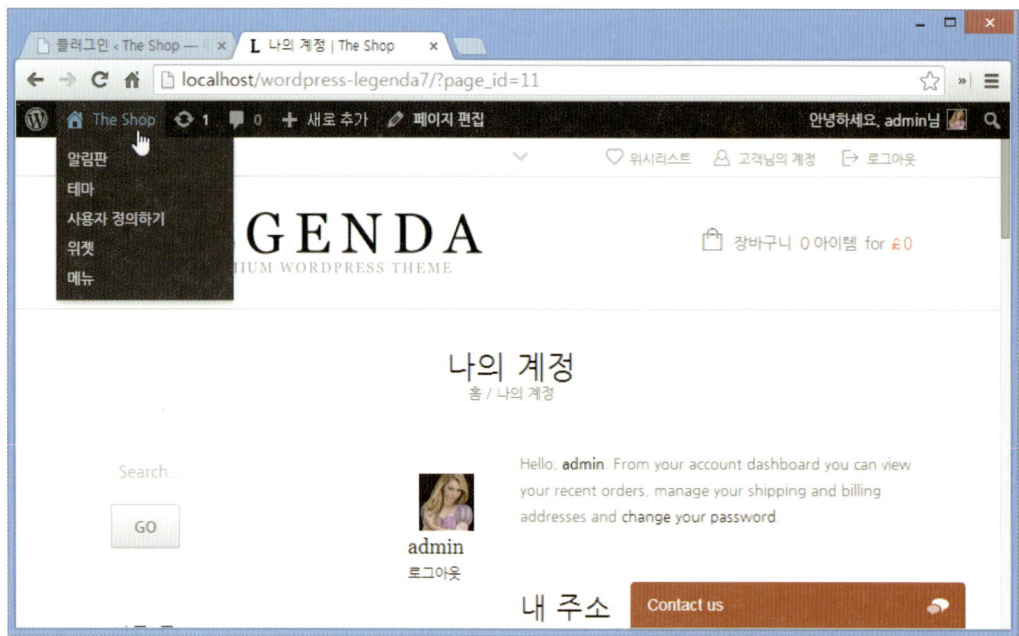

그림 1-81 툴바

툴바는 로그인한 사용자만 볼 수 있는 영역이며 이곳에서 다양한 관리자 화면으로 이동할 수 있습니다. 알림판을 클릭해 관리자 첫 화면으로 들어갑니다.

지금까지의 과정은 여러 개의 워드프레스를 간단하게 만드는 작업입니다. 워드프레스를 새로 설치하고 각종 플러그인과 테마를 설치하는 과정이 생략되므로 번거로움을 피할 수 있습니다. 더구나 상품이나 글, 각종 데이터가 많을 경우 이러한 데이터를 설치하는데 시간이 많이 소모 되므로 이런 방법을 사용하면 많은 시간을 줄여 여러 개의 워드프레스를 실험할 수 있습니다.

## 오토셋 서버 성능 향상

대부분의 유료 테마는 데모 데이터가 있습니다. 이중에 실제 이미지를 제공하는 것도 있고 더미 이미지를 제공하기도 합니다. 저작권으로 인해 배포하면 다른 사람이 사용할 수도 있기 때문입니다. 데모 데이터 설치는 워드프레스의 가져오기(Import) 기능을 이용하는데 xml 파일을 사용합니다. 이 파일에는 이미지와 데이터베이스 등 하나의 워드프레스에 사용되는 모든 데이터가 포함돼 있습니다. 그래서 상당한 용량을 차지하기도 합니다. 어떤 파일은 가져오기를 끝내고 나면 전체 용량이 수백 메가 바이트에 달하기도 합니다.

또한 메뉴 아이템도 상당히 많이 포함돼있어서 아이템 수가 백 개 이상이 있는 것도 있습니다. 메뉴를 저장하면 적용이 안되기도 하죠. 그래서 이러한 대용량의 데모 데이터를 원활하게 사용하자면 컴퓨터의 서버 용량을 늘려줘야 합니다. 방법은 오토셋의 관리자 화면에서도 할 수 있지만 일부 설정할 수 없는 것도 있기 때문에 php.ini 파일을 직접 수정하는 방법이 좋습니다. 그 방법은 다음과 같습니다.

그림 1-82 php.ini 파일 위치

Autoset/server/conf 폴더에서 php.ini 파일을 편집기로 엽니다.

```
377 ;;;;;;;;;;;;;;;;;;
378 ; Resource Limits ;
379 ;;;;;;;;;;;;;;;;;;
380
381 ; Maximum execution time of each script, in seconds
382 ; http://php.net/max-execution-time
383 ; Note: This directive is hardcoded to 0 for the CLI SAPI
384 max_execution_time =30000
385
386 ; Maximum amount of time each script may spend parsing request data. It's a good
387 ; idea to limit this time on productions servers in order to eliminate unexpectedly
388 ; long running scripts.
389 ; Note: This directive is hardcoded to -1 for the CLI SAPI
390 ; Default Value: -1 (Unlimited)
391 ; Development Value: 60 (60 seconds)
392 ; Production Value: 60 (60 seconds)
393 ; http://php.net/max-input-time
394 max_input_time = 60
395
396 ; Maximum input variable nesting level
397 ; http://php.net/max-input-nesting-level
398 ;max_input_nesting_level = 64
399
400 ; How many GET/POST/COOKIE input variables may be accepted
401 max_input_vars = 3000
402
403 ; Maximum amount of memory a script may consume (128MB)
404 ; http://php.net/memory-limit
405 memory_limit =1000M
406
```

그림 1-83 리소스 제한 변경

378 번째 줄에 보면 리소스 제한 항목이 있습니다. 여기서 실행시간(max_execution_time)을 30000으로 늘려줍니다. 그리고 401번째 줄의 max_input_vars를 3000으로 늘려줍니다. 앞에 세미콜론이 있으면 제거합니다. 또한 memory_limit도 늘려줍니다. 이렇게 수정한 다음 저장하고 오토셋을 종료한 다음 다시 시작해야 위 변경 내용이 적용됩니다.

## 데모 데이터 가져오기

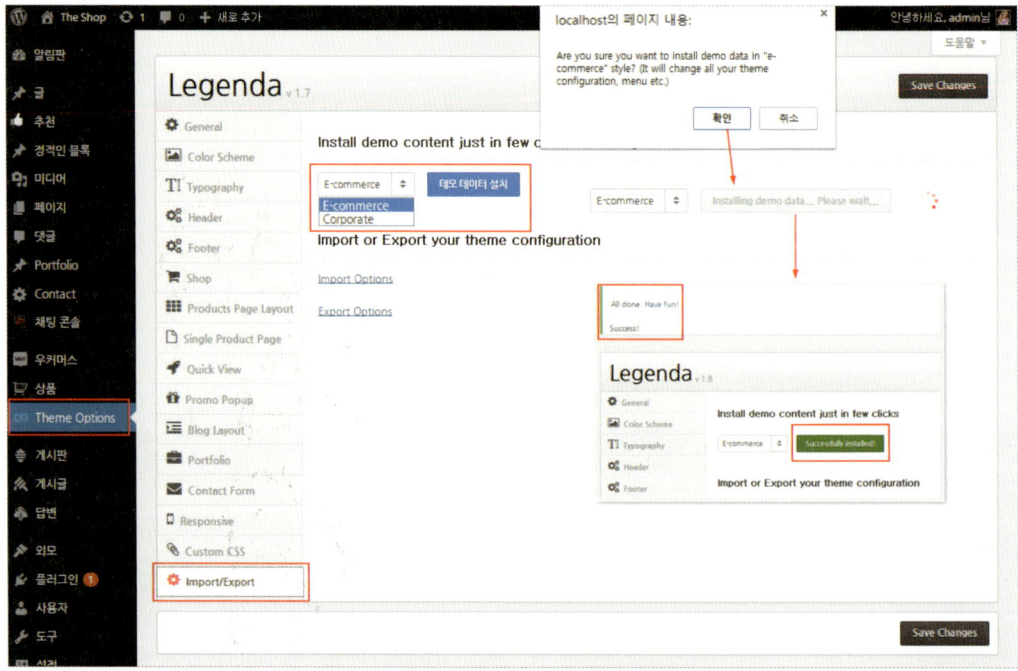

그림 1-84 데모 데이터 가져오기

관리자 화면에서 Theme Options → Import/Export를 선택하면 데모 데이터를 설치할 수 있는 화면이 나옵니다. 두 가지 데모 데이터가 있으며 여기서는 E-commerce를 선택하고 데모 데이터 설치 버튼을 클릭합니다. 경고 메시지 박스가 나타나는데 이전의 옵션이 제거되니 주의 하라는 의미입니다. 확인을 클릭하면 설치가 시작됩니다. 외국의 서버에서 가져오므로 시간이 걸리고 가끔 제대로 설치가 안됩니다. 완료가 되더라도 상품 메뉴와 외모 → 메뉴 화면에서 상품이 9개 있는지, 메뉴가 스크롤 해서 내릴 정도로 한 페이지 이상 있는지 확인해야 합니다. 정상적인 설치는 상단에 All done Have fun! 메시지가 나오며 녹색 버튼이 나타났다 사라집니다. 계속 지켜볼 수 없으니 각 화면에서 데이터가 제대로 있는지 확인하고 없는 경우 위 설치 버튼을 다시 눌러 재설치합니다.

그림 1-85 중복 메뉴 제거

저는 네 번째 만에 성공했는데 그 동안 여러 번 설치되면서 메뉴가 중복됐습니다. 외모 → 메뉴에서 하단의 테마 위치가 "메인메뉴"와 "모바일 메뉴"에 체크된 것이 모든 메뉴가 설치된 것입니다. pages 메뉴가 두 번이나 반복돼 설치 됐으니 이를 제거해야 합니다. 메뉴 바 우측의 삼각형 아이콘을 클릭하면 펼쳐지며 삭제 아이콘을 클릭하면 됩니다. 모든 메뉴를 검토해서 중복되는 것은 모두 삭제합니다. 그런 다음 메뉴 저장 버튼을 클릭합니다.

## 추가 페이지 설치

씸포레스트에서 내려받은 전체 파일에서 Demo_pages 폴더에 11개의 데모 페이지가 더 있으니 이를 설치하겠습니다.

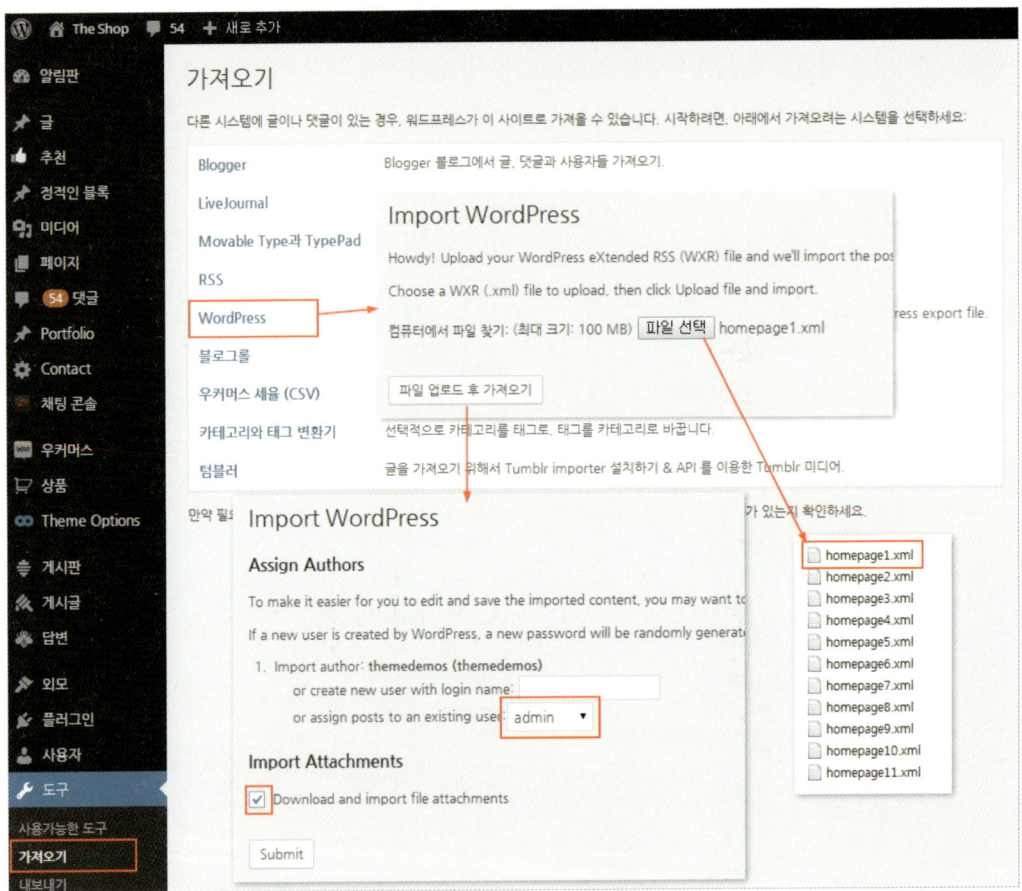

그림 1-86 XML 파일 가져오기

도구 메뉴에서 가져오기 → WordPress를 선택하고 다음화면에서 파일선택 버튼을 클릭해 Demo_pages 폴더의 homepage1.xml 파일을 선택한 후 "파일 업로드 후 가져오기" 버튼을 클릭합니다. 다음 화면의 선택박스에서 자신의 관리자 아이디를 선택하고 Import Attachments에 체크한 다음 Submit 버튼을 클릭합니다. 이런 과정을 11까지 반복합니다. 용량이 작은 파일이니 시간은 오래 걸리지 않습니다. 이렇게 설치한 추가 데모 페이지는 메뉴에 자동으로 추가되지 않으니 수동으로 추가해야 합니다.

# 03 메뉴 만들기

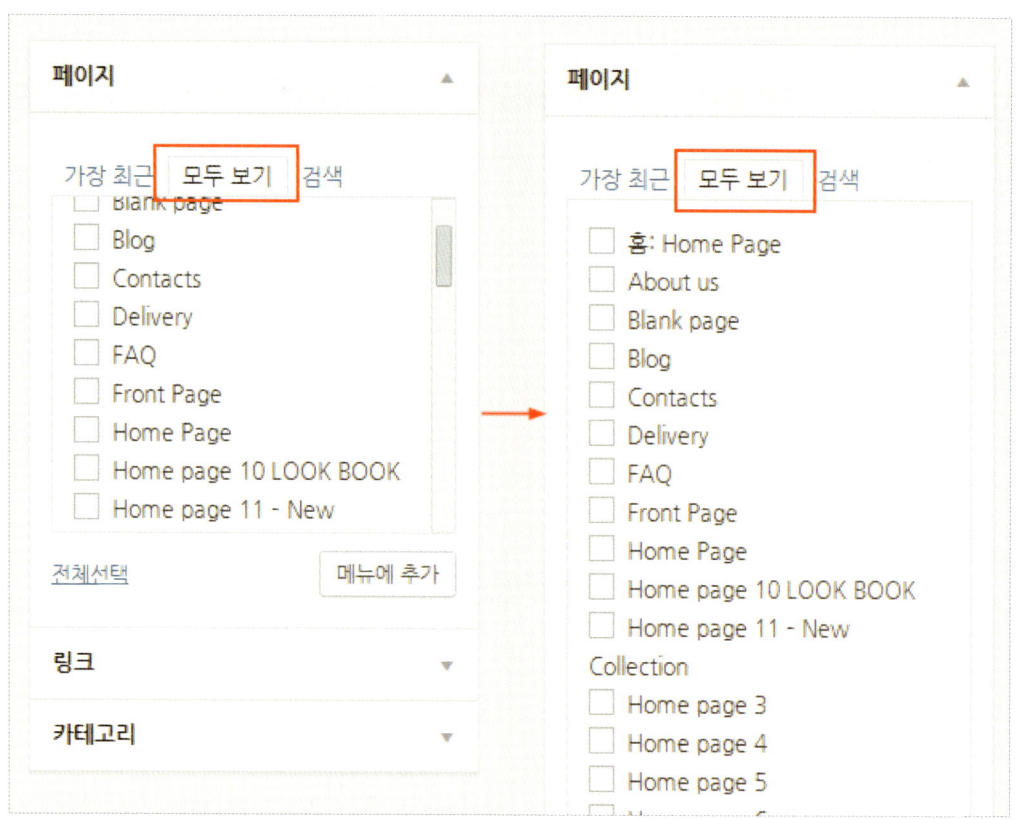

그림 1-87 페이지 박스 늘리기

외모 → 메뉴 화면으로 가서 페이지 박스의 모두보기 탭을 선택합니다. 이곳은 페이지가 추가되면 메뉴로 등록할 수 있도록 자동으로 나타납니다. 그런데 수많은 페이지가 있어서 스크롤 해서 찾아야 합니다. 많아서 어떤 페이지가 어느 곳에 있는지 찾기가 힘들죠. 그래서 스크롤 하지 않고 한눈에 볼 수 있도록 수정해주면 됩니다.

```
.posttypediv div.tabs-panel {
    max-height: 1400px!important;
}
```

이미 만들어놓은 legenda-child/css/admin.css 파일을 열고 위 코드를 입력한 후 저장하고 메뉴 화면을 새로고침하면 높이가 늘어나 있습니다. 지금 작업하고 있는 것은 localhost/wordpress2 입니다. 첫 번째 만든 localhost/wordpress는 나중에 필요할 경우 추가하면 됩니다.

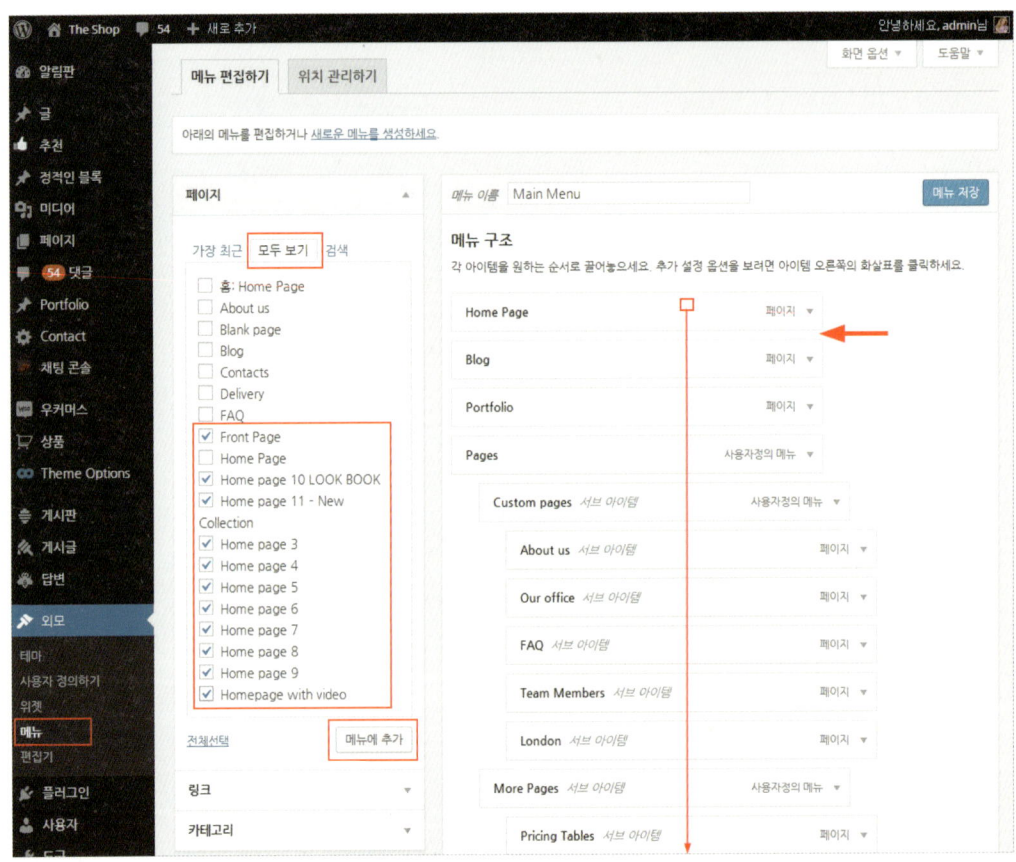

그림 1-88 페이지 메뉴 추가

페이지 박스에서 모두 보기를 선택하고 11개의 페이지에 체크한 다음 메뉴에 추가 버튼을 클릭하면 우측의 열 하단에 배치됩니다. 이 메뉴들을 Home Page 메뉴 하위 메뉴로 등록해야 하는데 하나씩 이동하자면 번거롭습니다. 그래서 Home Page 메뉴를 하단으로 이동합니다.

## 메가 메뉴 만들기

Legenda 테마는 메가 메뉴를 지원합니다. 메가 메뉴란 사이트에서 주 메뉴에 마우스를 올리면 많은 메뉴와 이미지를 보여 줄 수 있는 메뉴를 말합니다. 위에서 11개의 메뉴를 두 개의 컬럼에 배치해 한번에 보이도록 하고 이미지까지 나타나게 해보겠습니다. 모든 작업이 완료되면 위에서 하단으로 내린 Home Page 메뉴를 상단으로 이동시킬 것입니다.

그림 1-89 메뉴 계층구조 만들기

링크 바스를 열고 URL에는 샤프(파운드 사인: #)를 입력하고 링크 텍스트로 "여성의류"를 입력한 다음 '메뉴에 추가' 버튼을 클릭합니다. 같은 방법으로 "남성의류"를 만듭니다. 각 메뉴를 클릭 드래그해서 Home Page 메뉴의 하단에 배치해 위 그림의 우측처럼 만듭니다. 하위 메뉴로 만들려면 우측으로 드래그하면 됩니다.

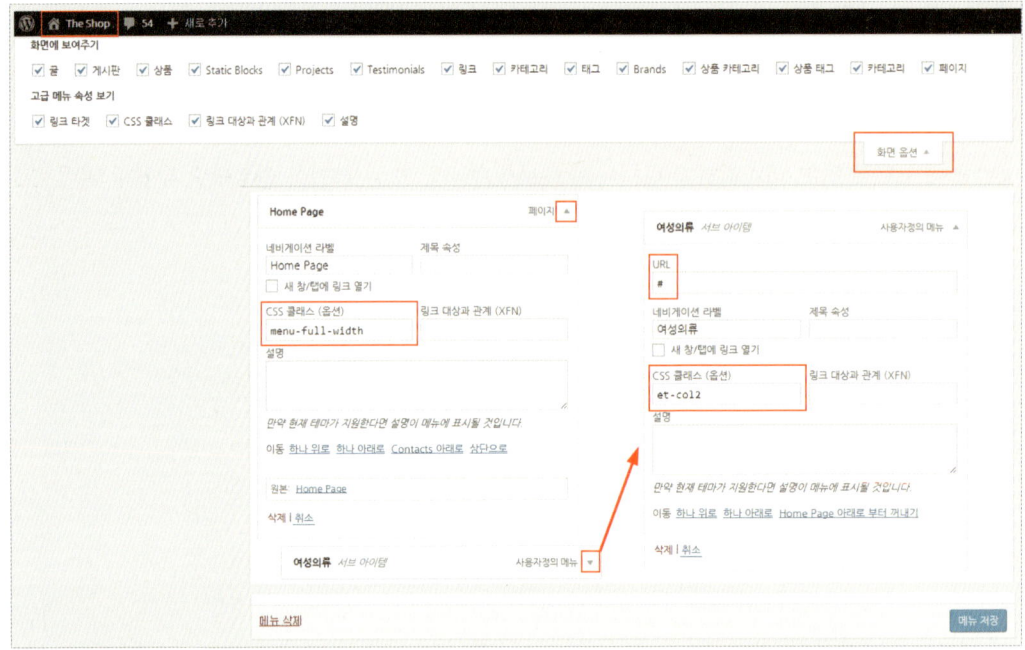

그림 1-90 메가 메뉴 선택자

메뉴 화면의 상단에서 화면 옵션 탭을 클릭하면 여러 가지 옵션 박스를 나타나게 할 수 있습니다. 모든 체크박스에 체크합니다.

Home Page 메뉴의 우측에 있는 삼각형 아이콘을 클릭해 박스를 펼치고 CSS 클래스를 "menu-full-width"로 입력합니다. 이 클래스는 메뉴를 브라우저 화면의 전체 폭을 사용하도록 만듭니다. 하위 메뉴인 "여성의류"는 URL의 샤프를 제거하고 CSS 클래스는 "et-col2"를 입력합니다. 이 클래스는 컬럼의 폭을 콘텐츠 영역 폭의 2/12로 만듭니다. 마찬가지 방법으로 "남성의류"의 메뉴를 열고 URL에서 샤프를 제거하고 "et-col2"를 입력하고 메뉴 저장 버튼을 클릭합니다.

Ctrl 키를 누르고 화면 좌측 상단의 사이트 제목을 클릭하면 새 탭에서 홈 페이지 화면이 열립니다.

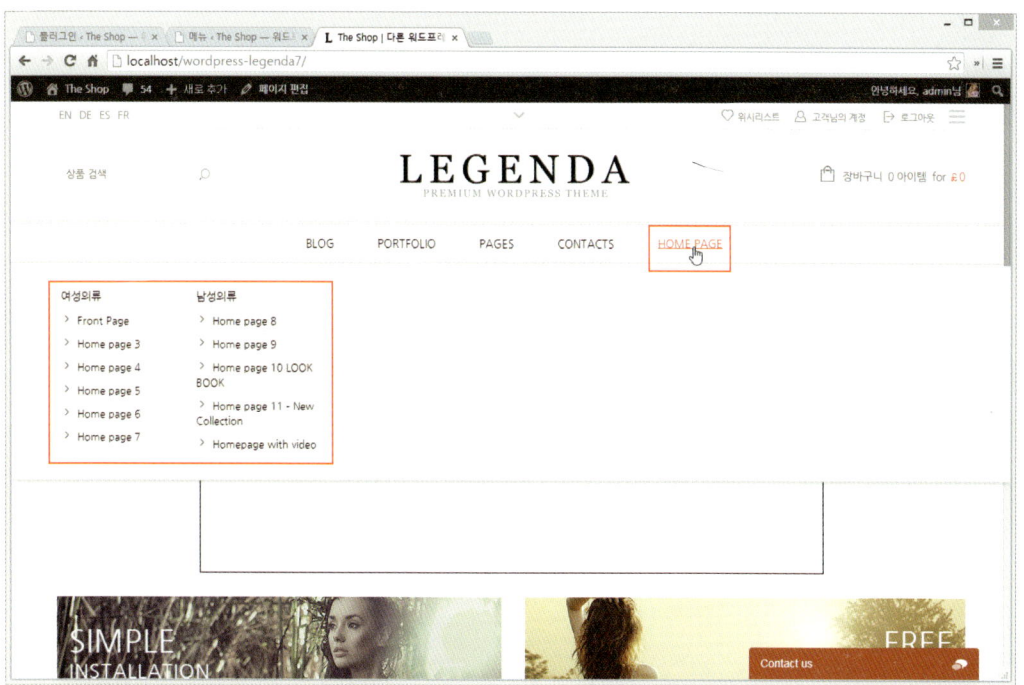

그림 1-91 사이트의 메가메뉴

우측 끝의 HOME PAGE 메뉴에 마우스를 올리면 메가 메뉴가 나타납니다. 이제 이미지를 추가해보겠습니다. 현재 메뉴 아래의 Revolutions Slider는 아직 슬라이더를 추가하지 않아서 에러 메시지가 나타납니다. 나중에 추가할 것입니다.

그림 1-92 메가메뉴에 이미지 배치

이전과 마찬가지 방법으로 링크 박스를 열고 URL에 샤프, 링크 텍스트로 "신상품"을 입력하고 메뉴에 추가합니다. 같은 방법으로 신상품1, 추천상품, 추천상품1 메뉴를 만들고 그림처럼 신상품과 추천상품은 남성의류와 같은 서열로 배치하고 신상품1과 추천상품1은 각각 신상품과 추천상품의 하위 메뉴로 배치합니다.

신상품 메뉴를 열고 URL의 #는 제거합니다. 이처럼 #를 제거하는 것은 클릭을 할 수 없게 만드는 것으로 메뉴에 마우스를 올렸을 때 커서가 손 모양으로 바뀌지 않습니다. CSS 클래스는 "et-col4"를 입력합니다.

신상품1 메뉴를 열고 URL의 #는 그대로 둡니다. 나중에 실제 페이지를 만들고 사이트의 주소 URL을 이곳에 입력하면 됩니다. CSS 클래스는 "image-item"을 입력합니다. 설명에는 설명이 아니라 이미지의 URL을 입력합니다. URL의 대괄호가 있는 부분은 단축코드로 테마 폴더까지를 표시합니다. 그러니 다음 두 개의 URL은 서로 같습니다.

[template_url]/images/assets/home1_1.png
http://localhost/wordpress/ wp-content/themes/legenda/images/assets/home1_1.png

이렇게 단축코드로 URL을 사용하면 사이트가 이동되더라도 항상 현재 사이트의 URL을 표시하게 됩니다. 모든 테마가 그런 것은 아니고 이 테마에만 적용됩니다.

home1_1.png 이미지는 테마에 이미 있는 이미지로 해당 폴더를 열어보면 다양한 이미지가 있어서 데모 사이트에서 사용할 수 있으며 실제 사이트에서 사용하면 안됩니다.

같은 방법으로 추천상품과 추천상품1을 설정합니다. 추천상품1의 CSS 클래스는 이전과 같이 "image-item"을 입력하고 설명에는 이미지 URL을 다음과 같이 입력합니다.

    [template_url]/images/assets/home1_2.png

모두 완료 했으면 메뉴 저장 버튼을 클릭합니다.

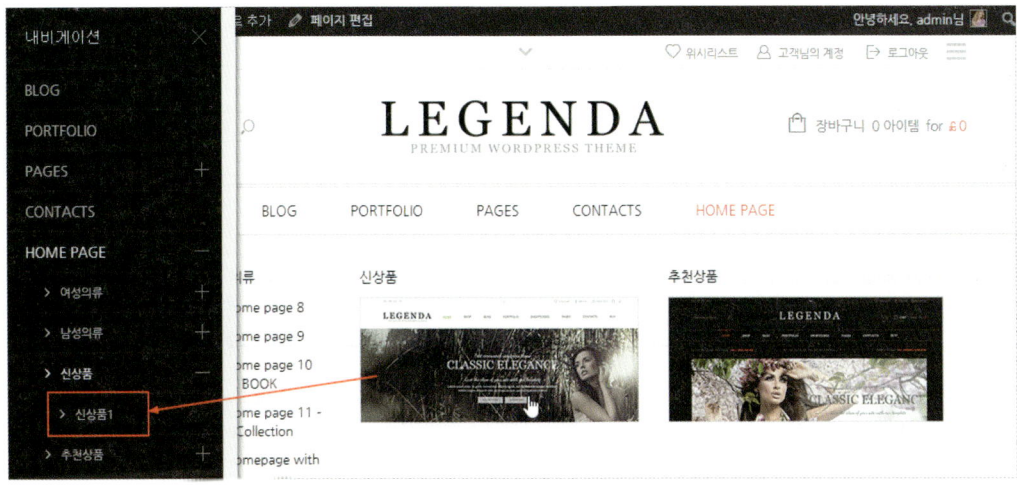

그림 1-93 메가메뉴의 이미지와 모바일 메뉴

사이트에서 새로고침 하고 HOME PAGE 메뉴에 마우스를 올렸을 때 이미지가 나타나며 모바일에서는 이미지가 아닌 텍스트로 전환됩니다. 웹브라우저의 폭을 줄이면 상난의 수메뉴가 사라지고 로고 옆에 ☰ 형태의 아이콘이 나타나며 이 아이콘을 클릭하면 모바일 메뉴가 나옵니다.

## 주메뉴 정리하기

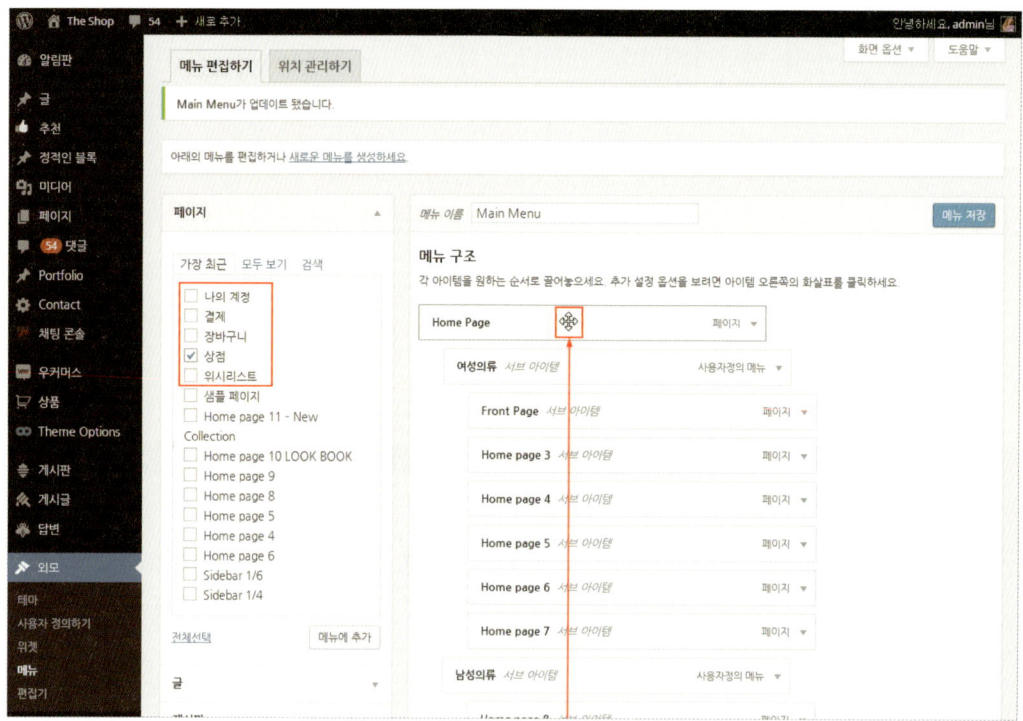

그림 1-94 메뉴 이동 및 상점 메뉴 추가

모두 완료됐으면 Home Page 메뉴를 클릭 드래그해서 상단으로 배치합니다. 하위 메뉴는 같이 따라옵니다. 다음으로 페이지 박스의 '가장 최근' 탭을 클릭하고 보면 최근에 설치된 페이지가 보입니다. 빨간 박스의 페이지 중 위시리스트는 위시리스트 플러그인에 의해 만들어진 것이고 나머지는 우커머스에 의해 만들어진 것입니다. Legenda 테마는 사이트에서 상단바 메뉴에 위시리스트, 나의 계정, 장바구니 메뉴가 기본적으로 배치돼있습니다. 그러니 위의 새로 만들어진 페이지 중 배치해야 하는 페이지는 나의 계정, 결제, 상점입니다. 상점은 주메뉴에 배치하고 나의 계정과 결제는 상단바에 배치하겠습니다.

우선 상점만 체크해서 메뉴에 추가버튼을 클릭해 Main Menu에 추가하고 원하는 곳에 끌어놓아 배치합니다. Home Page 메뉴 다음에 배치하는 것이 좋겠습니다. 하위 메뉴가 아닌 동등한 서열로 다음 순위로 배치하는 것입니다. 블로그 메뉴 바로 위에 배치하면 됩니다.

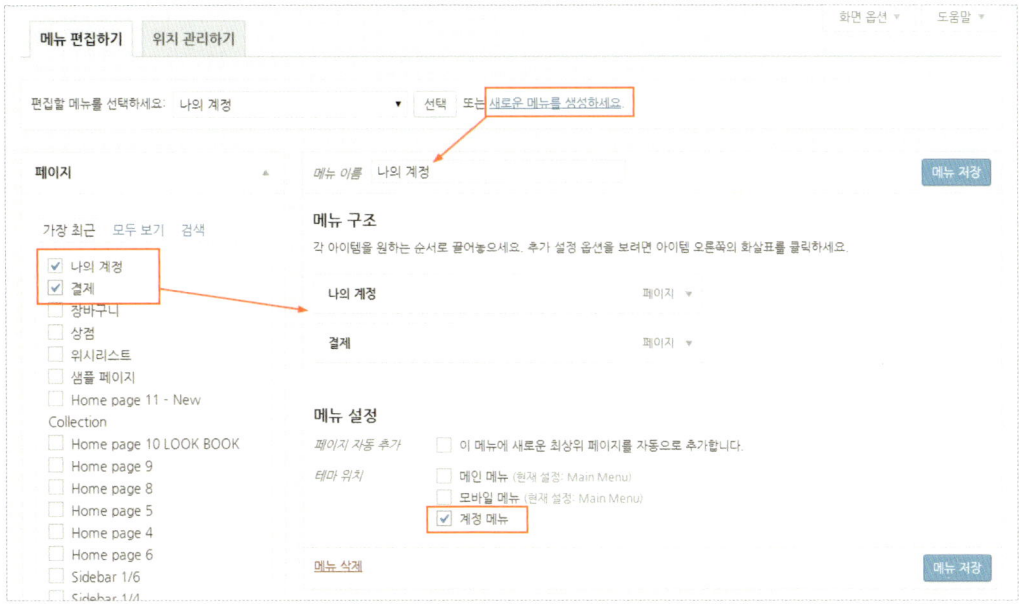

그림 1-95 계정 메뉴 만들기

"새로운 메뉴를 생성하세요" 링크를 클릭하고 메뉴 이름에 나의 계정이라고 입력한 뒤 엔터 키를 누릅니다. 페이지 박스에서 나의 계정과 결제 페이지를 체크하고 메뉴에 추가한 다음 하단의 메뉴 설정, 테마 위치에서 "계정 메뉴"에 체크 한 후 메뉴 저장 버튼을 클릭합니다.

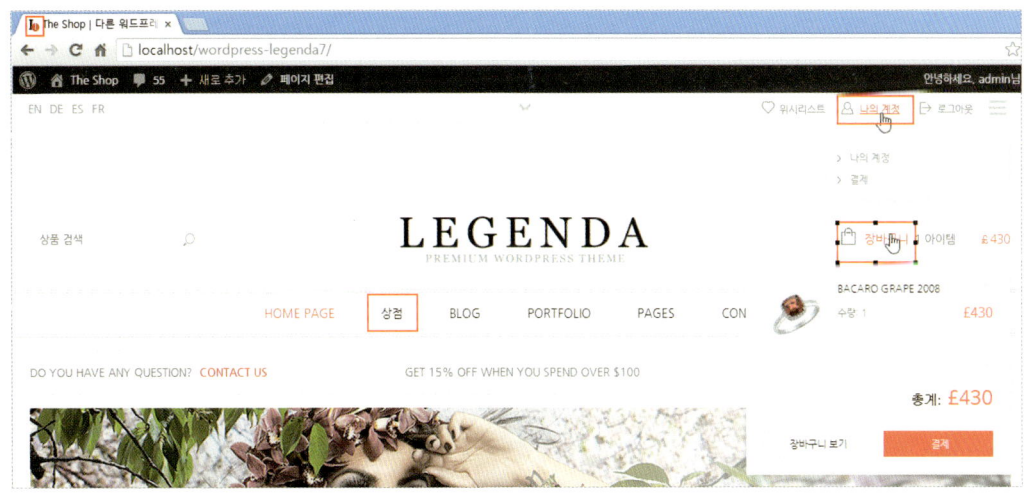

그림 1-96 사이트의 계정 메뉴

06. 데모 데이터 설치  **105**

사이트에서 새로고침 하고 나의 계정에 마우스를 올리면 서브 메뉴가 나타납니다. 하나의 상품을 장바구니에 넣고 장바구니 메뉴에 마우스를 올리면 상품 목록이 나타납니다. 또한 장바구니에 상품이 있는 경우 브라우저의 탭에 상품 개수가 표시되며 이 설정은 테마 옵션에서 할 수 있고 테마 옵션에 대해서는 나중에 자세히 알아보겠습니다.

## 각종 배지(Badge) 사용하기

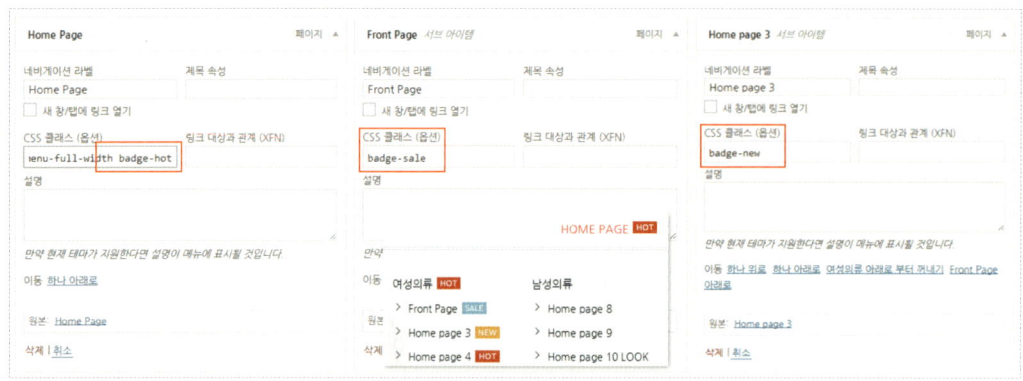

그림 1-97 테마의 각종 배지

Legenda 테마의 메뉴에는 배지(Badge)를 추가할 수 있습니다. CSS 클래스 입력란에 badge-hot, badge-sale, badge-new를 입력하면 그림처럼 메뉴 옆에 배지가 나타납니다. 이미 클래스가 있는 경우 한 칸 띄고 입력합니다. 배지는 중복해서 입력하면 하나만 나타납니다.

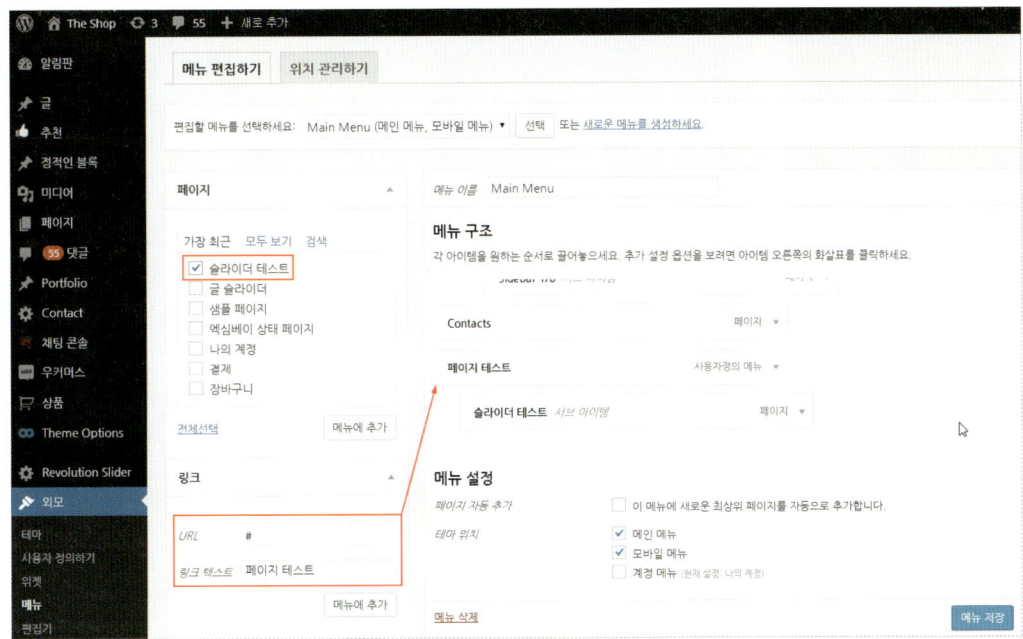

그림 1-98 테스트 페이지 메뉴

4장에서 페이지 빌더를 사용해 추가되는 테스트 페이지는 메뉴 화면에 계속 추가합니다. 링크 박스를 열고 '페이지 테스트'로 메뉴를 만들어놓고 추가되는 테스트 페이지는 하위메뉴로 등록합니다.

# 04 레볼루션 슬라이더 사용

### 관리자 화면의 주메뉴 재배치

현재 관리자 화면은 테마와 플러그인을 설치하면서 메뉴가 많아져 주로 쓰는 메뉴가 하단에 놓이는 경우가 있습니다. 레볼루션 슬라이더가 하나의 예인데 최하단에 배치돼있어서 스크롤 해서 내려야 하는 번거로움이 있습니다. 이는 Menu Editor라는 플러그인 설치로 간단하게 해결할 수 있습니다.

플러그인 설치하기 화면에서 Admin Menu Editor로 검색해서 설치하고 활성화 합니다.

그림 1-99 관리자 메뉴 편집기

메뉴에서 설정 → Menu Editor를 선택하고 하단에 있는 Revolution Slider를 중간쯤으로 클릭 드 래그 해 이동한 다음 Save Changes 버튼을 클릭하면 완료입니다. 메뉴 감추기 등 여러 가지 기능 이 있으니 자세한 내용은 제 블로그 글을 참고하세요(http://martian36.tistory.com/1312)

## 레볼루션 슬라이더 데모 데이터 가져오기

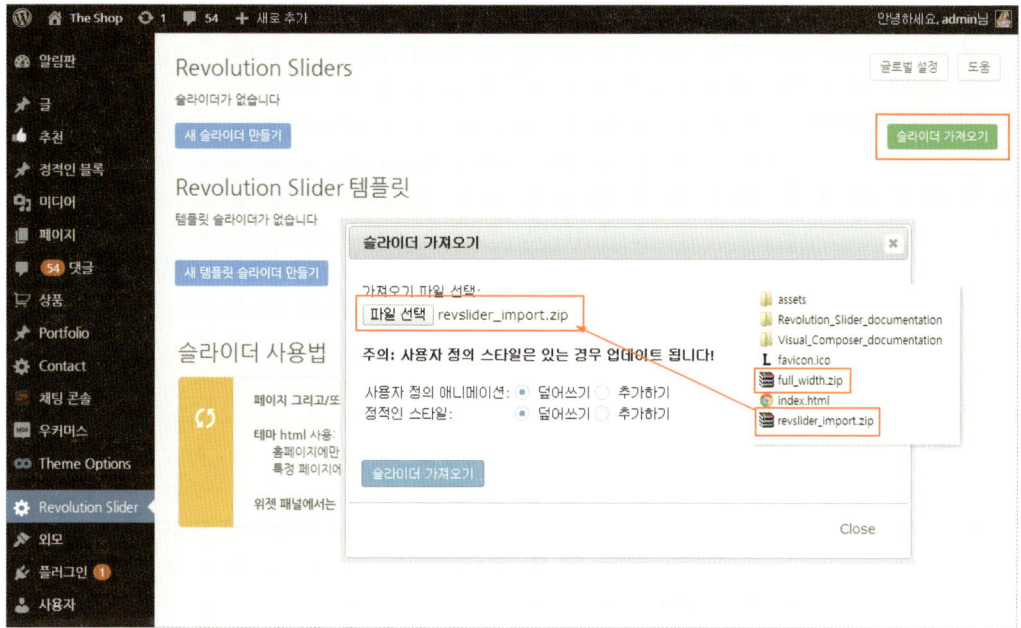

그림 1-100 레볼루션 슬라이더 데모 가져오기

Revolution Slider 메뉴를 선택하면 위와 같은 화면이 나옵니다. 우측 상단의 슬라이더 가져오기 버튼을 클릭하면 팝업 창이 나타납니다. 파일 선택 버튼을 클릭해 씸포레스트에서 내려 받은 파일의 폴더에서 Documentation 폴더로 들어가 하나의 zip 파일을 선택해 업로드 하고 슬라이더 가져오기 버튼을 클릭하면 가져오기가 완료됩니다. 나머지 하나도 가져오기 합니다.

그림 1-101 슬라이드 편집

두 개의 슬라이더 가져오기가 완료되면 위와 같이 슬라이더 목록이 나타나며 홈페이지와 각 페이지로 들어가면 슬라이더가 나타납니다. 두 종류의 슬라이더 중 Home 슬라이더는 콘텐츠 폭 슬라이더이고 Full Width 슬라이더는 브라우저 전체 폭 슬라이더입니다. 전체 폭 슬라이더는 자동으로 다음 슬라이드가 나타나지만 홈 슬라이더는 자동으로 넘어가지 않습니다. 이를 수정해보겠습니다. 슬라이더 Home(home)의 슬라이드 편집 버튼을 클릭합니다.

그림 1-102 슬라이드 설정 수정

다시 녹색의 슬라이드 편집 버튼을 클릭해 다음 화면에서 지연의 입력란에 있는 숫자를 제거한 다음 우측에 있는 업데이트 아이콘을 클릭합니다. 다음 슬라이드는 상단의 탭을 선택하고 각 지연 입력란의 숫자를 제거하고 각각 업데이트 아이콘을 클릭하면 모두 수정됩니다. 마지막 슬라이드에는 지연이 없습니다.

## 05 우커머스 데모 데이터 설치하기

Legenda 테마의 상품 데모 데이터는 10여개 밖에 안됩니다. 상품 페이지의 레이아웃을 제대로 보려면 많은 샘플 상품이 필요합니다. 다행히 우커머스의 샘플 상품이 수십 개 있고 우커머스가 그 동안 버전이 업그레이드 되면서 이전 버전의 상품 샘플 데이터도 사용할 수도 있습니다. 기본 상품 샘플은 우커머스 플러그인 폴더의 dummy-data 폴더에 있습니다.

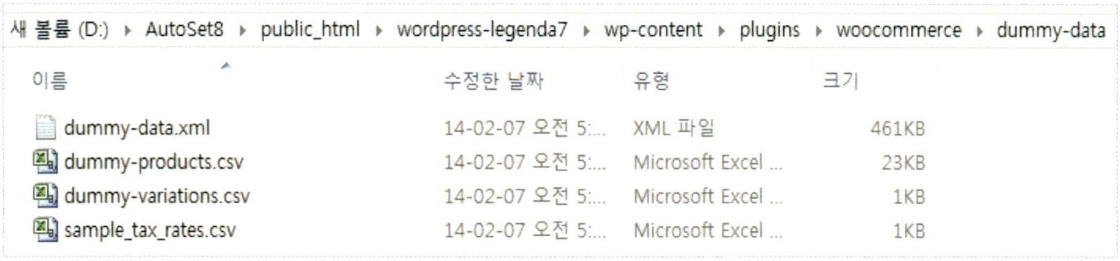

그림 1-103 우커머스 데모 데이터 파일

상품 데이터는 두 종류입니다. dummy-data.xml 파일과 dummy-products.csv 파일이 있는데 dummy-data.xml 파일은 워드프레스 가져오기 기능으로 바로 업로드 할 수 있고 dummy-products.csv 파일은 Woocommerce CSV importer라는 플러그인을 설치하고 가져오기 할 수 있지만 한글이 포함된 경우 한글은 표시되지 않습니다. 하지만 csv 파일은 엑셀이나 일반 텍스트 편집기로 많은 수의 상품 목록을 만들어 일괄적으로 업로드 할 수 있는 유용한 기능을 합니다. 여기서는 위 첫 번째 샘플 데이터를 가져오기 하겠습니다. 이전 버전의 샘플 데이터는 테마의 다양한 사용에 필요하니 첨부파일에서 가져오기 하면 됩니다. 첨부 파일에는 dummy_data1, 2, 3이 있으며 1번은 현재 버전의 우커머스에 포함된 것과 같습니다.

위 그림에서 마지막 두 개의 csv 파일은 옵션상품 샘플 데이터와 세율 샘플 데이터입니다. 세율 데이터는 외국, 특히 미국의 경우 주마다 세율 적용이 다르므로 상당히 많은 세율을 적용해야 하죠. 그래서 엑셀 파일로 편집해서 한번에 업로드 할 수 있습니다.

그림 1-104 우커머스 데모 데이터 가져오기

관리자 화면의 도구 → 가져오기에서 WordPress를 선택하고 가져오기를 통해 xml 파일을 업로드하고 가져오기 합니다. 상품 이미지의 가져오기가 제대로 안될 경우도 있으니 "All done. Have fun!"이라는 문구가 나올 때까지 가져오기 하세요.

# 07 위젯 사용

워드프레스는 사이트의 여러 가지 영역에 다양한 콘텐츠를 나타낼 수 있는 구조를 갖고 있습니다. 플러그인을 설치하면 해당 플러그인의 콘텐츠를 표시할 수 있는 기능을 하는 것이 위젯입니다. 예를 들면 우커머스 플러그인에는 최근상품, 특성상품, 가격필터 등 아주 다양한 기능이 있습니다. 이를 원하는 곳에 배치할 수 있는 것이 위젯입니다.

## 01 위젯 영역

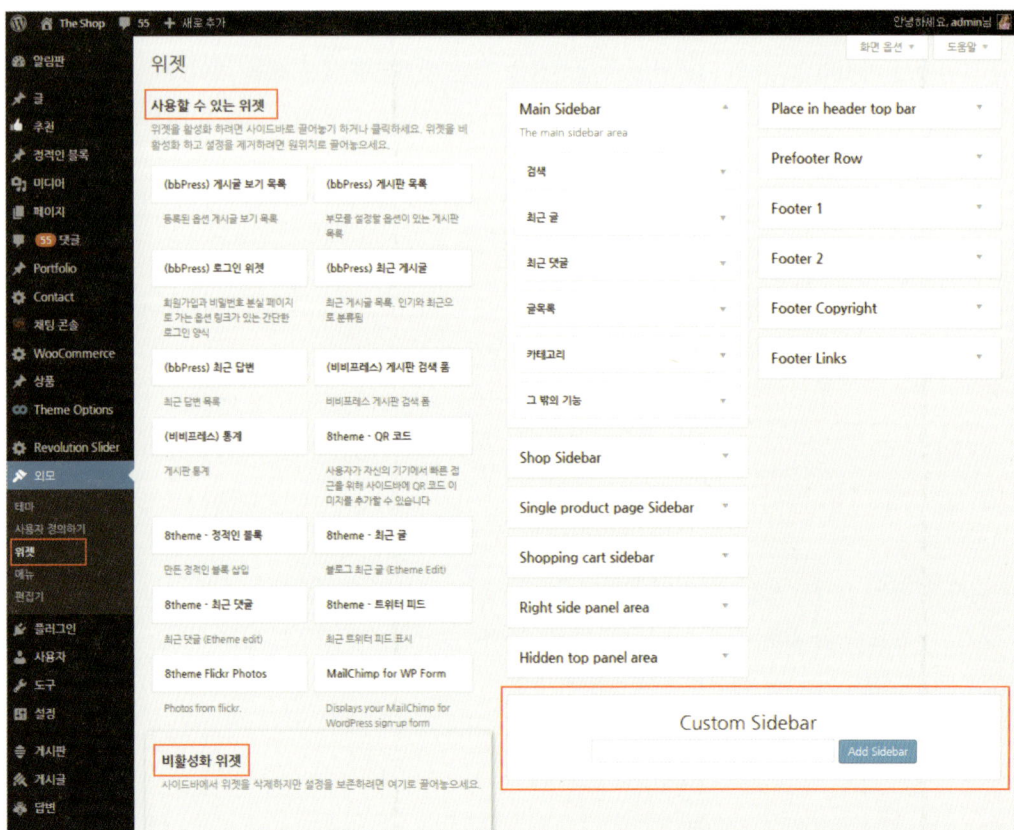

그림 1-105 위젯 화면

관리자 화면의 외모 → 위젯을 선택하면 위와 같은 화면이 나타납니다. 일반적인 위젯 화면은 세 가지 영역으로 구분됩니다. 좌측에는 "사용할 수 있는 위젯 영역"과 "비활성화 위젯 영역"이 있고 우측에는 "위젯 영역"이 있습니다. 워드프레스 3.9 버전에서는 좌측과 우측이 서로 바뀌어 나타납니다. Legenda 테마는 우측 하단에 Custom Sidebar라는 기능이 있어서 이곳에서 위젯 영역 이름을 입력하고 Add Sidebar 버튼을 클릭하면 위젯 영역이 추가됩니다.

비활성화 위젯은 위젯에 어떤 설정을 하고 저장한 경우 이 설정을 그대로 유지하면서 비활성화 하고자 할 때 이 비활성화 위젯 영역에 끌어다 놓으면 되며 나중에 필요할 때 다시 이 영역에서 끌어다 위젯 영역에 배치하면 설정 그대로 사용할 수 있습니다. 반면에 사용할 수 있는 위젯 영역으로 끌어 놓으면 설정이 모두 제거됩니다.

우측의 위젯 영역들은 정해진 위치가 있습니다. Main Sidebar는 사이트에서 블로그 페이지의 사이드바에 위젯을 배치할 수 있습니다. 각 위젯 영역 명칭을 보면 알 수 있습니다. 이들 모든 위젯 영역들은 앞으로 다양한 페이지를 만들면서 모두 사용할 것입니다. 여기서는 상점 페이지의 원활한 사용법을 알아보기 위해 몇 가지 위젯을 배치해보겠습니다.

## 02 위젯 배치

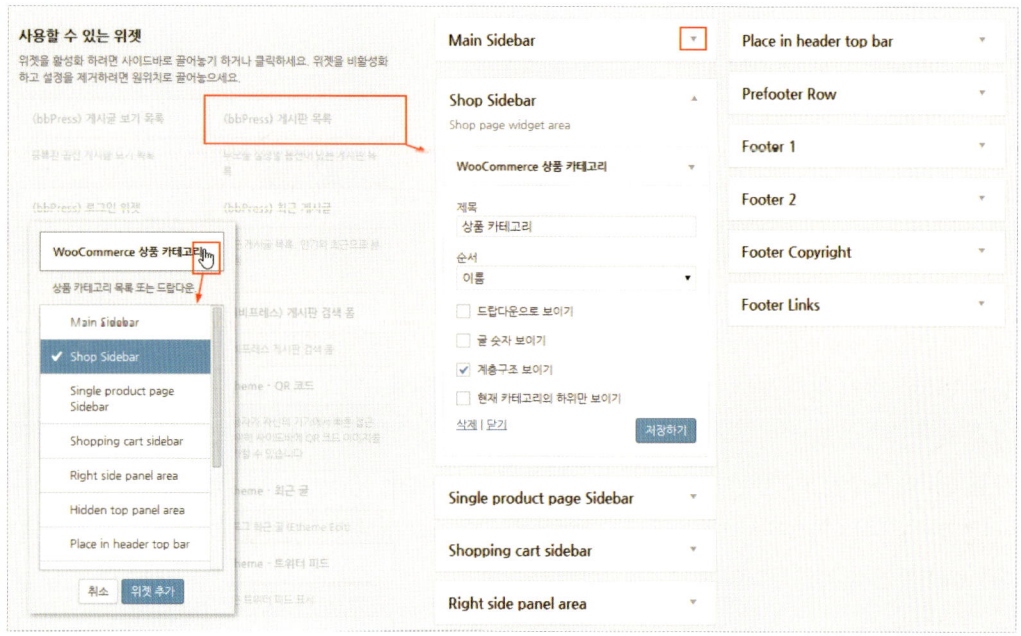

그림 1-106 위젯 배치

각 위젯 영역의 우측에 있는 삼각형 아이콘을 클릭하면 박스를 닫거나 열 수 있습니다. 사용할 수 있는 위젯 영역에서 상단에 있는 위젯을 배치하기는 쉽습니다. 하지만 플러그인을 여러 개 설치하면서 사용할 수 있는 위젯이 많아지면 끌어다 배치하는 것이 번거롭습니다. 그래서 하단에 있는 위젯의 경우 위젯 제목을 클릭하면 위젯 영역이 표시됩니다. 원하는 위젯 영역을 선택하고 위젯 추가 버튼을 클릭하면 배치됩니다. 이런 식으로 우커머스 상품 카테고리, 우커머스 가격필터, 우커머스 레이어 냅을 Shop Sidebar에 배치합니다.

우커머스 상품 카테고리 위젯을 배치하면 제목이 "상품 카테고리"로 나타나는데 원하는 글자로 변경할 수 있습니다. 순서도 이름이나 카테고리를 선택할 수 있습니다. 이름순은 알파벳 순으로 정렬되고 카테고리는 상품 카테고리 화면에 나오는 순서대로 정렬됩니다. "계층구조 보이기"가 기본으로 체크되며 사이트에서 상 하위 구조로 나타납니다. 레이어 냅의 경우 두 개를 배치해 설정하는데 다음과 같이 합니다.

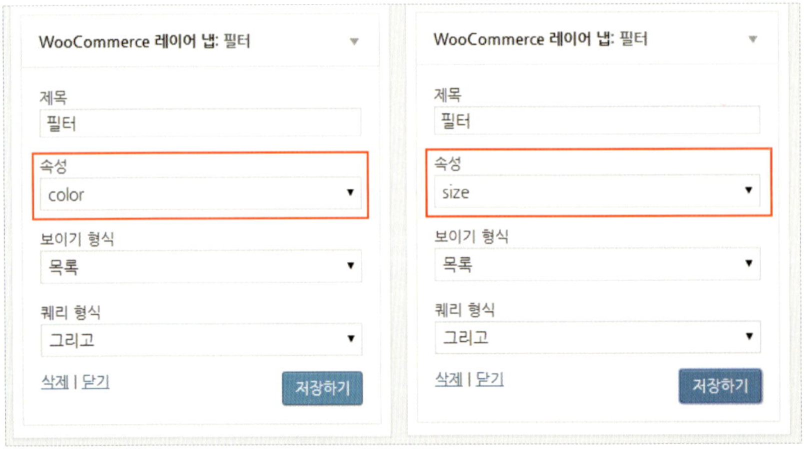

그림 1-107 우커머스 레이어 냅 속성 선택

하나는 속성을 color로 선택하고 다른 하나는 size로 선택합니다. 우커머스 데모 데이터 세 개를 모두 가져오기 하지 않은 경우 위와 같은 속성 옵션을 다양하게 선택할 수 없습니다. 쿼리 형식은 "그리고"와 "또는"이 있는데 "그리고"는 고객이 두 가지 속성을 선택할 경우 두 가지 조건이 모두 만족하는 상품을 필터링 하게 됩니다. "또는"은 두 가지 속성 중 하나만 충족해도 필터링 결과를 보여줍니다. 위젯은 배치만으로 바로 저장되고 사이트에서 확인하면 나타나지만 기본설정을 변경했을 때에는 저장하기 버튼을 클릭해야 적용됩니다.

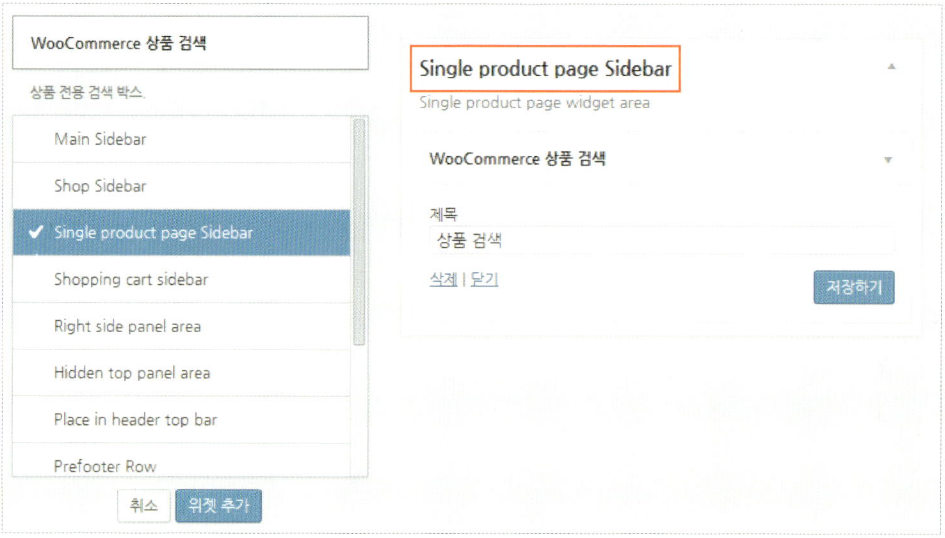

그림 1-108 상품 상세 페이지 사이드바 활성화

다음으로 상품 상세 페이지에서 사이드바를 활성화 하기 위해 Single Product page Sidebar에 상품 검색 위젯을 배치합니다. 이것은 나중에 사이드바에 다른 위젯을 설정하고 제거할 것입니다. 이렇게 하나라도 배치하지 않으면 상세 페이지의 사이드바는 나타나지 않습니다.

# 03 상점 관련 페이지 설정하기

그림 1-109 상점 관련 페이지 수정

상점 관련 페이지는 기본적으로 사이트의 메인 사이드바를 사용하도록 설정돼있으니 이를 변경해보 겠습니다. 주메뉴에서 페이지 → 모든 페이지를 선택하면 위와 같은 화면이 나타납니다. 사이트의 모든 페이지가 있는 곳입니다. 하단으로 스크롤 해 결제, 나의 계정, 위시리스트, 장바구니의 편집 링크를 각각 선택해서 편집화면으로 들어갑니다.

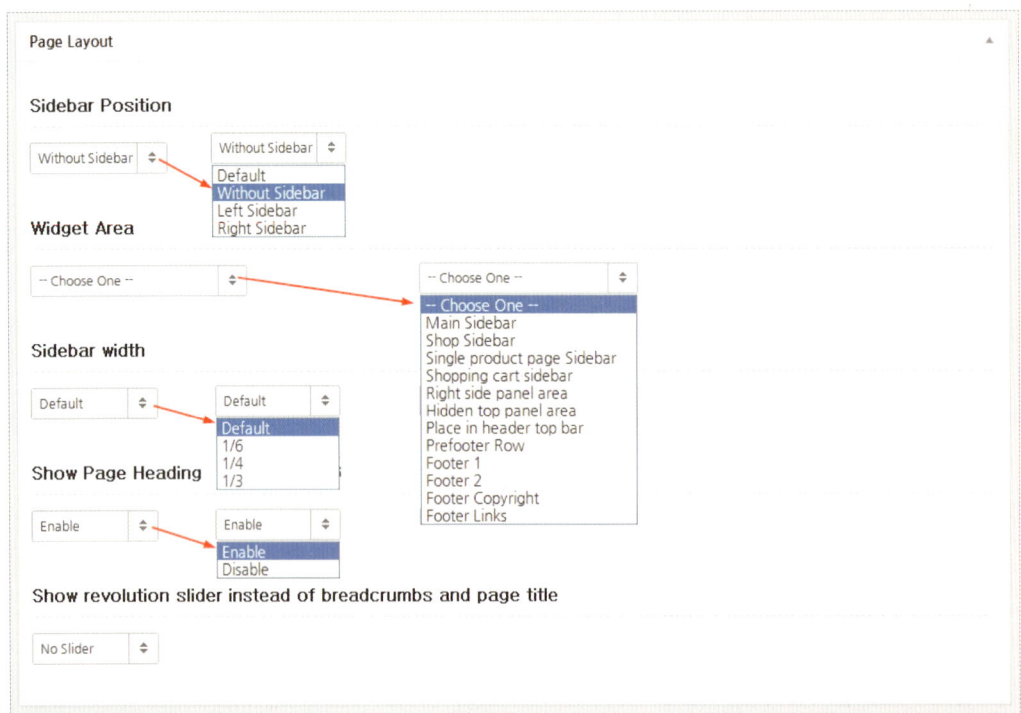

그림 1-110 상점 관련 페이지 사이드바 설정

Page Layout에서 Without Sidebar를 선택해서 사이드바가 나타나지 않게 합니다. 원할 경우 상점 관련 페이지이므로 Shop Sidebar를 선택하면 됩니다. 사이드바를 선택한 경우 사이드바의 폭은 1/4를 사용하는 것이 좋습니다. 페이지 제목은 Show Page Heading에서 Enable를 선택하고 레볼루션 슬라이더는 나타나지 않도록 No Slider를 선택하는 것이 좋습니다. 공개하기 메타박스에서 업데이트 버튼을 클릭합니다. 다시 모든 페이지 메뉴를 선택하고 나머지 세 개의 페이지도 같은 설정을 해둡니다.

# 04 상점 페이지 둘러보기

지금까지 설정한 부분에 대해서 상점 페이지에서 간단하게 알아보겠습니다.

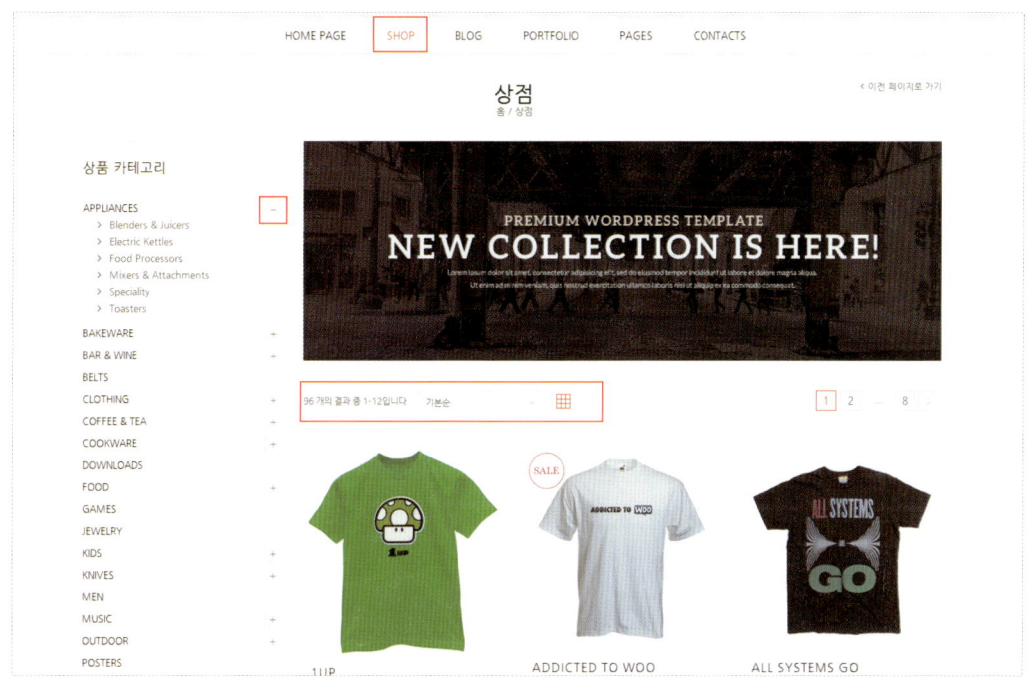

그림 1-111 상점 페이지의 콘텐츠

사이트에서 상점 메뉴를 선택하면 위처럼 나타납니다. 좌측에는 상점 사이드바가 있고 우측에는 콘텐츠가 나타나는 것이 Legenda 테마의 기본 설정입니다. 이 레이아웃은 테마 옵션에서 변경할 수 있습니다. 콘텐츠 영역 상단의 상점 이미지도 슬라이더로 변경할 수 있으며 이미지 아래는 상품 개수가 있고 이곳에서 상품을 원하는 대로 정렬할 수 있습니다. 필터링 선택박스 우측에 아이콘이 두 개 있는데 하나는 위 그림처럼 상품을 그리드 형태로, 다른 하나는 목록 형태로 볼 수 있습니다. 하나의 행에 나타나는 상품의 개수도 테마옵션에서 변경할 수 있습니다.

사이드바의 상품 카테고리는 계층구조 보이기를 선택했기 때문에 부모 카테고리에 하위 카테고리가 나타납니다. 우측의 플러스 아이콘은 하위 카테고리가 있다는 것을 의미하며 클릭하면 하위 카테고리가 나타납니다. 이 기능도 이 테마만의 독특한 기능입니다.

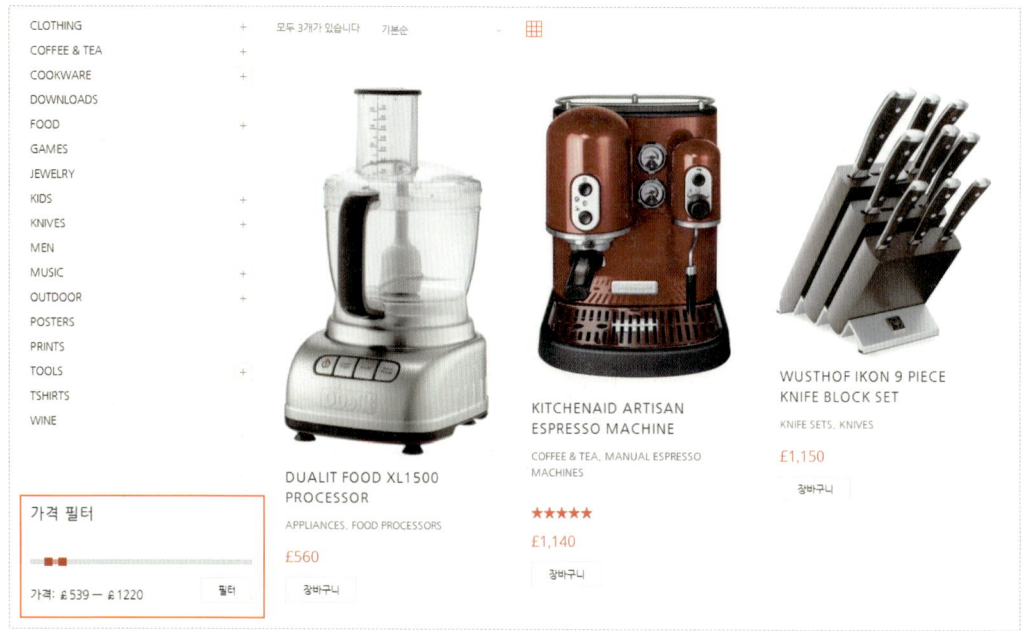

그림 1-112 가격 필터

가격 필터는 가격 슬라이더의 범위를 정해서 필터 버튼을 클릭하면 해당 범위에 속하는 상품을 출력합니다. 이것과 아래의 레이어 냅은 우커머스에 기본으로 내장된 기능으로 상품 페이지에서만 작동합니다. 상품을 필터링 하는 기능이므로 당연한 일입니다.

그림 1-113 레이어 냅의 속성 선택

레이어 냅은 상품의 속성을 기준으로 필터링 할 수 있는 기능입니다. 속성이란 하나의 상품에 사이즈나 색상이 여러 가지 있는 것으로 의류가 대표적입니다. 이런 상품은 상점에서 옵션 상품으로 분류됩니다. 따라서 속성을 기준으로 필터링 하면 단순 상품은 제외됩니다. 각 상품 아이템의 하단에 옵션 선택 버튼이 있는 것은 옵션 상품이고 장바구니 버튼이 있는 것은 단순 상품입니다. 그러니 COLOR 속성에서 Black에 체크하면 단순상품은 나타나지 않게 됩니다. 하나의 속성에 클릭하면 상품 이미지 위에 로딩 이미지가 나타나는데 페이지를 새로고침 하지 않고도 상품을 필터링 해서 보여줍니다. 이 기능은 Legenda 테마의 기능으로 Ajax 기능을 사용합니다. 이것은 페이지를 새로고침 하지 않는 대신에 이미 서버로부터 모든 데이터를 웹브라우저로 가져온 상태가 되므로 처음 로딩 시 시간이 걸립니다.

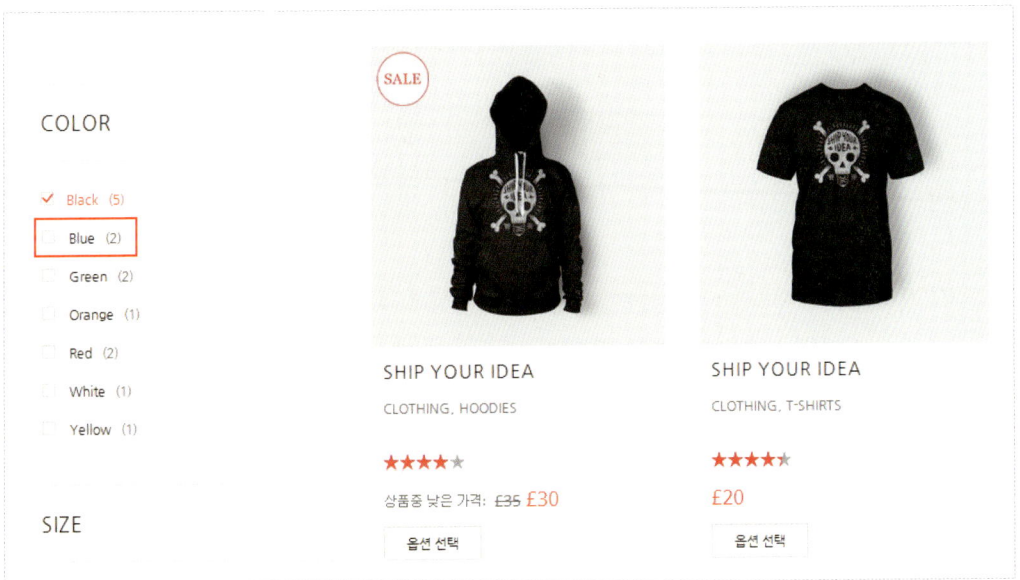

그림 1-114 속성 추가 선택

이전의 필터링 결과로 속성이 Black인 옵션 상품이 5개만 남습니다. 여기서 다시 Blue를 선택하면 어떻게 될까요? 이전에 위젯을 설정할 때 "그리고"를 선택했으므로 Black과 Blue라는 속성을 가진 상품만 남게 됩니다.

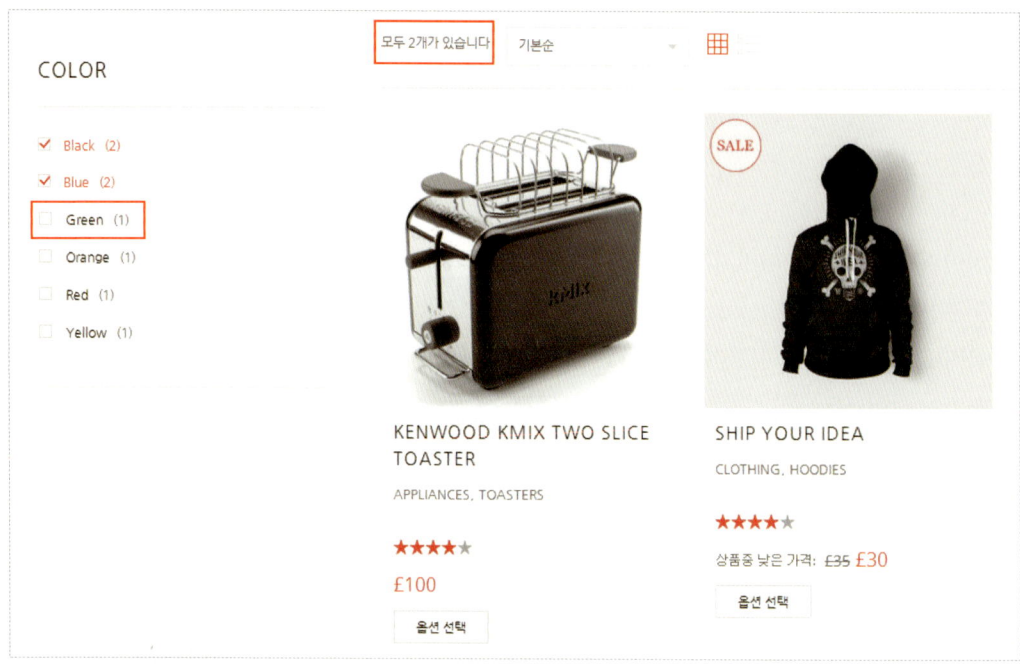

그림 1-115 레이어 냅의 범위 축소

상단에 2개의 상품이 있다고 나옵니다. 그런데 다른 속성이 추가로 있습니다. Green이나 Orange가 있는데 이들을 선택하면 하나만 남게 됩니다. 즉 상품에 여러 가지 속성이 있는 토스터 하나만 남게 됩니다.

지금까지는 Legenda 테마를 이용해 각종 데모 데이터를 가져오고 테마를 설정하는 방법을 간략하게 알아봤습니다. 이로써 상점으로서의 면모를 갖추었고 보기 좋은 형태로 됐습니다. 다음 장에서는 테마 옵션 화면에서 Legenda 테마를 설정하는 방법과 우커머스의 설정에 대해 알아보겠습니다.

# 2장
## Legenda 테마 설정과 우커머스 설정

01 _ 테마 옵션 설정
02 _ 우커머스 설정

워드프레스의 테마는 사이트의 디자인을 담당하면서도 각종 기능이 추가돼있습니다. 무료 테마는 기능이 많지 않아서 플러그인을 설치해 각종 기능을 추가해야 합니다. 유료 테마는 이러한 플러그인 설치의 번거로움을 피하고 테마에 최적화된 기능을 추가해 바로 사용할 수 있도록 돼있습니다. 따라서 테마를 제대로 사용하려면 테마 옵션에 대해 잘 알아야 합니다. 테마에 포함되지 않은 기능은 제삼자(Third Party) 플러그인을 추가해서 기능을 더욱 확대할 수 있습니다.

2장에서 다룰 내용을 간략하게 알아보면 다음과 같습니다.

### 1. 일반 설정
Legenda 테마 전체에 적용되는 일반적인 설정을 다룹니다. 상단으로 가기 버튼, 고정된 메뉴바, 파비콘에 장바구니 상품 수 표시, 푸터 데모 콘텐츠 표시 등 사이트 전체적인 설정을 다룹니다.

### 2. 색상 설정
사이트에 사용되는 두 가지 스킨을 선택할 수 있고 메인 색상과 가격 색상 그리고 배경 색상이나 이미지 추가 기능을 다룹니다.

### 3. 폰트 설정
한글의 경우 나눔고딕을 사용하지만 영문을 사용할 경우 구글 폰트를 사용할 수 있습니다.

### 4. 헤더와 푸터 설정
헤더 영역에는 상당히 많은 콘텐츠가 있습니다. 숨겨진 패널, 상단 바, 메뉴, 우측 사이드 패널, 장바구니 위젯, 검색박스, 위시리스트 링크 제목 블록을 설정합니다. 푸터는 한번의 클릭으로 디자인을 세 가지로 변경할 수 있습니다.

### 5. 상점 설정
상점 전체에 적용되는 일반적인 설정을 합니다. 결제 페이지를 세 가지로 변경할 수 있고 AJAX 기능을 이용해 상품을 필터링 합니다. 새 상품, 세일 상품 아이콘을 설정할 수 있고 상섬 상단에 이미지 배너나 슬라이더를 배치힐 수 있습니다.

### 6. 상품 페이지 페이아웃
상품 페이지에서 상품을 표시하는 방식을 설정할 수 있고 상품 수를 다양하게 표시합니다. 상품에 마우스를 올렸을 때 다른 이미지로 나타나게 하거나 슬라이더로 볼 수도 있습니다.

### 7. 상세 페이지 설정
개별 상품의 내용을 충분히 볼 수 있게 갤러리 슬라이더와 이미지 줌 기능이 있고 사용자 정의 탭을 추가할 수 있습니다.

### 8. 퀵뷰와 프로모 팝업
모든 상품의 이미지에 마우스를 올리면 팝업보기 링크가 나타나며 상세 페이지의 중요 내용이 표시되므로 빠른 둘러보기가 가능합니다. 프로모 팝업은 사이트에 처음 접속했을 때 중요한 콘텐츠를 팝업 창으로 보여줄 수 있습니다.

### 9. 블로그 레이아웃과 포트폴리오
블로그의 다양한 레이아웃과 기능으로 웹사이트를 만들 수 있고 포트폴리오 사이트도 만들 수 있습니다.

### 10. 우커머스 일반탭
쇼핑몰 플러그인인 우커머스의 일반적인 설정을 할 수 있습니다. 상점의 기준위치, 판매지역, 통화 표시 등을 다룹니다.

### 11. 상품 탭
상품 페이지에서 상품의 다양한 표시 방법, 리뷰 활성화 상품 이미지 크기와 재고 관리를 다룹니다.

### 12. 세금 탭과 배송 탭
세금 설정 방법과 다양한 배송 방법 설정을 다룹니다. 국내 뿐만 아니라 외국, 방문 수령까지 설정할 수 있습니다.

# 테마 옵션 설정 01

## 01 일반 설정(General)

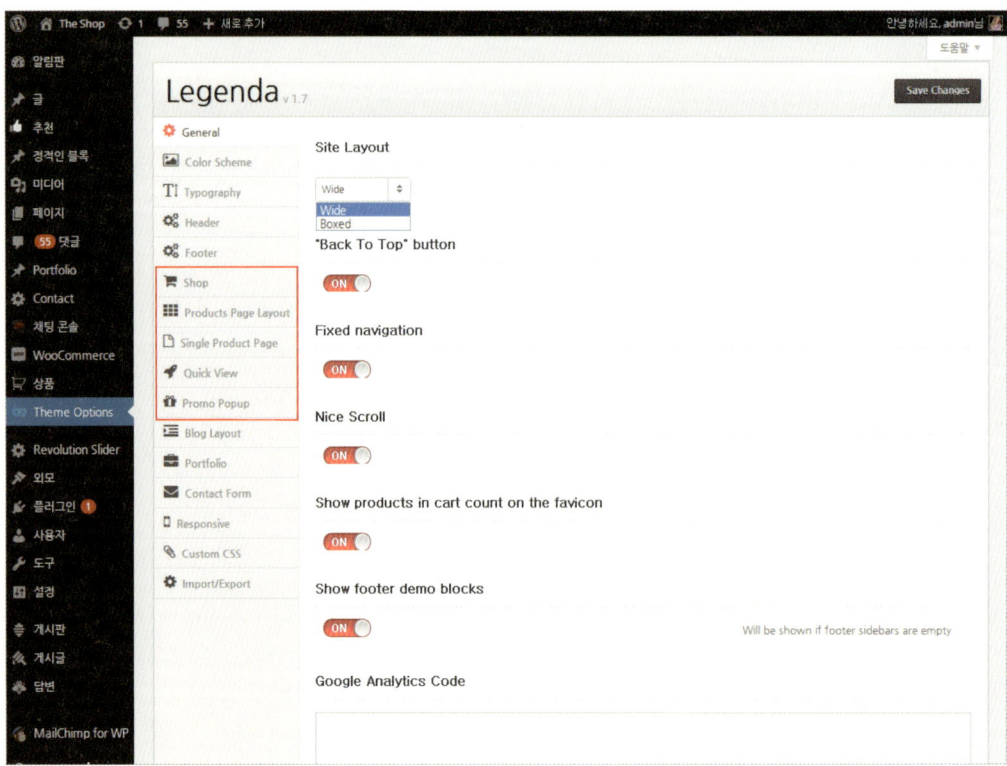

그림 2-1 테마의 옵션 화면

주메뉴에서 Theme Options를 선택하면 위와 같은 화면이 나타납니다. 좌측 메뉴에서 General부터 Footer까지는 사이트의 일반적인 설정에 관한 부분이고 Shop부터 Promo Popup까지는 상점에 관한 설정입니다. 그 이후로는 블로그, 포트폴리오, 컨택트 폼 등 여러 가지 설정을 할 수 있습니다.

General 탭은 사이트의 기초적인 설정을 하는 곳입니다.

- Site Layout은 두 개의 옵션이 있는데 콘텐츠 영역을 박스로 처리할 것인지 박스를 제거할 것인지 선택하는 곳입니다. 대부분의 경우 박스를 제거하고 사용한다는 의미로 Wide라는 용어를 사용하는데 일부 테마는 Stretched(펼침)라는 용어를 사용하기도 합니다.
- "Back To Top" button은 사이트의 우측 하단에 버튼을 만들어 클릭하면 상단으로 이동하는 기능을 합니다. 기능을 비활성화 하려면 ON으로 된 버튼을 클릭해 OFF로 변경하면 됩니다.

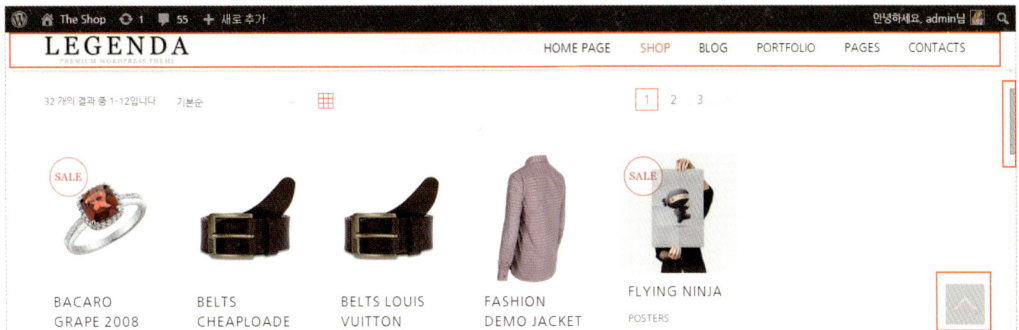

그림 2-2 고정 메뉴바와 상단으로 가기 버튼

- Fixed navigation은 스크롤해서 내리면 주메뉴가 상단에 고정되는 기능입니다.
- Nice Scroll은 자바스크립트를 이용해 스크롤 할 때 화면이 부드럽게 애니메이션 되게 하며 우측의 스크롤바가 기본 스크롤바에 비해 좁아집니다.
- Show products in cart count on the favicon은 브라우저의 탭에 파비콘이 있는 부분에 장바구니 상품 수를 표시합니다. 파비콘(Favicon)은 favorite icon의 약자로 즐겨찾기 아이콘을 의미하며 사이트를 대표하는 아이콘을 추가하면 웹브라우저의 타이틀 부분에 나타납니다.

그림 2-3 푸터 데모 블록

- Show footer demo blocks은 푸터 부분에 데모 콘텐츠를 삽입합니다. Legenda 테마는 푸터에 두 개의 푸터 영역을 사용할 수 있는데 위젯을 이용해 콘텐츠를 추가하면 이 데모 콘텐츠는 사라집니다.

- Google Analytics Code는 구글 애널리틱스 코드를 삽입할 수 있는 곳으로 구글 애널리틱스에 가입한 다음, 추가하라는 코드를 이 박스에 입력하면 됩니다. 구글 애널리틱스는 구글에서 운영하는 웹사이트 통계 서비스로 방문자의 모든 통계를 한눈에 알아볼 수 있어서 웹사이트 운영에는 필수 요소입니다.

## 02 색상 설정(Color Scheme)

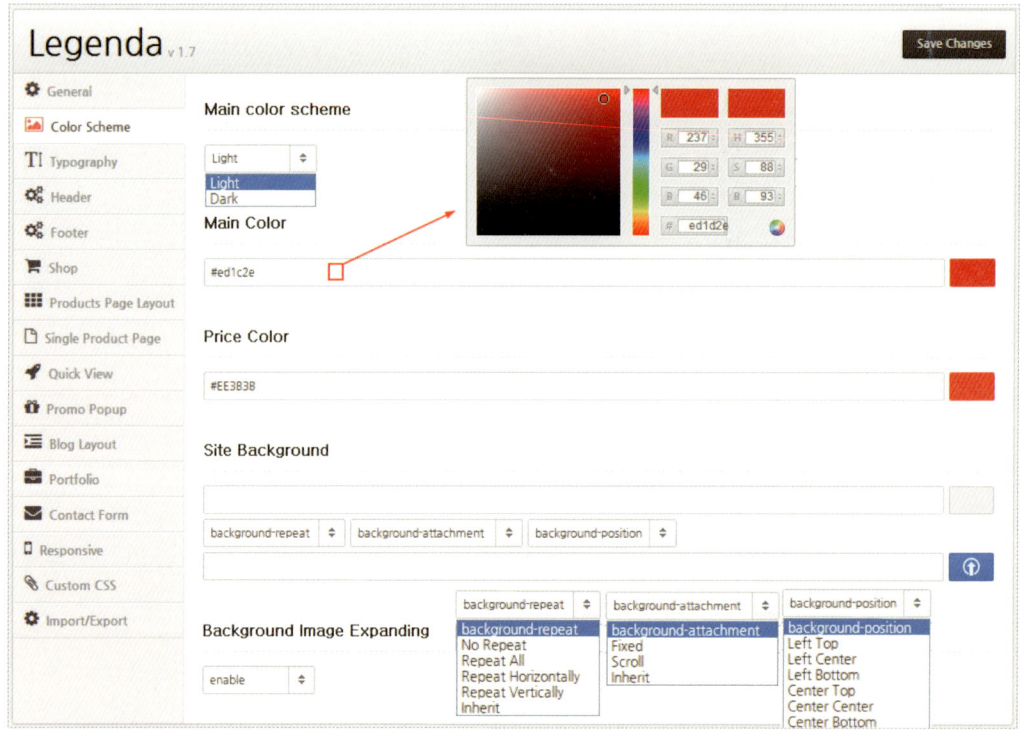

그림 2-4 색상 설정

사이트의 주요 색상과 배경을 설정하는 곳입니다.

- Main color scheme에서는 Legenda 테마에서 제공하는 두 가지 스킨을 선택할 수 있습니다. 선택박스를 이용해서 밝은 색이나 어두운 색을 선택할 수 있고, 어두운 색을 선택하면 배경이 어두워지면서 글자가 밝은 색으로 변경되지만 로고는 이미지를 사용했기 때문에 이미지를 변경해 업로드 해야 합니다.

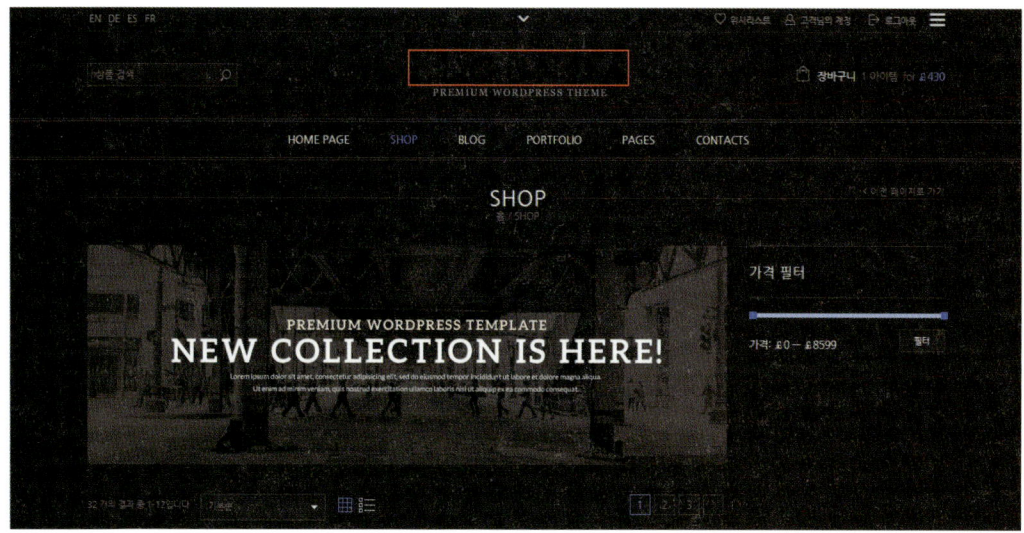

그림 2-5 스킨 선택 결과

- Main Color, Price Color, Site Background에서는 사이트의 링크나 아이콘의 색을 변경할 수 있습니다. 메인 컬러는 일부 테마에서 Accent Color라고도 합니다. 입력란을 클릭하면 컬러피커가 나타나고 정사각형의 채도영역에서 색의 채도를 선택하고 색상영역에서 색을 선택합니다. 색상 코드를 알면 직접 입력할 수도 있습니다.
- Site Background는 선택상자 세 개와 파일을 업로드 할 수 있는 기능이 있는데 이것은 배경을 패턴으로 채울 때 사용합니다. 또는 큰 이미지로 채울 수도 있습니다. 이 옵션은 일반 설정에서 사이트 레이아웃이 Boxed일 때에만 사용할 수 있습니다. 따라서 콘텐츠 영역 외부의 빈 공간이 사이트 배경이 됩니다. 몇 가지 예를 들어보겠습니다.

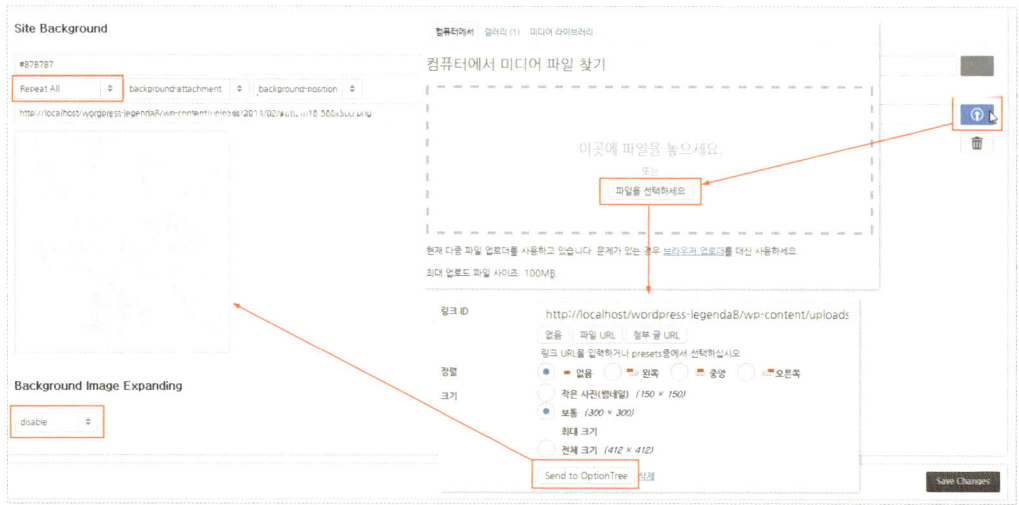

그림 2-6 사이트 배경 패턴 설정

- 우측의 업로드 버튼을 클릭하면 파일 업로드 창이 나타납니다. 파일을 선택하세요 버튼을 클릭해 씸포레스트에서 내려받은 전체 파일 중 Patterns 폴더에서 패턴 하나를 선택합니다. 업로드가 완료된 후 창의 하단으로 내려가서 "Send to OptionTree" 버튼을 클릭하면 패턴 이미지가 나타나면서 URL 입력란에 파일의 경로가 표시됩니다. 선택박스에서 Repeat All을 선택하고 "Background Image Expanding" 선택박스에서 Disable을 선택한 다음 Save Changes 버튼을 클릭해 저장합니다.

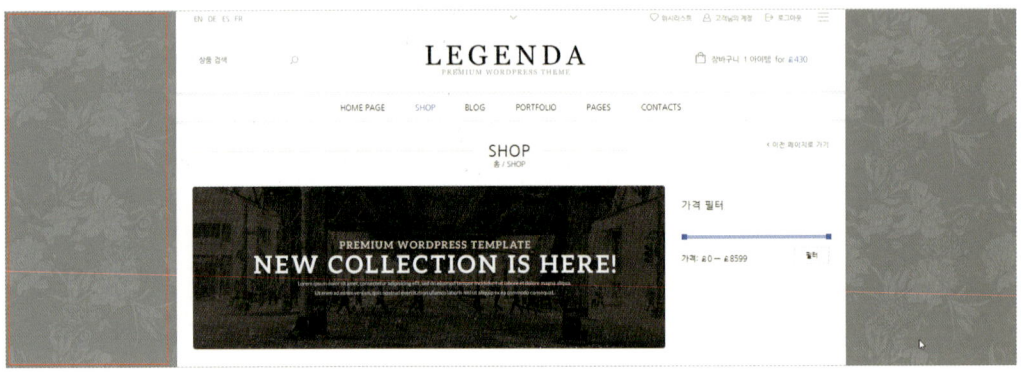

그림 2-7 사이트 배경 설정 결과

- 콘텐츠 영역 좌우측 배경이 패턴으로 나타납니다. "Background Image Expanding"에서 enable을 선택하면 패턴이 가로세로로 반복되는 것이 아니라 하나의 작은 이미지로 전체 배경을 덮기 때문에 흐린 이미지로 됩니다. 그러면 이번에는 전체 이미지를 사용해보겠습니다.

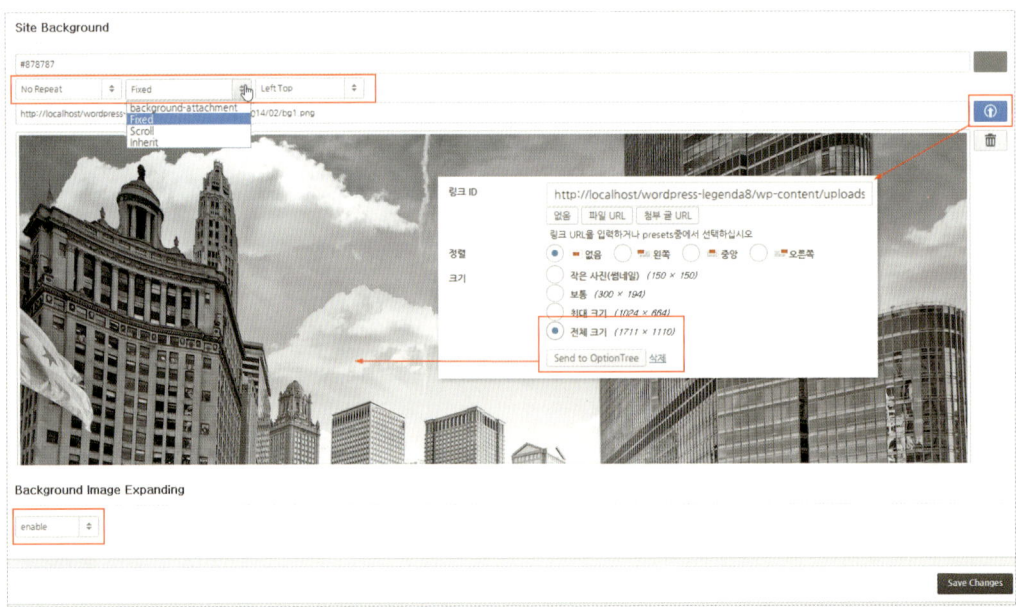

그림 2-8 배경으로 이미지 추가

130    2장 _ Legenda 테마 설정과 우커머스 설정

업로드 버튼을 클릭하고 이번에는 테마 전체 파일의 images 폴더에서 이미지를 선택합니다. 업로드 창의 하단에서 전체크기에 체크하고 "Send to OptionTree" 버튼을 클릭합니다. 상단의 첫 번째 선택상자에서 No Repeat를 선택하고 두 번째 선택상자에서는 Fixed를 선택합니다. Fixed를 선택하면 스크롤해도 배경 이미지가 고정됩니다. Scroll을 선택하면 스크롤하면서 배경이미지도 같이 이동되는데 대부분의 경우 전체 이미지를 사용하는 이유는 고정해서 사용하기 위해서 입니다.

세 번째 선택박스는 LeftTop을 선택합니다. 이것은 이미지를 배경의 좌측 상단을 기준으로 배치합니다. 중요한 것은 하단의 "Background Image Expanding"입니다. 여기서 enable을 선택해야 배경 전체를 덮습니다. 배경의 폭은 1980 픽셀인데 위 이미지의 폭은 1711 픽셀이죠 그래서 전체를 덮기 위해 이 옵션을 활성화 해야 합니다.

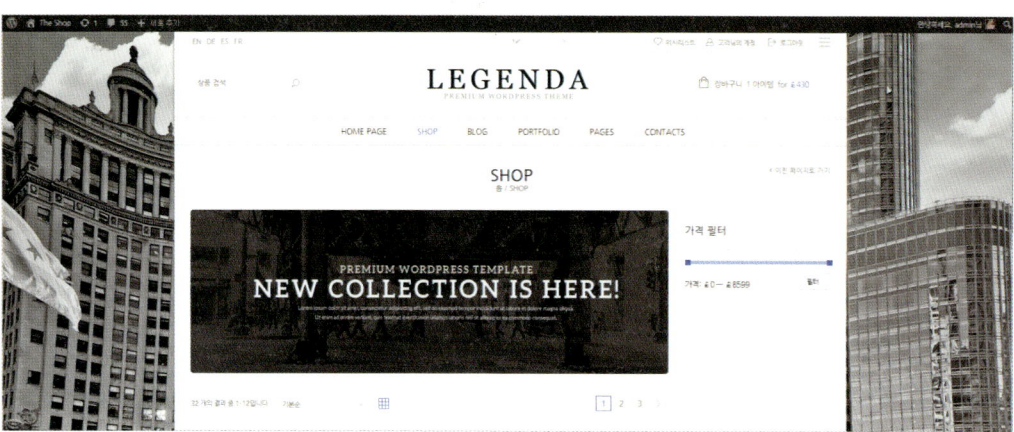

그림 2-9 사이트 배경 이미지 추가 결과

주의할 점은 images 폴더에 있는 이미지는 용량이 큽니다. 2메가 바이트 이상이죠. 이런 이미지를 웹사이트의 배경으로 사용하는 것은 로딩 속도를 아주 느리게 만듭니다. 그래서 포토샵 같은 이미지 편집기로 용량을 줄여서 사용하는 것이 좋습니다. 첨부 파일의 images 폴더에는 이렇게 용량을 줄인 이미지가 있습니다 용량을 10분의 1짓도로 줄일 수 있습니다.

## 03 폰트 설정(Typography)

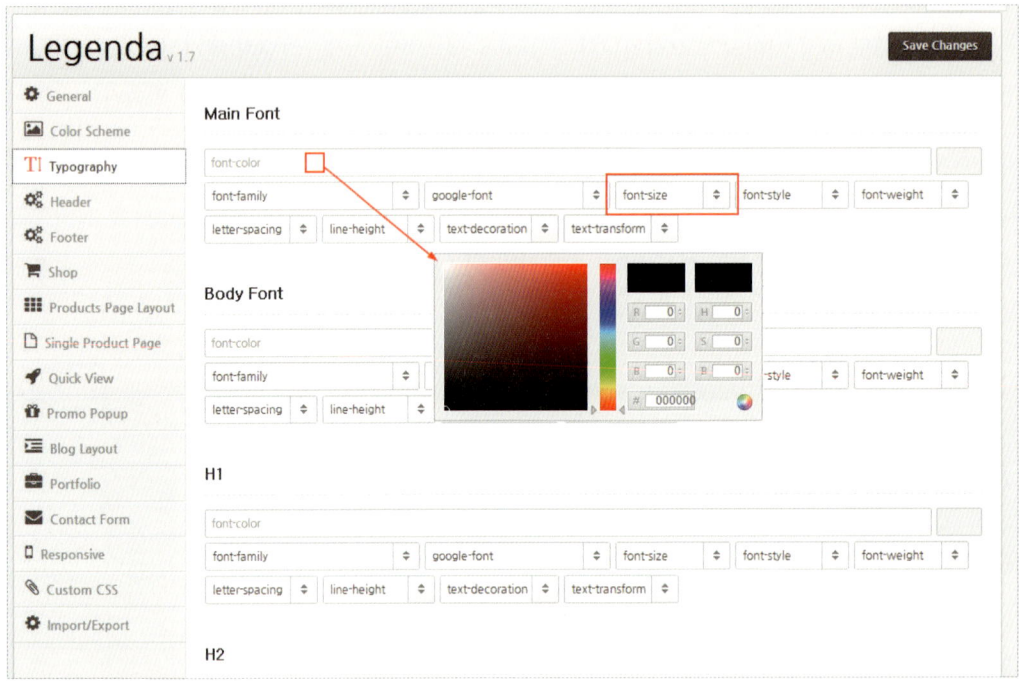

그림 2-10 폰트 설정

나눔 고딕체를 사용하도록 설정했지만 다양한 구글 웹폰트를 사용할 수도 있습니다.

```css
body, h1, h2, h3, h4, h5, h6, li, p, #nav ul li a, #topbar, input, button, select, textarea, a {
    font-family: 'Nanum Gothic' !important;
    font-style: normal  !important;
}
```

처음에 자식 테마를 만들면서 나눔고딕으로 설정했습니다. 여기서 h1 태그에 대해 나눔고딕을 적용하지 않고 영문 구글 폰트를 적용하려면 위 코드에서 h1과 다음에 있는 콤마를 제거하고 위 폰트 설정 화면에서 구글 폰트를 선택하면 됩니다.

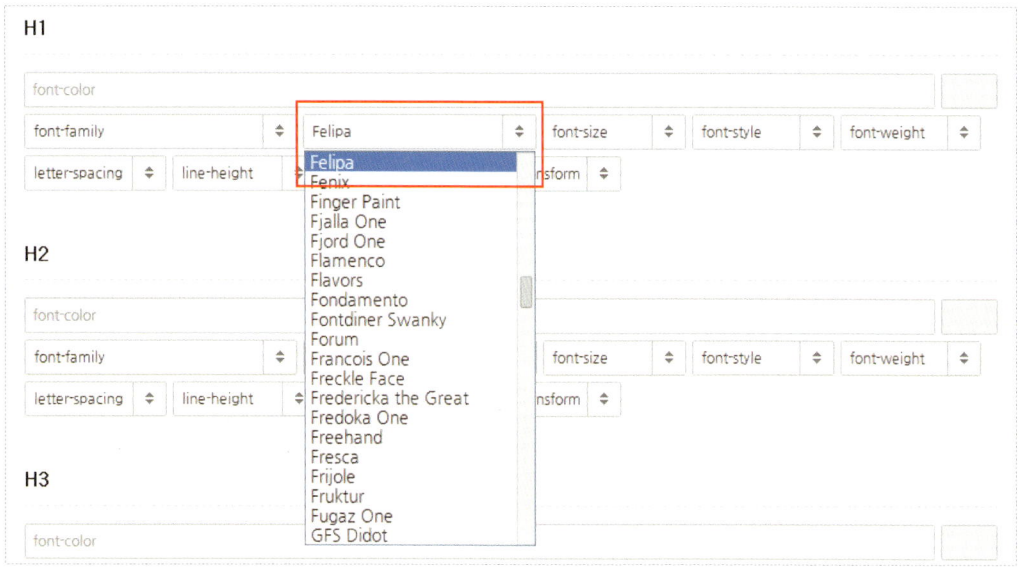

그림 2-11 구글 폰트 설정

예를 들어 페이지의 제목으로 사용하는 h1 태그에 대해서 위처럼 구글 폰트를 선택하고 저장합니다.

```
body, h2, h3, h4, h5, h6, li, p, #nav ul li a, #topbar, input, button, select, textarea, a {
  font-family: 'Nanum Gothic' !important;
  font-style: normal !important;
}
```

자식 테마의 style.css 파일을 편집기에 열고 "h1,"를 제거하고 저장합니다.

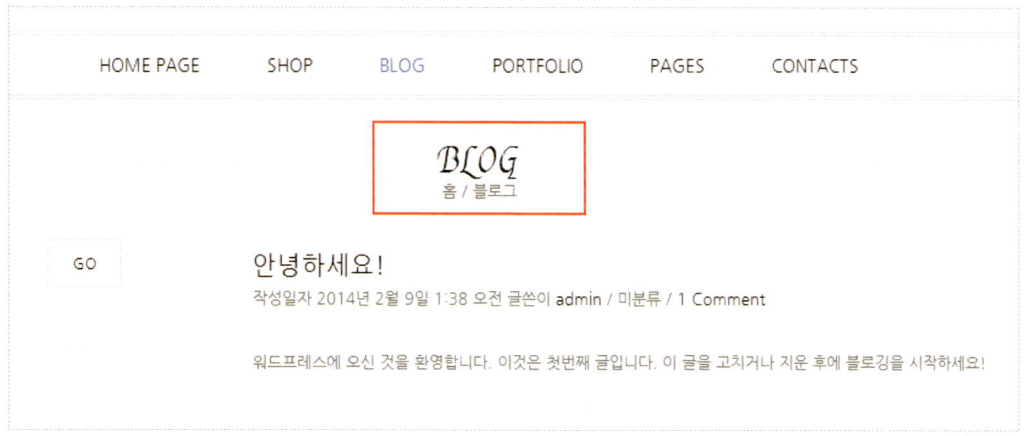

그림 2-12 사이트 확인

01. 테마 옵션 설정 **133**

사이트에서 새로고침 하면 페이지 제목이 구글 폰트로 나타납니다. 하지만 제목 글자가 한글이라면 기본 폰트인 굴림체로 나타나게 됩니다.

## 헤더(Header) 설정

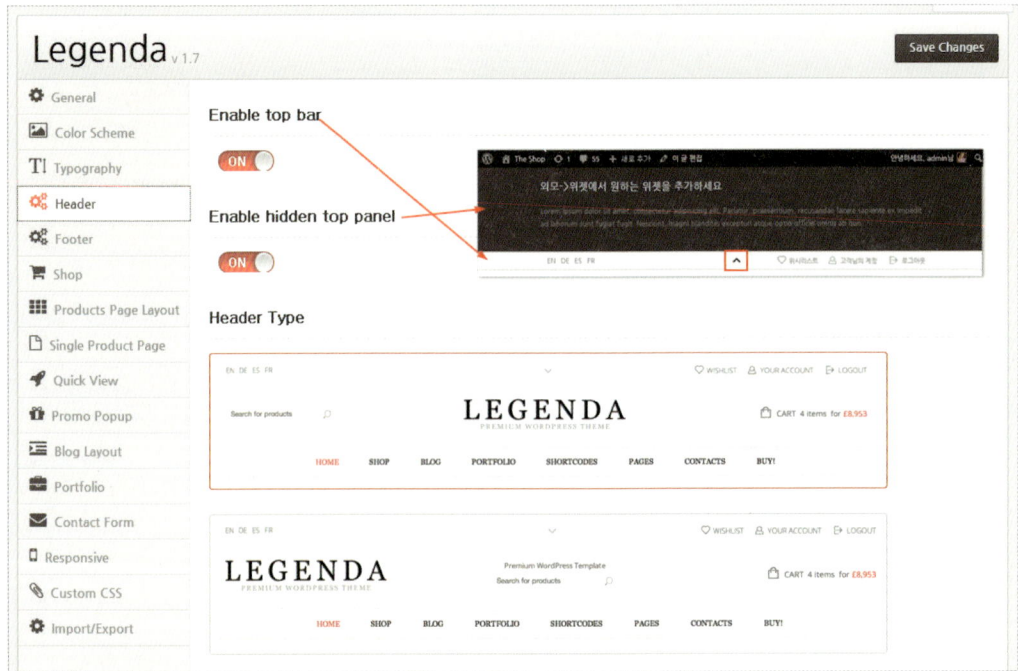

그림 2-13 헤더 설정

- Enable top bar는 사이트 상단의 탑바를 활성화 합니다.
- Enable hidden top panel는 탑바의 중앙에 아이콘을 클릭하면 펼쳐지는 패널을 활성화 합니다. 이곳에는 위젯을 이용해 추가로 콘텐츠를 넣을 수 있으며 나중에 페이지 만들 때 알아보겠습니다.
- Header Type은 헤더부분의 스타일을 선택합니다. 다양한 옵션이 있으니 그림을 보고 선택하면 됩니다.

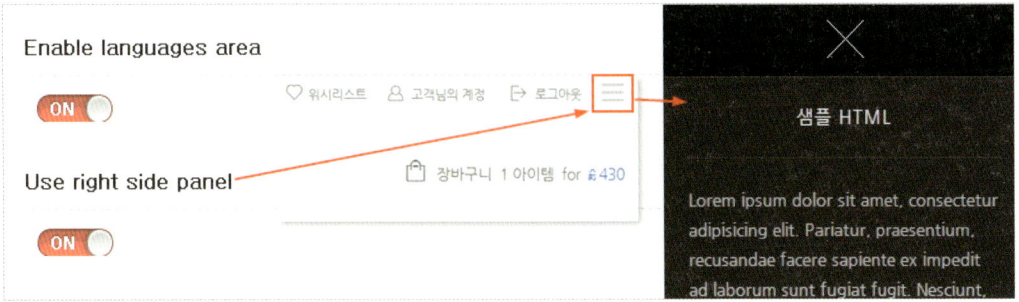

그림 2-14 사이트 우측 패널

- Enable languages area는 탑바에서 좌측 끝의 언어 선택 링크를 활성화 합니다.
- Use right side panel은 탑바 우측 끝의 ≡ 아이콘을 클릭하면 우측 패널이 열리는 것을 활성화 합니다. 이곳에도 원하는 콘텐츠를 추가할 수 있습니다.

그림 2-15 로고와 파비콘

- Logo image는 png 파일로 로고를 만들어 업로드해 사용합니다. jpg는 배경을 투명하게 만들 수 없기 때문에 로고의 배경색을 헤너의 배경색으로 만들어야 합니다. 큰 사이즈의 로고를 업로드 해도 사이트에서 정해진 크기로 맞춰줍니다.

01. 테마 옵션 설정    135

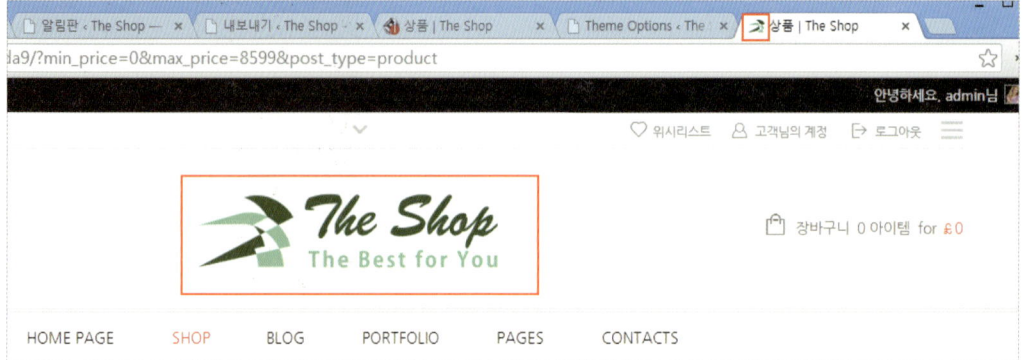

그림 2-16 사이트에서 로고와 파비콘 위치

- Favicon은 브라우저 탭에 있는 사이트 아이콘으로 사이트를 구분하는데 사용하며 16x16픽셀의 이미지를 사용합니다. 첨부 파일의 이미지로 실험해보세요. Legenda 테마의 어두운 색 스킨을 사용하는 경우 글자가 밝은 색으로 된 로고를 사용합니다.

그림 2-17 브레드크럼 형태

- Enable top links(Register | Sign In)는 탑바에서 회원가입과 로그인 링크를 활성화 합니다.
- Enable cart widget는 헤더의 장바구니 위젯을 활성화 합니다.

- Enable search form in header는 헤더의 검색 박스를 활성화 합니다.

- Show wishlist link는 탑바의 위시리스트 링크를 활성화 합니다.

- Breadcrumb Type의 브레드크럼은 빵조각을 의미하며 헨젤과 크레텔 동화에서 연유합니다. 빵조각을 찾아서 집을 찾아 오듯이 사이트에서 홈으로부터 어떤 카테고리를 거쳐 현재의 페이지에 있는지 알려줍니다. 세 가지 타입이 있으며 Wide Block은 블록 형태의 전체 폭 배경이 있는 것이고 Without title은 페이지 제목이 없는 형태입니다.

# 05 푸터(Footer) 설정

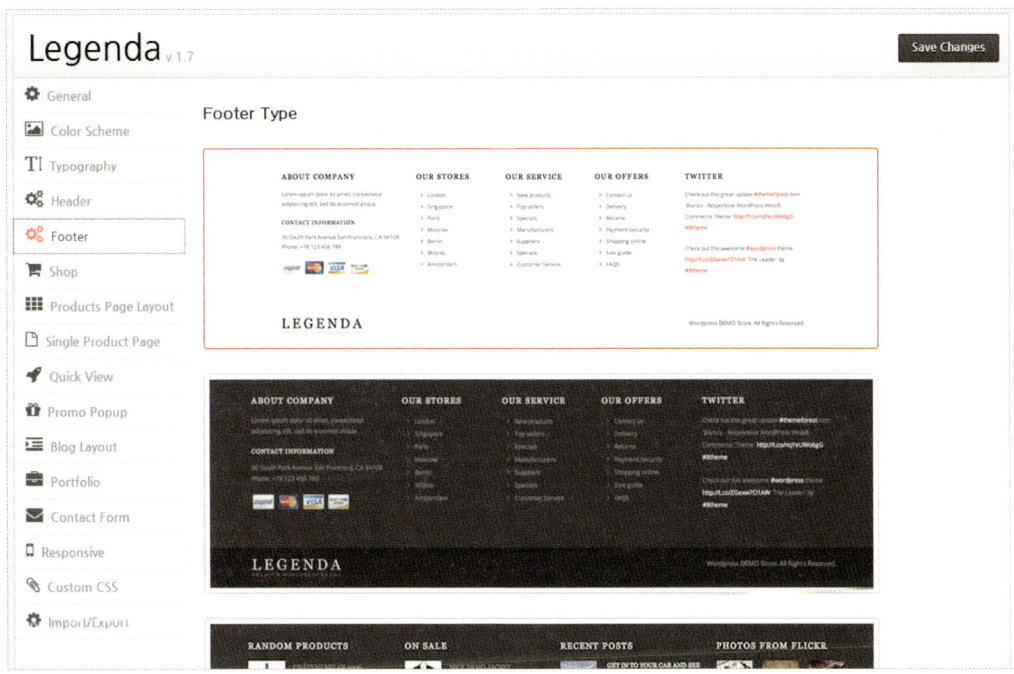

그림 2-18 푸터 스킨

푸터 부분의 세 가지 레이아웃 스킨을 선택할 수 있습니다. 선택하고 저장만 하면 됩니다.

# 06 상점(Shop) 설정

상점의 일반적인 설정을 하는 곳입니다.

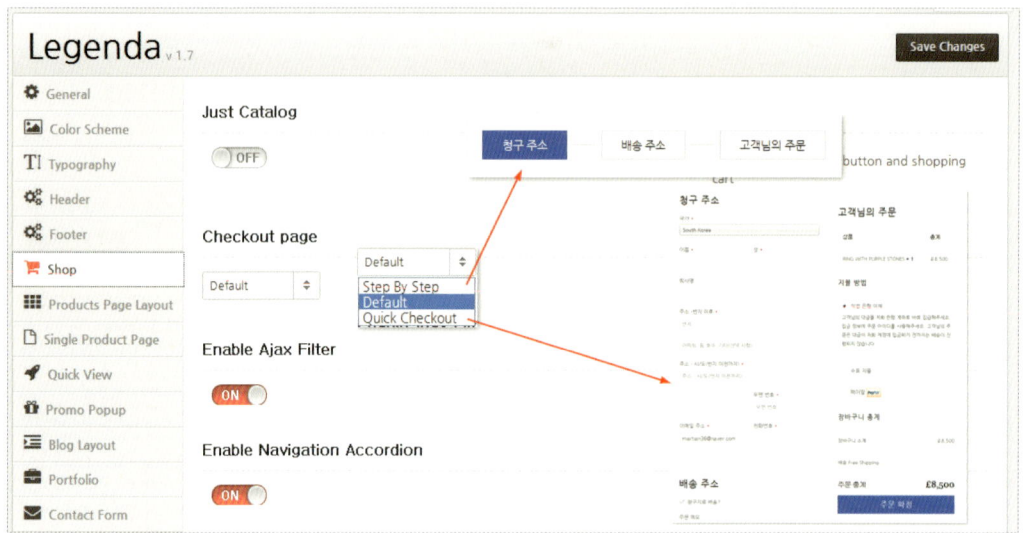

그림 2-19 상점 일반 설정

- Just Catalog는 상점 페이지와 상세 페이지에서 장바구니 아이콘을 제거해 구매를 못하도록 하는 기능을 합니다. 상점이 아직 런칭하지 않은 단계에서 필요합니다.

- Checkout page는 결제 페이지에서 결제 과정을 선택할 수 있는 세 개의 옵션이 있는데 Step by Step은 세 단계를 거쳐 주문확정을 하게 됩니다. Default는 우커머스 기본 설정으로 하나의 페이지에서 고객의 주소와 결제 정보를 입력하고 주문 확정을 합니다. Quick Checkout은 우커머스의 기본 설정과 같이 하나의 페이지에서 주문확정이 이뤄지지만 주문 내역과 지불 방법과 결제 내역이 청구주소와 좌우로 나란히 배치돼있어서 한눈에 보기도 좋고 신속한 주문확정을 할 수 있어 바람직한 옵션입니다.

- Enable Ajax Filter는 1장의 마지막 부분에서 상점의 간략한 기능에 대해 알아봤는데 상품의 속성을 기준으로 필터링 하면서 페이지를 새로고침 하지 않고도 상품이 필터링 되는 것을 봤습니다. 이런 기능을 활성화 합니다. 상점 페이지의 상품 수가 많아서 처음 로딩이 느리다면 이 기능을 비활성화 하는 것이 좋습니다.

- Enable Navigation Accordion은 상점의 사이드바 카테고리 메뉴에서 플러스 아이콘을 클릭하면 닫힌 카테고리가 열리는데 이 기능을 활성화 합니다.

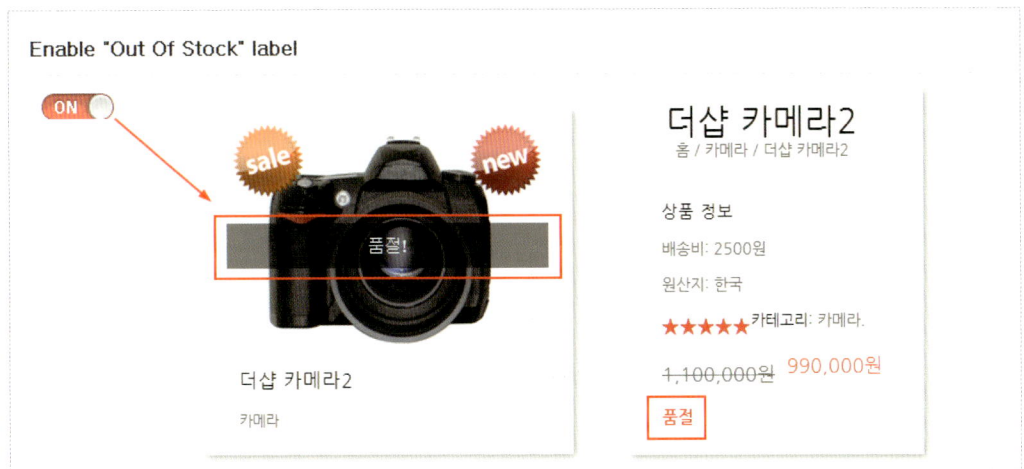

그림 2-20 품절 메시지

- Enable "Out Of Stock" label을 ON으로 설정하면 상품이 품절 됐을 때 상품 페이지의 이미지와 상세 페이지에 품절이라는 글자가 나타납니다.

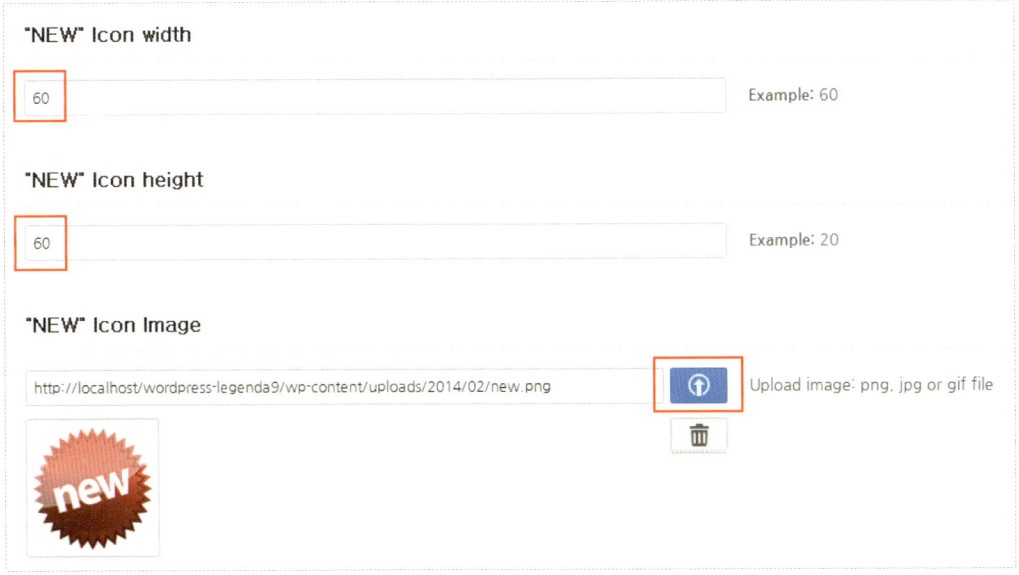

그림 2-21 새 상품 아이콘

- 새 상품 아이콘은 이미지를 사용합니다. 기본으로 된 아이콘을 다른 것으로 변경하고자 할 때 업로드 버튼을 눌러 100 픽셀 이하의 적당한 크기로 이미지를 만들어 업로드합니다. 사이즈는 위의 두 개의 입력란에서 변경합니다.

그림 2-22 새 상품과 세일 상품 아이콘

- 세일 이미지 아이콘도 마찬가지 방법으로 변경할 수 있습니다. 이러한 이미지는 구글 검색하면 얼마든지 무료로 사용할 수 있습니다. 첨부 파일에 PSD파일과 이미지 파일을 포함했습니다.

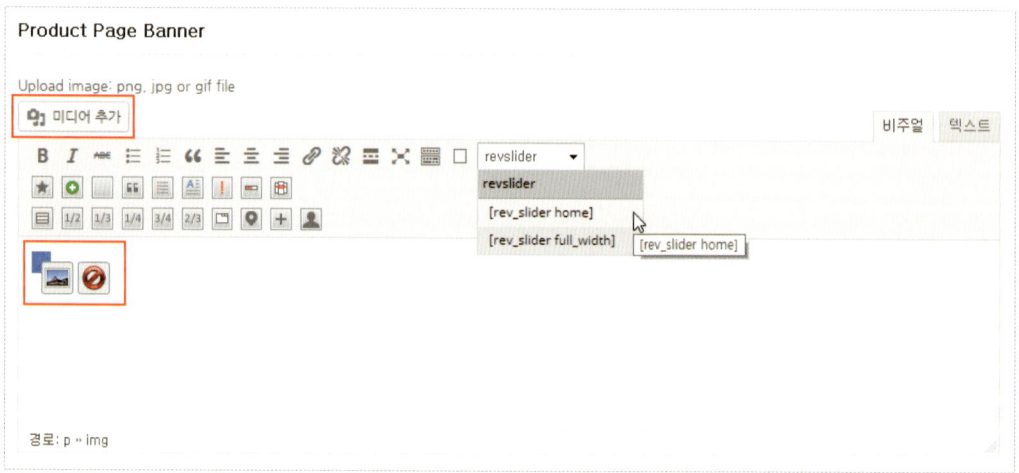

그림 2-23 상품 페이지 상단 배너

- Product Page Banner는 상품 페이지의 콘텐츠 영역 상단에 이미지를 추가하거나 글을 입력할 수 있습니다. 또한 레볼루션 슬라이더로 교체할 수도 있습니다. 이미지를 클릭하면 편집아이콘과 삭제 아이콘이 나타나며 삭제를 한 후 revslider에서

[rev_slider home]을 선택하고 저장한 다음 상점 페이지에서 확인합니다. 나중에 레볼루션 슬라이더에서 새로 만들어 배치할 수 있습니다. 다양한 슬라이더를 만들어놓고 적당한 곳에 배치해 사용하면 됩니다.

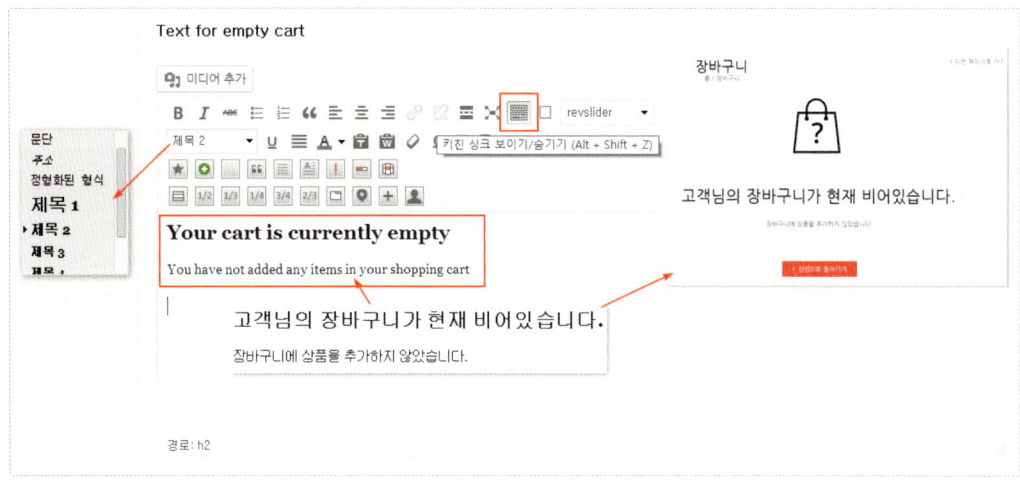

그림 2-24 장바구니 메시지

- Text for empty cart는 장바구니 링크를 클릭했을 때 나타나는 페이지에서 장바구니에 담긴 아이템이 없을 때 원하는 메시지를 보여줍니다. 영문으로 된 것을 적당한 한글로 변환해 사용합니다. 글자를 입력할 때는 도구 모음 첫 번째 줄의 마지막에서 두 번째 아이콘을 클릭하면 두 번째 도구모음 줄이 나타납니다. 여기서 글자의 크기를 변경할 수 있으니 적당한 크기로 변경합니다.

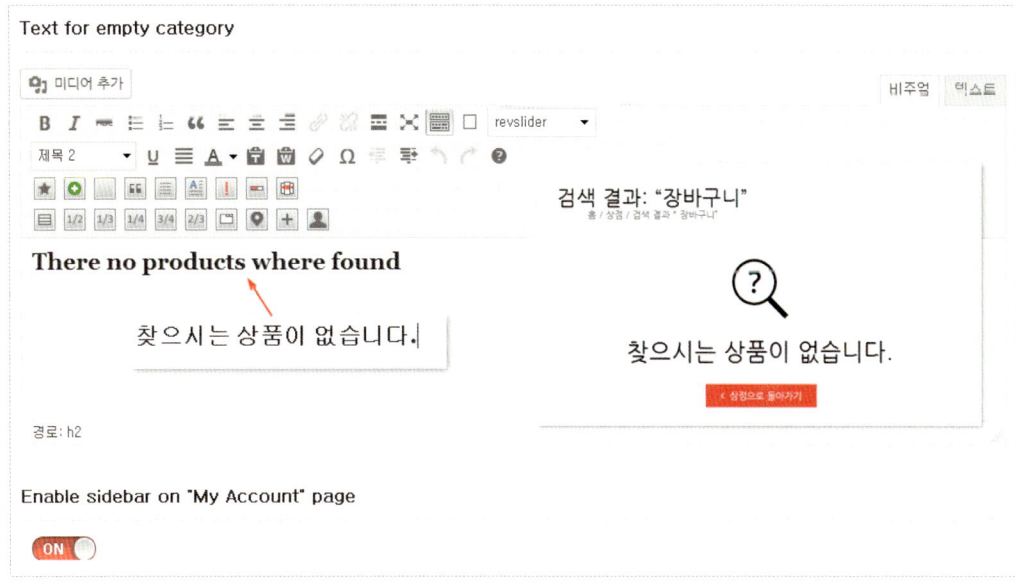

그림 2-25 빈 장바구니 메시지

- Text for empty category는 상품 검색 후 없는 상품일 때 메시지를 출력합니다. 이것도 적당한 한글로 입력해 사용합니다.
- Enable sidebar on "My Account" page는 나의 계정 페이지에 사이드바가 나오도록 활성화 합니다.

## 07 상품 페이지 레이아웃(Product Page Lauout) 설정

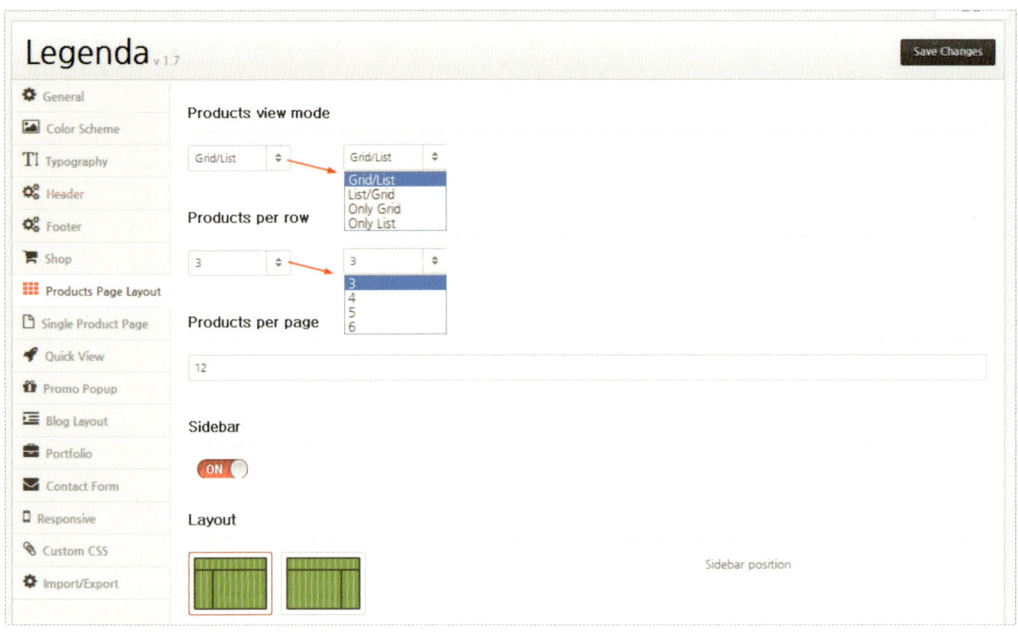

그림 2-26 상품 페이지 설정

- Products view mode는 상품 페이지에서 그리드(Grid) 보기와 목록(List) 보기가 있었는데 어떤 방식을 우선 나타나게 할지 선택할 수 있습니다.
- Products per row는 그리드 보기일 경우 하나의 행에 몇 개의 상품을 표시할지 선택합니다.
- Products per page는 한 페이지에 상품을 몇 개 표시할지 선택합니다. 이때 위에서 하나의 행에 몇 개의 상품을 표시할지 먼저 선택한 후 결정합니다. 예를 들어 한 행에 3개를 표시한다면 한 페이지에 9개나 12개가 좋지만 4개일 경우 4의 배수를 입력합니다. 즉 8이나 12, 16이 되는 것이죠. 그래야 마지막 행에 여백이 없어 보기에 좋습니다.
- Sidebar는 상품 페이지의 사이드바를 표시할지 결정합니다.
- Layout은 사이드바를 표시할 경우 사이드바를 좌측에 배치할지 우측에 배치할지 결정합니다.

그림 2-27 상품 이미지 마우스오버 설정

- Product Image Hover는 상점 페이지에서 상품 이미지에 마우스를 올렸을 때 나타나는 효과입니다. Description은 상품 요약에 있는 글을 가져오며 아래의 "Number of words for description (hover effect)"에서 단어 수를 설정할 수 있습니다. Swap은 상품 추가 화면에서 Additional Product Options 박스의 "Upload image for hover effect"에서 교체될 이미지를 업로드 해야 됩니다. Tooltip은 이미지를 크게 보여주며 Image Slider는 이미지 갤러리가 만들어진 경우 이미지 양쪽에 내비게이션이 나와서 슬라이더 형태로 볼 수 있습니다. 이미지 갤러리는 상품 추가 시 알아보겠습니다.

- Product Images Width와 Product Images Height은 상점 페이지에서 이미지의 기본 사이즈를 결정합니다. 이 사이즈 설정은 이미지 품질 관리에도 중요하지만 너무 크게 설정하면 상품 페이지에는 많은 이미지를 로딩하므로 속도에 영향을 미칩니다. 적절한 값은 상품 추가하기에서 알아보겠습니다.

- Image Cropping은 위에서 설정한 이미지의 가로 세로 크기대로 자를 것인지 아니면 원본 이미지의 가로 세로 비율대로 자를 것인지 결정합니다. 이미지 내부의 상품 실물이 가로로 길거나 세로로 긴 이미지의 경우 위 옵션을 활성화 하면 상품이 제대로 나오지 않으니 비활성화 하는 것이 좋습니다. 다만 상품 이미지의 크기가 서로 달라지는 현상이 있으니 되도록이면 포토샵 같은 이미지 편집기로 일정한 비율의 이미지로 잘라서 사용하는 것이 좋습니다. 이 또한 상품 추가하기에서 자세히 알아보겠습니다.

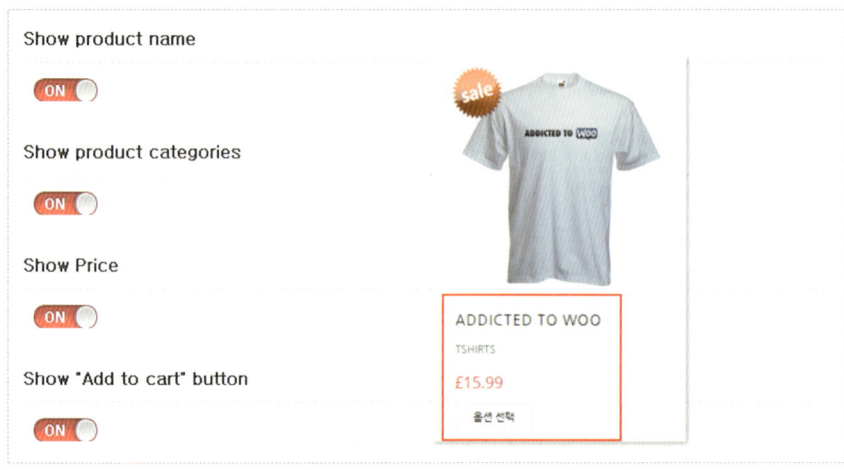

그림 2-28 기타 옵션

위 각 옵션은 상품 아이템의 제목, 상품 카테고리, 가격, 장바구니 버튼 등을 보이게 설정합니다.

## 08 상세 페이지(Single Product Page) 설정

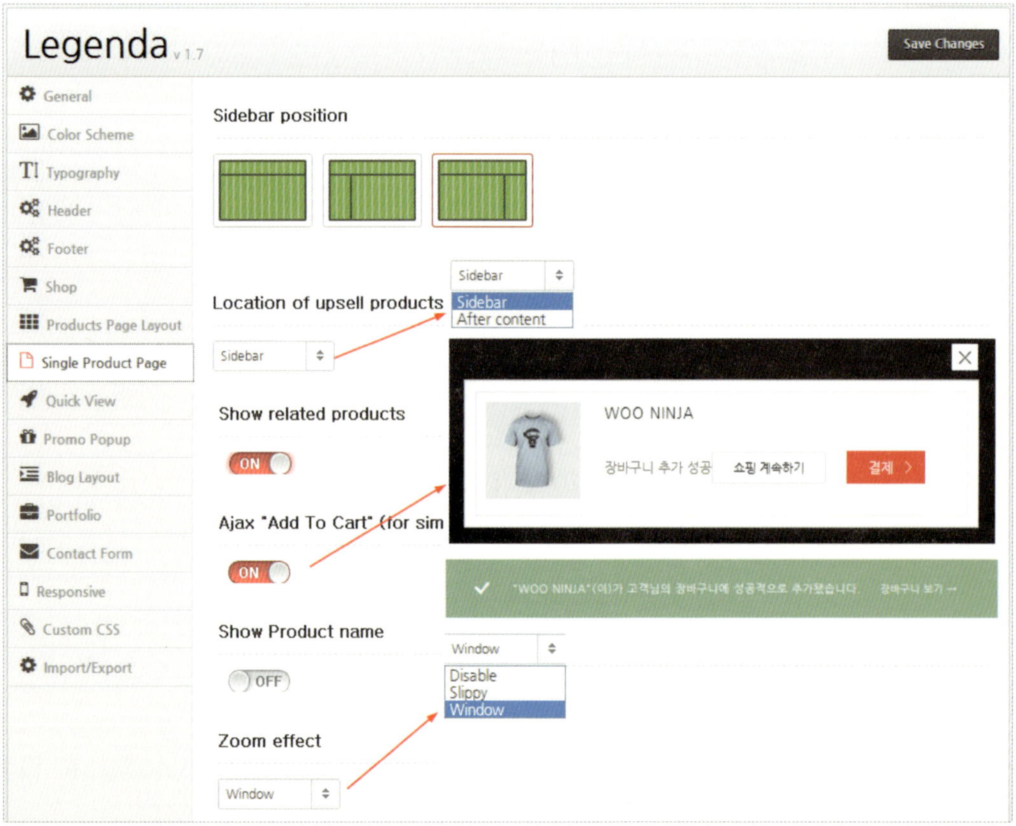

그림 2-29 상세 페이지 설정

- Sidebar position은 상세 페이지의 사이드바 위치를 결정합니다.
- Location of upsell products는 업셀 상품의 위치를 결정합니다. 업셀 상품이란 고객이 상품을 구매하려고 할 때 더 나은 상품이나 고가의 상품을 제시해 판매를 촉진하는 마케팅 기법입니다. 대부분의 경우 상세 페이지 하단(After content)에 나타나게 돼있지만 사이드바에도 배치할 수 있습니다. 1장의 마지막 부분에서 상세 페이지의 사이드바에 상품 검색 위젯을 설치했는데 위젯이 하나라도 없으면 사이드바에 업셀 상품이 나타나지 않기 때문에 그런 것입니다.
- Ajax "Add To Cart"는 상세 페이지에서 상품을 장바구니에 넣으면 팝업 창이 나오고 쇼핑을 계속할 것인지 결제로 진행할 것인지 선택할 수 있게 합니다. 다른 테마에서는 페이지 상단에 녹색의 메시지 박스가 나타나고 장바구니 보기 링크가 있습니다.
- Show Product name은 상품 제목을 표시하는데 Legenda 테마는 기본적으로 페이지 상단 중앙에 상품 제목을 표시하므로 중복됩니다. 그러므로 비활성화 합니다.

그림 2-30 상세 페이지 주 이미지이 줌 효과

- Zoom effect는 상품 이미지에 마우스를 올렸을 때의 효과입니다. Slippy는 이미지 내부에 마우스를 클릭하고 드래그 하면 이미지가 확대된 상태에서 이동하므로 상품을 세부적으로 볼 수 있습니다. Window는 마우스를 올리면 네모 박스가 나타나면서 이미지가 확대됩니다. 클릭하지 않은 상태에서 마우스를 이동해 여러 곳을 살필 수 있습니다 기능은 같의ㅏ 대부분의 상세 페이지에서는 Window 형태를 많이 사용하며 클릭하지 않아도 되므로 사용이 편리합니다.

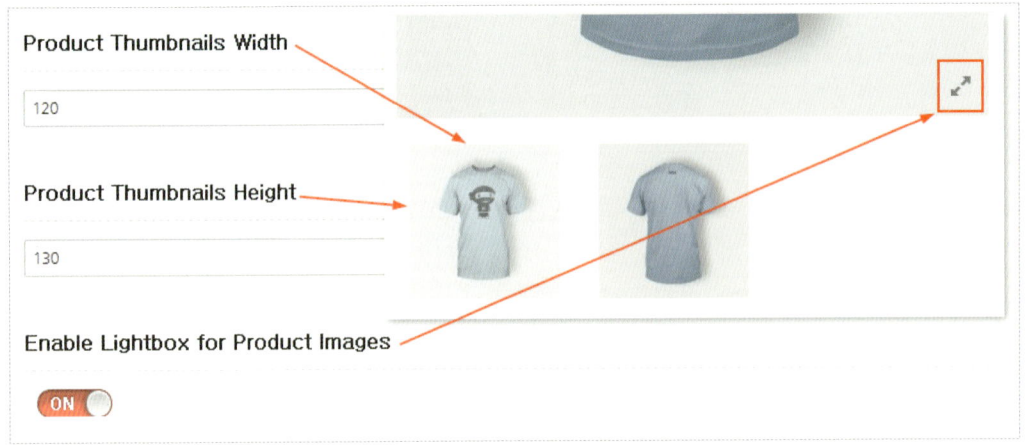

그림 2-31 갤러리 썸네일 설정

- Product Thumbnails Width와 Product Thumbnails Height은 상세 페이지의 메인 이미지 하단에 나타나는 갤러리 이미지의 폭과 높이를 설정합니다. 갤러리 이미지는 상품 추가하기에서 다룹니다. 이미지가 네 개 이상이라면 슬라이더 형태로 둘러볼 수 있습니다.

- Enable Lightbox for Product Images는 메인 이미지 우측 하단의 아이콘을 클릭하면 라이트박스 형태로 큰 이미지를 볼 수 있게 합니다. 이미지가 여러 개일 때에는 슬라이드로 볼 수 있습니다.

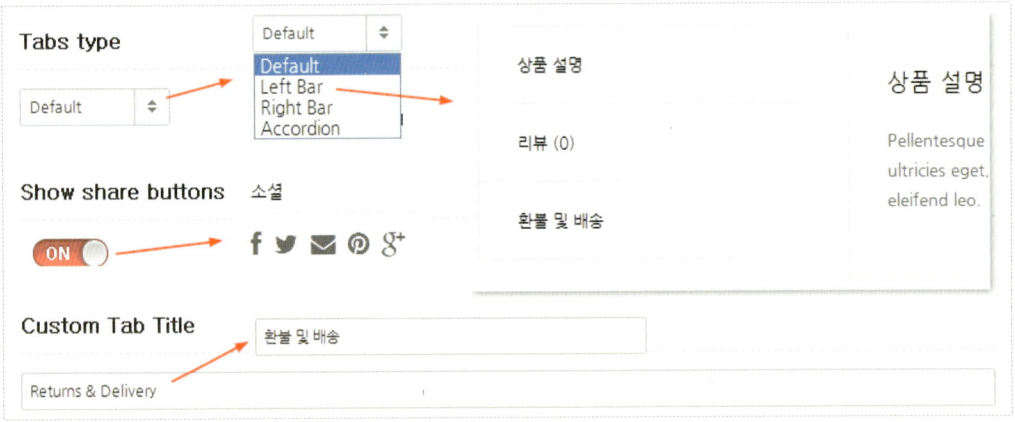

그림 2-32 상세 페이지 기타 설정

- Tabs type은 상품 설명 리뷰와 같은 콘텐츠를 탭으로 처리하는데 탭을 상단(Default)에 둘지, 좌측이나 우측에 둘지, 또는 어코디언 형태로 할지 결정합니다.

- Show share buttons은 옵션 영역의 장바구니 버튼 하단에 소셜 아이콘을 배치합니다. 별도의 설정을 하지 않아도 아이콘을 클릭하면 해당 아이콘의 소셜 네트워크로 연결됩니다.

- Custom Tab Title은 탭에서 사용자 정의 탭을 만들 수 있는데 환불 및 배송으로 한글로 입력합니다. 이것은 제목을 설정하는 것이고 콘텐츠는 바로 아래의 텍스트 편집기에서 작성합니다.

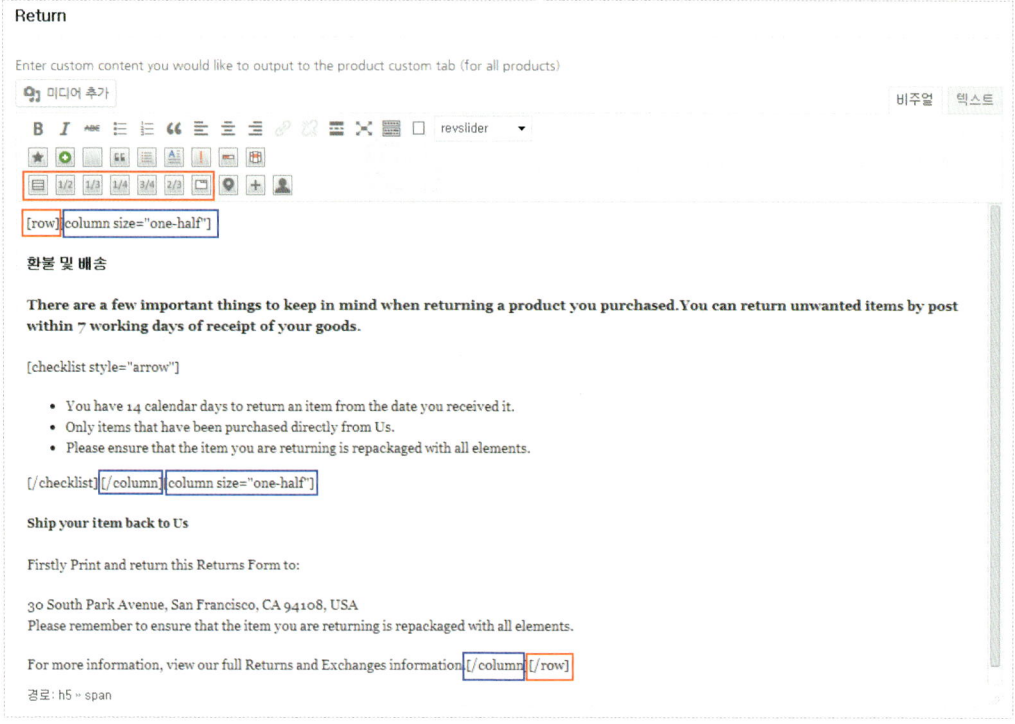

그림 2-33 환불 탭 설정

- Return은 환불 및 배송과 관련된 콘텐츠를 입력하는 곳입니다. 반드시 이곳에 입력해야 하는 것은 아니므로 어떤 콘텐츠라도 넣을 수 있습니다. 즉 환불(Returns)이라고 됐더라도 이전의 Custom Tab Title에 다른 제목을 입력하고 위에는 해당 콘텐츠를 넣으면 됩니다. 환불이나 배송 정책은 고정된 콘텐츠이므로 일일이 탭에 추가하기는 번거롭기 때문에 일정한 콘텐츠를 만들어 하단에 배치하는 것이 좋으며 이에 관해서는 4장에서 알아보겠습니다.
- 위 코드를 보면 대괄호를 사용한 것이 있는데 이를 단축코드라고 합니다. 이미 테마에서 함수로 정의를 해서 페이지의 어떤 곳이든 사용할 수 있습니다. 단축코드로 직접 입력해도 되지만 도구모음의 가장 밑줄에 있는 아이콘을 사용할 수도 있습니다. [row]와 [/row]는 행을 만들고 [column]과 [/column]은 열을 만듭니다. 열의 수를 설정하는 것은 column size입니다. 두 개의 열을 만들기 위해 두 번째 아이콘인 "1/2"을 사용했습니다. 열로 만들기 어려운 경우 그냥 콘텐츠만 입력해도 됩니다.
- 첫 번째 열에 [checklist]와 [/checklist]를 사용했는데 이것은 목록을 만듭니다. style="arrow"는 목록의 불릿으로 화살표를 만듭니다. 자세한 콘텐츠 만들기는 페이지 만들기 부분에서 알아보겠습니다.

# 09 퀵뷰(Quick View)

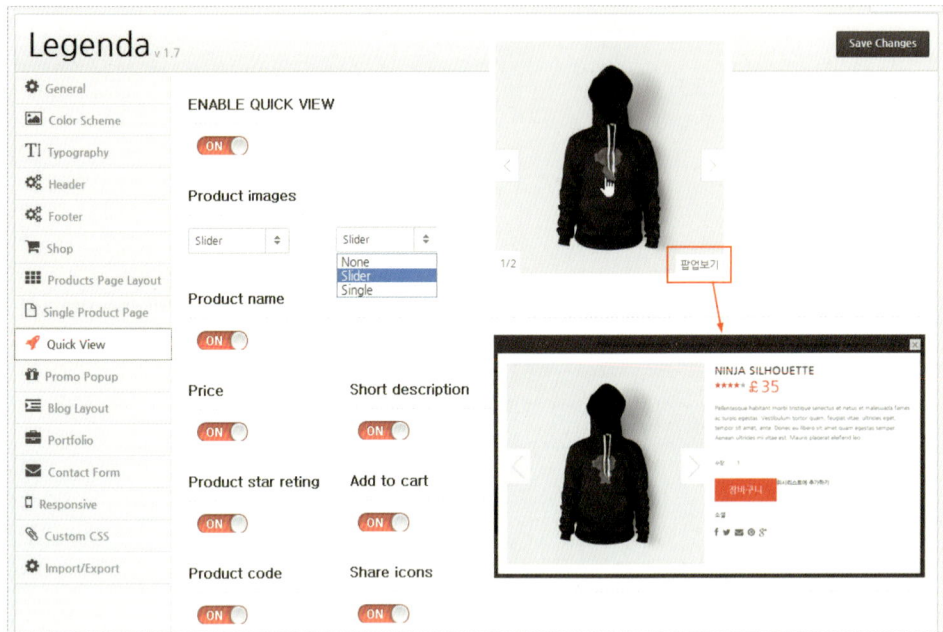

그림 2-34 퀵뷰

- Legenda 테마에서 포함된 기능들은 대부분 유료 플러그인입니다. 퀵뷰도 마찬가지여서 구매해야 사용할 수 있는 기능입니다. 퀵뷰는 상품 페이지에서 상품 이미지에 마우스를 올렸을 때 우측 하단에 팝업보기 링크가 나타나게 하는 기능입니다. 클릭하면 팝업 창이 나오면서 상품 갤러리와 요약, 장바구니 등 상세 페이지의 일부 내용을 빠르게 볼 수 있는 역할을 합니다.
- ENABLE QUICK VIEW는 퀵뷰 기능을 활성화 하고, Product images는 세 개의 옵션이 있으며 슬라이더와 단일 이미지로 볼 수 있습니다. 항목으로는 상품 이름(Product name), 가격(Price), 상품 평가(Product star rating), 상품 코드(Product code), 상품 요약(Short description), 장바구니 버튼(Add to cart), 소셜 아이콘(Share icons)이 있으며 각각 활성화 상태를 설정 합니다.

# 10 프로모 팝업(Promo Popup)

그림 2-35 프로모 기본 이미지

- Promo는 Promotion의 줄임 말로 판매촉진 또는 할인 이벤트를 의미합니다. 처음 사이트에 들어오면 팝업 창이 뜨고 할인 행사를 공지한다거나 중요한 공지사항을 알릴 때 사용할 수도 있습니다. 하지만 고객은 팝업 창을 싫어하죠. 그래서 진정으로 고객에게 혜택을 줄 수 있는 공지 사항을 알릴 때만 사용하는 게 좋습니다.

기본적으로 위와 같은 이미지를 사용하는데 이미지 변경 방법과 메시지 입력방법을 알아보겠습니다.

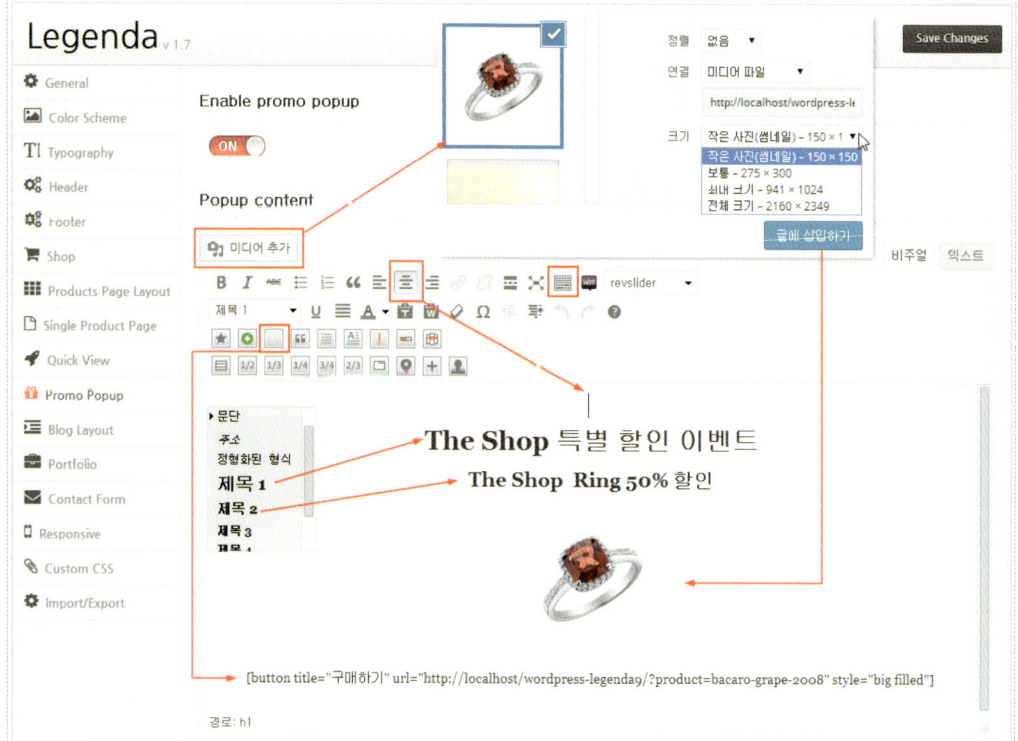

그림 2-36 프로모 팝업 만들기

- 우선 툴바 토글 아이콘을 클릭해서 두 번째 도구모음 행을 엽니다.

- 글 입력 박스에서 이미 있는 글자를 제거하고 중앙정렬 아이콘을 클릭합니다.

- 글자 형식 박스를 클릭해서 제목1을 선택한 다음 엔터 키를 누르면 상단에 공간이 생깁니다.

- 다시 중앙정렬 아이콘을 클릭하고 제목 1을 선택한 다음 글자를 입력하고 엔터 키를 누릅니다.

- 다시 중앙정렬 아이콘을 클릭하고 제목 2를 선택한 다음 글자를 입력하고 엔터 키를 누릅니다.

- 다시 중앙정렬 아이콘을 클릭하고 미디어 추가 버튼을 클릭하면 미디어 업로드 창이 나옵니다. 미디어 라이브러리 탭에서 스크롤 해서 내린 다음 반지 이미지를 선택하고 크기에서 150x150 사이즈를 선택한 다음, 글에 삽입하기 버튼을 클릭하면 이미지가 삽입됩니다. 엔터 키를 누르면 커서가 중앙에 배치됩니다.

- 이번에는 도구모음 세 번째 줄의 세 번째 아이콘을 클릭하면 버튼 단축코드가 만들어집니다. title로 "구매하기"을 입력하고 url은 반지 상품의 URL을 복사해 추가합니다. style에서 버튼의 크기를 설정하는데 big은 큰 버튼, medium은 중간, small은 작은 크기입니다. 여기서는 big을 사용했습니다.

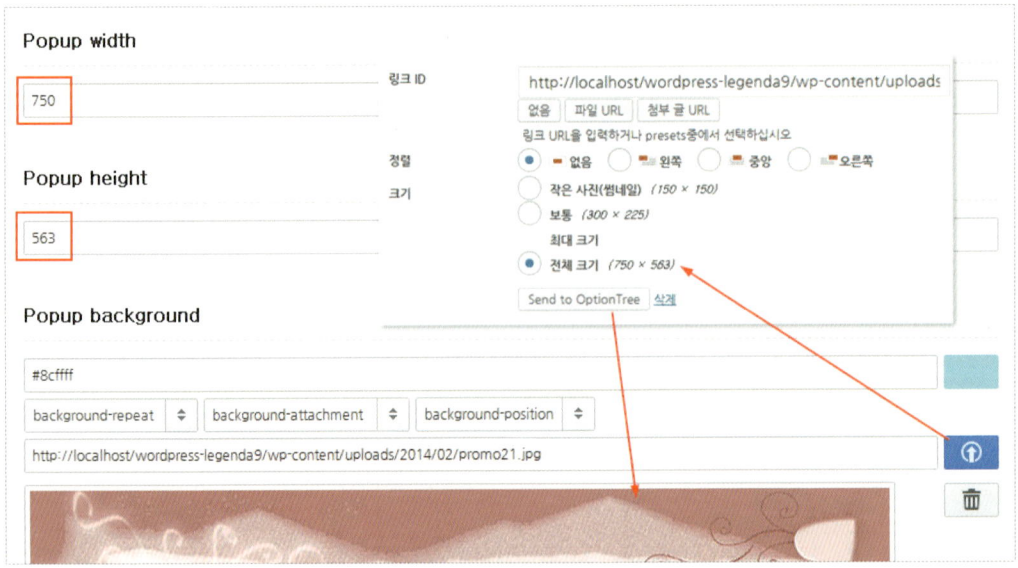

그림 2-37 프로모 팝업 이미지 추가

- Popup width와 Popup height에서 팝업 창의 크기를 설정합니다. 이미지를 사용하는 경우 이미지의 크기를 입력합니다. 이미지를 사용하지 않는 경우 Popup background의 첫 번째 입력란을 클릭하면 컬러피커가 나타나서 배경색을 선택할 수 있습니다. 이 경우 기본 배경 이미지를 제거해야 하는데 제거보다는 파일이름을 변경하면 됩니다. legenda 테마 폴더의 images/assets 폴더에서 pp_bg.jpg 파일의 이름을 pp_bg-1.jpg로 변경하면 이 파일이 나타나지 않으므로 위에서 설정한 배경색으로 나타납니다.

- 대부분 배경 이미지를 사용합니다. 업로드 버튼을 클릭하고 첨부 파일에서 promo2.jpg 파일을 업로드 한 다음 크기를 전체 크기로 선택하고 Send to OptionTree를 클릭하면 추가됩니다.

그림 2-38 다시 보지 않기 설정

- 현재 작업하고 있는 웹브라우저에서는 좌측 하단의 "다시 보지 않기"에 체크했을 것이므로 확인할 수가 없죠. 그래서 다른 웹브라우저를 열고 URL을 입력해 들어오면 팝업 창이 나타납니다. 문제는 이 테마가 번역이 제대로 지원되지 않아 영문으로 나타납니다. 따라서 부득이하게 부모 테마의 코드를 수정해야 합니다.

```php
// ****************************************************************//
// ! Promo Popup
// ****************************************************************//
add_action('after_page_wrapper', 'et_promo_popup');
if(!function_exists('et_promo_popup')) {
    function et_promo_popup() {
        if(!etheme_get_option('promo_popup')) return;
        $bg = etheme_get_option('pp_bg');
        $padding = etheme_get_option('pp_padding');
        ?>
        <a class="etheme-popup " href="#etheme-popup">Open modal</a>

        <div id="etheme-popup" class="white-popup-block mfp-hide">
            <?php echo do_shortcode(etheme_get_option('pp_content')); ?>
            <a class="popup-modal-dismiss" href="#"><i class="icon-remove"></i></a>
            <p class="checkbox-label">
                <input type="checkbox" value="do-not-show" name="showagain" id="showagain" class="showagain" />
                <label for="showagain">Don't show this popup again</label>
            </p>
        </div>
        <style type="text/css">
            #etheme-popup {
                width: <?php echo (etheme_get_option('pp_width') != '') ? etheme_get_option('pp_width') : 770 ;
                height: <?php echo (etheme_get_option('pp_height') != '') ? etheme_get_option('pp_height') : 350
                <?php if(!empty($bg['background-color'])): ?> background-color: <?php echo $bg['background-color
                ?>
                <?php if(!empty($bg['background-image'])): ?> background-image: url(<?php echo $bg['background-
                    endif; ?>
                <?php if(!empty($bg['background-attachment'])): ?> background-attachment: <?php echo $bg['back
                    ?>;<?php endif; ?>
                <?php if(!empty($bg['background-repeat'])): ?> background-repeat: <?php echo $bg['background-re
                    endif; ?>
                <?php if(!empty($bg['background-color'])): ?> background-color: <?php echo $bg['background-colo
                    ?>
                <?php if(!empty($bg['background-position'])): ?> background-position: <?php echo $bg['backgroun
                    endif; ?>
            }
        </style>
    <?php
    }
}
```

그림 2-39 글자 변경을 위한 코드 복사

- legenda 테마의 framework 폴더에 있는 theme-functions.php 파일을 텍스트 편집기로 열고 3893 번째 줄부터 3927번째 줄까지 클릭 드래그해서 블록설정 한 다음 복사합니다. 테마는 수시로 업데이트 되므로 이 줄 번호는 변경 될 수 있습니다. 변경될 경우 찾는 방법은 Ctrl+F 키를 누르면 편집기 하단에 검색 창이 나타납니다. Promo Popup을 입력하고 엔터 키를 누르면 검색됩니다.

그림 2-40 글자변경

- 자식 테마인 legenda-child 폴더의 functions.php 파일을 열고 이전에 관리자 화면의 나눔고딕체로 변경하기 위한 코드 바로 아래에 붙여넣습니다.

- <label for="showagain">Don't show this popup again</label>라는 코드가 있습니다. 이것을 <label for="showagain">다시 보지 않기</label>로 수정하고 저장하면 됩니다. 이렇게 하면 테마를 업데이트 하더라도 한글은 그대로 출력됩니다.

# 11 블로그 레이아웃(Blog Layout) 설정

블로그 페이지는 두 가지 페이지가 있습니다 하나는 전체 블로그 글을 보기 위한 글 목록 페이지이고 다른 하나는 하나의 글을 선택했을 때 글의 전체 내용을 볼 수 있는 단일(Single) 글 페이지입니다. 상점 페이지와 상세 페이지의 관계와 같습니다.

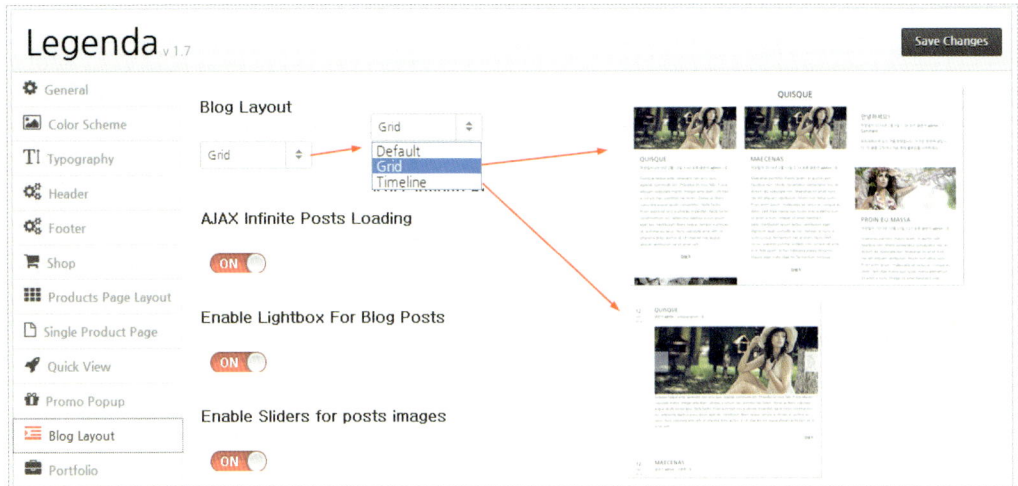

그림 2-41 블로그 설정

- Blog Layout은 세 가지 블로그 글 레이아웃이 있습니다. 이것은 블로그 글 목록 페이지의 레이아웃을 담당합니다. 기본(Default)은 목록 형태이고 Grid는 상품 페이지처럼 그리드 형태입니다. Timeline은 목록 형태이지만 좌측에 글 발행일자가 있으며 선으로 연결돼있습니다.

- AJAX Infinite Posts Loading은 위에서 그리드로 설정했을 때 스크롤 해서 마지막 글에 도달하면 다음 페이지의 글 목록이 나타나게 합니다. 한 페이지에 나타나는 글 수는 관리자 화면의 설정 → 읽기에서 "페이지당 보여줄 글의 수"에서 결정합니다.

그림 2-42 블로그 화면 이미지의 아이콘

- Enable Lightbox For Blog Posts를 활성화하면 글 목록 페이지에서 이미지에 마우스를 올렸을 때 두 개의 아이콘이 나타나며 확대 아이콘을 클릭하면 라이트박스 형태로 큰 이미지를 볼 수 있습니다. 체인 아이콘을 클릭하면 해당 글의 상세 페이지로 이동합니다.

- Enable Sliders for posts images는 글에 여러 개의 이미지가 있을 때 이들 이미지를 슬라이더로 볼 수 있는 기능이고 활성화 되면 양 옆에 내비게이션이 나타납니다. 슬라이더 기능이 활성화 되면 위 그림 중앙의 두 가지 아이콘은 나타나지 않습니다. 이미지 내부를 클릭하면 글 상세 페이지로 이동합니다. 위 이미지에서 아이콘과 내비게이션이 동시에 나타나는 것은 이미지가 하나밖에 없어서 그렇습니다. 그러니 내비게이션을 클릭해도 변화는 없습니다.

**Post Thumbnail Width**

1000

**Post Thumbnail Height**

500

**Image Cropping**

ON

그림 2-43 블로그 썸네일 이미지 크기 설정

- Post Thumbnail Width와 Height은 글 목록 페이지의 썸네일 크기를 결정합니다. 이미지를 업로드하면 썸네일은 중앙을 기준으로 강제로 자르기 때문에 그림 2-44의 좌측처럼 위 아래가 잘려서 나타납니다. 이것은 Image Cropping을 활성화 해서 그런 것인데 글 목록 페이지의 이미지 크기를 통일하기 위해서 활성화 하는 것이 좋습니다. 하지만 글 상세 페이지의 썸네일은 전체 이미지로 나옵니다.

그림 2-44 이미지 자르기 기능

- Image Cropping을 활성화 하지 않는 경우 글 목록 페이지에서 아래 그림처럼 슬라이더 내비게이션이 레이아웃을 벗어나게 됩니다.

그림 2-45 이미지 자르기 기능의 비활성화

- 따라서 이미지를 블로그에 업로드해 사용할 경우 포토샵 같은 이미지 편집기로 미리 일정한 크기로 잘라서 업로드 하는 것이 좋습니다.

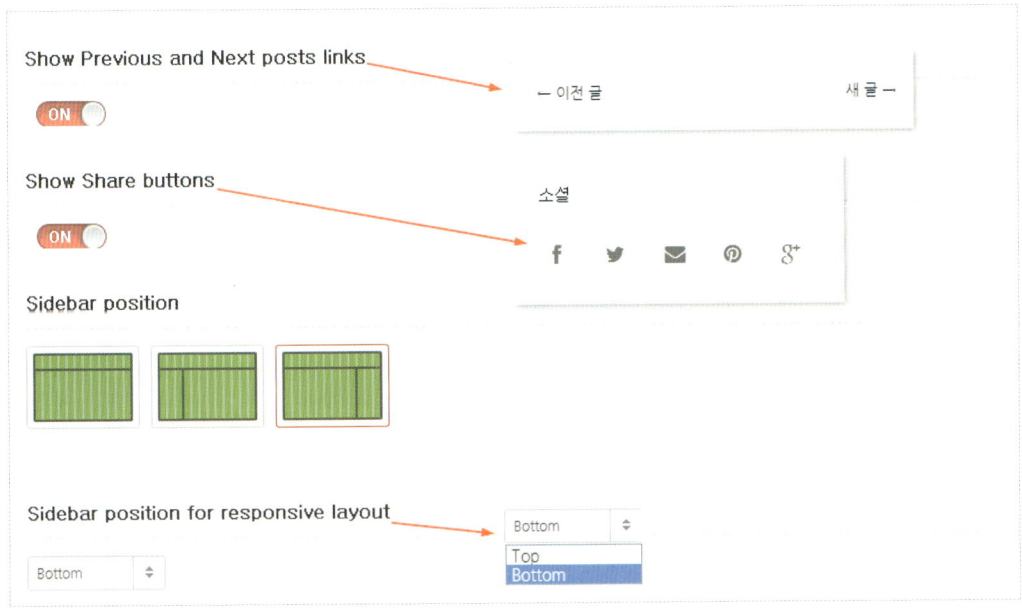

그림 2-46 블로그의 기타 설정

01. 테마 옵션 설정

- Show Previous and Next posts links는 글 목록 페이지 하단에서 내비게이션 역할을 활성화 하며 그리드 레이아웃에서는 나타나지 않습니다.

- Show Share buttons은 글 상세 페이지에서 글 하단에 공유 버튼을 활성화 합니다.

- Sidebar position은 사이드바의 위치를 결정합니다.

- Sidebar position for responsive layout은 폭이 좁은 기기에서 사이드바의 위치를 결정합니다.

## 12 포트폴리오(Portfolio) 설정

Legenda 테마는 포트폴리오 사이트도 만들 수 있습니다. 쇼핑몰 사이트에서는 어울리지 않는 콘텐츠 이지만 이런 사이트를 지원하므로 설정 방법을 알아보겠습니다.

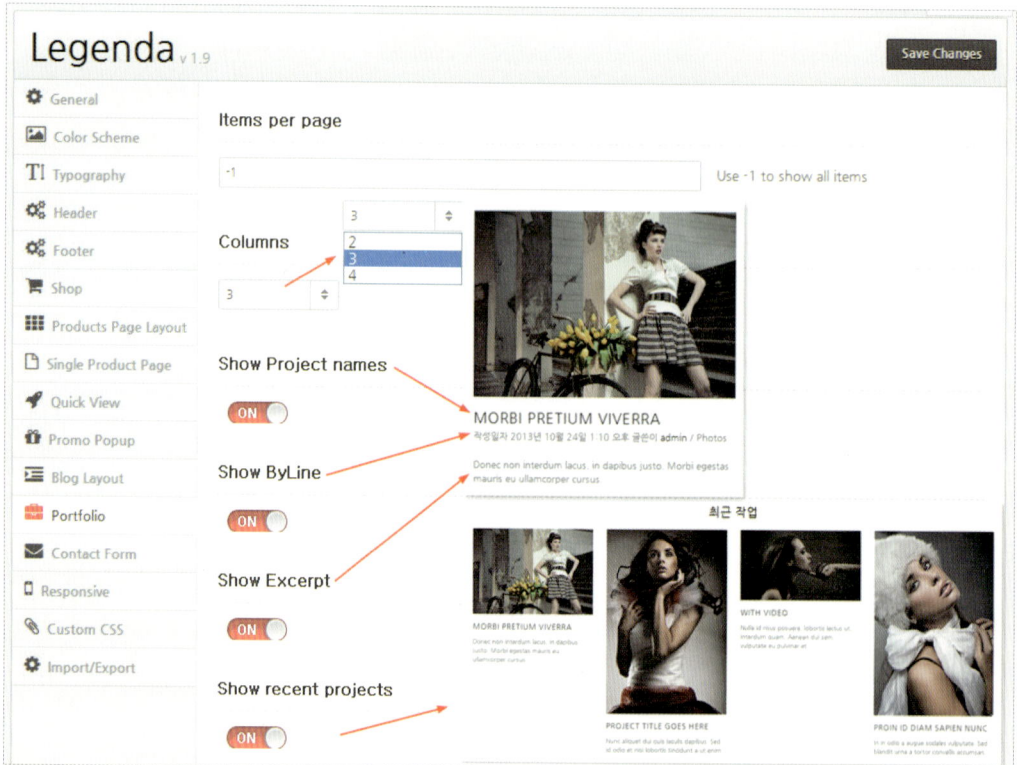

그림 2-47 포트폴리오 설정

- Items per page는 페이지당 아이템 수를 설정합니다. -1을 입력하면 모든 아이템을 표시하지만 아이템 수가 많으면 컬럼 수의 배수를 입력해서 제한하는 것이 좋습니다.

- Show Project names, Show ByLine, Show Excerpt는 각각 포트폴리오 목록 페이지에서 프로젝트의 이름, 바이라인, 요약을 표시합니다.
- Show recent project는 포트폴리오 상세 페이지에서 하단에 최근 작품을 표시해줍니다.

그림 2-48 이미지 라이트박스

- Enable Comments For Projects는 포트폴리오 상세 페이지에서 하단에 댓글을 활성화 합니다.
- Enable Lightbox For Projects는 포트폴리오 목록 페이지에서 이미지를 클릭했을 때 라이트박스 형태로 보여줍니다.

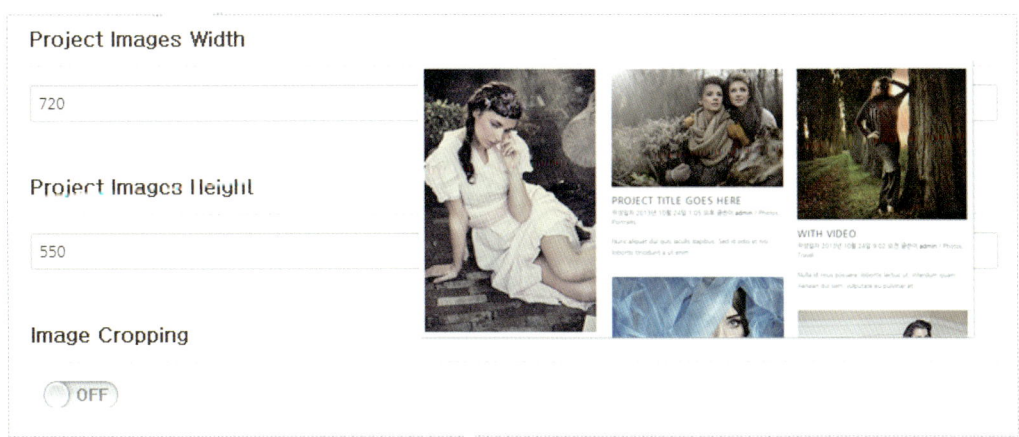

그림 2-49 이미지 크기 설정

- Project Images Width와 Project Images Height은 이미지의 크기를 결정하며 기본 폭은 720입니다. 컬럼 수를 2개로 설정할 경우 이미지가 커야 이미지 품질이 좋게 나오기 때문입니다.
- Image Cropping은 비활성화 하는 것이 좋습니다. 위 그림처럼 세로로 긴 이미지가 있을 경우 전체 이미지를 제대로 표현할 수 있기 때문입니다. 이 기능을 활성화 하면 아래 그림처럼 세로로 긴 이미지는 상하로 잘라집니다. 이미지의 가로 세로가 서로 다른 아이템을 위 그림처럼 표현하는 기술을 메이슨리(Masonry)라고 합니다. 석공의 돌 쌓는 기술을 의미합니다.

그림 2-50 이미지 자르기

# 13 컨택트 폼(Contact Form) 설정

Legenda 테마는 별도의 컨택트 폼 플러그인을 설치하지 않아도 기본적인 컨택트 폼을 지원합니다.

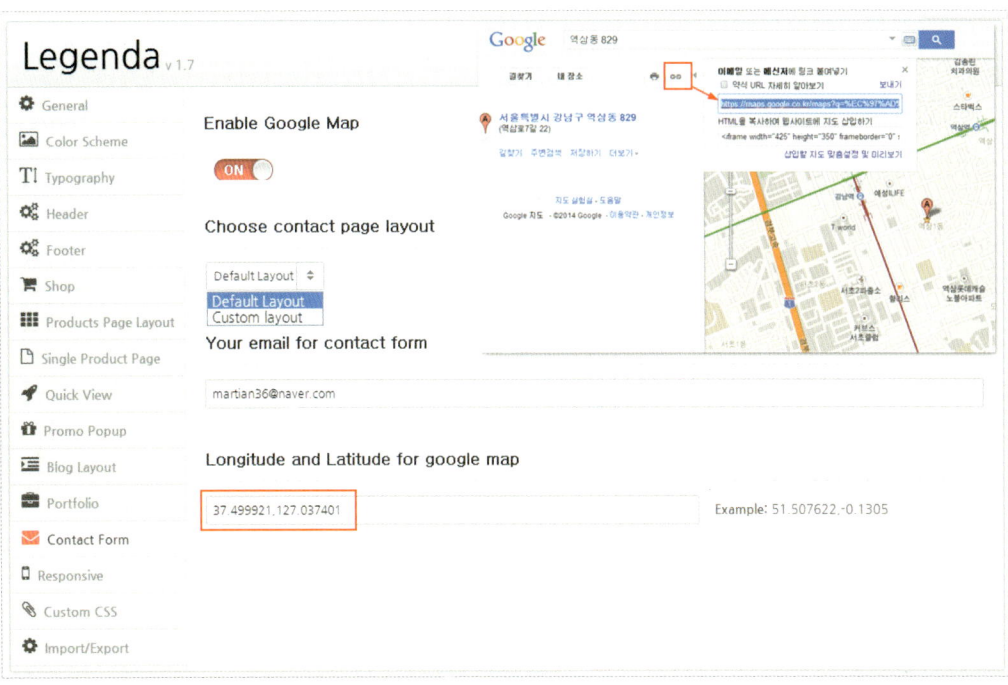

그림 2-51 컨택트 폼의 구글 지도

- Enable Google Map을 활성화 하고 Choose contact page layout에서 레이아웃을 선택합니다. Custom Layout은 사용자 정의가 가능합니다. 우선 기본을 선택하고 이메일은 자신의 이메일 주소를 입력합니다.

- Longitude and Latitude for google map은 지도의 경도와 위도로 설정하는 방법은 구글 맵에서 우선 주소를 입력해서 지도를 표시한 다음 링크 아이콘을 클릭하면 두 개의 입력 상자에 코드가 있습니다. 첫 번째 코드를 복사해 텍스트 편집기에 붙여넣으면 아래처럼 긴 코드가 나타납니다. 빨간색 부분이 위도와 경도이므로 이것만 복사해 위 입력란에 붙여넣으면 됩니다.

- https://maps.google.co.kr/maps?q=%EC%97%AD%EC%82%BC%EB%8F%99+829&hl=ko&ie=UTF8&ll=37.495597,127.032895&spn=0.031904,0.063386&sll=37.5651,126.98955&sspn=0.509984,1.014175&hnear=%EC%84%9C%EC%9A%B8%ED%8A%B9%EB%B3%84%EC%8B%9C+%EA%B0%95%EB%82%A8%EA%B5%AC+%EC%97%AD%EC%82%BC%EB%8F%99+829&t=m&z=15

- 저장한 다음 사이트의 메뉴에서 가장 우측에 있는 Contact 메뉴를 선택하면 아래처럼 지도가 표시됩니다.

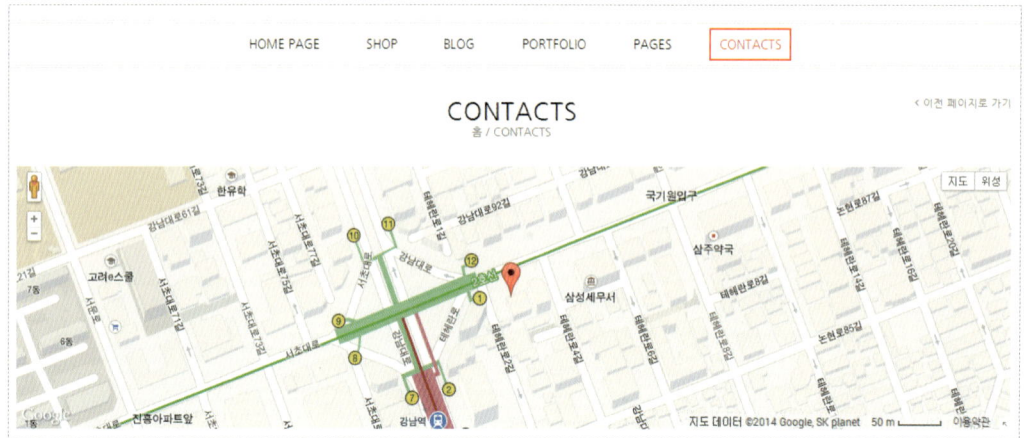

그림 2-52 테마의 컨택트 폼

- 컨택트 폼은 제대로 작동이 안되니 사용하기 좋은 Contact Form 7을 이용해 페이지 만드는 방법을 나중에 자세히 알아보 겠습니다.

# 14 반응형(Responsive) 설정

그림 2-53 반응형 설정

- Enable Responsive Design은 반응형 디자인을 활성화 합니다. 반응형 디자인은 웹브라우저의 폭에 따라서 사이트의 콘텐 츠가 반응해 레이아웃이 변경되는 것을 말하며 모바일 기기에서는 세로형 레이아웃이 됩니다.
- Large resolution from은 반응형 디자인이 시작되는 웹브라우저의 최대 폭입니다. 즉, 기본 설정인 경우 웹브라우저가 1200 픽셀이 되면 콘텐츠 폭이 줄어들기 시작합니다.

## 사용자 정의 스타일시트(Custom CSS) 설정

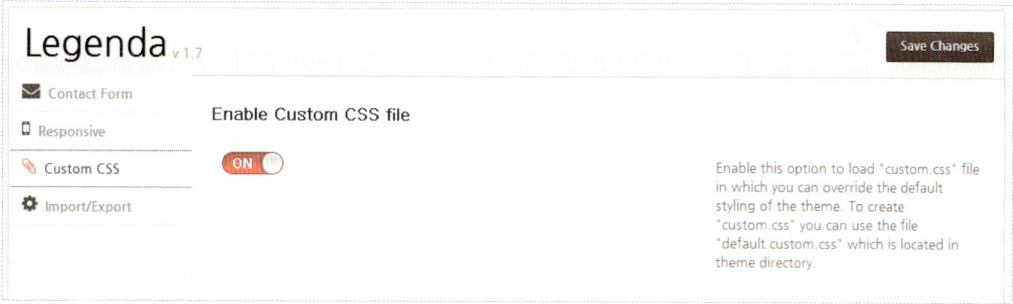

그림 2-54 사용자 정의 스타일시트

- 이 옵션을 활성화 하면 테마 폴더인 legenda에 있는 default.custom.css 파일을 custom.css 파일로 변경하고 이 파일에 스타일시트를 정의하면 테마 스타일시트를 덮어쓰기 할 수 있습니다. 하지만 이미 자식 테마에 style.css를 만들어 사용하고 있으니 필요 없습니다.

## 15 데모 데이터 가져오기, 테마옵션 가져오기/내보내기

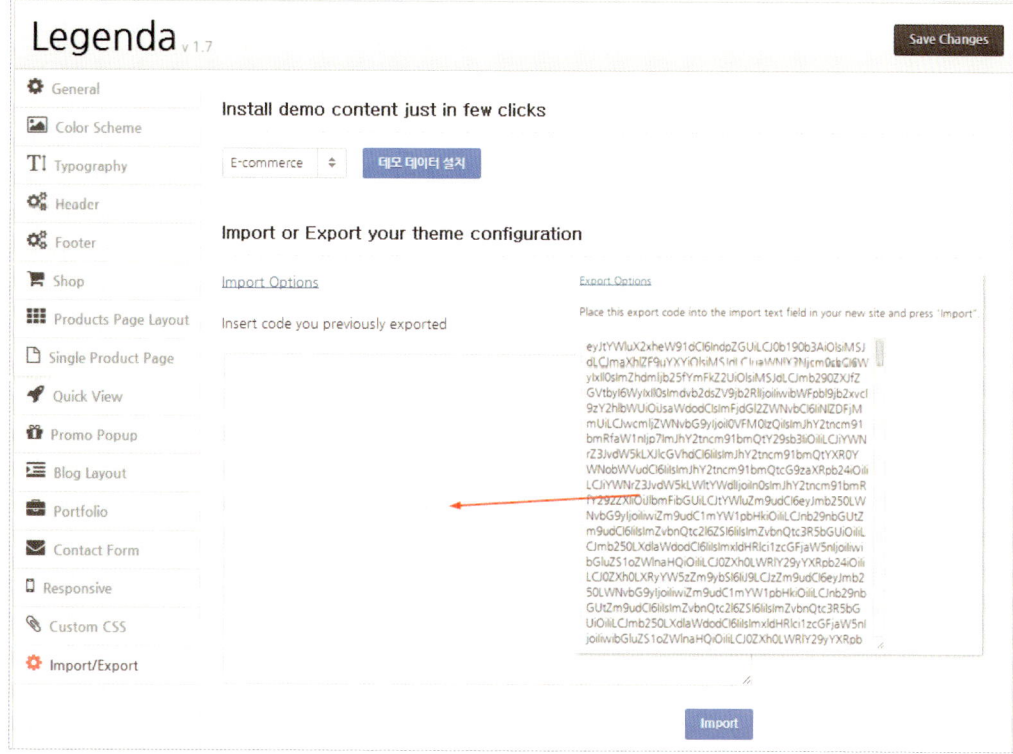

그림 2-55 테마옵션 내보내기와 가져오기

- 데모 데이터 가져오기는 앞에서 이미 알아봤습니다.

- Import or Export your theme configuration은 테마 옵션은 상당한 양의 설정으로 이뤄지는데 이러한 설정을 복사해서 이동할 수 있습니다. Export Options를 클릭하면 위처럼 옵션 데이터가 나타납니다. 이를 복사해서 다른 사이트의 legenda 테마의 Import Options를 열고 붙여넣으면 됩니다.

이상으로 Legenda 테마의 옵션 설정에 대해 전반적으로 알아봤습니다. 이 과정으로 프리미엄 테마에 어떤 설정이 있는지 대략적으로 파악할 수 있으며 대부분의 프리미엄 테마는 비슷한 설정이 많습니다. 따라서 이러한 설정에 익숙해지면 다른 테마도 쉽게 설정할 수 있습니다.

# 우커머스 설정 02

## 01 일반 탭

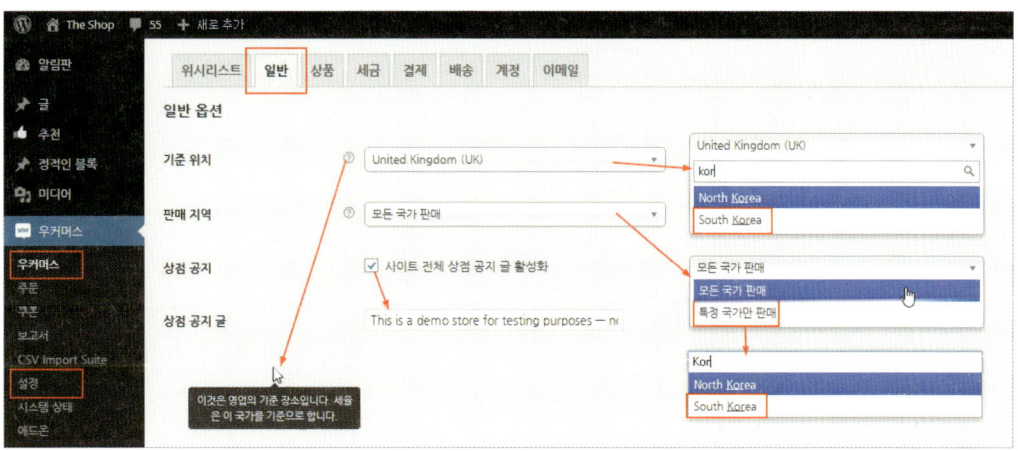

그림 2-66 우커머스 일반 옵션

메뉴에서 '우커머스' → '설정'으로 들어오면 일반 탭의 내용이 나타납니다. 이곳에서는 상점 전체의 일반적인 사항을 설정할 수 있습니다. 물음표 아이콘에 마우스를 올리면 설명이 나타나므로 이 내용을 토대로 충분히 이해할 수 있는 부분은 설명을 생략하겠습니다.

일반 옵션의 기준 위치에서 상점 소재지의 국가를 선택합니다. 클릭하면 검색 박스가 나타나고 영문으로 단어를 입력하면 자동으로 표시됩니다. kor로 입력해 South Korea를 선택합니다.

판매지역은 상품을 판매할 수 있는 대상 지역입니다. 특정 국가만 판매를 선택하면 다시 검색 상자가 나타나며 영문으로 입력하거나 스크롤 해서 선택할 수 있고 여러 국가를 선택할 수도 있습니다. 이들 선택한 국가 외의 나라에서 구매하려고 하면 구매 대상 국가가 아니라고 나타납니다.

'상점 공지'는 사이트 상단에 항상 배치해서 중요한 전체 공지사항을 표시하는 곳이며, 특히 사이트가 완성되지 않았을 때 이를 공지하는 데 이용할 수 있습니다. '사이트 전체 상점 공지 글 활성화' 체크박스를 클릭하면 바로 아래에 텍스트 입력상자가 나타납니다. 영문으로 된 내용을 지우고 적당한 내용을 입력합니다. 영어 원문의 번역은 "테스트 목적의 데모 상점입니다. 주문은 이루어지지 않습니다."라는 의미이므로 적절하게 수정해서 입력합니다. 이를 저장한 다음 사이트에서 보면 다음과 같이 사이트 상단에 공지 글이 나타납니다. 다만 Legenda 테마는 상단 고정 메뉴바와 겹치므로 비활성화 했으니 이를 활성화 하는 방법은 4장의 공사 중 페이지 만들기에서 알아보겠습니다.

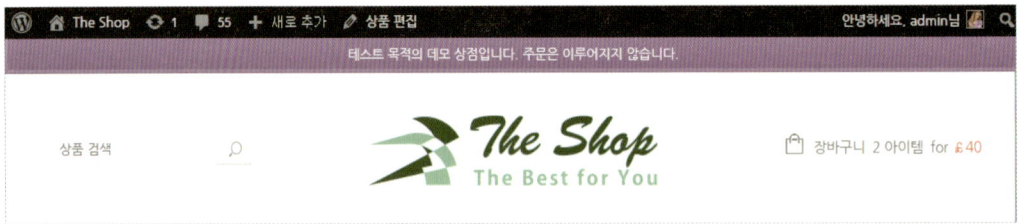

그림 2-57 상점 공지

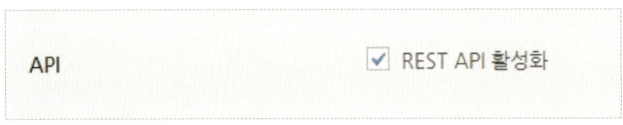

그림 2-58 REST API

REST API는 상점 데이터에 JSON이나 XML 포맷으로 접근해 데이터를 수정하거나 새로 추가하는 기능을 하며 이전 버전에서는 읽기만 가능했지만 새 버전에서 수정하거나 추가하는 작업도 할 수 있습니다.

그림 2-59 통화옵션

통화는 클릭하면 한국원화(₩)가 바로 보입니다. 선택하고 통화 기호 위치를 오른쪽으로 선택합니다. 천 단위 구분 기호와 소수 구분 기호는 그대로 두고 소수 개수는 0으로 변경합니다. 외국의 경우 기본 단위 이하의 통화기호를 사용하지만 우리나라는 원 단위 이하의 통화가 없으니 소수도 필요 없습니다. 원화기호로 "₩"를 사용하는데 "원"으로 변경하고자 하면 다음의 코드를 자식테마의 functions.php 파일에 추가하고 저장하면 됩니다.

```php
//한국 원화표시
add_filter( 'woocommerce_currencies', 'add_my_currency' );

function add_my_currency( $currencies ) {
    $currencies['KRW'] = __( '대한민국', 'woocommerce' );
    return $currencies;
}
add_filter('woocommerce_currency_symbol', 'add_my_currency_symbol', 10, 2);

function add_my_currency_symbol( $currency_symbol, $currency ) {
    switch( $currency ) {
        case 'KRW': $currency_symbol = '원'; break;
    }
    return $currency_symbol;
}
```

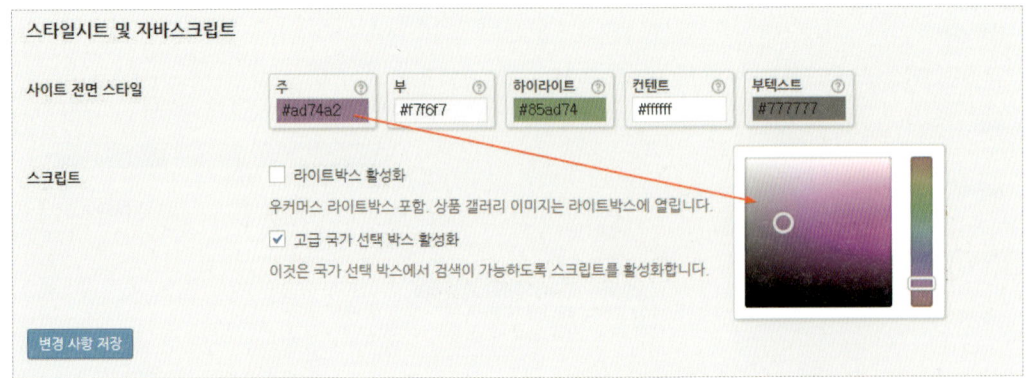

그림 2-60 스타일시트 및 자바스크립트

스타일시트는 상점 관련 페이지의 디자인을 만드는 코드입니다. 프리미엄 테마의 경우 테마 자체적으로 우커머스 스타일시트를 덮어쓰기 해서 새로운 디자인을 만들게 되므로 비활성화 됩니다. 그러니 위에서 색상을 변경해도 적용되지 않습니다. Legenda 테마를 활성화 하면 위 스타일 부분은 나타나지 않습니다.

스크립트는 자바스크립트를 의미하며 사이트에서 애니메이션과 같은 작업을 담당합니다. 이 또한 테마에서 자체적으로 해결하므로 비활성화 합니다. 고급 국가 선택 박스 활성화는 결제 페이지에서 고객이 정보를 입력할 때 국가를 선택할 수 있는데 위 일반 설정의 국가를 선택하듯이 선택박스를 클릭하고 국가이름을 입력하면 자동으로 나타나는 기능입니다.

내용을 변경한 후에는 변경 사항 저장 버튼을 클릭해 저장합니다. 변경 사항이 있는 경우 저장하지 않고 다른 페이지로 이동하면 경고 메시지가 나타납니다.

## 02 상품 탭

상품 탭에서는 상점 페이지 관련 설정을 할 수 있으며, 상품 옵션과 저장소 두 개의 링크가 있습니다.

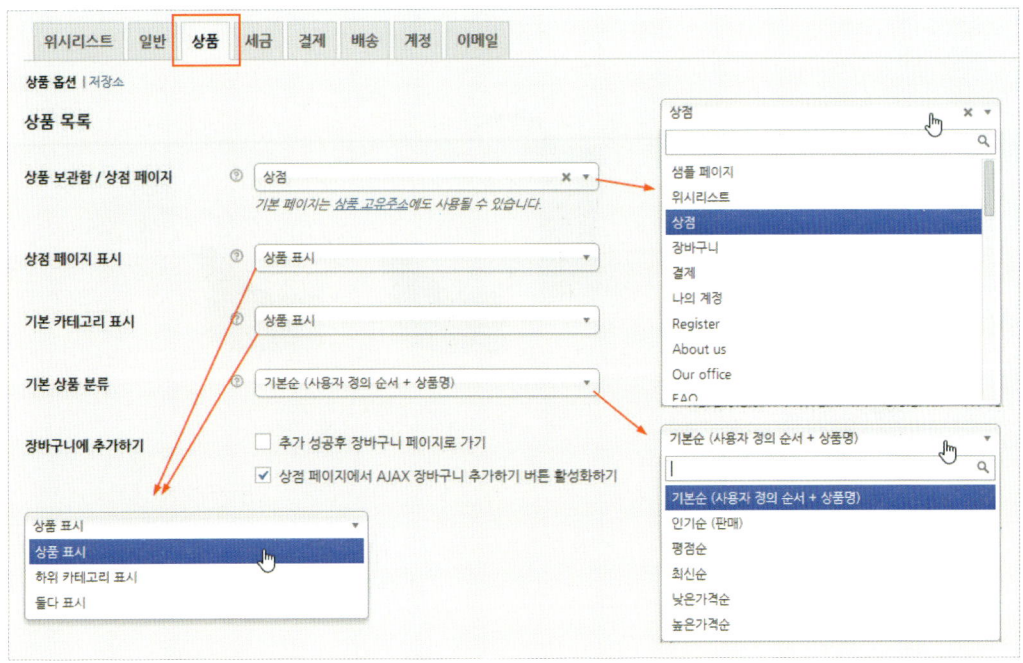

그림 2-61 상품 카탈로그 설정

상품 보관함은 상점의 전체 상품 목록이 나타나는 곳으로 상점 페이지(Shop page)라고 합니다. 이에 반해서 하나의 상품을 선택해서 상세 내용을 볼 수 있는 페이지는 상세 페이지(Single page)라고 합니다.

상점 페이지를 선택할 수 있도록 해서 별도의 디자인으로 페이지를 만들어 이곳에서 선택하면 해당 디자인으로 표현할 수 있습니다. 목록에는 사이트에서 만든 모든 페이지가 나타납니다.

상점 페이지 표시와 기본 카테고리 표시에서 세 가지 옵션은 상점 페이지에 상품만 표시할 것인지 카테고리만 표시할 것인지, 아니면 둘 다 표시할 것인지 결정합니다. '하위 카테고리 표시'를 선택하면 상점 페이지기 상품이 아닌 카테고리가 우선적으로 나타나고 카테고리를 선택하면 해낭 카테고리의 상품이 표시됩니다. '둘 다 표시'를 선택하면 상단에 하위 카테고리가 표시되고 바로 다음에 상품이 표시됩니다. 둘 다 표시를 사용하는 예는 거의 없고 상품이나 하위 카테고리로 선택해 사용합니다.

그림 2-62 카테고리 이미지

위 그림은 카테고리만 나오도록 설정한 것으로 카테고리를 선택하면 상품 목록 페이지로 이동합니다. 현재는 카테고리 이미지를 등록하지 않아서 더미 이미지만 나타나지만 나중에 상품 카테고리 부분에서 이미지를 등록할 것입니다.

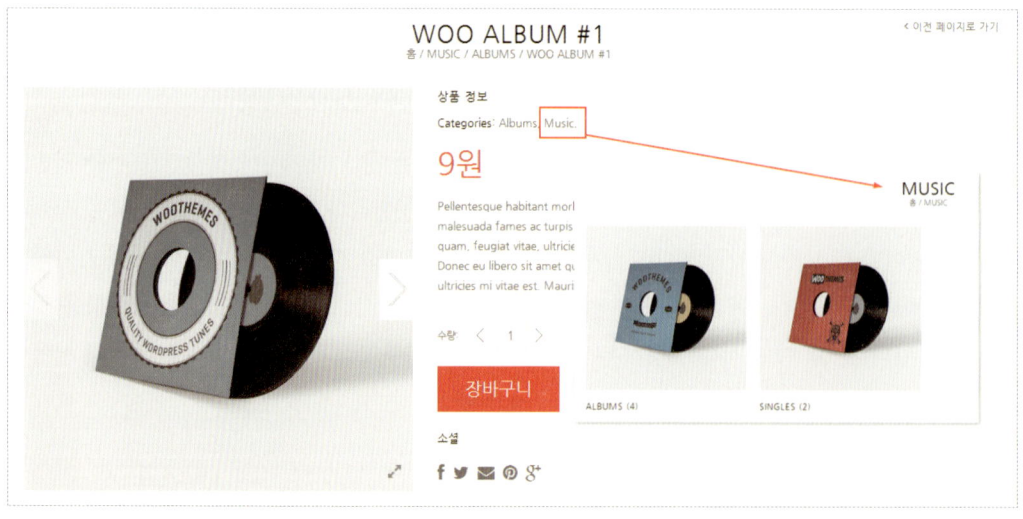

그림 2-63 기본 카테고리 표시 선택 시 화면

'기본 카테고리 표시' 항목에서는 상품 상세 페이지에서 카테고리가 나타나는데, 이를 클릭했을 때 상품으로 나오게 할 지 하위 카테고리를 나오게 할지 설정합니다.

여기서 Music이라는 카테고리를 선택하면 하위 카테고리인 Albums와 Singles가 나타나고, 이 카테고리를 선택했을 때 상품이 나타납니다.

그림 2-64 둘 다 표시 선택 시 화면

'둘 다 표시'를 선택하면 카테고리가 먼저 표시되고 다음으로 상품이 표시됩니다. 하위 카테고리가 없는 경우 '둘 다 표시'를 선택했더라도 상품만 표시됩니다.

그림 2-65 장바구니 추가 메시지

"장바구니에 추가하기" 항목에서 "추가 성공 후 장바구니 페이지로 가기"에 체크하면 위 그림처럼 장바구니로 바로 이동합니다. 반면에 체크를 해제하면 아래 그림처럼 상품 이미지 위에 "장바구니 추가 성공" 메시지가 나타납니다. 이는 테마에 따라 다르며 일반적으로 페이지 상단에 메시지가 나타납니다.

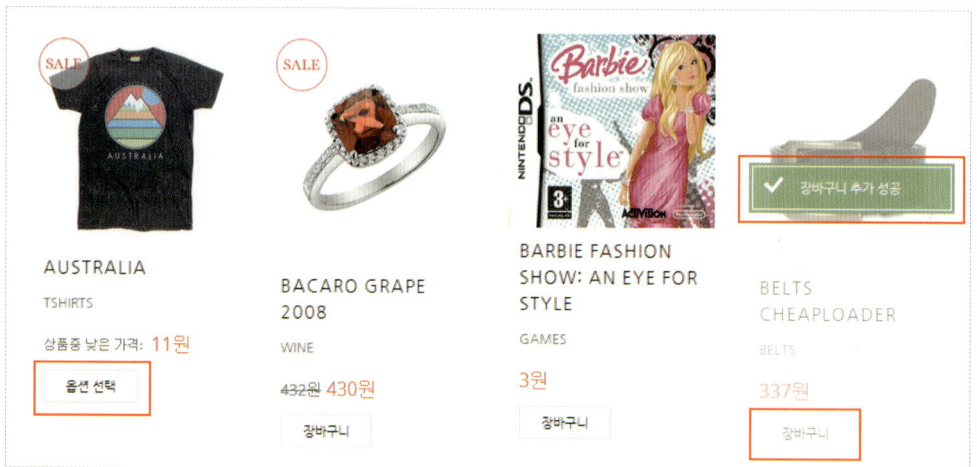

그림 2-66 테마에 따른 장바구니 추가 메시지

"상점 페이지에서 AJAX 장바구니 추가하기 버튼 활성화하기" 항목은 일반적으로 장바구니 버튼을 클릭하면 페이지 이동을 하지 않고 위와 같은 장바구니에 추가됐다는 메시지와 함께 장바구니 보기 링크가 나타나지만 Legenda 테마는 기본적으로 이 기능이 활성화 됩니다. 따라서 Legenda 테마에서는 이 항목에 체크 여부에 상관없이 위와 같은 메시지가 나타납니다.

옵션 상품의 경우 이런 기능이 작동하지 않고 바로 상세 페이지로 이동해서 옵션을 선택해야만 장바구니 버튼이 보입니다.

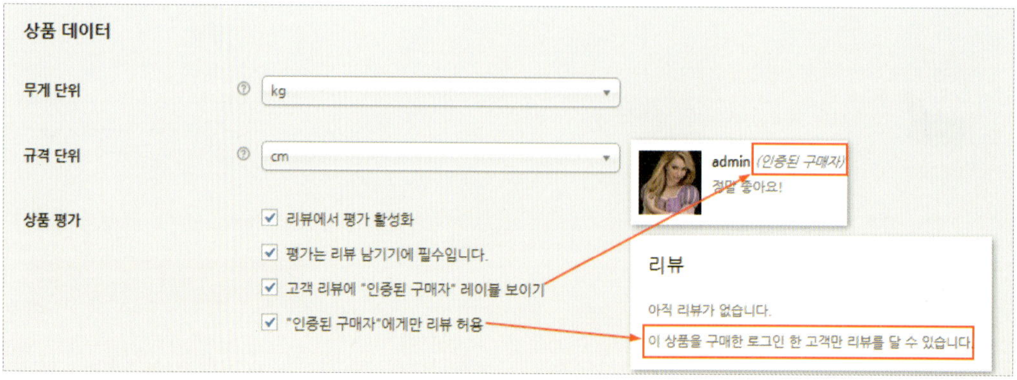

그림 2-67 상품 데이터 옵션

무게와 규격은 기본으로 그대로 사용하고 상품 평가는 판매 증대와 직접적인 관련이 있으므로 세심한 주의를 기울여야 합니다. 구매자가 아닌데도 리뷰를 달 수 있도록 하면 상품 평가의 객관성이 떨어지죠. 여기서 인증된 구매자(Verified Owner)란 '직접 구매하고 사용한 고객'을 의미합니다. 인증된 리뷰어만 허용해서 상품 평가의 객관성을 높이도록 합니다.

'리뷰에서 평가 활성화'를 체크 해제하면 아래 세 개 항목은 사라지며 리뷰만 달 수 있습니다. '평가는 리뷰 남기기에 필수입니다'에 체크하면 리뷰만 달 수 없고 평가까지 해야 합니다. 평가는 별에 클릭만 하면 됩니다. '고객 리뷰에 "인증된 구매자" 레이블 보이기'에 체크하면 구매 고객이 리뷰를 달면 '인증된 구매자'가 표시되며 '"인증된 구매자"에게만 리뷰 허용'에 체크하면 구매한 구객만 리뷰를 달 수 있도록 메시지가 나타납니다.

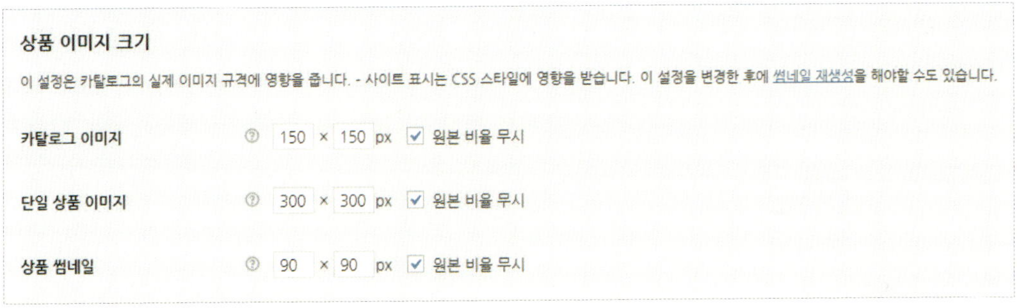

그림 2-68 상품 이미지 크기 옵션

상품 이미지 크기는 상점 페이지나 상세 페이지 등 상품 이미지가 나타나는 곳의 이미지 크기와 품질을 관리할 수 있으며, 테마를 수정하거나 상품 이미지를 다르게 보이게 할 때 필요하므로 상당히 중요한 부분입니다. 테마를 수정하지 않는 경우는 그대로 둬도 됩니다. 자세한 사용법은 상품을 추가할 때 알아보겠습니다.

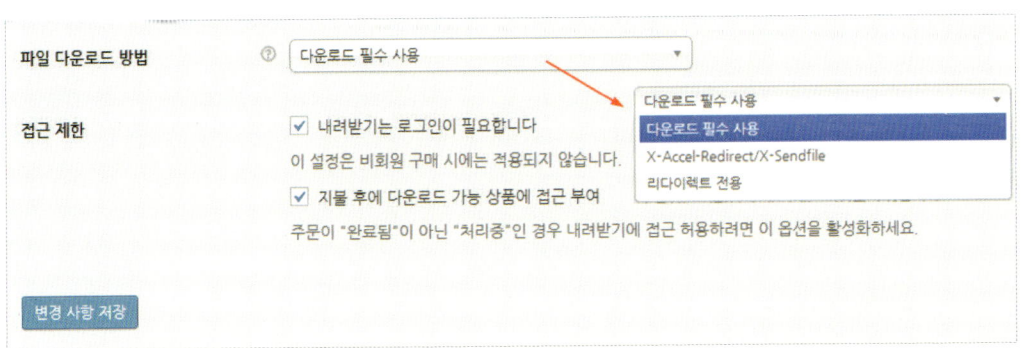

그림 2-69 파일 다운로드 방법

'파일 다운로드 방법'에서 '다운로드 필수 사용'을 선택하면 웹 브라우저에 상품이 표시되는 것이 아니라 무조건 다운로드 하게 됩니다. 예를 들어, PDF 파일은 클릭하면 웹 브라우저에 파일의 내용이 나타나는데, 이 옵션을 선택하면 파일 다운로드로 전환됩니다. '리다이렉트 전용'은 파일의 용량이 커서 상점 서버에서 운용할 수 없을 때 다른 서버에 파일을 저장하고 이를 리다이렉트(Redirect)하는 방식입니다. X-Accel-Redirect은 엔진엑스(nginx) 웹 서버에서 사용하는 다운로드 방식입니다. X-Sendfile은 아파치의 X-Sendfile 모듈을 사용하는데, 대부분의 웹 호스팅 서버에는 이 모듈이 설치돼 있지 않습니다. 이러한 두 가지 다운로드 방식은 내려받기 성능을 향상시키고 불법적인 접근을 방지할 수 있습니다.

'접근 제한' 항목의 '내려받기는 로그인이 필요합니다'는 당연한 것으로 이 항목을 체크하지 않으면 구매자가 링크를 다른 사이트에 올렸을 때 다른 사람도 상품을 내려받을 수 있게 됩니다. '지불 후에 다운로드 가능 상품에 접근 부여'의 경우 이 항목을 체크하지 않으면 내려받기가 가능한 상품을 결제하더라도 사이트 관리자가 '완료'로 등록하지 않으면 파일을 내려받을 수 없습니다. 하지만 관리자가 일일이 주문을 확인하고 있을 수가 없죠. 그래서 '처리 중'이라도 지불 후에는 파일을 바로 내려받을 수 있게 하는 것입니다.

## 03 저장소

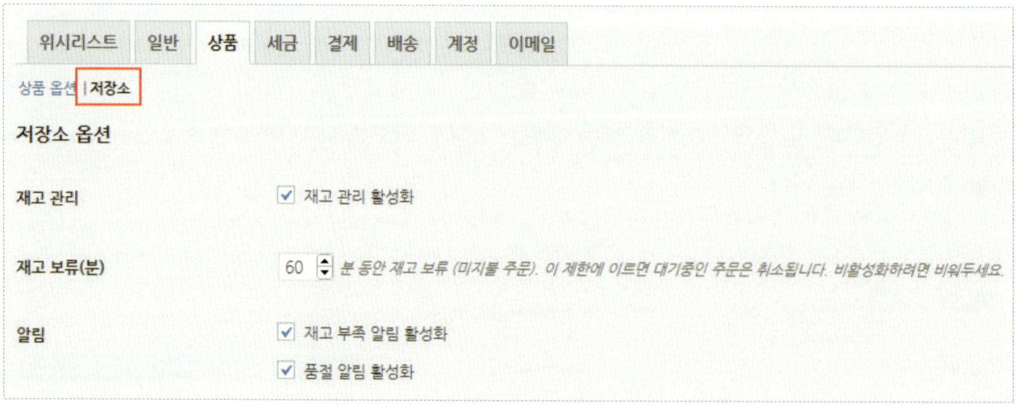

그림 2-70 저장소 옵션

이전 버전에서는 별도의 탭에 있었던 저장소를 상품 탭에 포함시켰습니다. 물리적인 상품을 취급하는 상점은 재고관리가 반드시 필요합니다. 다운로드 가능한 디지털 상품은 재고라는 것이 필요없죠. 그럴 경우 비활성화 합니다.

고객이 상품 주문 후 일정 시간이 지나도 결제를 하지 않는 경우 재고 보류에서 주문 취소로 진행됩니다. 카드결제의 경우 바로 결제가 이뤄지므로 이런 옵션은 필요 없지만 무통장 입금의 경우 일정 시간 내로 입금이 안되면 취소된다는 메시지를 전달하도록 합니다.

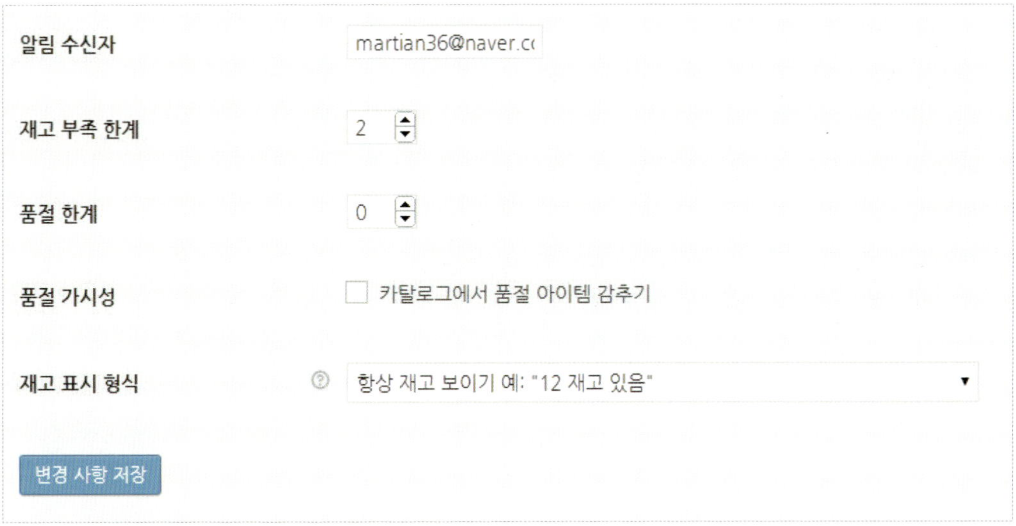

그림 2-71 재고 설정

재고 부족이나 품절을 대비해서 알림 이메일을 받도록 설정합니다. 품절 상품을 나타나지 않게하는 것보다는 표시하는 것이 좋습니다. 고객이 검색해서 상품이 나타나지 않으면 취급하지 않는 것으로 오해하기 때문입니다.

## 04 세금 탭

우커머스는 외국에서 만든 쇼핑몰 프로그램이라서 국제적인 상거래에도 사용할 수 있게 세금에 대해 상세하게 설정할 수 있게 돼 있습니다. 외국에서는 세금을 받는 근거지가 상품 매입자의 주소지가 될 수도 있고 지역마다 세율도 다릅니다. 미국은 주별로 세율이 달라서 세금 설정이 아주 복잡합니다. 어떤 경우에는 CSV 파일을 업로드해서 사용해야 할 정도입니다.

국내에서는 상품 판매지를 근거로 세금을 받으므로 간단합니다. 국내에 주소지를 두고 있다면 일괄적으로 상품 구매자에게 10%의 부가세만 받으면 됩니다. 만일 국내에서 외국을 대상으로 판매한다면 부가세를 면제할 수도 있습니다.

우커머스는 결제 과정에서 세금이 나타나는데, 국내에서는 결제하면서 세금이 나오는 경우가 드뭅니다. 그것은 이미 세금을 포함시켜 상품 가격을 책정하기 때문이죠. 그러니 어떤 상품을 10000원에 판매한다면 세금은 909원이 됩니다.

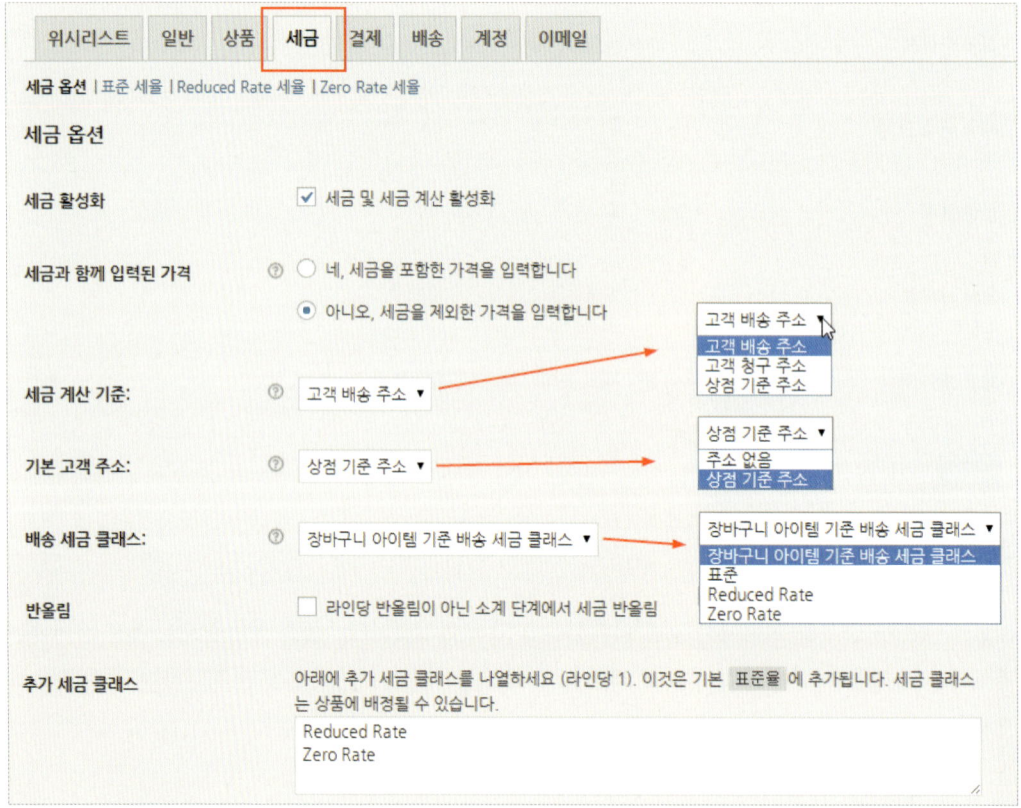

그림 2-72 세금 옵션

세금 활성화를 선택하면 결제 과정에서 세금 관련 내용이 나타납니다. 그러니 고객에게 이를 보여주고 싶지 않다면 활성화를 체크해제하고 세금을 포함한 가격을 책정하면 되지만 세금을 받은 근거자료를 남기기 위해서는 이를 활성화해서 사용합니다.

"세금과 함께 입력된 가격" 항목의 첫 번째 옵션은 주로 유럽에서 사용하는 방법이고, 두 번째는 미국에서 사용하는 방법입니다. 계산의 편의를 위해 두 번째 옵션을 사용합니다.

세금 계산 기준은 상점 소재지의 법에 의거하므로 우리나라의 경우 상점 기준 주소를 사용하고 기본 고객 주소는 처음 구매 시 고객의 주소를 알 수 없으므로 상점 기준 주소를 사용하거나 고객이 주소를 입력하기 전까지 '주소 없음'으로 사용할 수도 있습니다.

배송 세금 클래스 항목에서 클래스는 우커머스에서 일정한 범위의 상품에 대해 동일한 규칙을 적용하고자 하는 방법입니다. 그러므로 세금 클래스는 어떤 상품에 대해 일괄적인 세금 규칙을 적용하는 방법입니다. 추가 세금 클래스에는 두 가지가 추가돼 있는데 이곳에는 원하는 세금 클래스를 한 줄에 하나씩 만들어 사용할 수 있으며, 입력하고 저장하면 상단의 세금 옵션 우측에 링크로 나타납니다.

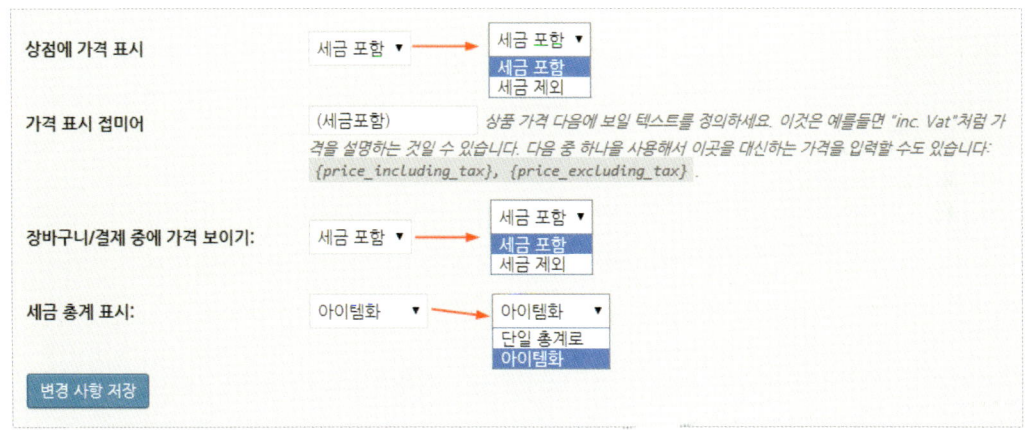

그림 2-73 세금 표시 선택

상점에 가격 표시, 장바구니/결제 중에 가격 보이기는 세금을 포함할 것인지 제외할 것인지 선택합니다. 가격표시 접미어는 가격 다음에 '(세금 포함)'과 같은 문구를 넣으면 가격 다음에 표시됩니다. 국내에서는 이렇게 세금 관련 문구가 추가된 경우가 거의 없고 보기에 안 좋으니 비활성화 하는 것이 좋습니다.

## 상품 가격 변경하기

세금을 적용하기 전에 상품 가격을 변경해보겠습니다. 통화를 원화로 변경했는데 상품 가격이 파운드 기준이라서 금액이 비현실적입니다. 그래서 상품 전체 가격을 일괄적으로 변경하는 방법을 알아보겠습니다.

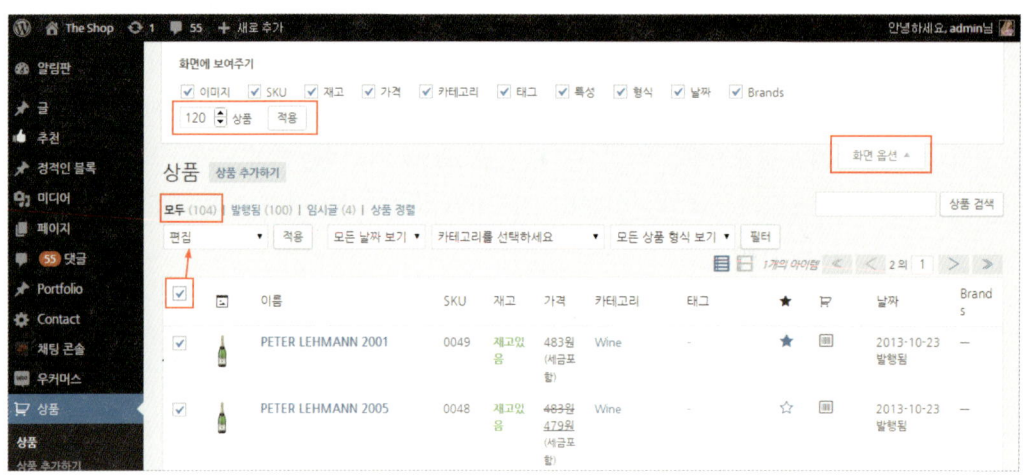

그림 2-74 상품 목록 모두 보기

모든 상품의 가격을 개별적으로 변경하려면 시간이 오래 걸립니다. 워드프레스에는 여러 개의 글을 한 번에 편집할 수 있는데, 우커머스에도 이런 기능이 있습니다.

상품 메뉴를 선택하면 사이트의 모든 상품이 나타납니다. 기본적으로 한 페이지에 20개의 상품이 나열되는데, 100개의 상품을 일괄 편집할 경우 5번의 작업을 해야 합니다. 그래서 한 페이지에 모든 상품이 나오게 설정합니다. 화면 옵션 탭을 클릭한 다음 20으로 된 숫자를 120으로 입력하고 적용 버튼을 클릭합니다. 그런 다음 상품 목록 상단의 체크박스를 클릭하면 상품이 모두 체크됩니다. 일괄 작업 드롭다운 메뉴에서 편집을 선택하고 적용 버튼을 클릭합니다.

그림 2-75 상품 일괄 변경

상품 데이터 항목의 "가격"과 "세일" 선택상자에서 증가(고정 양 또는 %)를 선택합니다. "가격"은 세일이 아닌 상품의 판매 가격이고 "세일"는 세일상품의 판매 가격입니다. 그러므로 세일 상품은 두 개의 가격이 존재합니다. 파운드 환율만큼의 숫자에 100을 곱해서 퍼센트 기호와 함께 입력하고 업데이트 버튼을 클릭합니다. 이렇게 업데이트하고 나면 임시 글로 나오는 경우가 있으니 "상태" 항목에서 발행됨을 선택하고 업데이트합니다. 이제 어느 정도 환율이 적용된 상품 가격이 나타나지만 지금까시 한 작업은 단순상품에만 적용됩니다.

그림 2-76 그룹상품 일괄 변경

상단의 "모든 상품 형식 보기" 드롭다운 선택박스에서 그룹상품을 선택해 우측의 필터 버튼을 클릭하면 해당 상품만 나타납니다. 같은 방법으로 일괄 편집하면 그룹상품의 가격이 변경됩니다. 옵션상품은 하나의 상품에 대해 색상이나 크기가 다른 여러 가지 옵션이 추가되면서 각 옵션 상품의 가격이 입력되므로 이런 방법으로는 편집할 수 없고 개별 상품으로 들어가 각 옵션에 대해 가격을 변경해야 합니다. 이러한 일괄 편집은 물가 변동때문에 전체 상품의 가격을 변경하고자 할 때 유용합니다. 상품 형식에 대해서는 나중에 개별적으로 설명하겠습니다.

## 세금 적용하기

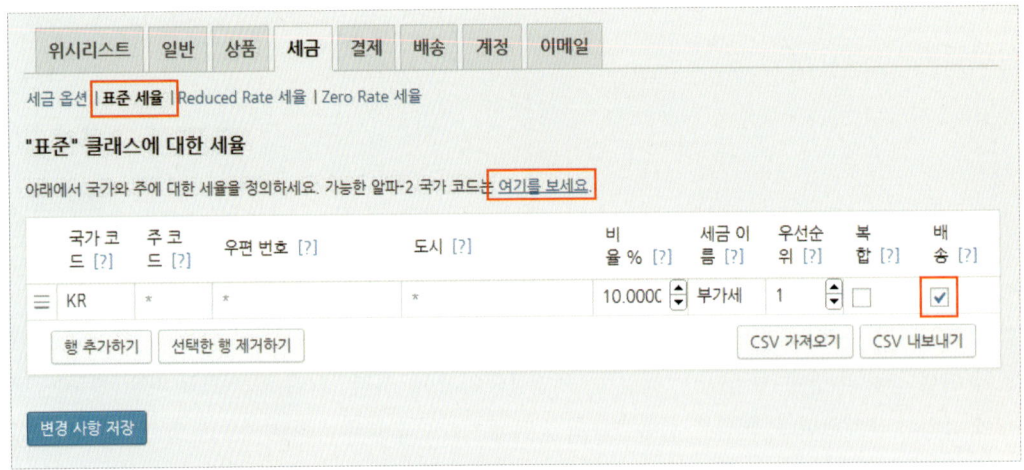

그림 2-77 세율 설정

그럼 이번에는 실제로 부가세를 입력해서 상품에 적용해보겠습니다. '표준 세율' 링크를 클릭하고 시작합니다. 국가 코드는 '여기를 보세요' 링크를 클릭하면 위키에서 국가 코드를 보여줍니다. 한국은 KR입니다. 외국의 경우 주(State) 코드, 우편번호, 등을 입력해 세금 적용 범위를 좁힐 수 있습니다. 비율은 부가세이므로 10을 입력하고 세금 이름으로 '부가세'를 입력합니다. 세금이 여러 가지인 경우 우선순위를 지정할 수 있습니다. '배송'란을 체크하면 배송료에도 세금을 받을 수 있습니다. 위와 같이 설정하고 하나의 상품을 장바구니에 넣으면 다음 그림과 같이 나타납니다.

그림 2-78 세금 적용된 금액

'배송'에도 체크했더니 배송비 2500원에 세금이 추가되어 나타납니다. 배송에 대해서는 나중에 설명합니다. 주의 문구가 분리돼 나타나는데 나중에 수정하는 방법을 알아보겠습니다.

## 05 배송 탭

우커머스 설정 화면의 순서상 배송 탭이 결제 탭 다음에 오지만 결제 실험을 위해 배송을 먼저 설명하겠습니다.

'배송' 탭에는 국제적인 상거래를 위해 다양한 배송 수단과 배송 상품의 크기에 따라 갖가지 배송 클래스를 설정할 수 있기 때문에 설정하는 부분이 많습니다. '배송 옵션'에서 배송에 관한 일반적인 사항을 설정하고, 각 배송 방법에서 별도로 배송 방법 별로 설정할 수 있습니다.

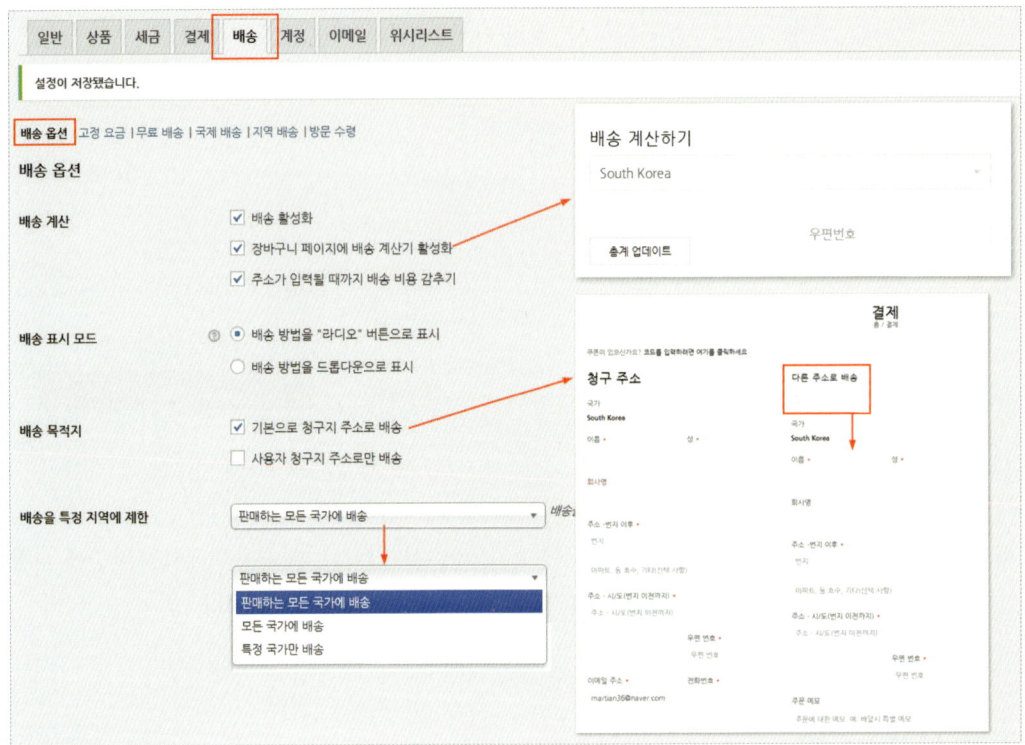

그림 2-79 배송 옵션

내려받기 가능한 상품에는 배송 과정이 없으므로 비활성화해서 사용합니다. 장바구니 페이지에서 배송 계산기를 활성화하면 우측 그림과 같이 배송 계산기가 나타납니다. 국내에서도 도서산간 지역 같은 곳의 우편번호를 설정하면 배송 비용을 좀 더 명확하게 나타나게 할 수 있습니다.

'주소가 입력될 때까지 배송 비용 감추기'는 국제 배송에 해당하는 옵션으로, 국제 배송의 경우 어떤 주소를 기준으로 할지 확정되지 않은 상태에서는 배송비가 많이 나올 수 있는데, 처음부터 많은 배송 비용에 고객이 당황할 수 있으니 이 옵션을 이용할 수도 있습니다.

'배송 표시 모드'는 배송 방법이 여러 개 표시될 경우 선택박스를 사용하고 배송 방법이 적은 경우에는 한눈에 알아볼 수 있게 라디오버튼을 사용하게 하는 옵션입니다.

'배송 목적지' 항목에서 '기본으로 청구지 주소로 배송'에 체크하면 아래의 옵션이 나타나며 결제 페이지에서는 '다른 주소로 배송'에 체크 해제돼 나타나고 체크하면 다른 주소를 입력할 수 있도록 정보 입력 패널이 나타납니다. '사용자 청구지 주소로만 배송'에 체크하면 우측의 '다른 주소로 배송' 부분은 나타나지 않고 아래에 있던 주문 메모가 위로 올라옵니다.

'배송을 특정 지역에 제한' 항목은 일반 설정에서 판매 지역을 제한했더라도 다른 지역으로 배송할 수 있는지 결정합니다. 국내에서만 판매할 수 있게 했더라도 국내의 구매자가 해외로 배송을 원할 경우도 있으니 모든 국가 또는 배송할 수 있는 특정 지역을 선택해줍니다.

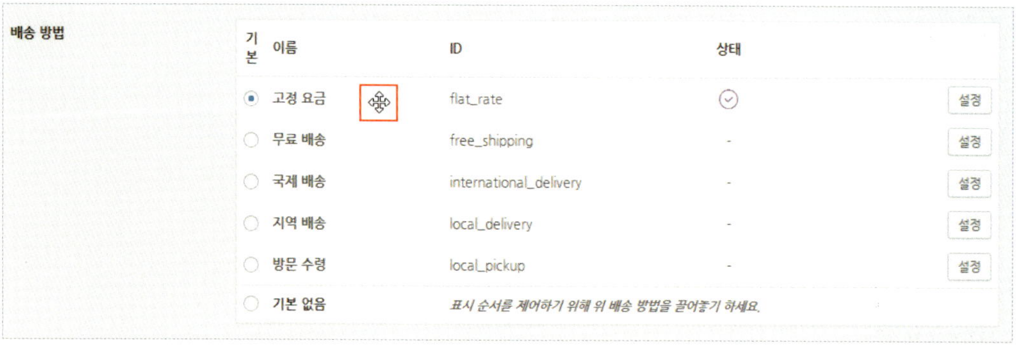

그림 2-80 배송 방법

하단의 '배송 방법' 항목은 끌어놓기로 우선순위를 설정할 수 있고 라디오버튼을 클릭해 기본 배송 방법을 선택할 수도 있습니다. 배송 방법에서 상반되는 것은 활성화 하지 않도록 합니다. 예를 들어 고정요금은 배송 비용을 일정한 금액을 받는 정책인데 무료 배송을 활성화 하면 두 가지 방법이 나타나므로 구매자는 무료배송을 선택할 것입니다. 그러니 무료 배송은 일정한 조건을 부여했을 때 나타나도록 설정하며 이는 무료 배송 설정에서 알아보겠습니다.

고정 요금과 방문수령은 상반되지 않습니다. 구매자가 배송을 원할 경우 고정요금을 선택할 것이고 방문수령을 원하면 방문수령에 체크하게 됩니다.

## 배송 클래스

배송에서도 세금 클래스와 마찬가지로 배송 클래스가 있는데, 상품의 크기에 따라 배송 금액이 달라지므로 배송 방법을 설정하기 전에 미리 배송 클래스를 설정하는 것이 좋습니다.

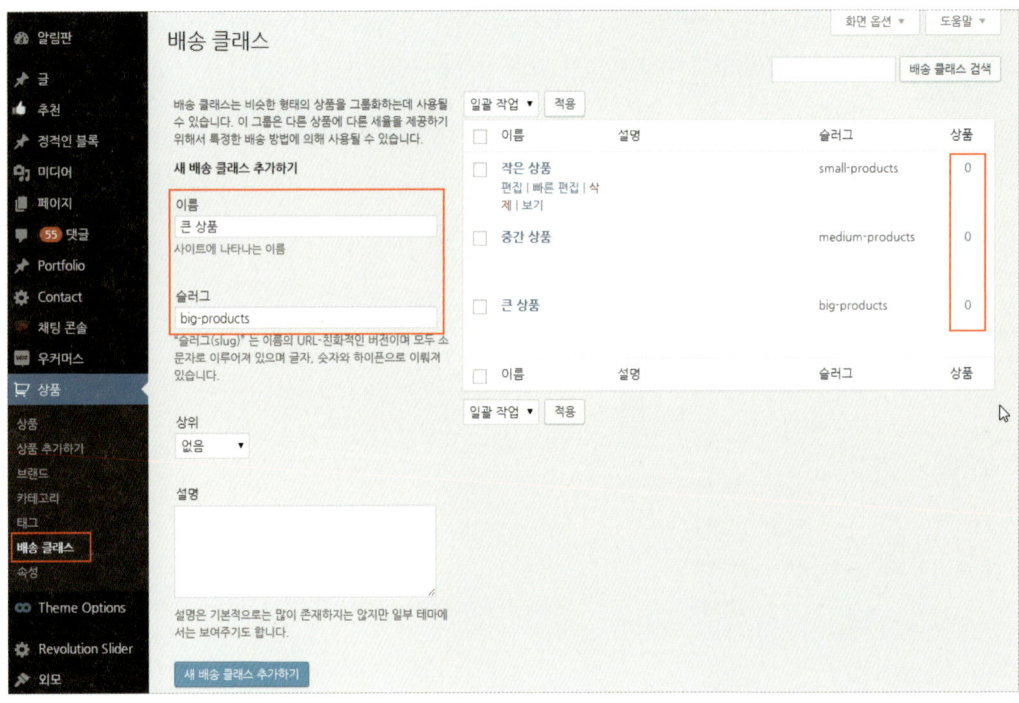

그림 2-81 배송 클래스

메뉴에서 '상품' → '배송 클래스'를 선택해서 이름란에 각 상품의 크기에 따른 제목을 입력합니다. 이 이름은 한글로 입력해도 되지만 슬러그는 도움말대로 영문으로 만듭니다. 이름을 영문으로 사용하면 슬러그가 자동으로 만들어집니다. 필요한 경우 설명을 입력합니다. 이러한 이름을 수정하려면 클래스 목록에 마우스를 올리고 편집 링크를 클릭합니다. 나중에 이들 클래스에 상품을 배정하면 상품 열에 숫자가 나타납니다. 여기서는 진행을 단순화하기 위해 세 가지로 분류했지만 상품의 특성이나 크기 등 여러 가지 속성에 따라 설정할 수 있습니다.

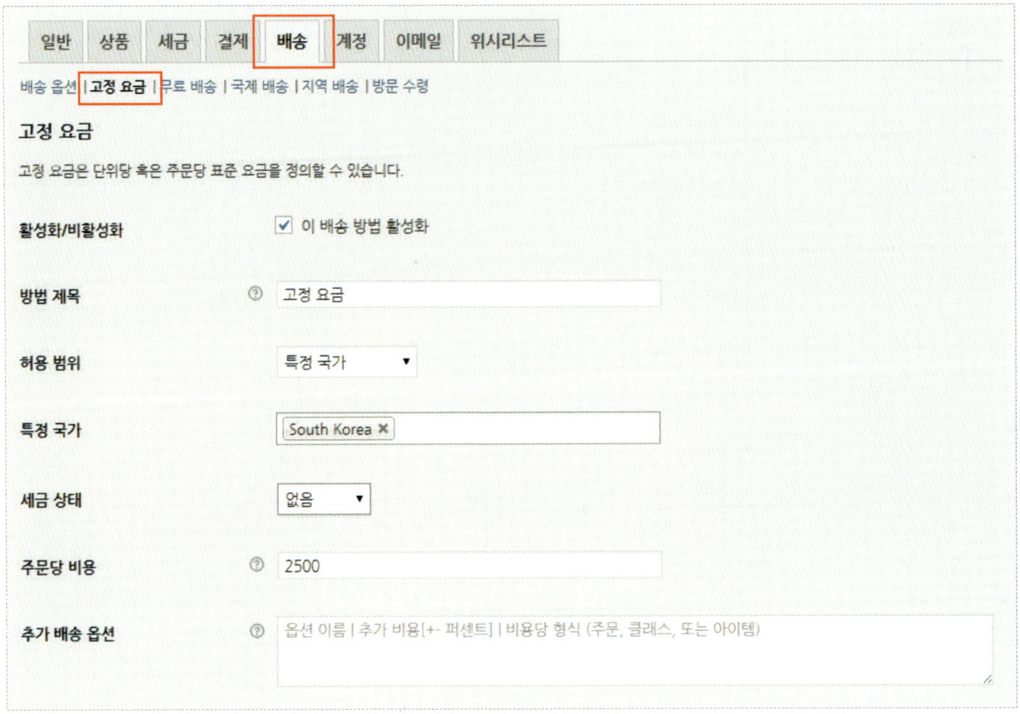

그림 2-82 고정 요금

고정 요금은 말 그대로 정해진 요금을 받는 배송 방법입니다. 그러니 해외를 대상으로는 적용할 수 없고, 특정 국가인 국내로 설정합니다. '세금 상태'에서 '없음'을 선택하면 세금 클래스에서 배송 비용에 과세로 설정했더라도 비과세로 적용됩니다. 국내의 경우 위 그림과 같이 주문당 비용을 2500원으로 설정하고 간단하게 사용할 수 있으며, '추가 세율'이나 '추가 비용'과 같은 복잡한 기능을 사용하지 않아도 됩니다. 배송 클래스를 설정했으므로 이제 실제 배송 방법을 알아보겠습니다.

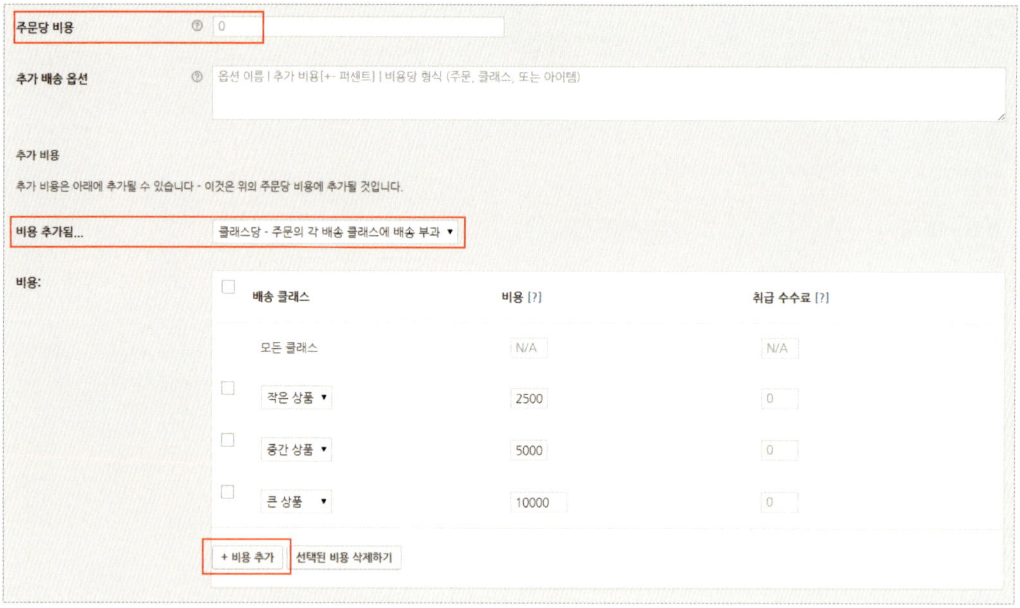

그림 2-83 배송 클래스 설정

주문당 비용을 기본 요금으로 설정하고 '추가 비용' 항목을 기본 요금에 추가되는 비용으로 설정할 수도 있지만 여기서는 주문당 비용을 없는 것으로 설정했습니다. '비용 추가됨…'에 '클래스당-주문의 각 배송 클래스에 배송 부과'를 선택하고 '비용 추가' 버튼을 클릭해 배송 클래스에서 만든 각 클래스에 대해 위 그림과 같이 비용을 입력합니다. 그리고 나서 '변경 사항 저장' 버튼을 클릭합니다.

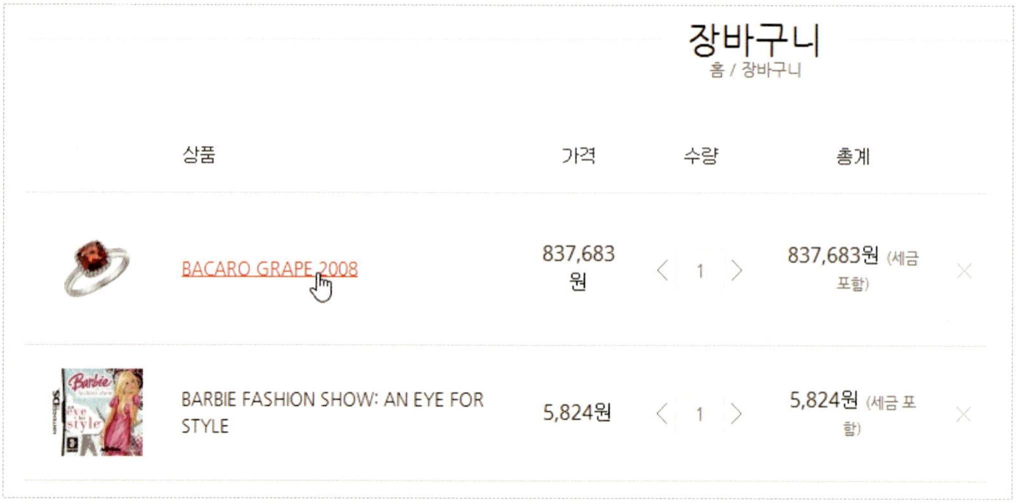

그림 2-84 배송 클래스 적용하기 전 장바구니 상품

장바구니에 상품을 몇 개 넣고 장바구니 화면으로 갑니다. 샘플 상품에 배송 클래스가 적용돼 있지 않으니 해당 상품의 링크를 클릭해 각 상품에 대해 배송 클래스를 설정하겠습니다. 상품 이미지나 링크를 Ctrl+클릭하면 새 탭에서 상품의 상세 페이지가 나옵니다.

그림 2-85 개별 상품 편집 링크

상세 페이지의 상단의 툴바에서 상품 편집 링크를 클릭합니다.

그림 2-86 배송 클래스 적용

상품 데이터 박스에서 각 상품에 대해 배송 탭을 선택해 배송 클래스를 하나는 작은 상품, 다른 하나는 큰 상품을 선택하고 우측 상단의 공개하기 박스에서 업데이트 버튼을 클릭합니다. 배송 클래스가 다르므로 각 배송 클래스에 해당하는 비용이 적용되어 12,500원이 될 것입니다. 만일 두 번째 상품도 작은 상품으로 설정하면 배송 클래스가 같기 때문에 상품이 두 개더라도 배송 비용이 2,500원이 됩니다.

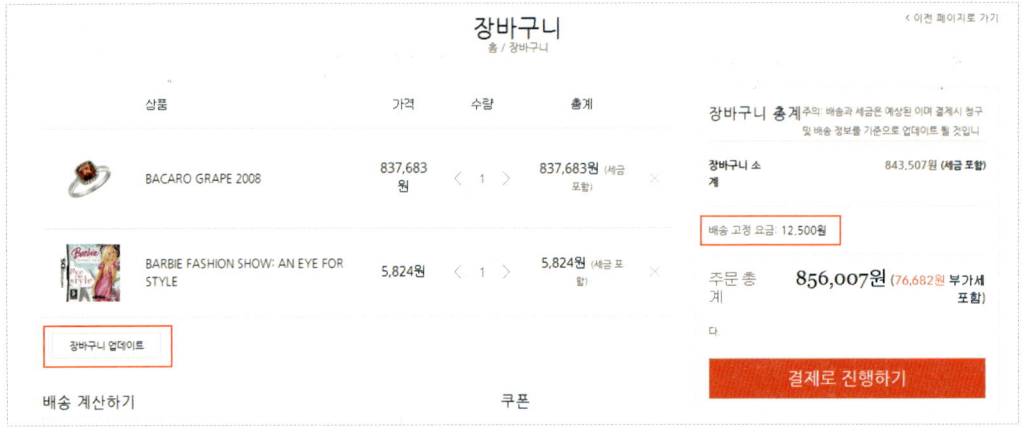

그림 2-87 배송 클래스 적용 결과

장바구니 화면에서 '장바구니 업데이트' 버튼을 클릭하면 예상대로 배송 비용이 12,500원으로 나옵니다. 다른 방식을 사용해보기 위해 두 번째 상품을 작은 상품 배송 클래스로 변경하고 다시 위의 장바구니 페이지로 돌아와서 배송 비용이 2,500원이 나오게 만들어 둡니다.

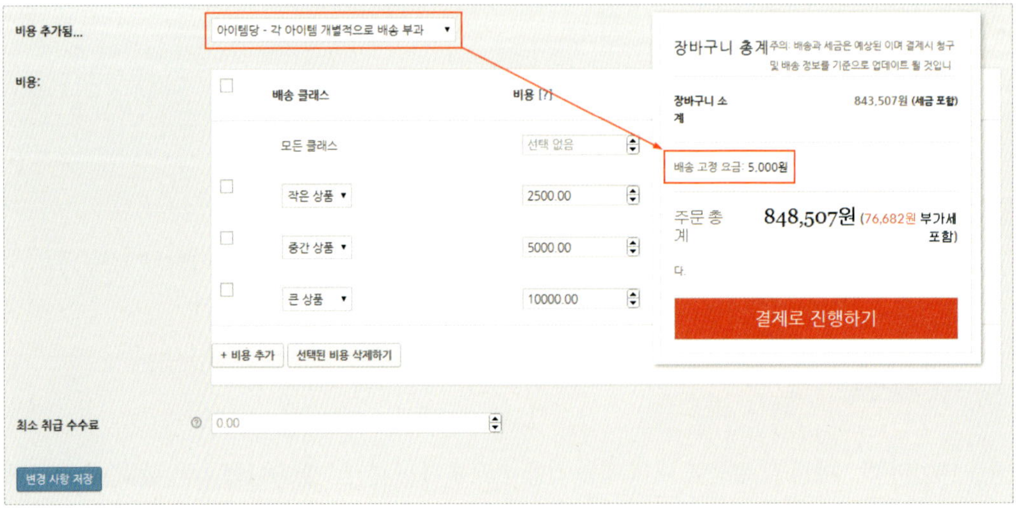

그림 2-88 아이템당 배송 클래스 적용

배송 탭의 '비용 추가됨...'에서 '아이템당 – 각 아이템 개별적으로 배송 부과'를 선택하고 저장 버튼을 클릭한 다음 장바구니 총계를 보면 고정 요금이 5,000원이 됩니다. 상품당 배송 비용이 적용되는 것이죠. 만일 '비용 추가됨...'을 '주문당 – 전체 주문에 일괄적으로 배송 부과'를 선택한다면 2,500원이 될 것입니다. 주문당으로 설정하면 수십 개의 상품을 주문해도 배송 비용이 2,500원이 됩니다.

## 추가 배송 옵션

이 옵션을 이용하면 세부적인 배송 옵션을 설정할 수 있습니다. 다소 비현실적이긴 하지만 다음과 같은 예를 들어 설명하겠습니다. 이 옵션을 이용하면 추가 비용에 사용한 배송 클래스를 제거하고 직접 추가 비용을 지정할 수 있습니다. 그렇게 하지 않으면 배송 클래스가 설정된 상품은 배송 비용이 추가됩니다.

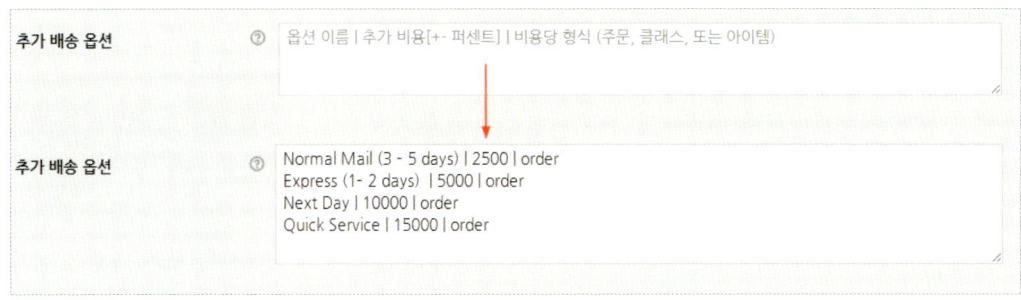

그림 2-89 추가 배송 옵션

'추가 배송 옵션'의 입력 형태는 위 입력상자의 내용과 같습니다. 모두 영문으로 입력해야 하며, 한글로 입력할 경우 결제 페이지에서는 한글로 나타나지만 주문 확정 시 유효하지 않은 배송으로 오류가 발생합니다. '비용당 형식'에 따라 비용이 달라지는데, order를 사용하면 각 주문당 배송 비용이 결정되고 class는 배송 클래스에 따라 결정됩니다. 각 요소 사이에 파이프(| : 백스페이스 옆의 원화 표시와 함께 있는 키)를 사용합니다. 위와 같이 입력하고 장바구니에서 보면 다음과 같이 나타납니다.

그림 2-90 추가 배송 옵션 적용 후

장바구니에 있는 상품은 배송 클래스가 '작은상품'으로 설정된 상품이며, 하단 그림의 순서는 비용당 형식을 각각 order, item, class로 사용했을 때 입니다. 추가 비용을 활성화한 우측 상단 이미지의 경우 배송 클래스 비용이 이들 비용에 추가되기는 하지만 고정 요금이라는 옵션이 하나 더 생기면서 배송 클래스 비용이 나타납니다. 고객은 가장 낮은 배송 비용을 선택할 것이므로 추가 비용을 제거하고 사용해야 합니다.

## 무료 배송

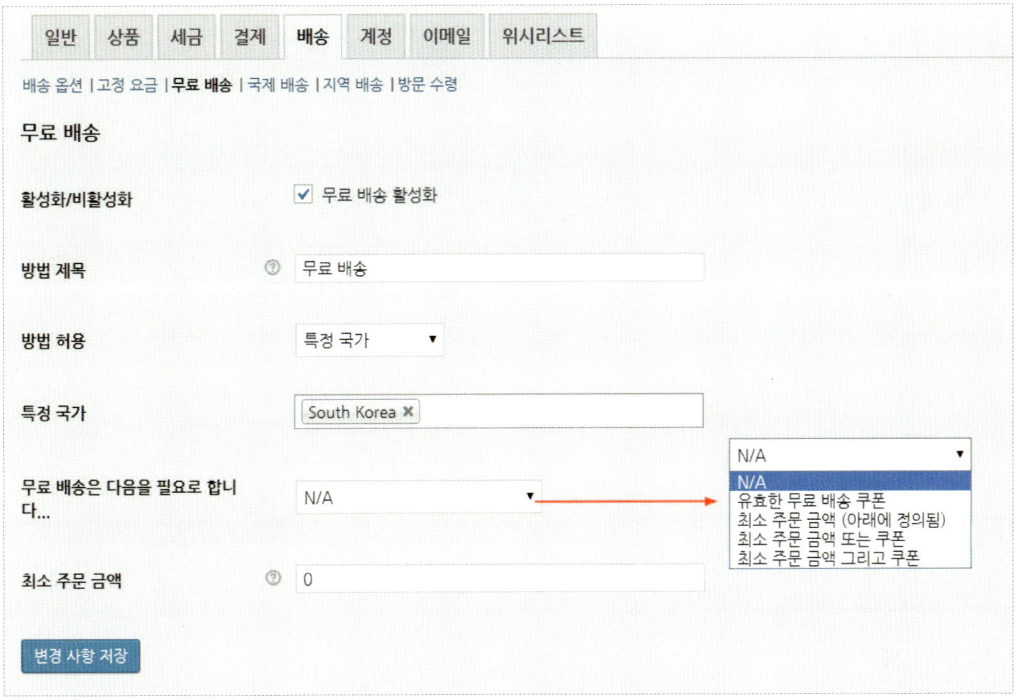

그림 2-91 무료 배송

무료 배송을 활성화하고 조건을 설정하지 않으면 그대로 무료 배송으로 진행되므로 주의해야 합니다. 이런 조건을 설정할 수 있는 선택 박스가 있습니다. 무료 배송 쿠폰에 대해서는 쿠폰에서 알아보기로 하고 최소 주문 금액을 설정해 두면 됩니다. 쿠폰과 주문 금액을 병합해서 사용할 수도 있습니다. 최소 주문 금액을 100,000으로 설정하고 10만원 이하의 상품을 장바구니에 넣고 결제를 진행하면 고정 비용의 배송 비용이 나오고 상품을 10만원 이상 결제하면 무료배송이 추가돼 나타납니다.

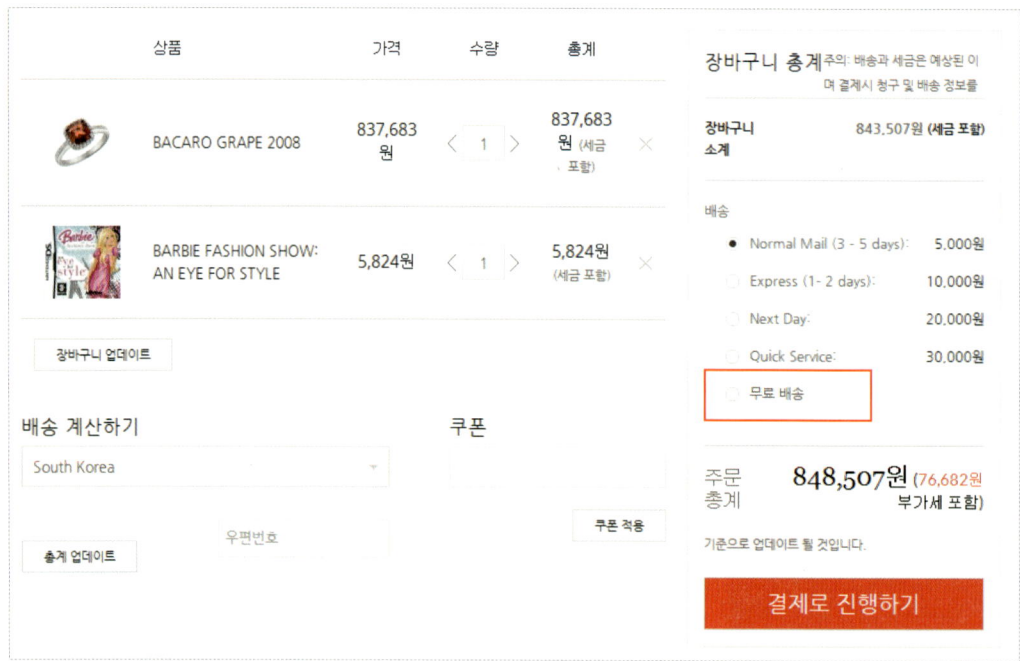

그림 2-92 무료 배송 적용 후

장바구니 업데이트 버튼을 클릭하니 이전에 사용한 배송 방법에 무료배송이 추가됐습니다.

## 국제 배송

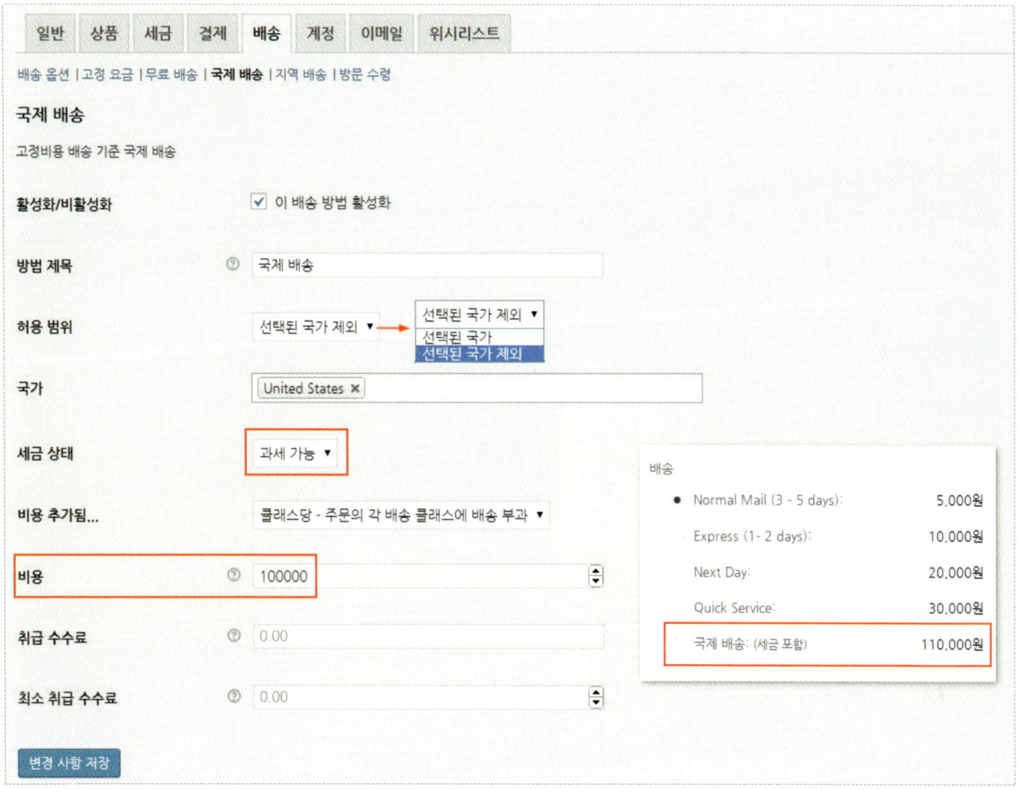

그림 2-93 국제 배송

국제 배송은 사이트 소재지인 국내를 제외해서 설정하기도 하지만 국내에서 접속한 고객이 해외로 배송하고 싶을 수도 있으므로 제외할 국가를 설정하지 않을 수도 있습니다. 실험을 위해 비용을 100,000원으로 입력하고 국내를 제외 국가로 설정하면 결제 페이지에서 국제 배송 옵션이 나타나지 않으므로 해외 국가를 제외 국가로 설정하거나 전혀 설정하지 않고 저장하면 우측의 그림처럼 나타납니다. 과세 가능으로 했더니 세금이 포함됩니다.

배송에 관해서는 기본적인 배송 외에도 유료로 판매되는 우커머스의 확장 플러그인을 사용하면 Fedex, UPS 등 해외 배송을 위한 배송 방법을 사용할 수도 있습니다.

## 지역 배송

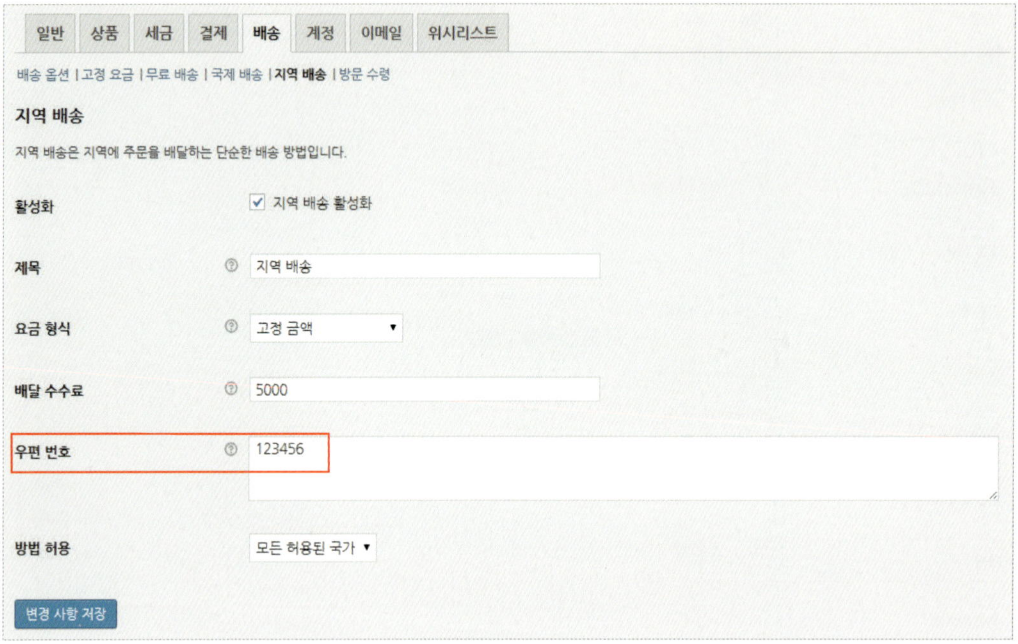

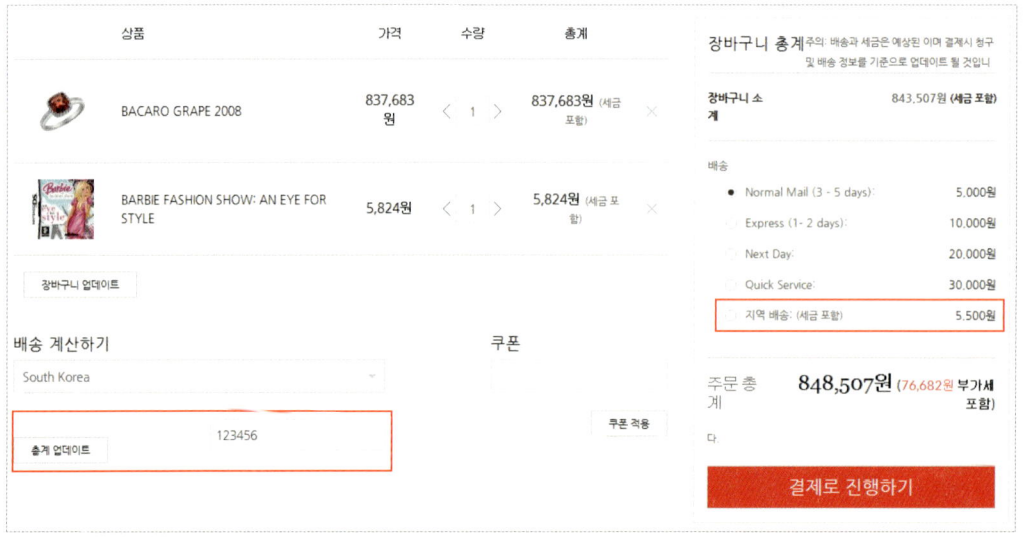

그림 2-94 지역 배송

지역 배송은 상점 소재지의 인근에 주문을 배달하는 단순한 방법인데, 우편번호를 사용합니다. 이 경우 도서산간 지역에도 사용할 수 있으니 해당 우편번호를 위와 같이 입력합니다.

그림 2-95 지역 배송 적용 결과

장바구니에서 처음에는 지역 배송 항목이 나타나지 않지만 배송 계산하기 링크를 클릭해 우편번호를 입력한 다음 총계 업데이트 버튼을 클릭하면 배송 비용이 업데이트됐다는 메시지와 함께 지역 배송 항목이 부가세를 포함해서 나타납니다. 이 부가세는 세금 클래스에 의해 추가된 것입니다. 장바구니 페이지에서 배송 계산하기를 사용하지 않더라도 결제 페이지에서 우편번호를 입력하면 자동으로 배송 옵션이 업데이트됩니다. 이것은 다음의 방문 수령도 마찬가지입니다.

## 방문 수령

그림 2-96 방문 수령

시역 배송과 함께 단순한 방법으로 고객이 직접 방문해서 상품을 수령하는 방식입니다. 방문 수령이 가능한지 여부는 우편번호로 설정합니다. 이번에는 결제 페이지에서 변경되는 것을 확인해보겠습니다. 우편번호를 위 그림과 같이 입력합니다.

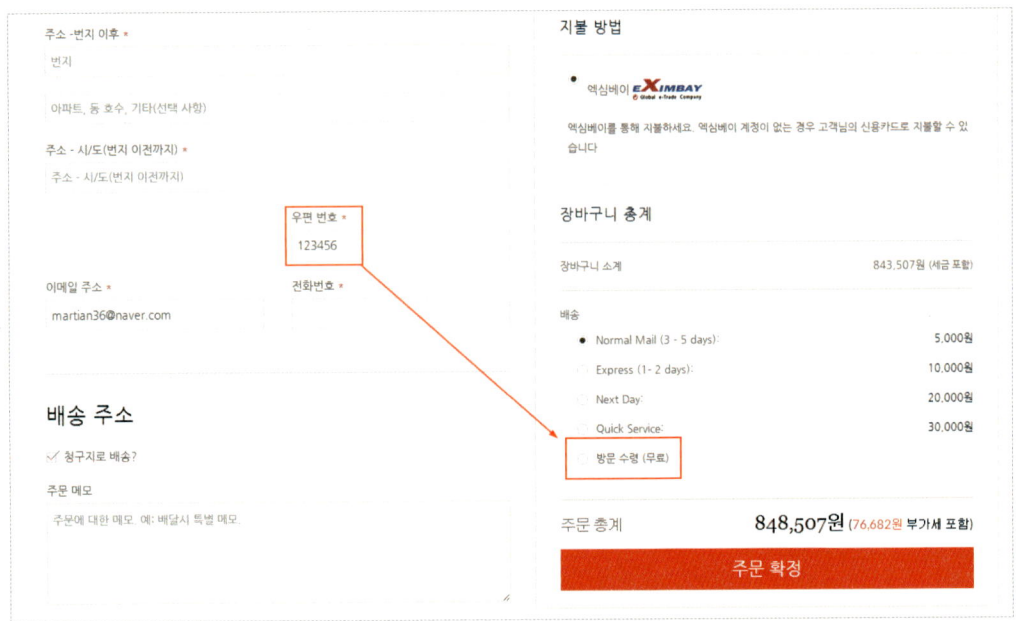

그림 2-97 방문 수령 적용

결제 페이지에서 주소와 우편번호를 입력하니 방문 수령으로 나타납니다.

## 06 결제 탭

이전 버전의 지불 게이트웨이 탭이 결제 탭으로 변경됐습니다. 우커머스에 기본적으로 설치된 게이트웨이는 몇 가지 안 되지만 나라별로 상당히 다양한 게이트웨이가 있으며, 대부분 신용카드 결제를 위한 것입니다.

## 결제 옵션

그림 2-98 결제 과정 옵션

쿠폰 사용을 활성화 하면 장바구니 페이지와 결제 페이지에서 쿠폰 입력 상자가 나타납니다. 결제 페이지에서는 링크를 클릭해야 합니다.

결제 항목에서 비회원 결제 활성화를 결정합니다. 비회원의 경우 회원 가입하지 않고 결제시 결제 정보를 입력하고 결제를 진행할 수 있는데 우커머스는 결제 정보 외에 아이디와 비밀번호만 추가해 회원가입할 수 있으므로 될 수 있으면 비활성화 해서 회원 가입을 유도하는 것이 좋습니다.

안전 결제는 현재 국내에서 보안 결제를 의무화 하고 있으므로 SSL(Secure Sockets Layer) 서비스 업체에 의뢰해 설치하도록 합니다. 무료나 저렴한 서비스도 가능하지만 저렴할수록 작동이 안되는 단점이 있습니다. SSL 인증서를 받아 자신의 웹호스팅 회사에 요청하면 비용을 받고 설치해줍니다.

그림 2-99 결제 관련 페이지

결제 관련 페이지와 결제 최종점(End Point)은 수정할 일이 거의 없으니 그대로 두고 이용약관 페이지는 별도로 만들어 선택해야 합니다. 이용약관은 페이지 만들기 편에서 알아보겠습니다.

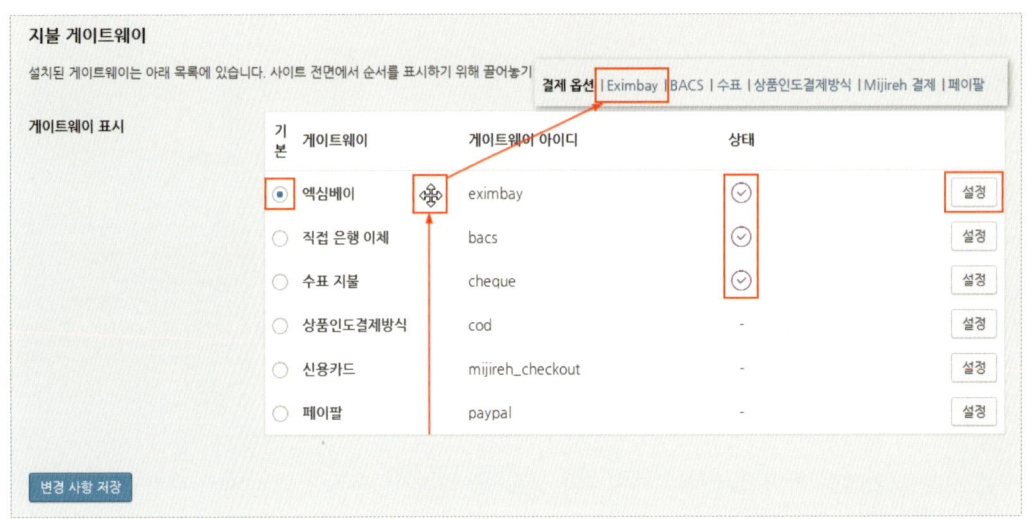

그림 2-100 지불 게이트웨이

지불 게이트웨이 항목은 결제 페이지에서 나타나는 결제 방법의 우선 순위를 정할 수 있는 곳입니다. 엑심베이를 활성화 하면 하단에 배치되는데 이를 끌어서 상단에 배치하고 기본에 체크한 다음 저장하면 상단의 링크도 이동됩니다. 상태의 체크 아이콘은 각 결제 방법에서 활성화 된 상태를 의미합니다. 설정 버튼을 클릭하면 각 결제 방법 설정 페이지로 이동하며 상단의 링크를 클릭해도 됩니다.

위와 같이 새로운 결제 방법을 이동 배치해도 결제 페이지에서 기본으로 나타나지 않는 경우 다음과 같이 해결합니다. 우선 기본으로 선택되기를 원하는 결제 방법만 남기고 나머지 결제 방법을 비활성화 한 다음 저장하고 나면 하나만 결제 페이지에 나타납니다. 그런 다음 다른 결제 방법을 다시 활성화 하면 됩니다.

# BACS

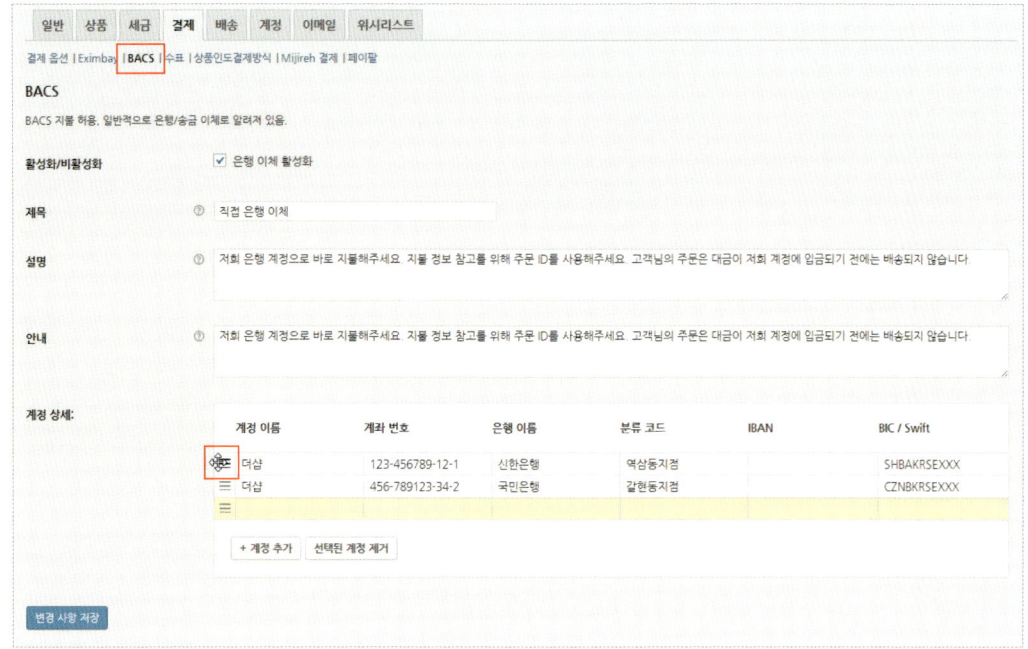

그림 2-101 은행 계좌 설정

BACS는 Bankers' Automated Clearing Services의 첫 글자를 딴 표현으로 전자 결제 서비스를 의미합니다. 가입된 은행이 많지 않아서 국내 은행까지 사용되지는 않습니다. 그래서 대부분 국내 은행은 분류코드가 없습니다. 해외 고객을 위한 은행 결제를 이용할 경우 계정 상세를 영문으로 작성하고 외환거래에 사용되는 BIC 코느를 사용하면 됩니다. 예를 들어, 신한은행의 경우 BIC 코드가 SHBKKRSEXXX입니다. SHBK는 신한은행을 의미하고 KR은 한국, SE는 서울, XXX는 지점 코드인데, 계좌번호와 BIC 코드만 정확하면 계좌로 입금됩니다. 계좌번호에 지점코드가 포함돼 있기 때문입니다.

2.1 버전에서 은행을 여러 개 추가할 수 있게 업그레이드 됐습니다. 고객의 주거래 은행을 선택할 수 있도록 여러 은행 계좌를 추가합니다. 계정 이름 옆의 아이콘을 끌어놓기해 우선 순위를 변경할 수 있습니다.

## 수표

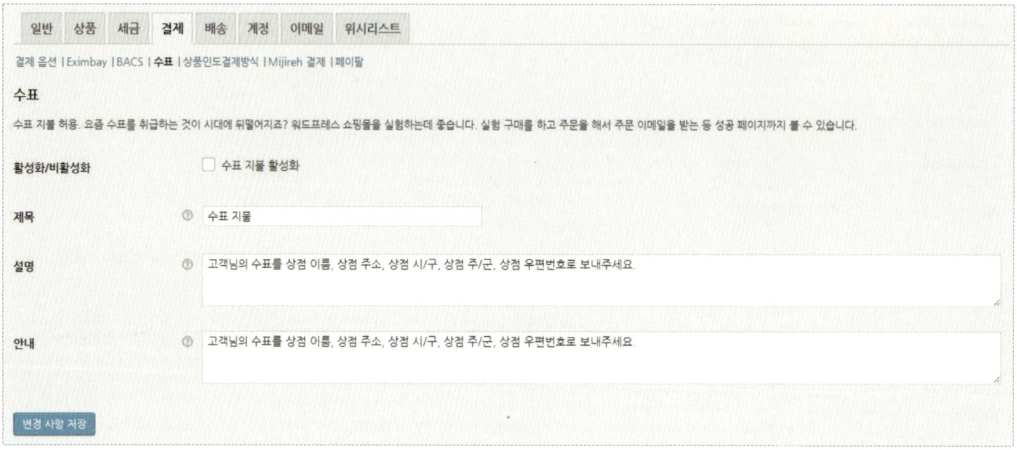

그림 2-102 수표 결제

안내 글에도 나오지만 수표는 거의 사용하지 않습니다. 국내에서 수표란 자기앞수표를 의미하지만 외국에서는 은행에서 돈을 찾을 때 사용하는 출금청구서에 불과합니다. 국내에서 가까운 예를 찾는 다면 약속어음과 같다고 보면 됩니다. 예금 통장에 잔고가 있어야 출금되기 때문입니다. 이러한 수표는 은행에 가서 출금해서 내 계좌에 입금될 때까지 주문이 완료되지 못합니다. 그러니 안내 글에 나온 대로 실험용으로만 사용합니다.

## 상품 인도 결제 방식(COD)

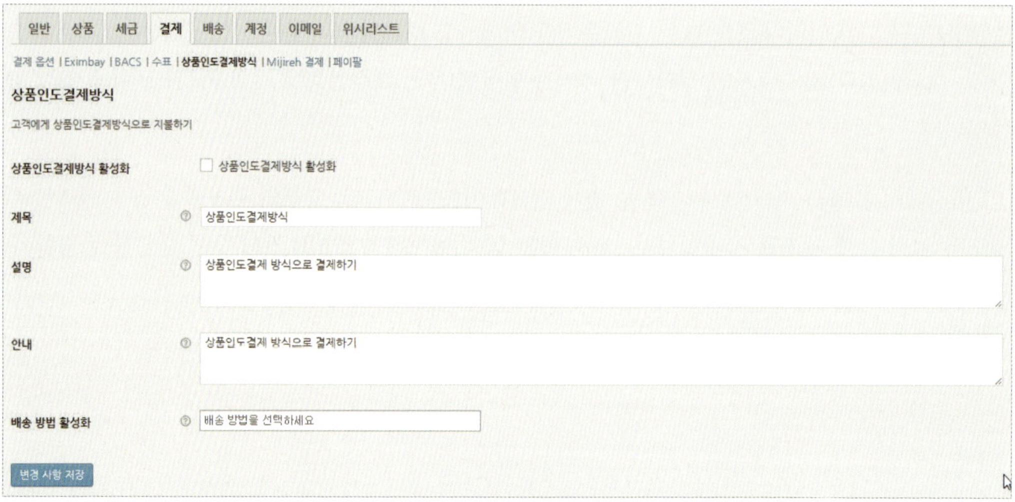

그림 2-103 상품인도 결제방식

상품 인도 결제 방식은 무역에서 사용하는 COD(Cash On Delivery)를 의미하며, 상품의 인도와 동시에 대금이 결제되는 방식입니다. 대금을 받아주는 사람은 배달하는 서비스 업체를 의미하고, 배달 서비스 업체인 UPS에서 서비스하고 있습니다. 배달을 세 번 시도했는데도 대금을 받지 못하면 상품은 반송된다고 합니다. 이런 결제 방식이 많이 사용될 일은 아마 없을 것입니다.

## 카드결제

우커머스에 포함된 Mijireh는 국제적으로 사용되는 카드 결제 시스템입니다. 회사가 외국에 있으니 국내에서 사용할 일이 거의 없죠. 최근 들어 국내에서 우커머스용 결제 플러그인이 다수 개발돼 출시되고 있습니다. 유료는 물론 무료 플러그인까지 나오고 있고 결제 회사(PG사)도 다양해졌습니다. 작년에 책을 출간할 때만해도 엘지 유플러스와 페이게이트용 플러그인만 있었는데 이제는 이니시스와 KCP 결제 플러그인도 출시됐습니다.

현재 사용할 수 있는 플러그인 중에서는 우커머스 2.1 버전을 지원하는 플러그인으로는 코드엠샵과 엑심베이의 플러그인이 있고 플래닛에잇에서는 현재 개발 중으로 책이 나올 시기에 출시될 것으로 봅니다. 코드엠샵에서 개발한 플러그인은 무료이며 KG 이니시스용으로 가맹해야만 사용할 수 있기 때문에 테스트 해볼 수는 없었습니다.

우커머스 2.0 버전을 지원하는 플러그인으로는 플래닛에잇에서 개발한 두 종류로 페이게이트, LG U+용이 있으며 아진 시스템의 KCP용과 스튜디오 제이티에서 개발한 페이게이트용이 있습니다.

플러그인은 유료와 무료가 있는데 무료 플러그인은 설치나 사용시 문제가 발생하면 자체적으로 해결해야 하지만 유료 플러그인은 지원서비스와 업데이트도 가능합니다. 이들 플러그인을 표로 정리해보면 다음과 같습니다.

| 개발사 | 우커머스 지원 버전 | PG사 | 판매 |
| --- | --- | --- | --- |
| 엑심베이 | 2.1, 2.0 | 엑심베이 | 무료 |
| 코드엠샵 | 2.1 | KG 이니시스 | 무료 |
| 아진시스템 | 2.0 | KCP | 무료 |
| 스튜디오 제이티 | 2.0 | 페이게이트 | 무료 |
| 플래닛에잇 | 2.0, 2.1(현재 개발중) | LG U+, 페이게이트, KG 이니시스 | 유료 |

표 2-1

현재 우커머스 2.1 버전을 무료로 시험할 수 있는 결제 플러그인 중에서 엑심베이에서 만든 플러그인의 사용 방법을 알아보겠습니다. 이 플러그인은 로컬호스트에서도 실험해 볼 수 있습니다.

엑심베이는 싱가폴에 본사를 둔 카드 결제사로 국내에 지점을 통해 가맹할 수 있습니다. 외국 국적의 회사이므로 결제용 카드는 해외 제휴 카드(비자, 마스타)만 사용할 수 있고 국내법의 저촉을 받지 않아 공인인증서를 사용하지 않아도 결제할 수 있습니다.

- https://www.eximbay.com/index.do

결제 플러그인은 무료지만 가맹을 해야 하므로 10만원의 가맹비가 필요합니다. 위 사이트에서 자세한 내용을 알 수 있으며 메뉴에서 서비스 지원 기술지원 자료실에서 플러그인을 내려받아 시험 사용할 수 있습니다. 플러그인은 첨부 파일의 plugins 폴더에도 있으니 복사해서 wp-content/plugins 폴더에 붙여넣고 관리자 화면의 플러그인 화면에서 활성화 합니다.

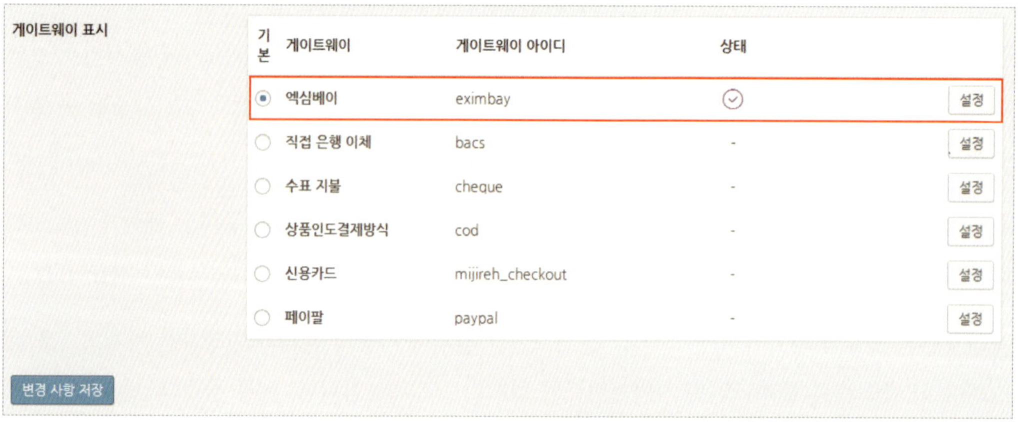

그림 2-104 결제 방법 선택

결제 탭을 선택하고 하단에서 엑심베이 항목을 끌어서 상단에 배치한 다음 기본으로 선택하고 설정 버튼을 클릭합니다.

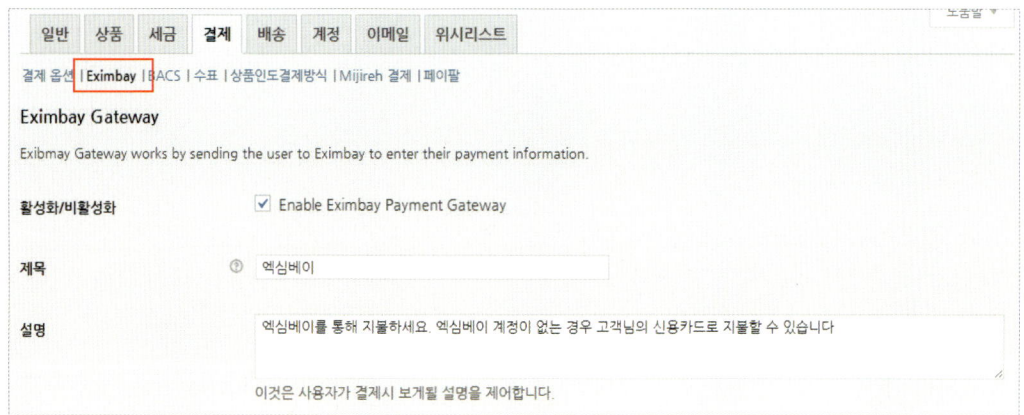

그림 2-105 엑심베이 설정

첨부 파일을 사용했다면 일부 한글로 나타납니다. 아닌 경우 위와 같이 한글로 번역합니다.

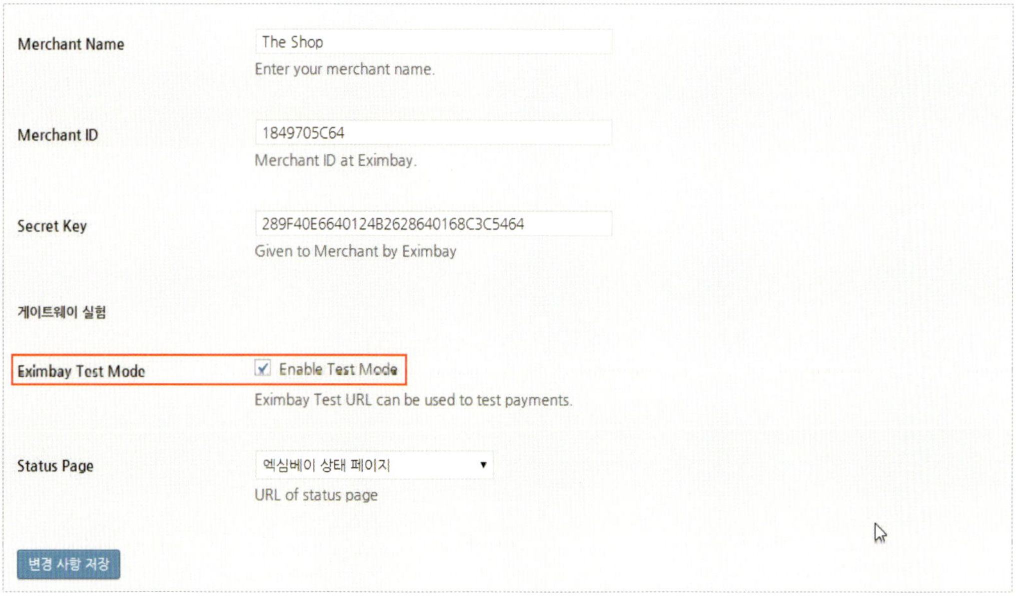

그림 2-106 테스트모드 활성화

상점 이름, 상점 ID, 비밀키를 입력합니다. 사이트에서 제공하는 테스트 ID와 키입니다. 첨부 파일의 소스코드 파일에서 복사해 사용하세요. 저장한 다음 상품을 장바구니에 넣고 결제화면으로 이동합니다.

Merchant ID: 1849705C64

Secret Key: 289F40E6640124B2628640168C3C5464

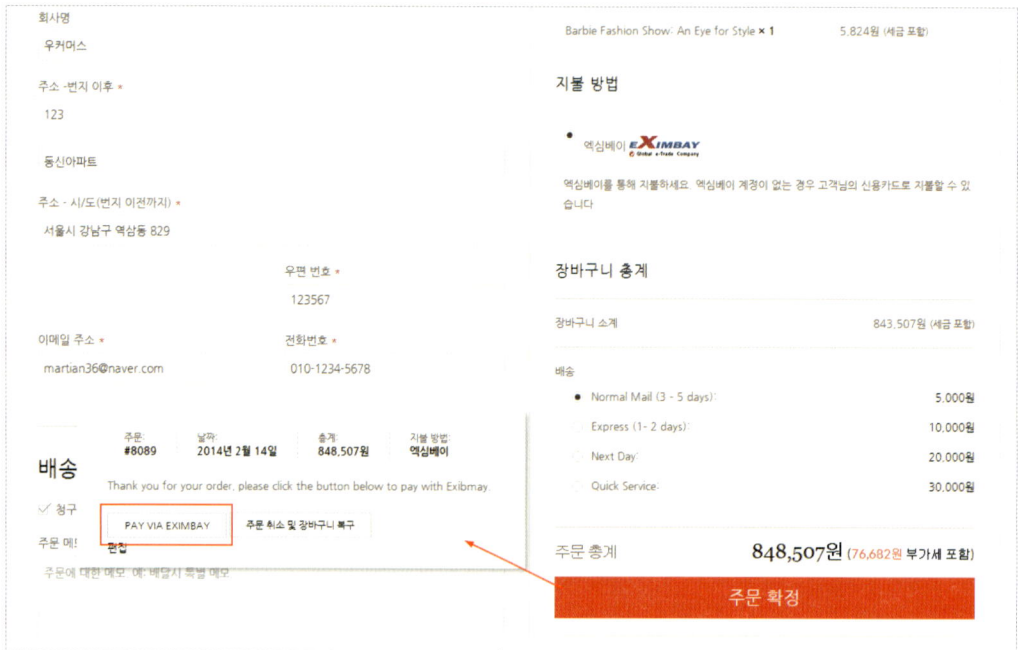

그림 2-107 주문 확정 후 화면

필수 항목을 모두 입력하고 주문 확정 버튼을 클릭하면 다음 화면에서 상단에 주문 정보가 나타납니다. PAY VIA EXIMBAY 버튼을 클릭하면 팝업 창이 나타납니다.

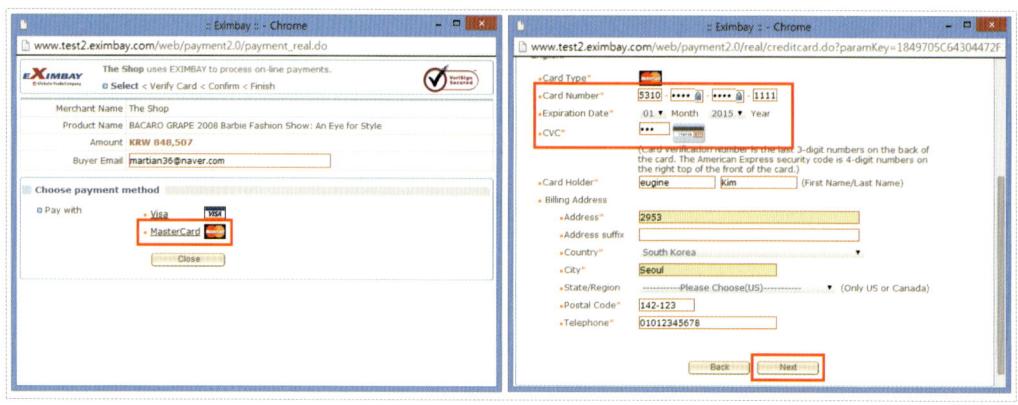

그림 2-108 테스트 결제 카드 선택

테스트용 카드로 마스터를 선택하면 다음 창으로 갑니다. 카드번호와 만료일, CVC 번호는 아래 정보를 입력합니다.

카드번호: 5310-1111-1111-1111

만료일: 01/2015

CVC: 123

나머지 정보도 입력하고 Next 버튼을 클릭합니다.

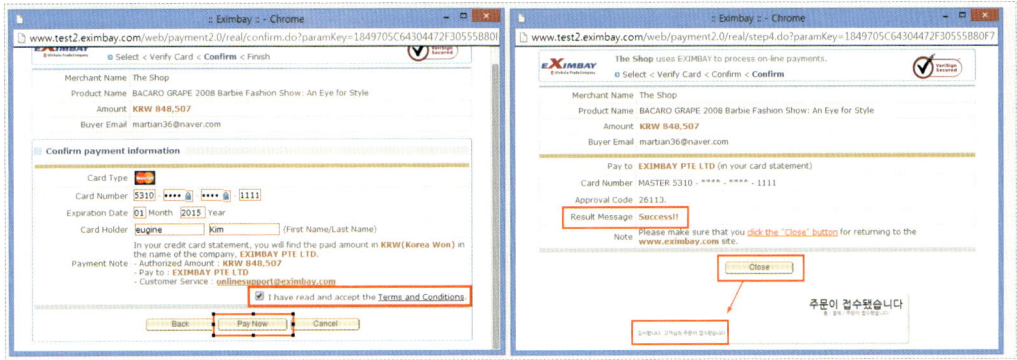

그림 2-109 결제 완료

입력 정보를 확인하고 "I have read and accept the Terms and Conditions."에 체크한 다음 Pay Now 버튼을 클릭하면 다음 화면에서 결제가 성공했다고 나옵니다. Close 버튼을 클릭하면 창이 닫히고 사이트 화면에 주문이 접수됐다는 메시지가 나타납니다. 실제 웹사이트에서 진행하면 이메일까지 통보됩니다.

다른 우커머스 2.1 버전용 결제 플러그인이 완료되는 대로 사용법을 제 블로그에 올리도록 하겠습니다.

# 07 계정 탭

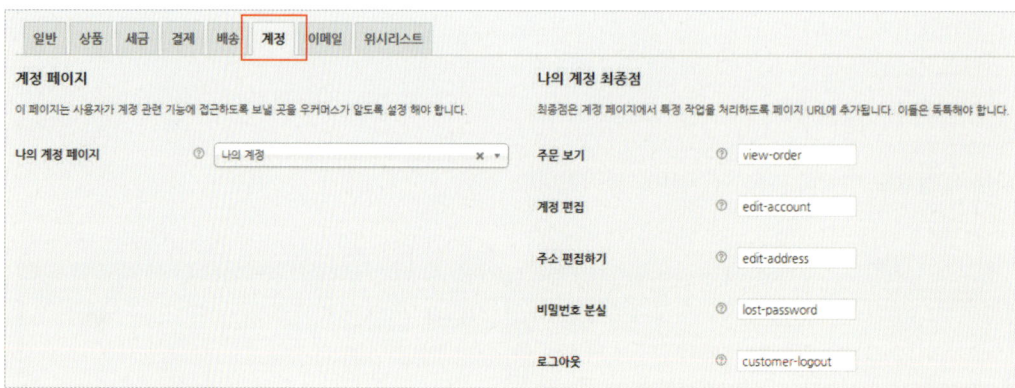

그림 2-110 계정 관련 페이지

계정 페이지와 최종점 부분은 설정할 일이 없으니 그대로 둡니다.

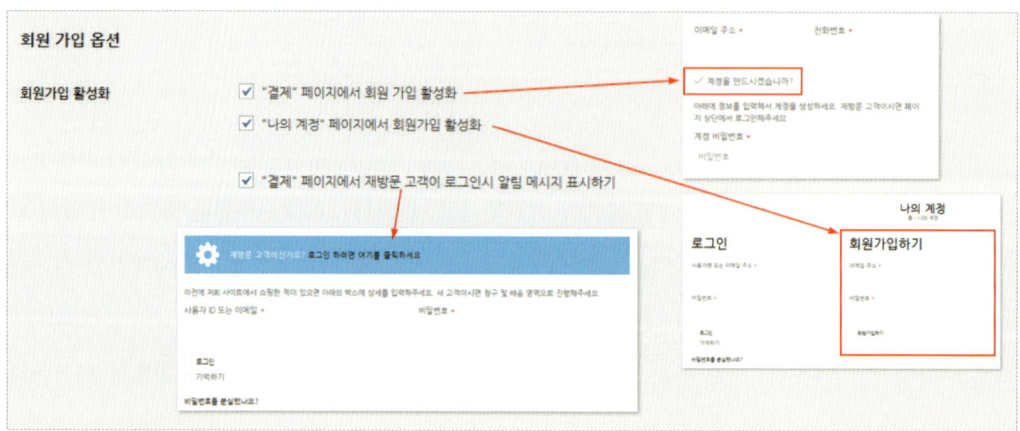

그림 2-111 회원가입 옵션

회원 가입 옵션의 '회원가입 활성화' 항목에서 처음 두 개는 모두 체크합니다. 처음 상품을 장바구니에 담고 결제로 이어지는 과정에서 회원 가입을 할 수 있어야 비회원 구매를 방지할 수 있습니다. 그리고 두 번째 항목에 체크하면 '나의 계정' 메뉴나 로그인하지 않은 경우 로그인 메뉴를 클릭했을 때 '회원가입하기' 항목이 추가로 나타납니다.

세 번째 항목은 로그인하지 않고 상품을 장바구니에 넣고 결제 페이지에 갔을 때 그림과 같은 알림 메시지를 표시해서 "여기를 클릭하세요" 링크를 클릭하면 로그인 폼이 나타납니다.

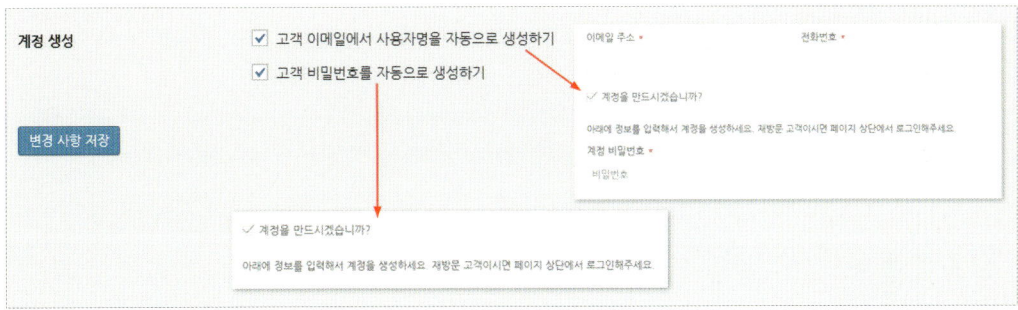

그림 2-112 계정 생성 설정

계정 생성의 첫 번째 항목에 체크하면 결제 화면에서 이메일 주소 입력 아래에 '계정을 만드시겠습니까?' 라는 메시지가 나타나고 이곳에 체크하면 비밀번호 입력란만 나타납니다. 계정 아이디는 이메일 주소의 @ 앞의 아이디에서 추출해 만들며 이메일 아이디가 동일한 경우 일련번호가 추가됩니다. 두 번째 항목에도 체크하면 비밀번호 입력란도 나타나지 않으며 이메일로 자동 생성된 비밀번호가 전송됩니다.

## 08 이메일 탭

온라인 쇼핑몰에서 고객과 쇼핑몰 사이의 정보 전달은 주로 이메일로 이뤄집니다. 우커머스는 이메일과 관련해서 다양한 템플릿을 이미 만들어 놓았습니다. 고객이 주문하거나 주문이 완료됐을 때 상점에서 이메일로 알림을 보냅니다. 이메일 탭에서 이러한 이메일에 관련된 모든 내용을 관리할 수 있습니다.

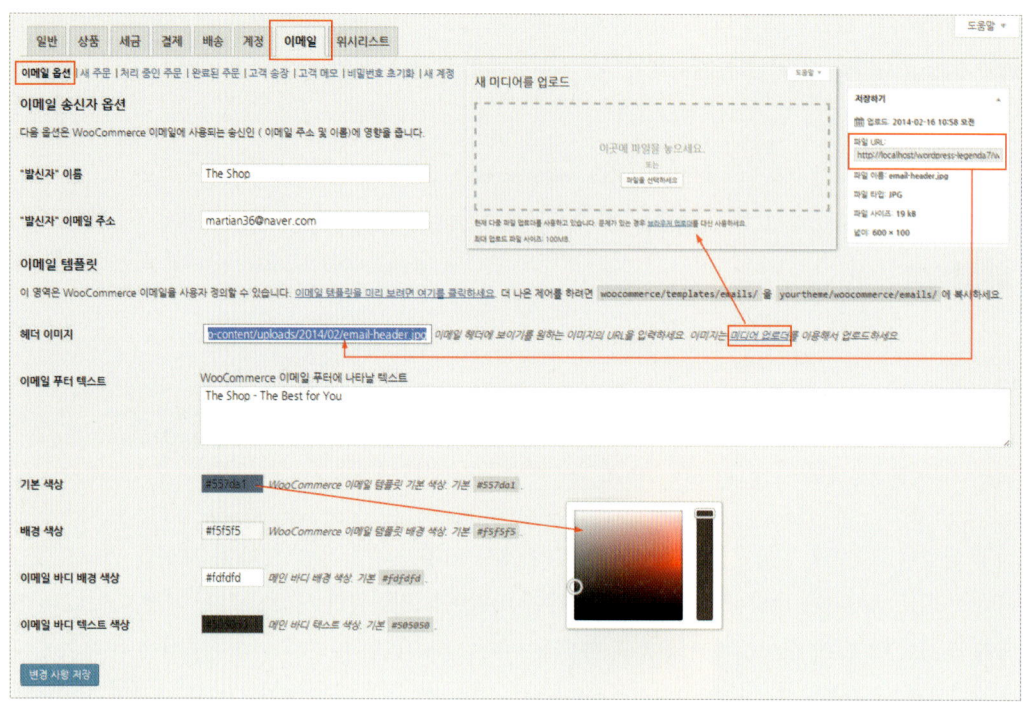

그림 2-113 이메일 옵션

이메일 템플릿은 우커머스 코어 파일에 포함돼 있으며, 상세한 수정을 하려면 템플릿 폴더를 테마 폴더로 이동해서 사용하면 우커머스를 업데이트하더라도 전혀 영향을 받지 않습니다. Legenda 테마에는 이러한 템플릿 폴더가 woocommerce라는 이름으로 포함돼있습니다.

여기서는 간단한 부분만 수정해보겠습니다. 헤더 이미지를 추가할 수 있는데, 위에 있는 미디어 업로더 링크를 Ctrl+클릭하면 새 탭에서 업로더 화면이 열립니다. 원하는 이미지를 업로드 하고 편집 링크를 클릭하면 편집화면이 나타납니다. 화면 우측의 저장하기 박스에서 파일 URL을 복사한 다음 헤더 이미지 입력 상자에 붙여넣습니다. 이미지는 첨부 파일의 images 폴더에서 email-header.jpg를 우선 사용하세요.

이메일 푸터 텍스트로는 원하는 문구를 입력합니다. 색상 부분에서 색상코드의 배경 색을 클릭하면 컬러피커가 나타납니다. 원하는 색을 선택하면 배경 색이 바뀝니다. 저장한 다음 확인하려면 위에서 '이메일 템플릿 미리보기' 링크를 클릭하면 됩니다.

## 새 주문

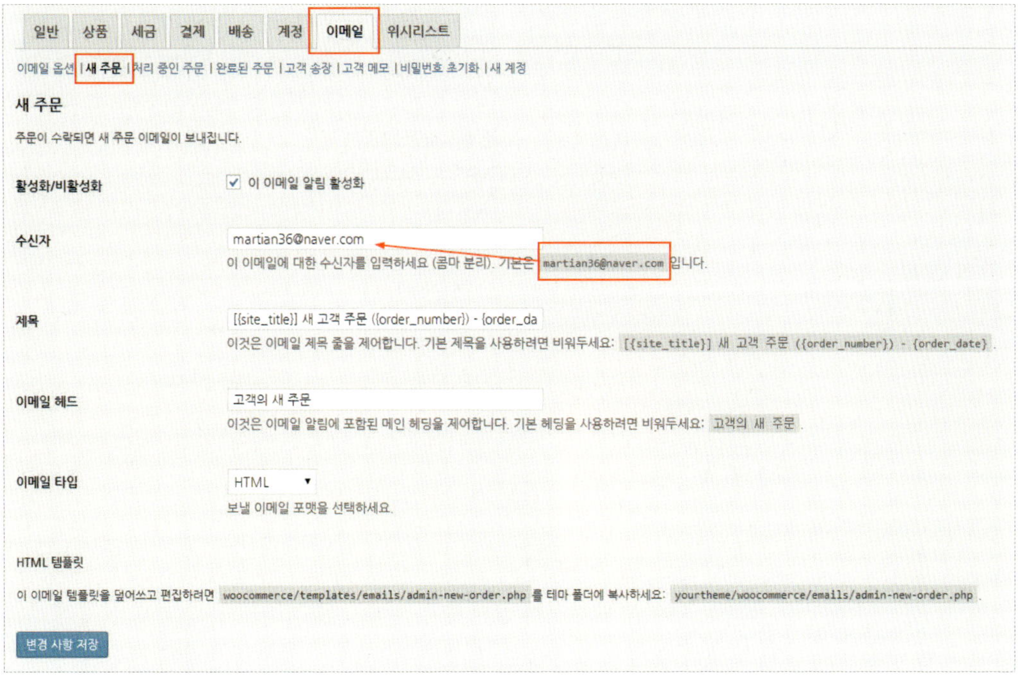

그림 2-114 새 주문 설정

새 주문 링크를 클릭하면 위와 같은 화면이 나타납니다. 수신자는 관리자가 여러 명일 때 콤마로 분리해서 여러 개를 넣을 수 있으며 도움말에 있는 이메일은 관리자의 이메일로 입력란에 아무것도 없을 때 이 이메일로 발송됩니다. 제목은 중괄호 부분을 옮겨 원하는 대로 편집할 수 있습니다. 이메일 타입은 HTML로 선택해야 양식이 만들어지고, 로컬호스트에서는 이메일 실험을 할 수 없으니 실제 웹사이트에서 위 상태로 저장하고 임의의 고객을 만들어 다른 웹 브라우저를 열고 실제 주문을 하면 이메일이 관리자와 고객에게 전송됩니다. 이메일 확인도 각 웹 브라우저에서 해봅니다. 위 내용은 관리자에게 보내는 양식으로 하나의 주문에 대해 관리자가 받는 유일한 이메일입니다. 고객에게 보내지는 이메일 양식은 처리 중인 주문, 완료된 주문, 고객 송장, 고객 메모, 비밀번호 초기화, 새 계정이 있습니다.

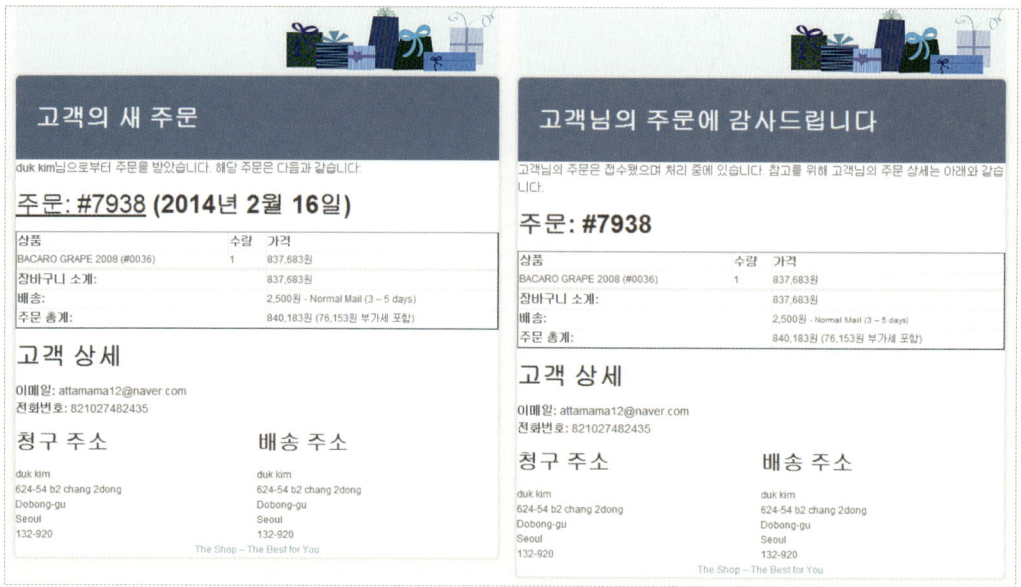

그림 2-115 새 주문에 대한 이메일

미리보기를 클릭해서 본 것과는 다르게 테두리와 글자와의 간격도 없고 조금 어색합니다. 이런 부분을 수정하려면 그림2-114 마지막 줄의 도움말처럼 파일을 테마에 복사해서 수정해야 합니다.

가장 어색한 부분이 주소란 아래의 이름입니다. 성이 이름 뒤에 배치돼 있어 외국 프로그램을 사용하고 있다는 인상을 줍니다. 여기서는 이부분만 수정하는 방법을 알아봅니다. 우커머스 플러그인의 코어 파일을 수정해야 하는데, 템플릿 파일을 테마에 복사해서 사용하면 플러그인이 업데이트돼도 영향을 받지 않지만 위와 같은 이름과 성의 순서는 코어 파일을 수정하지 않고 변경할 방법이 없습니다. 그래서 어쩔 수 없이 코어 파일을 수정해야 합니다.

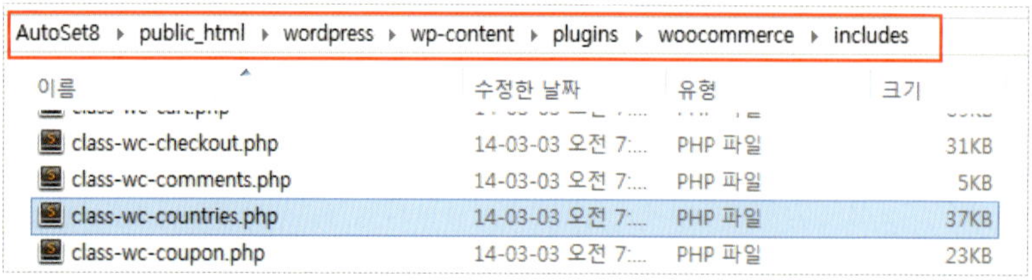

그림 2-116 우커머스 코어 파일 수정

위 경로에 위치한 파일을 편집기에서 열고 672번째 줄에서 다음과 같은 부분을 찾습니다. 플러그인이 업그레이드되면 파일 위치나 줄번호가 변경될 수도 있으니 똑같이 생긴 부분을 찾으면 됩니다.

```
'{name}'              => $first_name . ' ' . $last_name,
```

이를 아래와 같이 성($last_name)과 이름($first_name)의 위치를 서로 바꿉니다. 이렇게 수정한 사항은 플러그인을 업데이트하면 원래대로 복구되므로 메모해두고 플러인을 업데이트 한 후에 다시 수정해야 합니다.

```
'{name}'              => $last_name . ' ' . $first_name,
```

이부분만 수정하더라도 사이트와 관리자 화면에서 성과 이름이 바뀐 부분이 수정돼서 나타납니다. 다음 그림은 관리자 화면의 주문 편집 페이지에서 이름과 성이 바뀐 모양입니다.

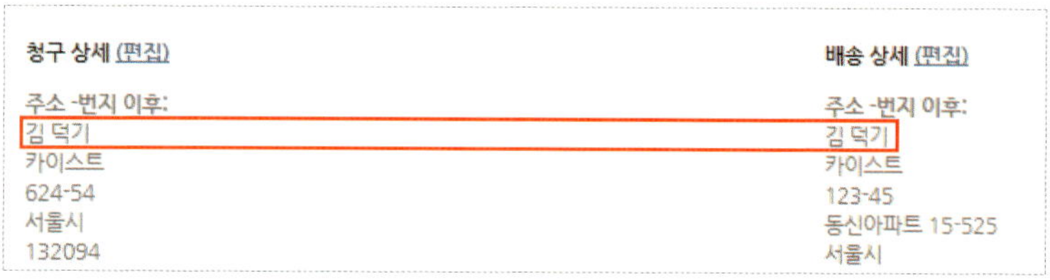

그림 2-117 이름 위치 변경 후

## 처리 중인 주문

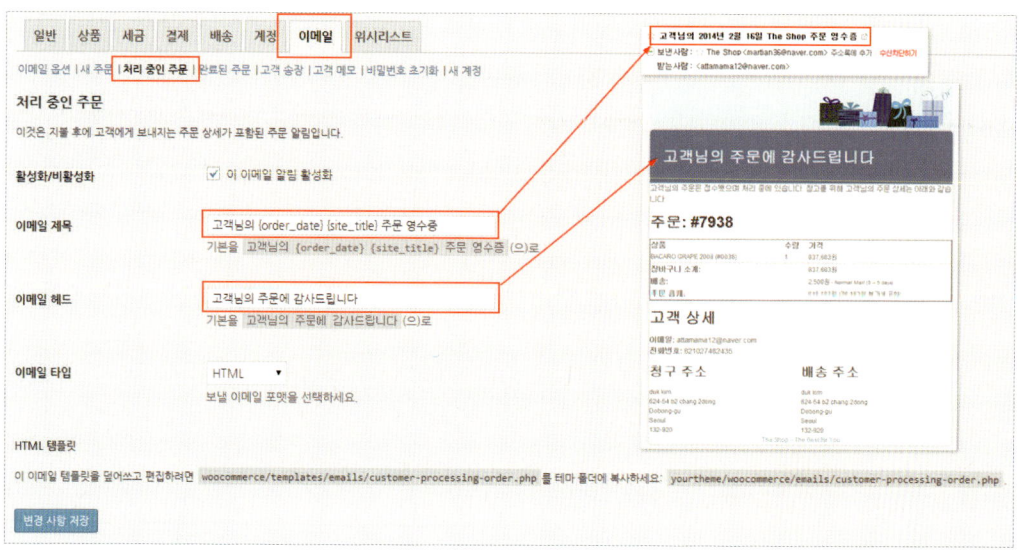

그림 2-118 처리 중인 주문

주문 완료 후 고객이 처음 받는 이메일입니다. 이메일 제목과 헤드의 위치는 위 그림과 같습니다.

## 완료된 주문

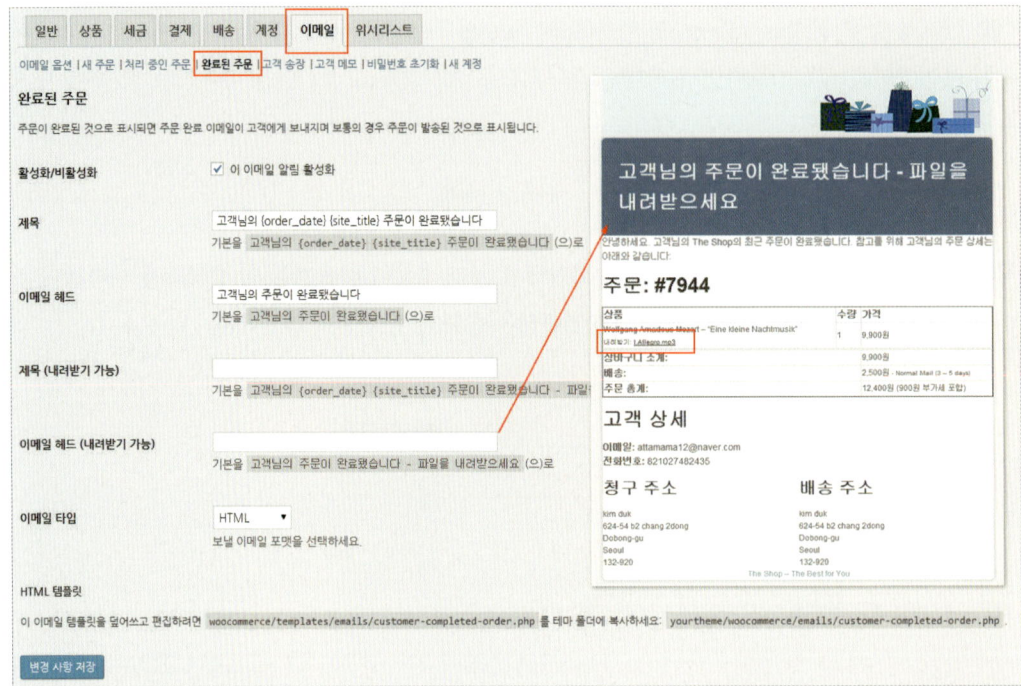

그림 2-119 완료된 주문 이메일 설정

결제가 완료된 상태에서 관리자가 주문을 완료하면 보내지는 이메일입니다. 일반 상품과 내려받기 가능한 상품의 양식이 다릅니다. 내려받기 가능한 상품은 두 번째 제목과 이메일 헤드가 자동으로 적용되며 다운로드 링크가 포함됩니다.

## 고객 송장

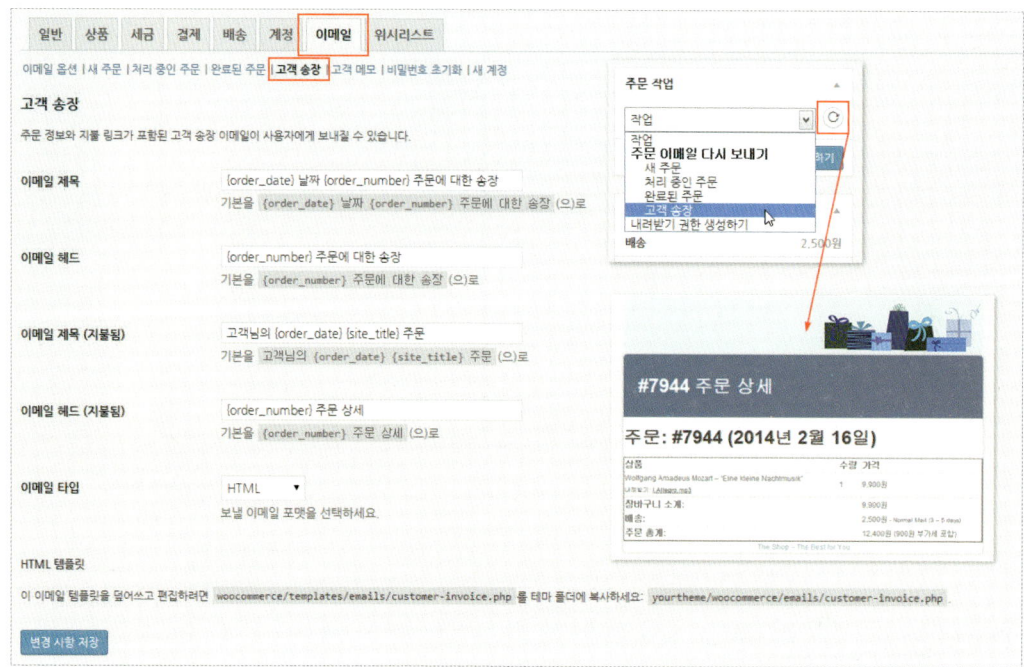

그림 2-120 고객 송장

고객 송장은 설명에서 볼 수 있듯이 보내질 수 있다고 돼 있어서 이메일로 반드시 보내지는 것은 아닙니다. 주문 페이지에서 하나의 주문을 클릭해서 주문 편집 페이지의 우측 상단을 보면 주문작업 메타박스가 있습니다. 드롭다운 메뉴에서 '주문 이메일 다시 보내기'의 '고객송장'을 선택하고 우측의 이이콘을 클릭하면 이메일이 보내지고, 이 이메일 송장에는 간단한 내용이 포함돼 있습니다. 이를 제대로 된 송장으로 만들려면 템플릿을 수정해야 하며, 유료 플러그인을 사용할 수도 있습니다. 물리적인 상품을 보낼 때 종이 송장이 포함되는데, 이는 무료 플러그인을 사용해도 가능합니다.

첨부 파일의 plugins 폴더에서 다음 플러그인을 설치하고 설치된 플러그인 화면에서 플러그인을 활성화합니다. 언어 파일은 woocommerce-delivery-notes 하나만 있습니다.

- woocommerce-delivery-notes
- woocommerce-sequential-order-numbers

woocommerce-delivery-notes는 송장을 출력할 수 있는 플러그인이고, woocommerce-sequential-order-numbers는 주문번호를 일련번호로 만드는 플러그인입니다. 워드프레스에서 주문번호는 글 번호처럼 일련번호로 만들어지지 않습니다.

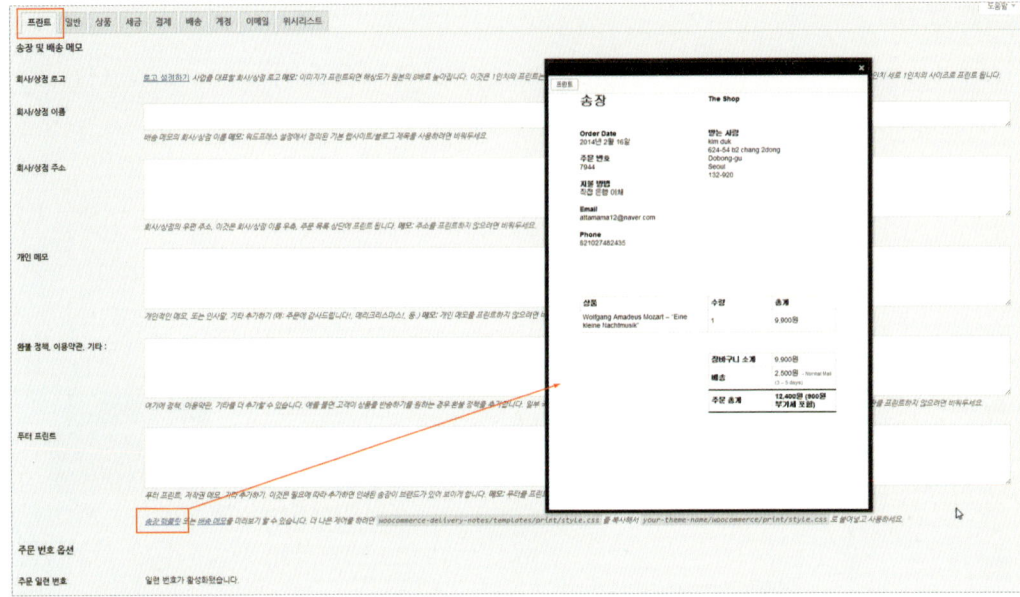

그림 2-121 송장 프린트

플러그인을 설치한 다음 '프린트' 탭을 선택하면 위 그림과 같이 나타납니다. 여기서 로고와 송장과 관련된 각종 설정을 할 수 있습니다. 자세한 사항은 도움말을 참고하세요. 하단의 링크를 클릭하면 송장을 미리 볼 수 있습니다.

## 고객 메모

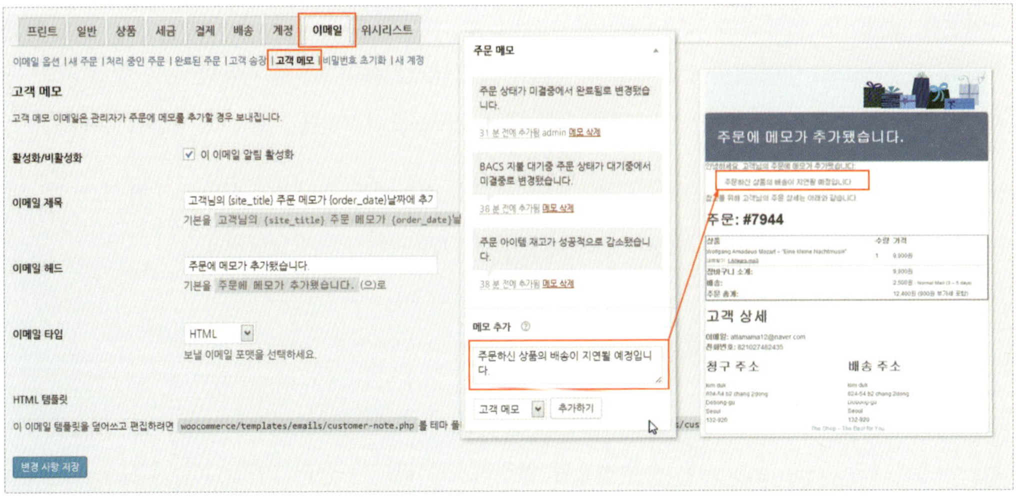

그림 2-122 고객 메모

관리자가 메모를 추가하면 메모가 이메일로 고객에게 전송됩니다. 주문 페이지에서 원하는 주문으로 들어가서 우측 하단의 주문 메모 메타박스에 메모를 추가한 다음 추가하기 버튼을 클릭합니다. 상단의 주문 작업 메타박스에서 '주문 저장하기' 버튼을 클릭하면 메모가 포함된 이메일이 전송됩니다.

### 비밀번호 초기화, 새 계정

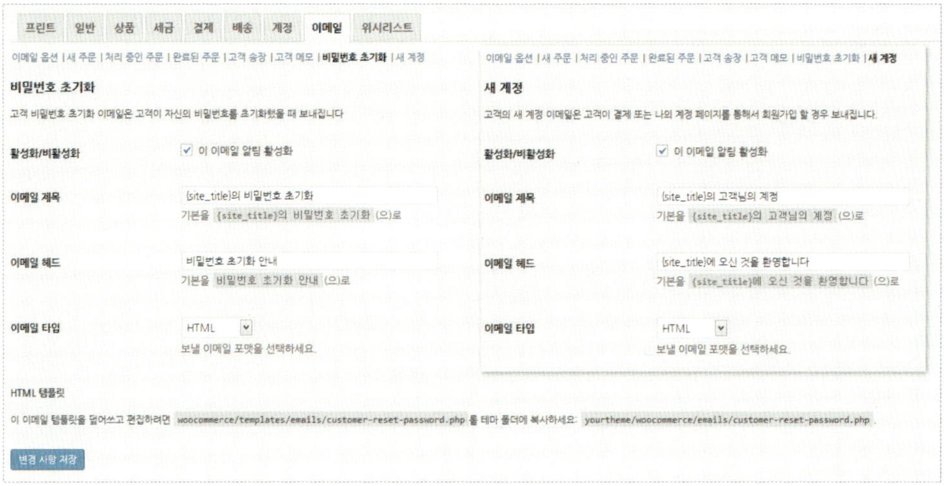

그림 2-123 비밀번호 초기화, 새 계정

비밀번호를 초기화할 때와 새 계정을 만들 때 이메일로 통지됩니다. 우커머스 워드프레스 사이트에서는 두 가지 방법으로 계정을 만들 수 있는데, 워드프레스 일반 설정에서 회원가입이 비활성화됐어도 우커머스 상점의 새 계정을 만들 수 있습니다.

## 09 결합 탭

우커머스 2.1 버전에서 결합 부분은 플러그인에 내장되지 않고 별도로 분리해서 필요에 따라 사용할 수 있게 했습니다.

그림 2-124 우커머스 결합 관련 플러그인

- http://localhost/wordpress/wp-admin/index.php?page=wc-about

우커머스의 관리자 화면은 처음 설치 후에 보이고 나서 다시 보려면 링크가 없습니다. 그래서 주소 창에서 관리자 화면의 wp-admin/ 다음에 위 나머지 url을 입력해야만 우커머스 초기 화면이 나타납니다. 분리된 결합 부분에서 각 버튼을 클릭해서 플러그인을 내려받아 설치하고 활성화 합니다.

## 구글 애널리틱스

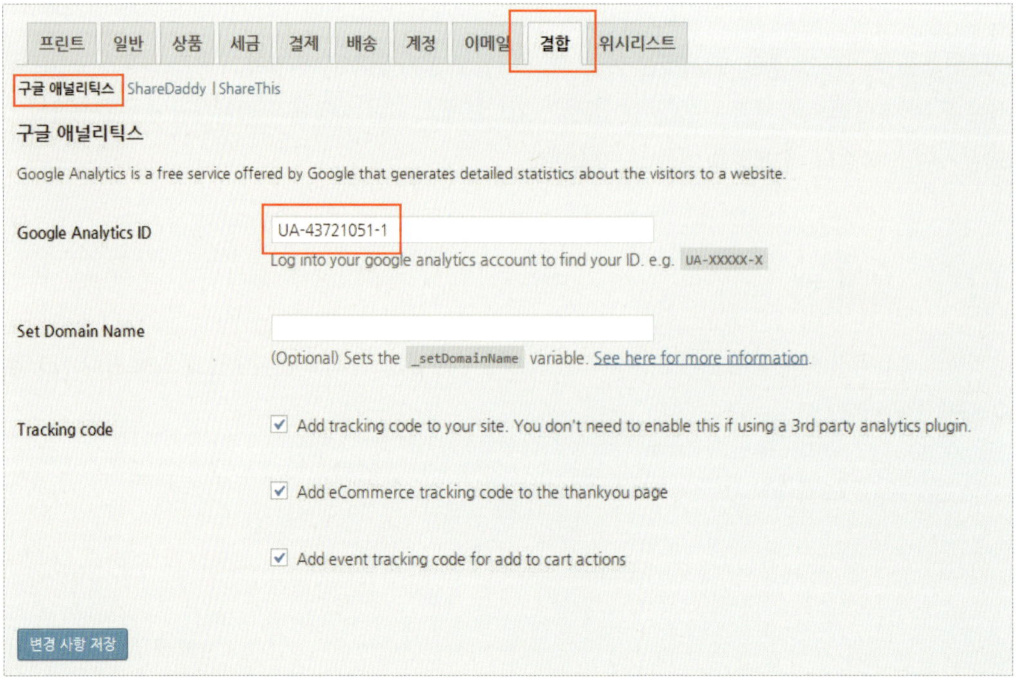

그림 2-125 구글 애널리틱스

상점의 판매 관련 통계는 우커머스의 보고서를 이용하면 되지만 웹사이트의 접속 통계는 사이트 분석에 필수이므로 각종 통계 서비스를 이용하는 것이 좋습니다. 가장 많이 사용하는 통계 서비스로는 구글 애널리틱스(Google Analytics)이 있으며, 구글 계정이 있으면 누구든지 이용할 수 있습니다. 안드로이드 폰을 사용하면 구글 계정은 필수이므로 사이트를 쉽게 추가할 수 있습니다.

WooCommerce Google Analytics Integration 플러그인을 활성화 하면 결합 탭과 링크가 만들어집니다. 아이디는 구글 애널리틱스 계정에 사이트를 추가할 때 만들어지며, 아이디를 찾아서 위 입력란에 추가하고 저장하면 됩니다.

Tracking Code의 첫 번째 항목은 '사이트 푸터에 추적 코드 추가하기. 제삼자 애널리틱스 플러그인을 사용하면 이것을 활성화할 필요가 없습니다.'라는 의미인데 Legenda 테마의 테마 옵션 첫 페이지 하단에서 구글 추적 코드를 입력하는 란에 추가하면 위 항목에는 체크하지 않아도 됩니다.

그림 2-126 구글 애널리틱스의 통계 정보

구글 애널리틱스를 이용하면 각종 통계 정보를 얻을 수 있습니다. 이 밖에도 젯팩 플러그인을 사용하면 통계를 간단하게 볼 수 있습니다.

# Piwik

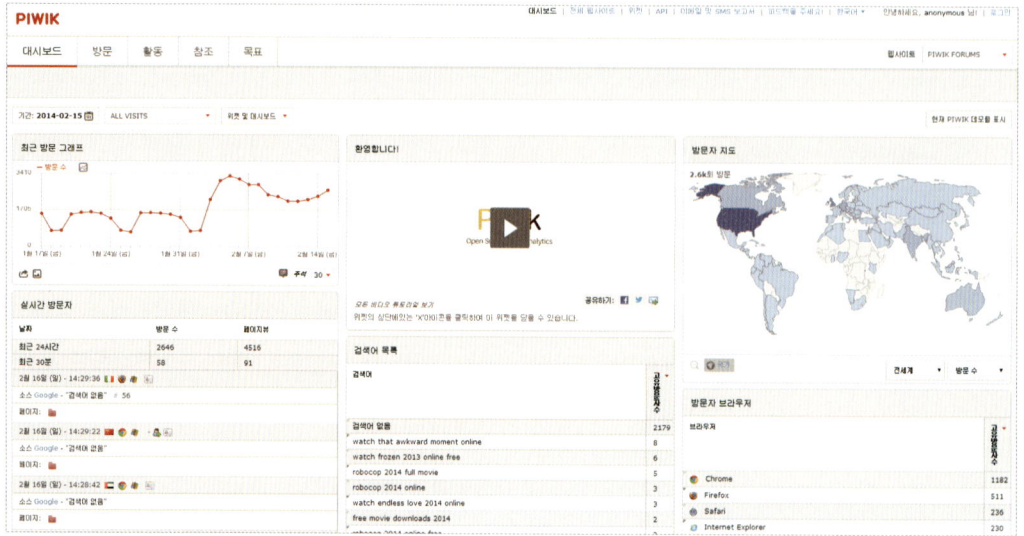

그림 2-127 PIWIK의 통계 화면

- http://demo.piwik.org/

piwik도 통계를 위한 플러그인으로 개별 사이트에 통계를 분석하기 위한 프로그램을 설치하고 이 프로그램을 우커머스 사이트와 연결하기 위해 또 다른 플러그인을 사용해야 합니다. 상당히 인기 있는 무료 프로그램이지만 설치 절차가 복잡하고 내용이 길기 때문에 여기서는 사용법을 생략하겠습니다. 데모 화면을 보면 위 그림과 같습니다.

## ShareThis

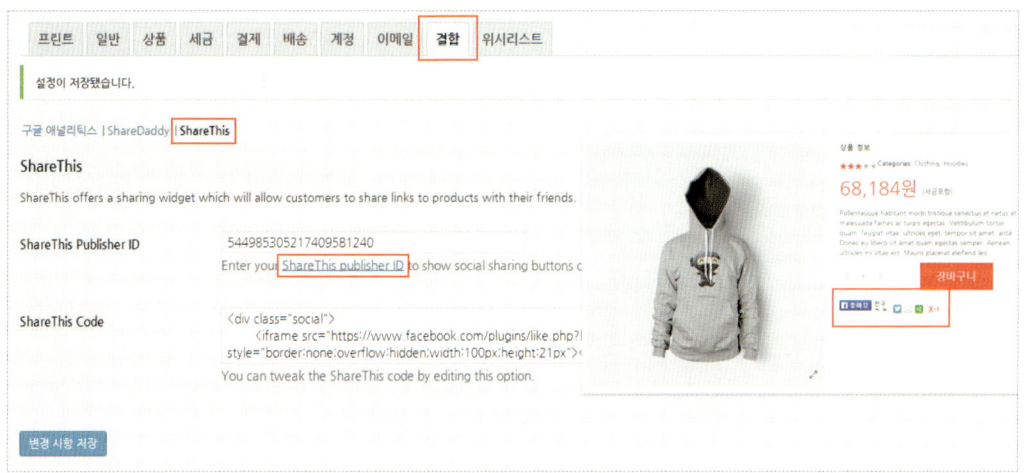

그림 2-128 ShareThis 공유 버튼 설정

ShareThis나 ShareYourCart는 공유 버튼을 설치할 수 있는 서비스입니다. Sharethis 발행자 ID 링크를 클릭해서 페이스북이나 트위터 아이디로 로그인하면 바로 발행자 아이디를 받을 수 있습니다. My Account에서 Account Setting으로 들어가면 username에 있는 숫자가 아이디입니다. 아이디를 입력박스에 추가하고 저장한 다음 상세 페이지에서 보면 장바구니 버튼 하단에 나타납니다.

## AddShoppers

ShareYourCart는 AddShoppers에 합병되면서 기능이 더 좋아졌습니다. 각종 통계자료도 가능하고 쿠폰 발행도 쉽습니다. 이 기능은 고객이 자신의 소셜 네트워크 계정에 상품 구매에 관한 글을 올리면 할인 쿠폰을 받을 수 있는 서비스입니다. 로컬호스트에서는 연결할 수 없으니 실제 사이트에서 작업합니다.

플러그인 추가하기 화면에서 AddShoppers로 검색해 Social Sharing Buttons By AddShoppers 플러그인을 설치하고 활성화 합니다.

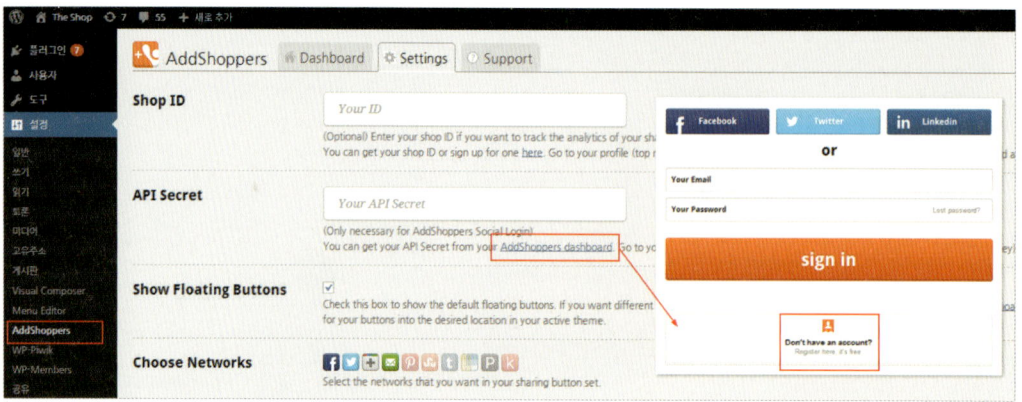

그림 2-129 AddShoppers 플러그인 설정

설정 → AddShoppers로 이동해 API Secret 입력란 아래에 있는 링크를 Ctrl 키를 누르고 클릭합니다. Don't have an account? 버튼을 클릭해 새로운 계정을 만듭니다. 상단의 소셜 네트워크 버튼은 이미 계정이 있을 때 해당 계정으로 로그인할 수 있습니다.

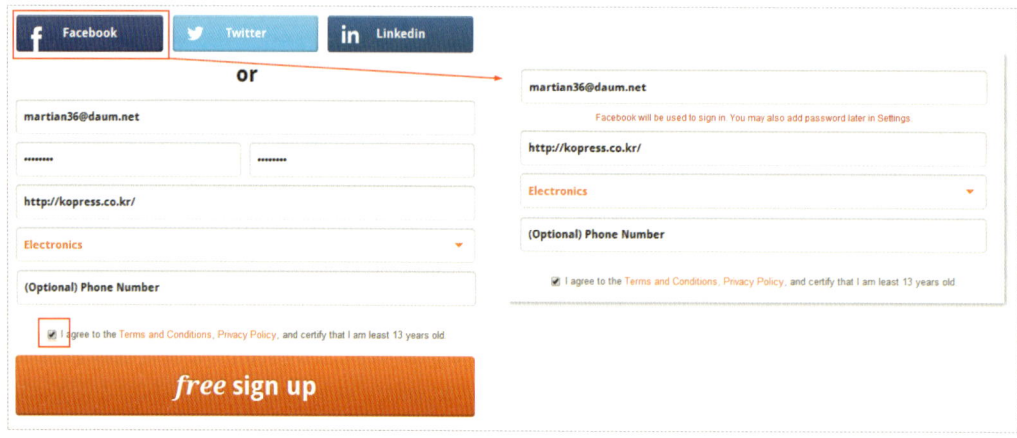

그림 2-130 AddShoppers 회원가입

다음 화면에서 상단의 소셜 네트워크 버튼을 클릭해 계정을 만들거나 아래의 입력란을 사용해 계정을 만듭니다. 전화번호는 선택사항입니다. 이용약관 동의에 체크하면 버튼이 오렌지 색으로 변합니다. 이를 클릭합니다.

그림 2-131 AddShoppers 관리 화면으로 가기

사이트에 붙여넣을 자바스크립트 코드가 나타나고 코드를 인식할 때까지 대기 상태입니다. API 키를 붙여넣을 것이므로 Skip this step for now를 클릭합니다. 다음 화면에서 Go to your dashboard를 클릭합니다. 하단에는 프로버전 사용 시 결제 항목입니다.

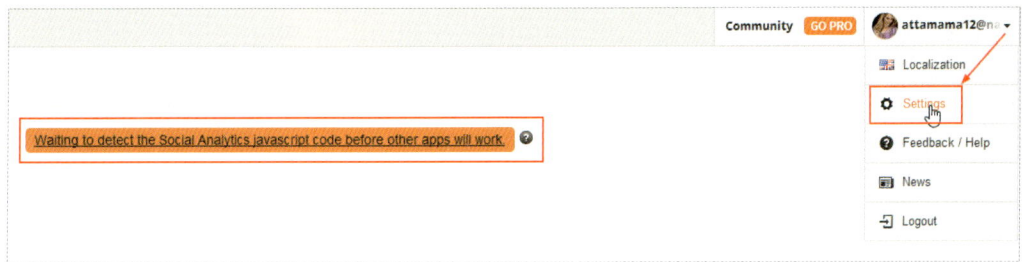

그림 2-132 설정 시작

대시보드 우측상단에서 세모 아이콘을 클릭해 Settings를 선택합니다.

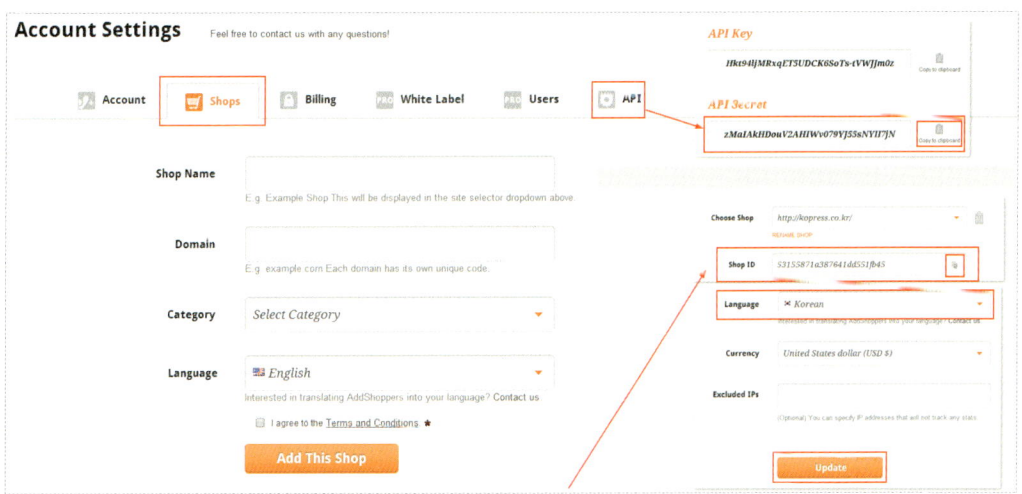

그림 2-133 상점 아이디와 API 키

02. 우커머스 설정   **219**

Shops 탭을 선택하면 상단에서 새로운 상점을 추가할 수 있고 중간으로 스크롤 해 내려오면 Shop ID가 있습니다. 복사 아이콘을 클릭하면 복사됩니다. 이를 워드프레스 관리자 화면에서 Shop ID에 붙여넣습니다.

API 탭을 선택하고 API Secret 키를 복사해 워드프레스 관리자 화면의 API Secret란에 붙여넣은 다음 하단에서 Save 버튼을 클릭합니다.

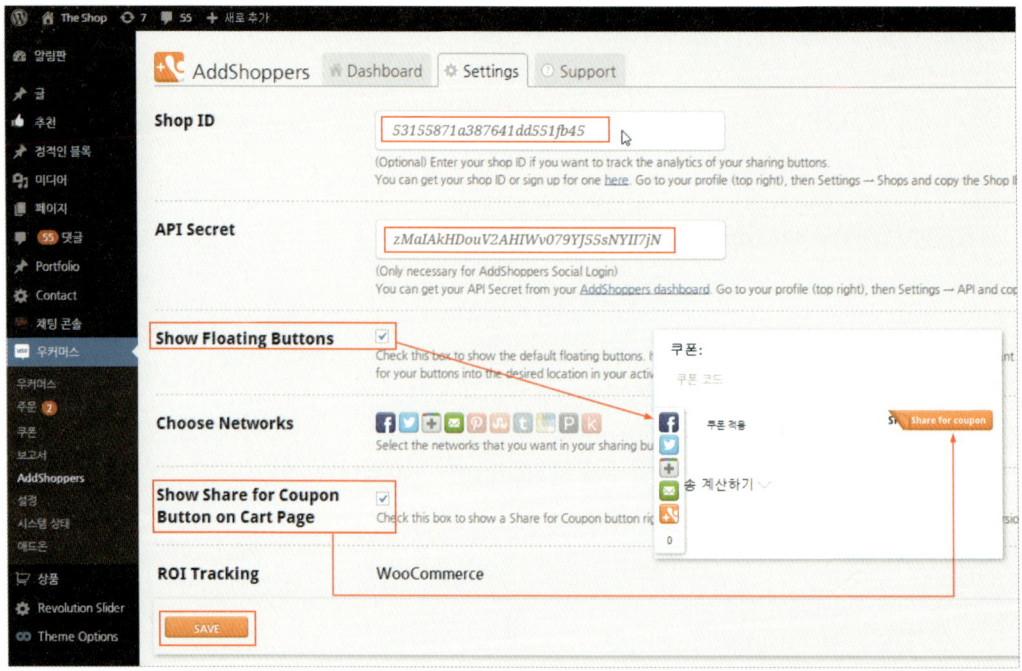

그림 2-134 코드 붙여넣기

사이트에서 새로고침 하고 장바구니 페이지로 가서 확인합니다. Show Floating Buttons는 사이트에서 브라우저 좌측 끝에 나타나는 버튼이고 Show Share for Coupon Button on Cart Page는 장바구니 페이지에서 쿠폰 코드 바로 아래에 나타나는 버튼입니다. 이 확인 작업을 해야 대시보드 화면이 제대로 나타납니다.

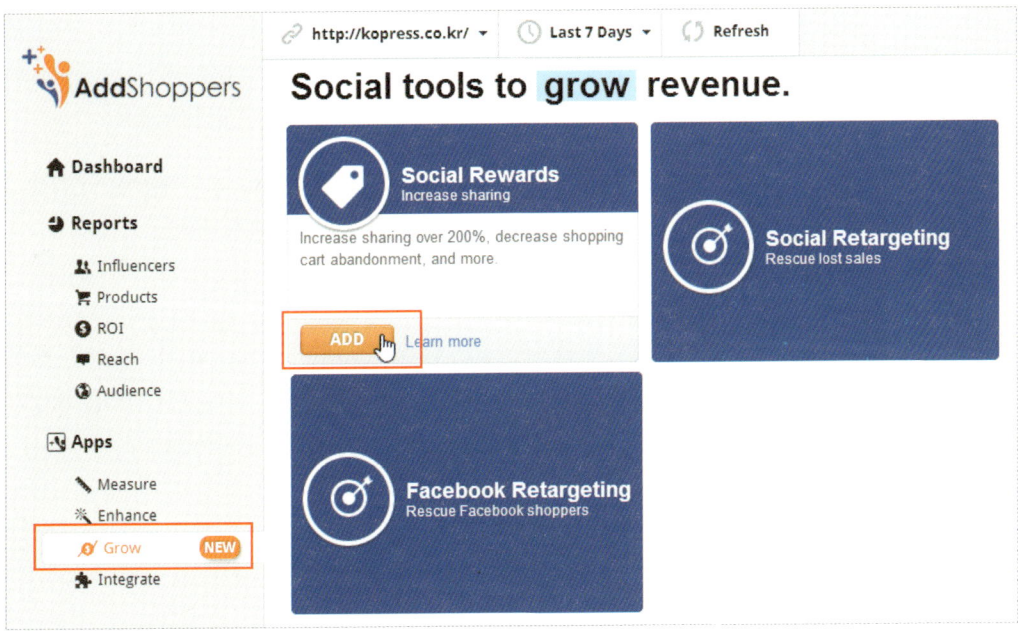

그림 2-135 보상 설정 버튼

AddShoppers 사이트 대시보드에서 Apps의 Grow를 선택하고 Social Rewards에 마우스를 올리면 ADD 버튼이 나타납니다. ADD 버튼을 클릭합니다.

그림 2-136 보상 설정

Campaign의 Rename을 클릭해 '할인쿠폰'으로 이름을 변경합니다. Social Source의 E-mail 글자를 클릭해 원하는 소셜 네트워크를 선택합니다. 선택박스 바로 아래의 Apply these settings to All Sources에 체크하면 모든 항목에 적용됩니다. 여기서는 Facebook을 선택하겠습니다.

Reward Type은 Coupon Code로 선택하고 Sharing Message는 고객이 쿠폰 버튼을 클릭했을 때 나타나는 메시지로 적당한 문구를 입력합니다. Coupon Value에서 %가 선택된 상태에서 5를 입력합니다.

Static Coupon Code는 상점에서 새로 만들 쿠폰 코드를 입력합니다. Coupon Message는 공유가 적용된 후의 메시지입니다. 우측의 Coupon Preview는 쿠폰 적용 값이 나타나는 위치를 결정합니다. 현재는 Left가 선택된 상태입니다. 설정이 완료되면 Update 버튼을 클릭합니다.

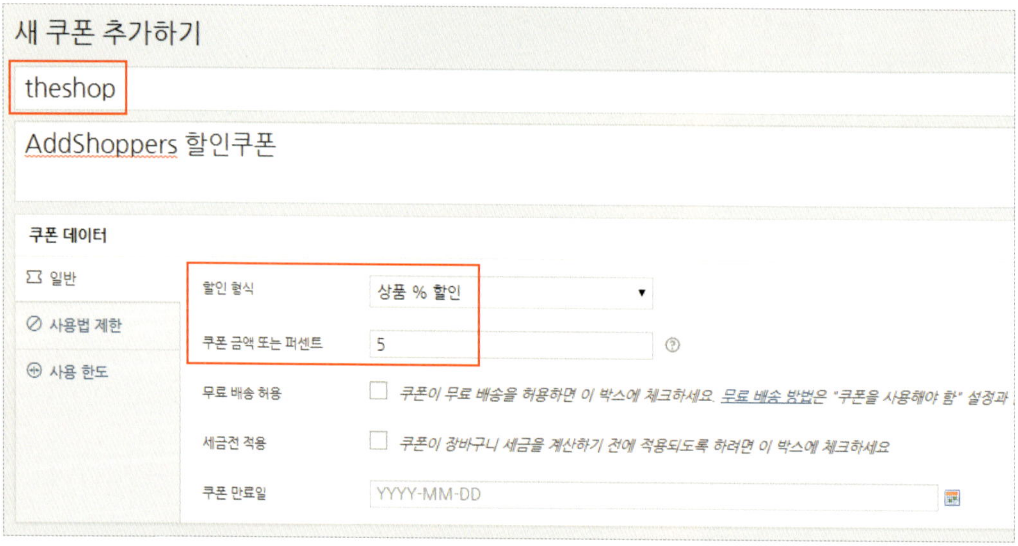

그림 2-137 할인 쿠폰 발행하기

우커머스 쿠폰 메뉴에서 쿠폰 코드를 입력하고 발행합니다.

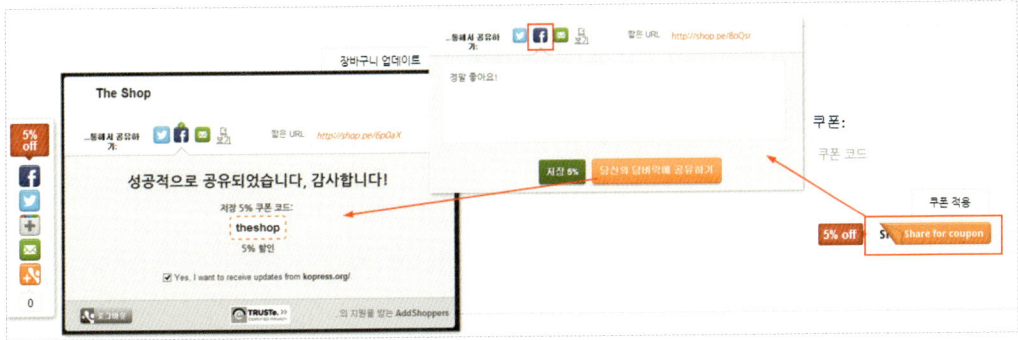

그림 2-138 쿠폰 코드 복사

사이트의 어떤 화면에서든 좌측의 공유 아이콘을 클릭하거나 장바구니 화면에서 공유 쿠폰 버튼을 클릭하면 팝업 창이 나타납니다. '저장 5%'라는 버튼에 '공유'라는 글자가 나타나면 제대로 적용이 안 되니 조금 기다렸다 실험하세요. 메시지를 입력하고 '당신의 담벼락에 공유하기' 버튼을 클릭하면 메시지가 나타나면서 쿠폰 코드가 보입니다. 이를 복사해 쿠폰 코드 입력란에 입력하고 쿠폰 적용 버튼을 클릭하면 적용됩니다.

## 10 위시리스트 탭

위시리스트는 YITH라는 테마 제작사에서 만들이 무료로 배포하고 있는 플러그인입니다. Legenda 테마에서 이를 테마에 포함시켜 사용하면서 일부 기능이 작동하지 못하게 했는데 이 기능을 활성화하면 에러가 발생합니다. 특별한 사용법은 없으나 몇 가지 기능을 알아보겠습니다.

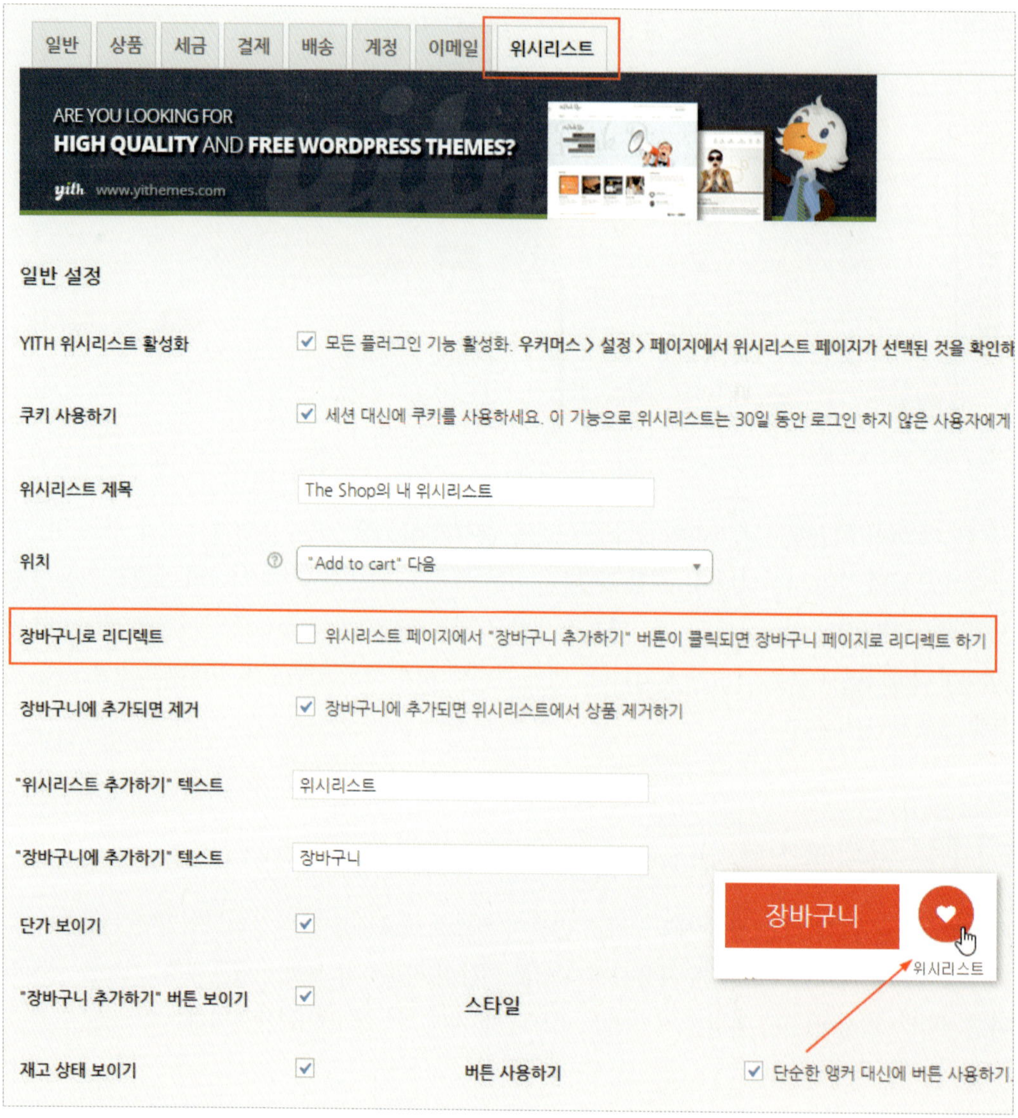

그림 2-139 위시리스트 설정

위시리스트 제목은 위시리스트 페이지의 제목이므로 원하는대로 수정하면 됩니다. 위치는 어느 것을 선택해도 장바구니 옆에 배치되게 돼있습니다.

장바구니로 리디렉트에 체크하면 아무런 반응이 없으므로 체크 해제해 둡니다.

'위시리스트 추가하기' 텍스트는 간결하게 '위시리스트'로 수정하는 것이 좋고 '장바구니 추가하기' 텍스트도 '장바구니'로 변경합니다. 이는 위시리스트 페이지에 나타나는 버튼입니다. 하단의 세 가지 항목은 위시리스트 페이지에 나타나는 것을 결정합니다. 스타일에서 '버튼 사용하기'에 체크해두면 하트 아이콘으로 나타납니다. 나머지 공유 아이콘은 실제 웹사이트에서 클릭하면 해당 소셜 네트워크로 연결됩니다.

# 3장
## 상점 관리

01 _ 상품 추가
02 _ 주문 페이지
03 _ 쿠폰 사용과 보고서
04 _ 보고서

3장의 내용을 간략하게 알아보면 다음과 같습니다.

### 1. 상품 목록 페이지
상품에 관한 모든 내용을 볼 수 있는 페이지로 상품을 복사해 편집하거나 여러 상품에 대해 각종 설정을 일괄적으로 변경할 수 있습니다.

### 2. 단순 상품 추가
단순 상품은 가장 일반적인 상품 형식으로 모든 상품 형식의 기본이 되므로 상품 추가 시 필요한 모든 내용을 알아봅니다.

### 3. 다운로드 가능한 상품 추가
디지털 상품 중에서 내려받을 수 있는 상품만 취급하고자 할 때 사용합니다.

### 4. 옵션 상품
단순 상품의 변형된 상품 형식으로 단순 상품이지만 의류와 같이 사이즈나 색상 등 여러 옵션(Variation)이 있는 상품입니다.

### 5. 그룹 상품
하나의 상품만 취급하는 것이 아니라 부속 상품까지 구매할 수 있게 하는 상품 형식입니다. 카메라를 구매하는데 메모리 카드나 렌즈 등은 부속 상품이 되며 이를 자식 상품이라고 합니다.

### 6. 주문 관리 페이지
고객의 주문이 발생한 이후로 상품 배송이 완료되기까지 모든 과정을 관리할 수 있는 페이지입니다.

### 7. 주문 편집 페이지
고객의 주문을 편집할 수 있는 페이지이며 주문과 관련된 메모나 이메일을 보낼 수 있습니다.

### 8. 쿠폰 사용
쿠폰은 쇼핑몰에서 필수 요소이며 쿠폰 설정 방법과 무료 배송 쿠폰을 만드는 방법을 알아봅니다.

### 9. 보고서
보고서는 우커머스에서 가장 정리가 잘돼있습니다. 그래서 특별한 지식이 없어도 알 수 있는 직관적인 기능입니다.

# 상품 추가 01

우커머스의 상품 추가는 블로그에서 새 글을 쓰는 방법과 거의 같습니다. 일부 메타박스가 추가돼 콘텐츠의 내용이 달라질 뿐입니다. 블로그 글을 잘 찾을 수 있게 마련된 카테고리와 태그가 있듯이 상품에도 카테고리와 태그가 있고 상품 검색만 할 수 있는 상품 검색 박스가 별도로 있습니다.

우커머스는 상품의 속성에 따라 추가하는 방법이 다릅니다. 가장 기본적인 상품이 단순 상품이고 물리적인 형태가 없는 내려받기 가능한 상품(예: 이미지, 음악파일, 전자책), 물리적인 형태가 없는 가상 상품(웹 디자인 용역, 변호사 상담), 하나의 상품이지만 색상과 크기가 다른 옵션 상품(예: 의류), 여러 개의 상품이지만 서로 관련된 그룹 상품(예: 카메라와 삼각대, 렌즈), 실제 상품은 외부 사이트에 존재하고 내 상점에서는 연결만 해주는 외부/연계상품 등이 있습니다.

## 01 상품 목록 페이지

상품을 체계적으로 관리하려면 상품 목록 페이지에 익숙해져야 합니다. 상품을 추가하기 전에 상품 목록 페이지를 알아보겠습니다.

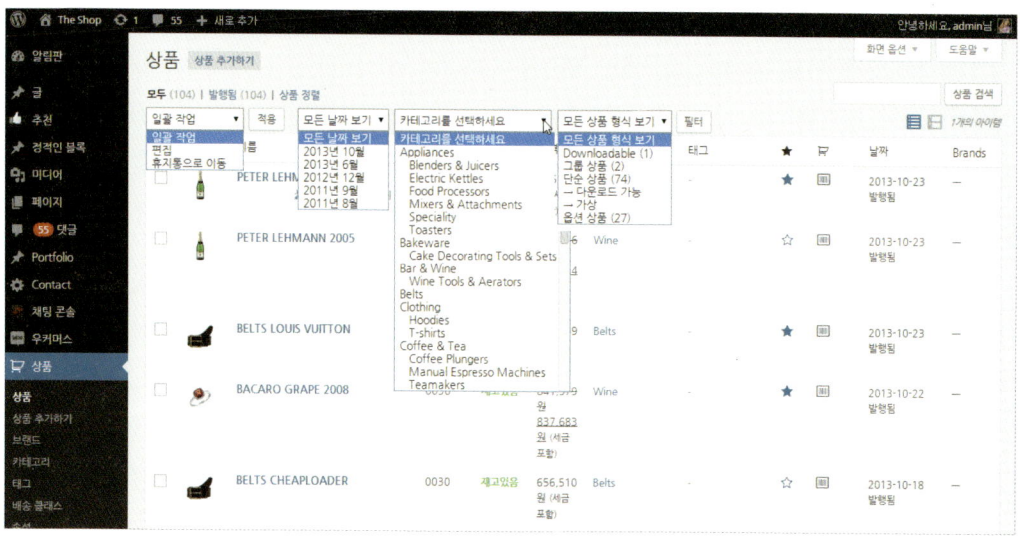

그림 3-1 상품 목록 페이지

상품 목록 페이지는 워드프레스의 글 목록 페이지와 비슷한 기능을 합니다. 상품 정렬 링크를 클릭하면 모든 상품을 알파벳순으로 정렬합니다. 일괄 작업으로 편집할 수 있고 다양한 형태로 필터링할 수도 있습니다.

그림 3-2 상품 목록 페이지 기능

01. 상품 추가  229

제목란에 있는 검은색 별 모양 아이콘은 특성 상품 여부를 표시합니다. 옆에 있는 삼각형을 클릭하면 특성상품을 맨 위로 표시합니다. 개별 목록에서 흰색의 별 아이콘을 클릭해 검은색으로 만들면 특성 상품으로 전환됩니다. 장바구니 아이콘 아래의 개별 목록에 보이는 아이콘에 마우스를 올리면 단순상품, 옵션 상품, 그룹상품 여부를 알 수 있고 아이콘 모양이 다릅니다. 또한 개별 목록에는 바로가기 링크가 있으며 복사는 하나의 상품을 빠르게 여러 개의 상품을 추가하는 기능을 합니다.

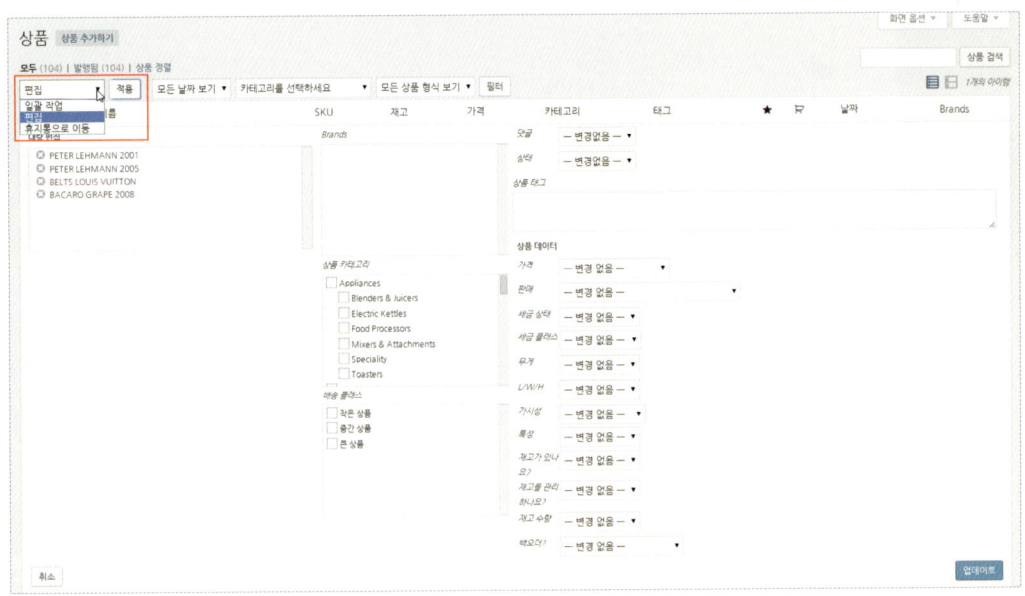

그림 3-3 상품 일괄 편집

일괄 작업에는 상품만 일괄 작업할 수 있게 돼 있어서 빠르게 편집할 수 있습니다.

## 02 단순 상품 추가

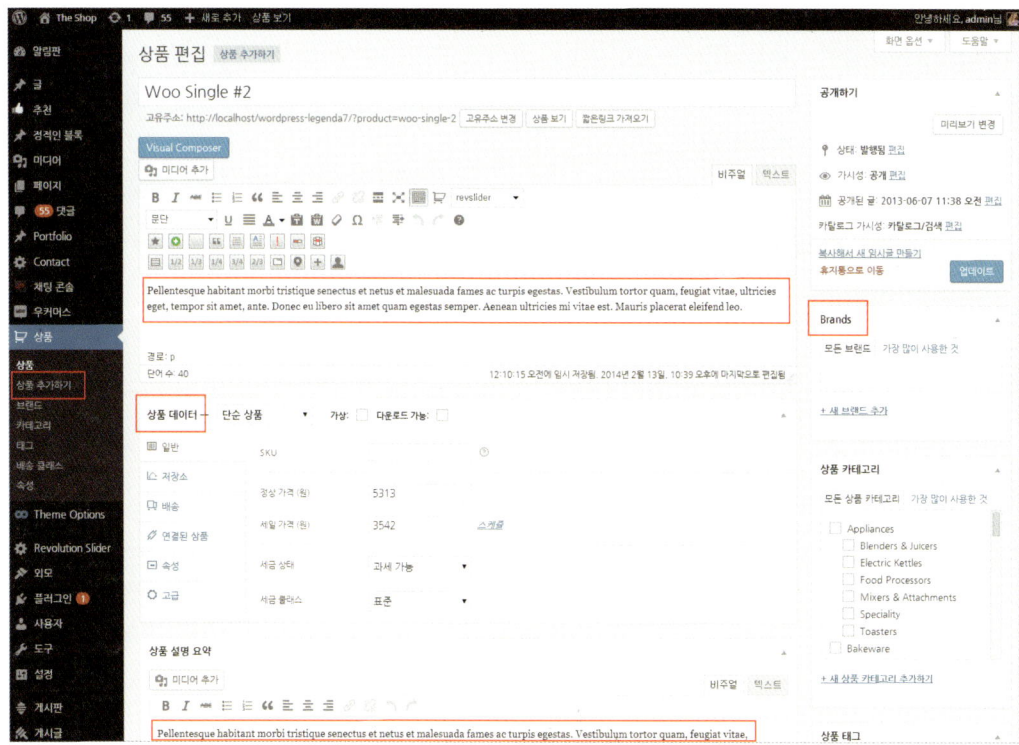

그림 3-4 단순 상품 추가하기

메뉴에서 '상품' → '상품 추가하기'를 클릭하면 위와 같은 화면이 나타납니다. 블로그 새 글 쓰기 화면과 거의 같죠. 가장 눈에 띄는 차이점은 상품 데이터 메타박스가 하나 더 있다는 것입니다. 나머지 메타박스는 새 글을 쓸 때와 같습니다. 보다시피 글 입력상자가 두 곳이 있는데, 상단 부분은 상품 상세 설명을 입력하는 곳이고 여기에 내용을 입력하면 사이트 전면에서 "설명" 탭에 나타납니다. 아랫부분의 요약은 상품에 대한 요약 설명을 입력하며, 콘텐츠 슬라이더를 사용할 경우 요약 글을 가져와 표시하므로 추가해야 하지만 국내에서는 상세 페이지에서 가격, 장바구니 버튼이 있는 옵션 영역에 상품 요약 설명이 거의 없으므로 작성하지 않을 수도 있습니다.

또한 테마마다 해당 테마만의 특정한 설정이 필요한 박스가 있습니다. 예를 들면 Legenda 테마는 Brands라는 메타박스가 있어서 상품을 추가할 때 해당 상품의 브랜드를 추가할 수 있고 상세 페이지의 사이드바 상단에 표시할 수 있습니다. 프리미엄 테마는 다양한 콘텐츠를 쉽게 만들 수 있도록 하기 위해 메타박스가 다양하게 있고 Legenda 테마는 비주얼 컴포우저라는 강력한 기능의 콘텐츠 빌더를 사용할 수 있습니다. 다만 상품 추가 화면에서는 이 기능을 사용할 수 없으며 콘텐츠를 추가하려면 '정적인 블록'이라는 기능을 사용합니다. 정적인 블록은 상세 페이지에서 많이 사용하는 기능은 아니므로 나중에 페이지 만들 때 알아보기로 하고 여기서는 상품을 올리는 작업을 진행하겠습니다.

## 제목 및 상품 내용 입력

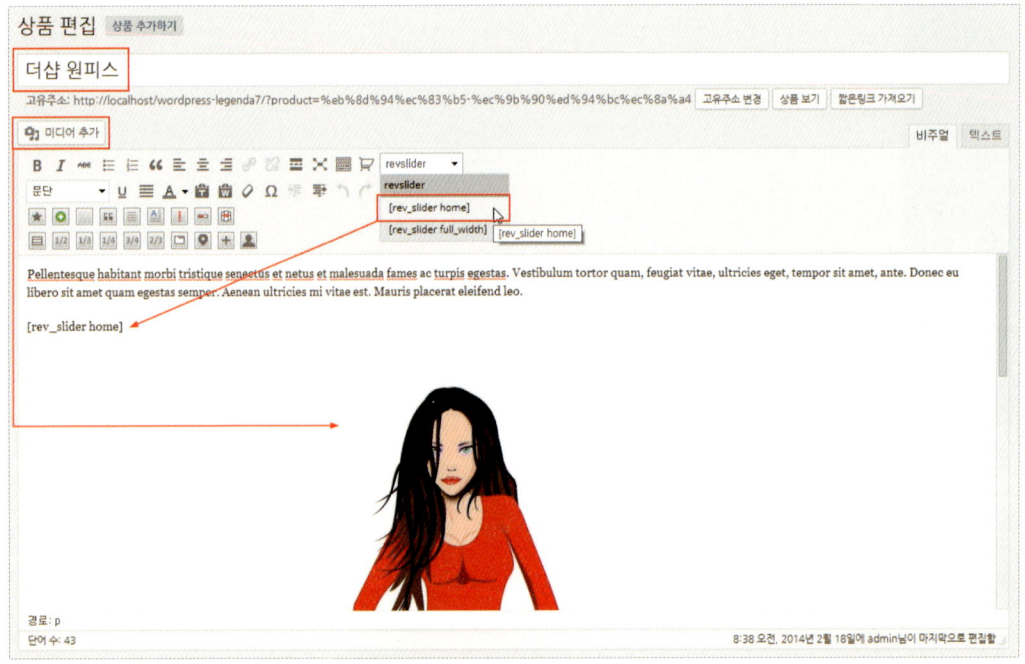

그림 3-5 상품 콘텐츠 입력

상품 제목을 입력하고 첫 번째 글 입력상자에 상품 설명을 입력합니다. 글 입력상자는 콘텐츠를 다양하게 추가할 수 있는 각종 아이콘이 있습니다.

상품 설명에 필요할 경우 슬라이더를 만들면 revslider 선택상자에 나타나며 여기서는 우선 이미 만들어 둔 홈 슬라이더를 선택합니다. 새로운 콘텐츠를 추가할 때는 항상 엔터 키를 눌러 줄바꿈을 하고 실행합니다.

국내 쇼핑몰에서는 상품 설명란에 이미지를 아주 많이 사용합니다. 수십 번을 스크롤 해야 할 정도로 아주 많은 이미지를 사용하기도 합니다. 하나의 상품에 대해 다양한 이미지를 제공해서 고객의 관심을 끌도록 하죠. 우커머스에서는 상품 설명에 이미지는 넣지 않고 갤러리를 만들어 사용합니다. 물론 원할 경우 위처럼 미디어 추가 버튼을 클릭해서 이미지를 추가할 수 있습니다. 샘플 이미지는 첨부 파일의 images 폴더에서 찾아 사용합니다.

우커머스에서 상품 설명 부분은 탭으로 관리하므로 가능한 한 많은 콘텐츠를 넣지 않는 것이 바람직하며 필요할 경우 정적인 블록을 아용해 콘텐츠를 추가하는 것이 좋습니다.

## 상품 카테고리

그림 3-6 카테고리 메타박스

상품 카테고리에서 '+ 새 상품 카테고리 추가하기' 링크를 클릭하면 아래에 입력상자가 나타납니다. '여성의류'로 입력하고 새 상품 카테고리 추가하기 버튼을 클릭합니다. 다시 '원피스'로 입력하고 드롭다운 메뉴에서 여성 의류를 찾아 선택한 다음 '새 상품 카테고리 추가하기' 버튼을 클릭하면 하위 카테고리로 등록됩니다. 이처럼 카테고리를 만들 때는 상품의 성격을 파악해서 세부적인 분류를 위해 최상위 카테고리를 만들고 하위 카테고리를 배치합니다. 블로그에서도 태그는 잘 사용하지 않으니 상품 태그는 생략합니다. 하지만 카테고리는 아주 중요한 역할을 하므로 반드시 입력해야 합니다.

## 상품 데이터 입력

상품 데이터 메타박스에서 어떻게 입력하느냐에 따라 상품의 속성에 따른 상품 종류가 달라집니다.

### 일반 탭

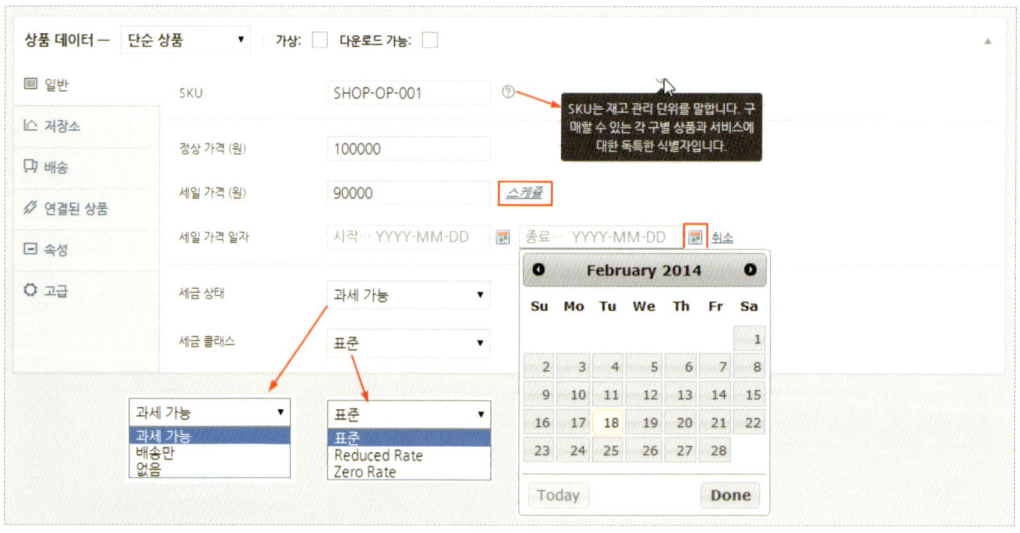

그림 3-7 상품 데이터 일반 탭

SKU는 물음표 아이콘에 마우스를 올리면 도움말이 나오듯이 재고 관리 단위를 의미합니다. SKU는 대형 쇼핑몰에서 반드시 사용하는 요소입니다. 정상가격에 가격을 입력합니다. 천 단위 기호는 자동으로 나오며 직접 추가하면 에러가 발생합니다. 세일 상품일 경우 세일 가격을 입력하고 스케줄 링크를 클릭하면 바로 아래에 세일 스케줄을 설정할 수 있는 입력상자가 나타납니다. 달력 아이콘을 클릭해 설정합니다. 세금 상태와 세금 클래스에서 상품에 따라 미리 설정해둔 세금 클래스를 선택합니다. 부가세를 표준으로 설정했으니 표준을 선택합니다.

## 저장소 탭

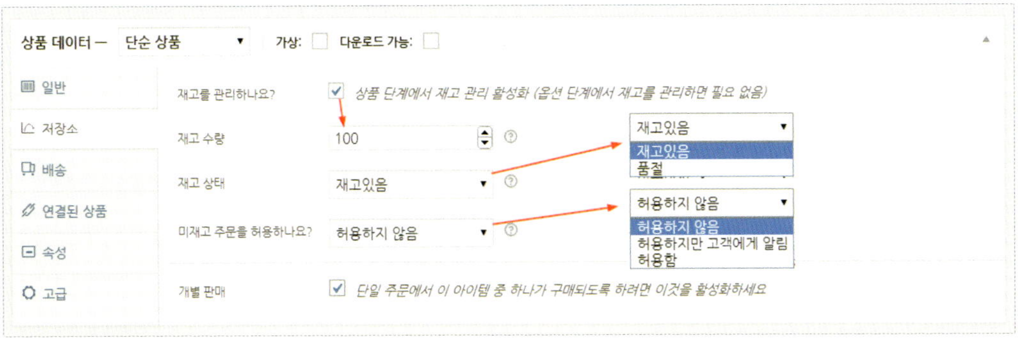

그림 3-8 저장소 탭

'재고를 관리하나요?' 항목에 체크하면 바로 아래에 재고 수량을 입력할 수 있는 상자가 나타납니다. 이 부분을 설정하지 않으면 상품 페이지에서 '재고 있음' 표시가 되지 않습니다. 재고 상태는 재고가 있더라도 재고 없음으로 표시할 수 있는 기능을 합니다. 미재고 주문(Back order)이란 재고가 없는 상태에서 주문을 허용하는 방법입니다. 이 경우 상품 입고 날짜를 요약 글에 추가합니다. 개별 판매는 재고가 충분하지 않거나 할인 세일 시 상품을 하나씩만 구매할 수 있게 하는 기능입니다. 이곳에 체크하면 상품 페이지에서 수량 입력상자가 나타나지 않습니다.

## 배송 탭

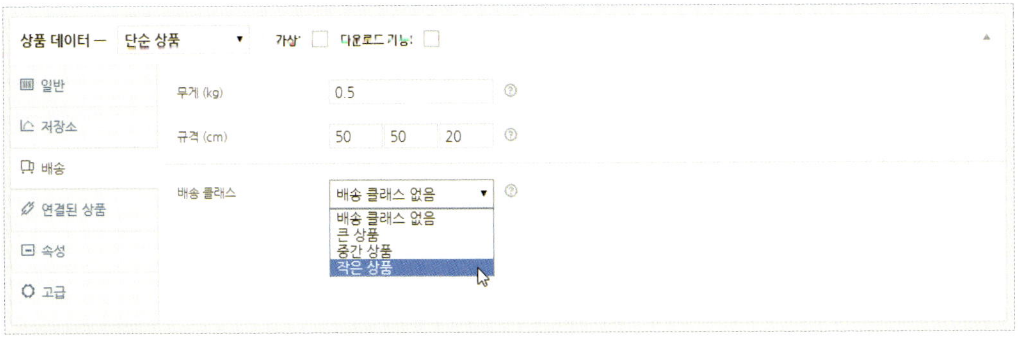

그림 3-9 배송 탭

상품의 실제 사이즈가 아니라 포장된 상태의 배송과 관련된 무게, 규격을 입력합니다. 이 부분은 배송 업체와 긴밀한 관련이 있겠죠. 배송 클래스는 이미 설정했으니 선택만 하면 됩니다. 작은 상자이니 작은 상품을 선택합니다.

### 연결된 상품 탭

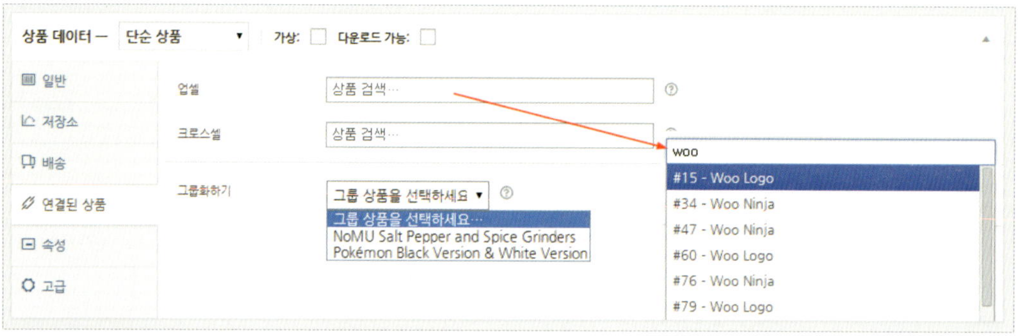

그림 3-10 연결된 상품 탭

업셀과 크로스셀은 용어는 생소하지만 쇼핑몰에서 아주 많이 사용되는 개념입니다. 업셀은 현재 구매하는 상품보다 더 기능이 좋으면서 비싼 제품을 제시하는 방식이고, 크로스셀은 현재 구매하는 상품 외에 관련된 다른 상품을 제시해서 더 많은 상품을 구매하도록 하는 방식입니다. 우커머스에서 업셀은 상품 상세 페이지 하단에 '관심 상품…'이라는 제목 아래에 나타나며(Legenda 테마는 사이드바나 콘텐츠 하단 선택가능) 크로스 셀은 장바구니 페이지에 나타납니다. 입력란을 클릭하고 상품 이름을 입력하면 몇 글자만 입력해도 상품 목록이 나타나고, 상품을 클릭하면 추가하거나 제거할 수 있습니다. 그룹화하기는 그룹 상품을 설정할 때 필요하고 속성 탭은 옵션 상품을 설정할 때 필요하므로 나중에 설명하겠습니다.

### 고급 탭

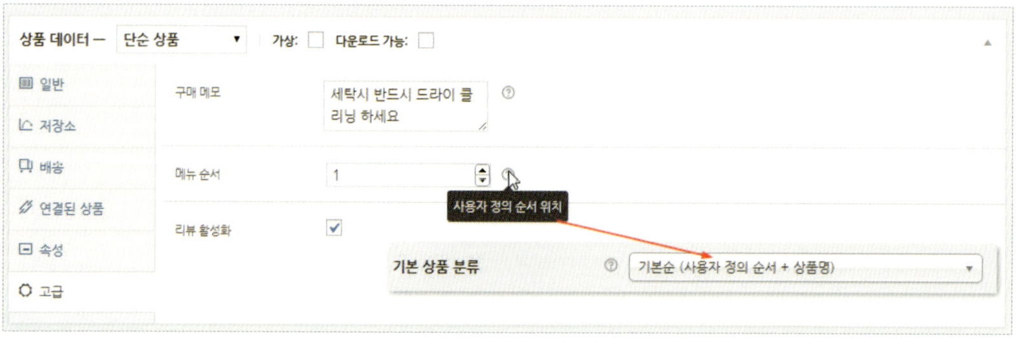

그림 3-11 고급 탭

'구매 메모'는 고객이 구매 후 필요한 정보를 입력하는 곳입니다. '메뉴 순서'는 같은 카테고리의 상품이라도 상위에 배치하고 싶을 때 사용합니다. 이 항목은 '카탈로그' 설정 페이지에서 '기본순'으로 설정했을 때 위 메뉴 순서를 설정했다면 우선순위에 따라 나타납니다. 예를들어 기본순은 상품이름의 알파벳순으로 나타나며 메뉴 순서를 -1로 입력하면 최우선으로 나타납니다. 다른 상품 추가시 이미 마이너스 값을 적용한 상품이 있다면 이보다 더 큰 마이너스 값을 적용하면 더 우선 순위로 나타나게 됩니다. '리뷰 활성화'는 상품 페이지에서 리뷰 탭을 활성화합니다. 전체 설정에서 리뷰를 활성화했지만 개별 상품에 대해 리뷰를 비활성화 할 수도 있습니다.

## 특성 이미지 설정

워드프레스에서 특성이미지는 글이나 페이지의 대표적이면서 해당 콘텐츠에 특화된 이미지를 의미합니다. 우커머스에서는 상품의 대표 이미지 역할을 하고 상품 목록 페이지와 상세 페이지 메인 이미지로 나타납니다.

웹사이트에서 이미지는 시각적 효과로 인해 아주 중요한 역할을 합니다. 쇼핑몰은 상품의 장점을 최대한 노출시켜 고객으로 하여금 구매 욕구를 불러일으켜야 하는 만큼 이미지의 중요성은 어떤 사이트보다 더 중요하다고 할 수 있습니다.

적절한 이미지의 선택

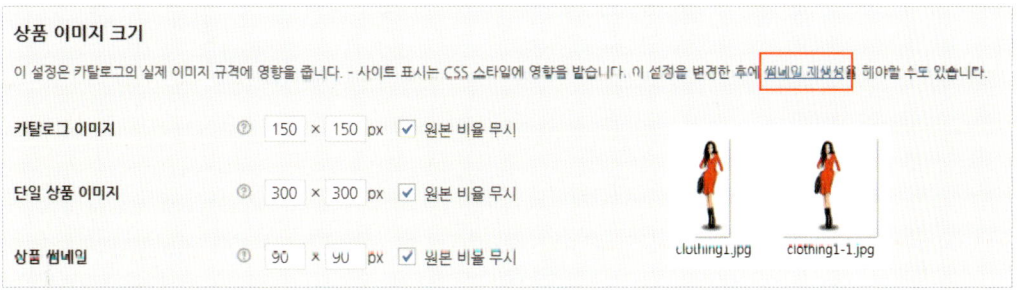

그림 3-12 이미지 옵션

우커머스 설정 → 상품 탭에 상품 이미지 크기 항목이 있습니다. 여기서는 세 가지 이미지를 설정할 수 있는데, 가로/세로 크기가 같아서 정사각형으로 돼 있습니다. 이미지를 업로드하면 우커머스가 자동으로 잘라서 저장합니다. 그런데 상품 이미지가 정사각형이라면 문제 없겠지만, 상하로 긴 이미지라면 난감해집니다. 좌측 사진을 업로드하면 이미지가 잘리게 됩니다. 이를 해결하려면 위 설정에서 높이 부분의 수치를 제거하고 '원본 비율 무시'를 체크해제하고 업로드하면 상품 이미지가 길게 나오는데, 문제는 다른 상품 이미지 사이에 공간이 발생한다는 점입니다. 그래서 그림 3-12의 두 번째 그림처럼 정사각형으로 된 이미지로 잘라서 업로드해야 합니다.

Legenda 테마는 우커머스의 위와 같은 설정을 덮어쓰기 할 수 있게 돼있습니다. 카탈로그 이미지의 경우 테마 옵션의 Products Page Layout에서 기본으로 500x700 픽셀의 사이즈로 설정돼있고 상세 페이지의 단일 상품 이미지는 함수에 의해 기본으로 가로 600x600 픽셀로, 상품 썸네일은 테마 옵션의 Single Product Page에서 120x170으로 설정돼 있습니다.

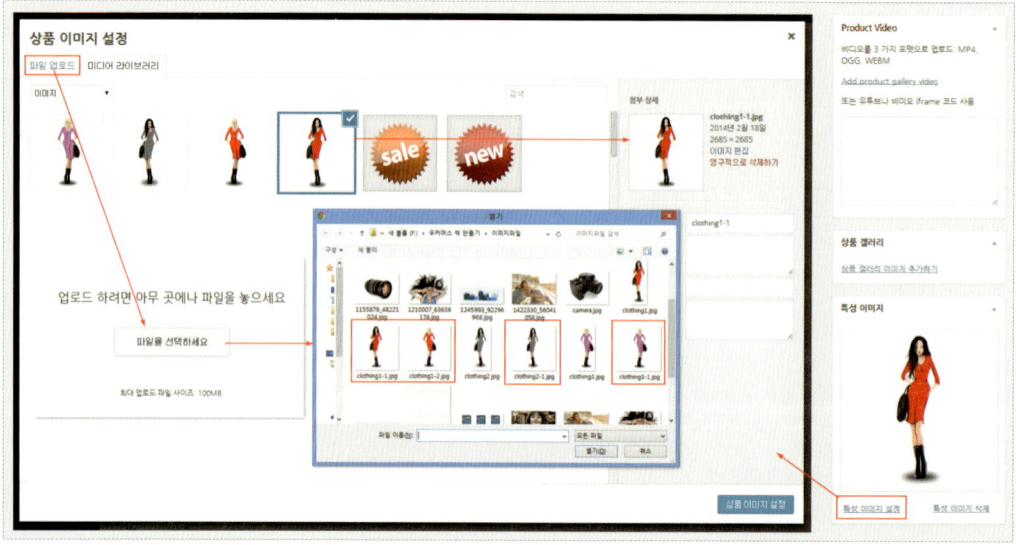

그림 3-13 특성 이미지 업로드

상품 편집 화면의 우측 하단 특성 이미지 메타박스에서 '특성 이미지 설정' 링크를 클릭하면 설정 화면이 나타납니다. '파일 업로드' 탭을 클릭해 정사각형으로 된 네 개의 이미지를 선택합니다. 업로드할 때는 Shift 키나 Ctrl 키를 이용해 여러 개의 파일을 한번에 선택할 수 있습니다. 업로드가 완료된 후 메인 이미지를 선택하면 화면 우측의 첨부 상세에 이미지가 표시됩니다. 우측 하단의 '상품 이미지 설정' 버튼을 클릭하면 특성 이미지 메타박스에 정사각형의 이미지가 나타납니다.

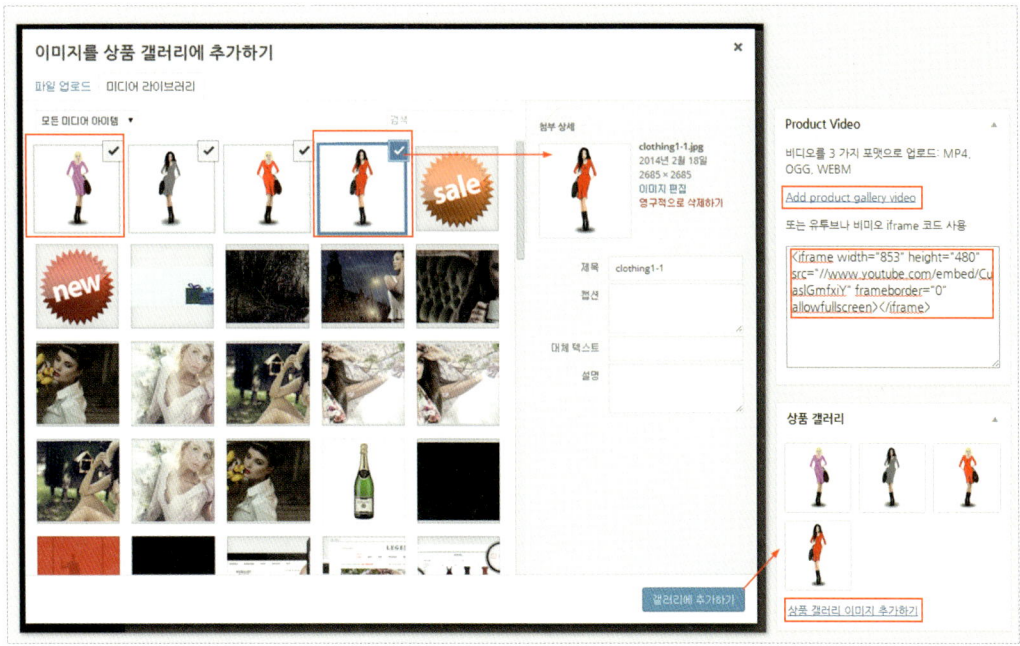

그림 3-14 갤러리 이미지 추가

상품 갤러리 메타박스에서 '상품 갤러리 이미지 추가하기' 링크를 클릭해 이미 업로드 한 이미지의 좌측 끝 이미지를 클릭하고 Shift 키를 누른 채 네 번째 이미지를 선택하면 네 장의 이미지가 선택됩니다. 갤러리에 추가하기 버튼을 클릭하면 상품 갤러리 이미지로 추가됩니다. 상품 갤러리는 우커머스에 기본으로 설치된 기능으로서, 같은 상품에 대해 다양한 모양의 이미지를 추가하면 상세 페이지에서 상품의 메인 이미지 바로 아래에 썸네일 이미지로 나타나며 큰 이미지로 슬라이드 쇼를 볼 수 있습니다.

Product Video에서 Add product gallery video 링크를 클릭해 자신의 비디오를 업로드 하거나 입력 박스에 유투브나 비디오 동영상의 iframe 코드를 추가하면 사이트에서 갤러리 이미지 마지막에 비디오가 나타납니다.

마지막으로 공개하기 메타박스에서 카탈로그 가시성의 편집 링크를 클릭합니다. 이 상품의 검색과 노출을 설정합니다. 특성 상품 위젯에 나타나게 하려면 체크박스에 체크한 다음 OK 버튼을 클릭합니다. 그런 다음 '공개하기' 버튼을 클릭하면 상품 추가가 완료됩니다.

## 추가 상품 옵션(Additional Products Options)

Legenda 테마는 새 페이지 만들기나 새 글 쓰기, 상품 추가 페이지에 별도의 옵션 상자가 있어서 테마 옵션과는 별도로 다양한 콘텐츠를 추가할 수 있도록 돼있습니다.

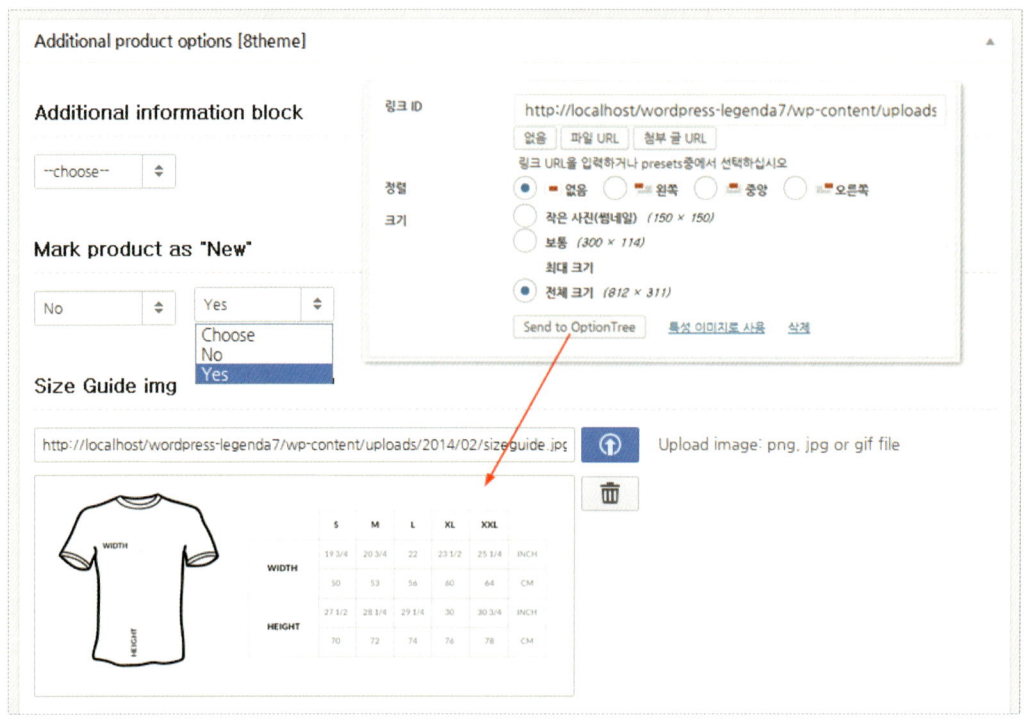

그림 3-15 사이즈 가이드

Additional information block은 Legenda 테마의 기능으로 정적인 블록을 만들어 상품이나 페이지에 추가해 다양한 페이지 콘텐츠를 만들 수 있는 기능입니다. 각 프리미엄 테마에는 이와 유사한 기능이 있습니다. 이에 대해서는 페이지 만들기 편에서 알아볼 것이며 만든 후 위 choose 박스에서 선택하면 상품 콘텐츠 하단에 추가됩니다.

Mark product as "New"는 상품 페이지에서 이미지 우측 상단에 새 상품 아이콘 배치를 결정합니다.

Size Guide img는 의류와 같은 크기 별 치수가 있는 상품의 사이즈 표를 볼 수 있는 기능입니다. 파란색의 업로드 버튼을 클릭해 '파일을 선택하세요' 버튼을 선택한 다음, wp-content/themes/

legenda/images/assets 폴더로 이동해서 sizeguide.jpg라는 이미지를 선택하고 업로드 합니다. 업로더 창에서 하단으로 스크롤 해서 전체 크기를 선택하고 'Send to OptionTree' 버튼을 클릭하면 추가됩니다. 이것은 상세 페이지의 옵션 영역에서 눈금 이미지와 같이 있는 '사이즈 가이드' 링크를 클릭하면 팝업 창으로 나타납니다.

그림 3-16 마우스오버 효과 스왑 이미지

Upload image for hover effect는 테마 옵션의 Product Page Layout에서 Product Image Hover를 Swap으로 선택한 경우 상품 페이지에서 이미지에 마우스를 올렸을 때 교체되는 효과입니다. 업로드 버튼을 클릭하고 이미 올린 이미지를 사용하기 위해 미디어 라이브러리 탭을 선택하고 목록에서 원하는 이미지의 보기 링크를 클릭합니다. 스크롤 해서 내려와 보통 크기를 선택하고 'Send to OptionTree' 버튼을 클릭하면 추가됩니다.

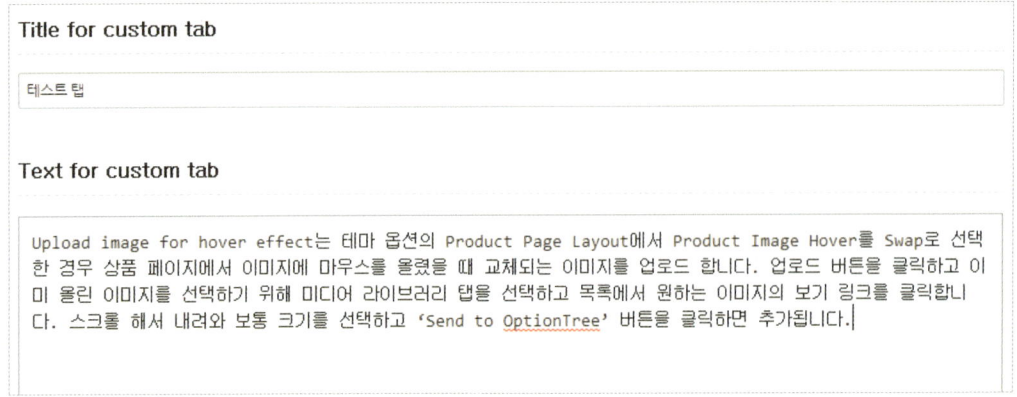

그림 3-17 사용자 정의 탭

상세 페이지의 탭에 사용자 정의 탭을 추가할 수 있는 기능입니다. 추가 정보를 원할 경우 이 사용자 정의 탭을 사용합니다. 탭 제목을 입력하고 원하는 정보를 추가합니다.

브랜드

브랜드는 브랜드를 카테고리화 해서 브랜드별로 상품을 볼 수 있게 하는 기능이며 브랜드 로고가 상세 페이지 사이드바 상단에 나타납니다.

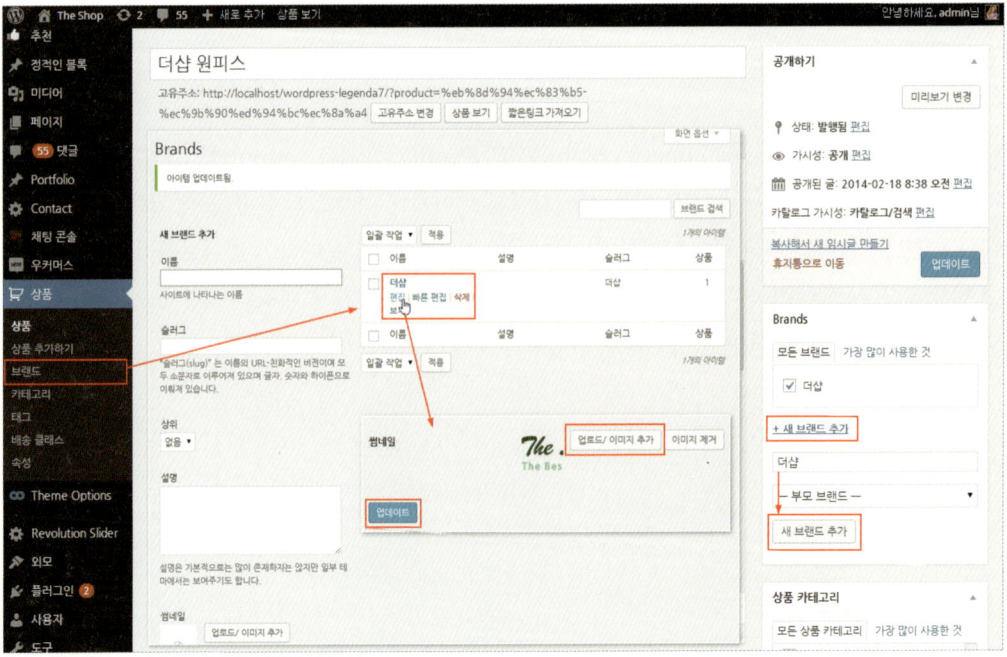

그림 3-18 브랜드 설정

상품 추가 화면에서 브랜드 메타박스의 '+ 새 브랜드 추가' 링크를 클릭하고 입력상자에 브랜드 이름을 입력한 다음 새 브랜드 추가 버튼을 클릭하면 브랜드가 추가됩니다. 이대로 두면 이미지가 나타나지 않습니다. 상품 메뉴의 브랜드 메뉴를 Ctrl+클릭하면 새 탭에 브랜드 추가 화면이 나타납니다. 이미 만든 브랜드의 편집 링크를 클릭하고 하단에서 업로드/이미지 추가 버튼을 클릭해 브랜드 로고를 업로드 하고 업데이트 버튼을 클릭합니다.

상품 추가화면에서는 브랜드에 대한 추가작업은 필요 없습니다. 마지막으로 공개하기에 대해 알아보겠습니다.

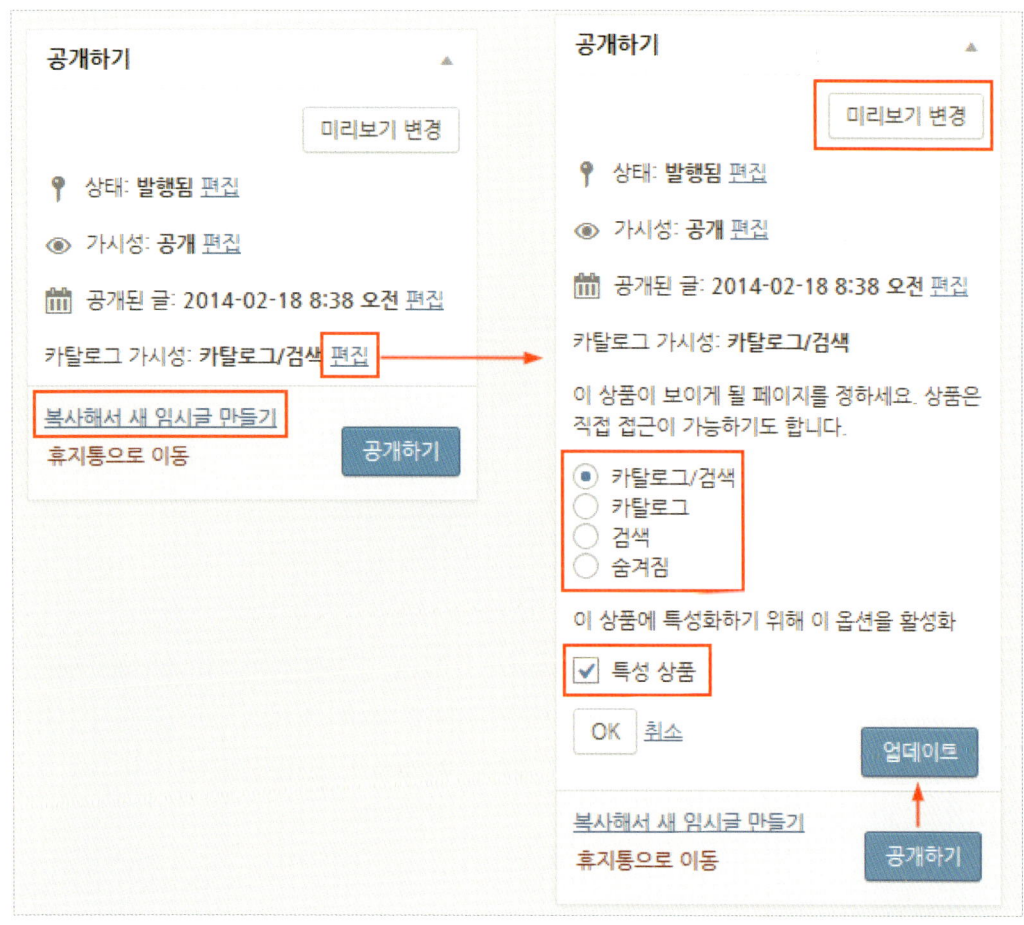

그림 3-19 카탈로그/검색 설정

공개하기 메타박스의 카탈로그 가시성 편집 링크를 클릭하면 내용이 펼쳐집니다. 이 상품의 검색과 노출을 설정합니다. 특성 상품 위젯에 나타나게 하려면 체크박스에 체크한 다음 OK 버튼을 클릭합니다. 그런 다음 '공개하기' 버튼을 클릭하면 상품 추가가 완료됩니다. '복사해서 새 임시글 만들기' 링크는 지금까지 만든 상품 페이지를 그대로 복사해서 다른 비슷한 상품을 쉽게 만들 수 있는 기능입니다. '공개하기' 버튼을 클릭하면 상품이 발행되고 버튼은 업데이트로 전환됩니다. 상단에서 미리 보기 버튼을 클릭하면 새 탭에서 상세 페이지 화면이 나타납니다.

그림 3-20 상세 페이지에서 확인

메인 이미지 양쪽에는 내비게이션이 있어서 클릭하면 이미지를 둘러볼 수 있고 이미지 갤러리에 마우스를 올리면 내비게이션이 나타나며 둘러보다가 이미지를 클릭하면 메인 이미지로 나타납니다. 사이즈 가이드 링크를 클릭하면 이미지가 팝업 창으로 나타납니다. 위 그림 아래에서 각 탭에 콘텐츠가 제대로 나타나는지 확인하세요.

# 03 다운로드 가능한 상품 추가

그림 3-21 다운로드 가능 상품 추가

비슷한 상품을 빠르게 추가하려면 기존 상품의 복사 기능을 이용합니다. 상품 목록 페이지에서 목록에 마우스를 올리면 링크가 여러 개 나타나는데, 여기서 '복사'를 클릭하면 바로 상품 편집 화면이 나오고 상품 목록 페이지에는 위와 같이 '(복사본) – 임시 글'로 목록에 추가됩니다. '공개하기' 메타박스에도 이런 기능이 있었습니다.

단순상품은 다운로드 가능한 상품과 성격이 전혀 다르지만 어디까지나 연습이니 복사해서 사용하도록 하겠습니다. 복사본 링크를 클릭하면 편집화면으로 이동합니다.

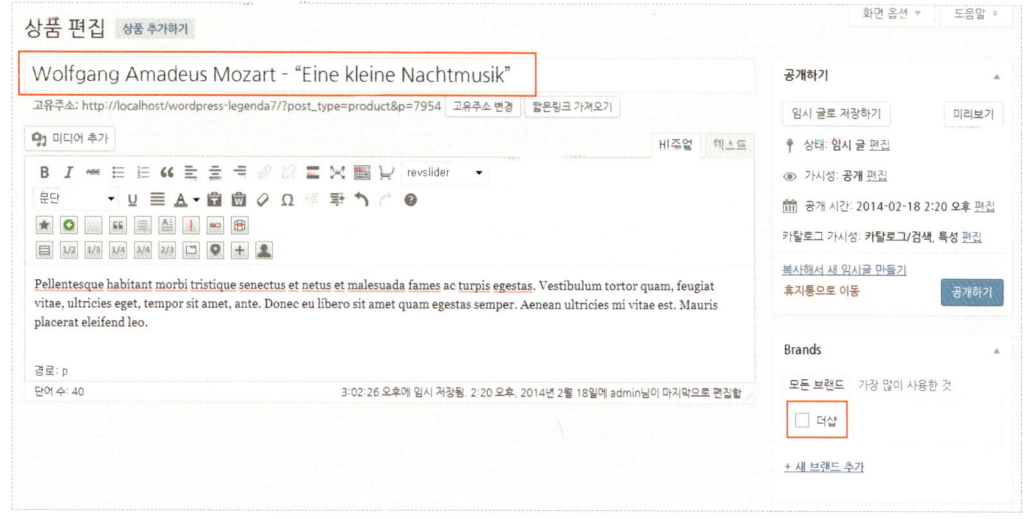

그림 3-22 다운로드 가능 상품 콘텐츠 입력

제목을 수정하고 브랜드가 있으면 이미 체크된 브랜드를 해제하고 이전과 같은 방법으로 추가합니다.

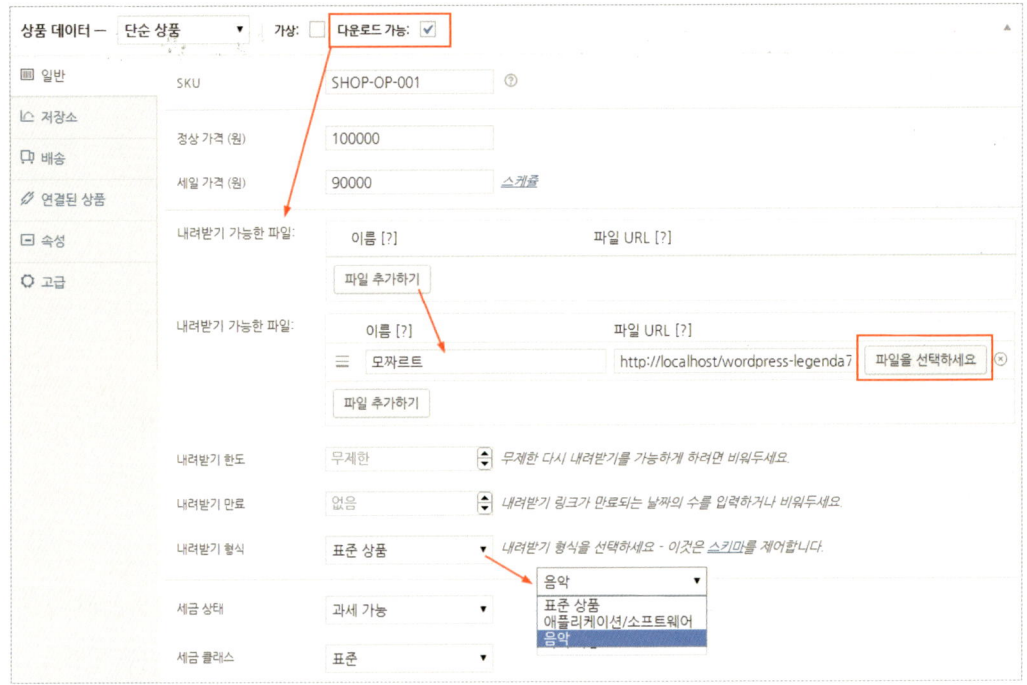

그림 3-23 다운로드 가능 상품 일반 탭 설정

상품 데이터 박스에서 단순 상품의 우측에 있는 '다운로드 가능'에 체크하면 추가 옵션이 나타납니다. SKU와 가격을 입력하고 파일 추가하기 버튼을 클릭하면 입력 상자가 나타납니다. '파일을 선택하세요' 버튼을 클릭해 첨부 파일의 음악 파일을 업로드 하면 파일 경로가 추가됩니다. 버튼 우측의 x 아이콘을 클릭하면 제거됩니다. 파일추가하기 버튼을 계속 눌러 여러 개의 파일을 업로드 할 수 있습니다. 이름 좌측의 ≡ 아이콘을 클릭 드래그해서 위치를 변경할 수도 있습니다.

이어서 '내려받기 한도'를 설정합니다. 무제한인 경우 비워둡니다. '내려받기 만료'는 일정 기간이 지나면 상품을 내려받을 수 없게 합니다. 나머지는 설정이 모두 같으므로 이전 글과 다른 내용을 수정합니다. 다운로드 가능 상품은 디지털 파일인 경우 재고 관리와 배송이 필요 없지만 음악이나 영화인 경우 CD나 DVD가 있으니 재고관리와 배송이 존재합니다.

샘플 음악 파일은 첨부 파일에서 음악파일 폴더에 있는 파일을 사용합니다. 이 mp3 파일은 퍼블릭 도메인(Public Domain)으로 저작권 제한이 없습니다.

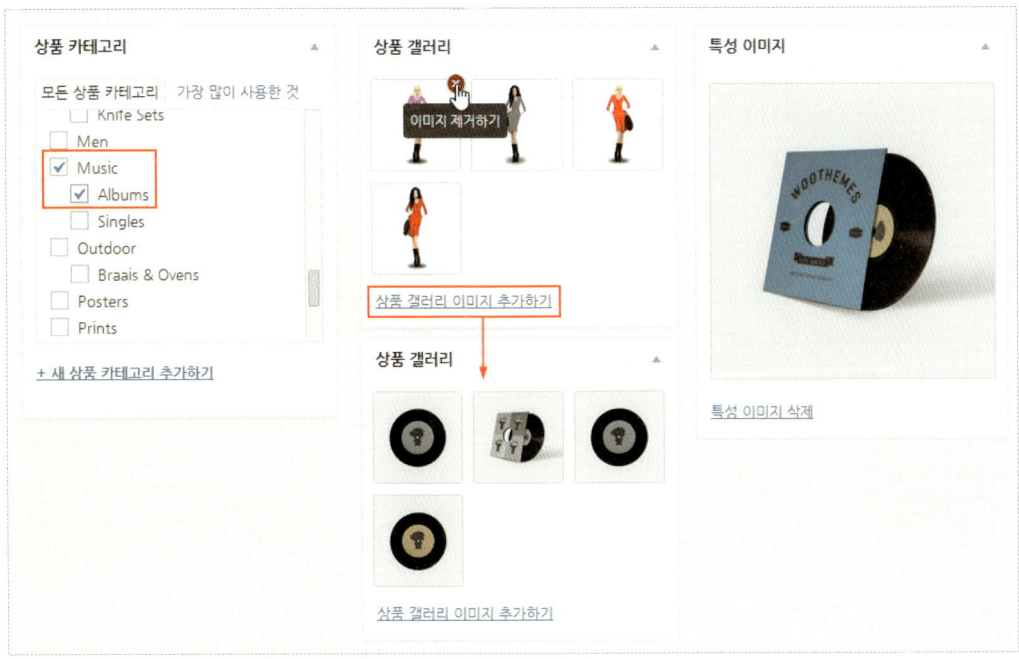

그림 3-24 카테고리, 상품 갤러리 설정

상품 카테고리는 이전에 설정한 카테고리는 체크 해제하고 이미 있는 Music 카테고리를 선택합니다. 특성 이미지는 기존에 음반 이미지가 있으니 이 이미지를 이용하면 되고, 상품 갤러리는 기존의 썸네일에 마우스를 올리면 삭제 아이콘이 나타납니다. 이를 클릭해 모두 제거하고 음반 이미지를 추가합니다. 또한 사이즈 가이드 이미지를 제거하고 스왑 이미지는 특성 이미지와는 다른 이미지로 추가합니다.

그림 3-25 주문 보기 페이지에서 파일 내려받기

내려받기 가능 상품을 구매하고 결제를 완료한 후 관리자가 완료됨으로 처리하면 이메일에 다운로드 링크가 포함돼 전송되고 이메일에서 링크를 클릭해 로그인하고 '나의 계정'에서 '주문 보기'로 들어오면 '보기' 버튼이 표시됩니다. 이 버튼을 클릭하면 주문 상세 페이지에 파일 내려받기 링크가 있어서 이곳에서 파일을 내려받을 수 있습니다.

## 가상 상품

그림 3-26 가상 상품

가상 상품은 단순 상품 중에서 가장 단순한 상품입니다. 웹 디자인 용역이나 상담과 같은 어떤 물리적인 형태가 없는 상품으로서 배송도 필요 없고 저장소도 없습니다. 그래서 가상 체크박스에 체크하면 배송 탭이 사라집니다. 저장소 탭이 있는 것은 품절로 표시했을 때 현재는 서비스 중지라는 것을 표시하기 위해서인 듯합니다.

# 04 옵션 상품

옵션 상품을 추가하려면 미리 속성을 설정해야 합니다. 의류는 색상과 사이즈가 다른 상품이 반드시 있기 마련입니다. 즉, 상품은 하나지만 여러 옵션이 있을 수 있습니다. 상품을 편집할 때 직접 속성을 설정할 수도 있지만 자주 사용하는 속성은 미리 설정해 두고 사용하는 것이 편리합니다. 속성은 한번 설정해두면 클래스와 마찬가지로 여러 상품에서 사용될 수 있습니다. 여기서는 속성을 설정하는 두 가지 방법을 알아보겠습니다.

속성 메뉴에서 설정하는 방법

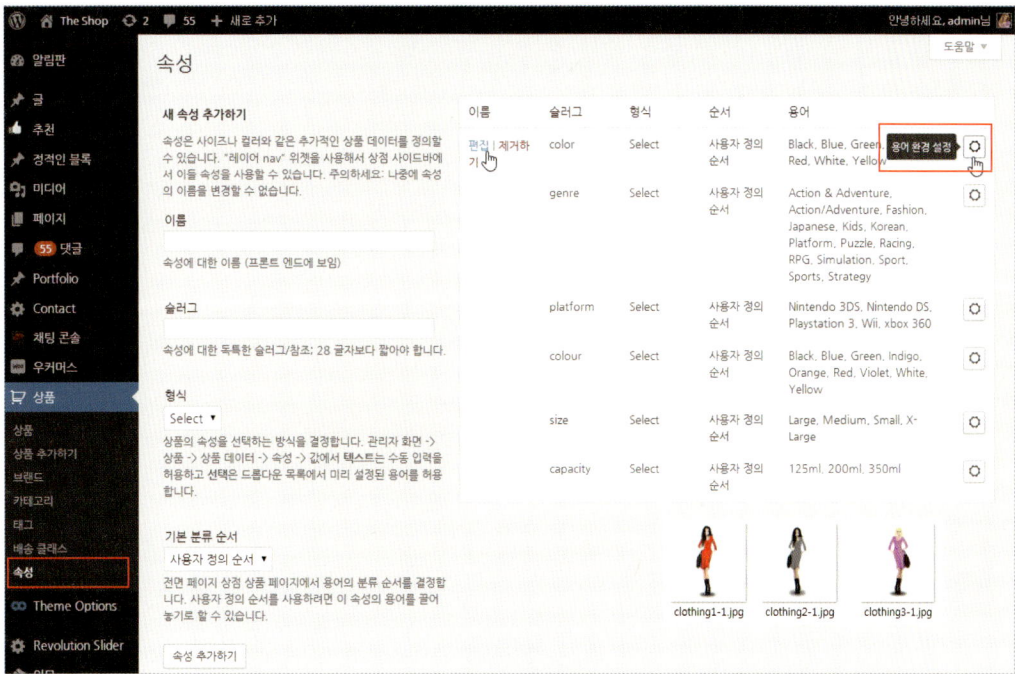

그림 3-27 옵션 상품 속성 색상 설정

'상품' → '속성'을 선택하면 데모 데이터 때문에 이미 속성이 정의돼 있는데, 기존의 상품 중에서 옵션 상품에 사용된 것들입니다. 형식에서 텍스트로 직접 입력할 것인지 선택상자가 나오게 할 것인지 선택할 수 있습니다. 한 종류의 원피스에 세 가지 색상과 세 가지 사이즈를 설정할 예정이므로 기존의 속성을 수정하겠습니다. Red는 있으므로 Gray와 Pink만 추가합니다. 페이지 우측의 '용어 환경 설정' 아이콘을 클릭합니다.

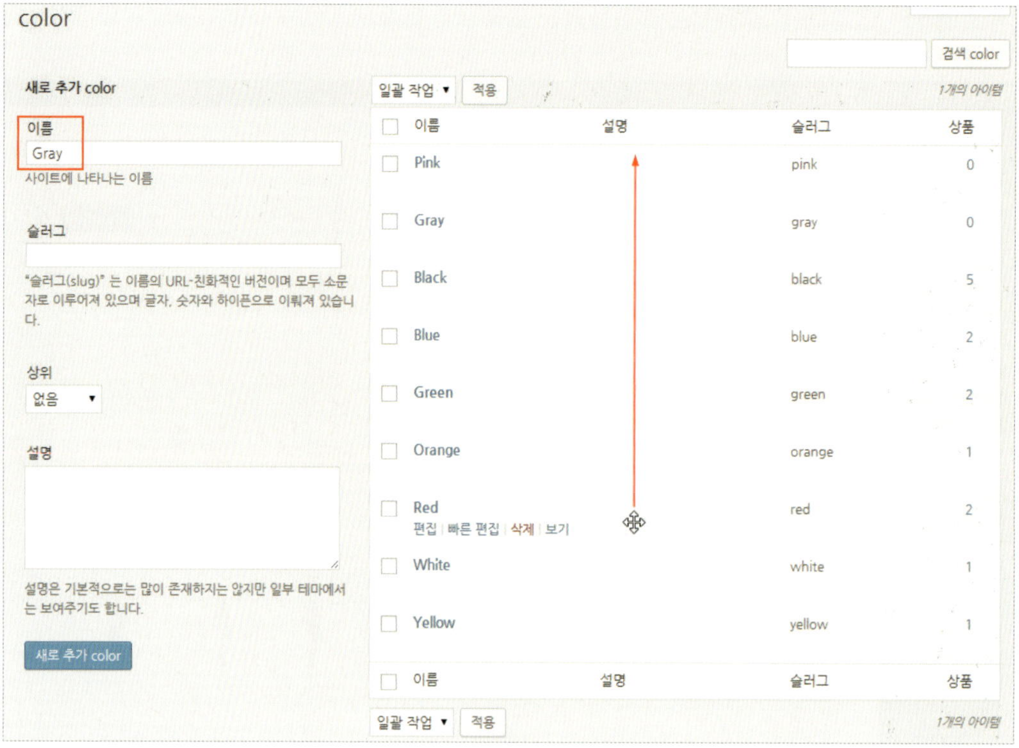

그림 3-28 속성 위치 변경

색상 이름을 입력하고 '추가' 버튼을 클릭하면 슬러그는 소문자로 자동으로 만들어집니다. Red를 상단으로 옮겨 사용자 정의 순서를 바꾸면 전면 페이지에서 나타나는 순서를 변경할 수 있습니다.

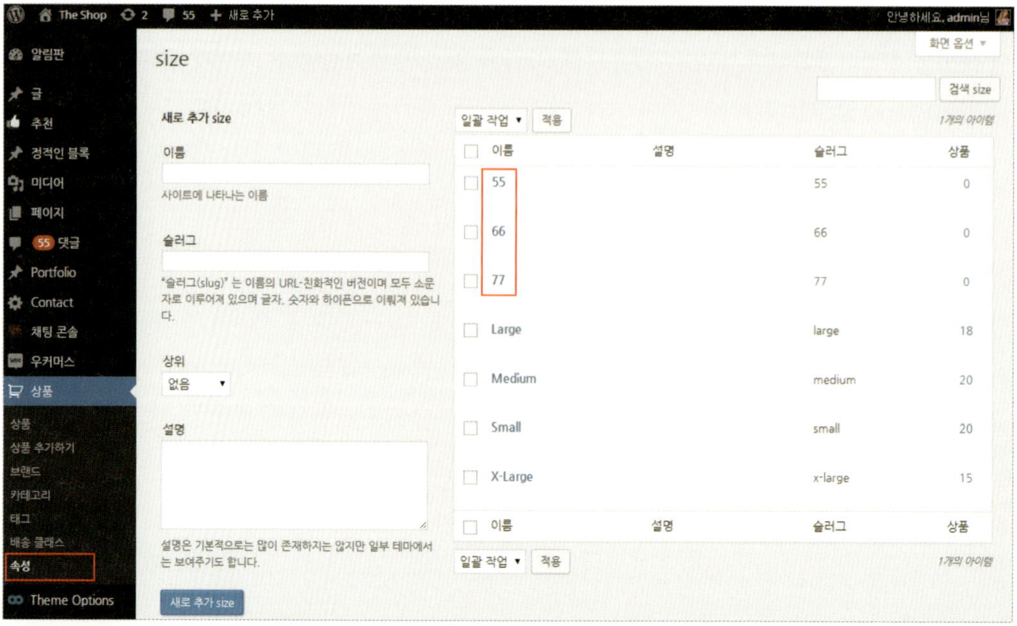

그림 3-29 옵션 상품 사이즈 설정

속성 메뉴를 클릭해 Size의 '용어 환경설정' 버튼을 클릭한 다음 세 종류의 사이즈를 추가합니다. 국내에서는 두 자리 숫자로 사이즈를 설정합니다.

그림 3-30 옵션 상품의 옵션 탭

이전의 상품을 복사해서 상품을 추가합니다. 제목을 수정하고 상품 데이터 메타박스에서 옵션 상품을 선택하면 우측에 있는 두 개의 체크 박스가 사라지고 가격 입력박스도 사라집니다. 옵션 상품은 각각의 옵션에서 가격을 설정하게 돼 있습니다. 먼저 '속성' 탭을 클릭합니다.

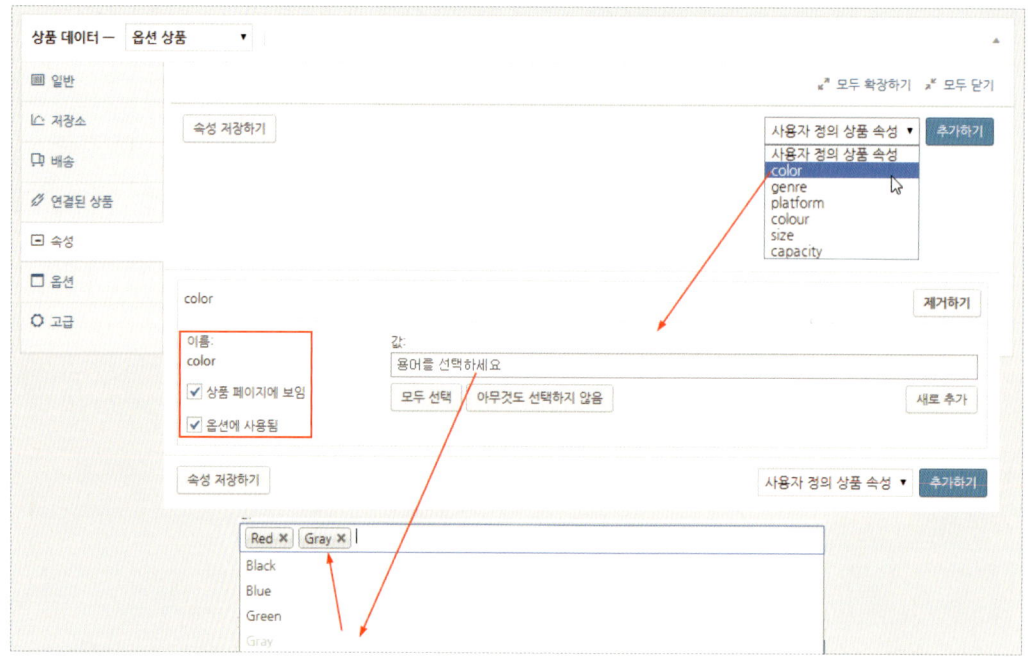

그림 3-31 옵션 상품의 색상 속성 설정

'사용자 정의 상품 속성' 드롭다운 메뉴를 클릭해 color를 선택하고 추가하기 버튼을 클릭하면 입력 상자가 나타납니다. 좌측의 두 개의 체크박스에 체크하고 입력상자를 클릭한 후 색상을 선택하면 계속 추가됩니다. 속성에 있는 모든 색을 선택하려면 '모두 선택' 버튼을 클릭하고 '아무것도 선택하지 않음' 버튼을 클릭하면 선택된 색상이 모두 제거됩니다. '상품 → 속성'에서 추가한 세 가지 색상을 선택하고 하단의 속성 저장하기 버튼을 클릭합니다. 사이즈를 추가하기 위해 하단의 '사용자 정의 상품 속성'을 클릭해 size를 선택한 후 '추가하기' 버튼을 클릭합니다.

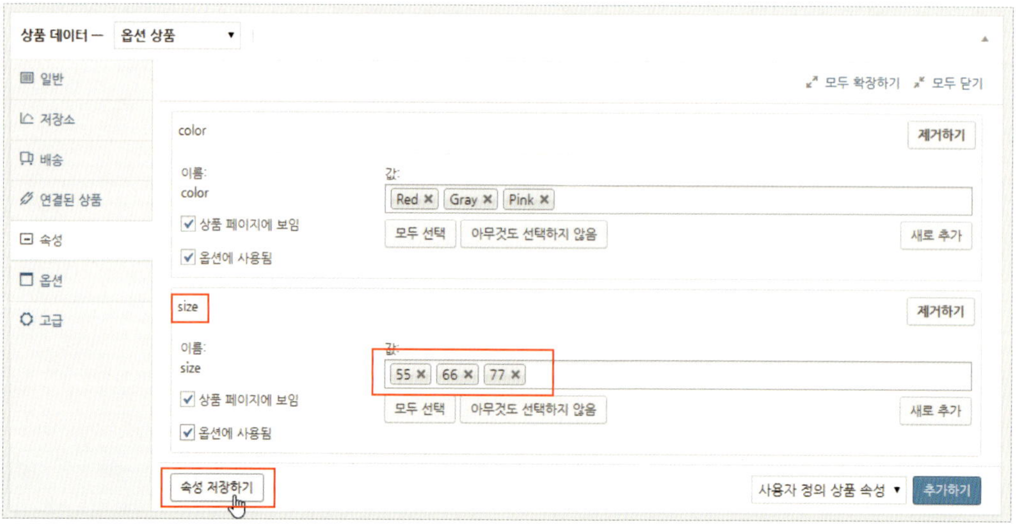

그림 3-32 옵션 상품의 사이즈 속성 설정

같은 방법으로 사이즈를 선택하고 '속성 저장하기' 버튼을 클릭합니다.

## 상품 편집 화면에서 직접 입력하는 방법

그림 3-33 상품 편집 페이지에서 속성 만들기

'사용자 정의 상품 속성'이 선택된 상태에서 '추가하기' 버튼을 클릭하면 입력상자가 나타납니다. 속성 이름을 입력하고 두 개의 체크박스에 체크한 다음, 값에 속성 값을 파이프 키(₩와 같이 있는 키)를 사용해 분리해서 입력하고 '속성 저장하기' 버튼을 클릭합니다. '추가하기' 버튼을 클릭해 같은 방법으로 사이즈도 입력합니다.

옵션 설정

모든 옵션 내용이 같을 경우 – 가장 빠른 방법

그림 3-34 가장 빠른 옵션 추가하기

옵션 탭에서 '옵션 추가하기' 버튼을 클릭하면 입력상자가 나타납니다. 모든 color와 모든 size가 선택된 상태에서 재고량과 정상가격을 입력합니다. 다른 입력 내용은 복사해 온 내용이 그대로 있습니다. 그런 다음 이미지 박스를 선택해 이미지를 추가합니다.

그림 3-35 갤러리 이미지 변경

갤러리 이미지에서 빨간 색의 이미지 하나를 제거하고 특성 이미지는 그대로 두고 '공개하기(업데이트)' 버튼을 클릭한 다음 사이트 상세 페이지에서 확인합니다.

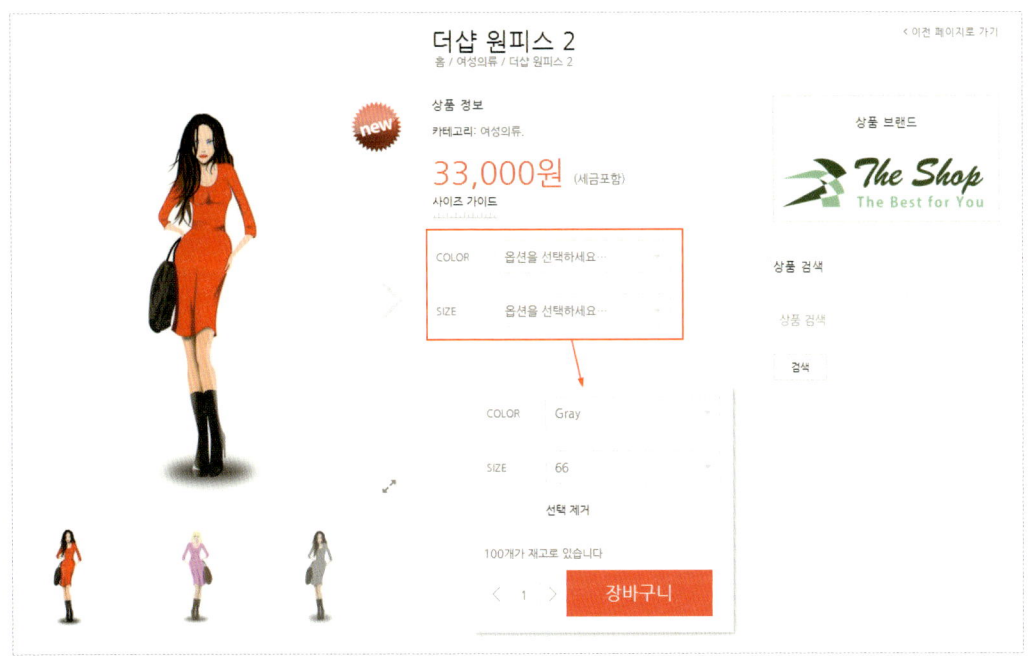

그림 3-36 빠른 방법의 단점

상품 상세 페이지의 색상 선택 박스에서 색상을 선택하고 사이즈를 선택하면 이미지의 변화는 없고 갤러리 이미지를 선택해야 변경됩니다. '가장 빠른 방법'은 간편한 방법이지만 다른 색을 선택했을 때 이미지가 변경되지 않는다는 단점이 있습니다. 그래서 세 가지 색상의 옵션만 변경하는 방법을 이용해보겠습니다.

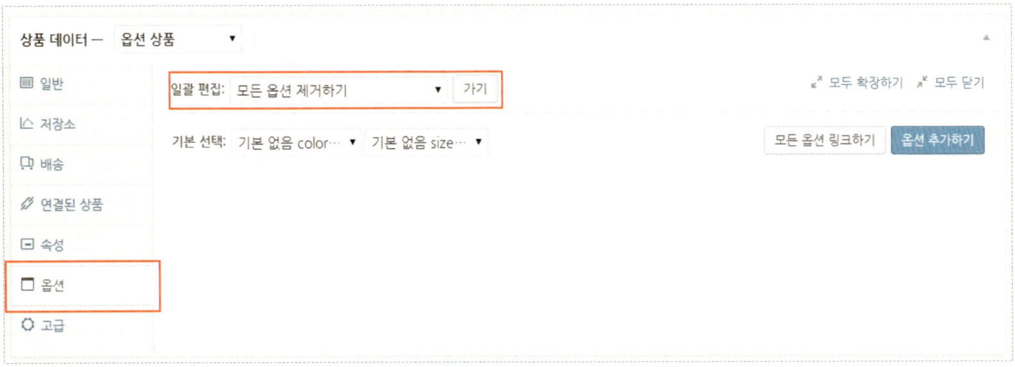

그림 3-37 옵션 제거

일괄 편집의 선택 상자에서 '모든 옵션 제거하기'를 선택하고 '가기' 버튼을 클릭해 이미 만들어진 모든 옵션을 제거합니다.

### 세 가지 옵션을 다르게 설정하는 방법

그림 3-38 세 가지 옵션 변경에 의한 방법

'옵션 추가하기' 버튼을 클릭하고 모든 color을 Red로 선택한 다음 모든 Size는 그대로 두고 재고량과 가격을 입력합니다. 썸네일 이미지를 클릭해 해당 상품의 이미지를 업로드 합니다. 다른 옵션을 추가하기 위해 하단의 옵션 추가하기 버튼을 클릭합니다.

그림 3-39 옵션 상품 내용 변경

이번에는 Gray 색을 선택하고 재고량과 가격을 입력합니다. 나머지 Pink 색도 같은 방법으로 설정하고 각 옵션에 대해 이미지를 다른 색으로 추가한 다음 공개하기 박스에서 업데이트 버튼을 클릭합니다.

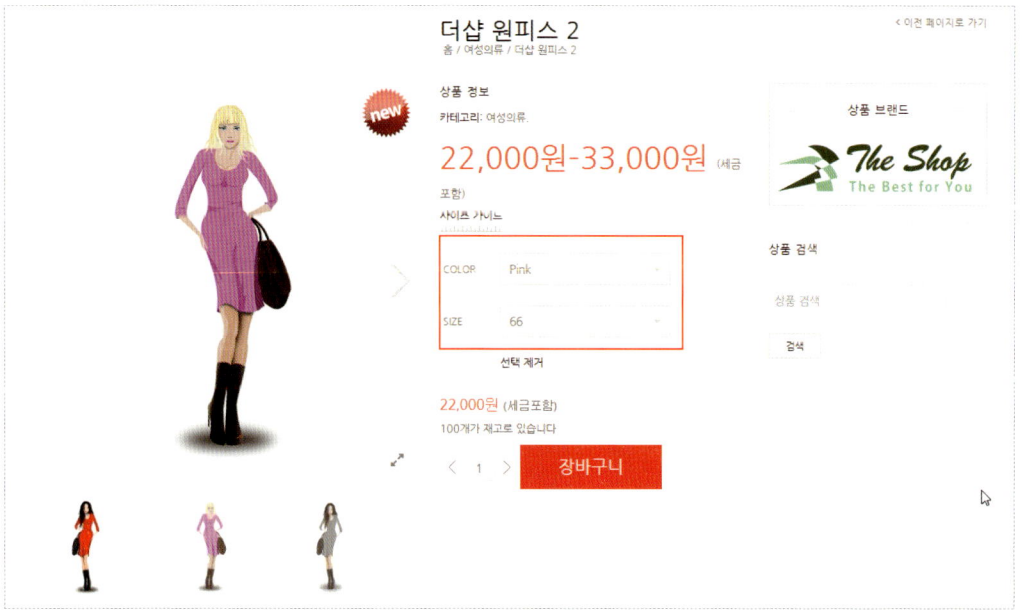

그림 3-40 상세 페이지에서 확인

01. 상품 추가   257

상품 상세 페이지의 옵션에서 색상과 사이즈를 선택할 때마다 다른 색의 이미지가 나타납니다.

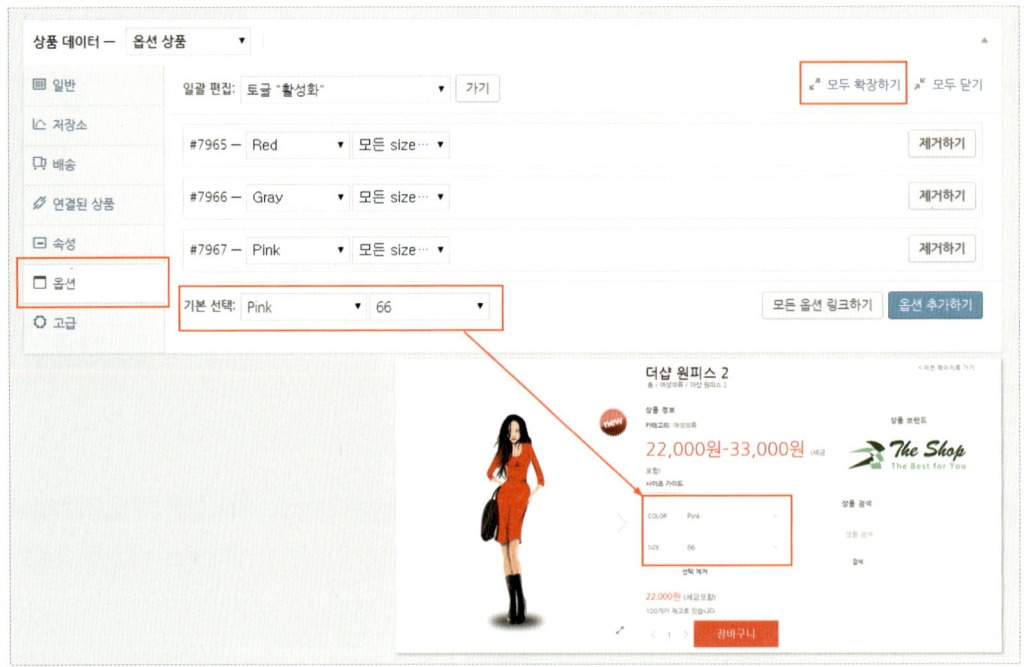

그림 3-41 옵션의 기본 선택

옵션을 수정하기 위해 옵션 탭을 선택하면 각 옵션이 닫혀있습니다. 모두 확장하기를 클릭하면 열립니다. 이번에는 하단에 있는 기본 선택 기능을 알아보겠습니다. 기본 선택을 설정해놓으면 처음 상세 페이지에 들어왔을 때 옵션을 선택하지 않아도 기본선택에서 설정한 대로 옵션이 바로 보입니다. 이미지는 그대로 빨간색으로 나타나는데 이것은 특성 이미지를 빨간색으로 설정해놨기 때문입니다.

옵션이 모두 다른 경우 – 가장 복잡하지만 모든 색상과 사이즈에 대해 각 다른 옵션과 이미지로 변경 가능

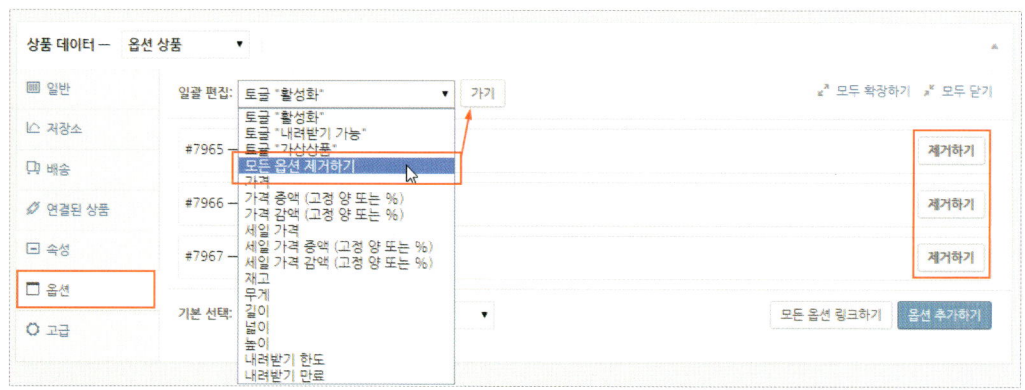

그림 3-42 모든 옵션 제거

다른 실험을 위해 이전의 설정을 제거하려면 옵션 탭을 선택하고 각 옵션의 제거하기 버튼을 클릭해도 되지만 한번에 제거하려면 일괄편집을 이용합니다. '모든 옵션 제거하기'를 선택하고 가기 버튼을 클릭합니다. 애써 설정한 옵션을 제거하게 되므로 두 번의 경고 메시지가 나타납니다.

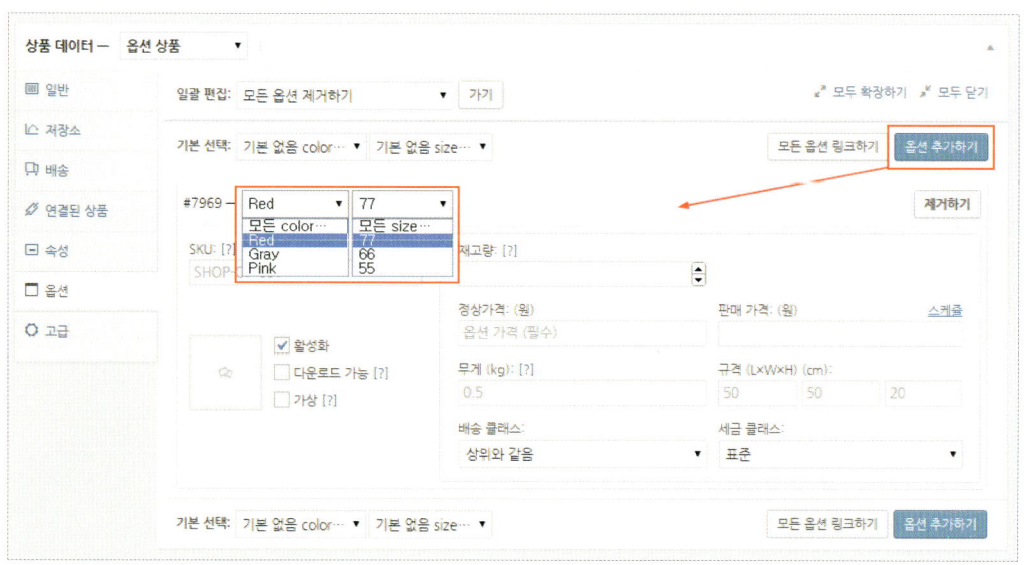

그림 3-43 모든 옵션이 다른 경우

위 화면은 보여주기 위한 것이니 따라하지 않습니다. '옵션 추가하기' 버튼을 클릭하고 모든 color에서 Red를, 모든 size에서 77 사이즈의 조합을 선택해 각 항목을 설정하는데, 이런 조합을 만들자면 총 9번의 옵션 추가 과정을 거쳐야 해서 번거롭습니다. 그래서 '모든 옵션 링크하기'를 사용합니다.

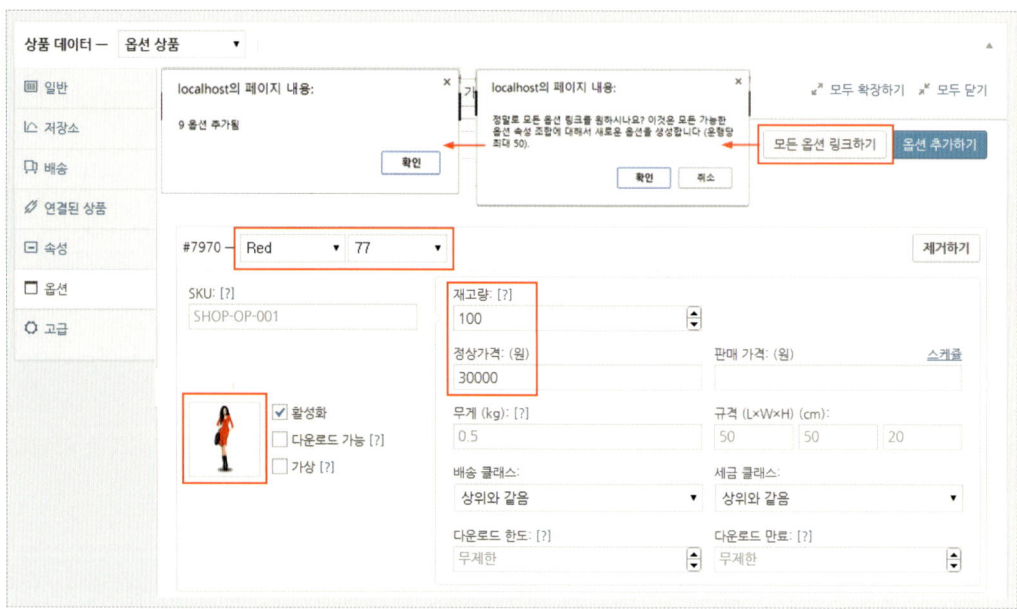

그림 3-44 모든 옵션 표시

'모든 옵션 링크하기' 버튼을 클릭하면 알림 메시지 창이 나오고 한번에 최대 50개의 조합을 만들 수 있습니다. 확인 버튼을 클릭하면 9개의 옵션이 추가됐다고 나옵니다. '확인'을 클릭하면 하단에 모든 조합이 나타납니다. 이전의 상품을 사용했으니 재고량과 정상 가격을 제외하고 그대로 나타납니다. 재고량과 가격을 각 옵션에 입력하고 필요한 경우 SKU는 서로 다르게 지정합니다.

그림 3-45 재고량 일괄 입력

재고량과 가격이 같다면 일괄 편집을 이용해 같은 수치를 입력합니다. 이미지는 각 옵션에 대해 개별적으로 추가해야 하며, 생략할 경우 기본 색상의 이미지가 나타납니다.

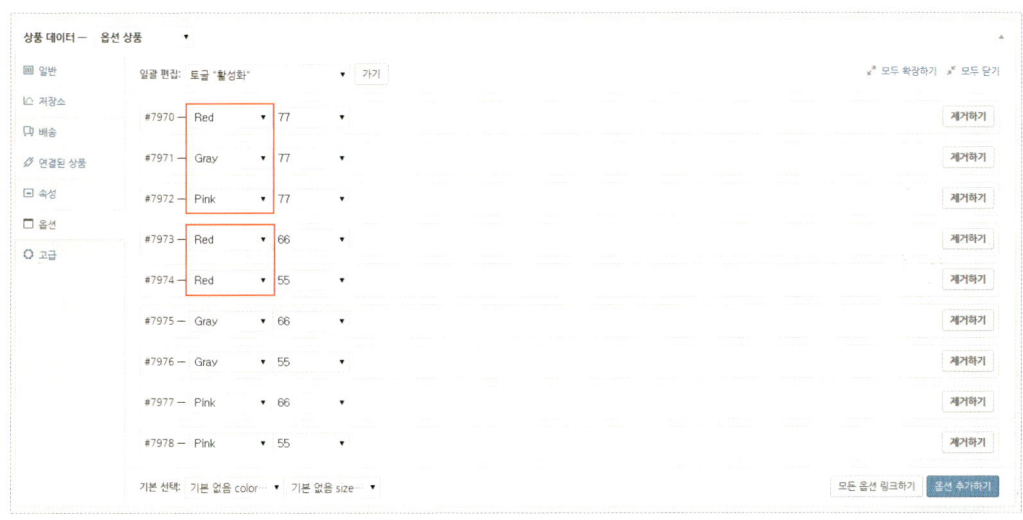

그림 3-46 각 옵션의 순서 주의

옵션의 각 색상이 순서(Red-Gray-Pink)대로 나타나는 것은 아니므로 각 색상을 확인하고 입력합니다.

그림 3-47 상세 페이지에서 확인

우측 그림에서 상품 목록 페이지에서 옵션 상품은 버튼이 장바구니가 아닌 옵션으로 나옵니다. 버튼이나 이미지를 클릭하면 상세 페이지로 이동하고 가격은 가장 낮은 가격부터 가장 높은 가격의 범위로 표시되며 옵션을 선택하면 해당 옵션 상품의 가격이 표시됩니다. 메인 이미지에 마우스를 올리면 줌 효과가 나타나고 마우스를 스크롤 하면 이미지가 확대-축소됩니다.

## 05 그룹 상품

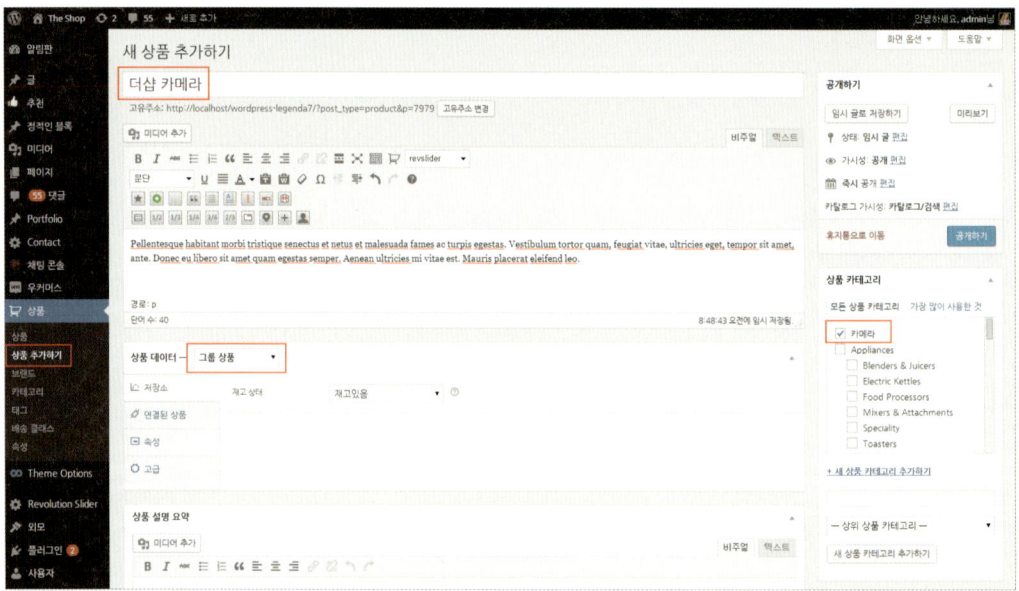

그림 3-48 그룹상품

그룹 상품으로 설정하면 가격을 입력할 수 있는 일반 탭과 배송 탭이 사라집니다. 하지만 그룹 상품의 부모 상품은 모든 자식 상품을 연결해 사이트 전면에 표시하는 역할을 하므로 자식 상품에 대한 상품 설명, 요약, 특성 이미지, 이미지 갤러리를 설정하고 카테고리와 기타 내용은 단순 상품에 준해 입력한 다음 '공개하기' 버튼을 클릭해 발행합니다.

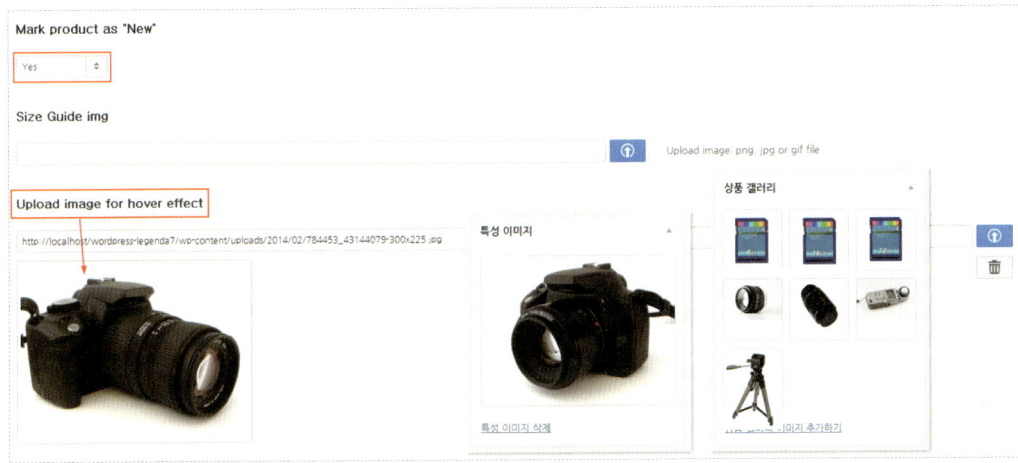

그림 3-49 그룹 상품의 추가

기타 내용도 추가합니다.

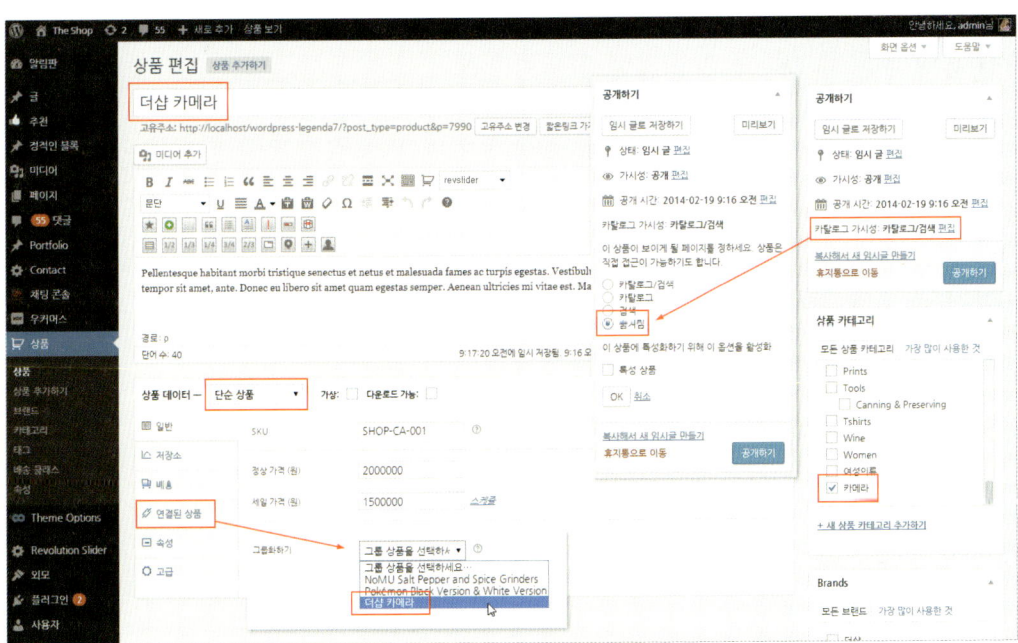

그림 3-50 그룹 상품의 자식 상품

자식 상품은 실제 판매되는 상품이므로 가격이나 배송 내용이 필요합니다. 하지만 상품 설명이나 카테고리, 특성 이미지 등 사이트에서 표시되는 내용은 부모 상품이 대신하므로 필요하지 않습니다. 페이지 상단에서 상품 추가하기 버튼을 클릭해 제목을 입력한 다음 상품 형식을 단순 상품으로 선택하고 단순 상품에 준해 상품 데이터 메타박스의 내용을 모두 입력합니다. 특히 부모 상품과의 연결을 위해 연결된 상품 탭의 그룹상품 선택상자에서 부모 상품을 선택해야 합니다. 스왑 이미지, 특성 이미지, 갤러리 이미지는 설정할 필요가 없습니다. 공개하기 메타박스에서 '카탈로그 가시성'을 '숨겨짐'으로 선택하고 공개하기 버튼을 클릭합니다.

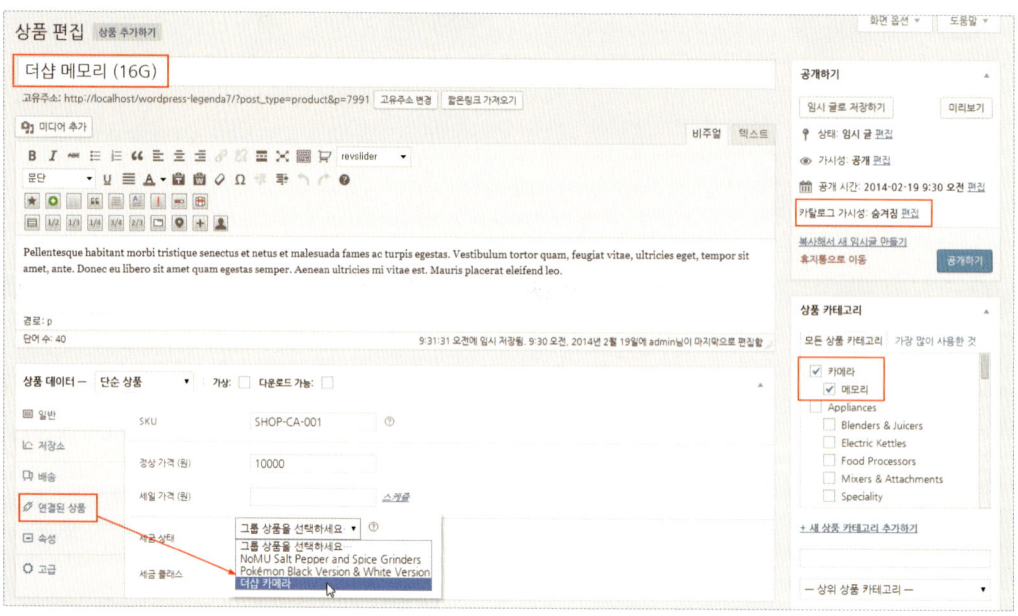

그림 3-51 자식 상품 추가

같은 방법으로 위 자식 상품을 복사해 SD 메모리, 삼각대, 렌즈 등 카메라 관련 자식 상품을 추가합니다. 제목과 가격, 카테고리만 수정하면 됩니다. 이전의 자식 상품을 복사했으므로 카탈로그 가시성이나 연결된 상품은 그대로 적용됩니다.

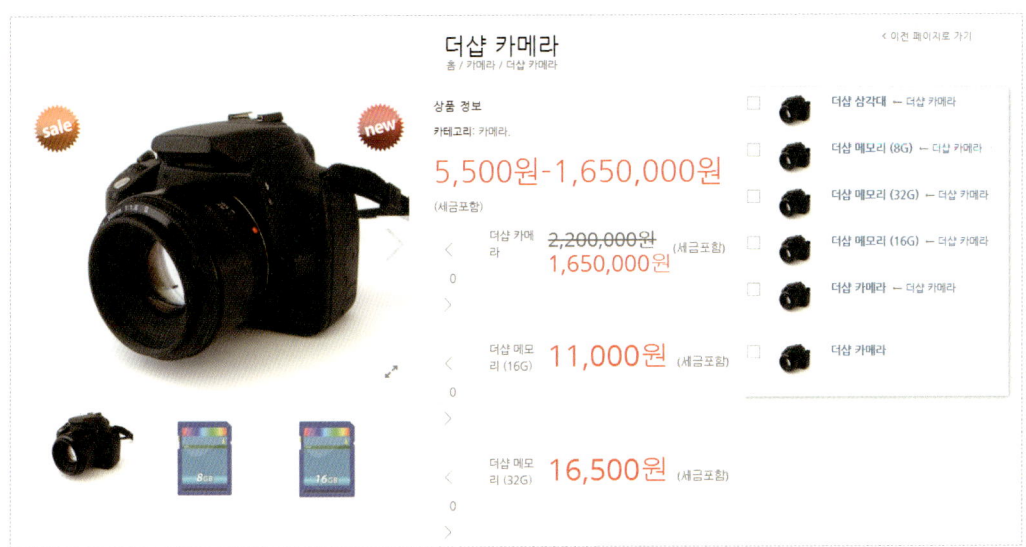

그림 3-52 상세 페이지의 그룹 상품

부모 상품을 상세 페이지에서 보면 자식 상품들이 모두 나열되고 상품 목록 페이지에는 부모 자식 간의 제목이 화살표로 연결되고 있습니다. 이러한 방법이 일반적으로 사용되며, 자식 상품도 개별적으로 노출시키고 싶을 때는 일반 단순 상품과 같이 각 상품의 설명, 카테고리 등 모든 내용을 입력하고 저장할 때 카탈로그 가시성을 숨겨짐으로 설정하지 않으면 됩니다. 이 같이 설정하면 아래 그림처럼 나타납니다.

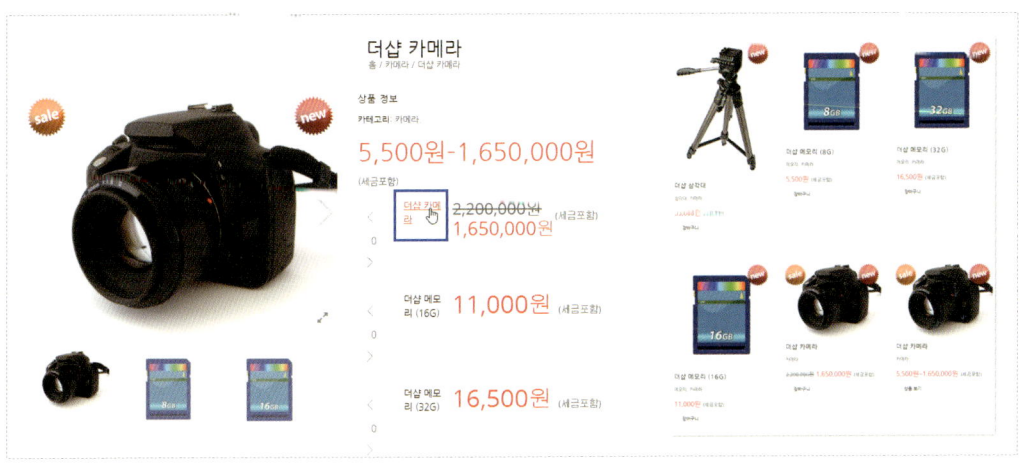

그림 3-53 카탈로그 가시성 열림 상태

각 상품의 제목에는 링크가 있고 상품 페이지에는 개별 상품이 나타납니다. 그룹 상품의 부모 상품은 상세 페이지에서 금액 부분이 크게 나타나서 수량 선택 버튼이 어긋나 있는데 아래의 스타일시트를 legenda-child 폴더의 style.css 파일을 열고 추가한 다음 저장하면 해결됩니다.

```
.single-product-page .product-info .price { font-size: 16px; }
.single-product-page .product-info .price ins { font-size: 16px; }
.single-product-page .product-info .product_meta del .amount { font-size: 16px; }
.single-product-page table th, table td { vertical-align: bottom; }
.single-product-page .product-info td.price { float: none; }
.group_table .quantity-box { margin: 10px 10px 0px 0; }
```

## 06 외부/연계상품

이 방법은 내 쇼핑몰에는 상품이 없고 외부 사이트의 쇼핑몰을 링크해서 구매가 발생하면 이익을 분배하는 방식으로 우커머스의 상품 방식 중 가장 간편한 형태의 상품입니다.

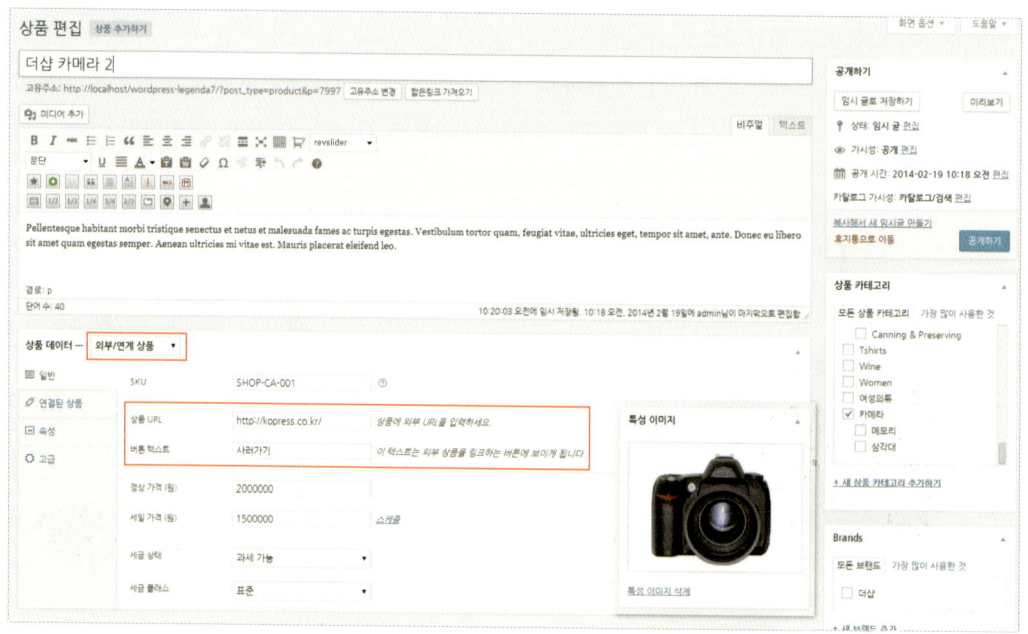

그림 3-54 외부/연계상품

상품 방식을 외부/연계 상품으로 선택하면 배송 및 저장소 탭이 사라지고 일반 탭에 상품 URL이 나타납니다. 이곳에 해당 사이트의 상품 URL을 삽입합니다.

그림 3-55 상세 페이지의 외부/연계상품

모든 옵션과 장바구니 버튼이 사라지고 설정한 대로 사러가기 버튼이 나오며, 이 버튼을 클릭하면 해당 사이트로 이동합니다.

## 상품 카테고리

블로그 글과 상품의 카테고리는 같은 역할을 하지만 상품 카테고리에는 특별한 기능이 하나 있습니다.

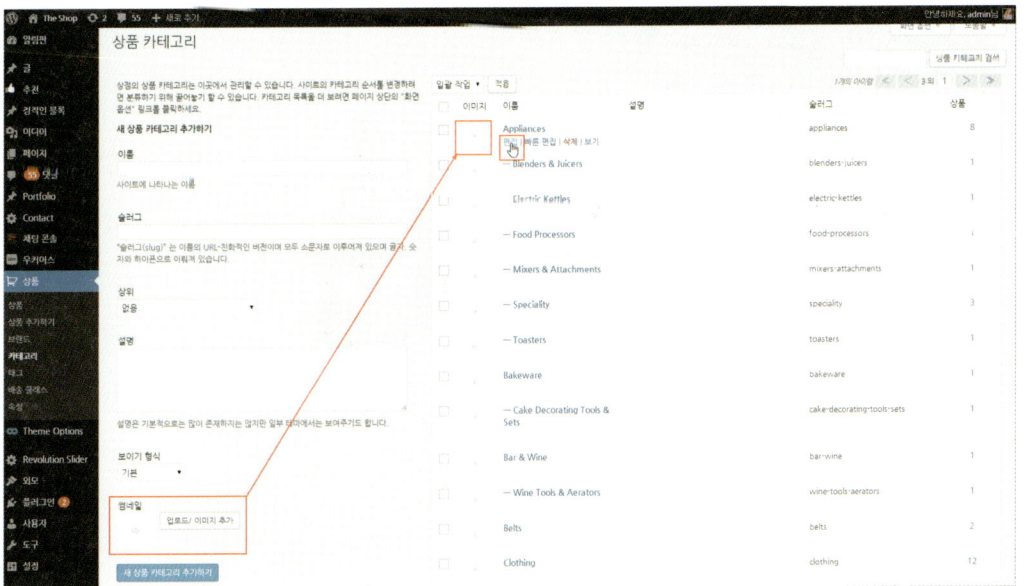

그림 3-56 상품 카테고리 추가 페이지

01. 상품 추가　267

상품 카테고리는 상품 추가 시 만들 수도 있지만 상품 → 카테고리에서 미리 만들 수 있습니다. 카테고리를 만들 때 썸네일 이미지를 추가할 수 있는 곳이 있습니다. 여기서 썸네일 이미지는 카테고리 이미지로 사용되며, 이미 등록한 카테고리는 편집 링크를 클릭해 추가로 등록할 수 있습니다.

그림 3-57 상품 카테고리 이미지

썸네일 항목에서 업로드/이미지 추가 버튼을 이용해 상품 카테고리 이미지를 업로드 합니다. 이렇게 각 상품의 카테고리와 하위 카테고리에 대해 이미지를 추가하면 카테고리를 선택했을 때 카테고리 이미지와 해당 카테고리의 상품 수가 표시됩니다.

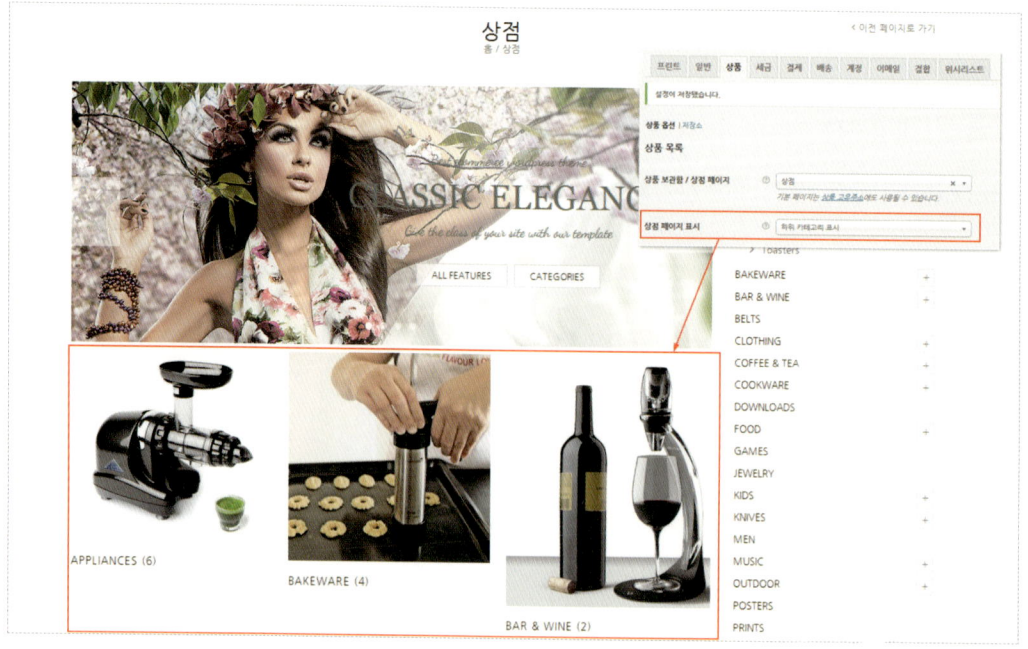

그림 3-58 카테고리 대표 이미지

우커머스 메뉴에서 '설정' → '상품' 탭의 상품 페이지 표시 항목에서 하위 카테고리 표시를 선택하면 상품 페이지에 들어올 때 개별 상품이 나오는 것이 아니라 카테고리로 우선 들어오고 카테고리를 선택하면 상품 이미지가 나타납니다. 이 부분은 '상품' 탭 편에서 이미 설명한 바 있습니다.

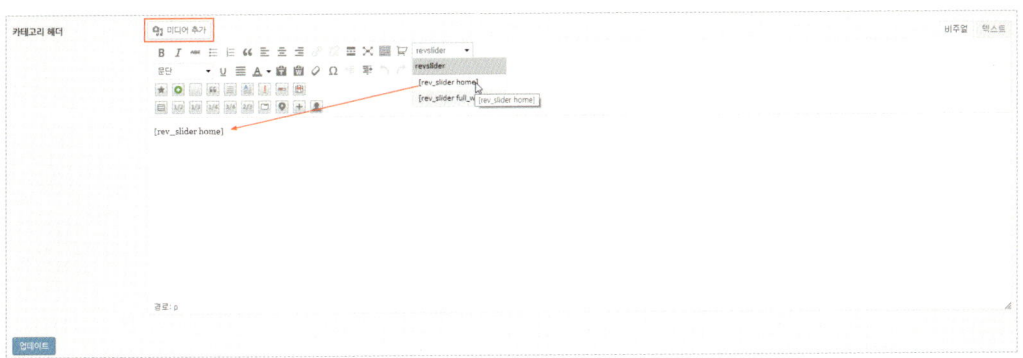

그림 3-59 카테고리 헤더 추가

카테고리 헤더는 Legenda 테마 만의 기능으로 카테고리 페이지 상단에 콘텐츠를 추가할 수 있습니다. 레볼루션 슬라이더나 이미지, 텍스트 등 어떤 콘텐츠라도 추가할 수 있도록 편집기가 있습니다.

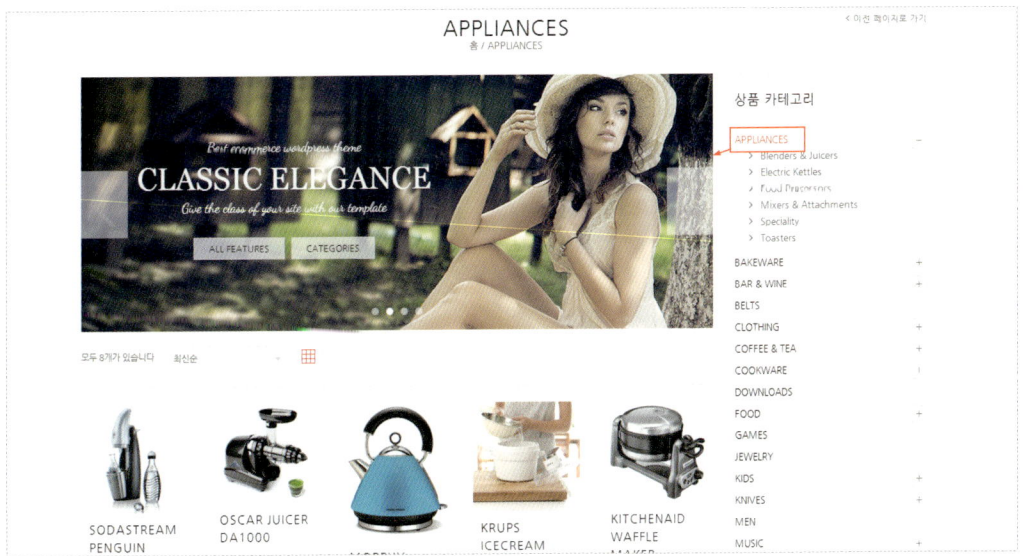

그림 3-60 카테고리 헤더

상품 카테고리에서 카테고리를 선택하면 카테고리 상품 위에 콘텐츠가 표시됩니다.

# 주문 페이지 02

우커머스에서 주문 관리 페이지는 고객이 주문한 이후로 주문이 완료될 때까지 모든 주문 관련 사항을 관리하는 곳입니다. 이곳에는 전체 주문을 한눈에 볼 수 있는 주문 목록 페이지가 있고 개별 주문을 상세하게 볼 수 있는 주문 편집 페이지가 있습니다.

## 01 주문 관리 페이지

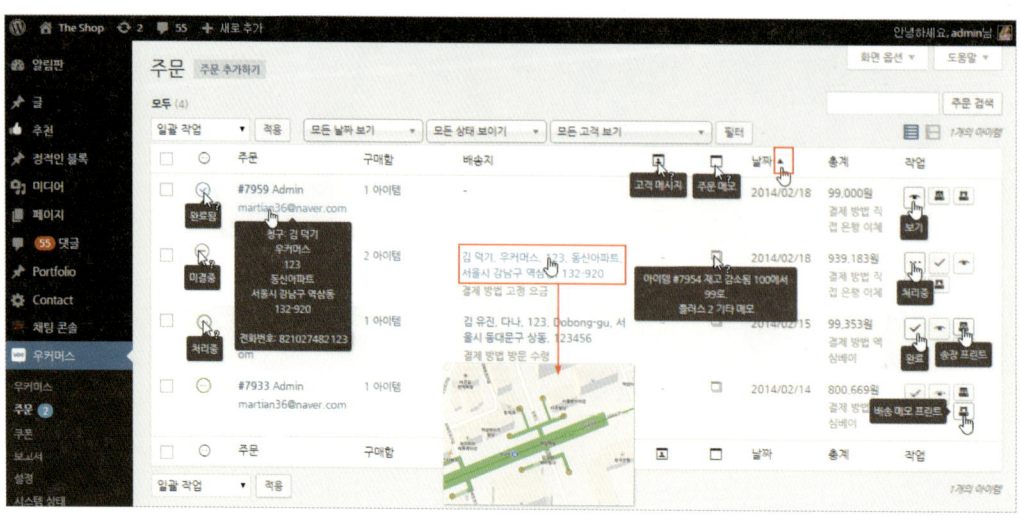

그림 3-61 주문 관리 페이지

상단에서 일괄 작업과 필터링을 할 수 있고 상태 부분에는 아이콘이 있어서 주문 상태를 확인할 수 있습니다. 주문 메모는 주문 진행 과정에서 자동으로 발생하는 메모이며, 고객 메모는 고객이 주문 시 작성한 메모입니다. 우측 작업 열에는 보통 세 개의 아이콘이 있어서 진행 중, 완료, 보기가 표시됩니다. 진행 중 아이콘을 클릭하면 대기 중에서 진행 중으로 전환되며, 완료는 모든 상태를 완료 상태로 전환합니다. 보기 아이콘이나 주문 번호를 클릭하면 주문 편집 페이지로 이동합니다. 두 개의 아이콘이 추가된 것은 송장 프린트 플러그인이 설치돼서 그렇습니다. 주소 링크를 클릭하면 구글 지도 화면으로 이동합니다.

## 02 주문 편집 페이지

고객이 결제 페이지에서 주문 확정 버튼을 클릭하면 주문이 완료되며, 고객에게는 주문이 완료됐음을 알리는 이메일이 전송됩니다. 쇼핑몰 관리자에게는 이때부터 주문이라는 하나의 글(Post)이 만들어집니다. 주문은 글에 준해 아이디가 만들어지므로 글 아이디처럼 일련번호가 아닌 주문 번호가 부여됩니다. 이전에 주문 번호를 일련번호로 만드는 플러그인을 설치했습니다.

주문은 발생부터 완료될 때까지 주문 상태가 존재하는데 각 상태의 내용을 보면 다음과 같습니다. 우커머스에서는 각 상태를 알기 쉽게 표시하기 위해 아이콘으로 나타냅니다.

그림 3 62 주문 관리 페이지의 아이콘

- 대기중: 주문이 발생했고 상품 대금이 미지불된 상태입니다.
- 미결중: 대금 지불을 대기하고 있는 상태로 재고가 감소됩니다.
- 실패함: 지불이 실패하거나 거절된 상태입니다.
- 취소됨: 관리자나 고객에 의해 주문이 취소됐으며 더 이상 진행되지 않습니다.
- 처리중: 지불이 완료되고 재고가 감소했으며 주문 완료를 기다리는 상태입니다.
- 환불됨: 관리자에 의해 대금이 환불된 상태입니다.
- 완료됨: 주문 처리가 완료된 상태입니다.

주문이 완료되면 결제 방법에 따라 주문 상태가 다릅니다. 수표나 은행 입금으로 결제한 경우 입금이 완료되기 전까지는 대기 중이며 입금이 확인되면 관리자가 완료됨으로 처리합니다. 이후에 상품을 발송하거나 내려받기 가능한 상품은 다운로드가 가능해집니다. 신용카드나 페이팔에 의한 결제는 결제 게이트웨이의 처리에 따라 대금 회수가 완료된 상태로 되므로 상품 발송이 이뤄지고 내려받기 가능한 상품은 우커머스의 설정에 의해 처리 중으로 표시되더라도 다운로드가 가능해집니다.

위와 같은 모든 상태를 관리할 수 있는 곳이 주문 편집 페이지입니다. 이 페이지에서는 주문 상태뿐 아니라 재고 변경, 이메일 재발송, 세금 변경, 배송 변경 등 각종 사항을 변경할 수 있습니다.

## 주문 상세 박스

그림 3-63 주문 상세 박스

주문 상세 박스 좌측에는 주문 상태를 변경하거나 날짜, 주문자, 고객 메모를 변경할 수 있습니다. 주문의 변경은 주로 관리자가 임의로 주문을 추가할 때 사용합니다. 고객의 주문이 관리자의 필요나 관리자의 실수로 삭제됐을 때 복구할 수 없으므로 임의로 주문을 새로 만들어야 하죠. 이곳에서는 고객 상세와 주문 상품, 세금 등 각종 정보를 추가하고 이메일까지 발송할 수 있습니다.

주문 상세 우측에는 청구 주소와 배송 주소가 있으며 편집 링크를 클릭해 각 주소를 변경하거나 주소를 가져올 수 있습니다.

## 주문 아이템 박스

그림 3-64 주문 아이템 박스

상품 목록의 우측 끝에 있는 연필 아이콘을 클릭하면 내용이 펼쳐집니다. 주문 상품의 메타 추가하기 버튼을 클릭하면 두 개의 필드가 나타나 옵션을 추가할 수 있으며 이것은 다음의 사용자 정의 필드와 마찬가지로 코드를 수정해 사이트에 출력할 수 있습니다. 각 상품외 세금 클래스, 수량, 총계, 세금을 변경할 수 있습니다. 일괄 작업도 할 수 있으며, '아이템 추가하기' 버튼을 클릭해 상품을 추가하거나 수수료를 추가할 수 있습니다.

그림 3-65 내려받기 가능 상품 허용

내려받기 가능한 상품을 추가한 경우 해당 상품의 파일에 접근할 수 있게 허용해야 내려받을 수 있습니다. 또한 다운로드 횟수나 기간을 정한 경우 이 제한이 지나면 더는 접근이 불가능한데, 고객으로부터 요청이 있어서 제한을 해제할 경우 이곳에서 접근 허용을 하면 됩니다.

## 주문작업 박스

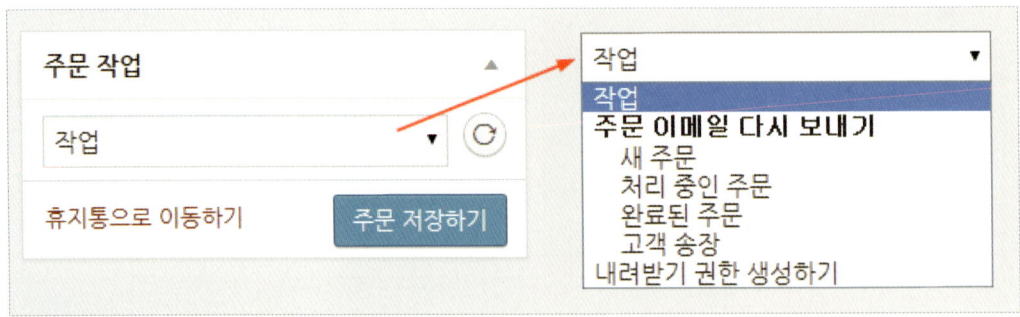

그림 3-66 주문 작업 박스

우측 상단의 주문 작업 메타박스에서 변경된 주문을 저장할 수 있고, 드롭다운 메뉴에서 보내고자 하는 이메일 항목을 선택해 우측의 아이콘을 클릭하면 재발송할 수 있습니다. 주문 내용을 변경한 경우 반드시 '주문 저장하기' 버튼을 클릭하고 이메일 보내기를 해야 적용됩니다. 고객 송장은 항상 보내지는 것이 아니므로 고객이 원할 때에만 보낼 수 있습니다. 하지만 이미 알아봤듯이 송장으로서의 형식이 갖춰지지 않아 템플릿을 편집해야 합니다.

## 주문총계 박스

그림 3-67 주문 총계 박스

주문 총계 메타박스에서는 할인, 배송, 세금 행, 세금총계를 수정할 수 있습니다. '세금 행 추가하기' 링크를 클릭해 추가하거나 제거할 수도 있습니다.

## 주문 메모

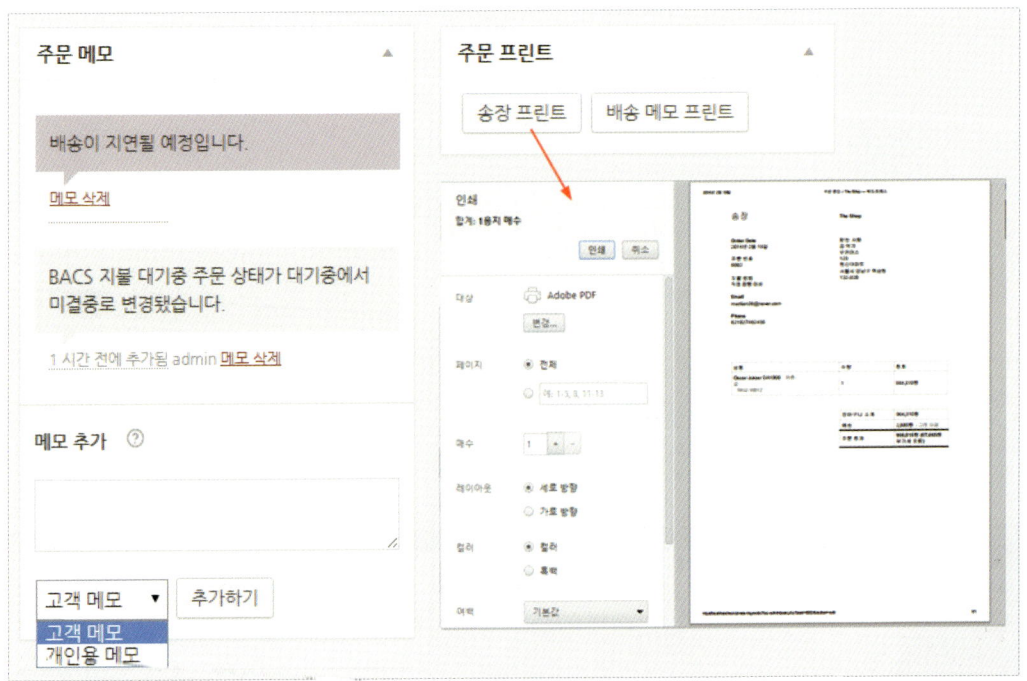

그림 3-68 주문 메모, 주문 프린트

주문 메모는 주문이 발생한 이후 시간의 흐름에 따라 결제와 관련해 메모가 추가되기도 하고 주문 상태를 변경하면 추가되기도 합니다. 임의로 고객용 메모(보라색 배경)를 발송하거나 개인용 메모(회색 배경)를 추가할 수 있습니다. 고객용 메모는 추가한 후 이메일로 발송할 수도 있습니다. 플러그인을 설치한 경우 송장, 배송 메모를 출력할 수 있는 주문 프린트 메타박스가 만들어집니다.

# 쿠폰 사용과 보고서 03

## 01 쿠폰 사용

쿠폰은 기존 고객을 유지하거나 신규 고객을 유치하기 위해 자주 사용됩니다. 쿠폰을 사용하려면 우커머스 메뉴에서 '설정' → '결제' 탭에서 '쿠폰 사용 활성화'가 체크돼 있어야 합니다. 여기서는 쿠폰에 대해 설명하고 무료 배송 쿠폰을 설정하는 방법을 알아보겠습니다.

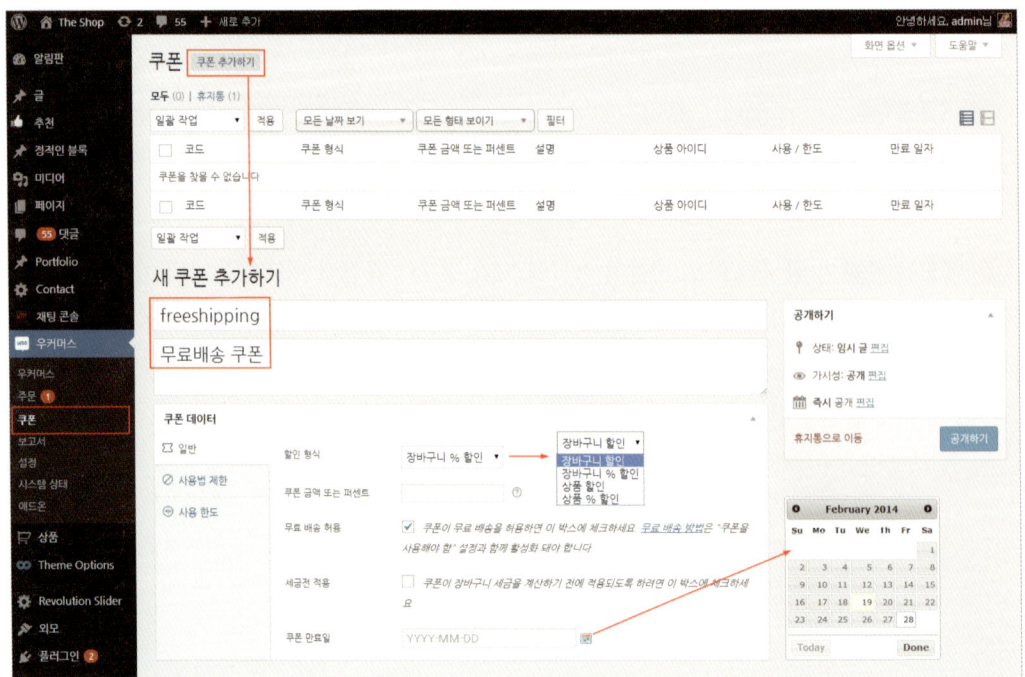

그림 3-69 쿠폰 추가하기

'우커머스' → '쿠폰'을 선택한 다음 '쿠폰 추가하기' 링크를 클릭합니다. 쿠폰 이름은 알아보기 쉽게 영문과 숫자를 이용해 만들고 필요한 경우 쿠폰 설명에 내용을 입력합니다. '할인 형식'에서는 장바구니 상품 전체에 대해 금액으로 할인할 것인지 퍼센트로 할인할 것인지, 또는 개별 상품에 대해 금액 할인할 것인지 퍼센트로 할인할 것인지 선택합니다.

'쿠폰 금액 또는 퍼센트'는 위에서 선택한 쿠폰 형식이 금액 기준인지 퍼센트인지에 따라 해당 수치를 입력합니다. 퍼센트로 할인할 것으로 선택하고 금액을 입력하면 어떤 결과가 나올까요? 할인 금액을 1000원으로 실험해봤더니 결제금액이 0으로 나옵니다. 혼동을 방지하기 위해 물음표 아이콘의 번역을 추가했습니다.

'무료 배송 허용'에 체크하고 우커머스 메뉴에서 '설정' → '배송' 탭의 '무료 배송은 다음을 필요로 합니다...'에서 '유효한 무료 배송 쿠폰'을 선택하고 저장합니다. 이하 내용은 무료 배송 쿠폰에만 적용할 것이라면 설정하지 않아도 됩니다.

'세금 전 적용'은 세금까지 할인 대상으로 할 필요는 없으므로 대부분 체크해서 사용합니다.

'쿠폰 만료일'은 쿠폰의 만료 일자입니다.

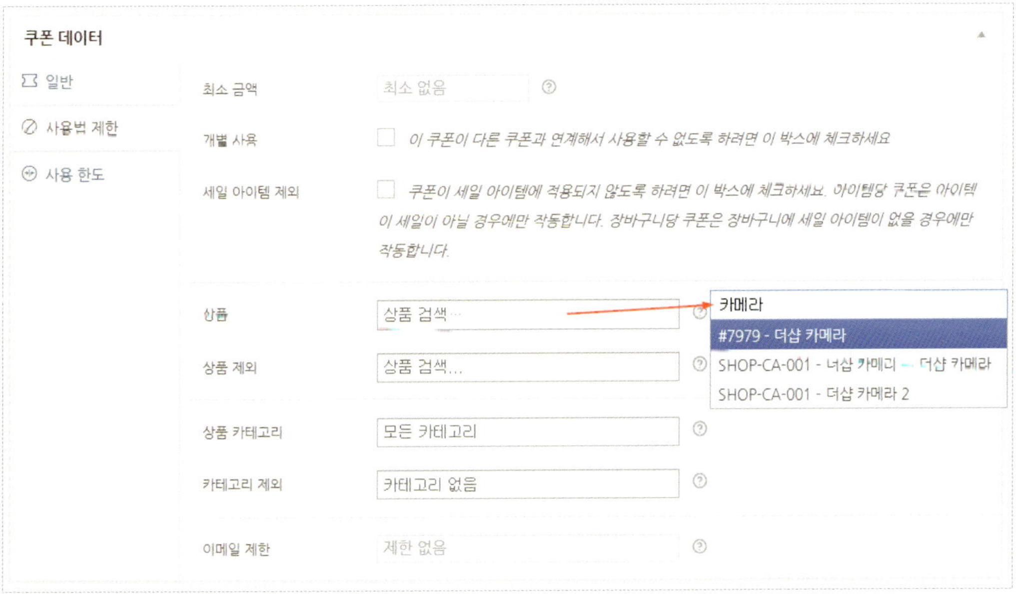

그림 3-70 쿠폰 사용법 제한

'최소 금액'은 쿠폰을 사용하기 위한 최소 금액입니다.

'개별 사용'은 여러 개의 쿠폰을 동시에 사용하는 것을 방지합니다.

'세일 아이템 제외'는 세일 품목에도 할인 쿠폰을 적용할 것인지 선택합니다.

일정한 상품을 대상으로 쿠폰을 적용하고 싶다면 상품란에 상품을 입력합니다. 검색어를 입력하면 자동으로 찾아주며 검색 목록에서 나타나는 상품 중에서 선택합니다. 상품이 많으면 바로 나타나지 않고 약간 시간이 걸리며 한글 인식이 조금 느립니다. 그래서 SKU 번호를 이용할 수도 있습니다.

수십 개의 상품에 쿠폰을 적용하고 싶다면 상품란에 일일이 입력하기보다는 쿠폰 적용 품목이라는 카테고리를 금액이나 퍼센트별로 여러 개 만들어놓고 상품 목록 페이지에서 원하는 상품을 체크하고 일괄 편집으로 이 카테고리에 넣은 다음 아래의 상품 카테고리를 적용하는 방법을 이용하는 편이 좋습니다.

'상품 제외'는 쿠폰 적용에 제외할 상품을 의미하며, 카테고리 내의 상품 전체에 대해 적용하고자 한다면 '상품 카테고리'란을 이용합니다.

'이메일 제한'은 특정한 이메일을 쓰는 사용자에게는 쿠폰이 적용되지 않게 합니다.

그림 3-71 **쿠폰 사용 한도**

'사용 한도'는 쿠폰을 사용할 수 있는 횟수이며, 대부분 한번 사용하는 것으로 합니다. 이 부분을 비워두면 무제한으로 사용할 수 있게 됩니다.

그림 3-72 쿠폰 사용하기

상품을 특정하지 않으면 모든 상품에 대해 무료배송 쿠폰이 적용되지만 카메라를 선택했으므로 이 상품을 장바구니에 넣고 쿠폰 코드를 입력한 다음 적용 버튼을 클릭합니다. 결제 페이지로 바로 진행한 경우 상단에서 쿠폰 코드 입력 링크를 클릭하면 입력 상자가 나타납니다. 이곳에서도 적용할 수 있습니다. 쿠폰을 적용하기 전에는 배송 비용 하나의 항목만 나타나지만 적용 후에는 무료 배송 항목이 나타나 고객은 이것을 선택할 수 있습니다.

장바구니 총계 제목의 우측 주의 문구를 보면 글자의 마지막 부분이 분리돼있습니다. 브라우저의 폭이 좁아지면 글자가 더 많이 분리됩니다. 몇 주 동안 테마 제작자에게 수정 요청을 했는데 아직 고쳐지지 않고 있어서 만일 이 책이 나오더라도 수정이 안됐다면 아래의 스타일시트를 legenda-child 폴더의 style.css 파일을 편집기에 열고 하단에 추가합니다. 스타일시트를 수정하고 나면 모든 글자가 '결제로 진행하기 버튼' 위로 이동합니다.

```
.cart_totals table { float: none; }
```

그림 3-73 쿠폰 재사용

쿠폰을 발행하면 쿠폰 목록 페이지에 나타나며 한번 만들어 두면 내용을 편집해서 다시 사용할 수도 있습니다.

# 보고서 04

그림 3-74 보고서

우커머스의 보고서 페이지에서는 상점에서 발생하는 각종 통계를 확인할 수 있습니다. 아주 상세하게 만들어져 있어 상점 분석에 아주 유용하며, 각 탭과 링크를 클릭해보면 충분히 알 수 있는 내용이므로 자세한 설명은 생략합니다.

# 4장
## 웹사이트 페이지 만들기

01 _ 레볼루션 슬라이더 사용
02 _ 페이지 만들기
03 _ 푸터 영역 만들기
04 _ 언어 선택기, 우측 패널 영역
05 _ 전면 페이지 만들기
06 _ 전면 페이지 2 만들기
07 _ 전면 페이지 3 만들기
08 _ 이용약관 페이지 만들기
09 _ 자주 묻는 질문(FAQ) 페이지 만들기
10 _ 카테고리 페이지, 상점 위치 페이지 만들기
11 _ 회원가입 페이지 만들기
12 _ 일반 웹사이트에서 회원가입 폼 사용
13 _ 상세 페이지 콘텐츠 추가
14 _ 공사 중(Under Construction) 페이지 만들기
15 _ 채팅 플러그인 사용
16 _ 게시판 사용
17 _ 워드프레스 이전하기

4장의 내용을 간략하게 알아보면 다음과 같습니다.

### 1. 레볼루션 슬라이더 만들기
레볼루션 슬라이더는 Legenda 테마에 번들로 포함된 프리미엄 플러그인으로 다양한 효과의 글자, 이미지를 애니메이션 시킬 수 있습니다. 또한 글이나 상품과 같은 콘텐츠도 출력해 슬라이더에 보여줄 수 있습니다.

### 2. 페이지 만들기
비주얼 컴포우저는 Legenda 테마에 번들로 포함된 페이지 빌더로 코드를 사용하지 않고 각종 요소를 배치해 웹사이트 페이지를 만들 수 있습니다. 정적인 블록을 사용해 헤더 상단 바 패널을 만드는 방법을 알아봅니다.

### 3. 푸터 영역 만들기, 언어 선택기 영역, 우측 패널 영역 사용하기
Legenda 테마에 포함된 위젯 영역 만들기 기능을 이용해 여러 가지 푸터를 만듭니다. 사이트의 상단 바에 있는 언어 선택기를 활용하는 방법과 우측 사이드에 숨겨진 패널 영역을 사용하는 방법을 알아봅니다.

### 4. 전면 페이지 만들기 1, 2, 3
비주얼 컴포우저를 이용해 각종 요소를 배치하고 콘텐츠를 출력하는 방법을 알아봅니다. 수많은 요소를 이용해 원하는 콘텐츠를 출력할 수 있으며 Legenda 테마의 막강한 기능을 갖고 있는 정적인 블록을 사용하는 방법도 알아봅니다.

### 5. 이용약관 페이지 만들기
우커머스에서 상품을 주문하면 이용약관 페이지를 읽었다는 확인을 해야 주문이 확정되게 하고 있습니다. 어코디언 기능을 이용해 이러한 페이지를 만들고 배치하는 방법을 알아봅니다.

### 6. 자주 묻는 페이지 만들기
사이트에서 자주 묻는 질문과 답변을 한 페이지에 만들고 질문 내용에 없는 것은 컨택트 폼을 이용해 문의할 수 있게 페이지를 만듭니다.

### 7. 카테고리 페이지, 상점 위치 페이지 만들기
우커머스의 카테고리를 출력하는 단축코드를 이용해 카테고리 페이지를 만들고 구글맵을 이용해 상점 위치 페이지를 만듭니다.

### 8. 공사 중 페이지 만들기
우커머스는 기본적으로 사이트가 공사 중일 때 메시지를 출력할 수 있게 돼있습니다. 이러한 기능을 사용하는 방법과 실제 공사 중 페이지를 만들고 뉴스레터를 받을 수 있도록 메일침프 프러그인을 이용해 설치하는 방법을 알아봅니다.

### 9. 채팅 플러그인 사용하기
Legenda 테마에 포함된 프리미엄 번들 플러그인인 채팅 프로그램 사용법을 알아봅니다.

### 10. 게시판 사용하기
국내에서 인기있는 게시판 플러그인인 KBoard를 설치하고 사용 방법을 알아봅니다.

### 11. 워드프레스 이전하기
내컴퓨터에서 만든 워드프레스 사이트를 모든 설정과 콘텐츠 포함해 웹호스트로 이전하는 방법을 알아봅니다.

# 레볼루션 슬라이더 사용 01

## 01 슬라이더 만들기

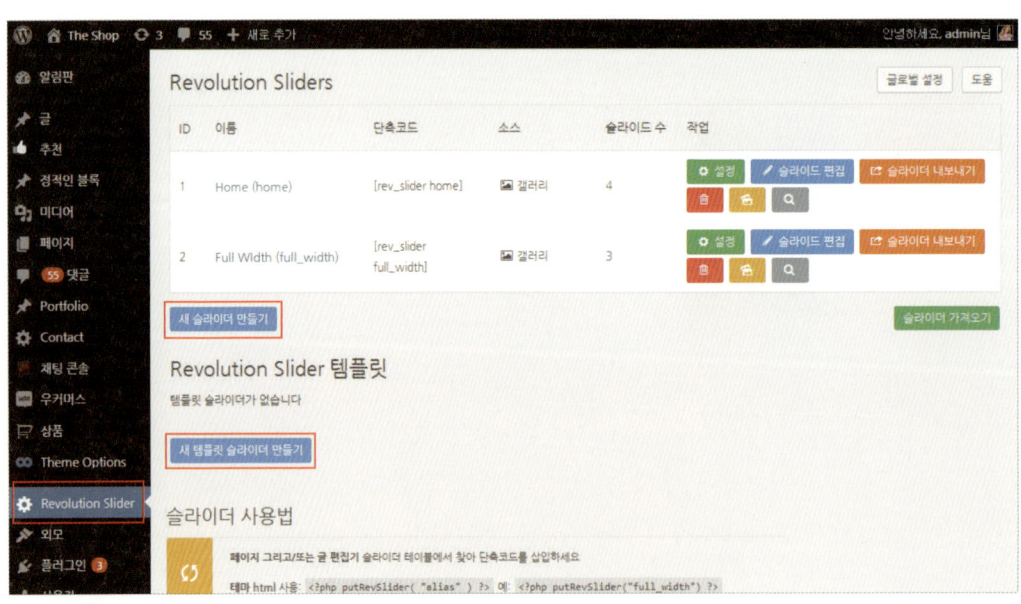

그림 4-1 슬라이더 초기화면

Revolution Slider 메뉴를 클릭하면 위처럼 나타납니다. 우선 이미지가 슬라이드 되는 간단한 슬라이더를 만들어보겠습니다. 목록 하단에 두 개의 파란색 버튼이 있는데 '새 슬라이더 만들기'는 갤러리 슬라이더를 만들 때 사용하고 '새 템플릿 슬라이더 만들기'는 글이나 상품의 콘텐츠를 출력할 수 있는 슬라이더를 만들 때 사용합니다. 첫 번째 버튼을 클릭합니다.

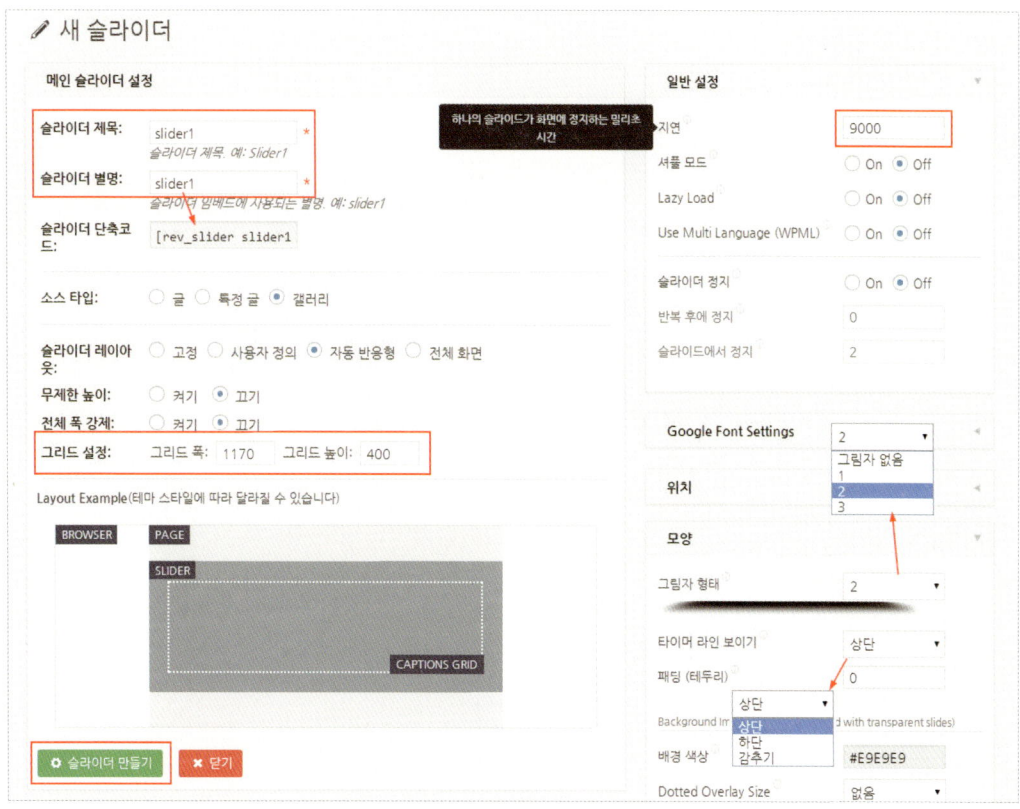

그림 4-2 슬라이더 설정 화면

이 화면은 하나의 슬라이더에 대해 전체 설정을 하는 곳입니다. 우측의 박스에서 세모 아이콘을 클릭하면 박스가 열리고 내용이 나타납니다. 각 항목에 ⓘ 아이콘이 있으면 도움말이 있다는 의미로 마우스를 올리면 도움말이 나타납니다. 도움말로도 설명이 충분한 경우 따로 설명하지 않았으니 도움말을 참고합니다. 한글로 나타나지 않는 도움말은 번역 파일이 업데이트 되지 않아서입니다.

메인 슬라이더 설정에서 슬라이더 제목과 슬라이더 별명을 영문으로 입력하면 단축코드가 자동으로 만들어집니다. 다른 부분은 그대로 두고 그리드 설정에서 앞으로 만들 슬라이드 이미지의 크기인 1170x400 픽셀로 입력합니다. 우측 일반설정에서 지연은 다음 슬라이드가 나오기까지의 시간으로 단위는 밀리초입니다. 그대로 두고 모양 박스를 열어 그림자 형태를 '그림자 없음'으로 선택합니다.

01. 레볼루션 슬라이더 사용   287

타이머 라인은 상단이나 하단으로 선택합니다. 시간이 지나가는 모양을 볼 수 있습니다. 녹색의 슬라이더 만들기 버튼을 클릭해 저장하면 슬라이더 목록으로 이동합니다.

## 슬라이드 편집하기

그림 4-3 슬라이더 목록

목록에 슬라이더가 추가됐고 아직 슬라이드가 없으니 슬라이드 수는 0으로 나타납니다. 슬라이드 편집 버튼을 클릭합니다.

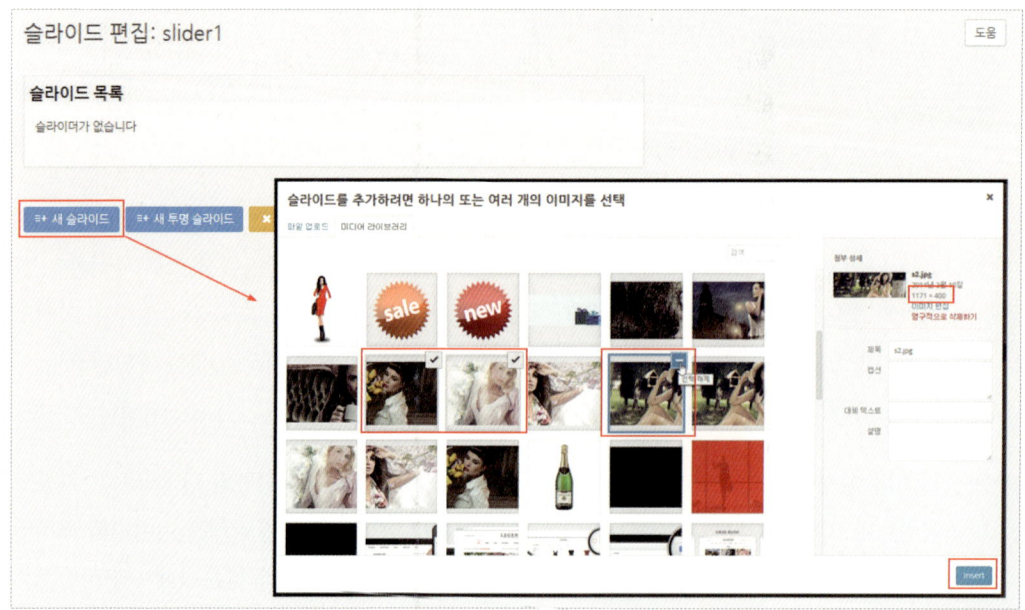

그림 4-4 새 슬라이드 만들기

새 슬라이드 버튼을 클릭하면 파일 업로더 창이 나타납니다. 이미 있는 이미지를 사용하겠습니다. 썸네일을 클릭하면 우측 첨부 상세에 이미지 크기가 나타납니다. 크기가 1171x400인 것을 확인하고 Ctrl 키를 누른 채 다른 이미지 썸네일도 클릭해 여러 개의 이미지를 한번에 선택합니다. 잘못 선택한 경우 썸네일 우측 상단의 선택해제 아이콘(-)을 클릭합니다. 세 개의 이미지를 선택했으면 Insert 버튼을 클릭합니다. 슬라이더 이미지를 한번에 가져오므로 시간이 약간 걸리며 완료되면 다음 화면이 나타납니다.

그림 4-5 슬라이드 목록

슬라이더 목록 우측 끝의 버튼을 클릭하고 위 아래로 드래그해서 위치를 변경할 수 있습니다. 지금까지 한 기본 설정만 해도 슬라이더가 완성됩니다. 개별 슬라이드의 편집을 위해 슬라이드 편집 버튼을 클릭합니다.

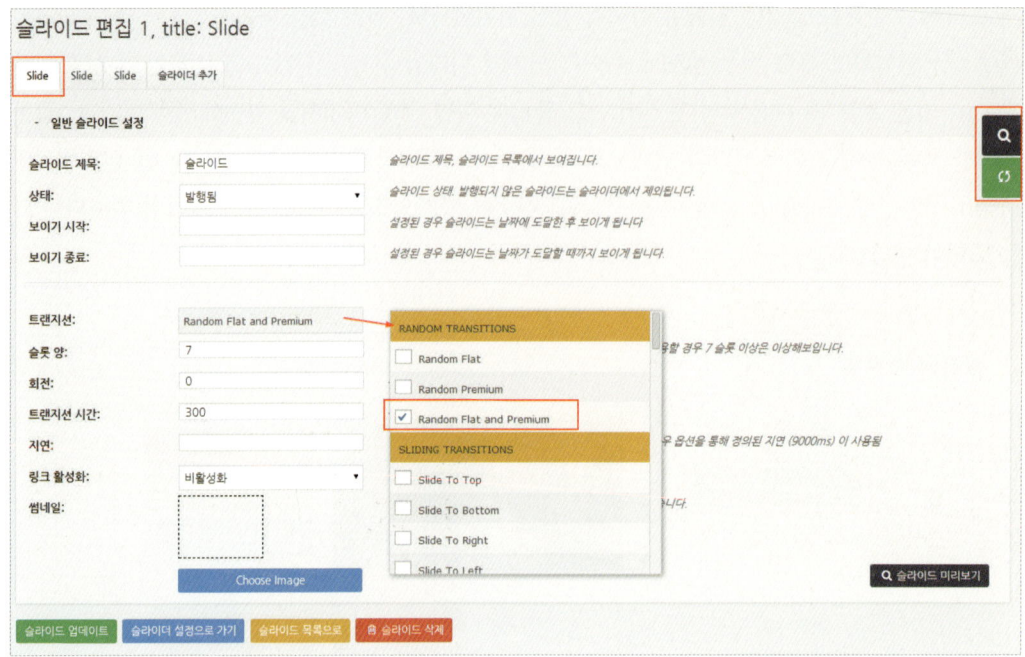

그림 4-6 슬라이드 편집

상단에 모든 슬라이더의 탭이 있어서 각 탭에서 설정을 변경할 수 있습니다. 트랜지션은 슬라이더의 애니메이션 스타일이며 상당히 많은 스타일이 있습니다. 기본적으로 Random Flat and Premium 이 선택돼 있어서 모든 슬라이더가 무작위로 서로 다른 스타일의 애니메이션이 실행됩니다. 다른 트랜지션을 선택할 때는 이미 체크된 항목을 제거하고 선택해야 합니다. 어떤 애니메이션이 좋은지는 선택을 변경하고 우측 상단의 새로고침 아이콘을 클릭하면 업데이트되며 다음으로 돋보기 아이콘을 클릭하면 미리보기 할 수 있습니다.

슬라이더 편집화면에서 미리보기는 나중에 글자 레이어를 첨부할 경우 제대로 표현되지 않을 수도 있습니다. 화면 하단의 슬라이드 업데이트와 새로고침 아이콘이 같은 색상이고 미리보기 아이콘도 슬라이드 미리보기 버튼과 같은 색상입니다. 버튼이 많으니 잘 구별해야 합니다. 기타 내용은 도움말 글을 보면 알 수 있는 내용입니다.

## 슬라이더 확인 페이지 만들기

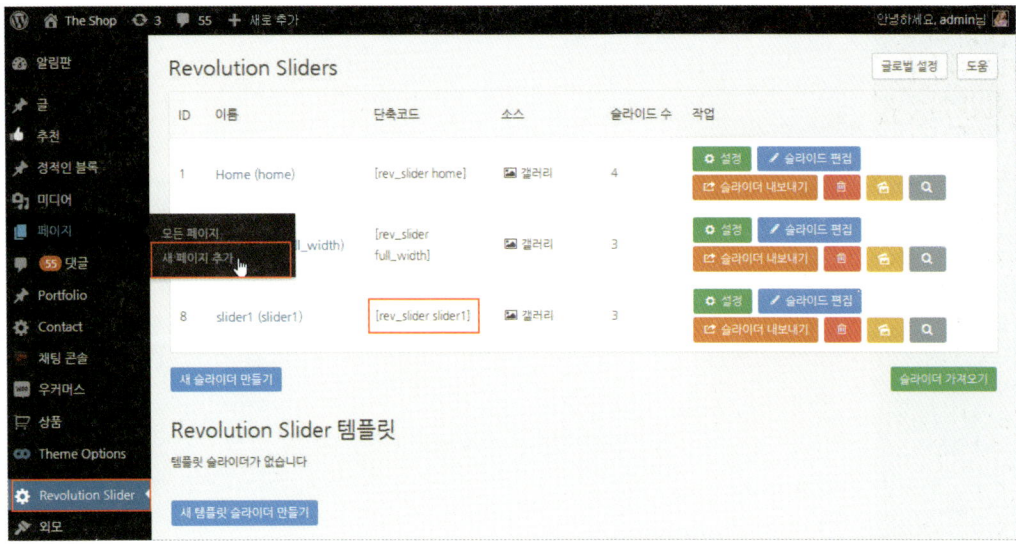

그림 4-7 슬라이드 단축코드

주메뉴에서 Revolution Slider를 클릭해 초기화면으로 이동합니다. 슬라이더를 사용하기 위해 단축코드를 복사해야 하지만 여러 번 봤듯이 글 편집기에는 슬라이더 선택상자가 있습니다. 따라서 단축코드를 복사하지 않고 해당 편집기에서 선택하는 것이 편리합니다. Ctrl 키를 누르고 페이지 → 새 페이지 추가를 클릭하면 새 탭에 페이지 만들기 화면이 나타납니다.

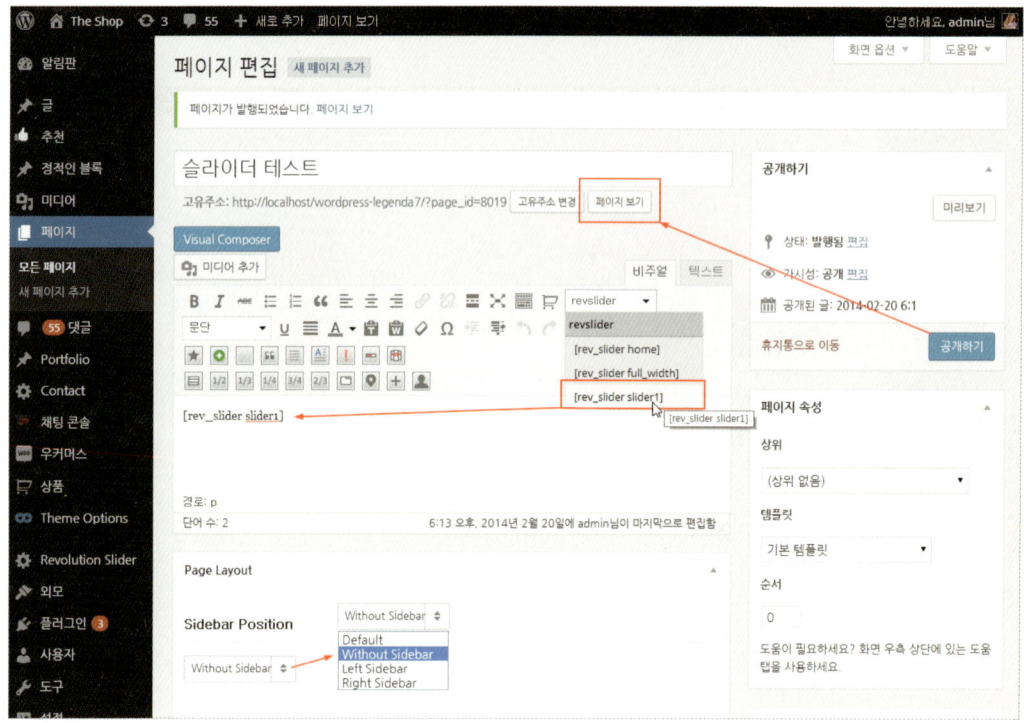

그림 4-8 슬라이드 테스트 페이지 만들기

제목을 입력하고 revslider 선택상자에서 단축코드를 클릭하면 편집화면에 추가됩니다. Page Layout 박스의 Sidebar Position에서 'Without Sidebar'를 선택하고 공개하기 버튼을 클릭한 다음, 페이지 보기 버튼을 클릭하면 사이트에서 슬라이더가 실행되는 모습이 보입니다.

이 화면은 슬라이더 설정을 변경할 때마다 확인해야 하니 그대로 두고 슬라이더 초기화면으로 갑니다.

# 02 슬라이더 편집

그림 4-9 슬라이드 편집하기

초기화면의 슬라이더 목록에서 현재 작업 중인 slider1의 파란색 '슬라이더 편집' 버튼을 클릭하고 다음 화면에서 슬라이드 1의 녹색 버튼을 클릭합니다.

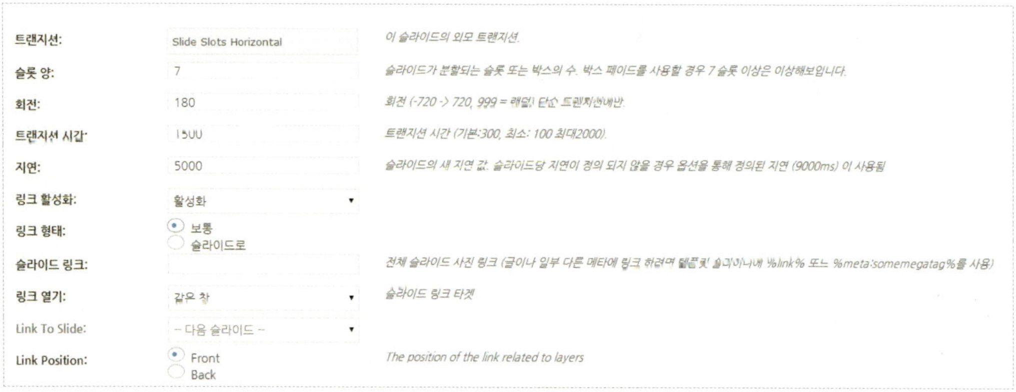

그림 4-10 슬라이드 설정 옵션

다음 화면에서 아래로 조금 스크롤 하면 위와 같은 화면이 나옵니다. 이곳은 슬라이더의 개별 슬라이드를 설정하는 곳입니다. 트랜지션에서 'Slide Slots Horizontal'을 선택합니다.

- 슬롯의 양은 트랜지션 중에서 슬롯이 있을 경우 그 수를 의미합니다. 슬롯이란 트랜지션 중에서 이미지가 조각으로 나눠지는 것을 말합니다. 7인 경우 7개로 잘라집니다.
- 회전은 트랜지션 되면서 회전하는 각도입니다.
- 트랜지션 시간은 말 그대로 애니메이션 되는 시간이며 빠르게 하면 애니메이션의 효과가 잘 보이지 않습니다.
- 지연은 전체 설정에서 이미 9000으로 설정한 것을 이곳에서 덮어쓰기 할 수 있습니다.
- 링크 활성화를 선택하면 링크 설정하는 부분이 나타납니다.
- '보통'은 슬라이드 이미지를 클릭할 경우 다른 url로 이동할 수 있도록 하는 기능입니다. 이를 선택할 경우 다음 입력박스인 '슬라이드 링크'에 url을 입력할 수 있습니다.
- 링크 열기는 링크 형태를 '보통'으로 선택했을 때 활성화 되며 링크 url을 같은 창에서 열 것인지 새 창에서 열 것인지 선택합니다.
- '슬라이드로'는 다른 url로 이동하는 것이 아니라 슬라이드를 클릭할 때, 아래 설정의 Link to Slide에서 '다음 슬라이드'를 선택할 경우 애니메이션 중이라도 다음 슬라이드로 넘어갑니다.

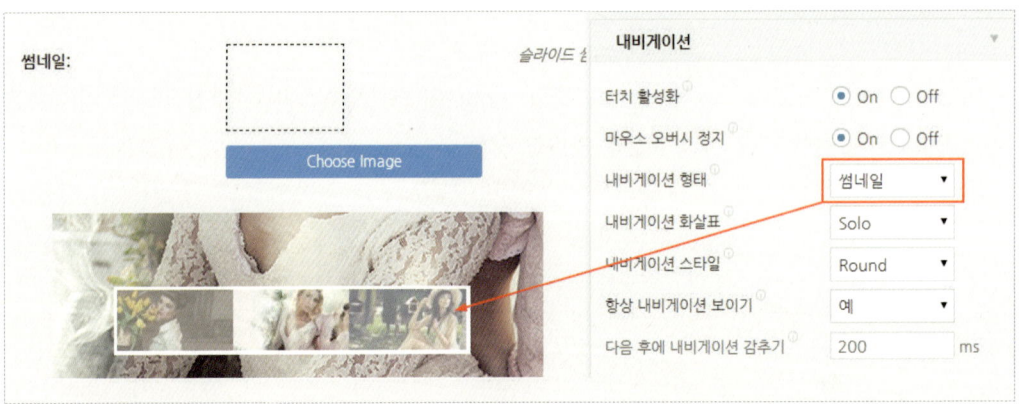

그림 4-11 썸네일

썸네일은 슬라이더의 내비게이션을 대신할 수 있는 기능으로 내비게이션이 썸네일로 나타납니다. 이를 활성화 하려면 슬라이더 전체 설정 화면에서 내비게이션 박스를 열고 내비게이션 형태를 썸네일로 선택하면 됩니다. 기본적으로 원래의 슬라이드 이미지를 사용하지만 위의 Choose Image 버튼을 클릭해 다른 작은 이미지를 업로드 할 수 있습니다.

그림 4-12 슬라이드 배경 이미지

슬라이더 메인 이미지/배경 항목에서 이미지 변경 버튼을 클릭해 배경 이미지를 변경할 수 있으며 외부 URL에 체크하면 외부의 이미지 URL을 입력할 수 있는 필드가 나타납니다. 투명은 배경이 투명이 되며 체크 무늬가 나타납니다. 단일 색상은 색상 코드를 입력할 수 있는 필드가 나타납니다.

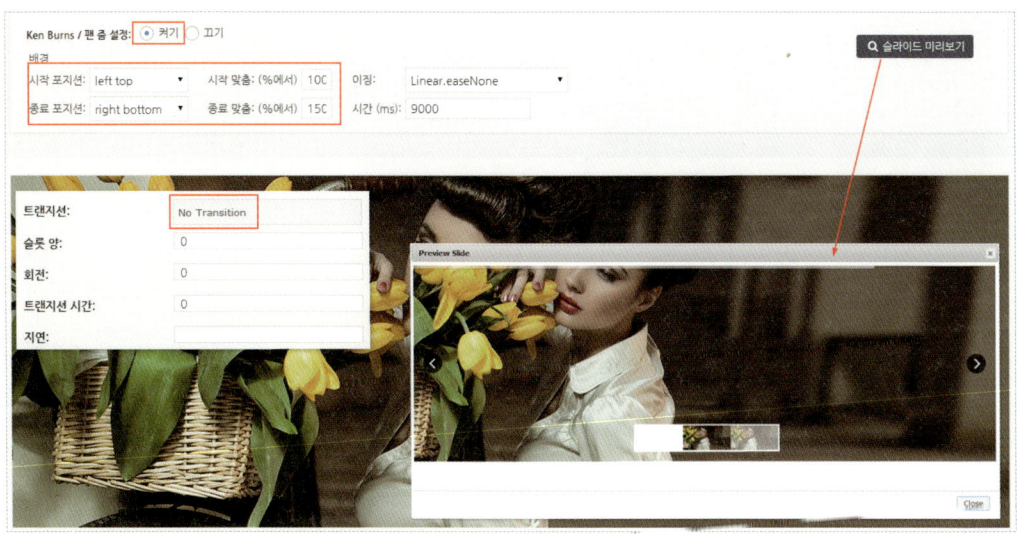

그림 4-13 Ken Burns 효과

Ken Burns는 이미지에 줌 효과와 패닝(좌우로 이동)이 동시에 나타나게 한 슬라이드입니다. 같은 이름의 미국 다큐멘터리 감독의 이름에서 유래합니다. '켜기'를 선택하면 옵션 항목이 나타납니다.

테스트 하기 전에 우선 이전에 설정한 트랜지션을 No Transition으로 선택하고 나머지 네 개의 항목에서 입력란의 수치를 제거합니다. 시작 포지션을 left top으로, 종료 포지션을 right bottom으로, 시작 맞춤을 100%, 종료 맞춤을 150%로 설정한 다음 '슬라이드 미리보기' 버튼을 클릭하면 미리보기 창에서 줌 패닝 효과가 나타납니다. 위 우측 그림은 커지면서 우측으로 이동했다가 좌측으로 이동하는 과정에서 캡쳐 한 화면입니다. 이미지가 150% 커지는데도 화질이 거의 변화가 없습니다.

이 애니메이션을 이용하려면 다른 슬라이드도 같은 Ken Burns 효과를 사용해야 보기 좋습니다. 다음 실험을 위해 '끄기'로 선택합니다.

## 03 레이어 슬라이더 사용

그림 4-14 레이어 사용하기

레이어 추가 버튼을 클릭하면 이미지와 텍스트 입력란에 샘플 텍스트가 나타납니다. 텍스트 입력박스 하단에 있는 정렬 & 포지션의 9개 위치를 클릭하면 해당 위치로 글자가 배치됩니다. 글자를 '쇼핑몰 만들기'로 변경합니다.

그림 4-15 레이어 글자 스타일

스타일의 선택상자를 클릭하고 항목에 마우스를 올리면 샘플 스타일이 나타나며 클릭하면 바로 변경됩니다.

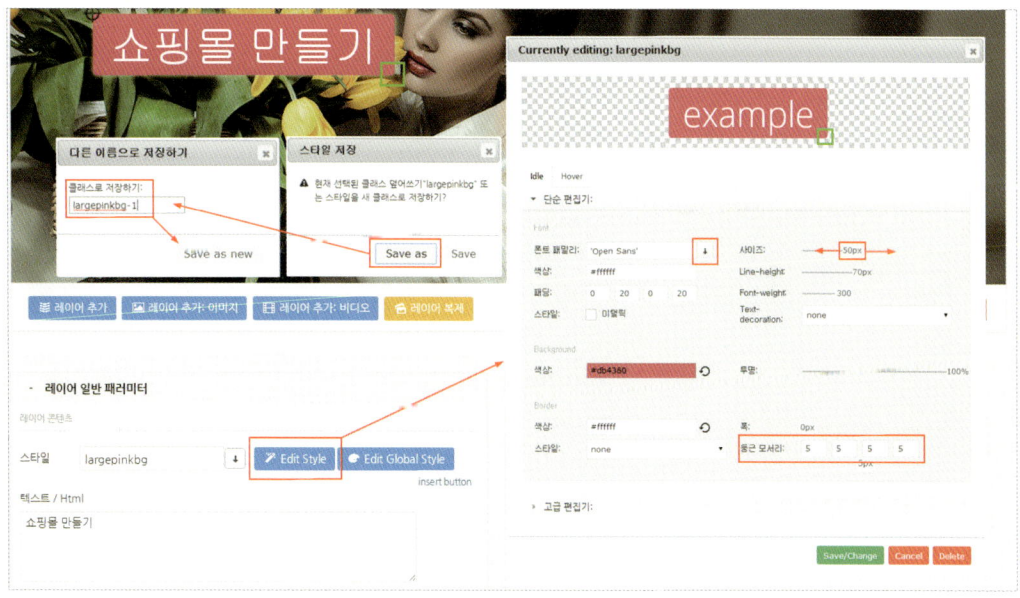

그림 4-16 글자 스타일 수정

01. 레볼루션 슬라이더 사용    297

Edit Style 버튼을 클릭해 팝업 창에서 폰트 패밀리를 선택하거나 글자 색상, 배경 색상 등 여러 가지 설정을 변경할 수 있습니다. 둥근 모서리의 네 곳에 5를 입력하고 Save/Change 버튼을 클릭하면 스타일 저장 박스가 나오며 Save as 버튼을 클릭하고 클래스 이름에 -1을 추가하고 저장합니다. 다른 이름으로 저장하는 것은 기본 스타일을 보존하기 위해서입니다. 글자의 배경 모서리가 반지름 5픽셀 만큼 둥글게 됐습니다.

팝업 창에서 고급 편집기나 편집 화면의 Edit Global Style 버튼을 클릭하면 스타일시트를 직접 편집할 수 있습니다.

그림 4-17 글자 레이어 추가

다른 글자를 하나 더 만들고 스타일을 설정한 다음 위처럼 배경 그림의 인물을 가리지 않도록 배치합니다.

그림 4-18 트랜지션 및 시간

트랜지션을 'Slide to Left'로 선택합니다. 트랜지션이나 애니메이션에서 To나 From은 방향을 의미합니다. To는 가는 방향이고 From은 오는 방향입니다. 따라서 To Left는 왼쪽으로 간다. 즉 오른쪽에서 왼쪽으로 애니메이션 됩니다. 트랜지션 시간이 500인 것은 배경이 애니메이션 되는 시간입니다. 트랜지션이 Slide To Left이므로 이미지가 오른쪽에서 나타나 화면에 정지하는 시간이 0.5초 걸립니다. 링크는 단순화 하기 위해 비활성화 합니다.

레이어 타이밍에서 숫자 부분을 클릭해 각각 1000과 1500으로 변경합니다. 이것은 애니메이션이 시작 되는 시간입니다. 배경 이미지가 500 밀리초 동안 애니메이션 된 다음 첫 번째 레이어인 '쇼핑몰 만들기'는 1000 밀리초 후에 시삭합니다. 그다음 두 번째 레이어는 1500 밀리초 후에 애니메이션이 시작됩니다. 우측의 눈 아이콘을 클릭해 보이게 하거나 화살표 아이콘을 클릭 드래그해서 레이어를 이동할 수 있습니다.

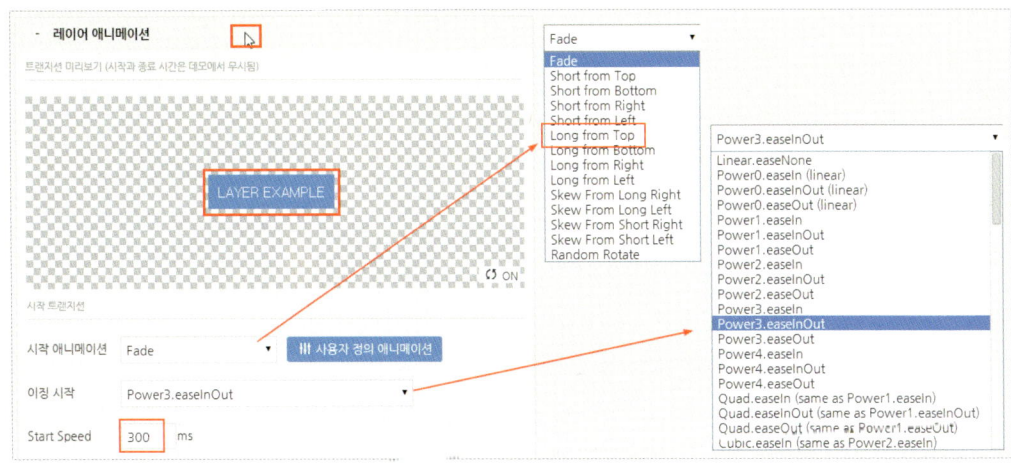

그림 4-19 레이어 애니메이션

레이어 애니메이션 박스에서 제목의 우측을 클릭하면 내용이 펼쳐집니다. 시작 애니메이션이 기본으로 Fade로 선택돼있어서 그 자리에서 페이드 되는 효과가 나타납니다. 이를 Long from Top으로 변경하면 변경된 모습을 바로 확인할 수 있습니다. Short은 글자가 중간부터 나타나고 Long은 상단부터 나타나며 Skew는 기울어져서 시작됩니다. Random Rotate는 무작위로 회전됩니다. 즉 시작점을 예측할 수 없으며 알아서 시작됩니다.

이징은 애니메이션의 자연스러운 종료와 시작을 만들어줍니다. 일반적으로 동작은 갑자기 움직이기 시작하거나 종료되는 것이 아니라 서서히 시작하고 중간에 속도가 늘어나다가 종료지점에서는 속도가 줄어듭니다. 자동차의 움직임을 생각하면 됩니다. 이런 자연스러운 시작과 종료를 표현하는 것을 이징이라고 합니다. 각 효과를 선택해 확인해보세요. 시작 속도는 300 밀리초로 입력했습니다.

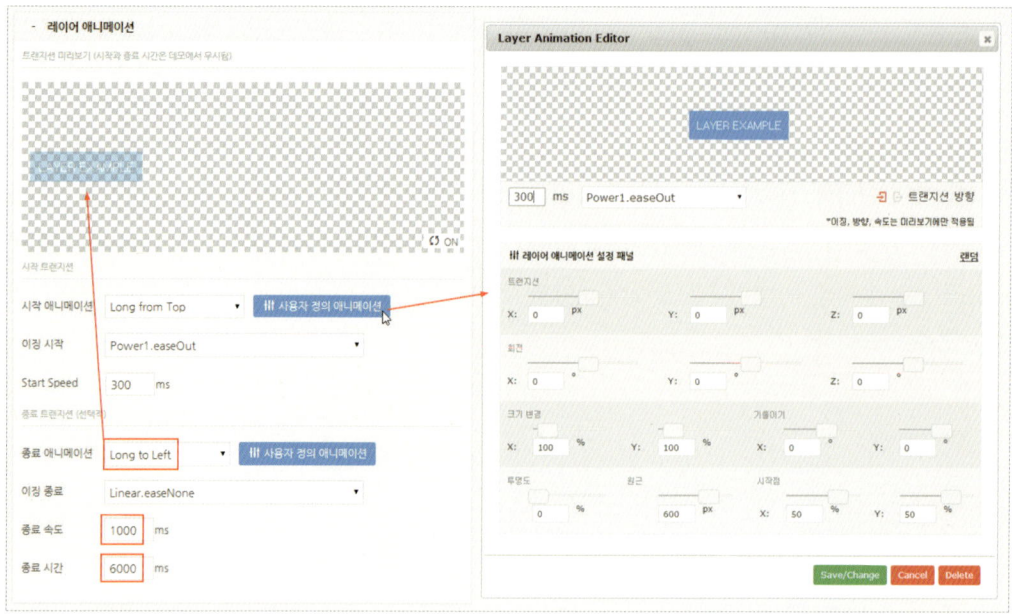

그림 4-20 종료 애니메이션

종료 애니메이션은 Long to Left를 선택했습니다. 따라서 위에서 내려와 글자가 배치된 위치로 이동하고 종료시간이 지나면 좌측으로 이동합니다. 종료 속도를 이번에는 시작 속도보다 느리게 1000으로 했습니다. 종료 시간은 이 애니메이션의 총 소요되는 시간이 9000 밀리초인데 그 전에 글자가 종료되게 하는 것입니다. 사용자 정의 애니메이션 버튼을 선택하면 다양한 설정을 할 수 있지만 나중에 익숙해지면 사용하도록 합니다.

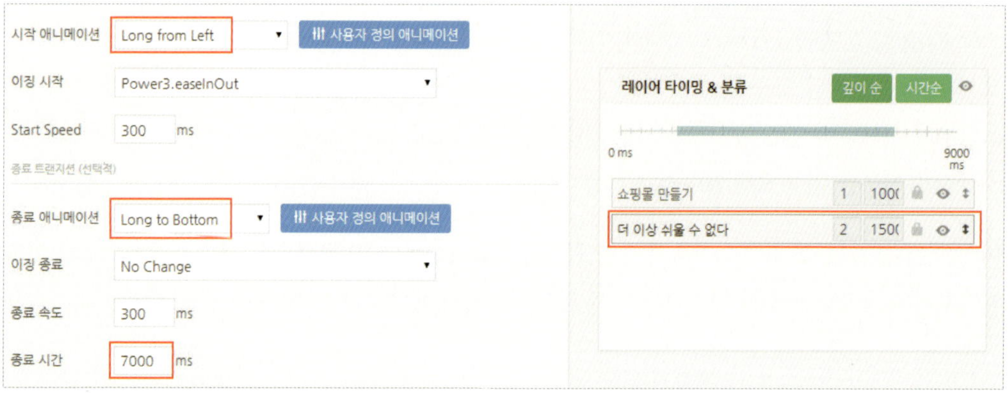

그림 4-21 두 번째 레이어 설정

두 번째 글자를 선택합니다. 이미지가 있는 곳에서 선택해도 되지만 레이어 타이밍에서 선택해도 됩니다. 이 글자의 애니메이션은 좌측에서 길게 시작하고 하단으로 길게 사라지도록 했습니다. 종료 시간은 첫 번째 글자가 끝나는 6000 밀리초 다음에 1000 밀리초 후인 7000으로 설정하면 시간차를 두고 애니메이션 되면서 사라집니다. 2초 후에는 슬라이드가 종료됩니다.

그림 4-22 미리보기

새로고침 아이콘을 클릭해 모든 설정을 저장하고 돋보기 아이콘을 클릭해 미리보기 합니다. 제대로 작동하는지 확인하고 다른 슬라이드도 다양한 설정을 통해 실험해봅니다. 여러 가지 모양을 이해하고 자신만의 슬라이드를 만들어보세요.

## 04 이미 만들어진 슬라이더 사용

레볼루션 슬라이더는 아주 많이 사용하는 워드프레스 슬라이더 플러그인입니다. 대부분의 프리미엄 테마에 번들로 포함돼 있어서 데모 사이트에서 이미 만들어진 슬라이더 설정을 내려받아 사용할 수 있습니다. 다만 슬라이더에 사용되는 이미지는 저작권 때문에 포함되지 않습니다. 이러한 슬라이더를 내려받아 설치하고 사용하는 방법을 알아보겠습니다.

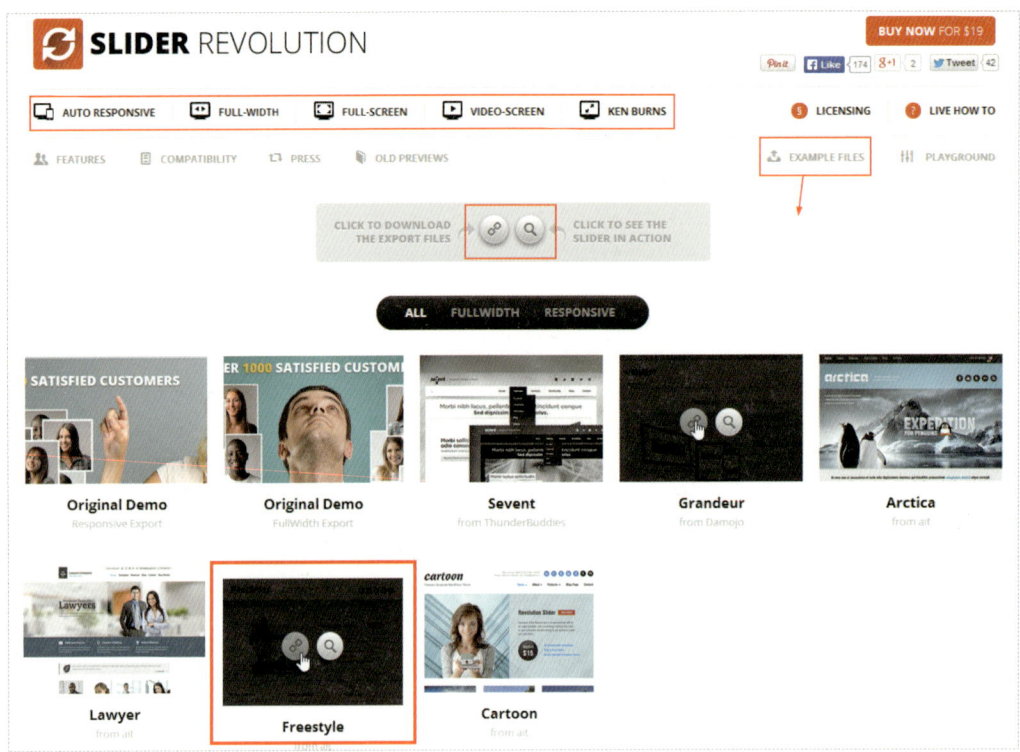

그림 4-23 레볼루션 슬라이더 사이트

- http://www.themepunch.com/codecanyon/revolution_wp/

위 링크로 이동하면 레볼루션 슬라이더의 홈페이지가 나옵니다. 상단의 메뉴에서 각 슬라이더의 데모를 확인할 수 있고 EXAMPLE FILES를 선택하면 많은 사이트에서 사용되고 있는 예제를 확인해 볼 수 있습니다. 썸네일에 마우스를 올리면 두 개의 아이콘이 나오는데 링크 아이콘은 ZIP 파일을 내려받을 수 있고 돋보기 아이콘은 사이트로 이동해서 예제를 볼 수 있습니다. 하단에서 Freestyle의 링크 아이콘을 클릭해 zip 파일을 적당한 폴더에 내려받아 압축을 해제합니다.

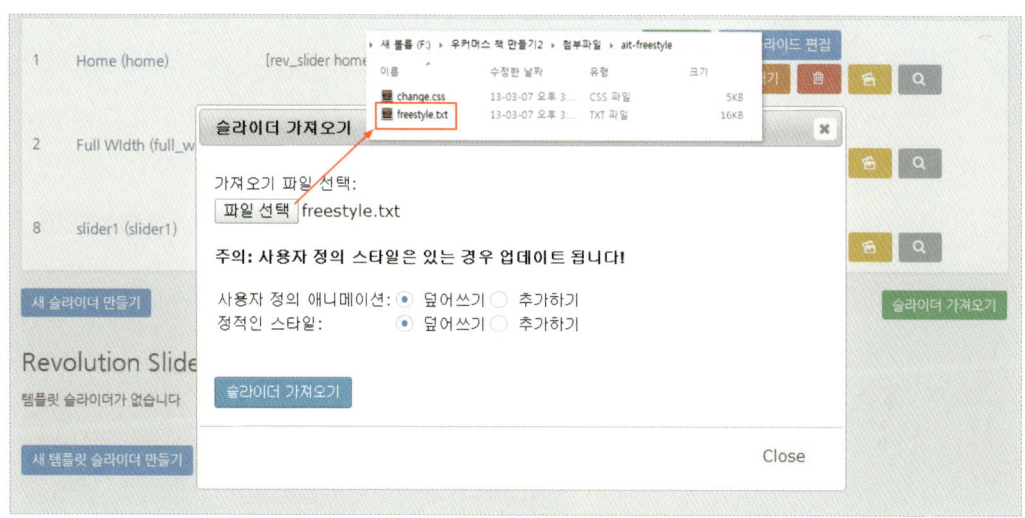

그림 4-24 미리 만들어진 슬라이더 가져오기

레볼루션 슬라이더의 가져오기 기능은 두 가지를 지원합니다. 하나는 신 버전에서 zip 파일을 그대로 가져오기 할 수 있는 것이고 다른 하나는 구 버전의 txt 파일을 가져오는 기능입니다. 샘플 사이트에서 가져오기 한 파일의 압축을 해제하면 두 개의 파일 밖에 없는데 이것이 구 버전입니다. 압축을 해제하고 txt 파일을 선택합니다.

레볼루션 슬라이더 초기화면에서 녹색의 슬라이더 가져오기 버튼을 클릭하면 팝업 창이 나타납니다. 파일 선택 버튼을 클릭해 txt 파일을 업로드 합니다. 창에서 파란색 슬라이더 가져오기 버튼을 클릭하면 업로드되고 완료되면 목록에 slider1이 만들어지는데 이미 만든 슬라이더와 이름이 동일하므로 수정해야 합니다. 목록에서 녹색의 '설정' 버튼을 클릭합니다.

그림 4-25 슬라이더 설정 수정

제목과 그리드 사이즈를 변경하고 하단에서 설정 저장하기와 슬라이더 편집 버튼을 차례로 클릭합니다. 다음 화면에서 슬라이드 목록의 첫 번째 슬라이드 편집 버튼을 클릭합니다.

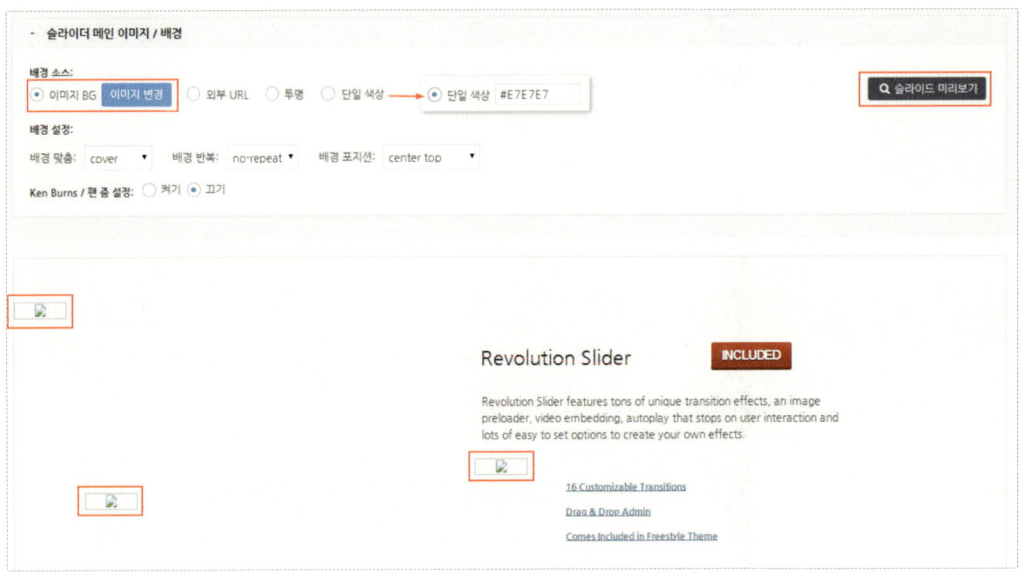

그림 4-26 레이어 편집

다른 설정은 그대로 두고 이미지 변경과 요소의 재배치만 하면 됩니다. 가져오기에 이미지는 없으니 다른 이미지를 사용합니다. 현재는 배경 이미지가 없어서 미리보기를 해도 슬라이드가 나타나지 않습니다. 그래서 단일 색상에 체크하고 미리보기 하면 보입니다.

배경 이미지를 넣기 위해 이미지 변경 버튼을 클릭하고 첨부 파일에서 rvslide2-bg.jpg 파일을 업로드 하면 배경이 바뀝니다.

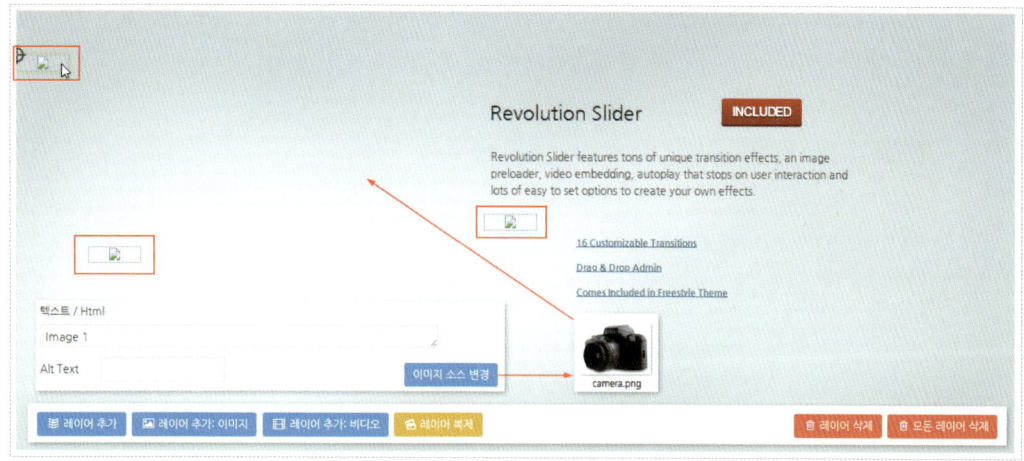

그림 4-27 이미지 업로드

좌측 상단의 이미지 홀더를 선택하고 이미지 소스 변경 버튼을 클릭해 첨부파일의 camera.png 파일을 업로드 합니다. 배경이 아닌 슬라이더 내부에 이미지를 사용할 경우 이미지의 오브젝트를 제외하고 투명하게 만든 이미지를 사용하는 것이 보기 좋습니다. 나머지 이미지 홀더 두 개는 선택하고 레이어 삭제를 클릭해 제거합니다.

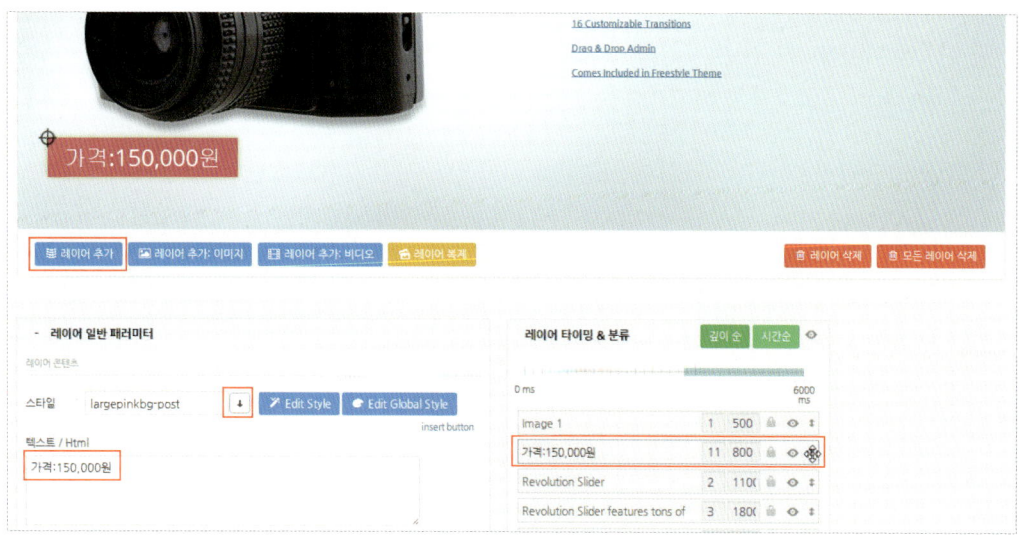

그림 4-28 새 레이어 추가

01. 레볼루션 슬라이더 사용

레이어를 추가하고 텍스트를 입력한 다음 스타일을 정하고 레이어 타이밍에서 하단에 있는 가격 레이어를 우측 끝의 이동 아이콘을 클릭 드래그해서 두 번째 레이어로 배치합니다.

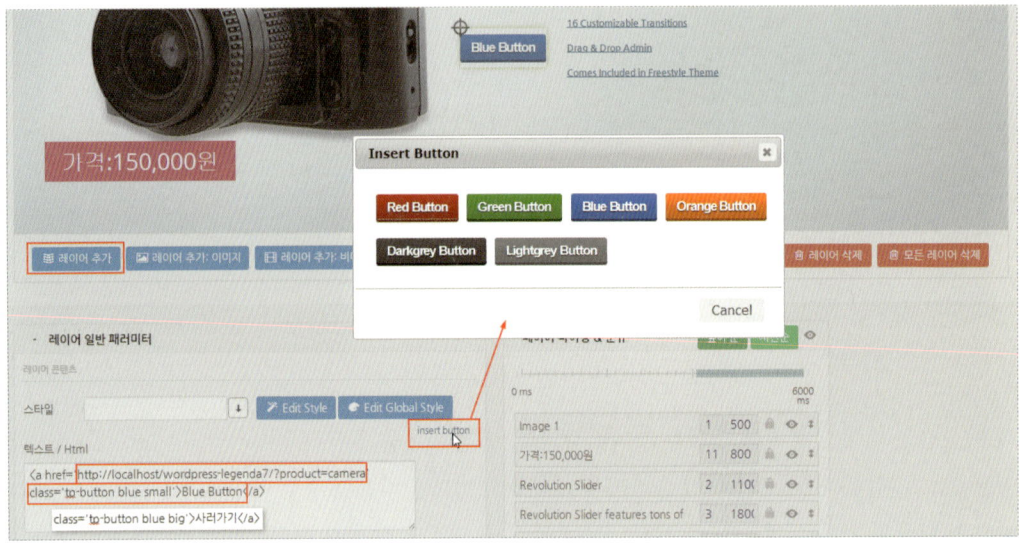

그림 4-29 버튼 추가

레이어를 추가하고 insert button 링크를 클릭한 다음 원하는 색상의 버튼을 선택합니다. 버튼을 적절한 위치에 배치합니다. 버튼은 좌측 상단에 있는 조준경 아이콘을 클릭 드래그하면 됩니다. 다른 요소를 편집하다 보면 조준경 아이콘이 안보이는데 버튼의 좌측 상단 부분을 클릭하면 나타납니다.

텍스트 입력 상자에서 href=' '의 홑 따옴표 안에 이미 있는 것을 지우고 상품의 url를 복사해 붙여넣습니다. class의 small은 big으로 변경하고 'Blue Button' 글자는 사러가기나 구매하기로 변경합니다. 나머지 글자들은 적절하게 수정해 사용합니다.

그림 4-30 미리보기

미리보기 화면에서는 글자가 겹쳐 보이므로 실제 사이트에서 확인하고 각 요소를 적절하게 재배치합니다. 이전에 슬라이더를 확인하기 위해 만들었던 페이지의 편집 화면에서 단축코드만 변경하고 업데이트 한 다음 사이트에서 확인합니다. 글자 크기는 p로 돼있는 것을 h1부터 h6까지 원하는 크기로 변경하면 됩니다.

## 05 콘텐츠 슬라이더 만들기

콘텐츠 슬라이더란 블로그 글이나 상품 콘텐츠를 슬라이더로 출력할 수 있는 기능을 말합니다. 지금까지 만든 슬라이더는 위처럼 직접 콘텐츠를 추가했지만 콘텐츠 슬라이더는 이미 있는 콘텐츠를 불러와 출력하게 됩니다. 다만 템플릿을 만들어 요소를 배치하고 슬라이더를 만들어줘야 합니다.

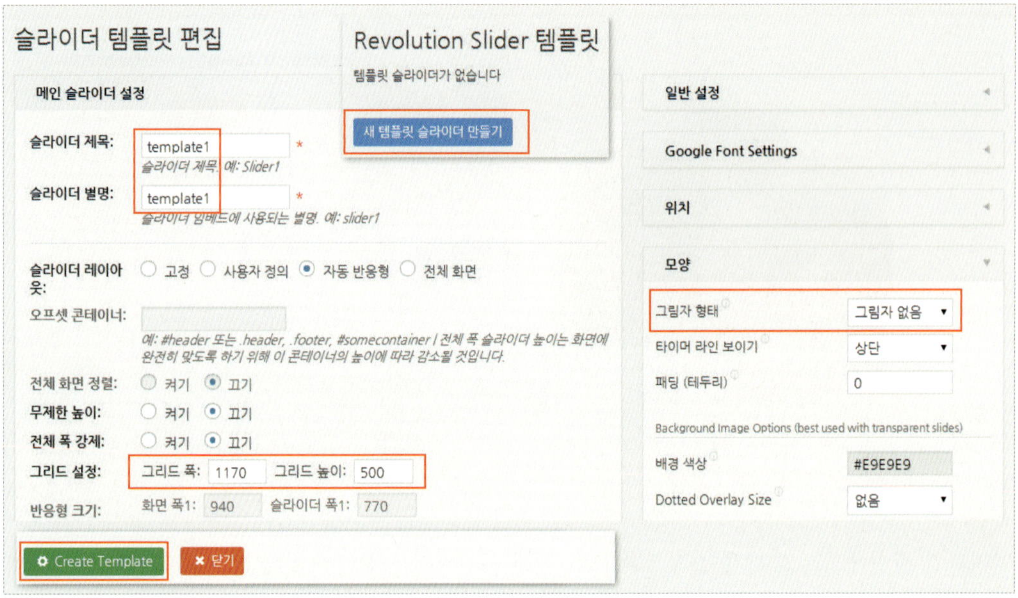

그림 4-31 템플릿 만들기

슬라이더 초기 화면에서 '새 템플릿 슬라이더 만들기' 버튼을 클릭합니다. 슬라이더 템플릿 편집 화면에서 슬라이더 제목과 별명을 입력합니다. 템플릿에는 단축코드가 없습니다. 그리드 설정에서 폭과 높이를 정하고 모양 박스에서 그림자 없음을 선택한 다음 Create Template 버튼을 클릭하면 초기 화면으로 이동합니다.

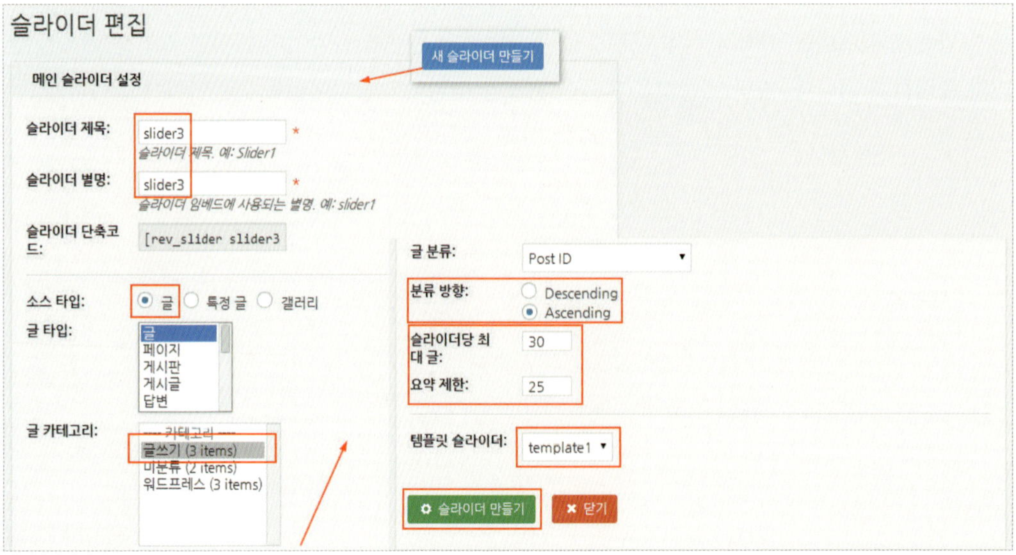

그림 4-32 슬라이더 만들기

초기 화면에서 새 슬라이더 만들기 버튼을 클릭하고 제목, 별명을 입력한 다음 소스타입에서 글을 선택하면 아래에 내용이 나타납니다. 글 타입에서 글을 선택하고 카테고리는 1장에서 만든 글쓰기를 선택합니다. 분류 방향은 Ascending으로 선택하고 슬라이더당 최대 글은 현재는 3개의 글만 있지만 너무 많은 글이 나오지 않게 조정합니다. 요약도 글이 출력되는 것을 봐가면서 조절하는데 우선 25로 입력합니다. 템플릿 슬라이더는 하나밖에 없으니 선택된 상태로 나타납니다. 슬라이더 만들기 버튼을 클릭하면 초기화면으로 이동합니다.

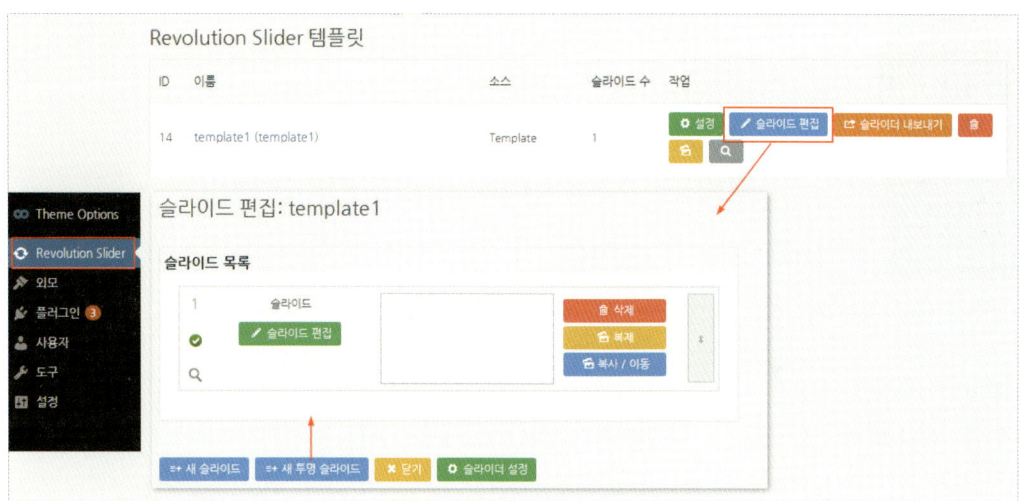

그림 4-33 템플릿 슬라이더 편집

초기화면에서 template1의 목록에서 슬라이드 편집 버튼을 클릭합니다. 다음 화면에서 새 투명 슬라이드 버튼을 클릭하면 슬라이드가 만들어집니다. 이처럼 템플릿은 투명 슬라이드가 있어야 합니다. 위 슬라이드 편집: template1 화면은 그대로 두고 슬라이더가 제대로 작동하는지 확인해보겠습니다. Ctrl 키를 누르고 Revolution Slider 메뉴를 클릭하면 새 탭에 초기화면이 나타납니다.

그림 4-34 콘텐츠 슬라이더 미리보기

슬라이더 목록에 글 수가 표시됩니다. 템플릿에도 슬라이드 수가 나옵니다. 슬라이더 목록에서 돋보기 아이콘을 클릭하면 콘텐츠는 없지만 특성 이미지로 사용한 배경 이미지가 나타납니다. 슬라이더는 배경 이미지만 출력하고 글 콘텐츠는 템플릿에서 만들어야 합니다. 다시 이전의 슬라이드 편집: template1 화면으로 돌아와 녹색의 슬라이드 편집 버튼을 클릭합니다.

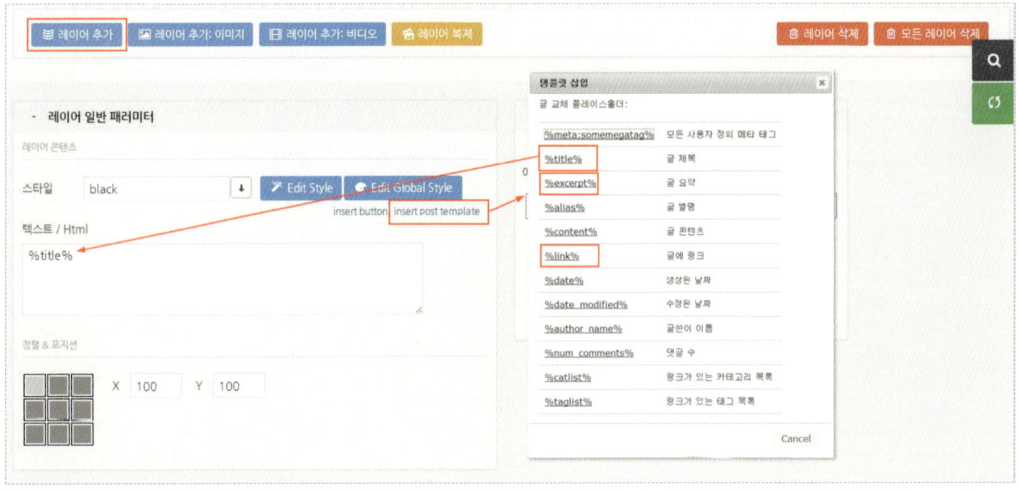

그림 4-35 템플릿 콘텐츠 레이어 추가

트랜지션은 원하는 대로 설정하고 레이어 추가 버튼을 클릭합니다. 텍스트 입력상자에서 기본 글자를 제거하고 insert post template 링크를 클릭하면 팝업 창이 나타납니다. %title%을 선택하면 텍스트 입력상자에 추가됩니다. 레이어 추가 버튼을 클릭해 같은 방법으로 글 요약인 %excerpts%과 또 다른 레이어를 만들고 글 링크인 %link%를 추가합니다. %link%의 경우 URL이 그대로 출력되므로 〈a href="%link%"〉더보기〈/a〉처럼 a 태그를 사용해 링크를 만들어줍니다.

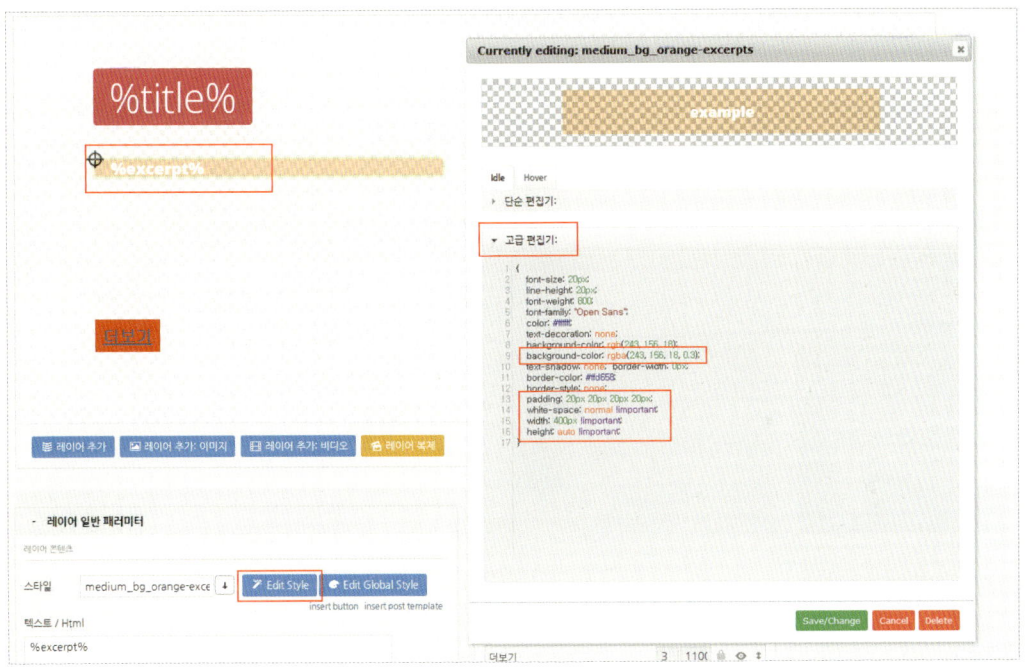

그림 4-36 콘텐츠 스타일 수정

각 요소의 스타일을 스타일 선택상자에서 설정하고 요약은 스타일시트를 직접 편집합니다. 안그러면 글자가 수평으로 길게 늘어집니다. 요약을 선택하고 Edit Style 버튼을 클릭해 고급 편집기를 열고 다음과 같이 코드를 수정합니다.

```
background-color: rgba(243, 156, 18, 0.3);
```

배경색은 맨 끝에 있는 1을 0 이상의 소수로 사용하면 투명도를 조절할 수 있습니다. 0은 완전 투명을 의미하고, 1은 불투명을 의미합니다.

```
padding: 20px 20px 20px 20px;
```

좌우측만 패딩을 모두 20으로 변경합니다.

```
white-space: normal !important;
width: 400px !important;
height: auto !important;
```

위 세가지는 요약 글 박스의 폭을 조절합니다. 폭은 400픽셀 범위내이고 글자는 폭의 범위에서 줄바꿈 합니다. Save/Change 버튼을 클릭해 이름에 -1을 입력하고 다른 이름으로 저장합니다.

그림 4-37 사이트에서 확인

이전에 만든 슬라이더 테스트 페이지에서 슬라이더 단축코드를 변경하고 업데이트 한 다음 사이트에서 확인하면 위와 같이 나타납니다. 템플릿 하나만 설정했지만 모든 콘텐츠가 같은 스타일로 나타납니다.

## 06 상품 콘텐츠 슬라이더 만들기

글 콘텐츠 슬라이더 만들기와 마찬가지 방법으로 글 타입에서 상품을 선택하면 만들 수 있지만 상품은 특성 이미지로 사용하는 것이 정사각형입니다. 그래서 위와 같은 가로형 슬라이더를 만들면 이미지가 잘려져 나타납니다. 레볼루션 슬라이더가 업그레이드 되면 다른 배경 이미지위에 상품 이미지를 출력할 수 있는 기능이 추가되겠지만 현재로서 사용할 수 있는 방법은 정사각형의 슬라이더를 만들고 사이드바에 위젯으로 배치하는 방법입니다.

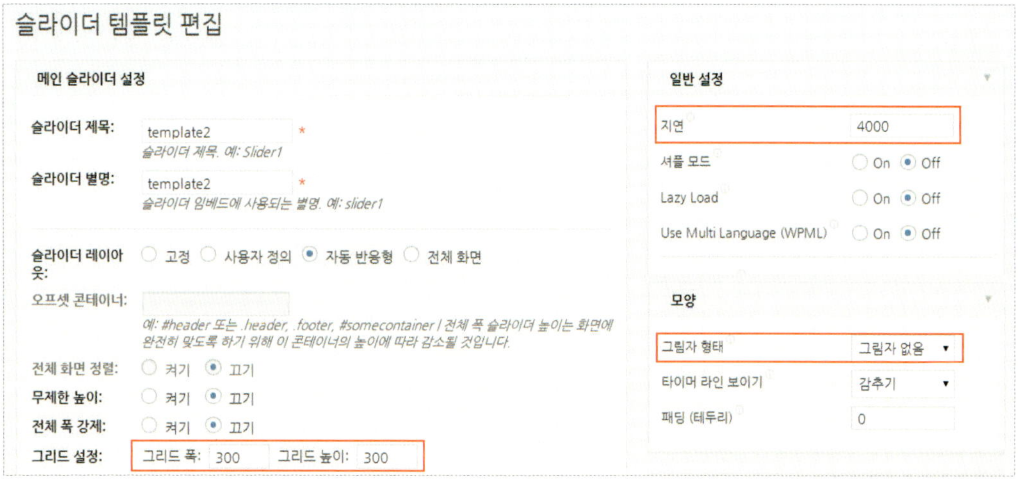

그림 4-38 상품 콘텐츠 템플릿 만들기

템플릿을 만들고 그리드를 정사각형으로 설정합니다. 지연 시간은 보다 짧게 하고 그림자도 없애줍니다.

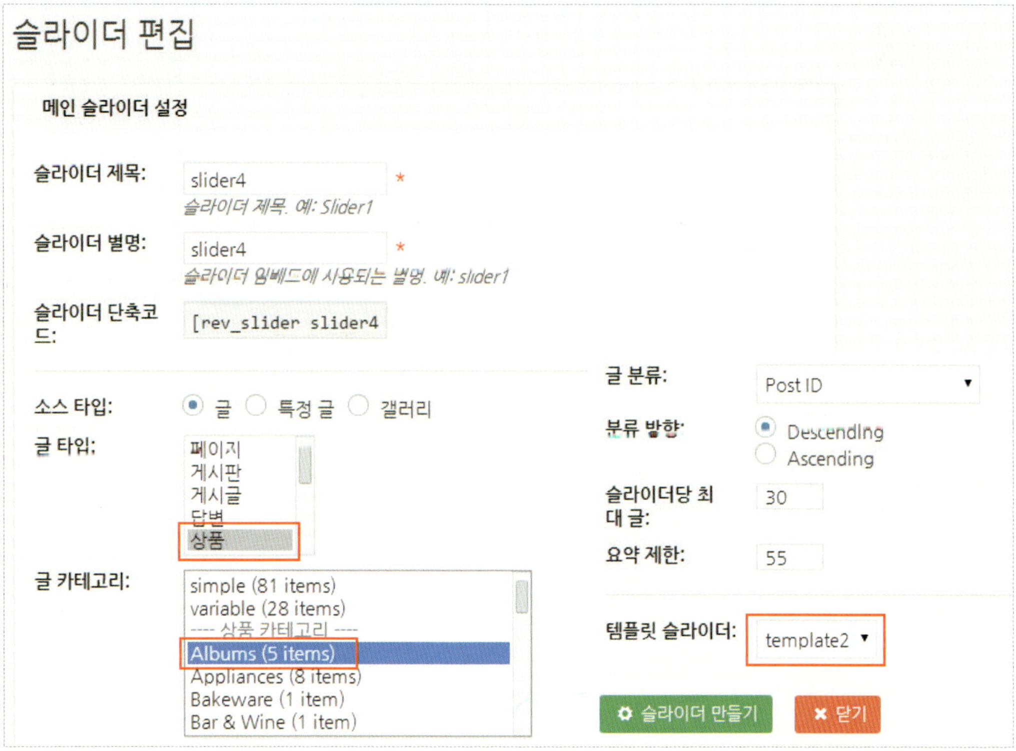

그림 4-39 상품 슬라이더 설정

01. 레볼루션 슬라이더 사용   313

슬라이더를 만들고 글에서 상품과 카테고리에서 특정 카테고리를 선택한 다음 템플릿을 선택하고 저장합니다.

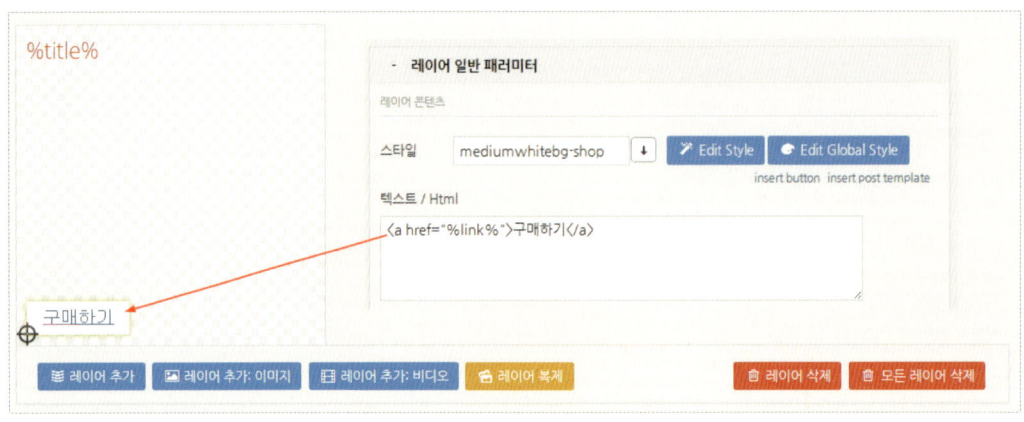

그림 4-40 상품 콘텐츠 레이어 추가

템플릿에서 투명 슬라이더를 만들고 스타일을 설정하고 저장합니다.

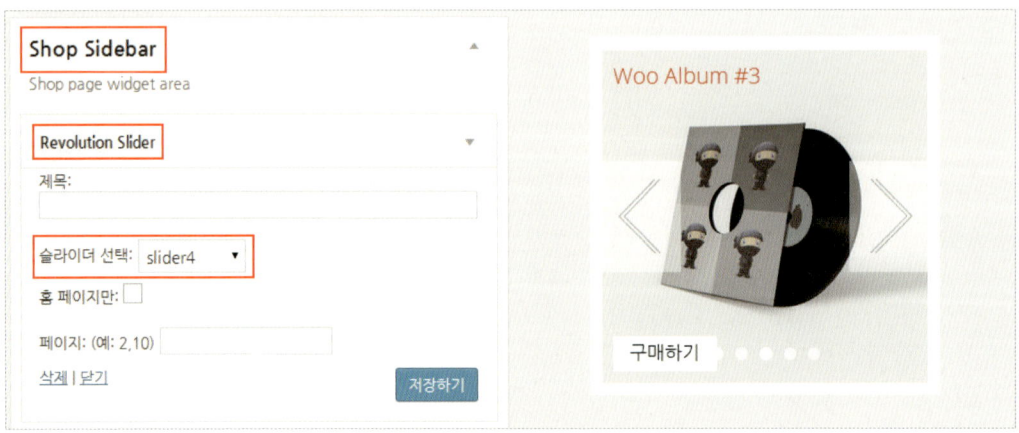

그림 4-41 슬라이더 확인

외모 → 위젯 화면에서 Revolution Slider 위젯을 Shop Sidebar에 배치하고 슬라이더를 위에서 만든 것으로 선택하고 저장하면 상점 페이지에서 사이드바에 나타납니다.

# 페이지 만들기 02

대부분의 워드프레스 프리미엄 테마는 수많은 페이지를 만들 수 있게 데모 페이지를 제공합니다. 1장에서 이미 이러한 데모 페이지를 설치하는 방법을 알아봤습니다. 데모 페이지는 가능한 한 많을수록 좋습니다. 테마에 포함된 페이지 빌더를 어떻게 사용하는지 페이지를 열어보면 알 수 있기 때문입니다. 여기서는 Legenda 테마가 제공하는 페이지의 콘텐츠와 테마의 데모 사이트에는 있지만 제공되지 않는 페이지 요소를 만들 것입니다.

페이지 만들기에서는 웹 브라우저에서 상당히 많은 탭을 열고 편집을 합니다. 워드프레스 관리자 화면에서 페이지를 만들면서 위젯 화면을 열고 위젯을 배치한다거나 정적인 블록에서 블록을 만들면서 위젯 화면을 이용할 수도 있습니다. 또한 메뉴 화면에서 메뉴를 배치하고 정적인 블록에 메뉴를 배치하기도 합니다. 사이트에서 어떻게 나타나는지 확인하기 위해 별도의 탭에서 사이트 화면을 열고 새로고침 하는 작업이 반복됩니다.

이럴 때 사용하는 방법이 Ctrl+클릭입니다. 편집하던 화면에서 메뉴를 클릭하기 전에 Ctrl 키를 누르면 현재 화면을 유지한 채 해당 화면을 새 탭에 열 수 있습니다.

# 01 비주얼 컴포우저 설정

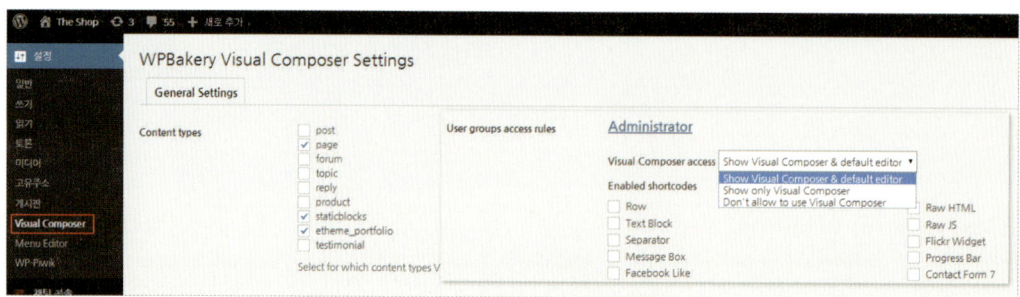

그림 4-42 비주얼 컴포우저 설정

테마에 내장된 페이지 빌더인 비주얼 컴포우저는 원래 플러그인이지만 플러그인 형태로 설치되지 않고 테마와 같이 설치되게 했습니다. 설정 → Visual Composer를 선택하면 몇 가지 기본 설정을 할 수 있습니다. Content Types에서 체크하면 해당 편집 페이지에서 비주얼 컴포우저가 활성화 됩니다. 글은 대부분 텍스트나 이미지를 주로 사용하므로 기본적으로 활성화 되지 않았습니다. 필요에 따라 활성화 하고 사용하세요.

상세 페이지에도 사용할 수 있게 product라는 항목이 있어서 이를 활성화 하면 상품 추가 화면에서 사용할 수 있습니다. 하지만 콘텐츠를 추가하면 설명 탭에 나타나기는 하는데 레이아웃이 엉망이 됩니다. 그래서 굳이 페이지 빌더를 사용해 상세 페이지에 컨텐츠를 추가하고자 할 때는 정적인 블록을 만들어 배치합니다.

User Groups access rules 항목은 사이트의 관리자에게 비주얼 컴포우저의 접근 권한을 부여합니다. 현재는 모든 체크박스에 체크가 안돼있지만 하나의 체크박스에 체크하면 해당 요소만 보이게 됩니다. 선택상자에서 비주얼 컴포우저와 기본 편집기를 선택적으로 나타나게 할 수 있습니다. 필요에 따라 둘 다 사용할 수 있게 기본으로 해두는 것이 좋습니다.

# 02 정적인 블록

Legenda 테마는 정적인 콘텐츠를 미리 만들어 페이지나 글에 사용하고 있습니다. 정적인(Static) 콘텐츠란 일반적으로 동적인(Dynamic) 콘텐츠의 대비되는 말로 콘텐츠가 데이터베이스에서 가져오는 것이 아닌 고정적인 콘텐츠를 말합니다. 정적인 블록은 주로 고정적인 콘텐츠를 사용하기도 하지만 위젯을 이용해 블로그 글 목록도 출력할 수 있어서 반드시 정적이라고도 할 수 없습니다. 대부분 고정적인 콘텐츠를 가져오는데 사용하므로 이런 이름이 붙여진 것 같습니다.

## 03 헤더 상단 바 패널 만들기

그림 4-43 숨겨진 헤더 상단 바 패널

우선 전면 페이지 상단에서 숨겨져 있는 헤더 상단바에 콘텐츠를 만들어 위젯을 이용해 배치해 보겠습니다. 헤더 상단 바는 화살표 아이콘을 클릭하면 숨겨진 영역이 나타납니다. 아직 위젯을 배치하지 않아서 안내 글만 나타납니다.

그림 4-44 정적인 블록

메뉴에서 정적인 블록을 선택하면 목록이 나타나며 앞으로 블록을 추가하면 이곳에 나열됩니다. Add New를 클릭합니다.

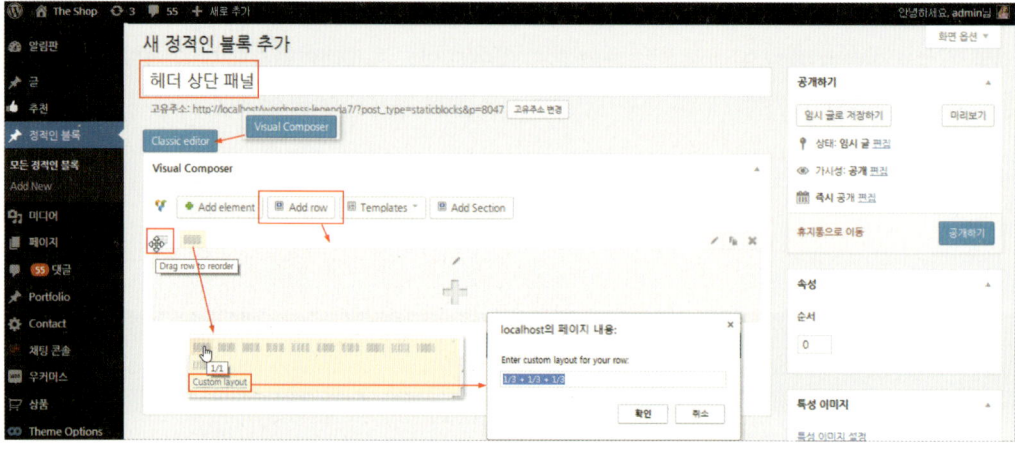

그림 4-45 비주얼 컴포우저로 레이아웃 만들기

처음에 페이지 빌더가 나타나지 않으면 Visual Composer 버튼을 클릭하면 나타나고 버튼이 Classic editor로 전환됩니다. 요소를 배치하기 전에 우선 레이아웃을 만듭니다. 제일 먼저 행(row)을 만든 다음 열(column)을 만들고 열에 원하는 콘텐츠를 추가합니다.

Add row 버튼을 클릭하면 박스가 나타나 행이 만들어지고 열은 박스의 좌측 상단에서 두 번째 탭에 마우스를 올리면 샘플이 보이며 원하는 형태의 열을 선택합니다. 선택한 후에도 다른 열을 선택해 바꿀 수 있습니다. Custom Layout 링크를 클릭하면 샘플에 없는 사용자 정의 레이아웃을 만들 수 있습니다. 입력란에 분수(1/4 + 1/4 + 1/4 + 1/4)를 조합해서 만듭니다.

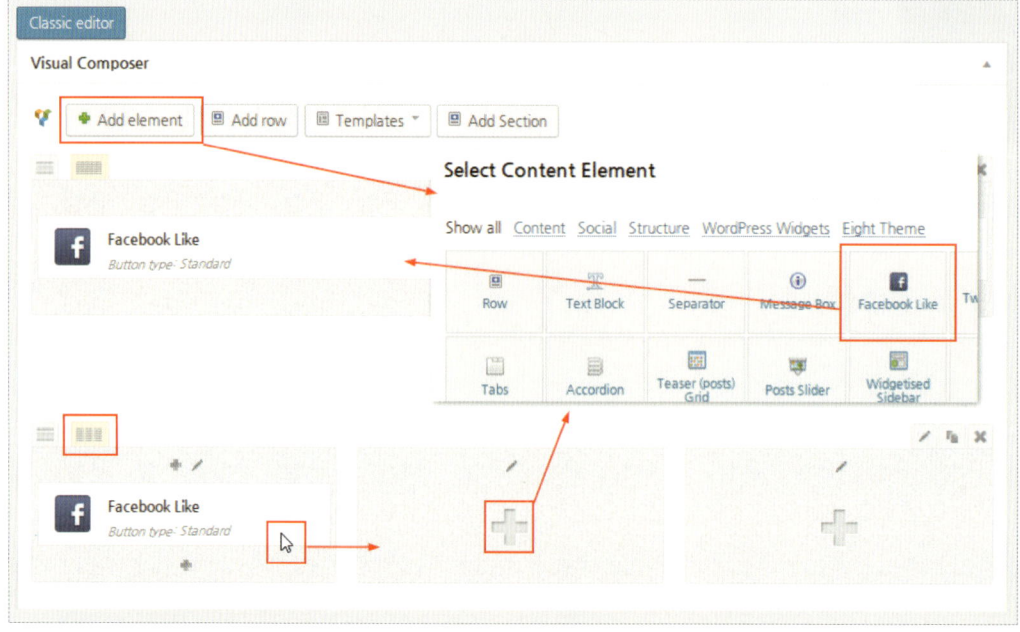

그림 4-46 요소의 배치와 이동

열을 만드는 다른 방법은 우선 Add element를 클릭하면 콘텐츠를 선택할 수 있는 팝업창이 나타납니다. 원하는 콘텐츠를 선택하고 편집한 다음 저장하면 1행 1열의 콘텐츠가 만들어집니다. 열을 만드는 탭에서 원하는 열을 선택하면 열이 분리됩니다. 다음 열의 플러스 아이콘을 클릭해 콘텐츠를 추가할 수 있고 이미 만들어진 1열의 콘텐츠 박스 내부를 클릭해 이동할 수도 있습니다.

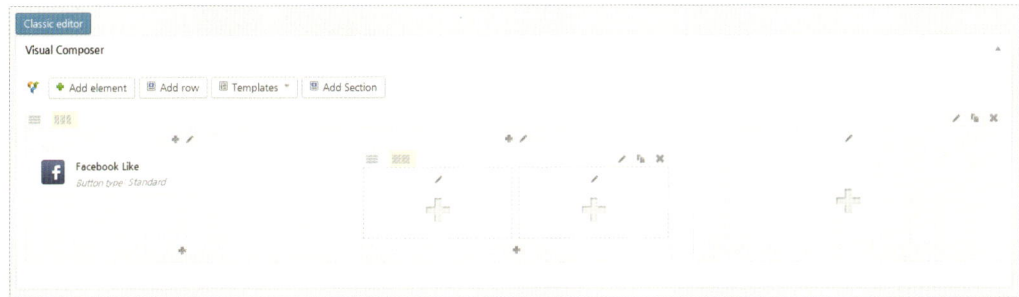

그림 4-47 열 내부에 행 만들기

열 내부를 다시 여러 개의 열로 분리하려면 열 내부에 행을 먼저 만든 다음 열을 만들면 됩니다.

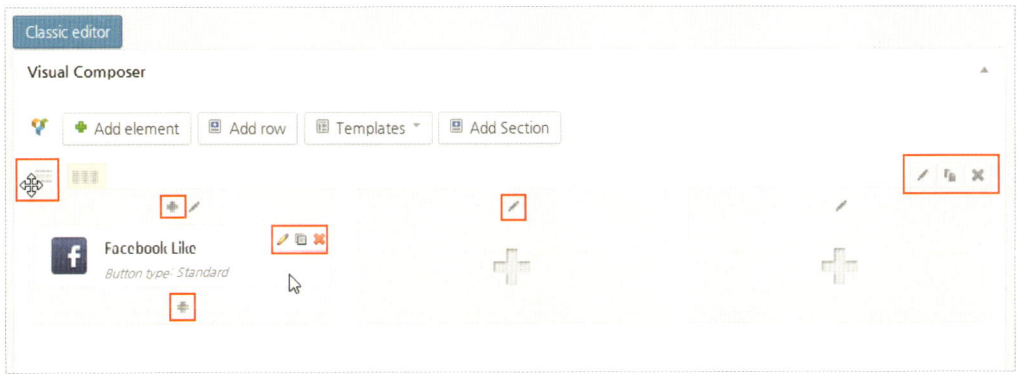

그림 4-48 행의 이동, 편집, 복사, 제거

행의 좌측 상단 아이콘에 마우스를 올리면 커서가 십자형 화살표로 변경되고 행이 여러 개인 경우 끌어서 행을 재배치 할 수 있습니다. 페이지 빌더에서 연필 아이콘은 편집을 의미합니다. 클릭하면 팝업 창에서 편집할 수 있습니다. 우측 상단의 두 번째 아이콘은 복사 기능으로 클릭하면 행 전체가 복사됩니다. 세 번째 아이콘은 행을 제거합니다. 콘텐츠가 있는 곳의 플러스 아이콘이 위 아래 두 개 있는 데 이것은 현재 있는 콘텐츠 이전에 다른 콘텐츠를 추가할 것인지 이후에 추가할 것인지에 따라 선택하면 됩니다. 콘텐츠 박스에 마우스를 올리면 편집, 복사, 제거 아이콘이 나타납니다. 제거 아이콘을 클릭해 페이스북을 제거합니다.

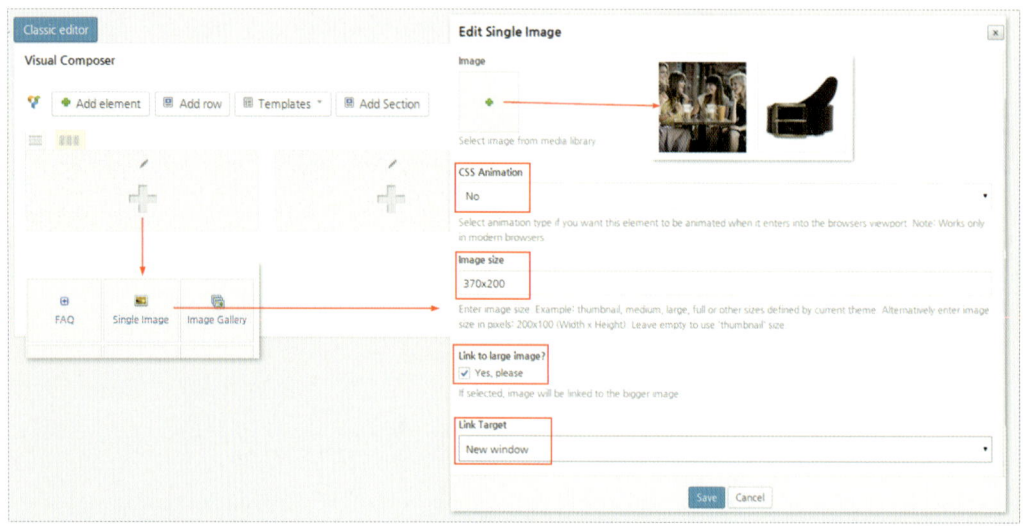

그림 4-49 Single Image 요소 추가

플러스 아이콘을 클릭하고 Single Image를 선택하면 팝업 창이 나옵니다. 썸네일을 클릭하고 미디어 라이브러리에서 이미 저장된 이미지를 선택합니다. 이미지는 데모 데이터를 설치해야 나타납니다. CSS 애니메이션은 사이트에서 스크롤해 내려가 해당 요소가 있는 곳에 도달하면 이미지가 애니메이션 되는 효과인데 현재 추가하는 요소는 상단에 배치되므로 위에서 애니메이션을 선택해도 효과가 나타나지 않습니다.

미디어 라이브러리에서 이미지를 선택하면 큰 사이즈의 이미지이므로 크기를 370x200으로 제한 합니다. 이미지를 클릭했을 때 큰 이미지로 나타나게 하려면 Link to large image에 체크하고 같은 창에서 볼 것인지 새 창에서 볼 것인지 Link Target에서 선택합니다. 설정됐으면 Save 버튼을 클릭합니다.

그림 4-50 텍스트 블록 사용하기

두 번째 열을 클릭하고 Text Block을 선택해 글자를 입력한 다음 글자 스타일을 제목4로 선택하고 저장합니다.

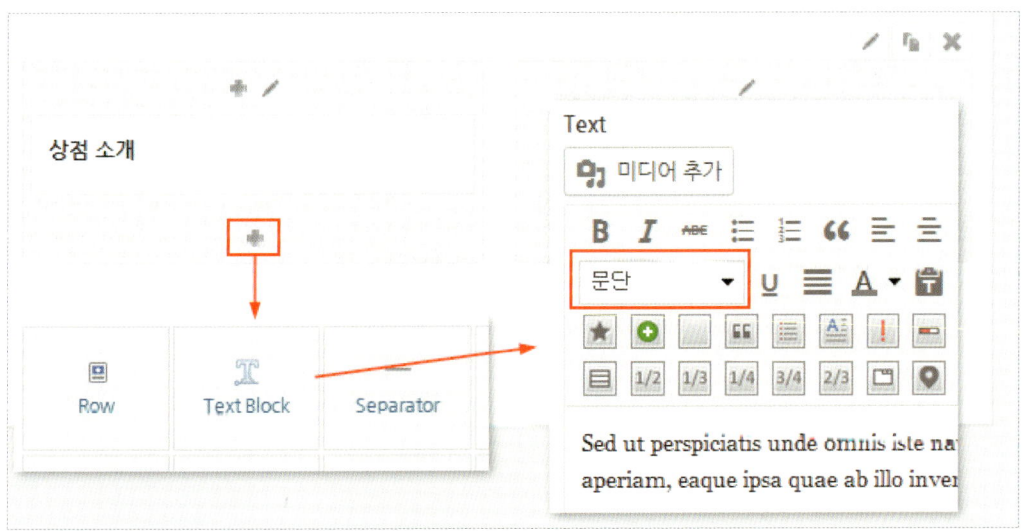

그림 4-51 열 내부에 요소 추가

두 번째 열 하단의 플러스 아이콘을 클릭해 텍스트 블록을 선택하고 이번에는 문단으로 소개 글을 입력하고 저장합니다.

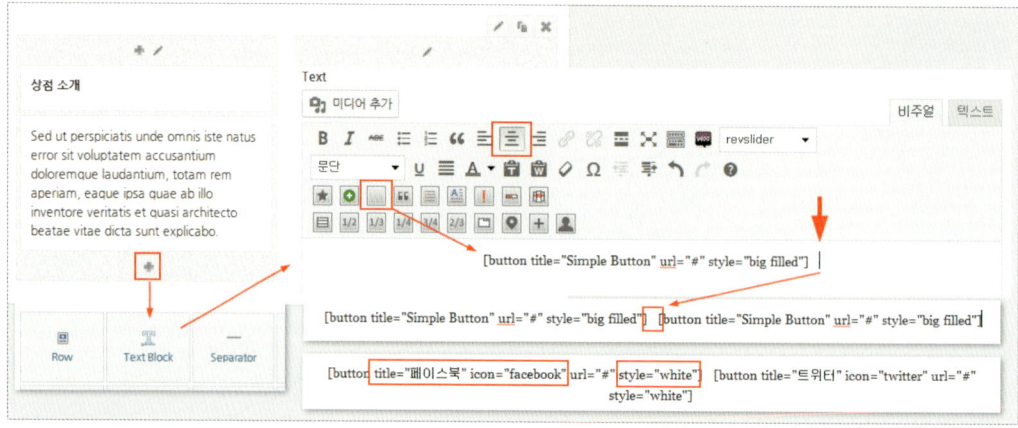

그림 4-52 버튼 추가

다시 플러스 아이콘을 클릭하고 텍스트 블록을 선택합니다. 편집기에서 중앙정렬 도구를 선택하고 도구모음 3번째 줄, 세 번째 아이콘을 클릭하면 버튼 단축코드가 만들어집니다. 스페이스 키를 세 번 누른 다음 다시 버튼 아이콘을 클릭해 단축코드를 추가합니다. 스페이스는 버튼 간의 간격을 띄우기 위한 것입니다.

title의 따옴표 안에 버튼의 제목을 수정하고 코드에 없는 icon="facebook"을 추가합니다. style은 white로 변경합니다. url에서 #은 그대로 두고 나중에 자신의 소셜 네트워크 url을 입력합니다. 두 번째 버튼도 제목을 수정하고 아이콘은 icon="twitter"로 변경합니다. 이 아이콘은 아무 글자를 넣을 수 있는 것이 아니라 테마에서 폰트 어썸 폰트 아이콘을 사용하므로 정해진 글자를 입력해야 합니다. 폰트 아이콘의 이름은 아래 사이트에서 찾을 수 있습니다.

- http://fortawesome.github.io/Font-Awesome/icons/

위 링크로 이동하면 폰트 어썸 사이트가 나오고 각종 아이콘이 있습니다.

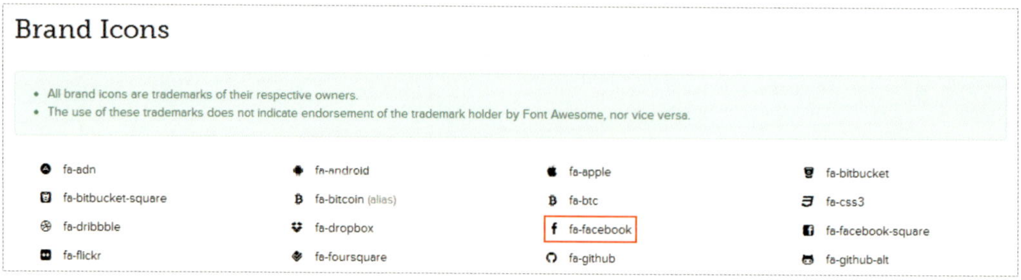

그림 4-53 폰트 어썸 아이콘 폰트 사용하기

아이콘 이름을 보면 fa-가 앞에 붙어있는데 이것을 떼고 입력하면 됩니다.

- http://8theme.com/demo/legenda/

버튼의 스타일은 위 테마 데모 사이트에 가면 각종 단축코드의 사용법이 있습니다.

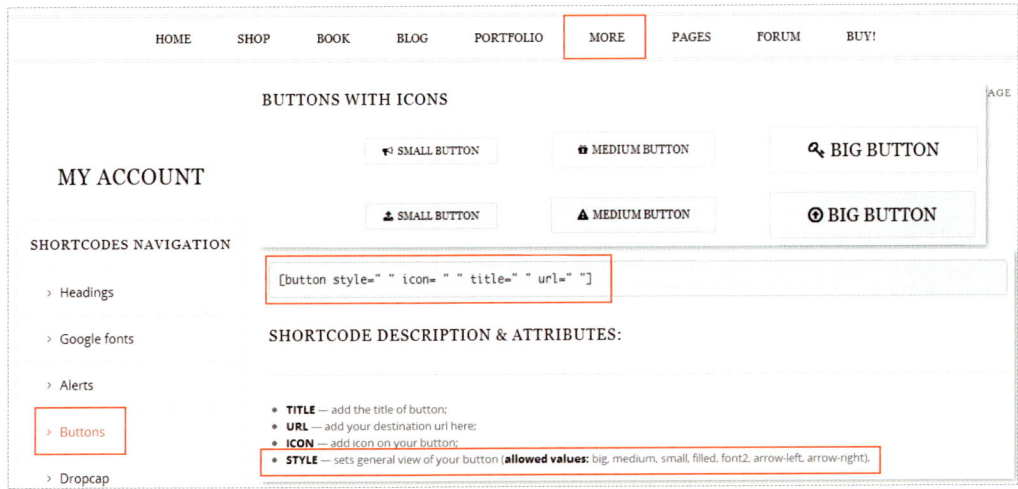

그림 4-54 버튼의 스타일

사이트 메뉴에서 MORE를 선택하고 사이드바에서 Button을 클릭하면 버튼의 사용 예가 나오고 하단에 style에 들어갈 수 있는 값이 정해져 있습니다. 버튼의 크기와 화살표 표시가 있으며 위에 없는 깃으로 앞에서 white를 추가했습니다.

```
[button title="페이스북" icon="css3" url="#" style="white"]   [button title="트위터" icon="twitter" url="#" style="white"]
```

## 04 추천 추가

세 번째 컬럼에는 추천사(Testimonial)를 추가하겠습니다. 이는 다른 콘텐츠를 만들어 놓고 추가해야 합니다.

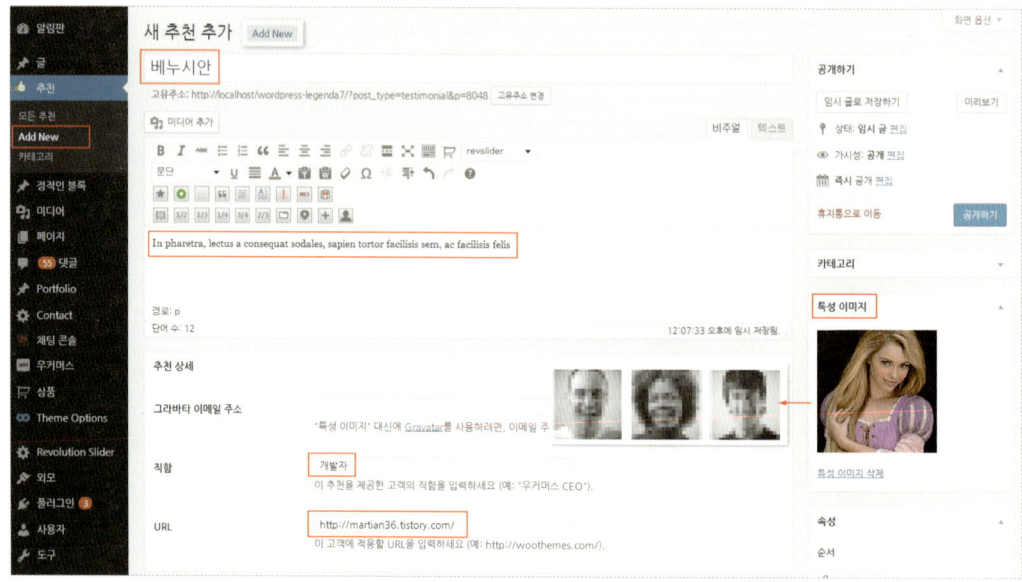

그림 4-55 추천 추가하기

현재 작업 중인 화면에서 Ctrl 키를 누르고 정적인 블록 위에 있는 추천 → Add New를 클릭해 새 탭에서 추천 편집화면을 엽니다. 추천자의 이름을 입력하고 추천사를 추가한 다음 추천 상세에서 직함, 추천자의 사이트 URL을 입력합니다. 특성이미지를 업로드 하고 공개하기 버튼을 클릭합니다. 추천자 이미지는 미디어 라이브러리에서 개발자 팀원 이미지를 우선 사용합니다. 상단에서 새로 추가 버튼을 눌러 같은 방법으로 하나 더 만듭니다. 추천을 분류해서 카테고리를 설정할 수도 있습니다.

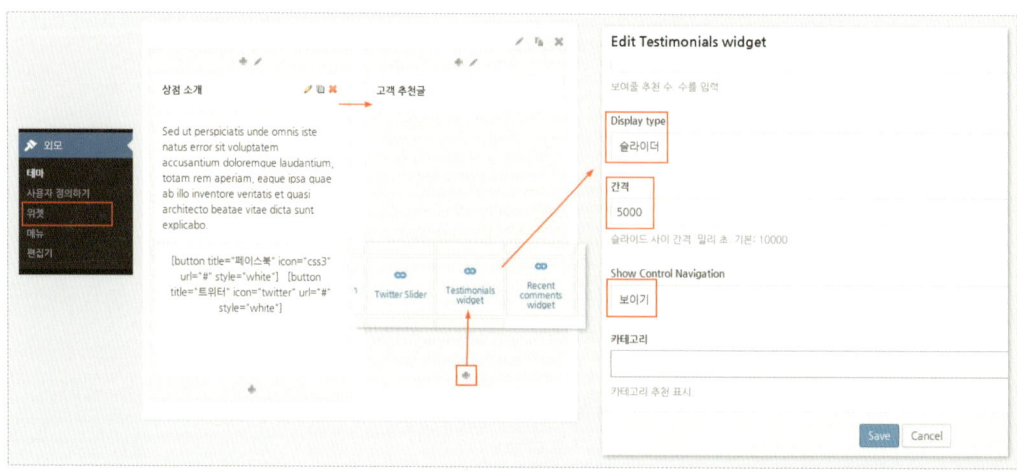

그림 4-56 추천 위젯 추가하기

324    4장 _ 웹사이트 페이지 만들기

다시 이전의 화면으로 돌아와 세 번째 열에서 두 번째 열의 상점 소개처럼 제목을 만듭니다. 복사해서 이동하고 글자만 바꿔도 됩니다. 하단의 플러스 아이콘을 클릭하고 Testimonials Widget을 선택해 편집합니다. Display type은 슬라이더, 간격은 추천 글을 읽어볼 시간을 입력하고, 내비게이션은 보이기로 선택하고 저장합니다. 공개하기 메타박스에서 공개하기 버튼을 클릭해 페이지를 발행합니다. Ctrl 키를 누르고 외모 → 위젯을 클릭해 위젯 화면을 새 탭에 엽니다.

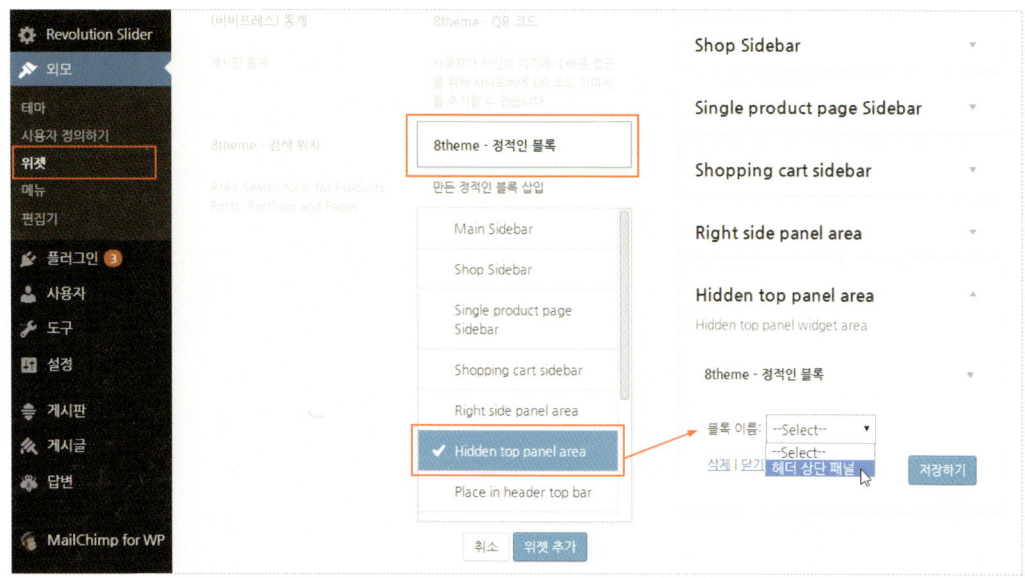

그림 4-57 상단 패널 위젯 추가하기

8theme-정적인 블록을 선택하고 Hidden top panel area를 클릭한 다음 위젯 추가 버튼을 누르면 해당 위젯 영역에 추가됩니다. 블록 이름에서 방금 전에 만든 블록을 선택하고 저장하기 버튼을 클릭합니다.

그림 4-58 상단 패널 추가 결과

웹브라우저의 새 탭에 사이트를 열고 헤더 상단의 화살표 아이콘을 클릭하면 패널이 나타납니다. 이미지를 클릭하면 라이트박스로 큰 이미지가 나타나고 고객 추천 글은 슬라이더 형태로 바뀝니다. 추천 글의 상단 테두리가 애니메이션 됩니다.

# 03 푸터 영역 만들기

현재 푸터는 아무 설정이 없어서 기본 푸터로 보이고 있습니다. 푸터 영역을 만들고 배치하면 기본 푸터는 사라지고 새 푸터가 나타납니다. 푸터는 두 개의 푸터 콘텐츠를 만들어 위젯으로 배치할 수 있습니다. 우선 상단 푸터를 만들겠습니다.

## 01 상단 푸터

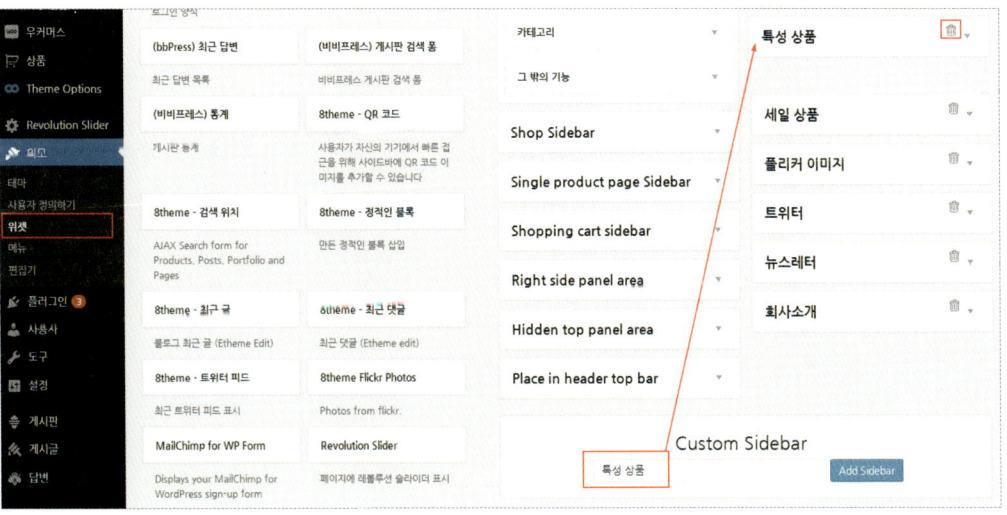

그림 4-59 각종 위젯 영역 만들기

위젯 화면에서 Custom Sidebar에 특성 상품으로 입력하고 Add Sidebar 버튼을 클릭하면 위젯 영역이 추가됩니다. 이런 식으로 세일상품, 플리커 이미지, 트위터, 뉴스레터, 회사소개를 만듭니다. 사용자 정의 위젯은 우측에 휴지통 아이콘이 있어서 필요 없는 위젯은 제거할 수 있습니다.

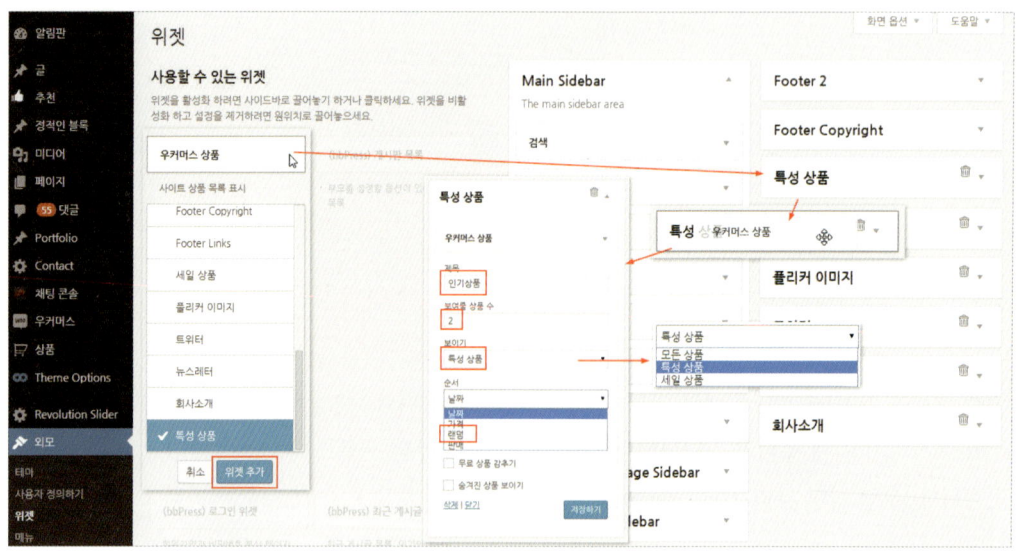

그림 4-60 특성 상품 위젯 배치

사용자 정의 위젯 영역에는 위젯 추가버튼을 사용해 추가할 수 없으므로 위젯을 끌어다 배치합니다. 우커머스 2.0 버전에서는 여러 가지 상품 위젯이 있었는데 새롭게 바뀌었습니다. 우커머스 상품 위젯을 끌어다 특성 상품에 배치하면 편집할 수 있게 펼쳐집니다. 제목을 인기상품으로 하고 상품 수는 2, 보이기 선택박스에서 특성상품을 선택하고 저장합니다. 같은 방법으로 우커머스 상품 위젯을 세일상품 위젯 영역에 배치하고 보여줄 상품 수를 2로 입력하고, 보이기 선택박스에서 세일상품을 선택하고 저장합니다.

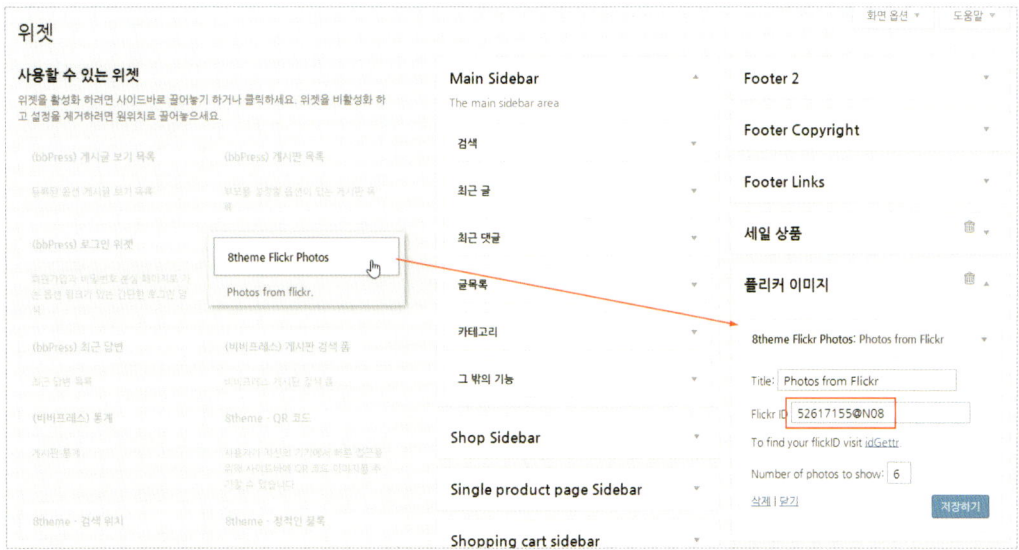

그림 4-61 플리커 사진 위젯 배치

Flickr Photos 위젯을 배치하고 자신의 플리커 아이디가 있으면 입력하고 없으면 데모 사이트의 아이디(52617155@N08)를 입력하고 저장합니다.

그림 4-62 트위터 트윗 위젯 설정

트위터 트윗은 자신의 트위터 계정에서 상단의 기어 아이콘을 클릭하고 설정을 클릭합니다. 사이드바에서 위젯을 선택한 다음 새로 만들기 버튼을 클릭하면 위와 같은 화면이 나타납니다. 높이를 250으로 설정하고 변경사항 저장하기 버튼을 클릭한 다음 우측의 코드 박스를 클릭하면 블록 설정 됩니다. Ctrl+C 키를 눌러 복사합니다.

그림 4-63 트위터 트윗 위젯 배치

텍스트 위젯을 트위터 위젯 영역에 배치하고 제목을 입력한 다음 코드를 붙여넣고 저장합니다.

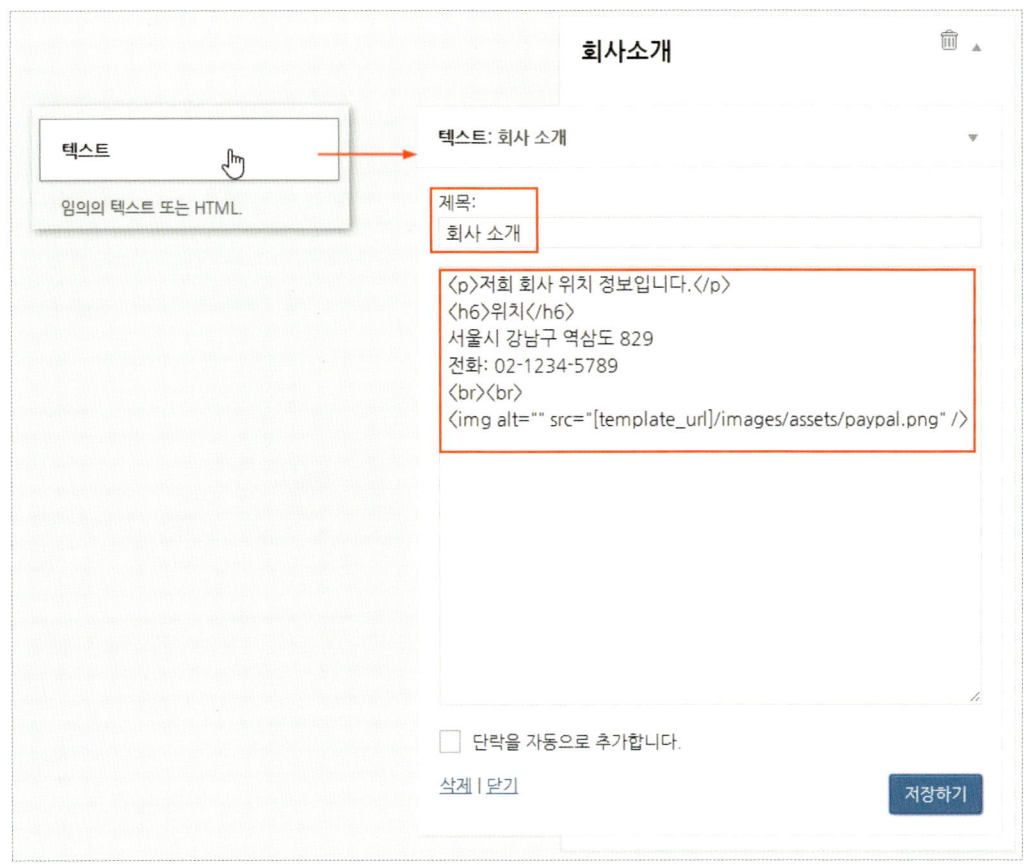

그림 4-64 회사 소개 텍스트 위젯 배치

회사소개도 마찬가지로 텍스트 위젯을 배치하고 제목을 입력한 후 내용은 다음과 같이 태그를 이용해 입력합니다.

```
<p>저희 회사 위치 정보입니다.</p>
<h6>위치</h6>
서울시 강남구 역삼동 029
전화: 02-1234-5789
<br><br>
<img alt="" src="[template_url]/images/assets/paypal.png" />
```

img 태그에서 url의 [template_url]은 테마 폴더를 표시하는 단축코드입니다. assets 폴더에는 신용카드 이미지(paypal.png)가 있으며 이 이미지를 가져와 사이트에 표시해줍니다.

## 02 프리 푸터

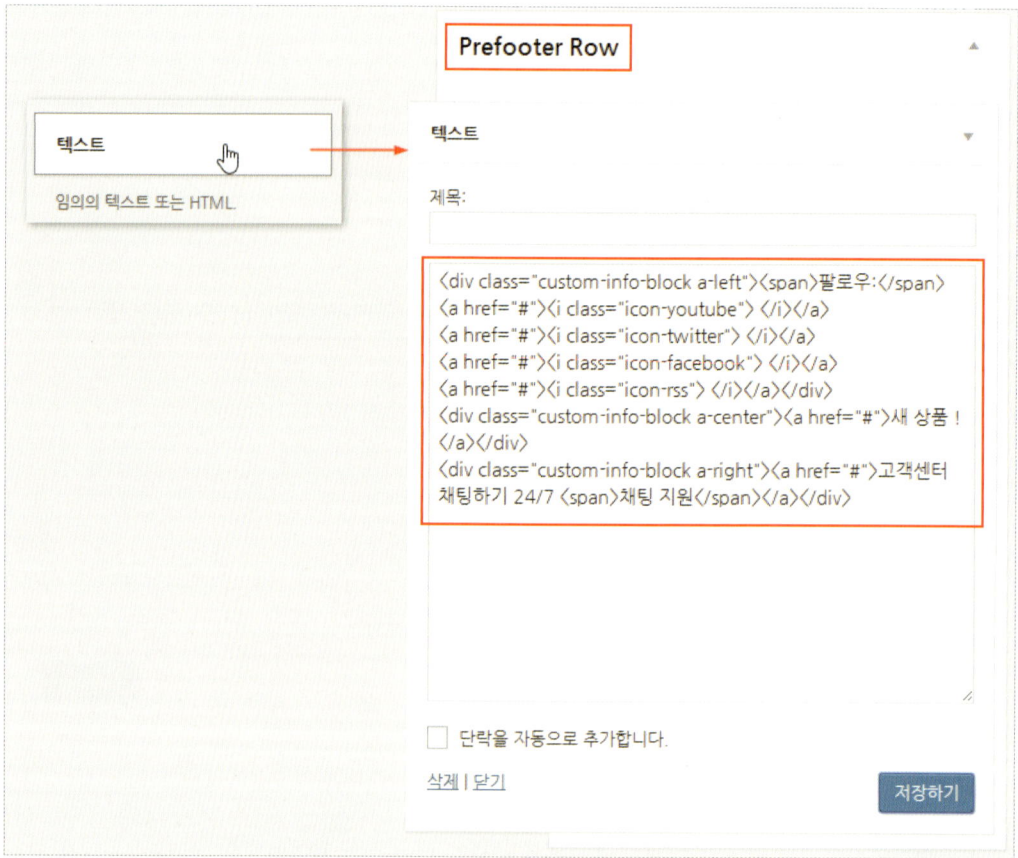

그림 4-65 프리 푸터 위젯 영역 사용하기

Prefooter 위젯 영역에도 텍스트 위젯을 배치하고 다음 코드를 입력합니다.

```
<div class="custom-info-block a-left"><span>팔로우:</span>
<a href="#"><i class="icon-youtube"> </i></a>
<a href="#"><i class="icon-twitter"> </i></a>
<a href="#"><i class="icon-facebook"> </i></a>
<a href="#"><i class="icon-rss"> </i></a></div>
<div class="custom-info-block a-center"><a href="#">새 상품 !</a></div>
<div class="custom-info-block a-right"><a href="#">고객센터 채팅하기 24/7 <span>채팅 지원</span></a></div>
```

팔로우 부분에서 a 태그의 #에는 자신의 소셜 네트워크 url을 입력합니다. 새상품 url은 나중에 최근 상품 목록 페이지를 만들어 url을 배치합니다. 채팅부분은 나중에 알아보겠습니다.

## 03 푸터 로고

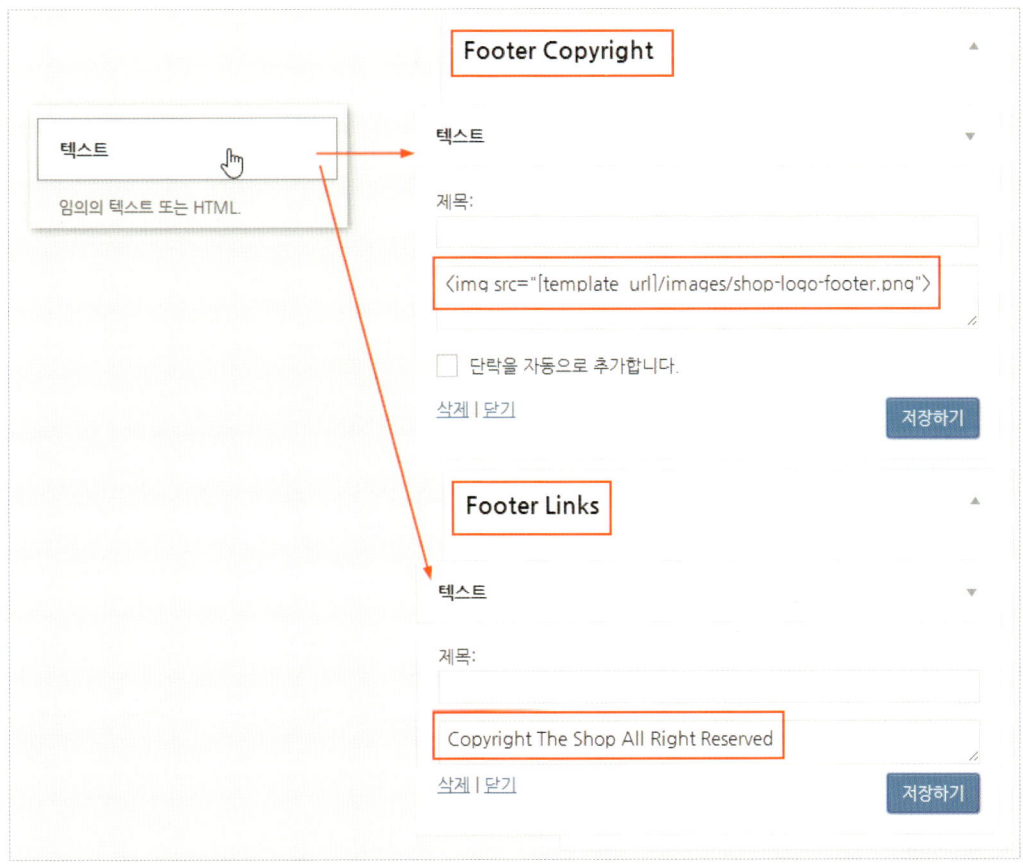

그림 4-66 푸터 로고 사용하기

Footer Copyright 영역과 Footer Links 영역에도 텍스트 위젯을 배치하고 Footer Copyright 영역에는 img 태그를 이용해 이미지를 가져오기 합니다. 테마 폴더를 표시하는 단축코드인 [template_url]를 사용했으므로 로고 이미지는 부모 테마의 images 폴더에 저장합니다.

```
<img src="[template_url]/images/shop-logo-footer.png">
```

부모 테마를 업데이트 할 경우 이전의 폴더를 삭제하지 않고 업데이트 된 테마 폴더를 그대로 덮어 쓰기하면 로고 이미지는 원래의 테마에 없던 것이므로 삭제되지 않습니다.

Footer Links에는 글자를 직접 입력합니다.

Copyright The Shop All Right Reserved

## 04 정적인 블록 추가

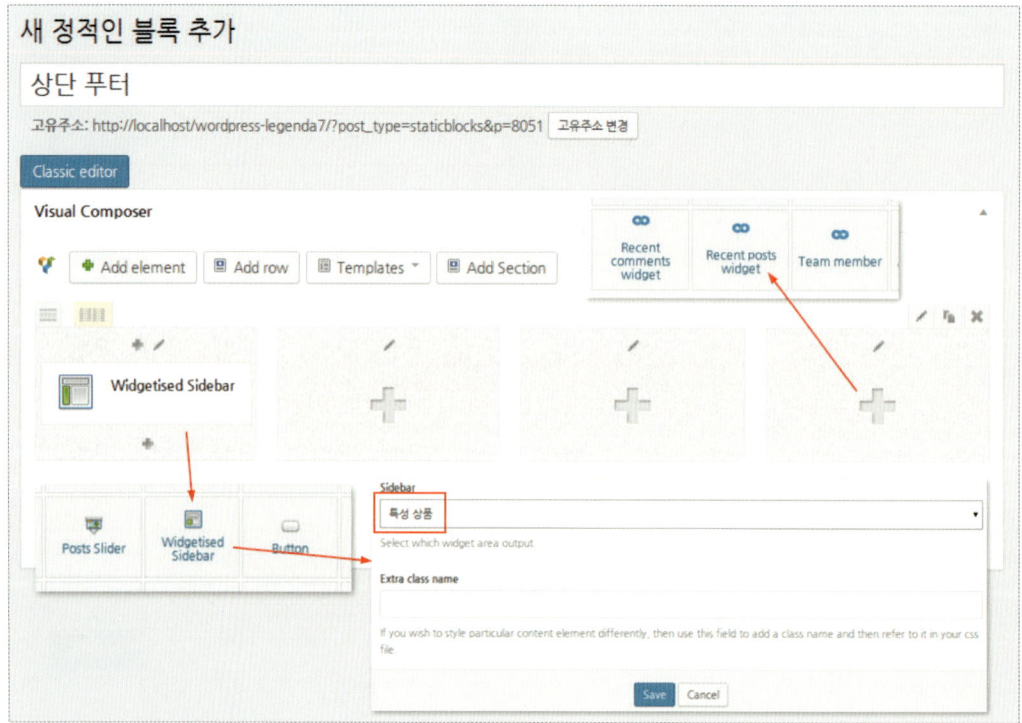

그림 4-67 상단 푸터 만들기

새로운 정적인 블록 추가에서 4열의 행을 만듭니다. 첫 번째 열에서 Widgetized Sidebar를 선택한 다음 Sidebar 선택상자에서 특성 상품을 선택하고 저장합니다. 두 번째 열은 같은 방법으로 세일상품, 세 번째 열은 플리커 이미지를 선택합니다. 네 번째는 Recent posts widget를 선택하고 나타나는 팝업창에서 제목으로 "최근 글", 제한으로 2를 입력하고 저장합니다. 공개하기 버튼을 클릭해 저장합니다.

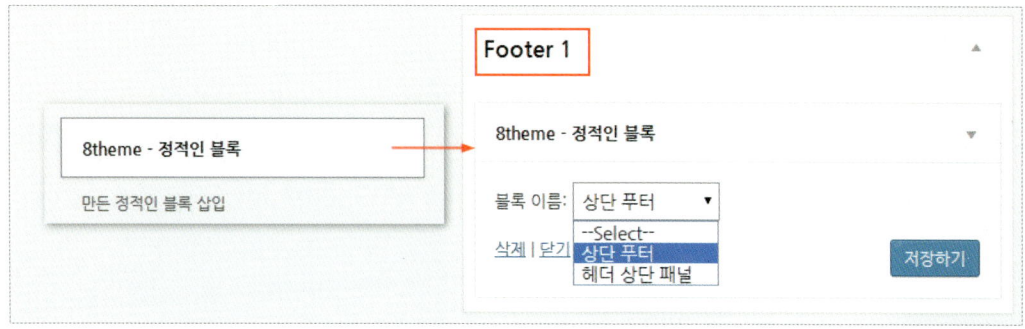

그림 4-68 푸터 위젯에 배치

위젯 화면에서 정적인 블록을 Footer 1에 배치한 다음, 블록 이름으로 상단 푸터를 선택하고 저장합니다.

그림 4-69 사이트에서 확인

사이트에서 확인하면 위처럼 Prefooter와 Footer1 영역이 나타납니다.

## 05 하단 푸터 만들기

하단 푸터는 회사 소개와 각종 링크가 있습니다. 테마의 데모 사이트에서 사용하는 방식은 코드를 직접 입력하는 방식인데 여기서는 메뉴를 사용해보겠습니다. 메뉴는 사이트의 모든 페이지나 상품 카테고리 글 카테고리 등 연결할 수 있는 모든 것을 원하는 대로 배치해 만듭니다.

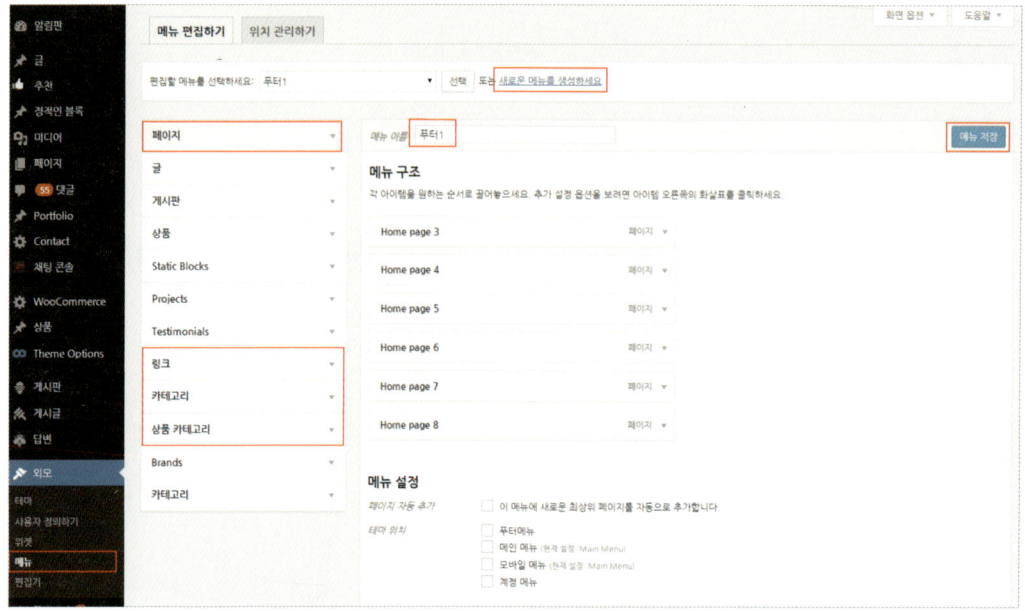

그림 4-70 하단 푸터에 추가할 메뉴 만들기

메뉴 화면에서 '새로운 메뉴를 생성하세요' 링크를 클릭해 메뉴 이름으로 '푸터1'을 입력하고 엔터 키를 누른 다음, 페이지, 링크, 카테고리, 상품 카테고리를 열고 그룹 별로 만듭니다. 즉 하나의 메뉴에는 같은 종류의 메뉴가 들어가게 합니다. 그다음 메뉴 설정에서 테마 위치는 지정하지 않고 메뉴 저장 버튼을 클릭합니다. 이런 식으로 푸터2, 푸터3 메뉴를 두 개 더 만듭니다. 위에서는 테스트로 푸터1에 홈 데모 페이지만 추가했습니다. 푸터2에는 상품 카테고리, 푸터3에는 블로그 글 등 원하는 콘텐츠로 이동할 수 있게 그룹지어 배치합니다. 이렇게 메뉴 설정 부분에서 테마 위치를 지정하지 않으면 워드프레스의 사용자 정의 메뉴 위젯을 이용해 원하는 곳에 메뉴를 배치할 수 있습니다.

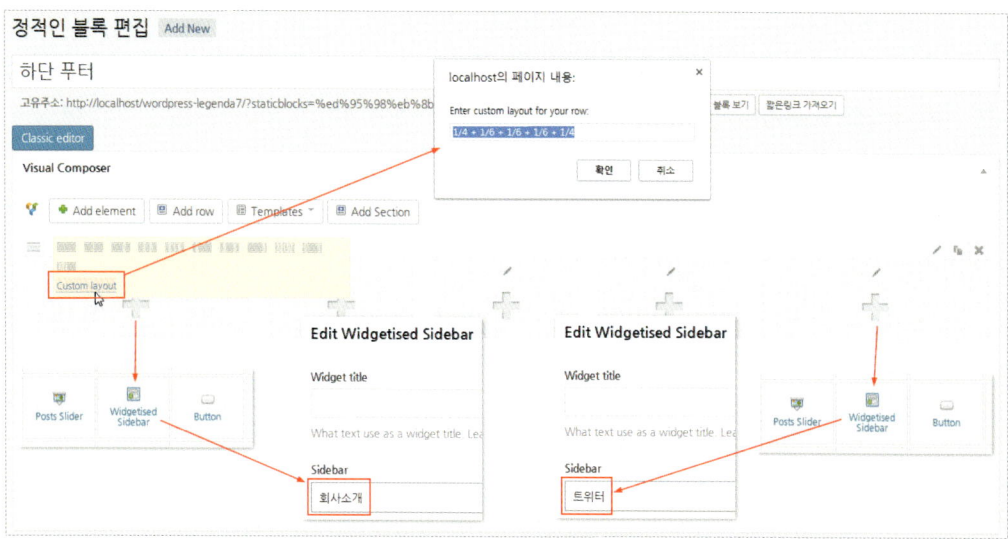

그림 4-71 하단 푸터 만들기

제목을 '하단 푸터'로 해서 정적인 블록을 새로 만들고 행을 추가한 다음, Custom Layout 링크를 클릭해 분수(1/4 + 1/6 + 1/6 + 1/6 + 1/4)로 입력하면 위 그림처럼 열이 만들어집니다. 첫 번째 열에는 위젯 사이드바를 선택하고 이미 만들어놓은 회사소개를, 마지막 열에는 트위터를 선택합니다.

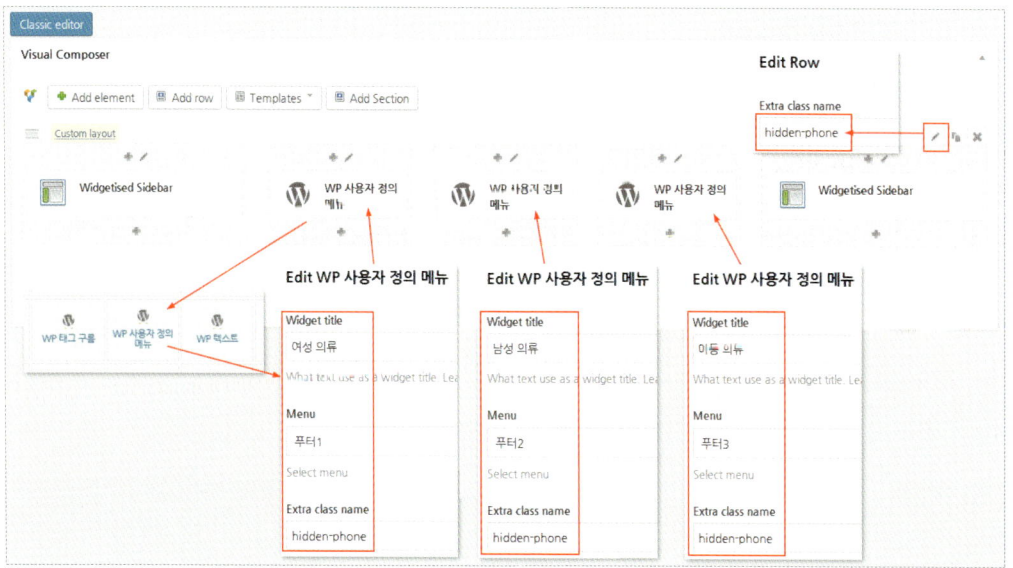

그림 4-72 하단 푸터 메뉴 배치

03. 푸터 영역 만들기 **337**

2~4 열에는 WP 사용자 정의 메뉴를 선택하고 메뉴 화면에서 만든 세 개의 푸터 메뉴를 배치합니다. 위젯 타이틀에 각 메뉴에 어울리는 제목을 입력합니다. Extra class name에 hidden-phone 이라는 클래스를 입력하면 이들 메뉴는 스마트폰 크기의 해상도에서는 나타나지 않습니다. 이 클래스는 Legenda 테마가 트위터 부트스트랩 프레임워크 기반이므로 부트스트랩에서 사용되는 클래스 선택자를 사용할 수도 있습니다. 행 전체를 스마트폰 크기에서 보이지 않게 하려면 행 편집 아이콘을 클릭하고 같은 선택자를 추가하면 됩니다. 완료되면 공개하기 버튼을 클릭합니다.

```
footer .widget_nav_menu ul { border: 0px solid #e6e6e6; }
footer .widget_nav_menu li:before { left: 0px; top: 9px; }
.widget_nav_menu li a { font-size: 12px; }
```

푸터 메뉴 부분은 테두리가 나타나고 화살표가 메뉴 아이템 아래로 배치됩니다. legenda-child 폴더의 style.css 파일을 편집기에서 열고 위 스타일시트를 입력한 다음 저장합니다.

그림 4-73 푸터 위젯에 배치

위젯 화면에서 Footer2에 정적인 블록을 배치하고 블록 이름으로 하단 푸터를 선택한 다음 저장하기 버튼을 클릭합니다.

그림 4-74 사이트에서 확인

사이트에서 확인하면 두 번째 푸터가 추가되면서 기본 푸터는 사라집니다. 현재 상점 페이지를 보고 있으므로 상점 메뉴가 빨간색 글자로 나타납니다.

# 언어 선택기, 우측 패널 영역 04

## 01 언어 선택기 영역 사용

Legenda 테마는 워드프레스 사이트를 다중 국가의 언어로 번역할 수 있는 WPML(WordPress Multi-Language)와 100% 호환됩니다. 그래서 헤더 상단 바 좌측 끝에 기본으로 언어 선택기 (Language Switcher)가 배치돼있습니다. 이를 사용하지 않으려면 테마옵션에서 비활성화 할 수 있습니다. 또는 위젯 화면에서 다른 콘텐츠를 넣으면 이 콘텐츠로 대체됩니다.

그림 4-75 언어 선택기 영역에 주소 배치

언어 선택기가 배치되는 위젯 영역은 Place in header top bar입니다. 이곳에 텍스트 위젯을 배치하고 다음 코드를 입력합니다. 아이콘 코드가 끝나는 </i> 다음에 한 칸 띄고 내용을 입력합니다. 그 다음 다른 콘텐츠를 추가하려면 스페이스를 의미하는  를 추가합니다. 단순히 스페이스 키를 눌러서는 공간이 안 생깁니다.

```
<i class="icon-phone"></i> 1688-1688     
<i class="icon-map-marker"></i> 서울시 강남구 역삼동 829
```

주소에 링크를 만들어 이를 클릭했을 때 컨택트 페이지로 이동하려면 아래처럼 a 태그를 사용합니다.

```
<a href="#"><i class="icon-map-marker"></i> 서울시 강남구 역삼동 829</a>
```

#에는 나중에 콘택트 페이지를 만들고 해당 URL과 교체하면 됩니다.

Legenda 테마는 폰트 어썸 3.2.1 버전을 사용하고 있는데 폰트 어썸 사이트에서 원하는 폰트를 찾아 사용하려면 코드를 알아야 합니다.

- http://fortawesome.github.io/Font-Awesome/icons/

위 링크로 이동해 폰트 아이콘을 찾습니다.

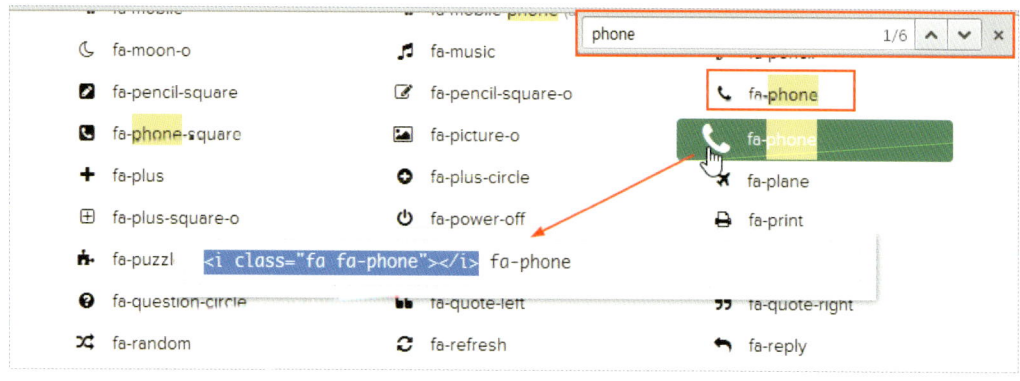

그림 4-76 폰트 어썸 아이콘 폰트 사용하기

전화기 아이콘을 사용하고자 할 경우 화면에서 Ctrl+F 키를 눌러 검색어를 입력하고 아이콘을 클릭하면 개별 화면으로 이동하고 코드가 보입니다. 블록 설정해 복사하고 텍스트 위젯에 붙여넣은 다음

fa와 fa-를 제거하고 icon을 입력합니다. 현재 사이트에 있는 것은 4.2 버전이라서 코드가 다릅니다.

`<i class="fa fa-phone"></i>` → `<i class="icon-phone"></i>`

## 02 우측 패널 영역 사용

Legenda 테마는 헤더 상단 바 우측 끝의 ≡ 아이콘을 클릭하면 숨겨져 있던 우측 패널이 나타납니다. 이 영역의 콘텐츠도 위젯 화면에서 추가할 수 있습니다.

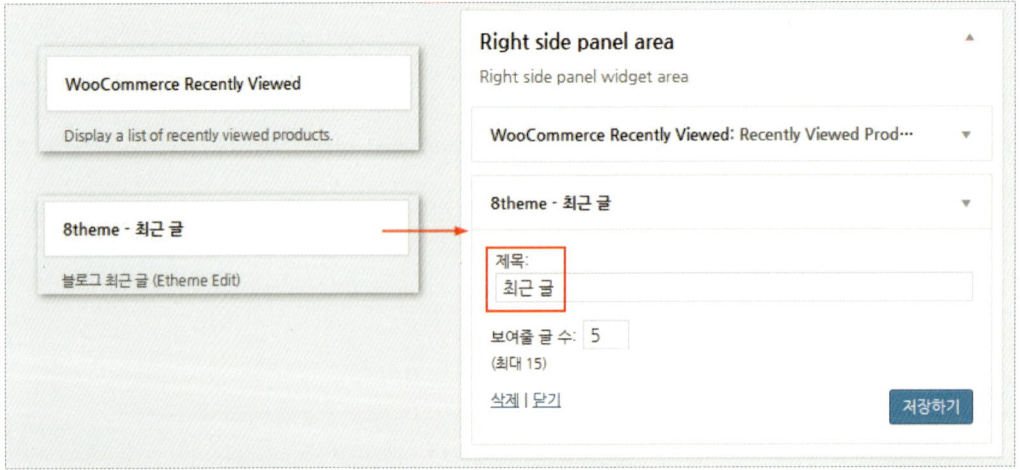

그림 4-77 우측 패널 영역에 위젯 배치

8theme - 최근 글 위젯을 배치하고 제목을 입력한 다음 저장하면 글자가 밝은 색이고 배경이 어두운 색이라 잘 어울리지만 우커머스 최근 본 상품을 추가하면 글자가 어두운 색이라서 스타일을 수정해야 합니다.

`.side-area .side-block .product_list_widget a { color: #ebebeb; }`

legenda-child 폴더에서 style.css 파일을 편집기에서 열고 하단에 위 코드를 입력한 다음 저장합니다.

그림 4-78 사이트에서 확인

아이콘을 클릭하면 우측 사이드 영역이 나타나고 좌측 공간이나 X 아이콘을 클릭하면 닫힙니다. 이 기능은 모바일 기기에서는 나타나지 않게 돼있습니다. 즉 이전에 푸터 메뉴에 사용한 hidden-phone 뿐만 아니라 태블릿에서 보이지 않도록 hidden-tablet 클래스가 코드에 이미 삽입돼 있습니다.

# 전면 페이지 만들기 05

데모 데이터에도 있지만 홈 화면을 만들고 다른 콘텐츠를 추가해 새로운 홈 페이지를 만들어보겠습니다.

## 01 페이지 레이아웃

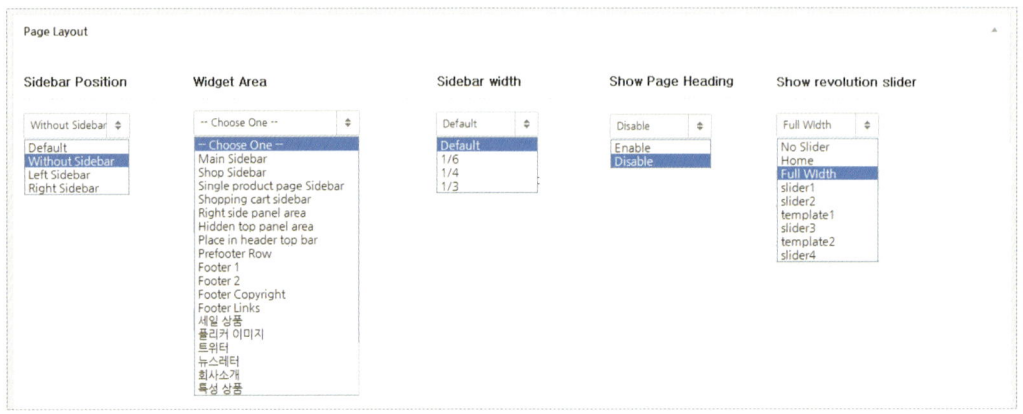

그림 4-79 페이지 레이아웃 메타박스

페이지를 만들 때는 먼저 사이드바를 사용할지, 슬라이더를 전체 폭으로 할지 결정합니다. 홈 화면이므로 사이드바가 없게 만들겠습니다. 새 페이지 만들기에 처음 들어와서 페이지 레이아웃 메타박스가 사이드바에 있는 경우 제목 부분을 클릭 드래그해서 편집기 아래로 이동하면 재배치 할 수 있습니다.

Sidebar Position에서 Without Sidebar를 선택하면 그 다음 두 개 항목은 생략합니다. 사이드바를 선택할 경우 사이드바로 사용할 위젯 영역을 선택합니다. 따라서 어떤 페이지를 만들더라도 원하는 사이드바가 나타나게 할 수 있습니다. 이미 알아봤듯이 사이드바는 위젯 페이지에서 얼마든지 만들 수 있죠. 이렇게 사이드바를 선택했다면 폭을 설정할 수도 있습니다. 콘텐츠 폭을 기준으로 사이드바를 콘텐츠의 몇 분의 1로 설정할지 결정합니다. 가장 좋은 비율은 4분의 1입니다.

Show Page Heading은 페이지의 제목을 보이게 할지 결정합니다. 홈 페이지이므로 Disable을 선택해 제목이 나타나지 않게 합니다. Show revolution slider에서 이미 만들어놓은 슬라이더를 선택합니다. 여기서도 슬라이더를 선택할 수 있지만 페이지 빌더에서도 선택할 수 있습니다. 다만 페이지 빌더로는 콘텐츠 폭 슬라이더만 가능하므로 전체 폭 슬라이더를 사용하려면 이곳에서 선택해야 합니다. 선택박스에서 Full Width를 선택합니다. 이곳에서 선택한 슬라이더는 콘텐츠 폭이라 하더라도 전체 폭으로 늘어나므로 이미지 품질이 떨어집니다.

반면 페이지 빌더에서 행을 만들고 레볼루션 슬라이더에서 전체 폭 슬라이더를 선택하면 콘텐츠 폭으로 나타나는 것이 아니라 콘텐츠 영역을 벗어나 전체 폭으로 나타납니다. 상단에 배치하든 중간에 배치하든 마찬가지입니다. 필요에 따라 페이지의 중간에 배치해 사용해도 좋습니다.

## 02 배너 추가

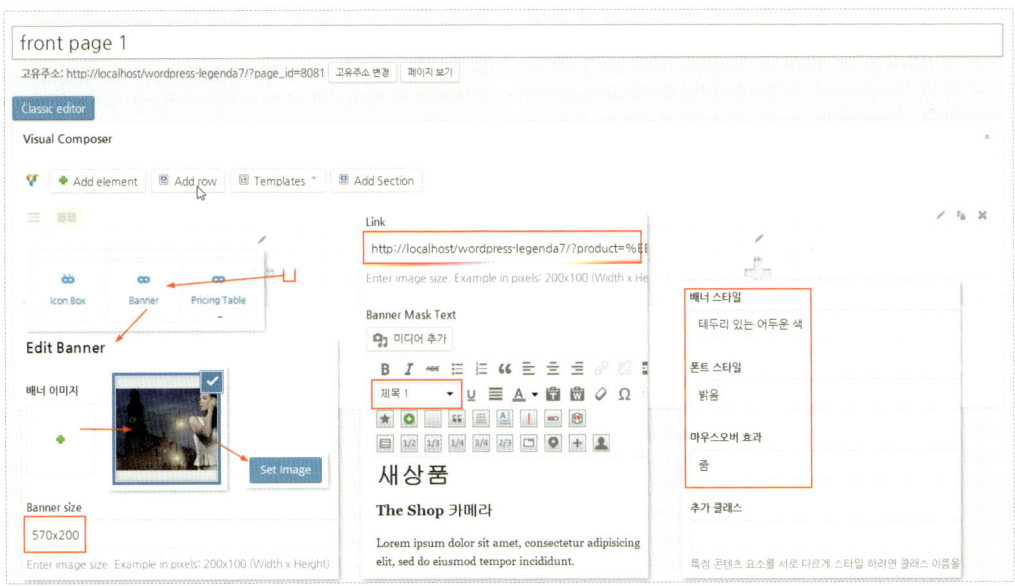

그림 4-80 이미지 배너 만들기

페이지 제목을 입력하고 Visual Composer 버튼을 클릭합니다. Add row 버튼을 클릭한 다음 열을 두 개로 만듭니다. 첫 번째 열을 클릭하고 Banner를 선택한 다음 배너 이미지로 미디어 라이브러리에 이미 있는 이미지를 선택합니다. 사이즈를 570x200으로 입력합니다. 이 폭은 열을 두 개로 할 경우 열 하나의 폭이며 입력하지 않으면 원본 사이즈로 나오게 되므로 주의합니다.

링크는 사이트에서 이미지를 클릭했을 때 이동하는 링크이므로 상품의 주소 창에서 URL을 복사해 붙여넣습니다. 편집기에서 상품의 이름과 간략한 설명을 입력하고 글자 스타일을 지정해줍니다.

배너 스타일은 '테두리 있는 어두운 색'으로 선택하고 폰트 스타일은 '밝음', 마우스오버 효과는 '줌'을 선택하고 저장합니다. '줌' 효과는 이미지에 마우스를 올렸을 때 커지는 효과입니다.

두 번째 열을 선택하고 같은 방법으로 이번에는 다른 이미지를 선택하고 이미지 사이즈를 입력한 다음 폰트 스타일, 마우스 오버 효과를 이전과 다른 것으로 설정해서 어떻게 다른지 확인해보겠습니다.

저장한 다음 공개하기 버튼 → 미리보기 버튼을 클릭해 새 탭에서 페이지가 어떻게 나오는지 확인합니다. 미리보기 버튼을 클릭해 새 탭에서 페이지를 확인하는 경우 나중에 업데이트 한 후에는 다시 미리보기를 클릭해야 하며 미리보기 페이지에서 새로고침 하면 업데이트가 적용 안되니 주의하세요.

그림 4-81 서로 다른 설정 결과

다른 설정보다는 위 첫 번째 설정이 가장 좋아 보입니다. 이미지가 밝으면 글자 색을 어두운 색으로 하는 것이 좋습니다.

## 03 특성 상품 추가

그림 4-82 특성 상품 추가

새 행을 만들고 1열을 사용합니다. 열 내부를 클릭해서 Products를 선택하면 여러 옵션이 나타납니다. 제목으로 인기상품을 입력합니다. 아이디는 상품 목록 페이지에서 목록에 마우스를 올리면 제목 아래 아이디가 나타납니다. 이러한 아이디를 콤마로 분리해 여러 개 입력하면 해당 아이디의 상품만 표시할 수 있고 SKU도 마찬가지 방법으로 사용할 수 있습니다. 하지만 두 가지 모두 사용하면 아무것도 나타나지 않습니다. 대부분 이 두 가지 방법으로 사용하지 않고 상품 타입에서 일괄적으로 선택합니다. 표시 형식은 슬라이더로 선택하고 나중에 다른 옵션을 선택해 어떻게 보이는지 확인하세요.

웹브라우저의 크기별로 상품이 표시 개수를 설정할 수노 있습니다. 설정하지 않아도 화면 폭에 따라 자동으로 조절합니다.

상품 타입에서 '특성'을 선택했습니다. 특성 상품은 관리자가 임의로 선택하는 것으로 상품 목록 페이지에서 별표를 클릭해 설정할 수도 있고 개별 상품 추가 시 설정할 수도 있습니다.

제한은 상품 수를 입력하며 한 행당 4개의 아이템을 표시하는 레이아웃이라면 4의 배수로 입력합니다. 카테고리 아이디에는 아이디를 입력하면 해당 카테고리 상품만 나타납니다.

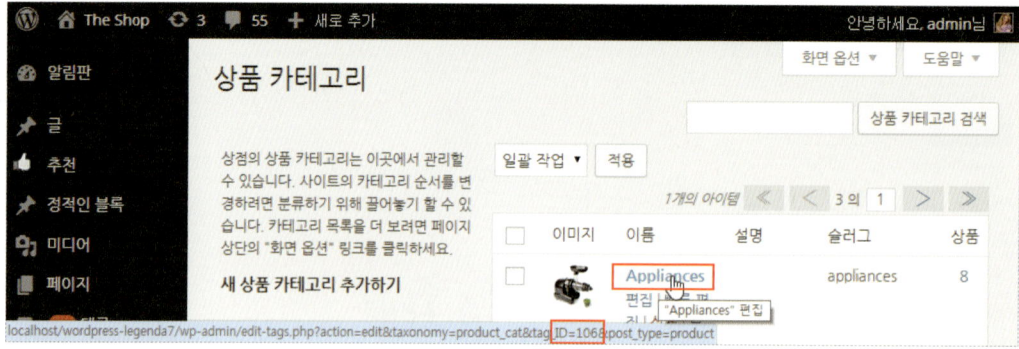

그림 4-83 상품 카테고리 아이디

카테고리 아이디는 상품 카테고리 페이지에서 카테고리 상품의 이름에 마우스를 올리면 크롬의 경우 좌측 하단에 링크가 나타나며 ID가 표시됩니다. 다른 브라우저에서 이런 식으로 나오지 않을 경우 이름을 클릭해서 들어가면 주소 창에 위 링크가 나타납니다.

특성 상품을 지정했으므로 추가로 카테고리 아이디를 입력하면 특성 상품 중에서 해당 카테고리에 속한 상품만 출력됩니다. 저장하고 업데이트 버튼을 클릭한 다음 사이트에서 확인하세요.

## 04 LOOK BOOK 사용

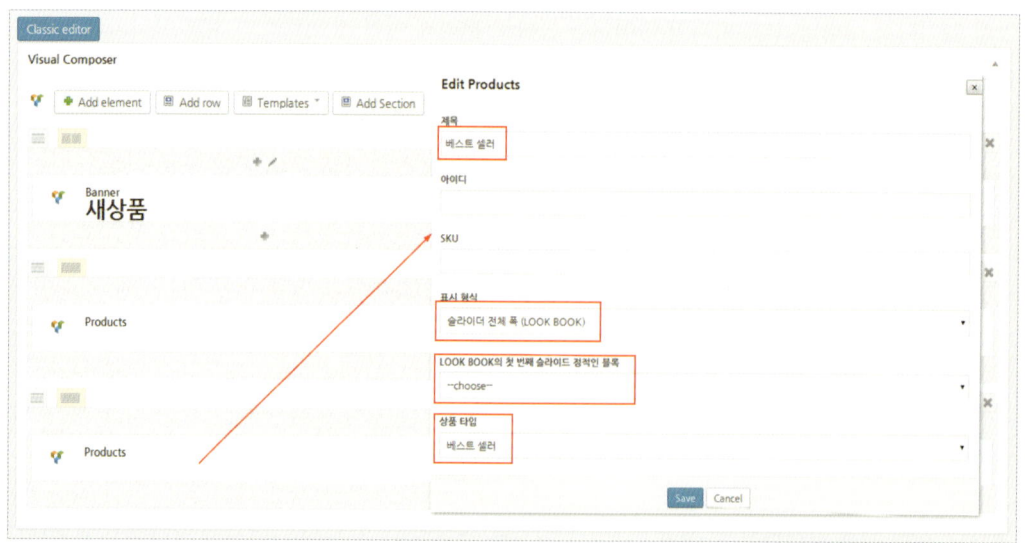

그림 4-84 LOOK BOOK

348    4장 _ 웹사이트 페이지 만들기

상품 행을 하나 더 만들고 이번에는 베스트 셀러로 입력한 다음 표시 형식을 LOOK BOOK 을 선택합니다. LOOK BOOK은 콘텐츠 영역을 벗어나 브라우저 전체 폭을 사용하는 슬라이더입니다. 그리고 베스트 셀러 위젯은 우커머스 2.1 버전에서 제외됐는데 어떤 방식으로 베스트가 되는지 별 의미가 없어서인 것 같습니다. 왜냐하면 새로 등록한 상품도 베스트 셀러 목록에 나오기 때문입니다.

LOOK BOOK을 선택하면 정적인 블록을 사용할 수도 있도록 옵션이 추가됩니다.

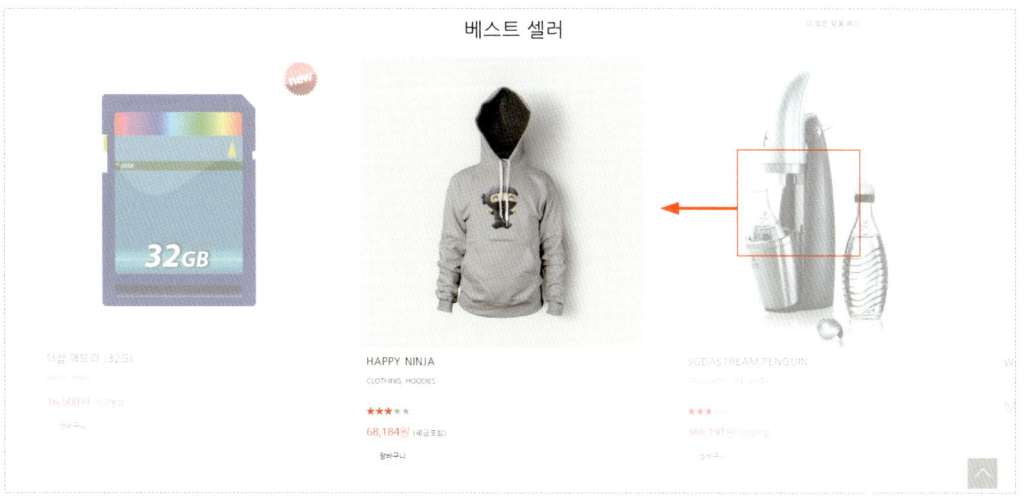

그림 4-85 LOOK BOOK의 기능

좌 우측에 있는 상품을 클릭하거나 클릭 드래그(모바일의 경우 스와이프)하면 상품이 중앙으로 이동하며 중앙의 선명한 상품을 클릭하면 상세 페이지로 이동합니다.

행을 계속 추가하고 Product를 선택해서 여러 가지 상품 타입을 시험해보세요.

# 05 섹션 사용

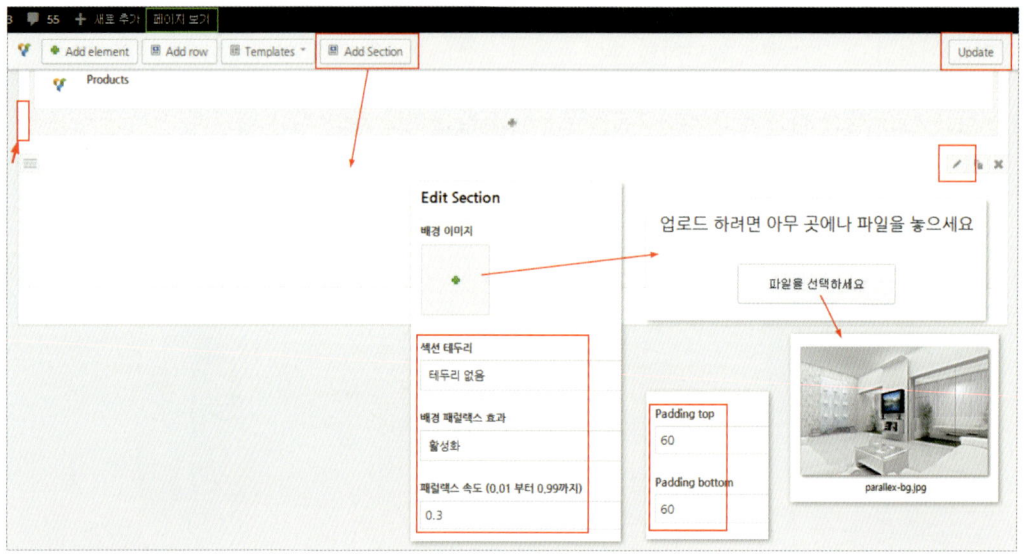

그림 4-86 섹션의 사용

페이지에 요소를 계속 추가하다 보면 요소 추가를 위해 상단으로 스크롤 해야 하는 불편함이 있습니다. 이를 해소하기 위해 위처럼 페이지 상단에서 멀어지면 기본적으로 떠다니는 바가 나타납니다. Add Section 버튼을 클릭합니다.

다른 테마에도 비슷한 기능이 있지만 Legenda 테마는 콘텐츠 영역을 벗어나 화면 폭 전체를 덮는 배경을 추가할 수 있습니다. 이런 기능을 하는 것이 섹션입니다. 섹션을 추가하면 다른 행과 구분을 위해 섹션 폭이 크기가 다릅니다. 기능은 행과 같고 이 섹션에는 이미지와 비디오를 배경으로 추가해 패럴랙스 기능을 할 수 있습니다. 주의할 점은 사이드바가 있는 페이지에서 사용하면 안됩니다. 우선 배경 이미지를 추가하고 패럴랙스 기능을 알아보겠습니다. 패럴랙스(Parallax: 시차) 기능은 배경 이미지와 전면 콘텐츠가 움직이는 속도가 서로 달라서 입체적으로 보이는 효과입니다.

섹션 영역 우측 상단에서 편집 아이콘을 클릭하고 팝업 창에서 배경 이미지 썸네일을 클릭합니다. 파일 업로드 탭에서 '파일을 선택하세요' 버튼을 클릭해 첨부 파일의 parallax.jpg를 업로드 합니다. 업로드가 완료되면 업로드 창 우측 하단에서 Set image 버튼을 클릭해 이미지를 추가합니다.

배경 패럴랙스 효과에서 활성화를 선택하고 패럴랙스 속도를 0.3으로 설정한 다음 padding top과 padding bottom을 60으로 설정하고 저장합니다. 패럴랙스 속도는 배경 이미지의 이동하는 속도로 0.99이면 전면 콘텐츠와 같이 이동하므로 가장 효과가 좋게 하려면 0.3 이하로 설정합니다.

패럴랙스 이미지는 브라우저의 상하 폭을 덮을 만큼 높이가 큰 거의 정사각형에 가까운 이미지를 사용합니다. 패럴랙스 효과는 전면의 콘텐츠가 스크롤되면서 배경의 패럴랙스 이미지와 움직이는 속도가 다르게 해서 입체감을 보여주기 위한 것이므로 배경이미지는 브라우저의 높이를 채워야 제대로 표현됩니다. 가로로 긴 이미지를 사용하면 강제로 브라우저 높이를 덮기 때문에 이미지 품질이 떨어집니다.

그림 4-87 사이트에서 확인

페이지를 업데이트하고 사이트에서 확인하면 전체 폭을 덮는 배경 이미지의 일부만 나타납니다. 이제 콘텐츠 요소를 추가하면 높이가 늘어날 것입니다. 크롬 브라우저에서 보면 회색 배경 색상이 덮히면서 깜박거리는 경우가 있는데 내 컴퓨터에서 작업하면 나타나는 증상이고 다른 브라우저나 웹 호스팅에서 시험하면 이런 증상이 해결됩니다.

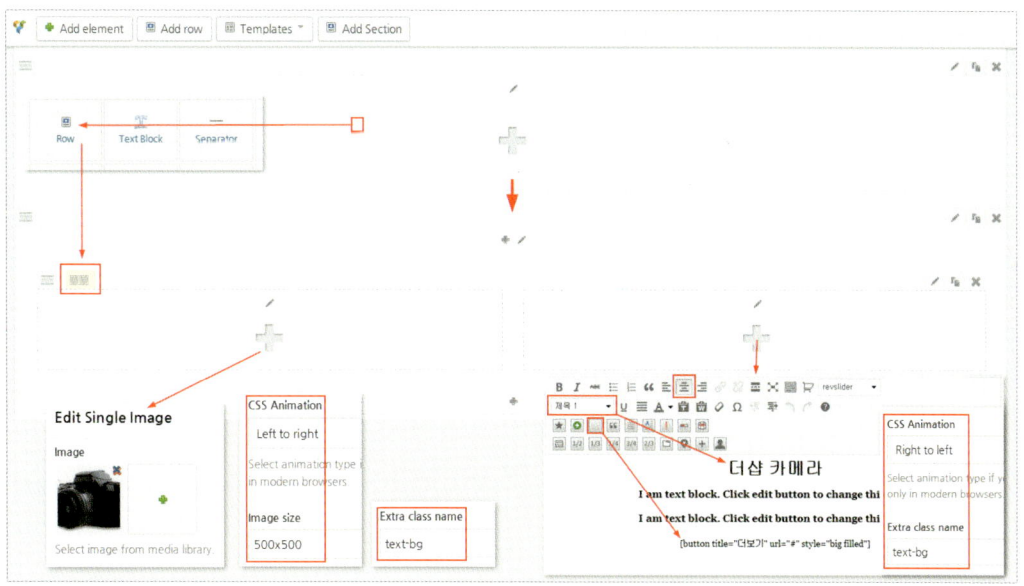

그림 4-88 섹션 콘텐츠 추가

섹션 영역을 클릭하고 Row를 선택하면 내부에 행이 만들어집니다. 2열로 선택하고 첫 번째 행에는 이미지를 배치합니다. CSS Animation에서 Left to right를 선택하고 이미지 사이즈에 500x500을 입력한 다음 Extra class name으로 text-bg를 입력합니다. 이 클래스 선택자는 자식 테마 style. css에서 스타일시트를 입력하면 이곳에 적용됩니다. CSS 애니메이션은 사이트에서 스크롤 해서 해당 요소에 이르면 애니메이션 효과가 나타나며 Left to right는 이미지가 좌측에서 우측으로 애니메이션 됩니다.

두 번째 열에는 텍스트 블록을 선택하고 제목을 입력한 다음 글자 스타일을 제목1로, 내용은 제목2로 정하고 중앙정렬 합니다. 창에서 스크롤 해 내리고 CSS Animation을 Right to left로 선택한 다음 Extra class name으로 text-bg를 입력합니다.

```
.text-bg { background: rgba(255,255,255,0.5); padding:30px; border-radius: 5px }
```

legenda-child 테마 폴더에서 style.css 파일을 텍스트 편집기에 열고 위와 같이 입력합니다. background: rgba(255,255,255,0.5);에서 0.5는 배경 색상의 투명도를 조절합니다. 0이면 완전 투명이고 1이면 완전 불투명으로 흰색 배경이 됩니다. 중간인 0.5이므로 반투명이 됩니다. 앞으로 필요한 경우 text-bg를 사용하면 어느 곳이든 반투명의 배경이 나타납니다.

글 내용 하단에서 버튼 아이콘을 배치하고 title은 '더보기'를 입력합니다. URL은 해당 상품의 URL을 주소 창에서 복사해 #를 제거하고 입력합니다.

그림 4-89 사이트에서 확인

사이트에서 확인하면 카메라 이미지는 왼쪽에서 오른쪽으로 글자는 오른쪽에서 중앙으로 이동합니다.

## 06 페이지 템플릿 만들기

그림 4-90 페이지 템플릿

지금까지 만든 페이지를 템플릿으로 저장하고 다른 페이지 만들 때 이용해 보겠습니다. Template 버튼에 마우스를 올리고 'Save current page as a Template' 버튼을 클릭한 다음 템플릿 이름을 입력하고 확인 버튼을 클릭합니다. 나중에 Template 버튼에 마우스를 올렸을 때 이 템플릿 이름이 나타나며 새 페이지에서 로드 해 사용할 수 있습니다. 하지만 섹션 부분은 원래 페이지 빌더에 없는 기능을 추가한 것이라서 그런지 템플릿을 불러오면 섹션이 망가진 채로 나타납니다. 테마 제작자에게 요청했더니 비주얼 컴포우저와 호환이 안돼서 현재로서는 수정할 수 없다고 합니다. 이런 에러가 발생하더라도 이미 만든 페이지를 그대로 복사해 새로운 페이지를 만들 때 사용할 수 있습니다.

그림 4-91 클래식 편집기 코드 복사

Classic editor 버튼을 클릭하면 버튼이 Visual Composer로 변경되면서 일반 편집기로 전환되고 각종 단축코드가 나타납니다. 결국엔 페이지 빌더도 이러한 단축코드 조합으로 만들어지는 것이죠. 편집기 내부를 클릭하고 Ctrl+A 키를 누르면 모두 선택됩니다. Ctrl+C 키를 눌러 복사하고 상단에서 새 페이지 추가 버튼을 Ctrl 키를 누르고 클릭하면 새 탭에서 페이지 만들기 화면이 나타납니다.

# 전면 페이지 2 만들기 06

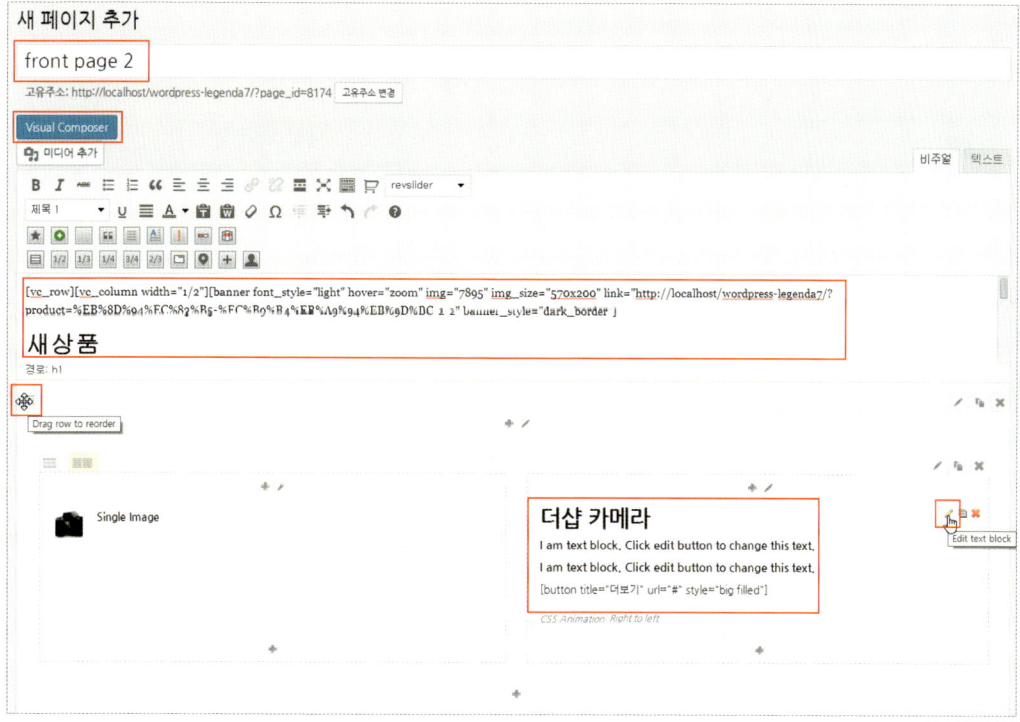

그림 4-92 클래식 편집기 코드 붙여넣기

새 페이지에 들어오면 항상 Page Layout 메타박스에서 페이지 사이드바 설정과 제목 표시 설정하는 것을 잊지 마세요.

제목을 입력하고 클래식 편집기에서 편집기 내부를 클릭하고 Ctrl+V 키를 눌러 붙여넣은 다음 Classic Editor 버튼을 눌러 비주얼 컴포우저 화면으로 전환합니다. 이렇게 코드를 직접 복사해 사용하면 중앙 정렬돼있던 것이 좌측 정렬로 바뀌므로 수정해야 합니다. 하단에 있던 섹션을 이동 아이콘을 클릭 드래그해서 상단으로 이동합니다. 글자 부분이 좌측 정렬로 돼있으니 편집 아이콘을 클릭해 편집기로 들어가 중앙정렬로 수정합니다.

## 01 섹션에 비디오 배경 사용

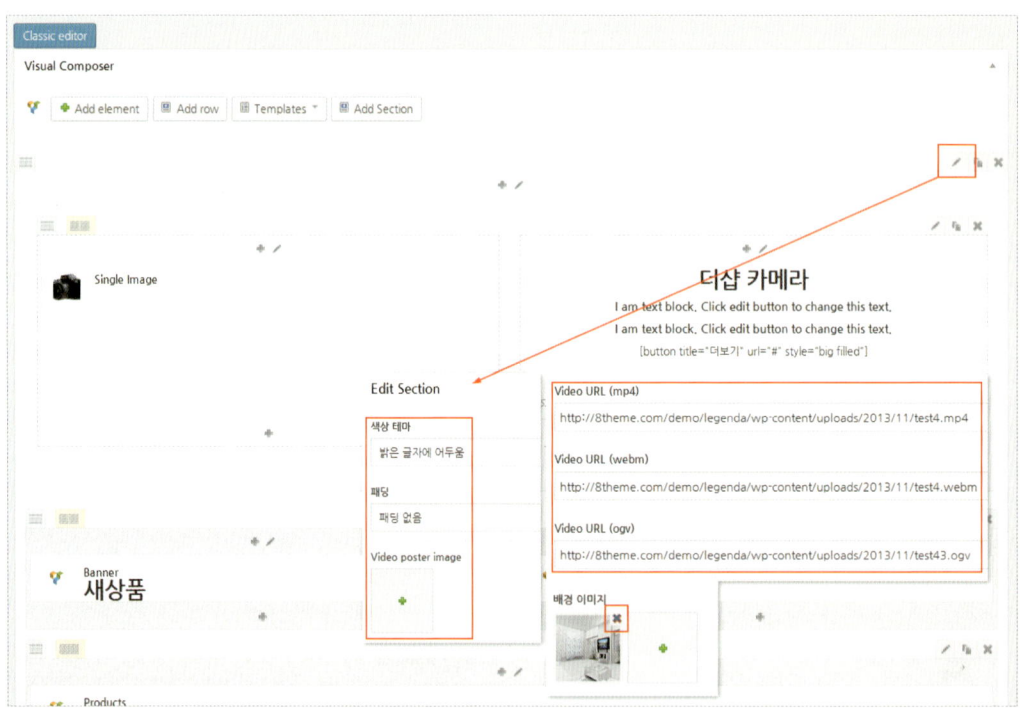

그림 4-93 섹션에 비디오 배경 넣기

이번에는 배경을 이미지가 아닌 비디오를 추가해보겠습니다. 섹션 편집 아이콘을 클릭해 색상 테마를 '밝은 글자에 어두움'으로 선택합니다. Video poster image는 비디오가 늦게 로딩되므로 그 전에 나타나게 하는 이미지이고 화면을 덮을만한 크기의 이미지를 사용합니다. Video URL에는 다음 링크를 각 란에 입력합니다. 같은 비디오지만 웹브라우저 별로 지원하는 포맷이 다르므로 세 종류를 추가합니다. 비디오는 테마 데모 사이트에서 가져왔습니다.

- http://8theme.com/demo/legenda/wp-content/uploads/2013/11/test4.mp4
- http://8theme.com/demo/legenda/wp-content/uploads/2013/11/test4.webm
- http://8theme.com/demo/legenda/wp-content/uploads/2013/11/test43.ogv

하단에서 이미 있던 배경 이미지는 제거 아이콘을 클릭해 제거하고 저장합니다. 공개하기 버튼을 클릭하고 사이트에서 확인하면 다음과 같이 나옵니다.

그림 4-94 비디오 배경 확인

비디오 화면이 어둡게 나오는 것은 테마 폴더의 images 폴더에 있는 2픽셀 크기의 작은 grid-video.png가 상하 좌우로 반복되고 있어서 그런 것이며 파일이름을 다른 것으로 변경하면 밝게 나옵니다.

전면 콘텐츠가 보이는 영역이 크다 보니 배경 비디오가 잘 보이지 않습니다. 데모 사이트와 같이 콜투 액션 버튼을 만들어보겠습니다.

# 02 콜 투 액션

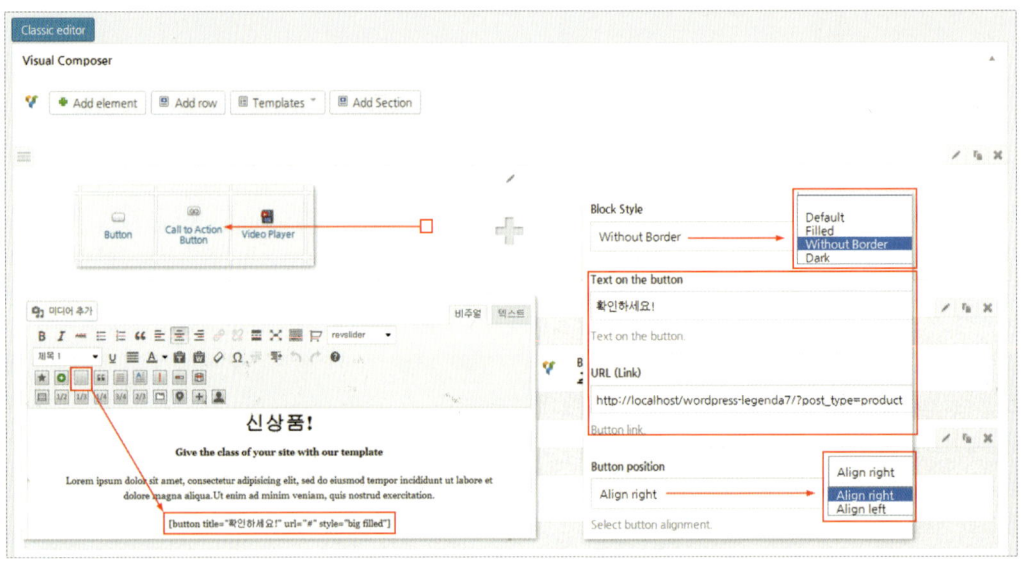

그림 4-95 콜 투 액션

섹션 영역에 있던 행을 제거하고 섹션 내부를 클릭해 Call to Action Button을 선택합니다. 콜 투 액션이란 방문자에게 반 강제로 클릭하도록 유도하는 마케팅 기법으로 '더보기', '둘러보기' 등 거의 모든 버튼은 콜 투 액션이라고 할 수 있습니다. 특히 사이트 전면에서 클릭할 수 있을 만한 강력한 문구로 고객을 사로잡아야 합니다.

내용은 위처럼 입력하고 버튼 단축코드를 이용해 버튼을 중앙 배치합니다. 버튼을 문구의 좌측이나 우측에 배치하려면 위처럼 버튼 단축코드를 사용하지 않고 창 하단으로 스크롤 해 내려서 Text on the button에 버튼 제목을 입력합니다. 또한 url과 버튼 위치를 선택합니다. 둘 다 사용하면 모두 나타나므로 둘 중 하나만 사용합니다. 즉 중앙 배치를 위해 버튼 단축코드를 사용했으면 Text on the button과 URL을 제거합니다.

그림 4-96 콜 투 액션의 모양

비디오를 배경으로 추가할 수 있는 좋은 기능이지만 일반적으로 비디오 파일을 사용하려면 별도로 구매해야 합니다. 앞으로 유튜브 비디오도 추가할 수 있도록 개선될 것으로 생각합니다.

## 03 페이지 상단에 티저 콘텐츠 추가

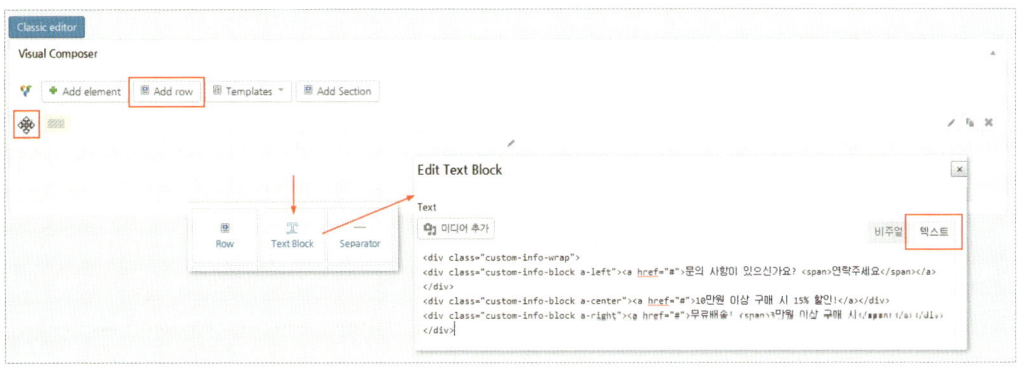

그림 4-97 티저 콘텐츠 추가

행을 추가하고 행의 좌측 상단 이동 탭을 클릭 드래그해서 상단으로 이동합니다. 행 내부를 클릭해 Text Block을 선택하고 텍스트 탭을 선택합니다. 텍스트 탭은 HTML 코드를 직접 입력할 수 있습니다.

```
<div class="custom-info-wrap">
<div class="custom-info-block a-left"><a href="#">문의 사항이 있으신가요? <span>연락주세요</span></a></div>
<div class="custom-info-block a-center"><a href="#">10만원 이상 구매 시 15% 할인!</a></div>
```

```
<div class="custom-info-block a-right"><a href="#">무료배송! <span>3만원 이상 구매 시</span></
a></div>
</div>
```

위와 같은 코드는 책에서 거의 사용할 일이 없지만 HTML과 CSS를 아시는 분들은 참고할 수 있습니다. .custom-info-wrap 클래스는 가로 형태로 배열된 콘텐츠 블록을 감싸는 역할을 하고 .custom-info-block은 개별 콘텐츠를 감싸고 가로로 배열합니다. . a-left는 좌측에 배치하고 . a-center는 중앙, .a-right는 우측에 배치하는 역할을 합니다. .custom-info-block .a-left 또는 .custom-info-block .a-right가 동시에 있는 div 태그 내부에 span 태그를 사용하면 이 태그 내부의 글자는 굵고 빨간색으로 변경됩니다.

a 태그의 #는 나중에 컨택트 페이지나 상품 페이지의 URL과 교체해주면 됩니다.

그림 4-98 사이트 콘텐츠 상단의 티저 콘텐츠

위와 같이 나타나며 주로 눈에 잘 띄는 페이지 상단에 배치해 사용합니다.

## 04 아이콘 박스 사용

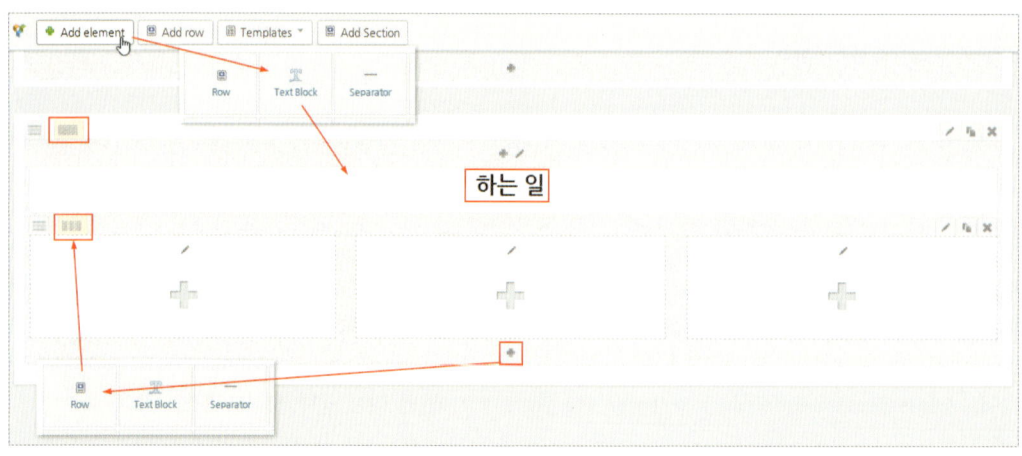

그림 4-99 아이콘 박스 추가

Add element 버튼을 클릭하고 Text Block을 선택한 다음 제목1 글자 스타일로 중앙 정렬해서 글자를 만들고 저장하면 1열의 행이 만들어집니다. 하단의 플러스 아이콘을 클릭해 Row를 선택하고 3열로 만듭니다. 이처럼 행 내부에 다른 행을 추가할 수 있습니다.

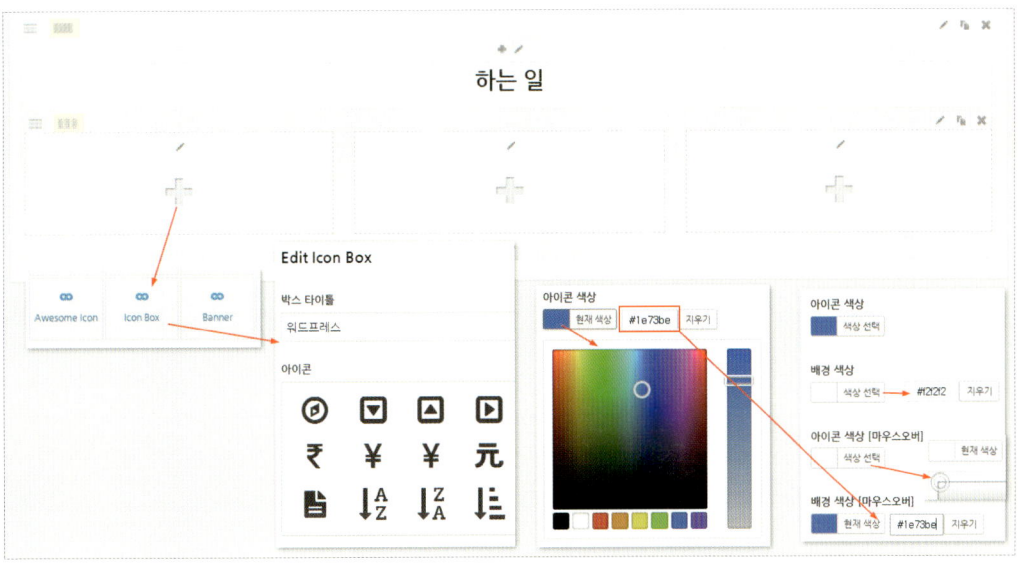

그림 4-100 아이콘의 색상 설정

첫 번째 열을 클릭하고 Icon box를 선택한 다음 박스 타이틀을 입력합니다. 아이콘을 원하는 것으로 선택하고 아이콘 색상 버튼을 클릭하면 컬러피커가 나타납니다. 원하는 컬러를 선택하고 색상코드를 블록 설정해 복사합니다. 마지막의 '배경 색상[마우스오버]'을 클릭하고 입력박스에 붙여넣습니다. 마우스오버 시 같은 색상으로 하기 위해서죠. 두 번째 '배경 색상' 버튼을 클릭하고 입력박스에 #f2f2f2를 직접 입력합니다. 세 번째 '아이콘 색상[마우스오버]'의 색상 선택버튼을 클릭하고 흰색(#ffffff)을 선택합니다.

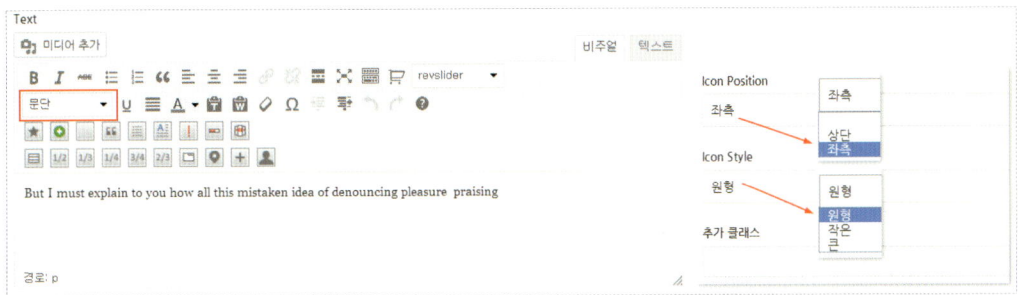

그림 4-101 아이콘 위치 설정

스크롤 해 내려서 적절한 문구를 추가하고 아이콘 포지션으로 좌측을 선택, 아이콘 스타일은 원형을 선택하고 저장합니다.

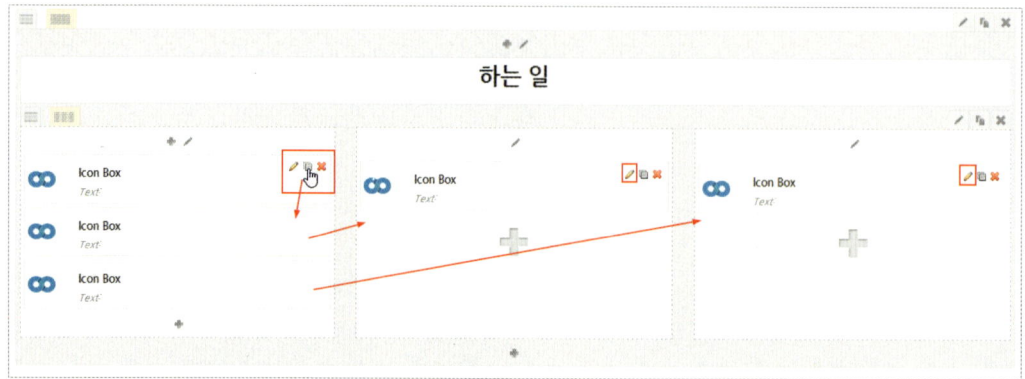

그림 4-102 아이콘 박스 복사 및 콘텐츠 수정

아이콘 박스의 복사 아이콘을 두 번 클릭한 다음 하나씩 두 번째와 세 번째 열에 배치합니다. 각 아이콘 박스의 편집 아이콘을 클릭해 제목과 아이콘, 문구를 수정합니다.

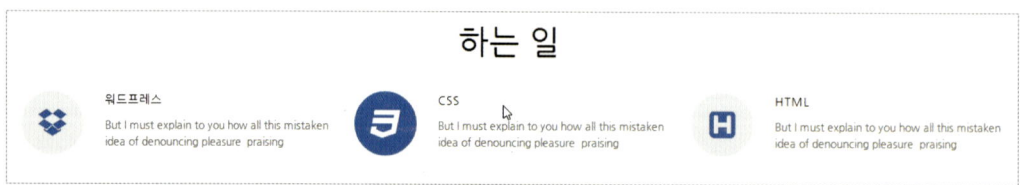

그림 4-103 사이트에서 확인

아이템에 마우스를 올리면 아이콘 색상이 반전됩니다.

## 05 세퍼레이터(Separator)와 포트폴리오 사용

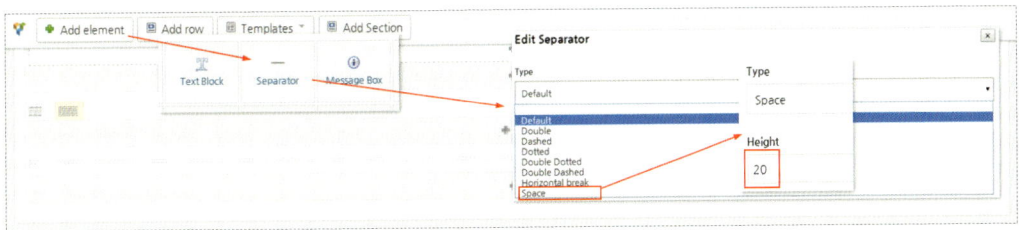

그림 4-104 세퍼레이터

요소의 상하간 간격을 두기 위해 세퍼레이터를 사용합니다. Add element 버튼을 클릭하고 Separator를 선택한 다음 원하는 항목을 선택합니다. 한번 선택하면 편집이 안되고 제거하고 다시 만들어야 하므로 어떤 모양인지 잘 알아둬야 합니다. 마지막 Space를 선택하면 수치를 입력할 수 있는 입력상자가 나타나며 원하는 픽셀 값을 입력하면 해당 수치만큼 공간이 만들어집니다. Space를 선택한 다음 20을 입력하고 저장합니다. 각 명칭의 모양은 다음과 같습니다.

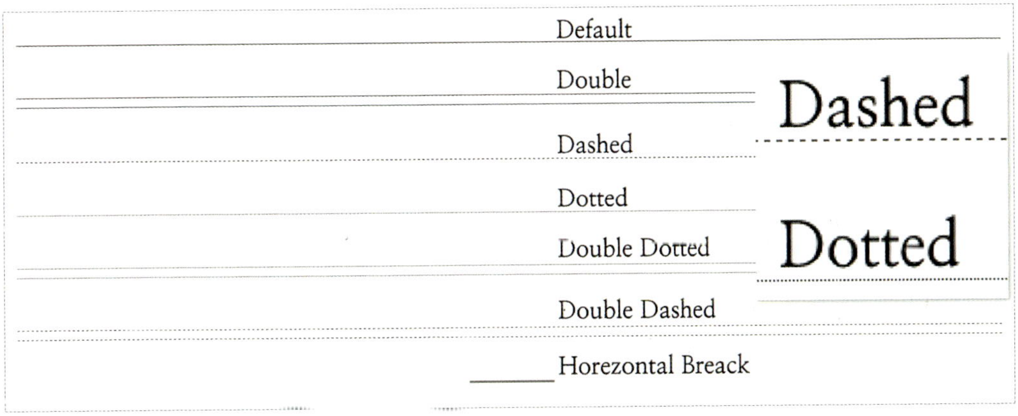

그림 4-105 세퍼레이터의 모양

그림이 작아서 Dashed는 점으로 보이고 Dotted는 선으로 보이지만 확대하면 우측 그림처럼 보입니다.

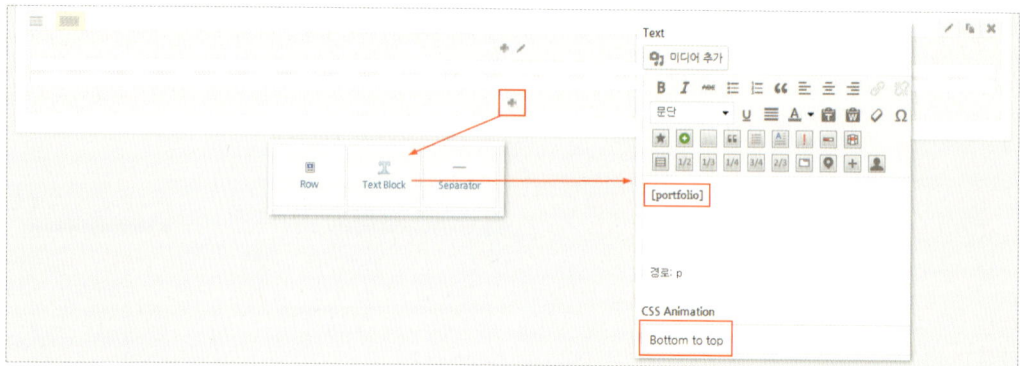

그림 4-106 포트폴리오 추가

하단의 플러스 아이콘을 클릭한 다음 텍스트 블록을 선택하고 단축코드로 [portfolio]을 입력합니다. 이것은 포트폴리오 최근 작품 슬라이더를 출력합니다. 저장한 다음 페이지를 업데이트 하고 사이트에서 확인하면 다음과 같습니다.

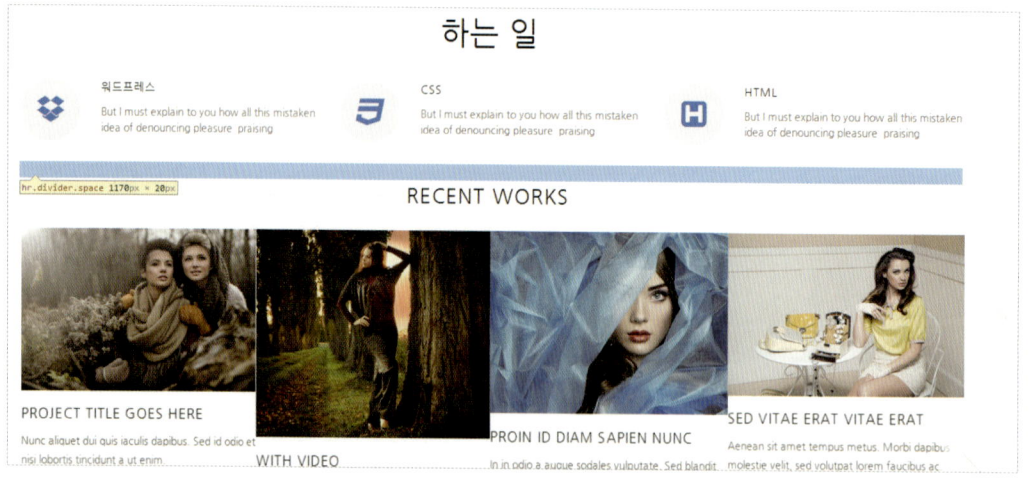

그림 4-107 사이트에서 확인

20픽셀의 빈 공간이 만들어졌고 포트폴리오 최근 작품이 나타납니다.

## 06 파트너와 고객 섹션

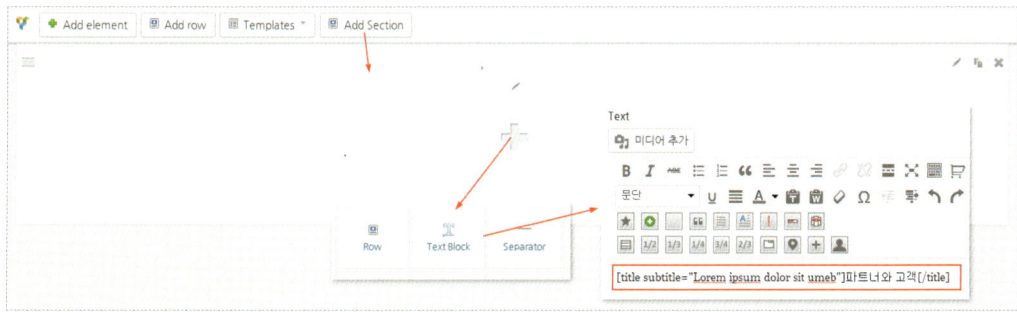

그림 4-108 파트너와 고객 추가

섹션을 추가하고 텍스트 블록을 열어 다음 단축코드를 입력합니다. 섹션을 추가하기만 해도 전체 폭의 배경색이 옅은 회색으로 설정됩니다. 이렇게 하면 아래 위의 다른 요소와 구분 할 수 있는 효과가 있습니다.

```
[title subtitle="Lorem ipsum dolor sit umeb"]파트너와 고객[/title]
```

title은 제목을 중앙에 배치하고 글자의 양쪽으로 선을 만듭니다. subtitle은 타이틀 아래에 부제목을 만들며 값으로 부제목에 해당하는 글자를 입력합니다.

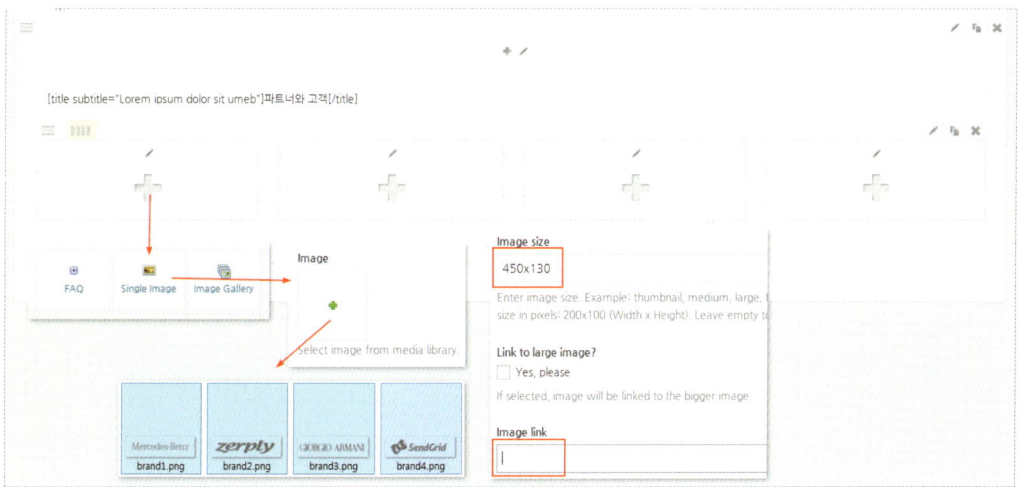

그림 4-109 로고 추가

4열의 행을 만들고 첫 번째 열을 선택해 Single image 요소를 클릭한 다음 image 썸네일을 클릭하고 파일 업로드 탭을 선택해 첨부 파일에서 brand1.png~ brand4.png를 업로드 합니다. 업로드가 완료되면 미디어 라이브러리 창에서 하나의 이미지를 선택하고 우측 하단의 Set image 버튼을 클릭해 추가합니다. 이미지 사이즈를 450x130로 입력하고 필요한 경우 image link에 해당 업체의 URL을 입력하고 저장합니다.

같은 방법으로 나머지 로고 이미지를 추가하고 사이즈를 입력한 다음 URL을 추가합니다. 처음 추가한 Single image 요소 세 개를 복사해서 각 열에 이동하고 이미지와 URL만 변경해도 됩니다.

그림 4-110 사이트에서 확인

제목과 부제목이 중앙에 표시되고 양 옆으로 선이 나타납니다.

이렇게 만든 페이지를 초기화면으로 사용하려면 설정 → 읽기로 가서, 전면 페이지 표시 → 정적인 페이지 → 전면 페이지 선택박스에서 선택하고 저장하면 됩니다.

# 전면 페이지 3 만들기

## 01 가격 테이블 만들기

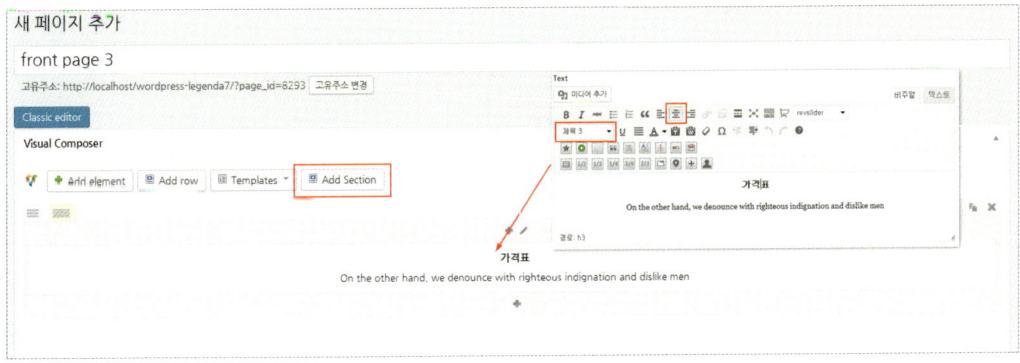

그림 4-111 가격표 만들기

새 페이지를 만들고 제목을 입력합니다. 1열의 행에 텍스트 블록을 이용해 제목과 문구을 중앙 정렬해 입력한 다음 저장합니다.

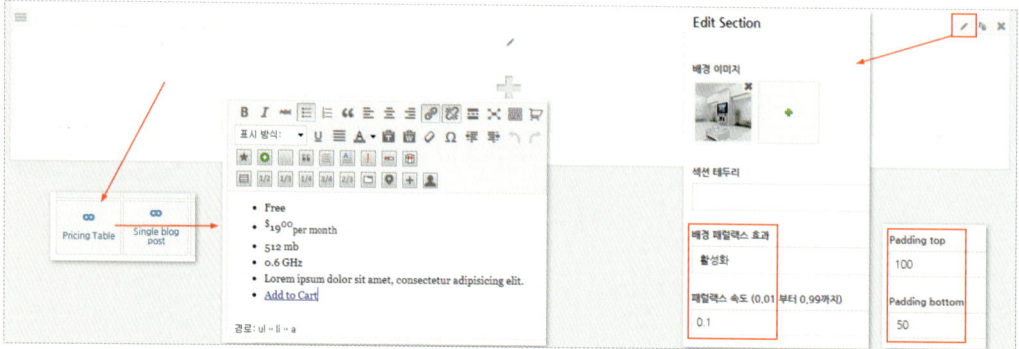

그림 4-112 가격표 콘텐츠 추가

Add Section 버튼을 클릭해 섹션을 만들고 섹션 우측 상단의 편집 아이콘을 클릭해 배경 이미지로 이전에 사용한 것을 추가하고 배경 패럴랙스 효과를 활성화, 패럴랙스 속도를 0.1, Padding top과 Padding bottom을 각각 100, 50으로 입력하고 저장합니다. 섹션 내부를 클릭해 Pricing table을 선택하면 이미 만들어진 값이 있습니다. 필요한 경우 한글로 수정하고 저장합니다.

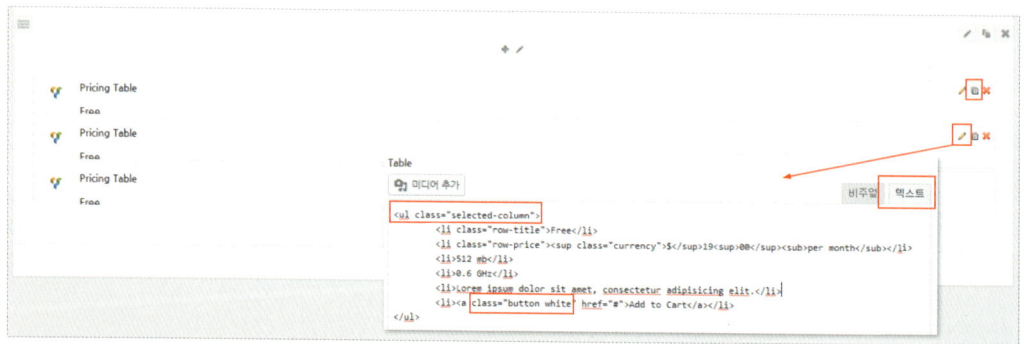

그림 4-113 클래스 추가

만들어진 Pricing table 우측 끝의 복사 아이콘을 두 번 클릭해 총 세개의 테이블을 만듭니다. 두 번째 테이블의 편집 아이콘을 클릭하고 텍스트 탭을 선택하면 코드가 나타납니다. ul 태그에서 ul 다음에 한 칸 띄고 class="selected-column"을 입력합니다. 이 코드는 이 테이블만 어두운 색으로 하이라이트 되게 하는 클래스입니다. 마지막의 li 태그에서 button 다음에 한칸 띄고 white를 추가한 다음 저장합니다. white는 버튼을 밝은 색으로 만듭니다.

그림 4-114 분리된 테이블 만들기

가격 테이블은 기본적으로 세 개의 테이블만 나타나게 할 수 있습니다. 서로 붙어있는 테이블 네 개를 만들려면 코드를 사용해야 하며 서로 떨어진 테이블 네 개를 만들려면 위처럼 행을 만들어 네 개의 열을 추가하고 각 열에 테이블을 만들면 됩니다. 테스트 하려면 이전에 만들어놓은 가격 테이블의 섹션 복사 아이콘을 클릭해 복사한 다음 상단의 플러스 아이콘을 클릭해 행을 만듭니다. 행을 네 개의 열로 만들고 각 열에 가격 테이블을 이동합니다. 마지막 테이블은 세 번째 테이블을 복사해 이동합니다.

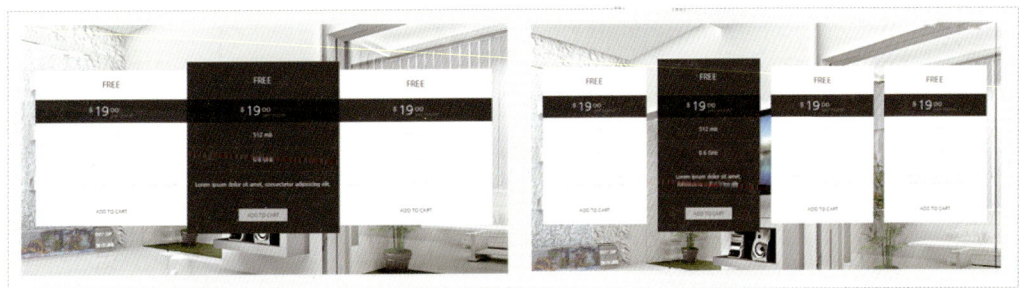

그림 4-115 사이트에서 확인

두 개의 가격 테이블 결과물입니다.

- http://8theme.com/demo/legenda/shortcodes/pricing-tables/

다양한 가격 테이블을 구현하고자 하면 위 링크의 하단에서 코드를 복사해 섹션을 만들고 텍스트블록의 텍스트 탭에 붙여넣고 사용합니다.

```html
<div class="pricing-table columns4">
   <ul>
      <li class="row-title">Free</li>
      <li class="row-price">$19</li>
      <li>512 mb</li>
      <li>Lorem ipsum dolor sit amet, consectetur adipisicing elit.</li>
      <li><a href="#" class="button">Add to Cart</a></li>
   </ul>
   <ul>
      <li class="row-title">Econom</li>
      <li class="row-price">$29</li>
      <li>1 gb</li>
      <li>Lorem ipsum dolor sit amet, consectetur adipisicing elit.</li>
      <li><a href="#" class="button">Add to Cart</a></li>
   </ul>
   <ul class="selected-column">
      <li class="row-title">Premium</li>
      <li class="row-price">$59</li>
      <li>2 gb</li>
      <li>Lorem ipsum dolor sit amet, consectetur adipisicing elit.</li>
      <li><a href="#" class="button">Add to Cart</a></li>
   </ul>
   <ul>
      <li class="row-title">Advanced</li>
      <li class="row-price">$79</li>
      <li>4 gb</li>
      <li>Lorem ipsum dolor sit amet, consectetur adipisicing elit.</li>
      <li><a href="#" class="button">Add to Cart</a></li>
   </ul>
</div>
```

pricing-table은 가격 테이블 레이아웃을 만들고 columns4는 네 개의 열을 만듭니다. 따라서 세 개의 열은 위 코드에서 <ul>~</ul> 부분을 하나 제거하고 클래스를 columns3을 사용합니다. pricing-table 다음에 한 칸 띄고 style2나 style3를 추가하면 모양이 달라집니다.

그림 4-116 여러 가지 가격 테이블

위 그림은 각 〈div class="pricing-table columns4"〉, 〈div class="pricing-table style2 columns4"〉, 〈div class="pricing-table style3 columns4"〉일 때의 달라진 모양입니다. 첫 번째는 가격의 글자가 작지만 빨간색입니다.

## 02 티저 그리드(Teaser Grid) 사용

### 글(Posts) 티저 그리드

Legenda 1.5 버전에 추가된 기능으로 여러 가지 콘텐츠를 그리드 형태로 다양하게 출력할 수 있습니다. 티저(Teaser)란 관심을 끌기 위한 글이나 이미지를 의미하며 많은 내용을 드러내지 않습니다.

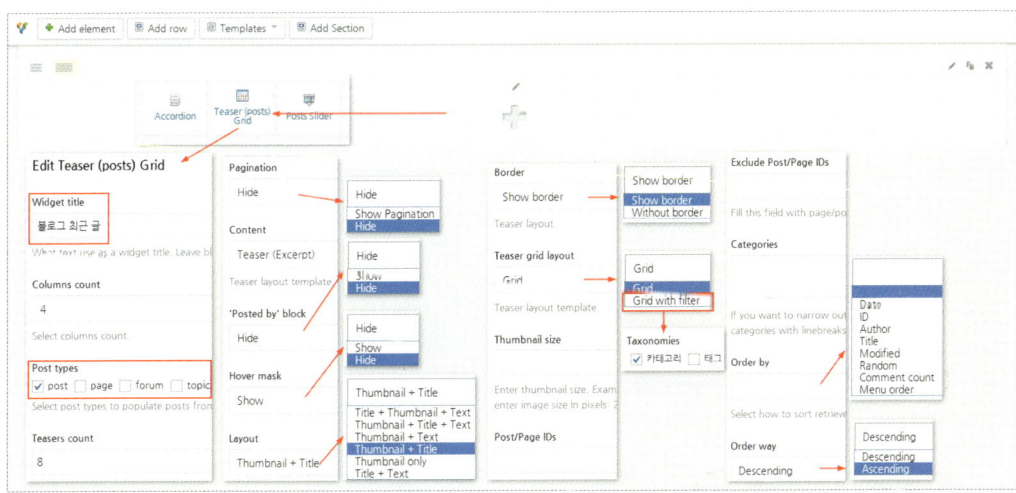

그림 4-117 글 티저 그리드

하나의 행을 만들고 Teaser (posts) Grid를 선택하면 많은 옵션이 나타납니다. Widget title에 콘텐츠에 따른 제목을 입력하고 Columns에 한 행에 나타날 글 수, Post types에서 글 형식을 선택합니다. Teaser count는 글 수의 배수를 입력합니다. Pagination은 hide로 하는 것이 좋습니다. 글이 많은 때 하단에 페이지 처리가 나타나는데 이를 클릭하면 페이지가 새로고침되며 티저 글의 의미가 사라집니다.

Content는 글의 요약과 전체 내용을 선택할 수 있습니다. 'Posted by' block은 글쓴이를 표시하며 hide로 선택합니다. Hover mask는 이미지에 마우스를 올리면 확대 아이콘과 링크 아이콘을 표시하며 Show로 선택합니다. Layout은 가능하면 썸네일과 제목 정도 표시하는 것이 좋습니다. Border는 그리드의 테두리를 표시합니다.

Teaser grid layout은 Grid with filter를 선택하는 것이 좋습니다. Grid with filter를 선택하면 바로 아래에 Taxonoies가 나타나고, 카테고리를 선택하면 글 그리드 상단에 카테고리 버튼이 있어서 이를 선택하면 애니메이션 되면서 해당 카테고리의 글만 나타납니다.

Thumbnail size는 입력하지 않아도 되며 Post/Page IDs는 글이나 페이지의 아이디를 콤마로 분리해 입력하면 해당 글이나 페이지만 나타납니다. Exclude Post/Page IDs는 제외되는 글이나 페이지 아이디입니다. Categories에는 출력하고자 하는 카테고리 이름을 입력합니다.

Order by는 글이 나타나는 순서를 설정하며 각 옵션에 따라 아래의 Order way(내림차순, 오름차순)의 순서대로 나타납니다. Date와 Ascending을 선택하면 날짜순 오름차순입니다.

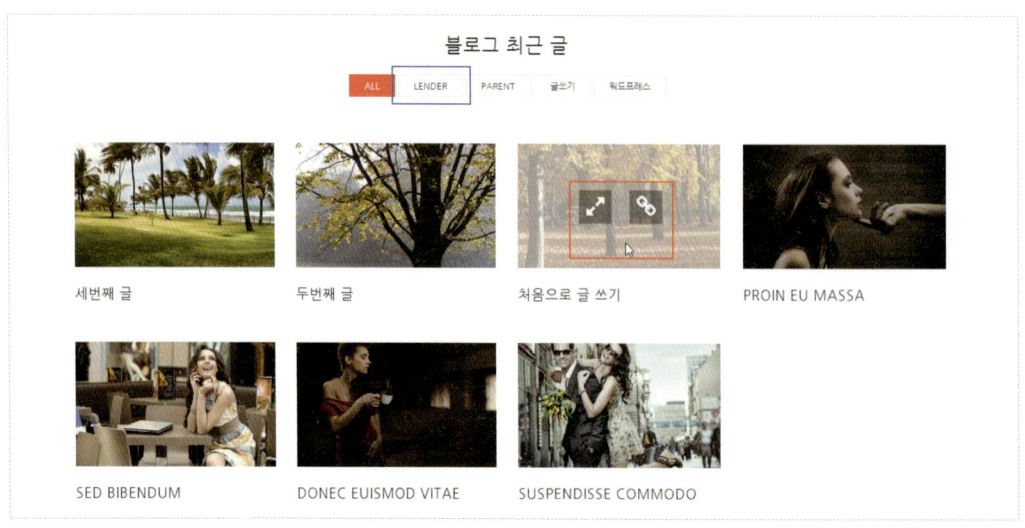

그림 4-118 사이트에서 확인

상단에 버튼이 있어서 클릭하면 해당 글의 그리드만 애니메이션 되면서 나타납니다.

## 포트폴리오 티저 그리드

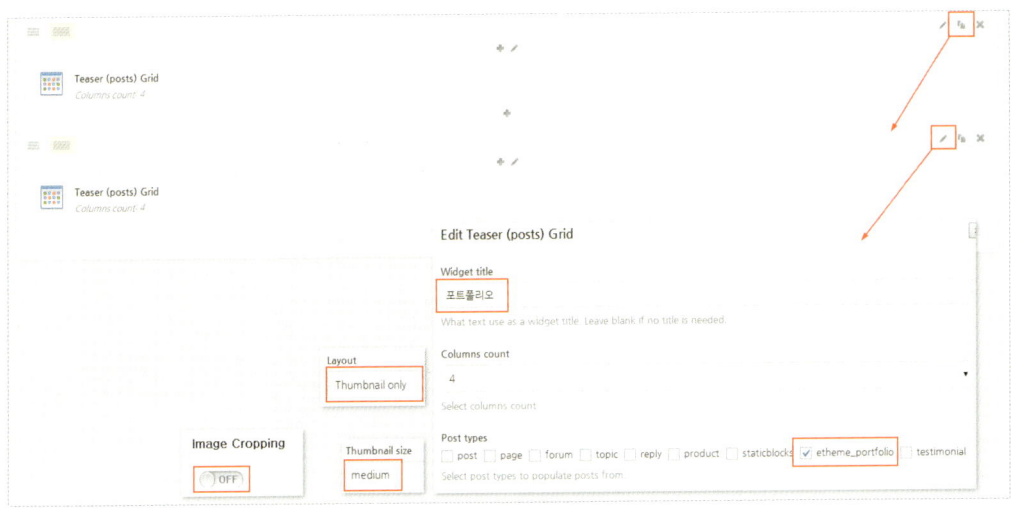

그림 4-119 포트폴리오 티저 그리드

포트폴리오 티저 그리드는 이전의 행을 복사해 만들어보겠습니다. 글 그리드의 복사 아이콘을 클릭한 다음 복사된 행의 편집 아이콘을 클릭하고 제목을 포트폴리오로 수정합니다. Post types에서 etheme_porfolio에 체크한 다음 Layout에서 Thumbnail only를 선택합니다. Thumbnail size는 medium을 입력합니다. 이것은 관리자 화면의 설정 → 미디어에서 중간 크기 이미지를 사용합니다. 사이즈를 입력하지 않으면 다음 그림처럼 세로로 긴 이미지는 상하가 잘려 나옵니다.

그림 4-120 사이트에서 확인

이전에 테마 옵션 설정에서 포트폴리오에 대해 알아봤는데 설정 화면의 하단에 Image Cropping 항목이 있었습니다. 여기서 OFF를 선택하면 이미지가 잘리지 않는다고 했었죠. 그래도 위 썸네일 사이즈에서 수치를 지정해줘야 됩니다.

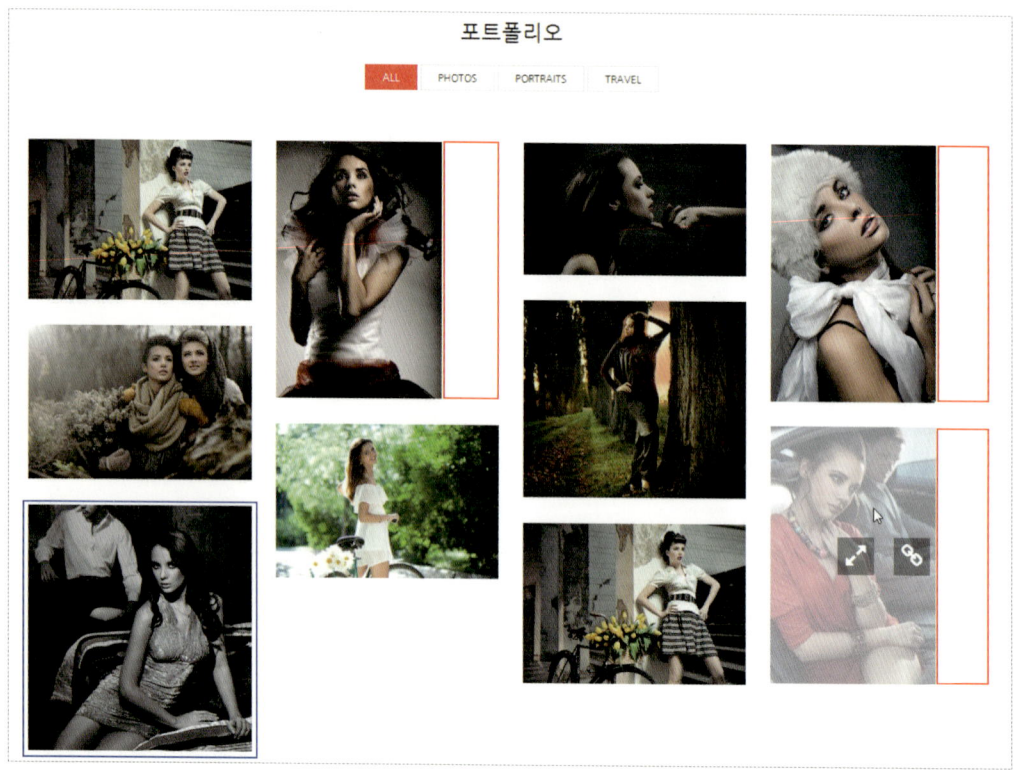

그림 4-121 사이트에서 확인

이미지의 가로 세로 비율이 현저하게 차이나면 위 빨간색 박스처럼 여백이 발생합니다. 따라서 좌측 하단 이미지처럼 처음 이미지를 업로드 할 때 어느 정도 비율을 유지하면서 잘라서 업로드 하는 것이 좋습니다.

## 03 글 슬라이더 사용

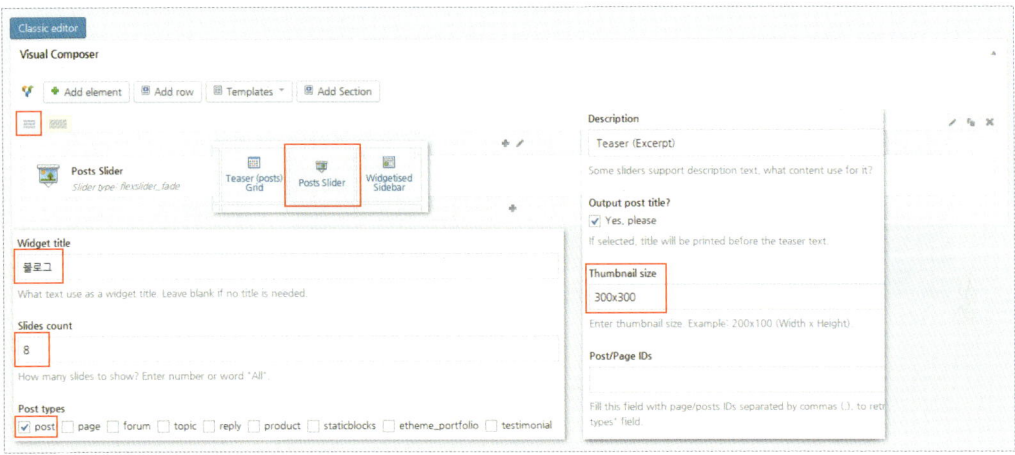

그림 4-122 글 슬라이더

새로운 행을 만들고 행 좌측 상단의 이동 아이콘을 클릭 드래그해서 상단으로 이동합니다. 행이 늘어나다 보면 스크롤을 자주해야 하죠. 사이트에서 확인하는 것도 마찬가지라서 번거롭습니다.

행 내부를 클릭해서 Posts Slider를 선택한 다음 제목을 입력합니다. Posts Slider는 말 그대로 글 슬라이더입니다. 한 화면에 네 개의 글을 출력하고 다섯 개 이상이면 좌우로 슬라이드 할 수 있습니다. 글 슬라이더라고 돼있지만 워드프레스의 모든 콘텐츠는 Post라고 하기 때문에 그렇습니다. 따라서 모든 콘텐츠를 선택할 수 있습니다. 글이 많을 경우 일정 양만 나타나게 해야 로딩 속도에 도움이 됩니다. 최대 8개까지 하고 더 보고자 할 때를 위해 슬라이더의 우측 상단에 '더 많은 글 보기' 링크가 있습니다.

여기에도 여러 가지 옵션이 있으며 나머지 옵션은 티저 그리드의 내용을 참고하고 중요 부분만 설명하겠습니다.

여기서도 이미지 사이즈가 문제가 됩니다. Thumbnail size를 입력하지 않으면 기본적으로 300x200 크기를 사용하며 원할 경우 세로 크기를 특정 크기로 설정할 수 있는데 이전의 티저 그리드처럼 이미지에 따른 이름(thumbnail, medium 등)을 사용할 수 없습니다.

또한 글을 제외할 수 있는 옵션이 없어서 세로로 긴 이미지가 있을 경우 제외할 수도 없습니다. 그러니 항상 이미지의 피사체를 기준으로 적절하게 잘라서 업로드 해 사용하는 것이 좋습니다.

그림 4-123 사이트에서 확인

사이트에서 보면 네 개의 글이 나타나며 좌 우측에 내비게이션 버튼이 있습니다. 클릭해서 글이 마지막에 오면 버튼이 흐리게 나타납니다. 행을 복사해서 다른 글 형식도 실험해보세요.

# 04 탭 사용

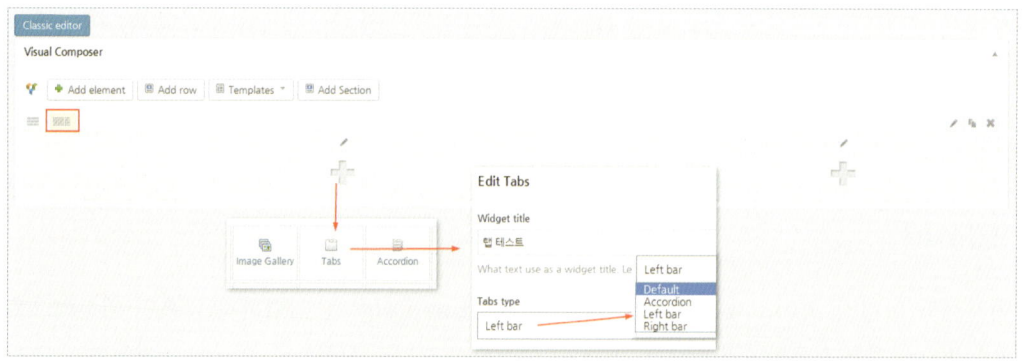

그림 4-124 탭 추가

행을 만들고 2/3 + 1/3의 열을 만듭니다. 첫 번째 열을 선택하고 Tabs를 선택한 다음 제목을 입력하고 탭 형식을 선택합니다. 제목은 필요에 따라 입력하지 않아도 되며 탭 형식은 탭의 위치에 따라 상단(Default), 어코디언, 좌측(Left bar), 우측(Right bar)이 있습니다. 여기서는 Left bar를 선택했습니다.

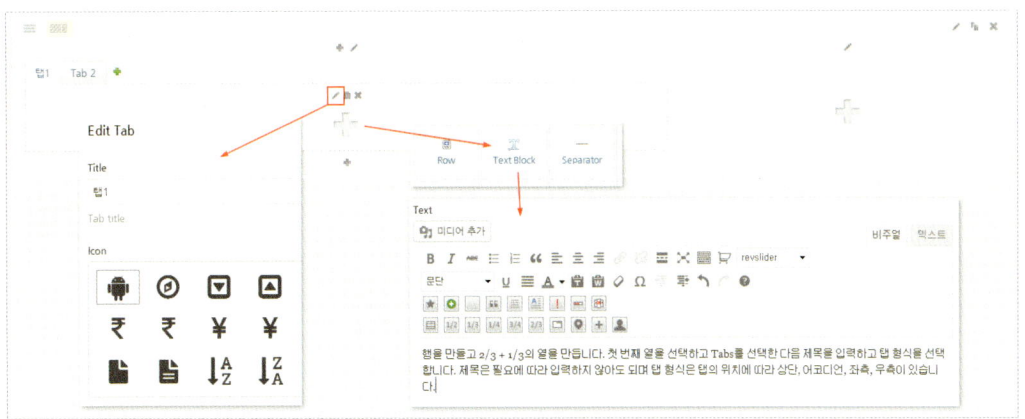

그림 4-125 아이콘 추가

첫 번째 탭의 편집 아이콘을 클릭한 다음 탭 제목을 입력하고 아이콘을 선택합니다. 선택된 아이콘은 나중에 편집을 위해 들어오면 좌측 상단에 배치돼있습니다. 탭 콘텐츠는 내부를 클릭하고 텍스트 블록을 이용해 입력합니다. 필요에 따라 단순한 글자가 아닌 다른 요소도 사용할 수 있습니다. 같은 방법으로 Tab2도 설정합니다.

그림 4-126 사이트에서 확인

사이트에서 확인하면 탭이 좌측에 나타나고 탭2를 선택하면 해당 콘텐츠가 나타납니다.

07. 전면 페이지 3 만들기   377

## 05 티저 박스(Teaser box)

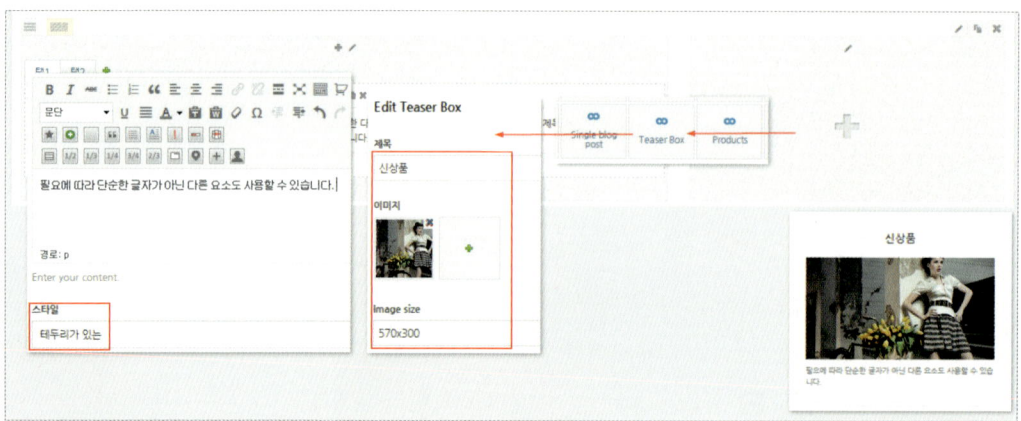

그림 4-127 티저 박스

두 번째 열에는 Teaser Box를 선택하고 제목을 입력한 다음 이미지를 추가합니다. 사이즈를 입력하고 편집기에 글을 추가합니다. 스타일에서 '테두리가 있는'을 선택하고 저장하면 우측 하단의 그림처럼 나타납니다.

## 06 블로그 글

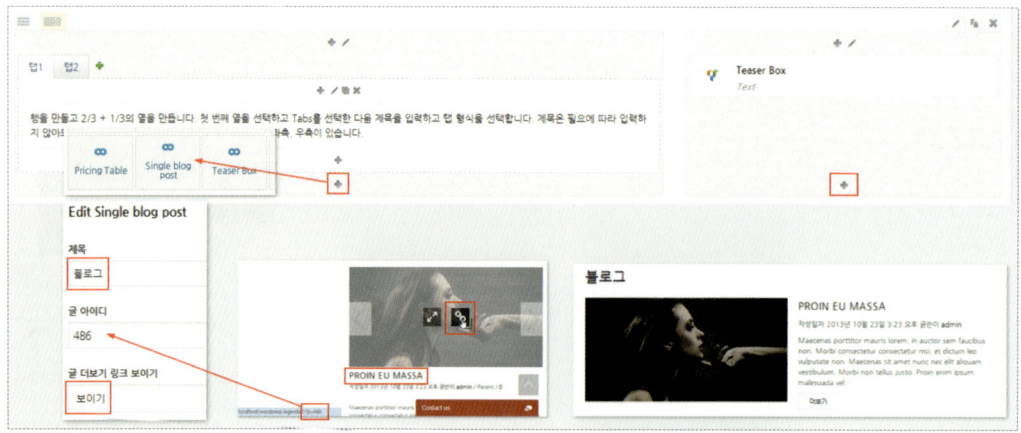

그림 4-128 단일 블로그 글

첫 번째 열의 하단에 있는 플러스 아이콘을 클릭하고 Single blog post를 선택합니다. 제목을 입력하고 글 아이디를 입력합니다. 하나만 가능하며 아이디는 글의 제목이나 이미지에 마우스를 올리면 좌측 하단에 나타납니다. 더보기 링크는 보이기를 선택합니다. 저장하고 사이트에서 확인하면 우측 그림처럼 나타납니다.

## 07 메가 검색박스

그림 4-129 메가 검색박스

두 번째 열 하단의 플러스 아이콘을 클릭하고 Mega Search form을 선택합니다. 사이트에는 일반 검색박스와 상품 검색박스가 있는데 전체 콘텐츠를 검색할 수 있는 기능입니다. 모두 '예'를 선택하고 각 섹션의 아이템 수를 2로 제한했습니다. 저장한 다음 사이트에서 새로고침하고 검색합니다.

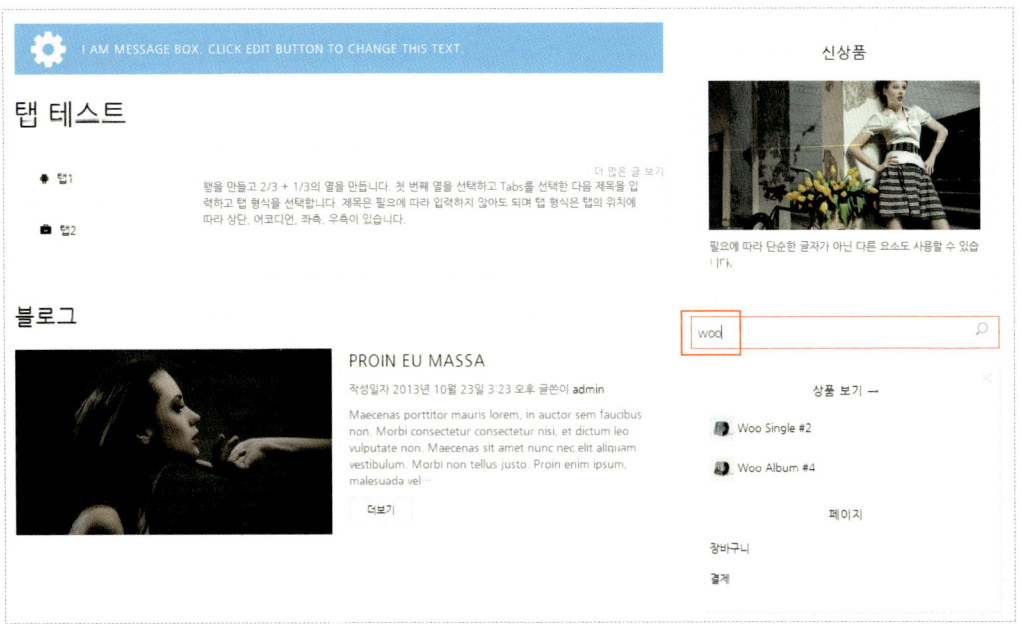

그림 4-130 사이트에서 확인

검색어를 입력하기만 해도 아이템이 나타납니다.

사이드바에 사용하고자 하면 정적인 블록을 이용해 만들고 위젯 화면에서 원하는 위젯 영역에 정적인 블록 위젯을 배치하고 선택하면 됩니다.

## 08 메시지 박스

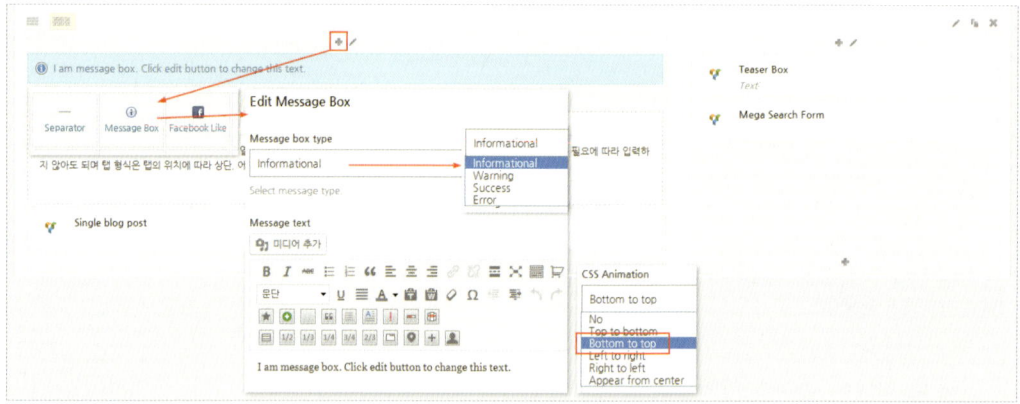

그림 4-131 메시지 박스

상단의 플러스 아이콘을 클릭하고 Message Box를 선택합니다. Message box type에서 네 가지 형태를 사용할 수 있으며 아이콘과 색상이 모두 다릅니다. 각 용어에 맞는 내용을 편집기에 입력합니다. Infomational은 정보성 내용, Warning은 경고 또는 주의성 문구, Success는 성공 또는 완료, Error은 에러 문구를 의미합니다. CSS Animation은 스크롤 해서 해당 위치에 오면 애니메이션 되는 효과입니다. 각 메시지 박스의 모양을 보면 다음과 같습니다.

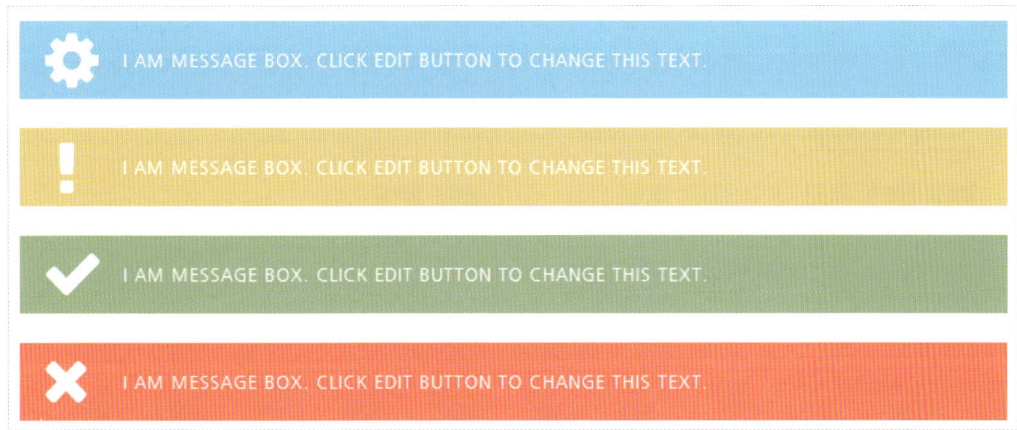

그림 4-132 메시지 모양

## 09 비디오 플레이어

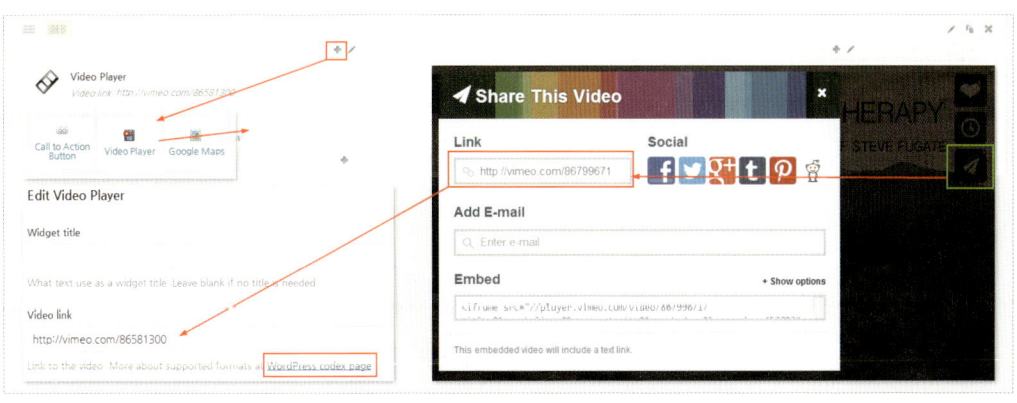

그림 4-133 비디오 플레이어

비디오 플레이어는 다양한 서비스를 지원합니다. Video link 입력 박스 하단에 지원하는 비디오 서비스를 확인할 수 있는 링크가 있으며 이 링크를 Ctrl+클릭하면 워드프레스 사이트로 이동합니다. Vimeo의 경우 공유 아이콘인 종이 비행기 아이콘을 클릭하면 공유할 수 있는 옵션이 나타납니다. 일반적으로 Embed 형식을 많이 사용하지만 여기서는 Link의 url을 복사해 Video link에 붙여넣습니다.

그림 4-134 유튜브 비디오 링크

유투브는 비디오 링크가 위처럼 돼있습니다.

## 10 파이 차트 만들기

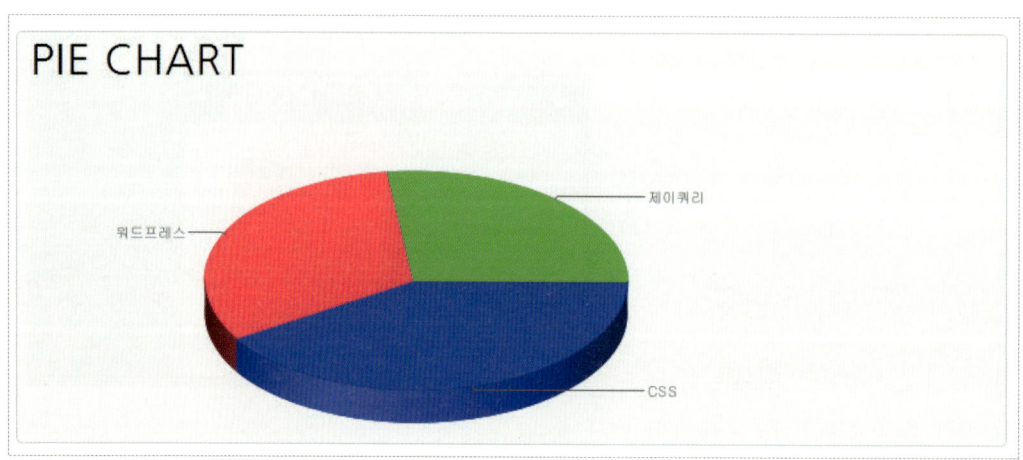

그림 4-135 파이 차트

단축코드를 이용하면 간단하게 파이 차트를 만들 수 있습니다.

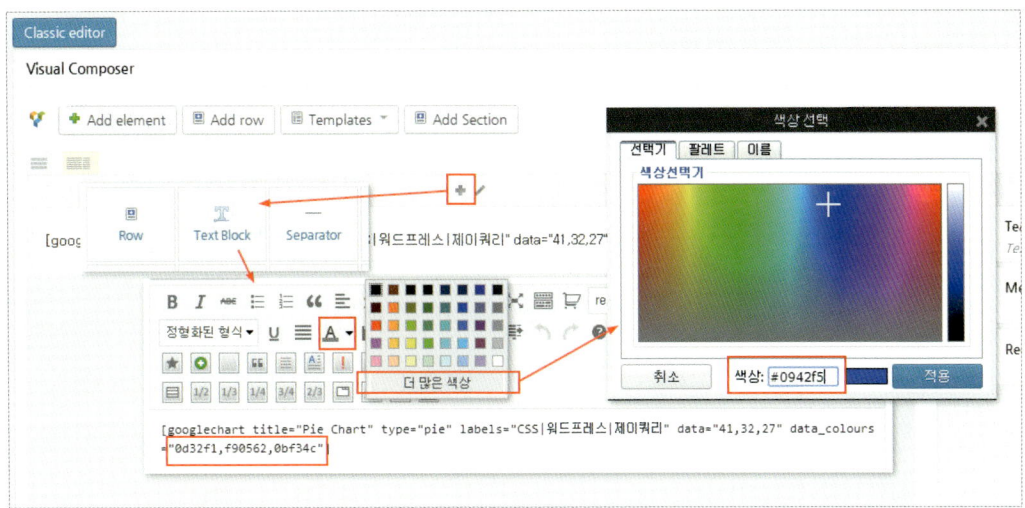

그림 4-136 파이 차트 추가

텍스트 블록을 선택하고 다음 단축코드를 입력합니다.

[googlechart title="Pie Chart" type="pie" labels="CSS|워드프레스|제이쿼리" data="41,32,27" data_colours="0d32f1,f90562,0bf34c"]

type에서 pie를 입력하면 3D로 표현되고 pie2d를 입력하면 평면으로 나타납니다. lables에서 각 요소의 사이에는 파이프 키(│: ₩와 같이 있는 키)를 사용합니다. data의 수치는 백분율로 모두 더 했을 때 100이 되게 합니다. data_colors는 색상 도구를 선택해 더 많은 색상 버튼을 클릭하면 코드를 복사해 사용할 수 있습니다.

# 이용약관 페이지 만들기 08

우커머스는 이용약관 페이지를 만들어 결제 페이지 하단에서 링크를 클릭할 수 있게 하고 있습니다. 체크박스에 체크해야 주문 확정 버튼을 클릭할 수 있습니다.

온라인 쇼핑몰은 이용약관(Terms & Conditions)과 개인정보 처리방침(Privacy Policy)을 게시하게 돼 있습니다. 인터넷에 검색해보면 이용약관과 개인정보 처리방침을 만드는 사이트까지 나오므로 여기서는 이용약관만 추가하겠습니다.

- 공정거래위원회의 표준약관양식: http://www.ftc.go.kr/info/bizinfo/stdContractList.jsp

위 링크는 공정거래 위원회의 표준약관양식 페이지로 각종 표준약관이 업로드돼 있습니다. 이 중에서 10023호의 양식은 쇼핑몰과 관련된 이용약관으로 첨부 파일의 기타파일 폴더에 추가해뒀습니다. 첨부 파일에서 HWP 파일을 TXT 파일로 변환하고 샵의 명칭을 더샵으로 변경한 파일을 참고합니다.

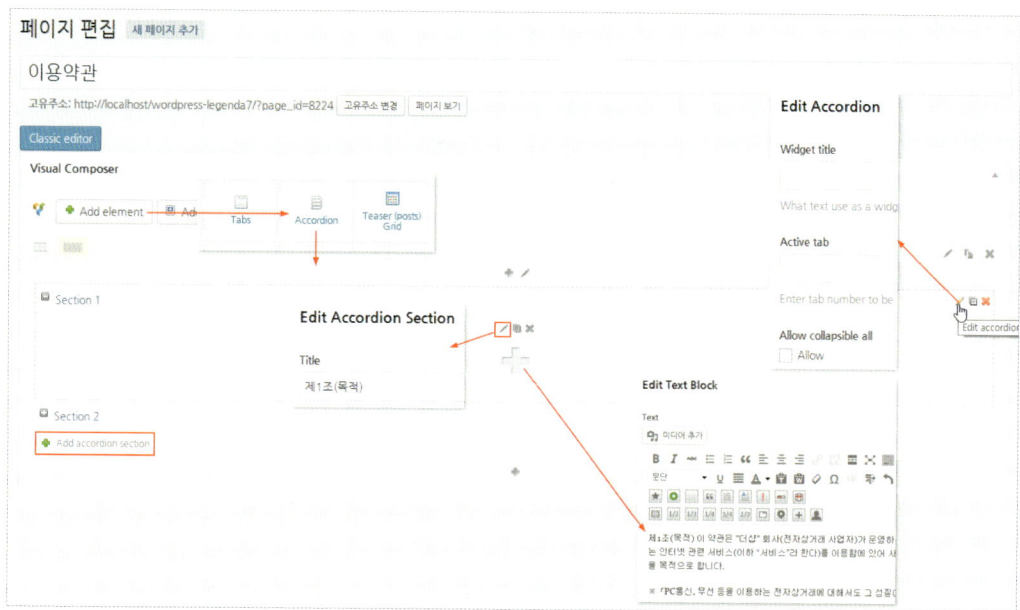

그림 4-137 이용약관 페이지 만들기

새 페이지 추가버튼을 클릭하고 제목을 이용약관으로 입력한 다음 Add element 버튼을 클릭하고 Accordion을 선택하면 어코디언 박스인 Section 1과 Section 2가 만들어집니다. 어코디언 기능은 아이템의 제목을 클릭하면 내용이 나타나고 다른 열린 아이템의 내용은 닫히는 구조입니다. 그래서 많은 조항의 제목을 일목요연하게 볼 수 있고 원하는 제목을 클릭하면 내용이 나타나므로 이용약관에 적합합니다.

Section1의 우측 상단에서 편집 아이콘을 클릭합니다. 여기서 제복을 입력할 수 있지만 이미 페이지 제목이 있으니 생략합니다. Active tab에는 이 페이지를 열면 처음 나타나는 탭의 번호를 입력하는데 입력하지 않으면 첫 번째 탭이 열립니다. 모두 닫힌 상태로 두려면 Allow collapsible all에 체크하고 저장합니다.

Section 1의 편집 아이콘을 클릭하고 제목으로 제1조(목적)을 입력합니다. 플러스 아이콘을 클릭해서 텍스트 블록을 선택하고 1조의 내용을 복사해 붙여넣습니다. Section 2를 클릭하고 위와 같은 방법으로 제목으로 제2조(정의)를 입력하고 내용을 추가합니다. ' + Add accordion section '을 클릭하고 제목과 내용을 계속 추가해줍니다. 내용이 24조까지 있으니 단순 작업이라 모든 내용을 입력하려면 상당히 고역입니다. 클래식 에디터에서 복사해 txt 파일로 첨부 파일에 포함했으니 이용약관-클래식편집기.txt 파일을 편집기에 열고 전체 내용을 복사한 다음 이용약관 페이지에서 클래식 에디터를 열고 붙여넣고 사용하세요. 비주얼 컴포우저로 전환하면 제대로 보입니다. 완료되면 사이드바를 Shop sidebar로 선택하고 공개하기 버튼을 클릭해 발행합니다.

그림 4-138 사이트에서 확인

사이트에서 확인하면 위와 같이 나타납니다.

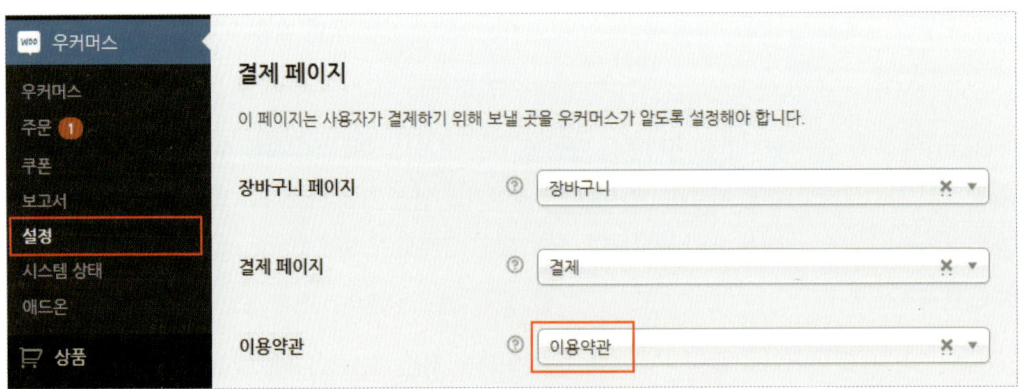

그림 4-139 우커머스 페이지 설정

주메뉴의 우커머스 → 설정 → 결제 탭에서 이용약관 항목의 선택상자를 클릭하고 이용약관 페이지를 선택하고 저장합니다.

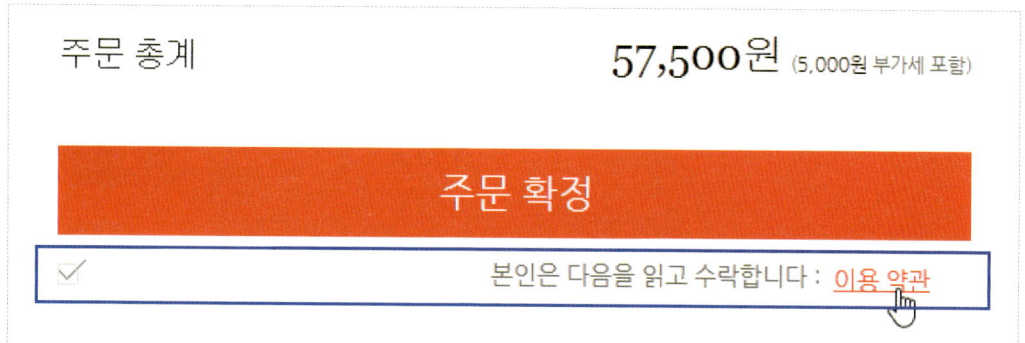

그림 4-140 결제 페이지에서 위치

결제 페이지 주문확정 버튼에 위와 같은 체크박스가 나타나며 체크해야 주문확정이 완료됩니다. 이용약관을 클릭하면 해당 페이지로 이동합니다.

위 그림을 보면 체크박스가 멀리 떨어져 있고 마우스를 올리기 전에는 이용약관이라는 글자가 링크가 없는 것처럼 보입니다. 이를 수정하려면 아래의 스타일시트를 legenda-child 폴더의 style.css 파일을 열고 하단에 추가하면 됩니다. 테마 제작자에게 수정 요청했으니 제대로 보일 경우 생략하세요.

```
.woocommerce form .form-row.terms .input-checkbox { float: right; }
.terms a, .showcoupon, .myaccount_user a, .digital-downloads a { text-decoration: underline; color:#ed1c2e;}
```

# 09 자주 묻는 질문(FAQ) 페이지 만들기

## 01 FAQ 사용

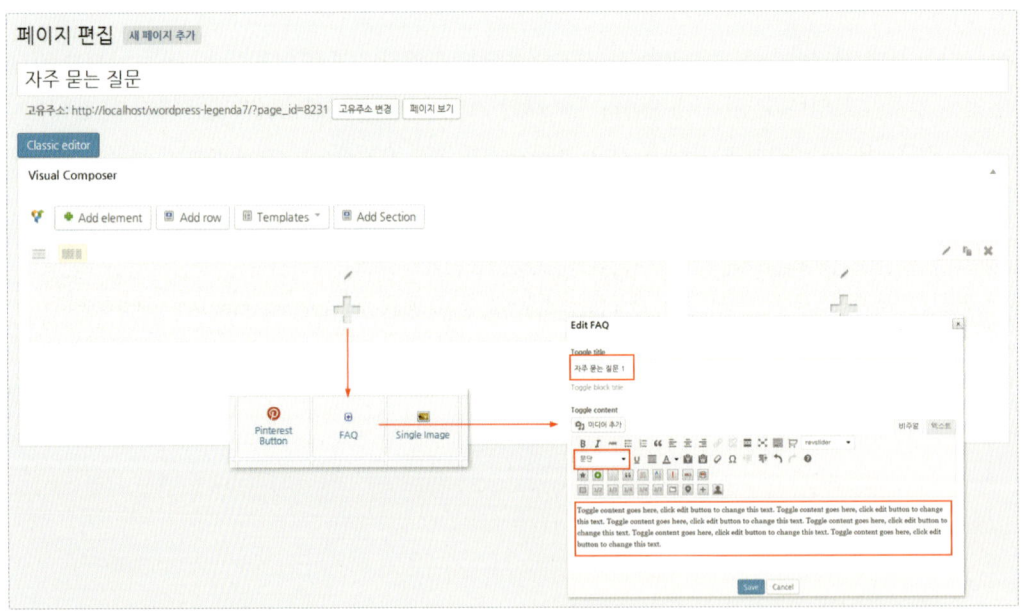

그림 4-141 자주 묻는 질문(FAQ) 페이지

새 페이지 추가를 클릭하고 제목을 입력합니다. 2/3 + 1/3 열을 만들고 첫 번째 열을 클릭해 FAQ를 선택합니다. 질문 제목을 입력하고 질문에 대한 답변 내용을 입력한 다음 저장합니다. 하나의 질문이 완료되면 완료된 박스 하단의 플러스 아이콘을 클릭해 계속 추가하면 됩니다.

두 번째 열은 컨택트 폼을 사용해서 FAQ에 없는 내용은 이메일을 이용해 질문할 수 있게 합니다.

# 02 컨택트 폼 사용

그림 4-142 컨택트 폼 만들기

Contact Form 7은 가장 많이 사용하는 플러그인 중 하나입니다. 고객이 질문을 보내면 받는 사람과 보내는 사람에게 이메일이 통지됩니다. 상세한 사용법을 설명하자면 아주 길어지므로 여기서는 기본적으로 만들어진 폼을 그대로 사용하고 간략하게 설명하겠습니다.

입력란을 추가하려면 태그 생성에서 원하는 폼을 선택하고 단축 코드를 좌측의 폼에 있는 형태로 만들고 이메일로 통지되는 정보는 우측 하단의 단축코드를 사용합니다.

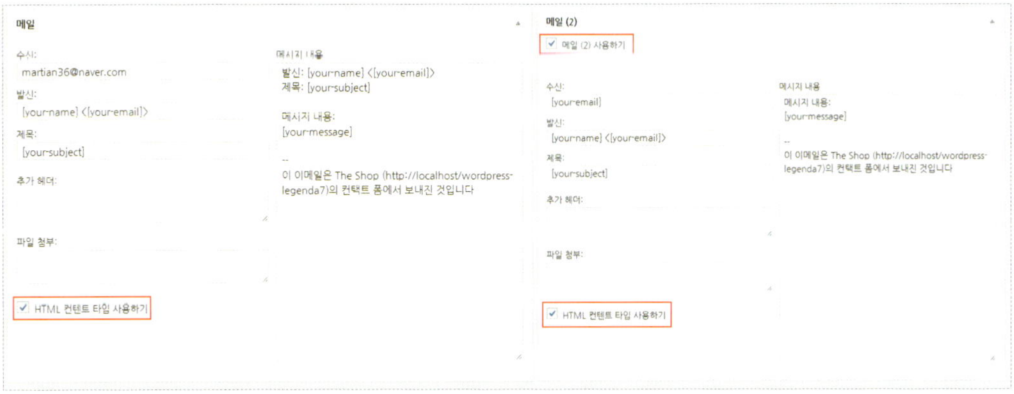

그림 4-143 메일2 사용

09. 자주 묻는 질문(FAQ) 페이지 만들기   389

메일 박스의 수신 부분을 수정하면 기본으로 받는 메일을 변경할 수 있습니다. 네이버와 Gmail은 작동이 잘됩니다. 고객이 이메일 통지를 받으려면 메일(2) 사용하기에 체크해야 합니다. 일부 웹호스팅에서는 전송이 안 되는 경우가 있으며 WP MAIL SMTP 플러그인을 설치하고 설정해야 합니다.

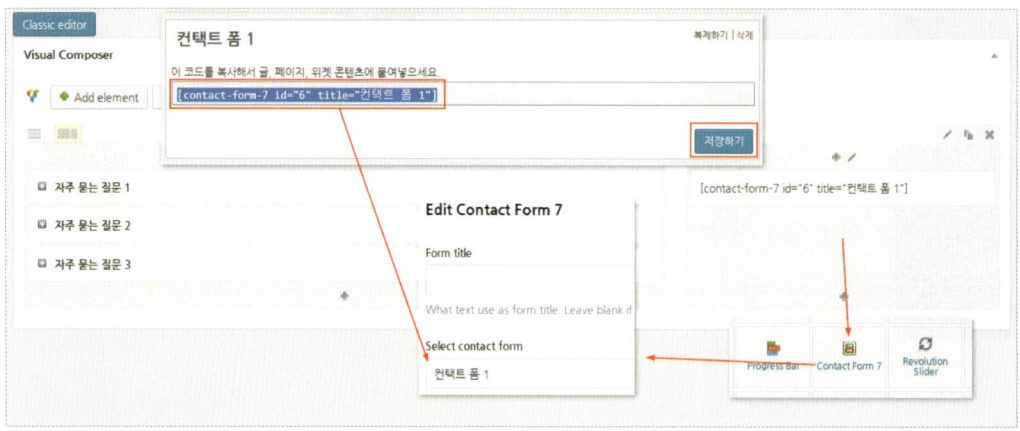

그림 4-144 단축코드 복사

컨택트 폼을 수정한 경우 저장하기 버튼을 클릭합니다. FAQ 페이지 만들기 화면에서 두 번째 열을 클릭하고 Contact Form 7을 선택합니다. 팝업 창에서 폼을 선택한 다음 저장하고 페이지를 발행합니다. Contact Form 7 대신 텍스트 블록을 사용해도 됩니다. 하나의 폼은 여러 곳에서 사용할 수 있으며 사이드바에 사용할 경우 텍스트 위젯을 배치하고 위 단축코드를 추가하면 됩니다.

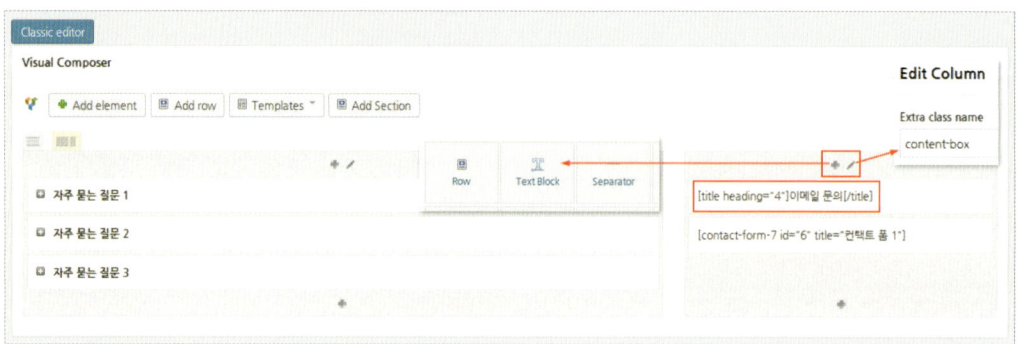

그림 4-145 제목 추가

2열 상단의 플러스 아이콘을 클릭해 텍스트 블록을 추가하고 단축코드를 [title heading="4"]이메일 문의[/title]로 입력하고 저장합니다. 이것은 제목 글자 중 h4의 크기입니다. 글자를 좌측이나 우측으로 배치하려면 align="left"나 align="right"를 추가합니다. 열 상단의 편집 아이콘을 클릭해 클래스로 content-box를 입력하면 테두리가 만들어집니다.

그림 4-146 사이트에서 확인

사이트에서 확인하면 처음에는 닫혀 있다가 질문 제목을 클릭하면 내용이 열립니다. 이 기능은 어코디언 형태로 되지는 않습니다. 즉 닫힌 부분을 클릭한다고 해서 열린 부분이 닫히지는 않습니다.

# 카테고리 페이지, 상점 위치 페이지 만들기 10

## 01 다양한 슬라이더 사용

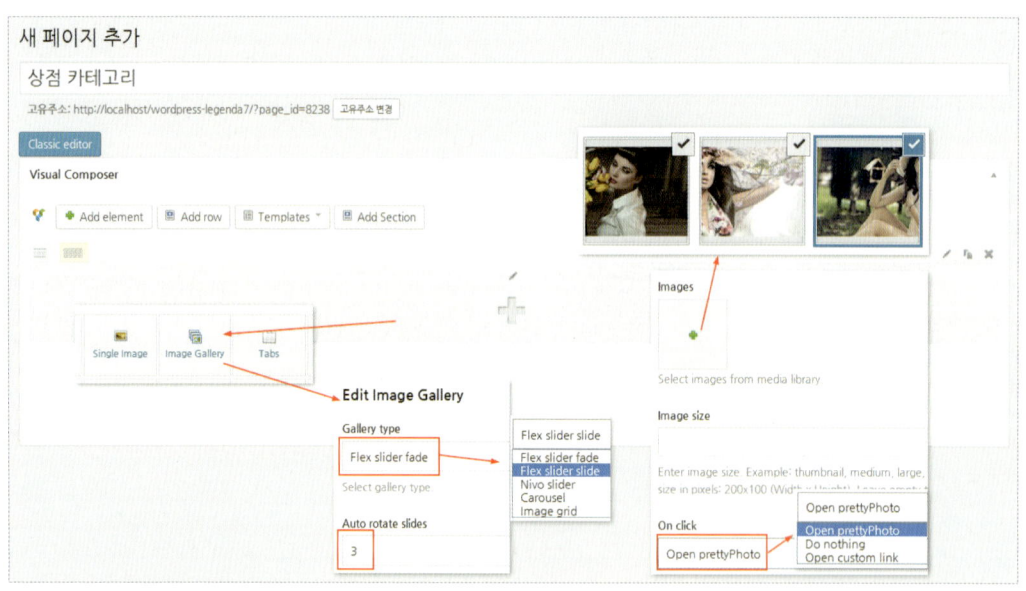

그림 4-147 여러 가지 슬라이더

Legenda 테마에는 레볼루션 슬라이더 외에 몇 가지 슬라이더가 포함돼있어서 이미지만 업로드 해도 간단한 슬라이더를 만들 수 있습니다. 새 페이지를 만들고 제목을 '상점 카테고리'로, Page Layout에서 사이드바를 Shop sidebar로 선택한 다음 비주얼 컴포우저에서 1열을 만들고 내부를 클릭해서 Image Gallery를 선택합니다.

Gallary Type에는 세 종류의 애니메이션 슬라이더와 두 종류의 정지된 이미지 갤러리가 있습니다. Flex Slider fade는 이미지가 순차적으로 페이드 되는 효과이고, slide는 우측에서 좌측으로 슬라이드 됩니다. Nivo 슬라이더는 다양한 효과의 애니메이션이 무작위로 실행됩니다.

그림 4-148 캐러젤의 형태

Carousel은 많은 이미지가 있더라도 한 행에 일정한 수의 이미지가 표시되며 Image Grid는 한 행을 채우고 나면 다음 행으로 모든 이미지가 나타납니다. 따라서 가로로 긴 폭의 이미지를 사용할 경우 Carousel은 큰 이미지를 설정했더라도 한 행에 작은 이미지로 나열되고 image grid는 세로로 나열됩니다.

Auto rotate slides는 슬라이더의 경우 다음 이미지가 나오기까지 시간입니다. Image size에서 특정 크기를 입력할 수도 있지만 워드프레스에 의해 미리 잘라진 이미지 크기를 의미하는 thumbnail, medium, large, full을 입력할 수도 있습니다. 이 크기는 관리자 화면의 설정 → 미디어에서 설정할 수 있으나 여기서 수정하면 이미 업로드 해 사용 중인 이미지에는 적용이 안되고 새로 업로드 하는 이미지에 대해 적용할 수 있습니다.

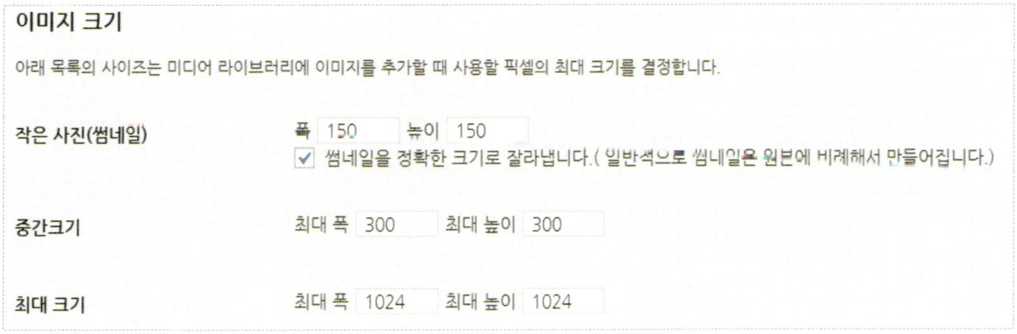

그림 4-149 이미지 크기

작은 사진(썸네일)은 thumbnail, 중간 크기는 medium, 최대 크기는 large이고 full은 업로드 한 원본 크기입니다.

그림 4-150 라이트박스 효과

On click은 이미지를 클릭했을 때 어떤 작업을 할지 결정합니다. Open prettyPhoto를 선택하면 라이트박스 형태로 나타나고 Open custom link를 선택하면 바로 아래에 URL을 입력할 수 있는 입력상자가 나타납니다.

여기서는 세 개의 이미지를 업로드 하고 image size를 large로 했으며 Onclick은 Open prettyPhoto로 설정했습니다.

## 02 상품 카테고리 단축코드

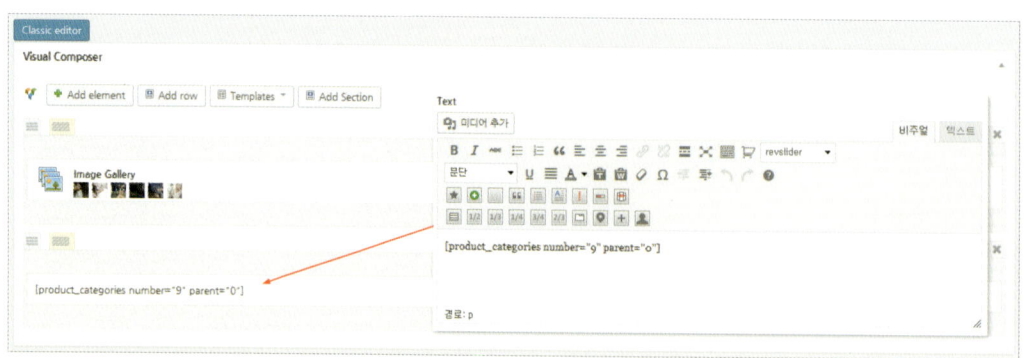

그림 4-151 상품 카테고리 단축코드

카테고리 목록을 이미지로 출력하려면 우커머스 설정에서 상품이 아닌 하위 카테고리를 선택해주면 되지만 이렇게 하면 상품 페이지는 카테고리 목록이 나타납니다. 필요할 경우 상점에는 상품 이미지가 그대로 나타나게 하고 별도의 페이지를 만들어 카테고리 목록만 나타나게 하는 것이 좋습니다. 그래서 단축코드를 사용하면 이것이 가능합니다. 하나의 열을 만들고 텍스트 블록을 이용해 아래의 단축코드를 입력하고 저장합니다.

```
[product_categories number="9" parent="0"]
```

number는 표시할 카테고리의 수이고 parent="0"는 최상위 카테고리만 나타나게 합니다. 이를 추가하지 않으면 상,하위 모든 카테고리가 나타납니다.

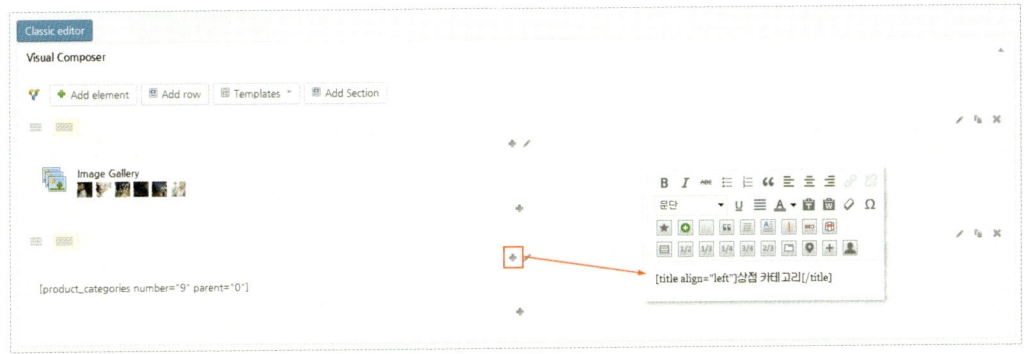

그림 4-152 제목 추가

열 상단의 플러스 아이콘을 글릭하고 텍스트 블록을 이용해 아래의 단축코드를 추가하고 저장합니다.

```
[title align="left"]상점 카테고리[/title]
```

이전에 알아봤듯이 align="left"는 제목을 왼쪽으로 배치합니다. heading을 사용하지 않으면 기본적으로 heading="1"이 되며 가장 큰 글자 스타일인 제목1(h1) 크기로 나옵니다.

그림 4-153 사이트 확인

주메뉴의 상품 → 카테고리 화면에서 높이가 다른 썸네일 이미지를 업로드 하면 위처럼 제대로 나열 되지 않습니다. 이것은 페이지를 만들 때 기본 템플릿으로 만들었기 때문이며 이로 인해서 상점 사이드바를 선택했음에도 가격필터나 레이어 냅이 나타나지 않습니다. 반면에 상점 페이지에는 카테고리 이미지 높이가 다르더라도 위처럼 중간에 걸리지 않으며 가격 필터나 레이어 냅이 나타납니다. 상점 페이지는 기본 템플릿을 사용하는 것이 아니라 우커머스의 상점 템플릿을 사용하고 있기 때문입니다.

## 03 상점 위치 페이지 만들기

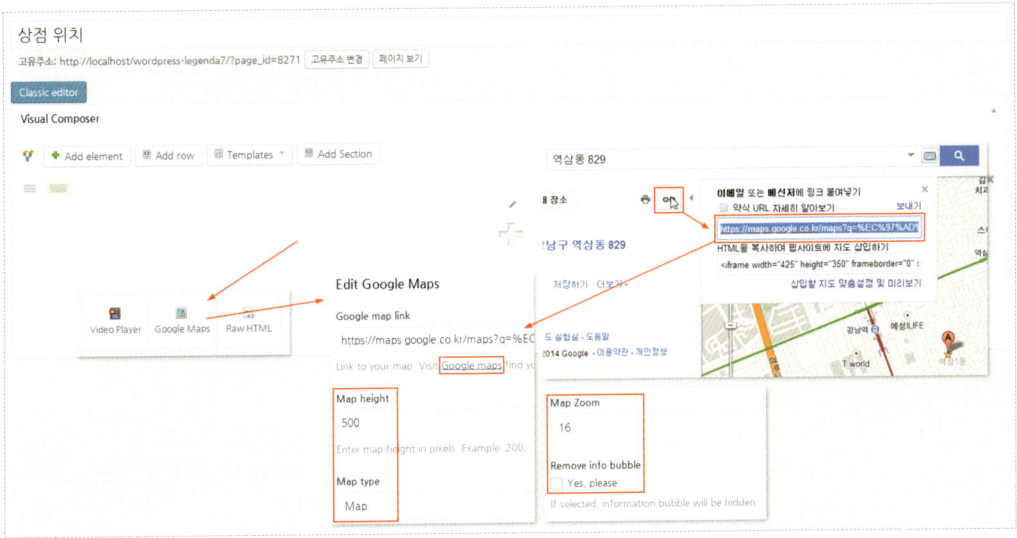

그림 4-154 구글 지도

새 페이지를 만들고 제목을 입력한 다음 페이지 레이아웃은 사이드바 없음으로 설정합니다. 1열의 행을 만들고 내부를 클릭해 Google Maps를 선택합니다. 도움말에 있는 Google Maps를 클릭해 이동하면 링크 아이콘이 나타나지 않으므로 웹브라우저 주소창에서 "https://www.google.com/maps?output=classic"로 이동해서 상점 주소를 입력해 검색합니다. 링크 아이콘을 클릭하면 두 개의 입력란이 나타나는데 첫 번째 코드를 복사해 Google map link에 붙여넣습니다. 지도의 높이는 500으로 하고 Map type는 'Map'으로 선택합니다. Map Zoom은 최초 보이는 줌 크기이며 16을 입력합니다. 주소가 있는 말 풍선을 없애려면 'Yes, Please'에 체크합니다.

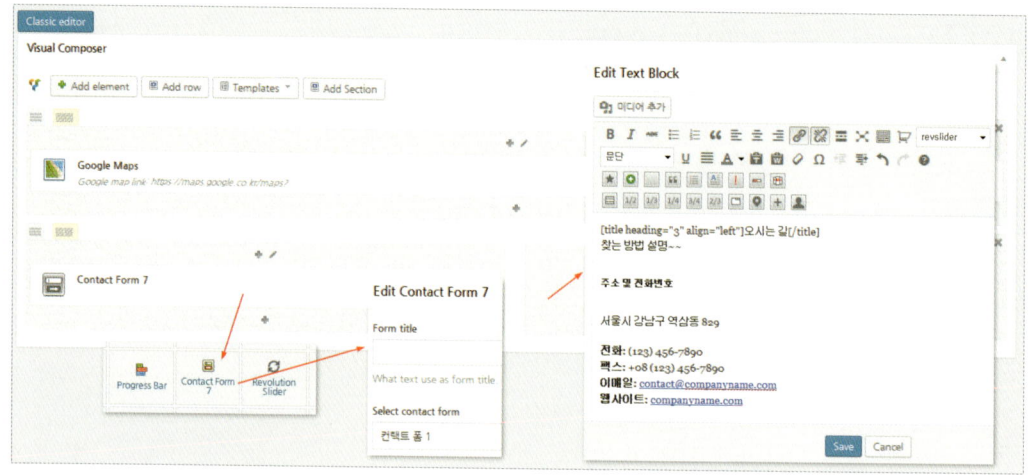

그림 4-155 상점 위치 페이지

2열의 행을 만들고 첫 번째 열에서 Contact form 7을 선택하고 이미 만들어진 컨택트 폼을 선택합니다. 두 번째 열은 텍스트 블록을 선택하고 그림처럼 내용을 입력합니다. 필요한 경우 세 열로 해서 마지막 열은 Single image를 이용해 상점의 사진을 추가해도 좋습니다.

그림 4-156 사이트 확인

# 회원가입 페이지 만들기 11

## 01 회원가입 페이지 템플릿

Legenda 테마는 템플릿을 이용해 사용자 정의 회원가입 페이지를 만들 수 있습니다. 처음 테마를 설치하고 로그인 하지 않은 상태에서 사이트의 상단 바를 보면 회원가입 메뉴가 없습니다. 데모 데이터를 가져오기 한 후에 만들어지죠. 이것은 회원가입 페이지가 데모 데이터에 있기 때문입니다. 템플릿을 이용해 회원가입 페이지를 만들어보겠습니다. 회원가입 폼을 보기 위해서는 관리자 메뉴의 설정 → 일반에서 멤버쉽 항목의 '누구나 가입할 수 있습니다'에 체크돼있어야 합니다.

그림 4-157 회원가입 페이지 제거

우선 모든 페이지 화면에서 이미 설치된 회원가입 페이지인 Register를 휴지통 링크를 클릭해 제거합니다. 사이트에서 확인하면 회원가입 메뉴가 나타나지 않을 것입니다. 회원 가입 템플릿을 사용한 페이지가 있을 경우 자동으로 인식해 보여주게 됩니다. 새 페이지 추가 메뉴를 클릭합니다.

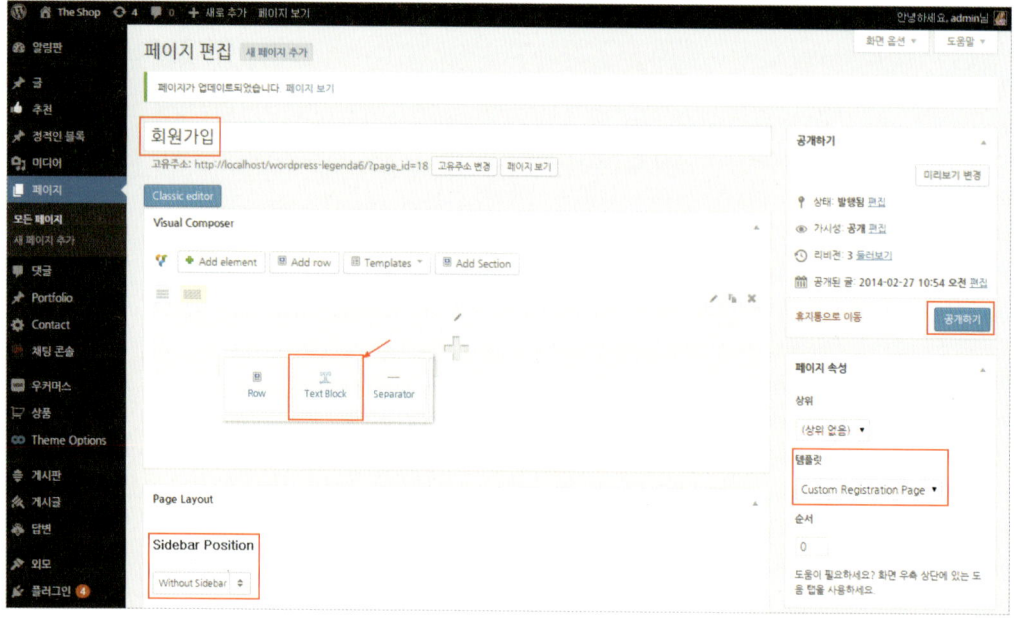

그림 4-158 회원가입 페이지 템플릿

제목을 입력하고 Page Layout에서 Without Sidebar를 선택한 다음 페이지 속성에서 Custom Registration Page를 선택하고 공개하기 버튼을 클릭해 발행합니다. 로그인 돼있으면 메뉴가 보이지 않으니 다른 웹브라우저를 열고 사이트 주소를 입력한 다음 확인하면 아래처럼 회원가입 메뉴가 상단 바에 만들어지고 이를 클릭하면 좌측에 회원가입 폼이 배치돼있습니다.

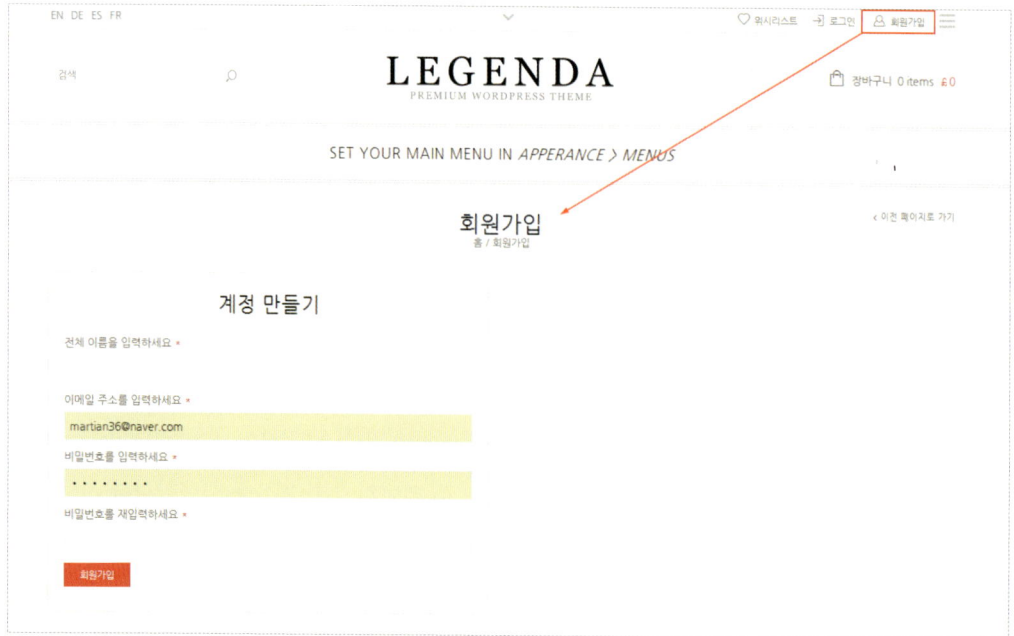

그림 4-159 사이트에서 링크 확인

회원가입 폼은 콘텐츠 영역에서 항상 50%의 영역을 사용하게 돼있습니다. 사이드바를 배치하더라도 사이드바를 제외한 콘텐츠 영역의 반을 사용합니다. 따라서 우측에 인사말이라든가 회원가입에 관한 내용을 추가하는 것이 좋습니다. 이전의 편집화면에서 행을 만들고 텍스트 블록을 선택합니다.

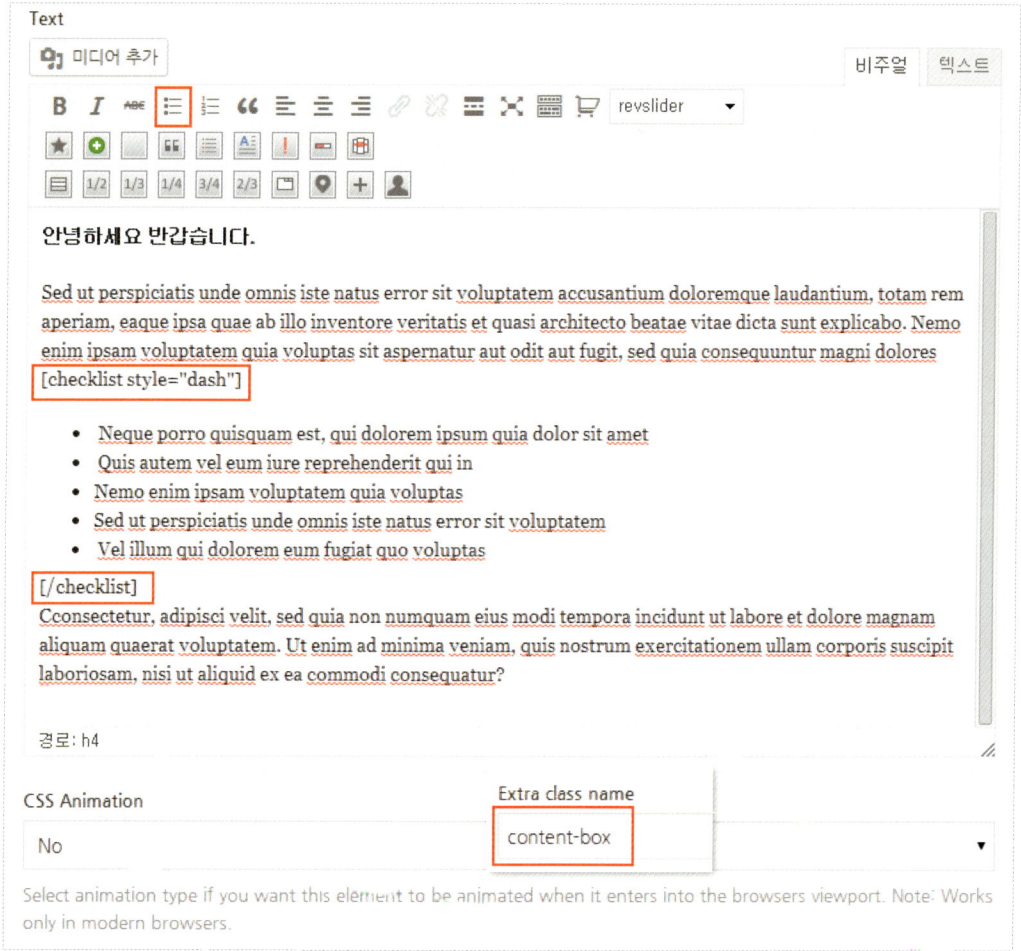

그림 4-160 회원가입 안내 콘텐츠

내용을 입력하고 목록이 있을 경우 목록을 감싸는 단축코드를 사용합니다. 단축코드는 [checklist style=""]내용[/checklist] 형태로 사용하고 style의 값으로 arrow, circle, star, square, dash를 사용할 수 있습니다. 모양은 그림 4-161과 같습니다. Extra class name에 테두리를 만드는 content-box 클래스를 추가하고 저장합니다.

그림 4-161 불릿의 형태

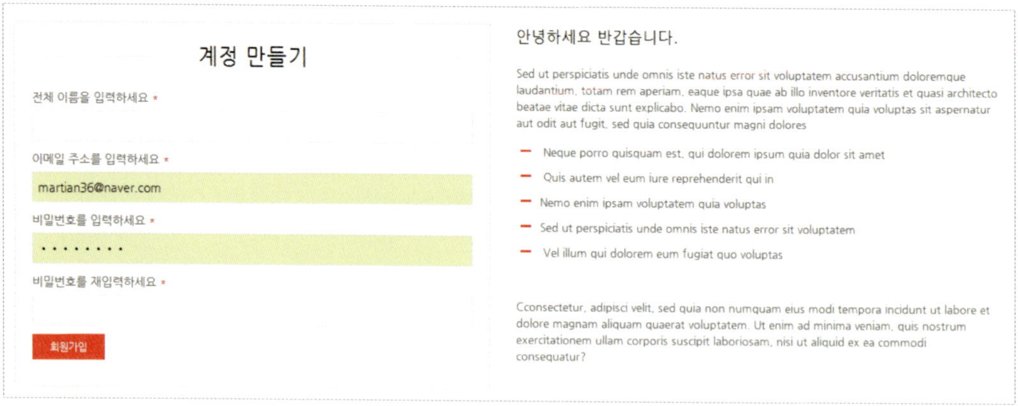

그림 4-162 사이트에서 확인

회원가입 페이지에서 추가된 콘텐츠는 항상 회원가입 폼의 우측에 배치됩니다.

## 02 로그인 폼과 회원가입 폼 결합

우커머스는 기본적으로 로그인 폼과 회원가입 폼을 제공합니다. 우커머스 설정에서 회원가입 폼을 보이게 설정하면 로그인 메뉴를 선택했을 때 나타나는 화면에 우커머스용 회원가입 폼이 있어서 위 회원가입 폼과 중복됩니다. 즉 서로 다른 메뉴에서 두 가지 회원가입 폼이 존재하게 됩니다. 그래서 우커머스를 사용해 상점을 만들 경우 하나로 통일할 필요가 있습니다. 위 회원가입 페이지를 나타나지 않도록 하거나 또는 우커머스 폼을 나타나지 않게 하고 위 폼에 로그인 폼을 추가하는 것입니다.

사용자 정의(커스터마이징)는 사이트 제작에 아주 중요한 요소입니다. 같은 테마를 여러 가지 형태로 변경하는 것이죠. 위 회원가입 폼은 비밀번호 재입력란이 있어서 우커머스가 제공하는 폼과 다릅니다. 그래서 될 수 있으면 위 폼을 사용하는 것이 사용자 정의에 도움이 됩니다. 약간의 코드 수정이 필요한데 번거로움을 피하기 위해 제가 만든 파일을 그대로 사용하겠습니다. 첨부 파일의 legenda-child 폴더에서 et-registration.php 파일과 functions.php 파일을 복사해 작업 중인 legenda-child 폴더에 붙여넣고 덮어쓰기 합니다.

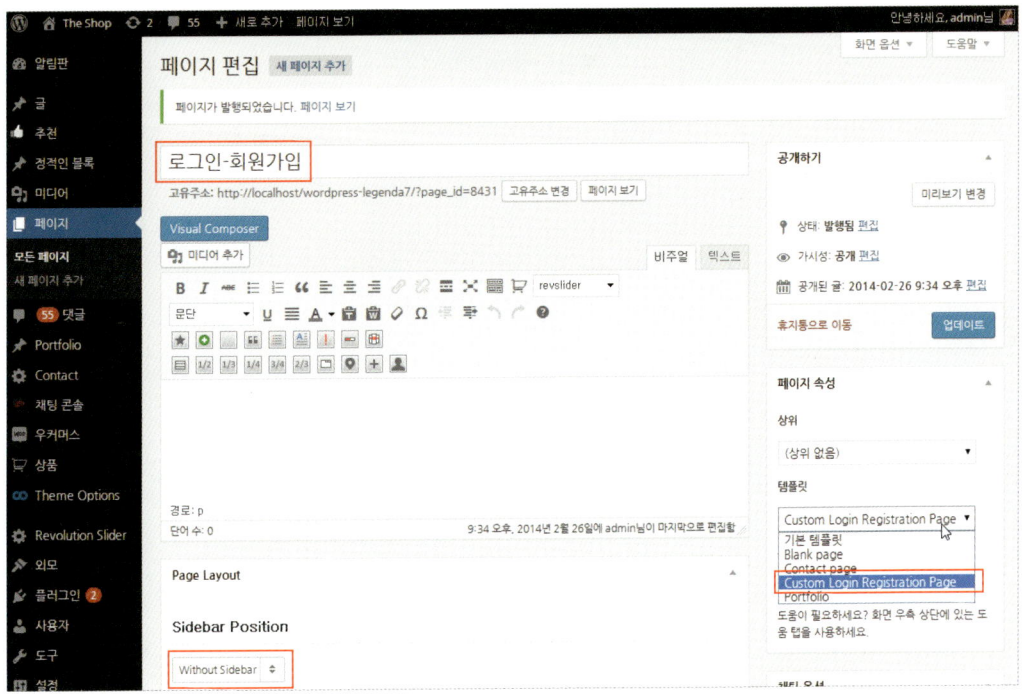

그림 4-163 새 회원가입 페이지 만들기

이전에 만든 회원가입 페이지는 휴지통으로 이동하고 새 페이지를 만듭니다. 제목을 입력하고 사이드바를 Without Sidebar로 선택한 다음 페이지 속성의 템플릿에서 Custom Login Registration Page를 선택하고 발행합니다. Legenda 테마에 이미 있는 같은 이름의 템플릿 파일을 자식테마에서 덮어쓰기 하므로 템플릿 이름이 다르게 나오며 레이아웃도 다릅니다.

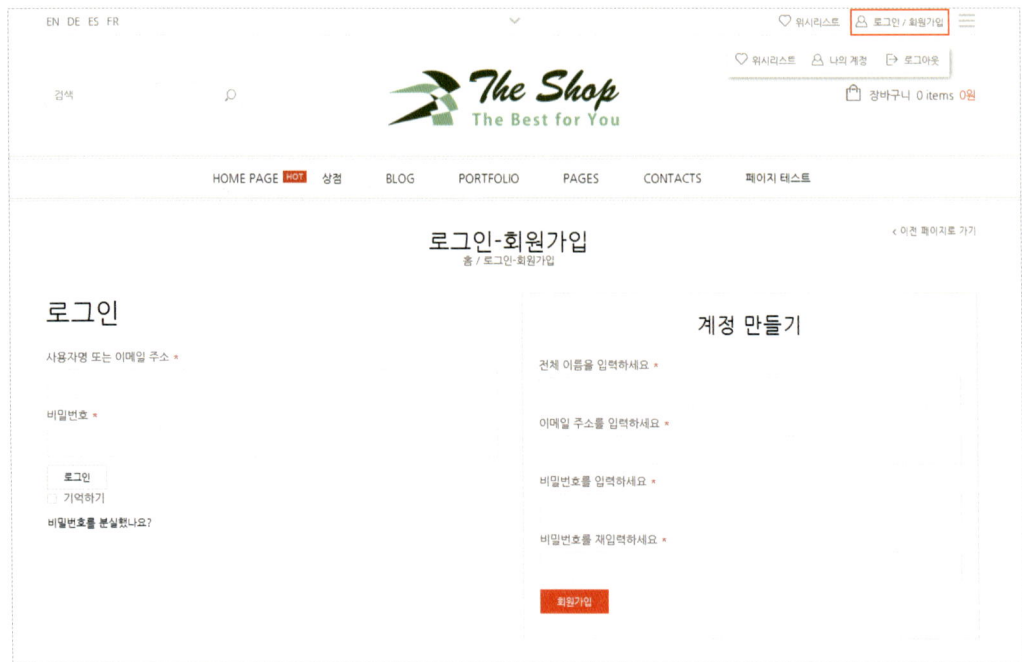

그림 4-164 사이트에서 확인

사이트에서 확인하면 상단 바 메뉴는 로그인 상태에서는 이전과 같지만 로그인이 안된 상태에서는 로그인과 회원가입이 같은 링크로 나타나고 이를 클릭하면 위 그림처럼 로그인 폼이 앞에 나타납니다.

# 일반 웹사이트에서 회원 가입 폼 사용

## 01 WP-Members 플러그인 사용

Legenda 테마는 우커머스를 이용한 상점용 테마로 사용할 수도 있고 일반 웹사이트나 블로그로도 사용할 수 있습니다. 우커머스가 없는 상태의 일반 웹사이트는 로그인 폼이나 회원가입 폼이 워드프레스에서 기본적으로 사용하는 폼을 사용할 수 밖에 없습니다. 플러그인을 이용해 이러한 폼을 사이트 전면에 나타나도록 하고 각종 폼 입력박스를 만들어보겠습니다. 우커머스와는 별개의 회원가입 시스템을 사용하므로 회원가입 한다고 해서 우커머스 상점의 회원으로 나타나지 않습니다.

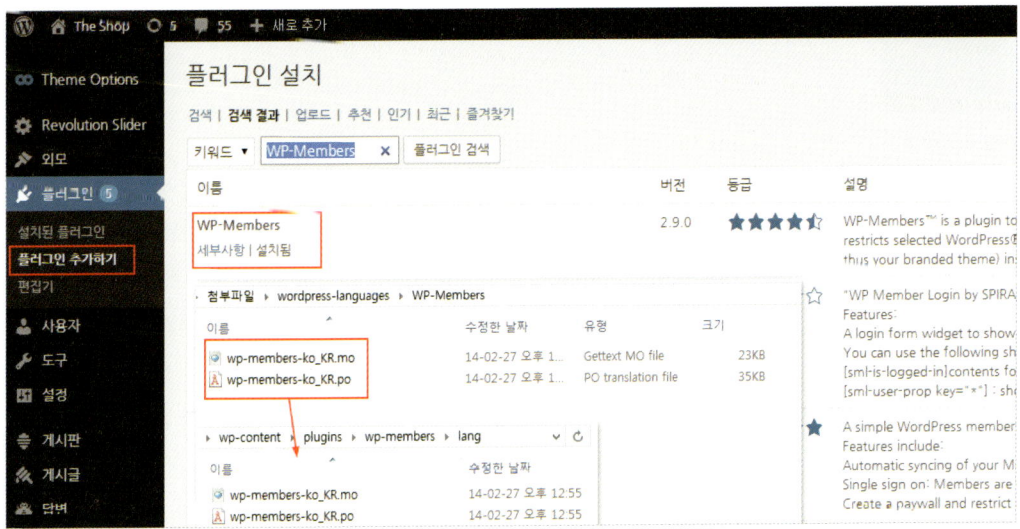

그림 4-165 WP-Members 플러그인 설치

플러그인 추가하기 화면에서 WP-Members로 검색해 설치하고 활성화 하기 전에 첨부 파일의 wordpress-languages 폴더에서 언어 파일을 복사해 플러그인 폴더의 lang 폴더에 붙여넣습니다. 활성화 한 다음 언어 파일을 추가하면 다음 그림에서 대화 탭의 텍스트가 영어로 나타납니다.

## 옵션 설정 탭

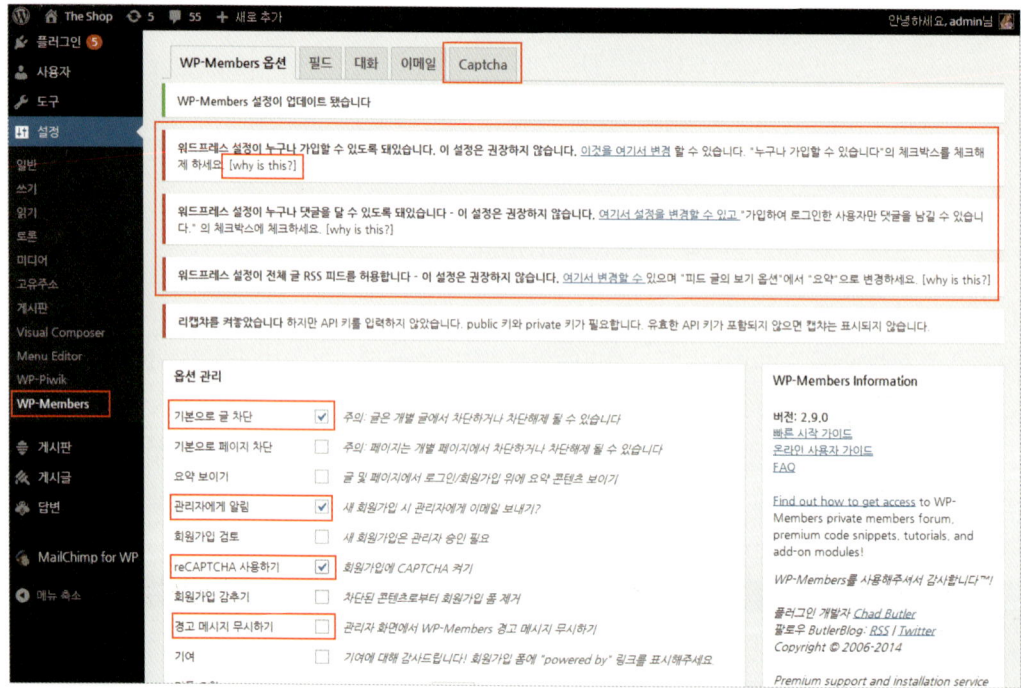

그림 4-166 플러그인 설정

주메뉴에서 설정 → WP-Members로 가면 위와 같은 설정 화면이 나옵니다. 처음엔 상단에 세 개의 메시지 박스가 나타나는데 [why is this?]에 마우스를 올리면 왜 그런지 설명이 나옵니다. 설명을 읽고 무시하려면 '경고 메시지 무시하기'에 체크하고 하단에서 저장 버튼을 클릭하면 됩니다. 메시지 대로 하려면 Ctrl 키를 누르고 링크를 클릭해 해당 페이지로 가서 메시지 대로 변경하고 저장합니다. '기본으로 글 차단', '관리자에게 알림'과 'reCAPTCHA 사용하기'에 체크한 다음 저장하기 버튼을 클릭하면 Captcha 탭이 나타납니다. 리캡차는 회원가입과 로그인 시 보안문자를 추가하는 기능을 합니다.

## 필드 탭

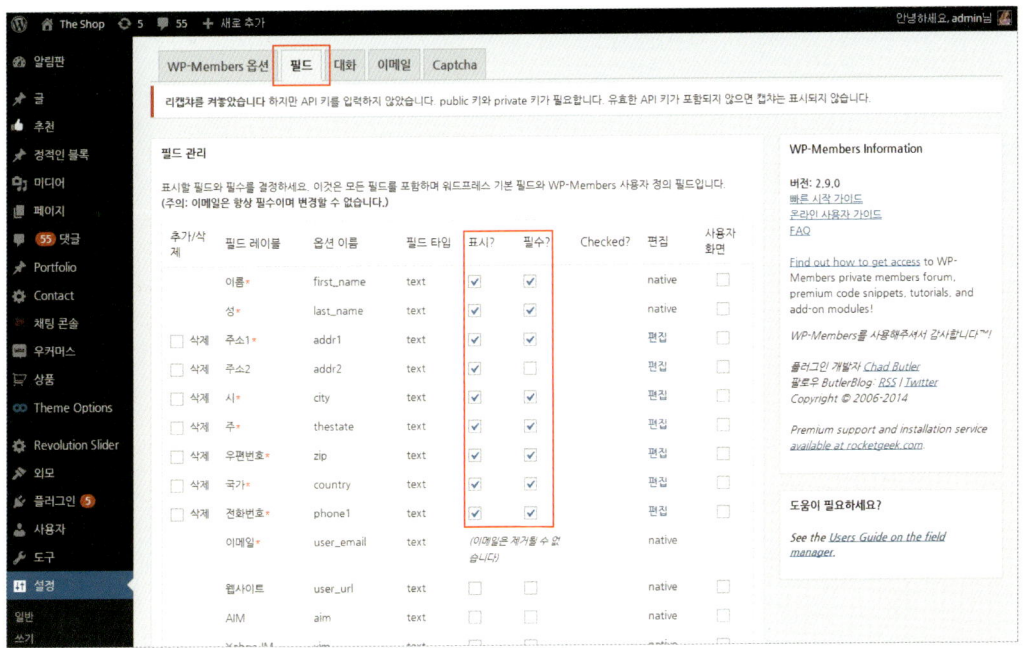

그림 4-167 필드 설정

메시지 대로 설정을 변경하고 저장한 다음 설정 화면에서 필드 탭을 선택하면 메시지는 사라지고 하나만 남습니다. 이것은 캡차에서 설정하면 사라집니다. 사이트에 나타날 폼을 편집하는 화면이며 삭제하거나 추가할 수 있는데 필요 없는 필드는 삭제보다는 표시에 체크 해제해서 보이지 않게 합니다. 이름과 성이 분리돼있는데 성을 표시하지 않고 이름만 사용해도 됩니다. 이름과 성이 분리돼 있으면 외국 프로그램이라는 티가 나죠.

## 대화 탭

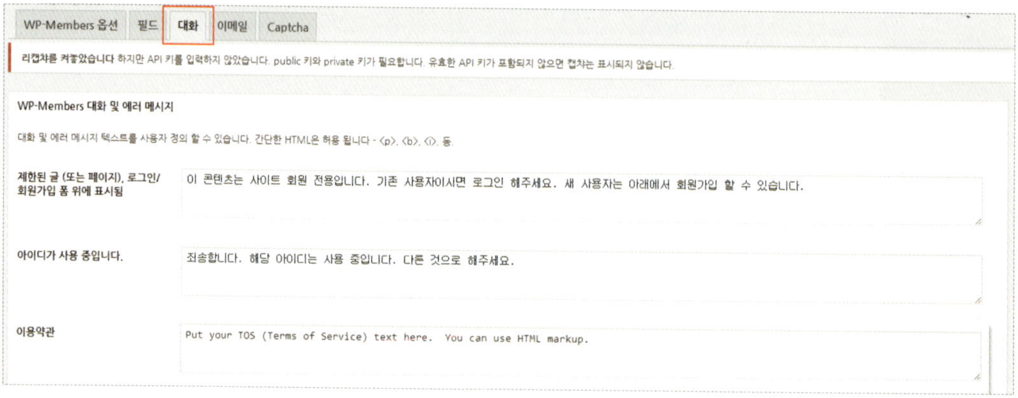

그림 4-168 대화 탭 설정

대화 탭은 모두 한글로 나타나며 하단의 이용약관은 직접 입력합니다.

## 이메일 탭

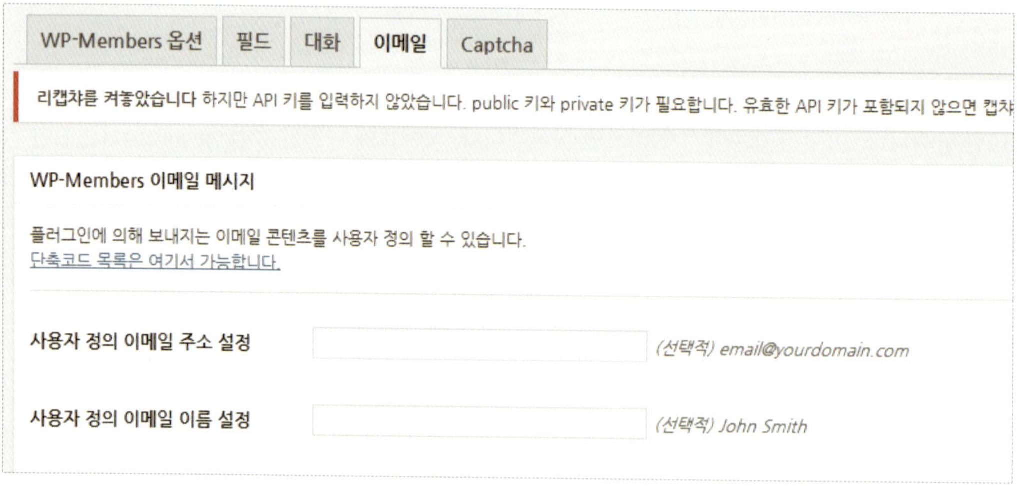

그림 4-169 이메일 탭 설정

이메일 탭을 선택하면 워드프레스 기본 설정과는 다르게 할 수 있습니다. 이곳을 비워두면 워드프레스 설치 시 사용한 이메일과 이름으로 보내집니다.

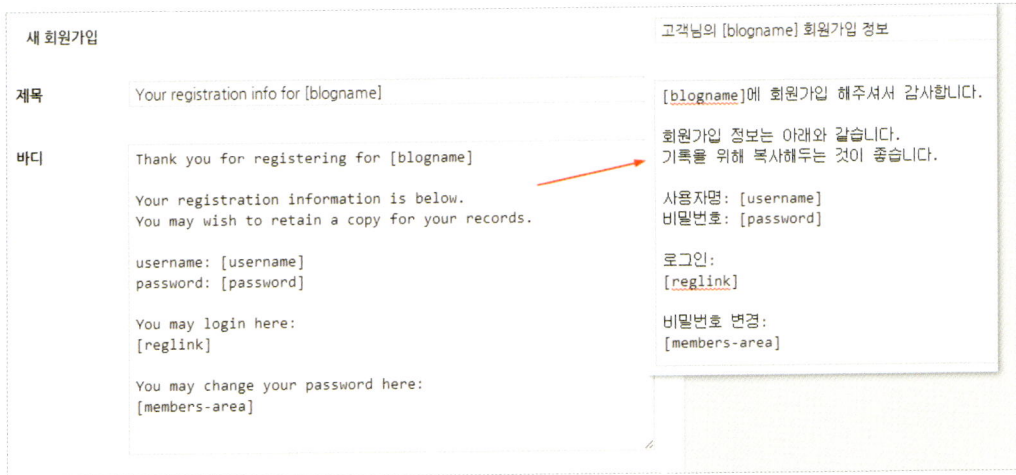

그림 4-170 메시지 설정

새 회원가입의 제목과 바디에 보내질 이메일 내용을 한글로 번역하거나 나름대로 문구를 만들어 입력합니다. 대괄호는 그대로 사용해야 합니다.

- [blogname]에 회원가입 해주셔서 감사합니다.
- 회원가입 정보는 아래와 같습니다.
- 기록을 위해 복사해두는 것이 좋습니다.
- 사용자명: [username]
- 비밀번호: [password]
- 로그인:
- [reglink]
- 비밈번호 변경:
- [members-area]

비밀번호 초기화는 다음과 같습니다.

- [blogname]의 초기화된 비밀번호
- [blogname]의 비밀번호가 초기화 됐습니다.
- 새 비밀번호는 아래에 있습니다. 보존을 위해 복사해두세요.
- 비밀번호: [password]

관리자 알림

- [blogname]의 새 사용자 회원가입
- 다음 사용자가 [blogname]에 회원가입했습니다. (승인 대기 중)
- 사용자명: [username]
- 이메일: [email]
- [fields]
- 해당 사용자는 여기에 등록했습니다:
- [reglink]
- 사용자 IP: [user-ip]
- 사용자 활성화: [activate-user]

이메일 서명

- 이것은 [blogname]에서 자동으로 보낸 메시지입니다.
- 이 주소로 답장하지 마세요.

캡챠 탭

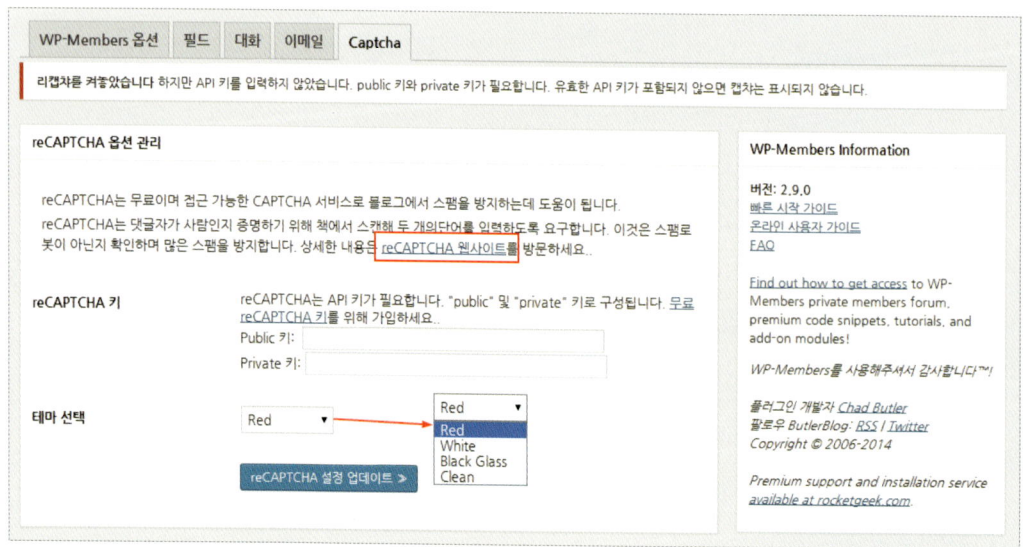

그림 4-171 캡챠 설정

캡챠 탭을 선택하고 'reCAPTCHA 웹사이트' 링크를 Ctrl 키를 누르고 클릭합니다. 캡챠는 방문자가 댓글을 입력하거나 회원가입 시 일정한 보안 문자를 입력하도록 해서 프로그램화된 스팸 댓글이나 회원가입을 방지하는 기능을 합니다. 로컬호스트에서는 안되니 실제 사이트에서 작업하세요.

그림 4-172 캡챠 키 받기

'USE reCAPTCH ON YOUR SITE' 버튼을 클릭하고 다음 화면에서 Sing up Now 버튼을 클릭합니다. Domain에 자신의 URL을 입력하고 Create Key 버튼을 클릭하면 다음 화면에서 두 개의 키가 만들어집니다. 각 복사해서 이전의 그림에서 해당 입력란에 붙여넣습니다.

사이트에서 확인하기 전에 아래의 CSS 코드를 복사해 legenda-child 폴더의 style.css 파일을 열고 마지막에 붙여넣습니다. 대부분의 외부 플러그인은 테마에 따라서 다르게 보이므로 완벽한 스타일시트를 지원하기 어렵습니다. 그래서 설치하고 나서 스타일을 다시 수정해야 합니다.

```
#wpmem_reg label.text, #wpmem_reg label.checkbox, #wpmem_reg label.select, #wpmem_login label {
padding: 19px 0 !important; margin: 0; line-height: 30px; }
#wpmem_reg .div_text, #wpmem_login .div_text { padding: 15px 0 !important; }
.div_text input {  margin: 0; }
#wpmem_reg label[for="username"].text { padding: 16px 0 !important; margin: 0; }
.link-text { clear: both; }
```

# 02 WP-Members 관련 페이지 만들기

WP Members 플러그인을 설치해 사용하려면 로그인 페이지, 회원가입 페이지, 프로필 페이지를 만들어야 합니다.

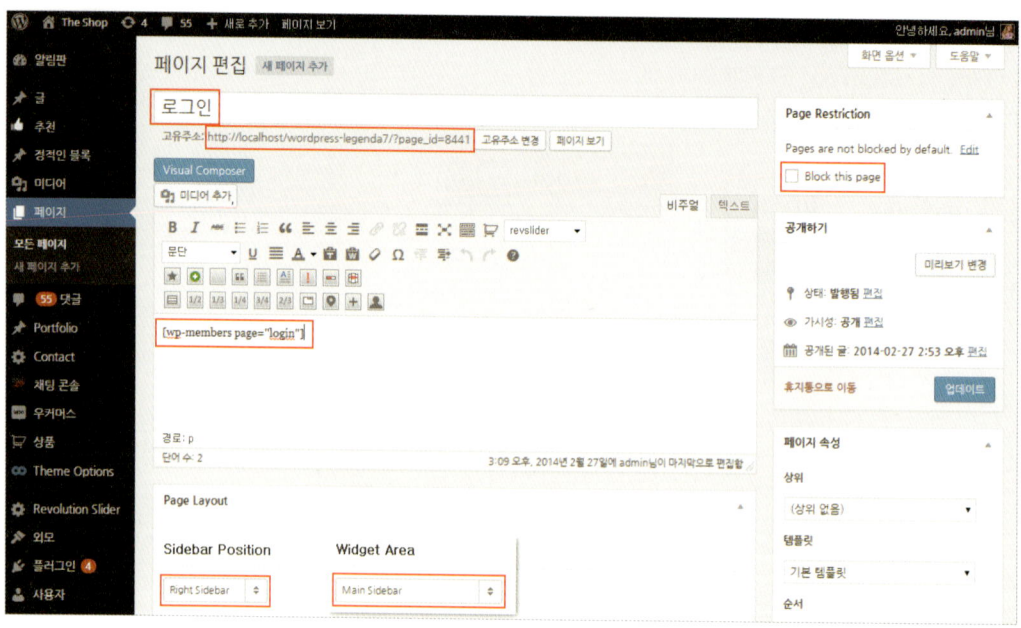

그림 4-173 페이지 만들기

새 페이지 추가 화면에서 제목을 입력하고 클래식 에디터의 편집 화면에 단축코드로 [wp-members page="login"]를 입력합니다. Page Layout에서 사이드바는 Right Sidebar로 선택, 일반 웹사이트이므로 Widget Area는 Main Sidebar를 선택합니다. 우측 상단에 WP Members 플러그인 때문에 새로운 메타박스가 나타나며 플러그인 설정 화면에서 '기본으로 페이지 차단'에 체크하지 않았기 때문에 개별 페이지에서 차단할 수 있게 돼있습니다. 하지만 로그인 페이지이므로 차단할 필요가 없습니다. 페이지가 완성됐으면 공개하기 버튼을 클릭해 발행하고 제목 아래의 고유주소 URL을 복사해 편집기에 새 파일을 만들고 붙여놓습니다.

같은 방법으로 두 개의 페이지를 더 만듭니다. 하나는 제목을 '회원가입'으로 단축코드를 [wp-members page="register"]로 입력하고 다른 하나는 제목을 '사용자 프로필'로 단축코드를 [wp-members page="members-area"]로 입력해 만듭니다.

이들 페이지의 링크를 사이트에서 상단 바에 나타나게 하겠습니다. 이것도 코드를 수정해야 하므로 파일을 교체해 사용하겠습니다. 첨부 파일의 legenda-child 폴더에서 functions-WP-Members.php 파일을 복사해 작업 중인 자신의 legenda-child 폴더로 붙여넣고 이전의 functions.php 파일의 이름을 functions-1.php 로 변경한 다음 functions-WP-Members.php을 functions.php로 수정합니다.

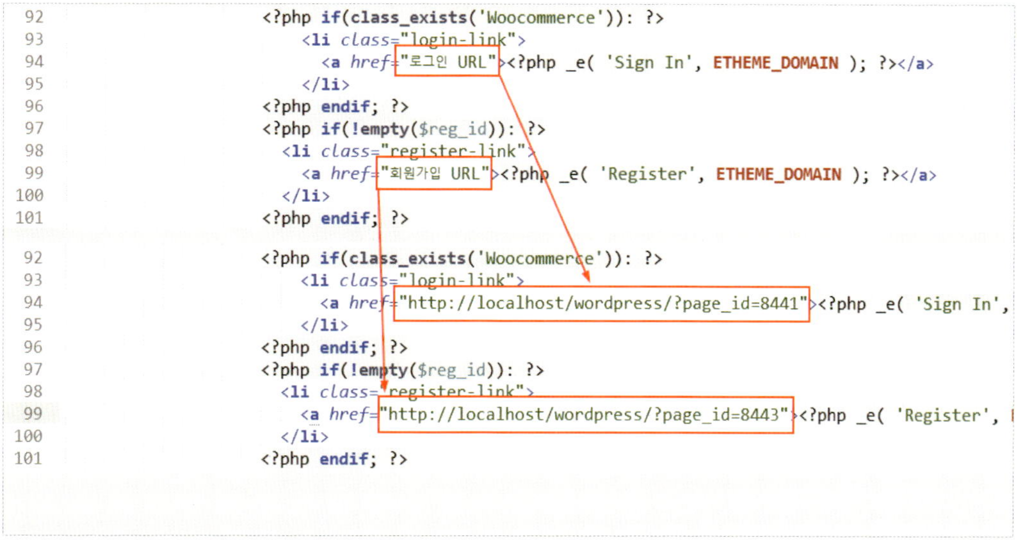

그림 4-174 코드 수정

functions.php 파일을 편집기에 열고 94번째 줄에서 '로그인 URL'을 편집기에 복사해놓은 로그인 페이지의 URL과 교체합니다. 99번째 줄의 회원가입 URL은 회원가입 페이지의 URL과 교체하고 저장합니다. 워드프레스를 내컴퓨터에서 웹호스트로 이전하고 나면 URL이 바뀌므로 수정해줘야 합니다.

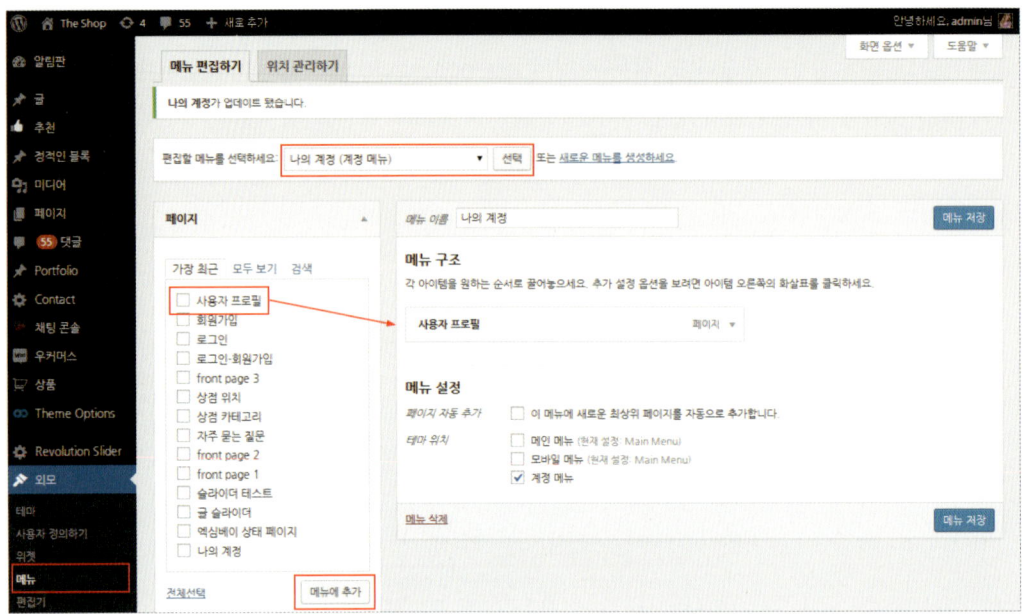

그림 4-175 메뉴에 추가

외모 → 메뉴를 선택하고 나의 계정 메뉴를 선택한 다음 이미 있던 메뉴는 제거하고 사용자 프로필 페이지를 메뉴에 추가한 다음 저장합니다.

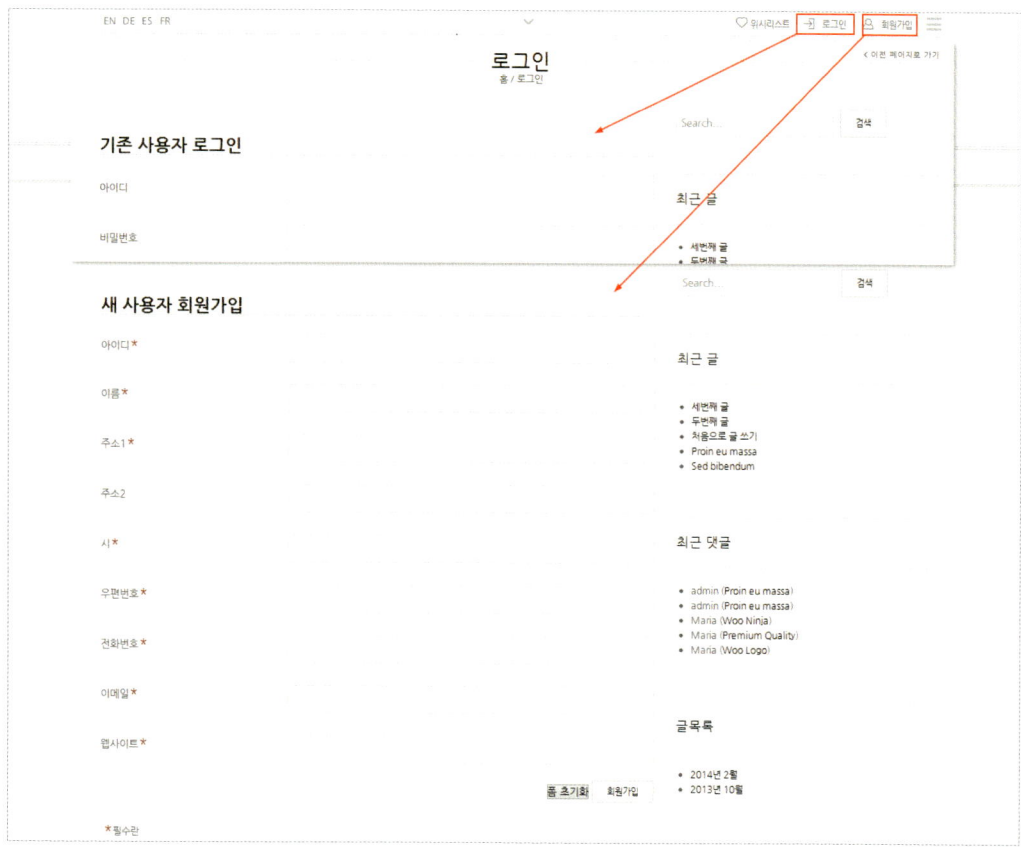

그림 4-176 사이트에서 링크 확인

다른 웹브라우저에서 사이트를 열고 로그인 메뉴와 회원가입 메뉴를 클릭하면 위와 같이 나타납니다.

그림 4-177 프로필 페이지

로그인한 상태에서는 나의 계정에 마우스를 올리면 사용자 프로필이 나타나고 이를 클릭하면 내 정보 수정과 비밀번호 수정 링크가 나타납니다.

상점 사이트로 계속 진행하기 위해 WP Members 플러그인에서 설정 변경한 것을 원상 복구하고 functions.php 파일은 functions-WP-Members.php로 변경한 다음 functions-1.php은 functions.php로 수정합니다. 메뉴 화면에서도 사용자 프로필은 제거하고 이전에 있던 나의 계정과 결제 메뉴를 추가하고 저장합니다. 세 가지 페이지는 그대로 둬도 되며 페이지를 새로고침하면 이전과 동일하게 상점 로그인과 회원가입 페이지가 나타납니다.

# 상세 페이지 콘텐츠 추가 13

상품 상세 페이지는 하나의 상품에 대해 자세한 정보를 추가할 수 있지만 우커머스의 경우 상세한 콘텐츠는 '상품 설명' 탭에만 추가할 수 있습니다. 그런데 탭은 좌 우측 탭을 사용할 경우 폭이 좁고 페이지 빌더의 섹션을 사용할 수도 없습니다. 상세 페이지에서 섹션을 사용하려면 정적인 블록을 이용하면 됩니다. 모든 상품에 대해 개별적으로 정적인 블록을 만들어 추가하자면 상품 수만큼 정적인 블록을 만들어야 하지만 대부분 공통으로 사용될만한 블록을 만들어 놓고 추가하면 됩니다.

여기서는 상세 페이지의 옵션 항목 추가하는 방법을 알아보고 데모사이트와 마찬가지로 프로모션 배너와 QR코드를 사이드바에 배치하고 상세 페이지 하단에 정적인 블록을 이용해 다양한 콘텐츠를 배치해보겠습니다.

## 01 상품 정보 옵션 추가

상세 페이지의 메인 이미지 우측에는 상품 제목과 가격, 수량 선택, 카테고리 등 각종 정보가 있고 옵션 상품의 경우 색상이나 사이즈를 선택할 수 있습니다. 그래서 이곳의 영역을 옵션 영역이라고 부릅니다. 이 영역에는 간단한 정보만 있는데 국내 쇼핑몰에서는 주로 배송비, 원산지, 카드 무이자 할부 등 여러 가지 옵션이 나타납니다.

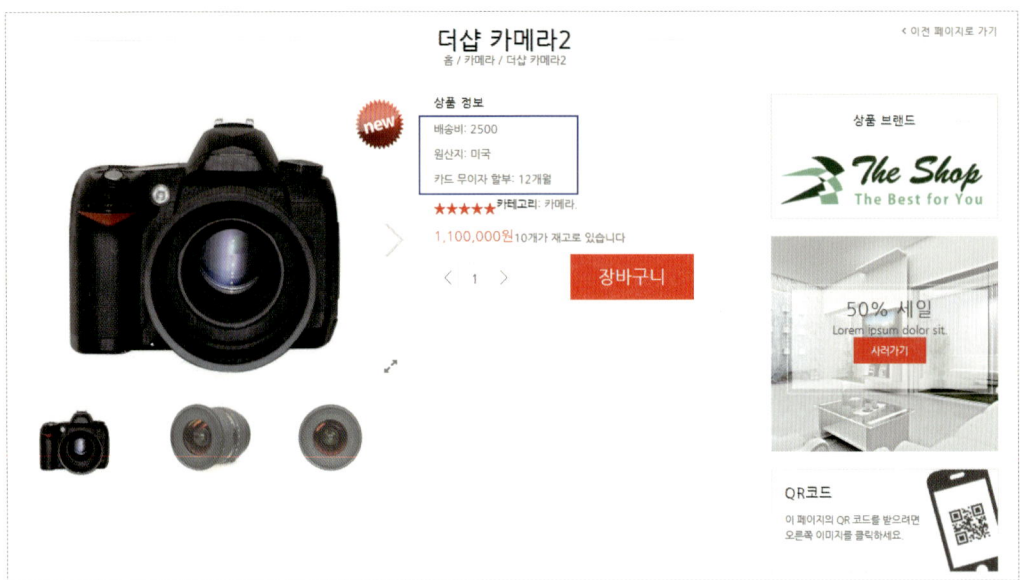

그림 4-178 상품 옵션

이러한 옵션 항목을 추가하고 저장해 출력하는 방법은 여러 가지가 있습니다. 그 중 하나인 고급 사용자 정의 필드(Advanced Custom Field) 플러그인을 이용하면 가능한데 사용법을 설명하자면 그림을 추가해야 해서 분량이 많아집니다. 여기서는 코드를 좀 사용하더라도 간단한 방법으로 이러한 옵션을 추가해보겠습니다. 국내 쇼핑몰은 대부분 옵션 영역에 포인트 적립도 보여주는데 이는 우씸에서 개발한 WooCommerce Points and Rewards라는 플러그인을 사용하면 체계적으로 관리하고 사용할 수 있습니다. 사용법은 제 블로그를 참고하세요(http://martian36.tistory.com/1327).

## 배송비 옵션

```
 93                    <?php if(!empty($reg_id)): ?><li class="register-link"><a href="<?php echo $
                       reg_url; ?>"><?php _e( '로그인 / 회원가입', ETHEME_DOMAIN ); ?></a></li><?php e
                       ndif; ?>
 94                <?php endif; ?>
 95            </ul>
 96        <?php
 97    }
 98 }
 99
100 // 상품 추가 화면 필드 표시 액션
101 add_action( 'woocommerce_product_options_general_product_data', 'woo_add_custom_general_fields' );
102
103 function woo_add_custom_general_fields() {
104
105    global $woocommerce, $post;
106
107    echo '<div class="options_group">';
108
109    // 이 줄 위에 코드를 입력하세요....
110
111    echo '</div>';
112 }
```

그림 4-179 기본 코드

legneda-child 폴더에서 functions.php 파일을 텍스트 편집기에 열고 하단에 다음 코드를 입력합니다. 이전에 로그인과 회원가입 화면 작업을 했다면 위 파란선의 박스의 코드가 보일 것입니다. 그 하단에 코드를 추가하면 됩니다. '//이 줄 위에 코드를 입력하세요…' 위에는 앞으로 추가할 코드를 입력합니다.

```
// 상품 추가 화면 필드 표시 액션
add_action( 'woocommerce_product_options_general_product_data', 'woo_add_custom_general_fields' );

function woo_add_custom_general_fields() {

  global $woocommerce, $post;

  echo '<div class="options_group">';

  // 이 줄 위에 코드를 입력하세요....

  echo '</div>';
}
```

```
107    echo '<div class="options_group">';
108    // 텍스트 필드
109    woocommerce_wp_text_input(
110      array(
111        'id'          => 'shipping_cost',
112        'label'       => __( '배송비', 'woocommerce' ),
113        'placeholder' => '금액 입력',
114        'desc_tip'    => 'true',
115        'description' => __( '이곳에 배송비를 입력하세요', 'woocommerce' )
116      )
117    );
118    // 이 줄 위에 코드를 입력하세요....
```

그림 4-180 배송비 옵션

위 그림처럼 다음 코드를 입력하고 저장합니다.

```
// 텍스트 필드
woocommerce_wp_text_input(
  array(
    'id'          => 'shipping_cost',
    'label'       => __( '배송비', 'woocommerce' ),
    'placeholder' => '금액 입력',
    'desc_tip'    => 'true',
    'description' => __( '이곳에 배송비를 입력하세요', 'woocommerce' )
  )
);
```

그림 4-181 상품 추가 화면에서 확인

하나의 상품을 선택하고 상품 편집 화면에 들어오면 상품 데이터 메타박스의 일반 탭 하단에 배송비 항목이 만들어졌습니다. 그러면 여기서 입력하는 내용이 데이터베이스에 저장돼야겠죠. functions. php 파일에 코드를 추가하겠습니다.

```
120      echo '</div>';
121    }
122
123
124    // 필드 저장 액션
125    add_action( 'woocommerce_process_product_meta', 'woo_add_custom_general_fields_save' );
126
127    function woo_add_custom_general_fields_save( $post_id ){
128
129
130        // 이 줄 위에 코드를 입력하세요....
131    }
```

그림 4-182 저장 기본 코드 입력

필드 저장 액션은 다음 코드를 위처럼 입력합니다.

```
// 필드 저장 액션
add_action( 'woocommerce_process_product_meta', 'woo_add_custom_general_fields_save' );

function woo_add_custom_general_fields_save( $post_id ){


    // 이 줄 위에 코드를 입력하세요....
}
```

```
122    // 필드 저장 액션
123    add_action( 'woocommerce_process_product_meta', 'woo_add_custom_general_fields_save' );
124
125    function woo_add_custom_general_fields_save( $post_id ){
126        // 텍스트 필드
127        $woocommerce_text_field = $_POST['shipping_cost'];
128        if( !empty( $woocommerce_text_field ) )
129            update_post_meta( $post_id, 'shipping_cost', esc_attr( $woocommerce_text_field ) );
130
131        // 이 줄 위에 코드를 입력하세요....
132    }
```

그림 4-183 저장 코드

다음 코드를 위처럼 입력하고 저장합니다.

```
// 텍스트 필드
  $woocommerce_text_field = $_POST['shipping_cost'];
  if( !empty( $woocommerce_text_field ) )
    update_post_meta( $post_id, 'shipping_cost', esc_attr( $woocommerce_text_field ) );
```

```
107    echo '<div class="options_group">';
108    // 텍스트 필드
109    woocommerce_wp_text_input(
110      array(
111        'id'          => 'shipping_cost',
112        'label'       => __( '배송비', 'woocommerce' ),
113        'placeholder' => '금액 입력',
114        'desc_tip'    => 'true',
115        'description' => __( '이곳에 배송비를 입력하세요', 'woocommerce' )
116      )
117    );
118    // 이 줄 위에 코드를 입력하세요....
119    echo '</div>';
120  }
121
122  // 필드 저장 액션
123  add_action( 'woocommerce_process_product_meta', 'woo_add_custom_general_fields_save' );
124
125  function woo_add_custom_general_fields_save( $post_id ){
126    // 텍스트 필드
127    $woocommerce_text_field = $_POST['shipping_cost'];
128    if( !empty( $woocommerce_text_field ) )
129      update_post_meta( $post_id, 'shipping_cost', esc_attr( $woocommerce_text_field ) );
130
131    // 이 줄 위에 코드를 입력하세요....
132  }
```

그림 4-184 동일한 변수

두 가지 액션을 보면 shipping_cost가 있습니다. 이것이 하나의 변수 역할을 하며 첫 번째 액션에서 입력된 값을 두 번째 액션에 의해 데이터베이스에 저장되는 것입니다. 그러면 실제로 작동되는지 알아보겠습니다.

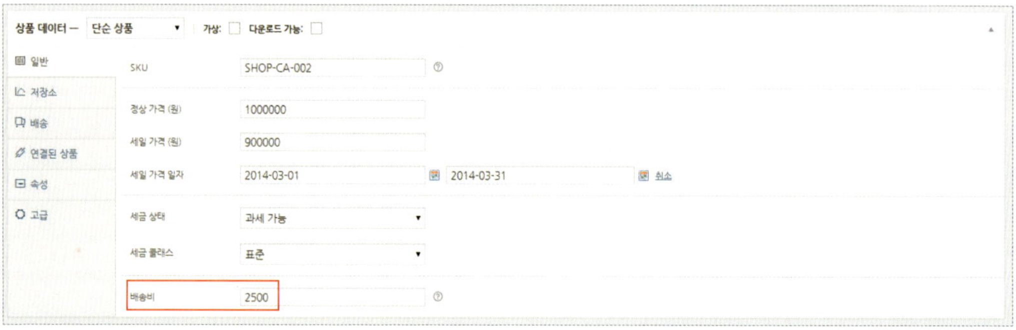

그림 4-185 저장 테스트

배송비 금액을 입력하고 업데이트 버튼을 클릭했을 때 입력한 금액이 그대로 있으면 저장된 것이고 '금액 입력'이라는 글자가 나타나면 저장이 안된 것입니다. 그러면 이 금액을 상세 페이지에 출력해 야겠죠. 이번에는 우커머스 템플릿 파일을 수정합니다.

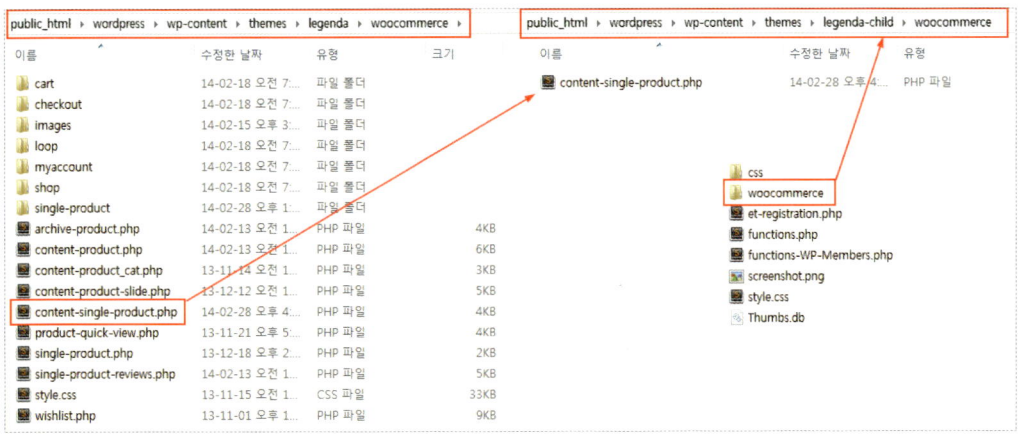

그림 4-186 템플릿 복사

부모 테마인 legenda 테마의 woocommerce 폴더로 들어가 content-single-product.php 파일을 복사해서 자식테마인 legenda-child 폴더에 woocommerce 폴더를 만들고 붙여넣습니다. 이렇게 하면 테마를 업데이트 하더라도 수정 내용이 그대로 보존됩니다. 이 파일을 편집기에 엽니다.

```
47        <h4><?php _e('Product Information', ETHEME_DOMAIN) ?></h4>
48
49          <p>배송비: <?php echo get_post_meta($post->ID, 'shipping_cost', true); ?>원</p>
50
51
52        <?php woocommerce_template_loop_rating(); ?>
53
```

그림 4-187 코드 입력

47번째 줄에 h4 태그로 만들어진 코드가 있는데 이 코드는 상품 정보라는 글자를 출력하는 코드입니다. 이 코드 아래에 그림처럼 다음 코드를 입력합니다.

```
<p>배송비: <?php echo get_post_meta($post->ID, 'shipping_cost', true); ?>원</p>
```

코드를 보면 shipping_cost가 있습니다. 데이터베이스에 저장된 같은 값을 불러오는 변수입니다. 이런 방식으로 다른 옵션도 만들 수 있으며 이전에 만든 코드를 복사해서 글자 수정과 변수를 수정하면 됩니다.

## 원산지 옵션

```
107     echo '<div class="options_group">';
108     // 텍스트 필드
109     woocommerce_wp_text_input(
110         array(
111             'id'          => 'shipping_cost',
112             'label'       => __( '배송비', 'woocommerce' ),
113             'placeholder' => '금액 입력',
114             'desc_tip'    => 'true',
115             'description' => __( '이곳에 배송비를 입력하세요', 'woocommerce' )
116         )
117     );
118     // 텍스트 필드
119     woocommerce_wp_text_input(
120         array(
121             'id'          => 'product_origin',
122             'label'       => __( '원산지', 'woocommerce' ),
123             'placeholder' => '국가 입력',
124             'desc_tip'    => 'true',
125             'description' => __( '이곳에 원산지를 입력하세요', 'woocommerce' )
126         )
127     );
128     // 이 줄 위에 코드를 입력하세요....
129     echo '</div>';
130 }
131
132 // 필드 저장 액션
133 add_action( 'woocommerce_process_product_meta', 'woo_add_custom_general_fields_save' );
134
135 function woo_add_custom_general_fields_save( $post_id ){
136     // 텍스트 필드
137     $woocommerce_text_field = $_POST['shipping_cost'];
138     if( !empty( $woocommerce_text_field ) )
139         update_post_meta( $post_id, 'shipping_cost', esc_attr( $woocommerce_text_field ) );
140     // 텍스트 필드
141     $woocommerce_text_field = $_POST['product_origin'];
142     if( !empty( $woocommerce_text_field ) )
143         update_post_meta( $post_id, 'product_origin', esc_attr( $woocommerce_text_field ) );
144     // 이 줄 위에 코드를 입력하세요....
145 }
```

그림 4-188 원산지 옵션

이전의 코드를 복사해서 복사한 코드 바로 아래 붙여넣고 글자와 변수를 변경하면 됩니다. 사이트에서 출력되는 부분은 어떻게 변경할지 아실 겁니다.

그런데 국가는 아마도 정해져 있을 겁니다. 그래서 일일이 입력하지 않고 선택박스를 이용하고 싶다면 다음과 같이 코드를 입력하면 됩니다.

```
115            'description' => __( '이곳에 배송비를 입력하세요', 'woocommerce' )
116        )
117    );
118    // 국가 선택상자
119    woocommerce_wp_select(
120    array(
121        'id'      => 'product_origin',
122        'label'   => __( '원산지', 'woocommerce' ),
123        'options' => array(
124            '한국' => __( '한국', 'woocommerce' ),
125            '중국' => __( '중국', 'woocommerce' ),
126            '일본' => __( '일본', 'woocommerce' )
127        )
128    )
129    );
130    // 이 줄 위에 코드를 입력하세요....
131    echo '</div>';
```

그림 4-189 원산지 선택상자

배송비 코드 다음에 위처럼 입력합니다.

```
// 국가 선택상자
woocommerce_wp_select(
array(
  'id'      => 'product_origin',
  'label'   => __( '원산지', 'woocommerce' ),
  'options' => array(
    '한국' => __( '한국', 'woocommerce' ),
    '중국' => __( '중국', 'woocommerce' ),
    '일본' => __( '일본', 'woocommerce' )
    )
  )
);
```

```
141        update_post_meta( $post_id, 'shipping_cost', esc_attr( $woocommerce_text_field ) );
142    // 국가 선택상자
143    $woocommerce_select = $_POST['product_origin'];
144    if( !empty( $woocommerce_select ) )
145        update_post_meta( $post_id, 'product_origin', esc_attr( $woocommerce_select ) );
146
147    // 이 줄 위에 코드를 입력하세요....
```

그림 4-190 저장 코드

저장 코드는 위와 같습니다.

```
// 국가 선택상자
$woocommerce_select = $_POST['product_origin'];
if( !empty( $woocommerce_select ) )
  update_post_meta( $post_id, 'product_origin', esc_attr( $woocommerce_select ) );
```

출력 부분은 다음과 같이 배송비 다음에 추가합니다.

```
<p>배송비: <?php echo get_post_meta($post->ID, 'shipping_cost', true); ?>원</p>
<p>원산지: <?php echo get_post_meta($post->ID, 'product_origin', true); ?></p>
```

그림 4-191 관리자 화면 및 사이트에서 확인

상품 편집 화면에서 국가를 선택을 하고 업데이트 한 다음 사이트에서 확인하면 위처럼 나타납니다.

# 02 프로모션 배너, QR 코드 만들기

상품 상세 페이지의 사이드바는 위젯 화면에서 별도의 위젯 영역을 이용합니다. 위젯 영역에 배치하려면 정적인 블록을 미리 만듭니다.

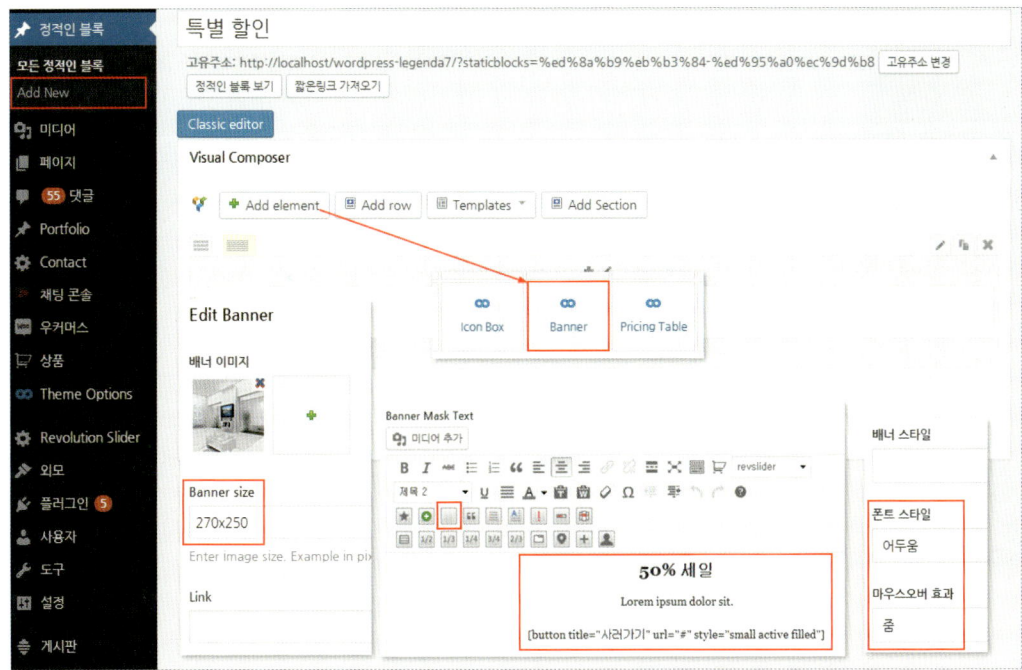

그림 4-192 프로모션 배너

정적인 블록의 Add New를 클릭하고 제목을 입력한 다음 Add element 버튼을 클릭해 Banner를 선택합니다. 이미지를 추가하고 배너 사이즈의 폭은 사이드바의 폭인 270으로 하고 높이는 원하는 대로 하면 됩니다. 프로모션 내용을 입력하고 버튼을 만듭니다. style은 small active filled로 입력합니다. 폰트 스타일은 어두움을 선택한 다음 마우스오버 효과는 줌을 선택하고 저장합니다. url의 #는 프로모션 상품의 url과 교체합니다.

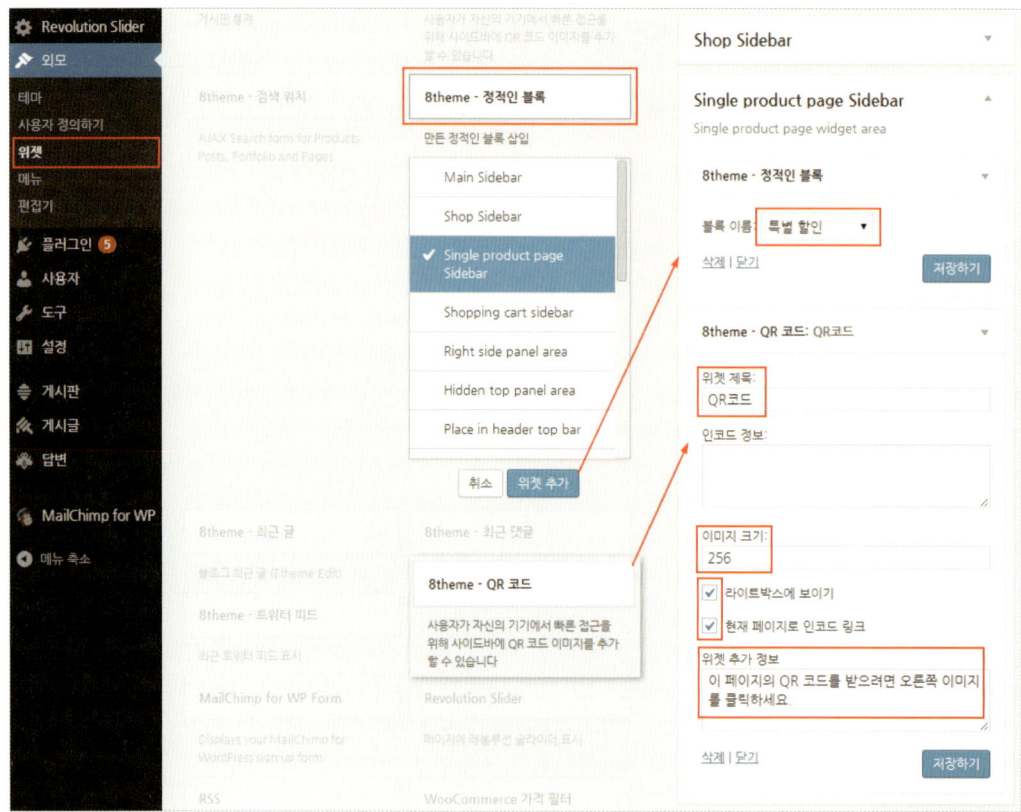

그림 4-193 위젯에 추가

위젯 화면에서 정적인 블록을 Single product page Sidebar에 배치하고 블록 이름에서 바로 전에 만든 블록을 선택하고 저장합니다. 바로 아래에 8theme - QR 코드를 배치하고 제목을 입력한 다음 이미지 크기를 256으로 입력합니다. 이것은 팝업 창의 크기입니다. 아래의 두 곳에 체크하고 위젯 추가 정보에 '이 페이지의 QR 코드를 받으려면 오른쪽 이미지를 클릭하세요.'라고 입력한 다음 저장합니다.

그림 4-194 사이트에서 확인

사이트에서 새로고침 하면 사이드바에 위젯이 나타납니다. QR 코드가 있는 휴대폰 이미지를 클릭하면 팝업 창이 나타납니다. QR Droid라는 앱을 스마트폰에 설치하고 실행 시키면 카메라가 나타나며 코드에 대고 있으면 캡처해서 이 상품이 있는 사이트로 이동합니다. 로컬호스트에서 했더니 URL은 나오지만 사이트로 이동할 수 없다고 나타납니다. 스마트폰에서 로컬호스트는 접속이 안 되죠.

# 03 상세 페이지 하단에 정적인 블록 사용

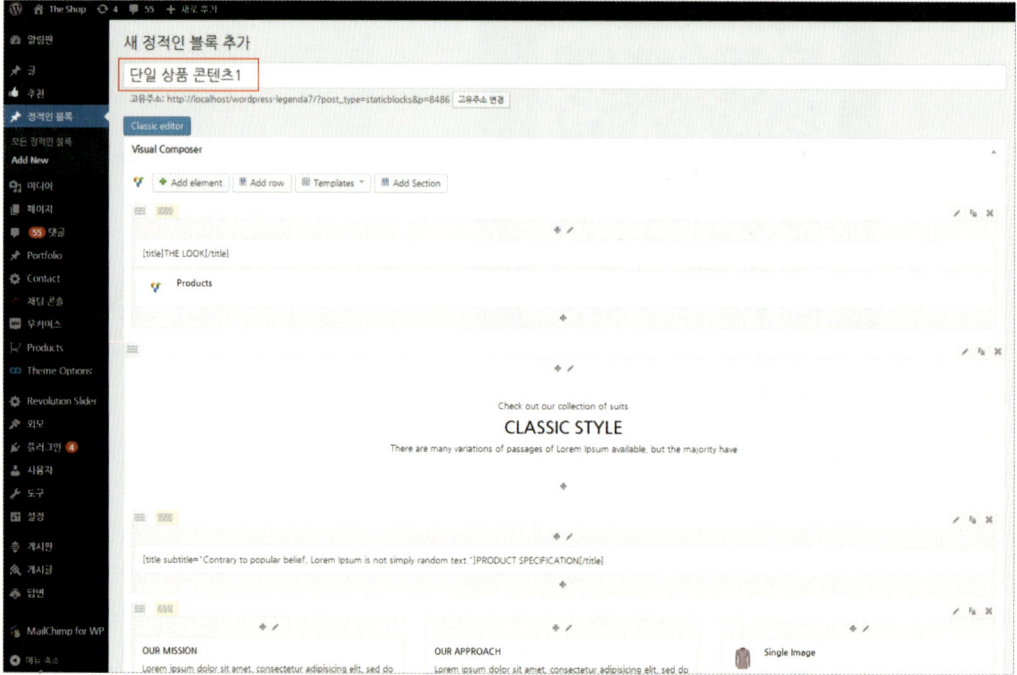

그림 4-195 정적인 콘텐츠 추가

정적인 블록에서 페이지 만들기에서 사용한 여러 방법을 동원해 하나의 상품에 대해 콘텐츠를 만듭니다.

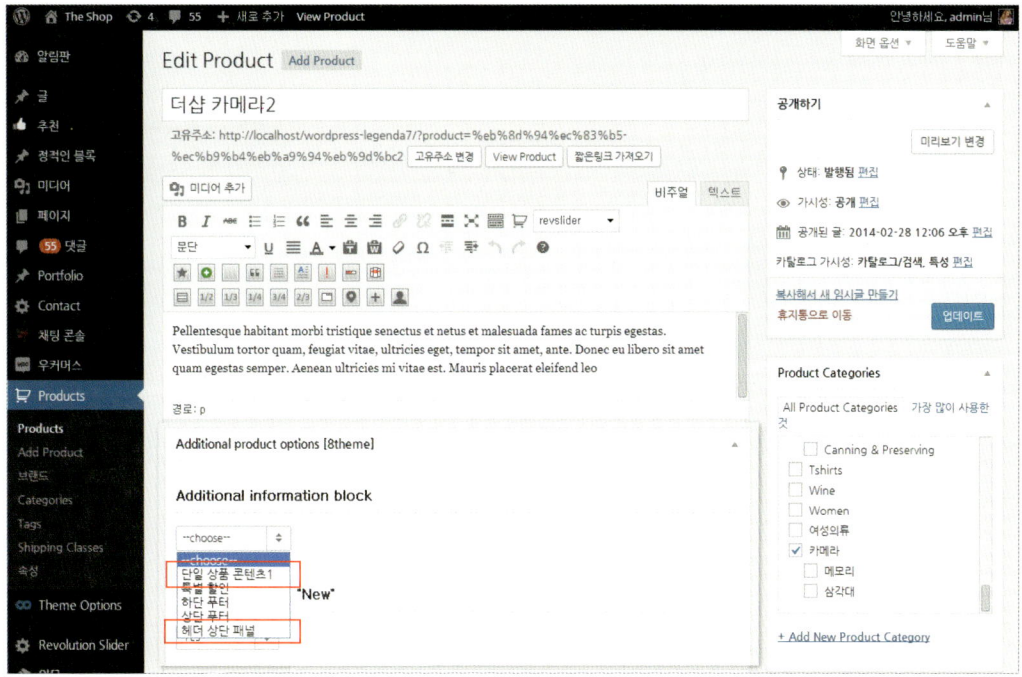

그림 4-196 상세 페이지에 정적인 블록 선택

상품 추가 화면에서 Additional product options [8theme] 박스의 Additional information block에서 정적인 블록을 선택하고 발행합니다. 어떤 상품에나 적용할 수 있는 공통적인 콘텐츠 만들어 배치할 수도 있습니다. 예를들면 헤더 상단의 숨겨진 패널에 사용한 콘텐츠는 어떤 페이지에 있어도 어울립니다.

## 04 고정된 콘텐츠 추가

상세 페이지에는 상품 구매에 따른 환불 정책이나 반품, 배송 등 여러 가지 정보가 필요한 경우가 있습니다. 앞서 테마옵션을 설명할 때 사용자 정의 탭에 환불에 관한 내용을 탭에 배치했었는데 이것은 매번 상품을 추가할 때 입력해야 하므로 상당히 번거롭습니다.

그렇다고 푸터에 배치하자니 푸터는 모든 페이지에 나타나는 곳이라서 어울리지 않습니다. 정적인 블록에 첨부해도 되겠지만 이것도 모든 상품이 정적인 블록을 사용하는 것도 아니고 일일이 상품을 추가할 때마다 선택해야 하는 번거로움이 있습니다. 그래서 한번만 설정해두면 항상 상세 페이지 하단에 고정된 콘텐츠로 나타낼 수 있게 해보겠습니다.

그림 4-197 템플릿 파일

위 경로에서 이미 복사해둔 content-single-product.php 파일을 편집기에 열고 하단에 다음의 코드를 추가합니다.

```
<?php get_template_part('bottom', 'content'); ?>
```

이 코드는 자식 테마 폴더인 legenda-child에서 bottom-content.php 파일의 내용을 가져오는 역할을 합니다. 그러면 이 파일이 아직 없으니 legenda-child 폴더에 만듭니다.

그림 4-198 고정 콘텐츠용 파일

윈도우 탐색기에서 파일 만드는 방법은 1장에서 자식 테마 스타일시트 만들 때 이미 알아봤습니다. bottom-content.php 파일을 만들어 이 파일을 편집기에 열어둡니다. 아직은 비어있는 파일이니 다른 작업 후에 내용을 추가할 것입니다.

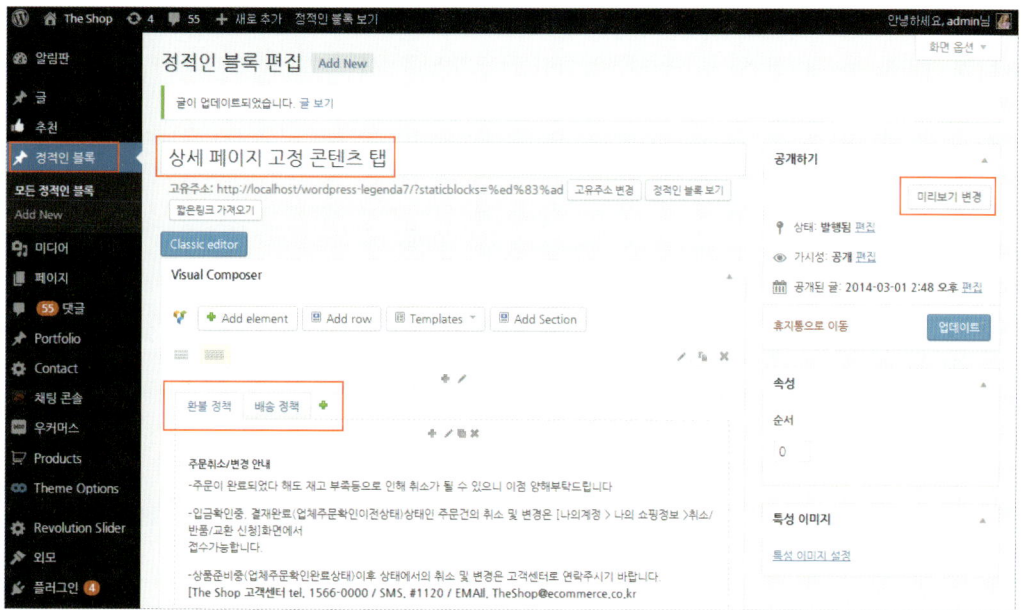

그림 4-199 정적인 블록에서 고정 콘텐츠 만들기

정적인 블록에서 탭을 이용해 환불 정책과 배송 정책 탭을 만들고 각 내용에 맞는 콘텐츠를 입력하고 미리보기 버튼을 클릭합니다.

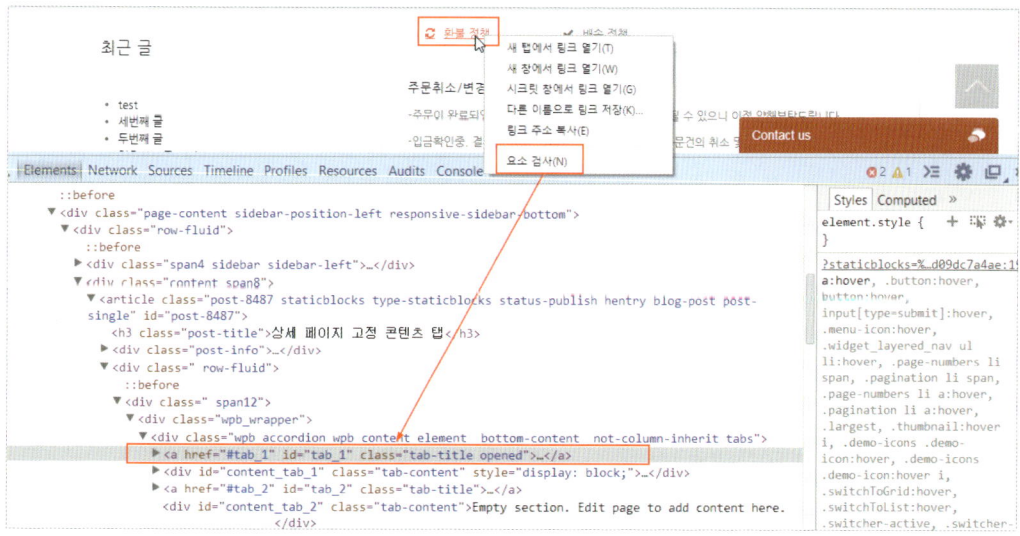

그림 4-200 코드 요소검사

13. 상세 페이지 콘텐츠 추가   433

환불 정책 탭을 대상으로 마우스 오른쪽 버튼을 클릭하면 메뉴가 나타납니다. 요소 검사를 선택하면 하단에 개발자 도구가 나타나며 왼쪽에는 HTML 코드가 있고 오른쪽에는 CSS 코드가 있습니다.

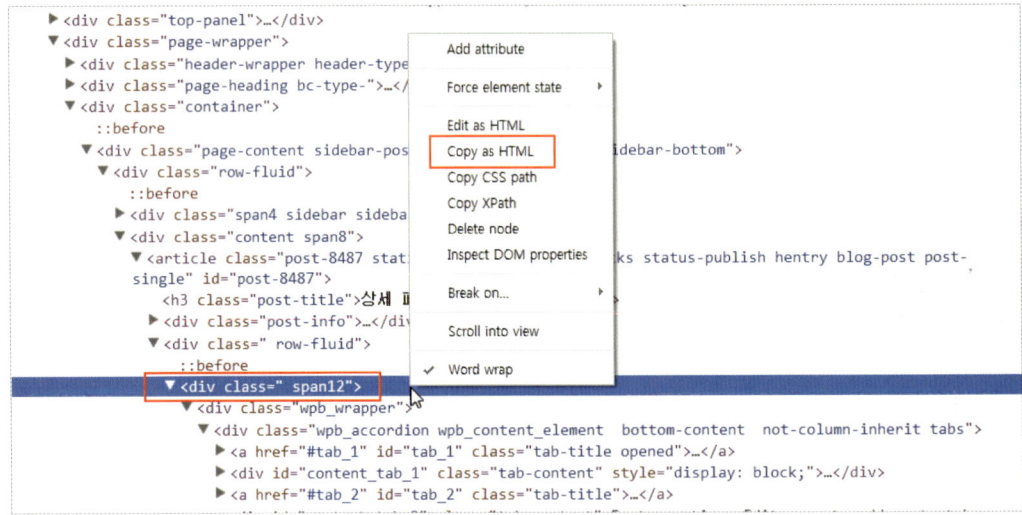

그림 4-201 코드 복사

〈div class="span12"〉가 있는 줄을 선택하고 마우스 오른쪽 버튼을 클릭하면 메뉴가 나타납니다. 여기서 Copy as HTML을 선택하면 〈div class="span12"〉 내부에 있는 HTML 코드가 복사됩니다.

```
1  <div class=" span12" style="margin-left:0px;">
2      <div class="wpb_wrapper">
3
4      <div class="wpb_accordion wpb_content_element  bottom-content  not-column-inherit  tabs">
5
6          <a href="#tab_1" id="tab_1" class="tab-title opened"><i class="icon-refresh"></i>환불 정책</a>
7          <div id="content_tab_1" class="tab-content" style="display: block;">
8
9      <div class="wpb_text_column wpb_content_element ">
10         <div class="wpb_wrapper">
11
12 <h5>주문취소/변경 안내</h5>
13 <p>-주문이 완료되었다 해도 재고 부족등으로 인해 취소가 될 수 있으니 이점 양해부탁드립니다</p>
14 <p>-입금확인중, 결제완료(업체주문확인이전상태)상태인 주문건의 취소 및 변경은 [나의계정 &gt; 나의 쇼핑정보 &gt;취소/반품/교환 신청]화면에서<br>
15 접수가능합니다.</p>
16 <p>-상품준비중(업체주문확인완료상태)이후 상태에서의 취소 및 변경은 고객센터로 연락주시기 바랍니다.<br>
```

그림 4-202 코드 붙여넣기

이미 편집기에 열어둔 bottom-content.php 파일에 붙여넣고 "span12" 다음에 한 칸 띄고 style="margin-left:0px;"를 추가한 다음 저장합니다.

그림 4-203 사이트에서 확인

사이트에서 어떤 상품이든 상세페이지로 가서 하단으로 이동하면 위와 같이 탭 콘텐츠가 나타나며 닫힌 탭을 클릭하면 탭의 기능이 잘 작동합니다.

# 공사 중(Under Construction) 페이지 만들기 14

## 01 상점 공지 글 활성화

그림 4-204 상점 공지 활성화

우커머스는 기본적으로 쇼핑몰이 완성되지 않은 상태에서는 데모 상점임을 공지할 수 있게 기능이 추가돼있습니다. 하지만 Legenda 테마에서 활성화 되지 않게 설정했습니다. 그 이유는 상단 고정 메뉴와 겹치기 때문이고 다른 이유로는 이러한 공사 중이라는 메시지 대신에 공사 중 페이지를 만들 수 있도록 데모를 제공하고 있기 때문입니다. 필요에 따라 두 가지 중 어느 하나가 필요할 때도 있으니 이를 모두 사용해 보겠습니다. 우선 위 공지 기능을 활성화 합니다.

```css
.admin-bar p.demo_store {top: 28px !important;display: block; }
.admin-bar .fixed-header-area.fixed-already {top: 56px;}
```

legenda-child 폴더에서 style.css 파일을 열고 하단에 위 코드를 추가한 다음 저장합니다.

그림 4-205 사이트에서 확인

사이트에서 확인하면 위처럼 상단 고정 메뉴바와 겹치지 않습니다. 공지를 비활성화 한 경우 위에서 추가한 스타일시트를 제거해야 합니다. 안 그러면 빈 공간이 발생합니다.

## 02 메일침프(MailChimp) 사용

공사 중 페이지는 사이트가 완성되지 않은 상태에서 일부 고객이 우연히 들어왔는데 아무것도 없으면 무시하게 되죠. 그래서 어떤 콘텐츠라도 넣어 놓는 것이 좋습니다. 또는 사이트 디자인 작업 중일 때는 디자인이 엉망이므로 모든 페이지를 보여 줄 수 없게 됩니다. 그래서 작업이 어느 정도 진행됐다든가 나중에 방문을 유도하기 위해 뉴스레터 폼을 달아놓기도 합니다. 우선 뉴스레터 폼을 만드는 방법을 알아보겠습니다.

### 메일침프(MailChimp) 환경설정

메일침프는 매월 2,000명의 회원에게 12,000개의 뉴스레터를 보낼 수 있는 무료 서비스입니다. 유료는 수만 명까지 제한 없는 뉴스레터를 보낼 수 있습니다. 먼저 플러그인을 이용해 환경설정을 하겠습니다.

그림 4-206 API 키 받기

이 작업은 MailChimp에 사이트를 등록하고 연결해야 하므로 실제 사이트에서 해야 합니다. 이미 설치해 놓은 MailChimp for WP 메뉴를 선택하면 위와 같은 화면이 나타나며 연결이 안됐다고 합니다. API 키를 입력해야 하니 입력란 아래의 링크를 Ctrl 키를 누르고 클릭합니다.

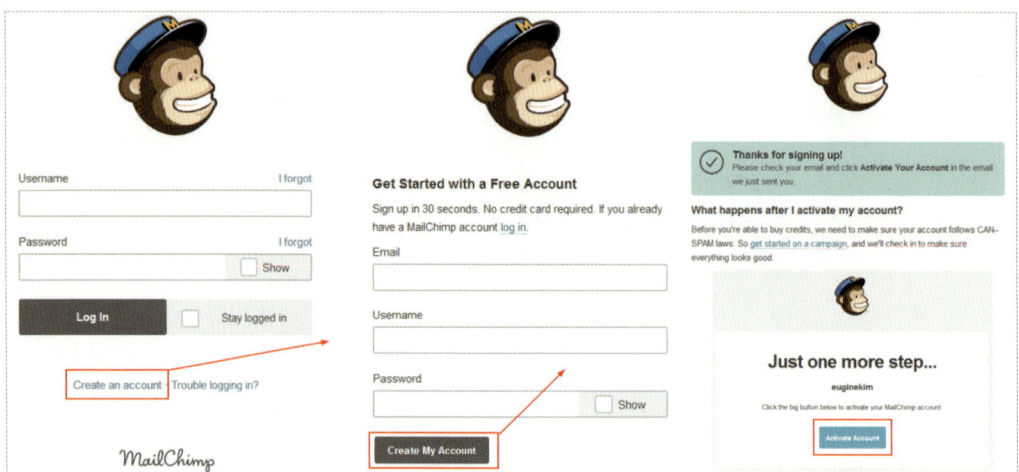

그림 4-207 메일침프 회원가입

처음 화면에서 Create an account 링크를 클릭하고 이메일, 사용자 아이디, 비밀번호를 입력한 다음 Create My Account 버튼을 클릭하면 이메일을 체크하라고 합니다. 내 이메일에서 Activate Account 버튼을 클릭합니다.

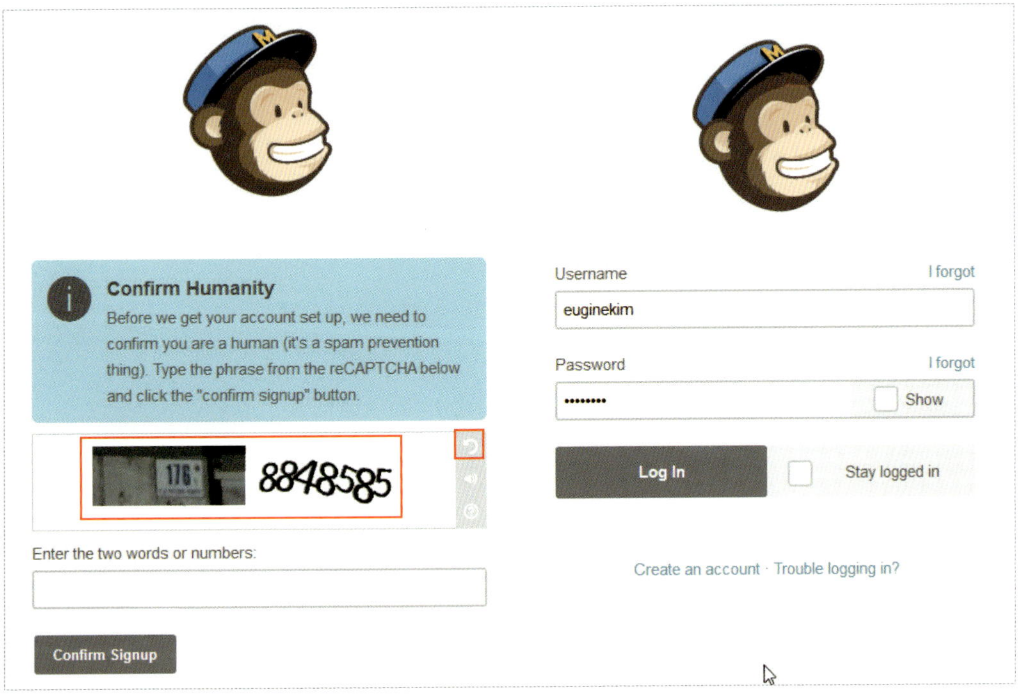

그림 4-208 로그인

보안 코드를 두 가지 입력합니다. 위의 경우 176 8848585처럼 스페이스로 구분하여 입력하고 잘 보이지 않으면 새로고침 아이콘을 클릭합니다. Confirm Signup 버튼을 클릭하고 다음 화면에서 로그인 합니다.

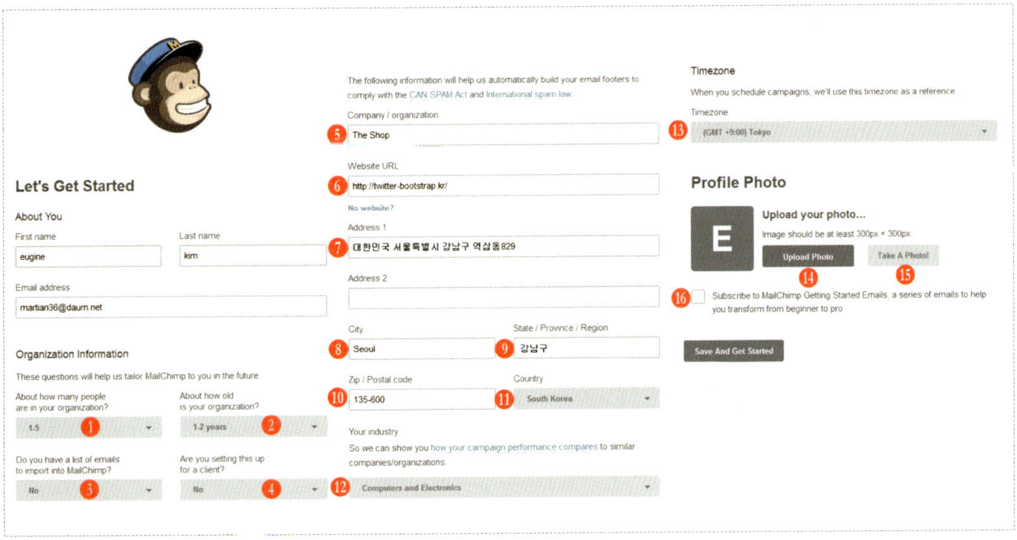

그림 4-209 정보 입력

로그인 후에는 여러 정보를 입력합니다.

- ❶은 회사의 직원 수를 입력합니다.
- ❷는 회사의 설립 년 수를 입력합니다.
- ❸은 가져오기 할 이메일 목록이 있는지 선택합니다. 우선 없는 것으로 합니다.
- ❹는 고객을 위해 만드는 것인지 묻는데 자신을 위한 것이니 아니오를 선택합니다.
- ❺는 회사 이름을 입력합니다. 한글로 해도 됩니다.
- ❻은 사이트 URL을 입력합니다.
- ❼은 동 이름을 입력하면 크롬의 경우 한글로 자동 검색돼 나타납니다.
- ❽은 도시 이름을 입력합니다.
- ❾는 뭔가 입력하지 않으면 안되니 구나 도를 입력합니다.
- ❿은 우편번호를 입력합니다.
- ⓫은 국가를 선택합니다.
- ⓬는 업종을 선택합니다.
- ⓭은 타임존을 선택합니다. 한국은 +9인 Tokyo를 선택합니다.
- ⓮는 자신의 아바타 이미지를 업로드하거나 ⓯에서 웹캠으로 찍어 업로드 할 수 있습니다.
- ⓰은 도움 이메일을 보내준다고 하니 체크합니다.

완료됐으면 Save and Get Started 버튼을 클릭합니다.

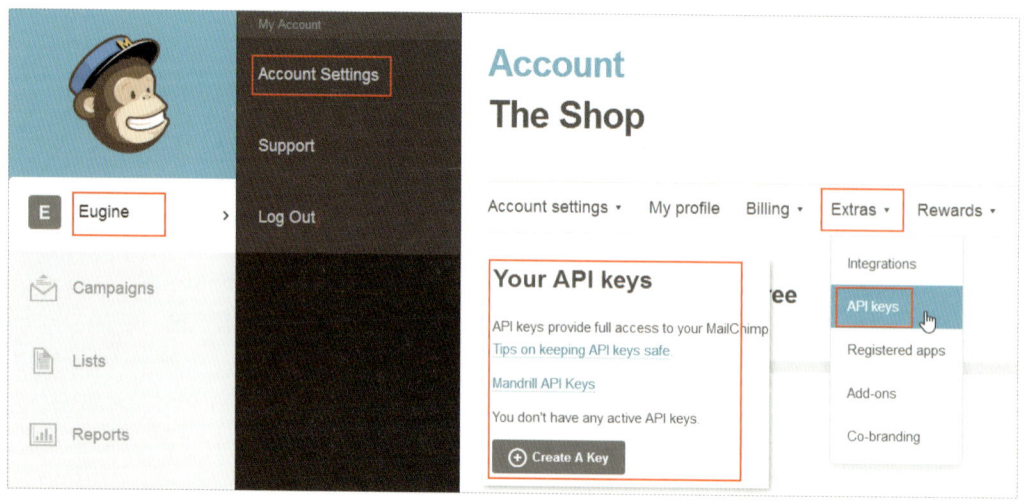

그림 4-210 API 키 만들기

다음 화면에서 자신의 이름을 클릭하면 메뉴가 나타납니다. Account Settings를 선택하고 Extra →API keys를 선택한 다음 하단에서 Creat A Key 버튼을 클릭합니다.

그림 4-211 키 복사

하단에서 API Key 필드를 클릭하면 블록 설정됩니다. Ctrl+C 키를 눌러 복사합니다.

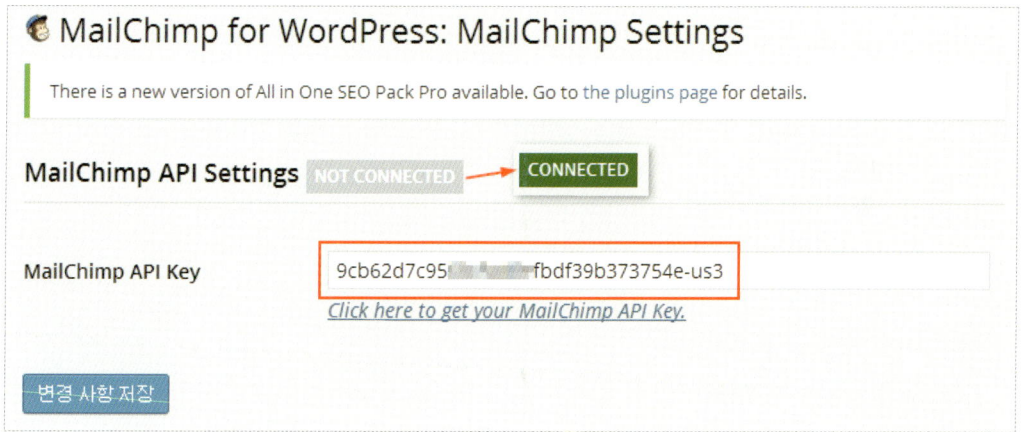

그림 4-212 플러그인 페이지에서 붙여넣기

관리자 화면으로 돌아와 입력란에 붙여넣고 변경 사항 저장 버튼을 클릭하면 CONNECTED로 변경됩니다. 뉴스레터 기능을 작동 시키려면 최소한 하나의 뉴스레터 목록이 있어야 합니다.

## 뉴스레터 목록 만들기

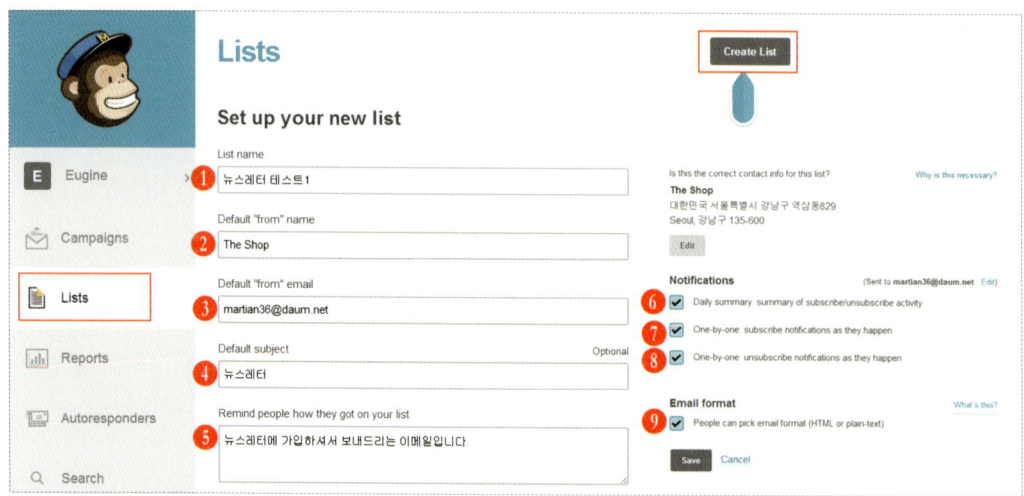

그림 4-213 뉴스레터 목록 만들기

메일침프 화면에서 Lists를 클릭하고 우측 상단에서 Create List 버튼을 클릭하고 정보를 입력합니다.

- ❶은 뉴스레터 목록 이름을 입력합니다.
- ❷는 발신인 이름을 입력합니다.
- ❸은 발신인 이메일 주소를 입력합니다.
- ❹는 뉴스레터 제목을 입력합니다.
- ❺는 수신자가 뉴스레터를 받게 된 이유를 입력합니다.
- ❻은 발신자 즉 내가 받을 알림이며 메일침프로부터 고객의 새로운 구독신청과 구독 해지를 매일 요약해서 통지 받습니다.
- ❼은 ❻에서 받는 요약이 아닌 발생할 때마다 하나씩 알림을 받습니다.
- ❽은 구독 해지 신청을 하나씩 알림을 받습니다.
- ❾는 고객이 텍스트 형태나 HTML 형태의 이메일을 받는 것을 선택하도록 합니다.

마지막으로 Save 버튼을 클릭합니다.

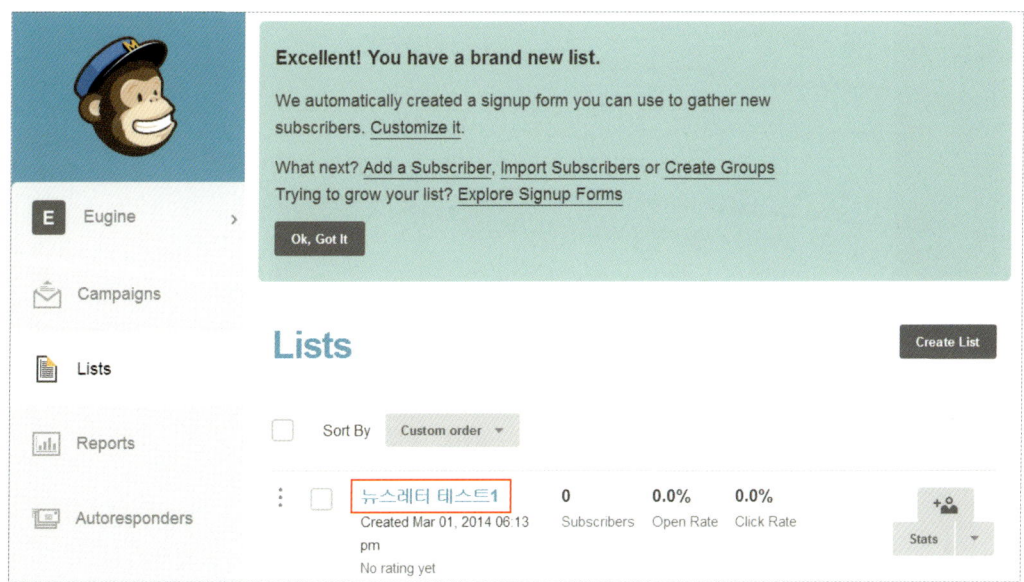

그림 4-214 목록 생성 결과

하나의 목록이 만들어졌습니다.

## 메일침프 위젯 배치

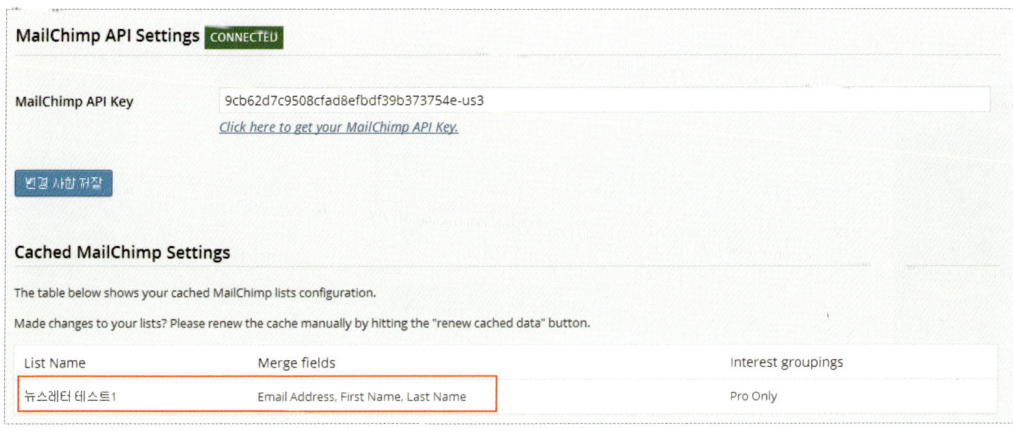

그림 4-215 플러그인 페이지에서 확인

다시 관리자 화면으로 와서 새로 고침하면 목록이 나타납니다.

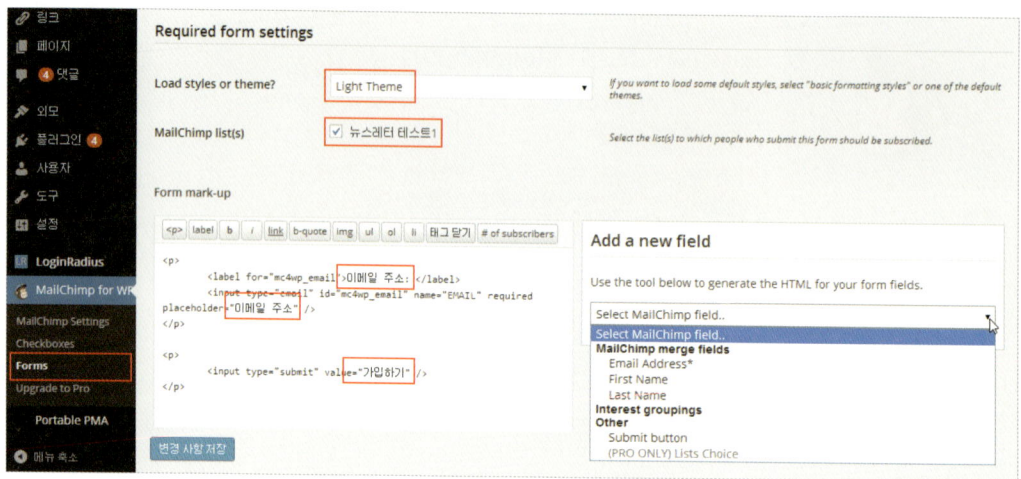

그림 4-216 글자 변경

메일침프의 하위 메뉴에서 Forms를 선택하고 스타일을 Light Theme으로 선택한 다음 뉴스레터 테스트1에 체크합니다.

폼의 내용 중 영어로 된 것을 한글로 수정합니다. 추가적인 폼은 우측의 박스를 이용하는데 세 가지만 가능하며 추가 폼은 유료입니다. 완료되면 변경 사항 저장 버튼을 클릭합니다.

실제 뉴스레터는 메일침프에서 만들고 디자인한 다음 보내기 하면 일괄적으로 전송되며 이것은 나중에 자세히 알아보겠습니다.

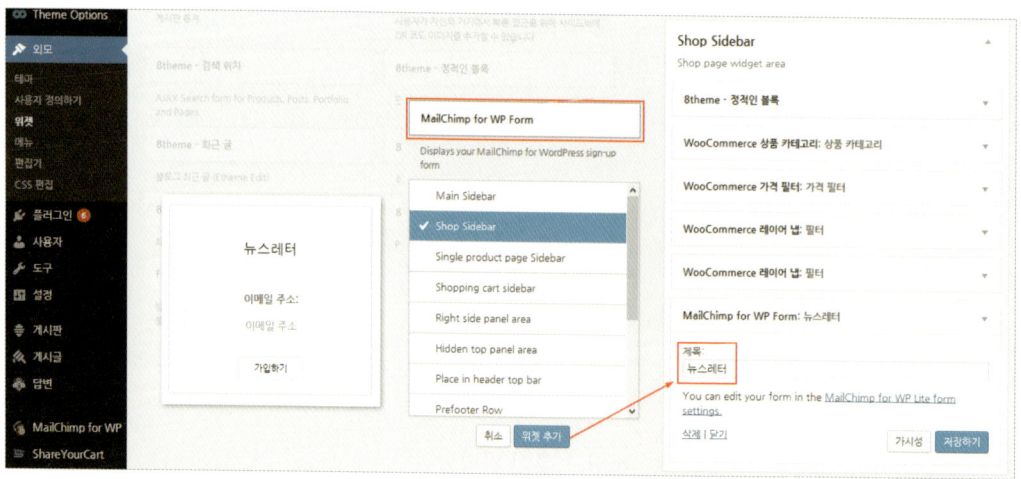

그림 4-217 사이드바에 위젯 배치

444 4장 _ 웹사이트 페이지 만들기

테스트를 위해 위젯 화면에서 MailChimp for WP form 위젯을 Shop Sidebar에 배치하고 제목을 뉴스레터로 수정한 다음 저장합니다. 사이트의 상점 페이지에서 확인하면 좌측 그림처럼 나옵니다. 이전 작업에서 한가지라도 빠트린 경우 에러 메시지가 나타납니다.

그림 4-218 뉴스레터 위젯 영역에 배치

이번에는 이미 만들어놓은 뉴스레터 위젯 영역에 배치하고 제목을 수정한 다음 저장합니다.

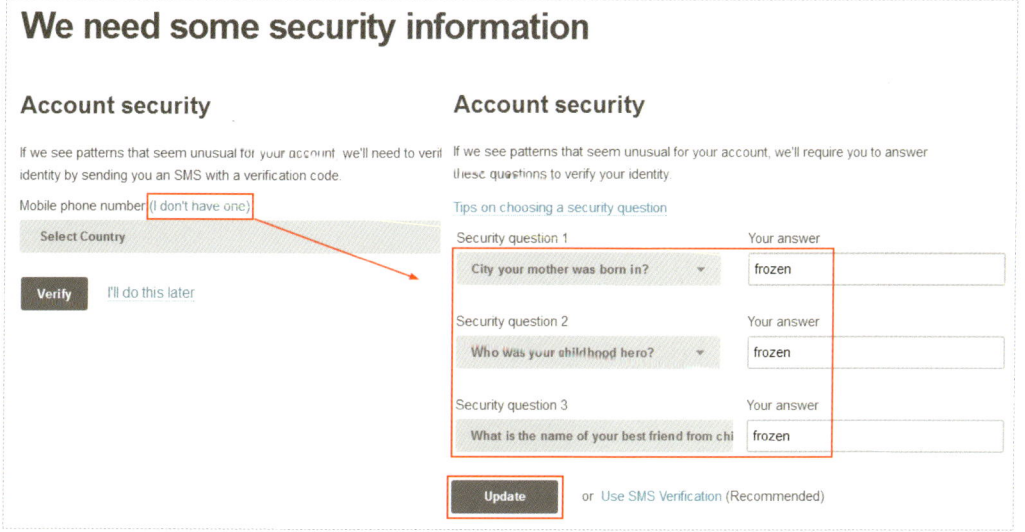

그림 4-219 로그인 보안

14. 공사 중(Under Construction) 페이지 만들기 **445**

메일침프는 가입한 후 나중에 로그인을 다시하면 위 좌측 화면이 나타납니다. SMS 인증인데 모바일 폰이 없다는 링크를 클릭하면 세 가지 질문 형태로 전환됩니다. 각 다른 질문을 선택한 다음 같은 답변을 입력하고 Update 버튼을 클릭하면 됩니다. 나중에 어떤 질문에 어떤 답을 했는지 기억이 안 나면 곤란하죠.

## 03 공사중 페이지 만들기

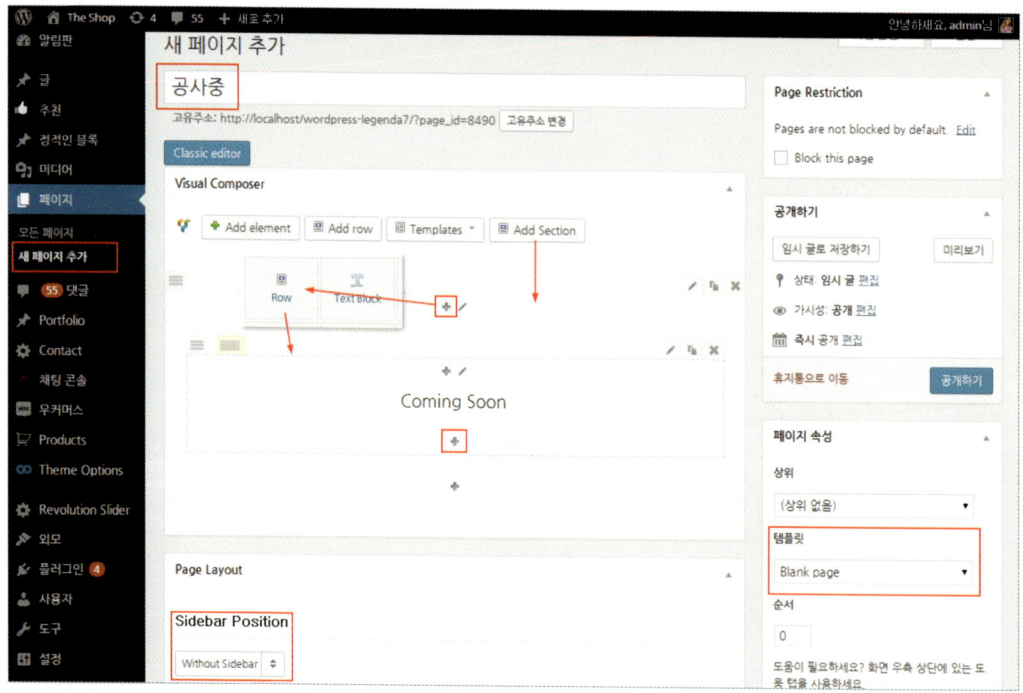

그림 4-220 페이지 만들기

새 페이지 추가에서 제목을 입력하고 페이지 속성 박스에서 템플릿을 Blank page로 선택합니다. 이것은 헤더와 푸터 영역이 나타나지 않는 페이지를 만드는 템플릿입니다. Page Layout에서 Without Sidebar를 선택합니다. 비주얼 컴포우저에서 Add Section을 클릭해 섹션을 만들고 내부의 플러스 아이콘을 클릭해 행을 만듭니다. 행안에 텍스트 블록을 이용해 글자를 만들고 제목2 스타일로 중앙 배치합니다. 그런 다음 행 내부 하단의 플러스 아이콘을 클릭합니다.

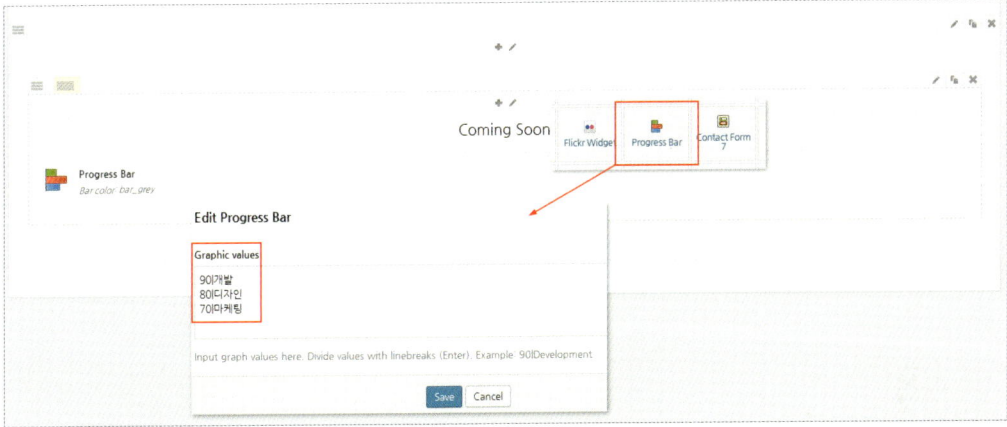

그림 4-221 프로그레스 바

Progress Bar를 선택하고 작업의 진척도와 파이프(₩ 키와 같이 있는 키)를 입력한 다음 해당 작업 내용을 입력합니다. 같은 방법으로 두 가지 더 입력한 다음 저장합니다.

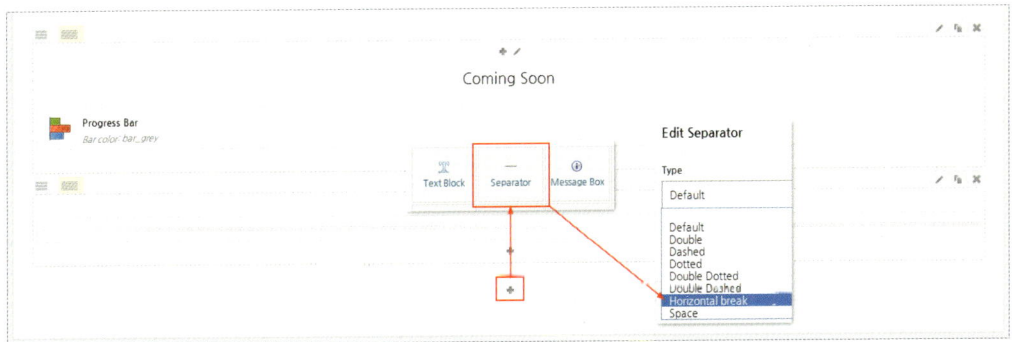

그림 4-222 세퍼레이터 추가

새로운 행을 만들고 Separator를 선택한 다음 Horizotal Break를 클릭하고 저장합니다.

그림 4-223 단일 이미지 추가

다시 행을 만들고 3열로 나눈 다음 첫 번째 열을 클릭하고 Single Image를 선택합니다. 이미지를 업로드 하고 CSS Animation은 Appear from Center를 선택하고 이미지 사이즈는 370x370을 입력하고 저장합니다. 3열일 경우 한 개의 열의 폭은 370 픽셀입니다.

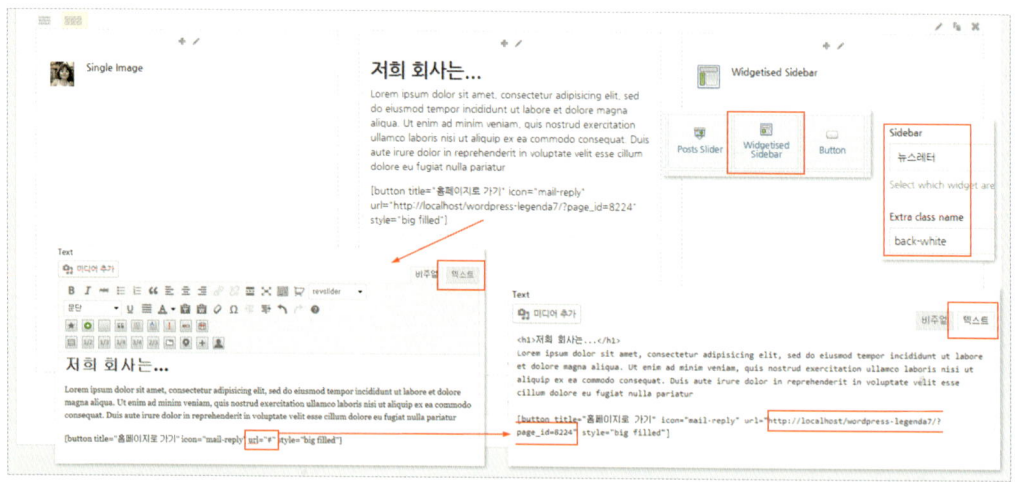

그림 4-224 뉴스레터 위젯 추가

두 번째 열은 회사 소개를 입력하고 버튼을 만듭니다. URL은 작업의 진척에 따라 보여줄 만한 페이지의 URL을 입력합니다. 주의 할 것은 url을 복사해 추가할 경우 항상 텍스트 탭에서 해야 하며 비주얼 탭에서 하면 태그까지 추가됩니다. 세 번째 열은 Widgetised Sidebar를 선택하고 사이드바로 뉴스레터를 선택한 다음 클래스 이름을 back-white로 입력합니다. 이 클래스는 외부에 테두리를 만듭니다. 뉴스레터에 이미 테두리가 있으니 2중 선의 테두리가 됩니다.

완료됐으면 발행하고 이 페이지를 홈 페이지로 등록합니다.

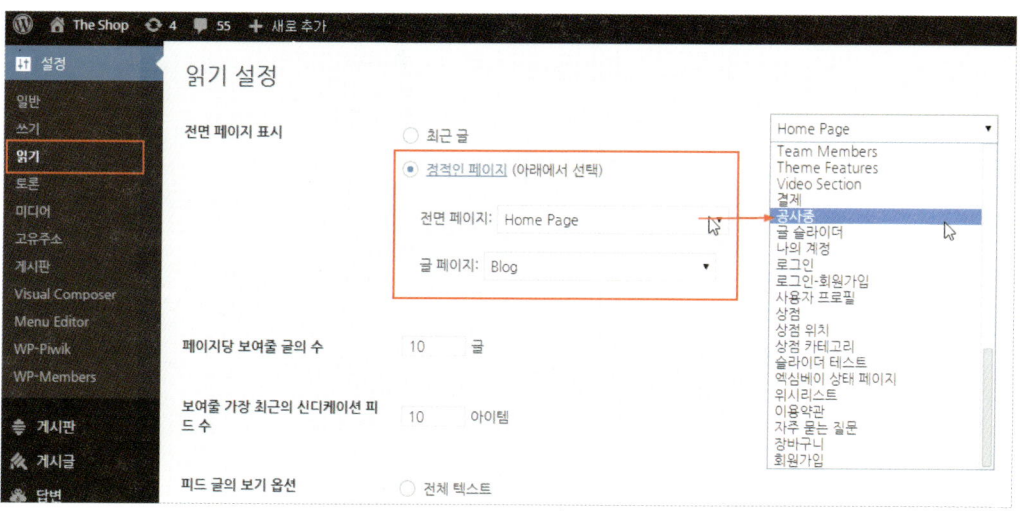

그림 4-225 홈페이지로 등록

설정 → 읽기에서 정적인 페이지를 선택하고 전면 페이지를 공사중을 선택하면 됩니다.

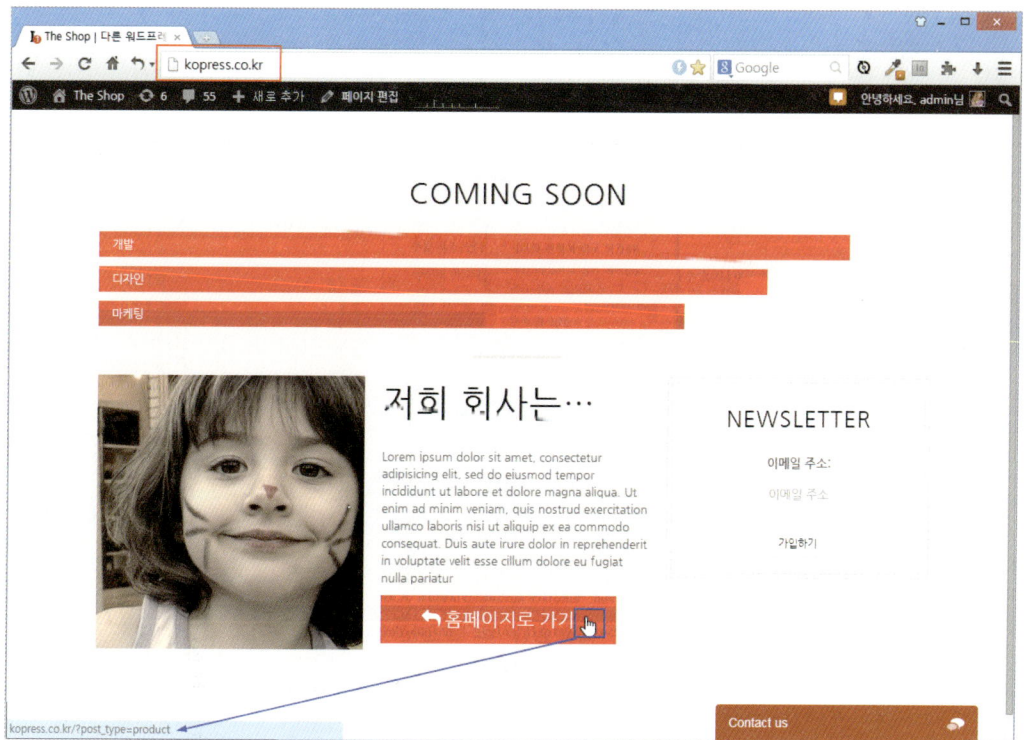

그림 4-226 사이트에서 확인

버튼의 URL로 상점 페이지를 추가했더니 버튼에 마우스를 올리면 상점 URL이 나타납니다. 클릭하면 상점 페이지로 이동합니다. 섹션 영역 상단에 콘텐츠 폭의 슬라이더를 배치하거나 로고, 이미지 등 다양한 콘텐츠를 배치하는 것도 좋은 방법입니다.

## 04 메일침프 뉴스레터 테스트 및 디자인

### 번역 수정

우선 구독 신청 시 나타나는 메시지를 번역합니다.

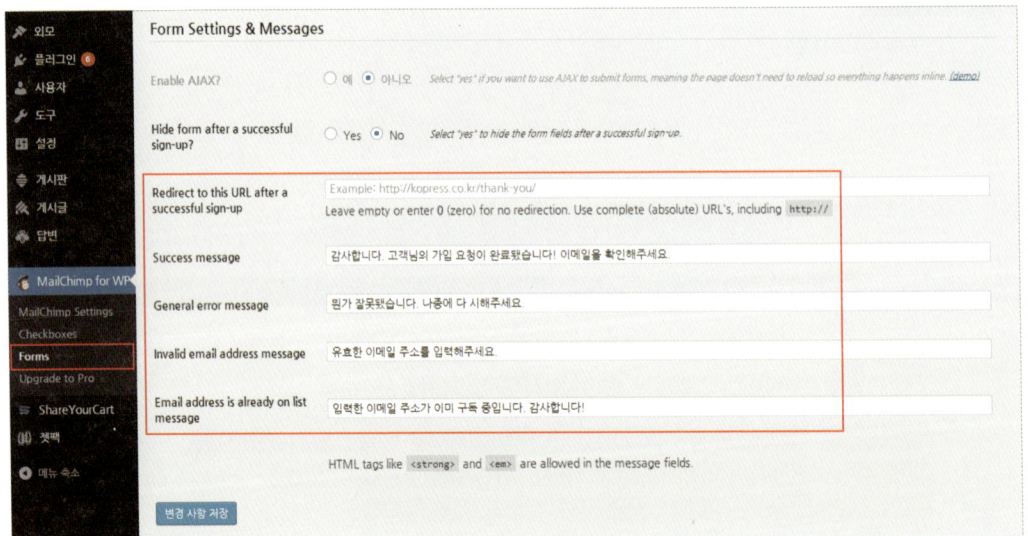

그림 4-227 플러그인 번역 수정

첫 번째 입력란은 필요할 경우 뉴스레터 신청 후 감사 페이지로 이동할 수 있도록 페이지를 만들고 해당 URL을 입력하는 곳입니다. 그 아래의 네 개의 입력박스는 아래와 같이 입력하고 저장합니다.

- 감사합니다. 고객님의 가입 요청이 완료됐습니다! 이메일을 확인해주세요.
- 뭔가 잘못됐습니다. 나중에 다시 해주세요.
- 유효한 이메일 주소를 입력해주세요.
- 입력한 이메일 주소가 이미 구독 중입니다. 감사합니다!

다음으로 이메일로 알림 메시지를 보내는 부분을 번역해야 하는데 한글로 나와있는 것을 선택하면 됩니다.

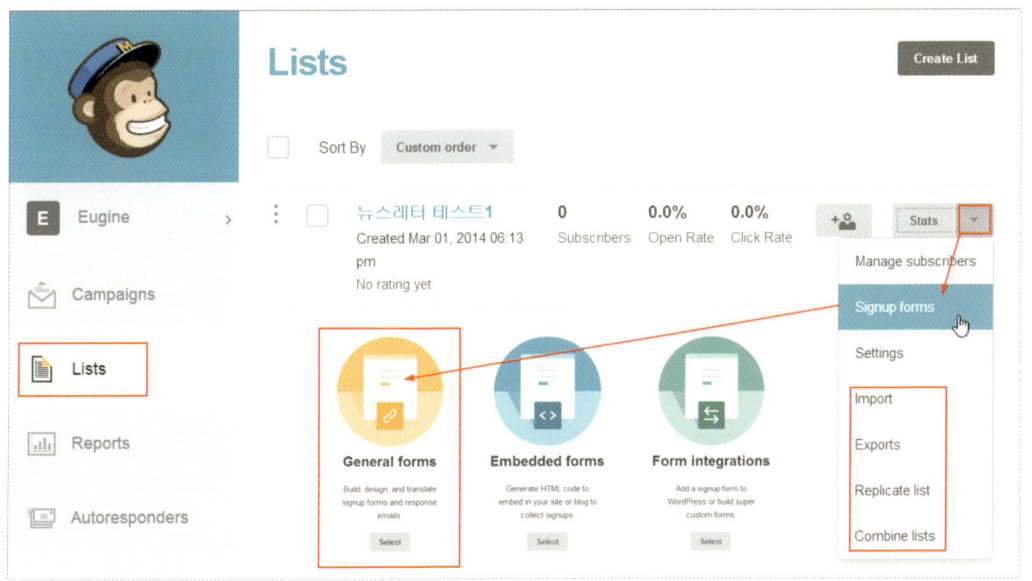

그림 4-228 메일침프 뉴스레터 폼 선택

메일침프 사이트의 대시보드에서 Lists를 선택하고 우측 끝의 세모 아이콘을 클릭하면 드롭다운 메뉴가 나타납니다. 이곳에서 여러 가지 관리할 수 있는 기능이 있으니 기억해두세요. 텍스트 파일이나 엑셀 파일 등 다양한 파일로 만든 이메일 목록을 가져오기(Import) 할 수 있고 내보내기(Export)도 가능하며 복사(Replicate)와 병합(Combine lists)도 할 수 있습니다.

번역과 편집을 위해 Singup forms를 클릭하면 세 가지 선택 항목이 나타납니다. 첫 번째는 폼을 디자인하고 번역을 하는 곳이며 나머지 두 개는 폼으로 만든 코드를 자신의 사이트에 심어놓고 사용할 수 있도록 코드를 복사하는 곳입니다. 플러그인을 사용하고 있으니 필요 없습니다. 첫 번째 General forms 항목을 선택합니다.

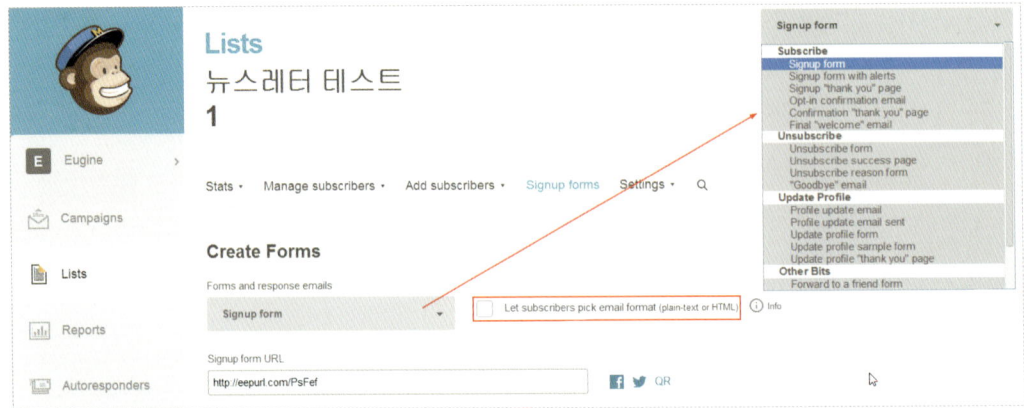

그림 4-229 폼 선택

처음에 뉴스레터 회원가입 폼(Signup forms)이 선택돼 있습니다. 선택박스를 클릭하면 여러 가지 폼이 있습니다. 선택박스 우측의 체크박스가 체크돼있는데 이것은 이전에 설정할 때 고객이 선택할 수 있게 해뒀기 때문입니다. 체크를 해제 합니다. 이것은 고객이 단순한 텍스트 형식과 HTML 형식을 선택할 수 있도록 하는데 디자인된 HTML을 사용하도록 하는 것이 좋으니 하나만 나타나게 하는 것입니다. 아래로 내려 글자를 수정합니다.

그림 4-230 번역 수정

452    4장 _ 웹사이트 페이지 만들기

회원가입 폼은 플러그인을 사용하고 있으니 필요는 없으나 다른 폼에서 필드의 제목을 그대로 사용하므로 제목을 번역하기 위해 편집해야 합니다. 필드의 제목에 마우스를 올리면 노란색 배경으로 되며 클릭하면 우측에서 편집할 수 있습니다. 제목을 한글로 입력하고 Save Field 버튼을 클릭합니다. 같은 방법으로 나머지 두 개의 필드를 수정합니다.

영어 원문과 비교하면 번역이 잘못된 부분이 있습니다. 위 '기입해야 할 부분'과 같은 곳인데 수정하기 위해 상단에서 Translate it을 선택합니다.

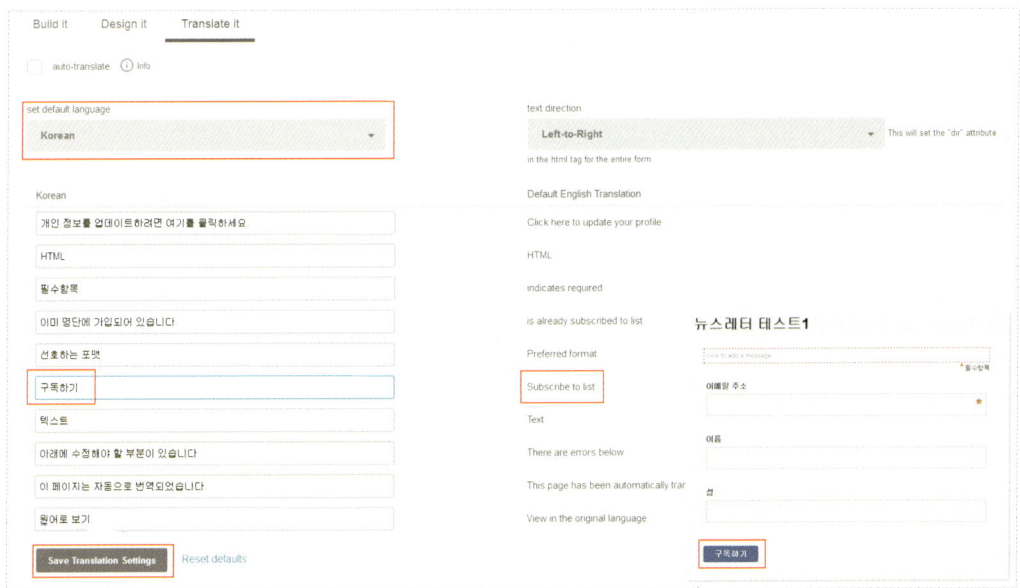

그림 4-231 한글 선택

set default language에서 Korean을 선택하면 좌측 열에 한글로 나타납니다. 이제부터는 모든 폼이 한글로 나타나며 각 폼의 필드를 수정할 수 있습니다. 다른 언어를 선택하면 해당 언어로 뉴스레터를 보낼 수도 있습니다.

다른 곳은 번역이 무리 없으나 Subscribe to list가 번역이 잘못 돼있습니다. 이를 '구독하기'나 '가입하기'로 수정하고 하단에서 저장 버튼을 클릭합니다. 그러면 버튼 하단에서 실제 폼에 적용된 것이 보입니다.

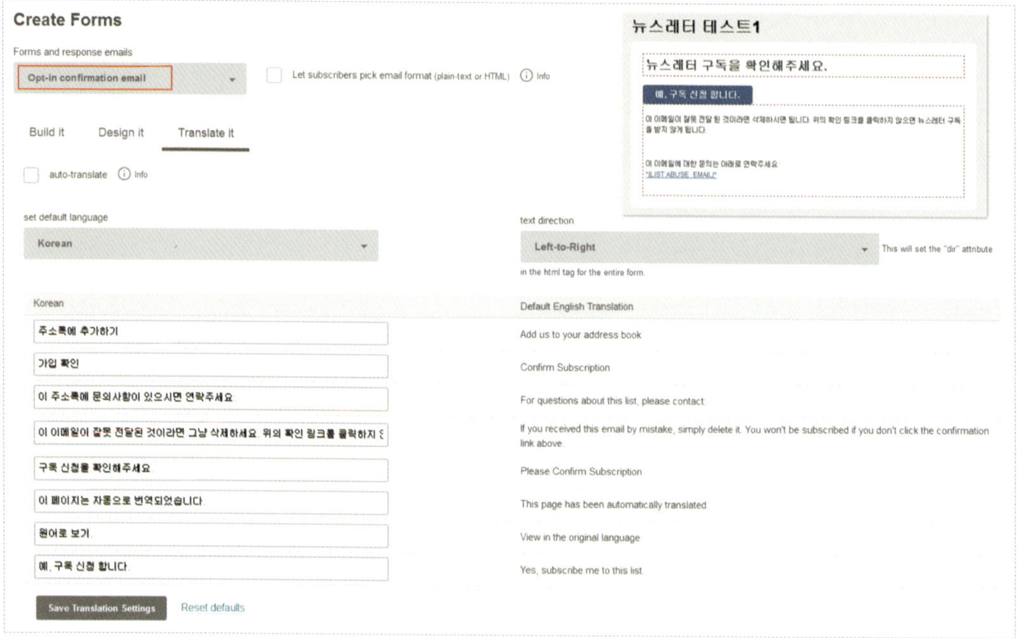

그림 4-232 확인 메일 폼 선택

선택박스에서 Opt-in confirmation mail을 선택합니다. 각 필드의 한글 번역 부분이 잘못된 부분을 수정합니다. 한글은 인칭의 주어나 목적어를 사용하지 않아도 되므로 간략하게 번역을 수정합니다. 자동 번역된 것인지 누군가 번역한 것인지 확인이 안되고 있는데 나중에라도 번역하는 곳을 찾게 되면 수정하도록 하겠습니다. 그때까지는 수정해서 사용합니다. 하단의 버튼을 클릭하면 버튼 하단에 수정된 내용을 볼 수 있습니다.

테스트를 해보겠습니다.

그림 4-233 뉴스레터 가입 테스트

뉴스레터를 추가한 공사 중 페이지나 상점 페이지에서 자신의 이메일을 입력하고 가입하기 버튼을 클릭하면 우측처럼 메시지가 나타납니다.

그림 4-234 이메일 확인

이메일을 확인하면 구독 확인 메일이 와있습니다. '예, 구독 신청 합니다'를 클릭하면 우측 그림처럼 나타납니다. 웹사이트로 이동하거나 자신의 정보를 변경할 수 있는 페이지로 갈 수 있습니다.

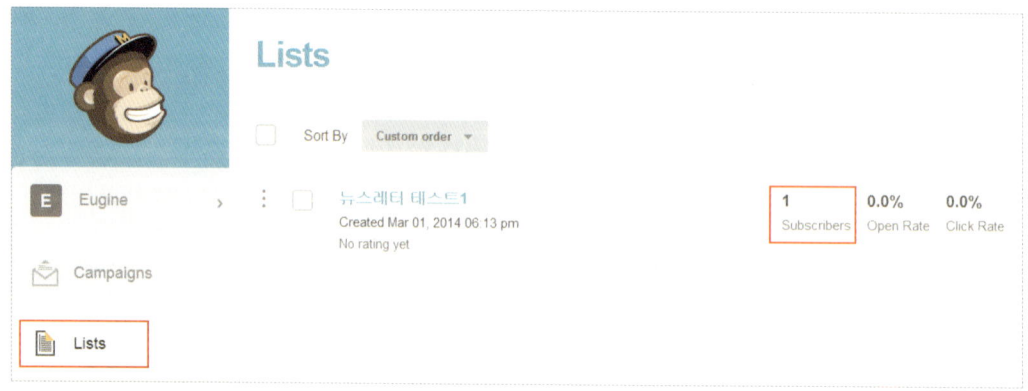

그림 4-235 구독자 확인

메일침프에서 목록을 확인하면 하나의 구독자가 나타납니다. 확인 메일에서 확정 버튼을 클릭할 때까지는 구독자로 나타나지 않습니다.

## 05 뉴스레터 디자인 및 보내기

이번에는 이들 구독자에게 뉴스레터를 보내는 방법을 알아보겠습니다

### 수신자 설정

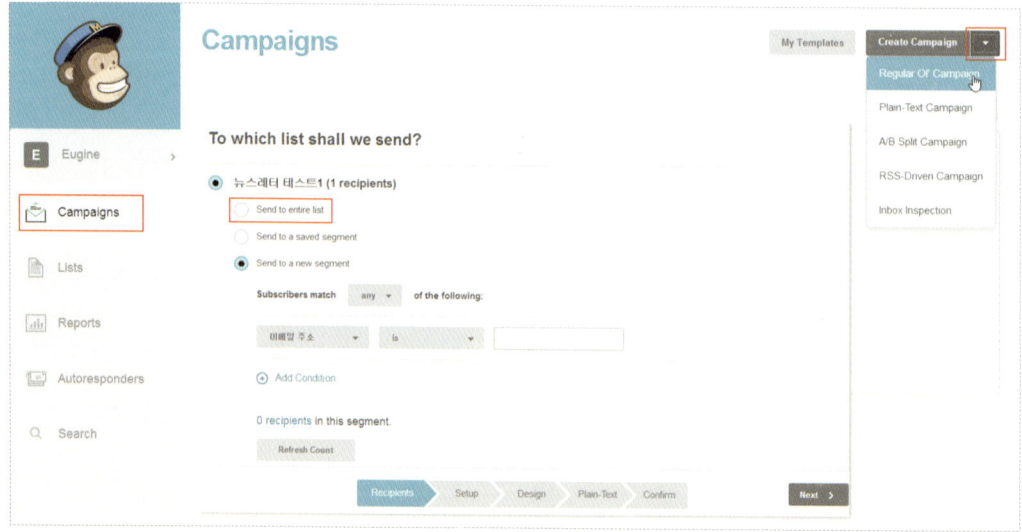

그림 4-236 디자인 시작

Campaigns 메뉴를 선택하면 아직 뉴스레터를 보낸 것이 없으니 'You have no campaigns'라는 메시지가 나타납니다. 우측 상단에서 Create Campaigns의 세모 아이콘을 클릭해 첫 번째 메뉴를 선택합니다. 세 개의 옵션이 있는데 두 번째는 이미 만들어진 세그먼트에 보내는 것이고 세 번째는 새로운 세그먼트를 만드는 것입니다. 세그먼트란 이메일 목록에서 특정 그룹을 만드는 작업입니다. 이에 대한 설명은 생략합니다. 첫 번째 Send to entire list(모든 목록에 보내기)에 체크하고 하단에서 Next 버튼을 클릭합니다.

## 캠페인 설정

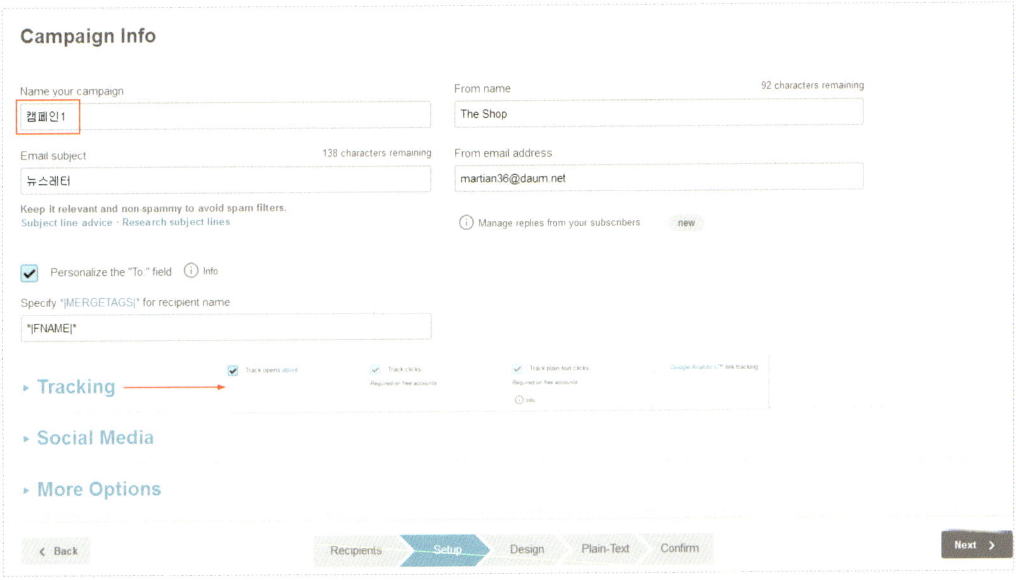

그림 4-237 캠페인 설정

캠페인 제목을 입력합니다. 트래킹은 뉴스레터를 열어봤는지 클릭했는지를 추적합니다. 소셜 미디어는 뉴스레터를 보내고 나서 소셜 네트워크에 업로드 할 것인지 선택하는 곳입니다. Next 버튼을 클릭합니다.

## 뉴스레터 디자인

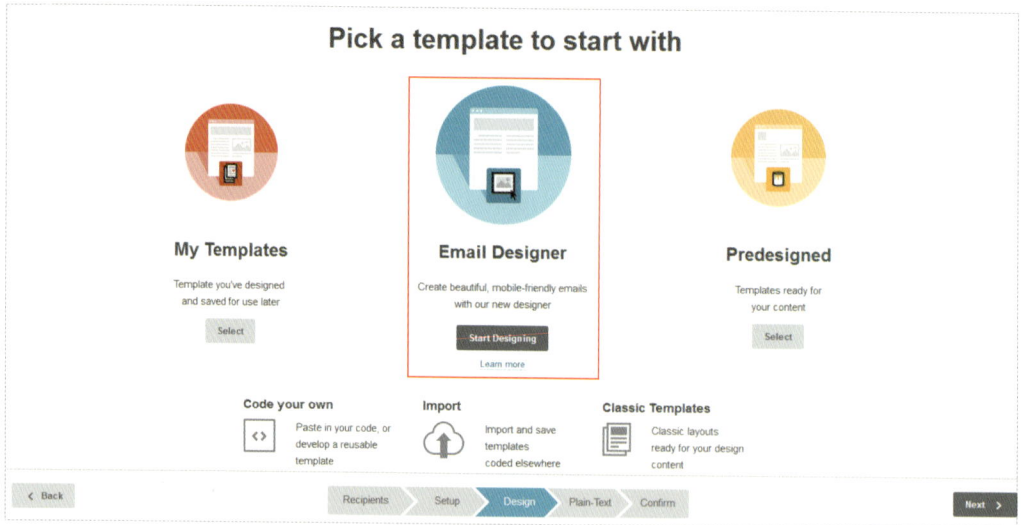

그림 4-238 디자인 선택

세 개의 옵션이 나타납니다. My Template은 내가 만들어 저장해 놓은 템플릿이고 Predesigned 는 다른 사람이 만들어 둔 템플릿으로 수정해 사용할 수 있습니다. 새로 디자인하기 위해 Email Designer를 선택합니다.

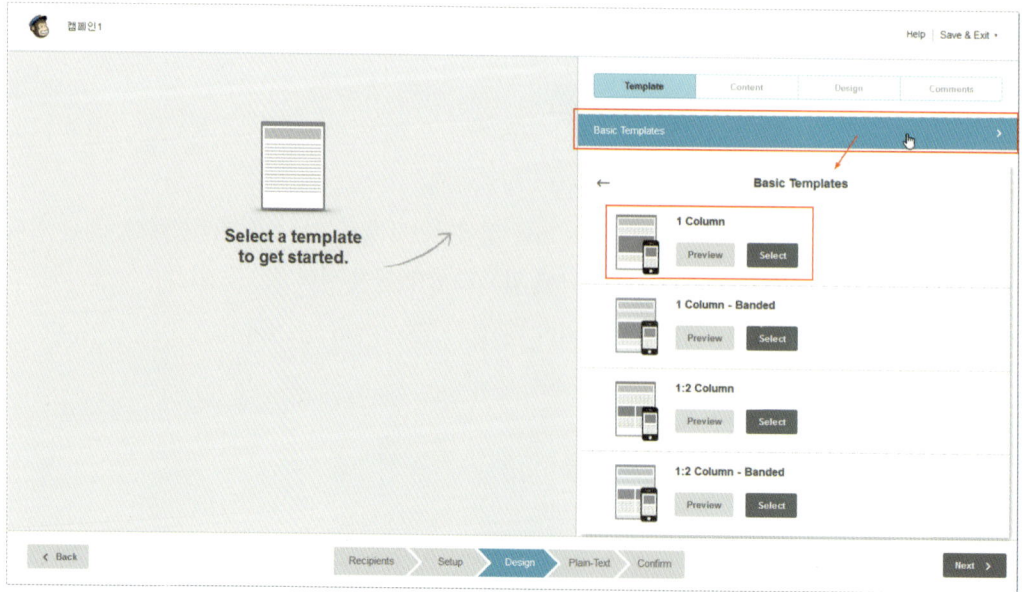

그림 4-239 기본 템플릿 선택

Basic Templates를 클릭하면 기본 템플릿 목록이 나타납니다. 첫 번째 1 Column의 Select 버튼을 클릭합니다.

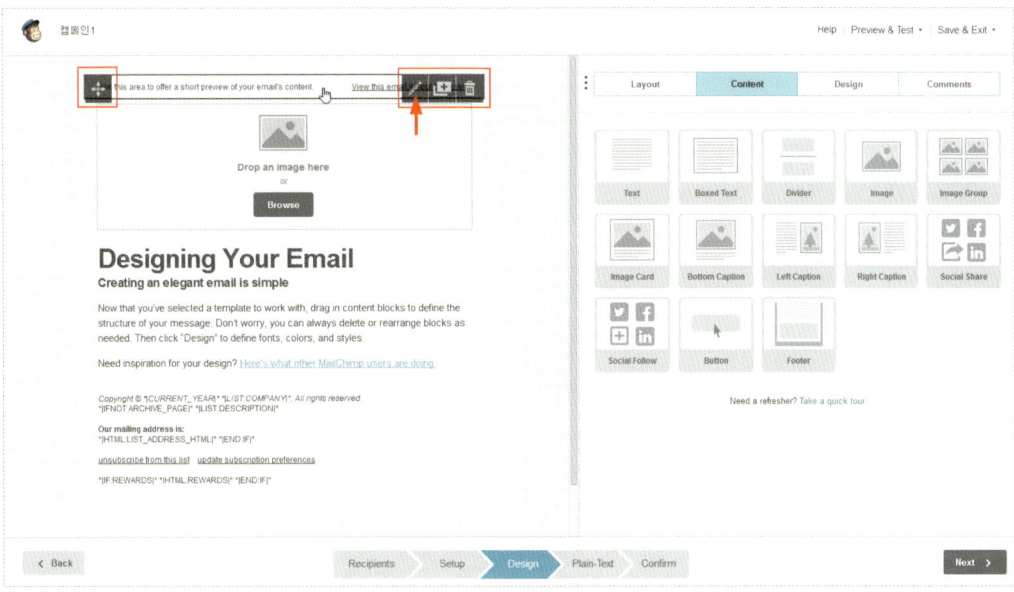

그림 4-240 편집 아이콘

왼쪽에 이미 만들어진 템플릿이 나타나고 오른쪽에는 비주얼 컴포우저처럼 각종 요소를 끌어다 배치하고 편집할 수 있습니다. 요소에 마우스를 올리면 4가지 아이콘이 나타납니다. 좌측부터 이동, 편집, 복사, 제거 기능을 합니다. 편집하기 위해 연필 아이콘을 클릭합니다.

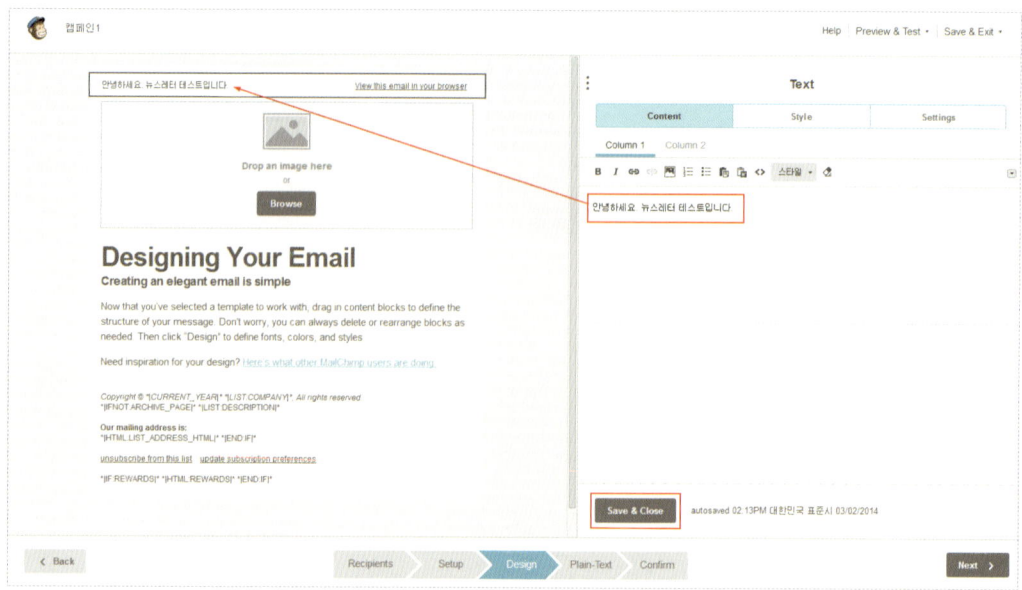

그림 4-241 디자인 편집

우측이 편집화면으로 전환되고 수정하면 바로 적용되는 것이 보입니다. 하단에서 Save & Close 버튼을 클릭하면 편집화면이 사라집니다.

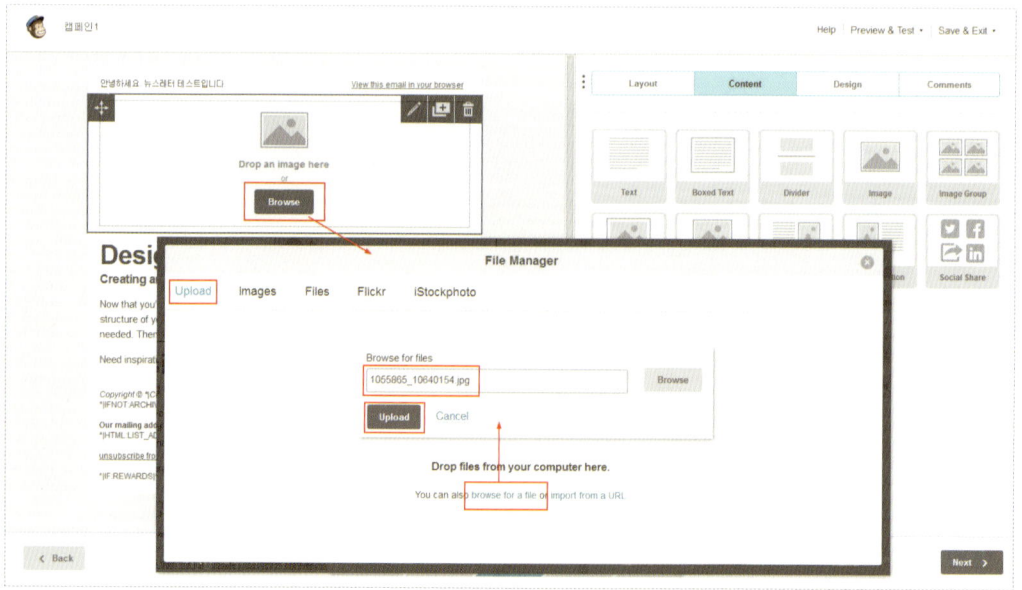

그림 4-242 이미지 업로드

이미지를 사용하기 위해 두 번째 행에서 Browse 버튼을 클릭합니다. Upload 화면에서 하단의 browse for a file 링크를 클릭하면 내 컴퓨터의 파일 브라우저 창이 나타납니다. 파일을 선택하면 이름이 나타납니다. Upload 버튼을 클릭하면 업로드가 시작되며 창이 닫히면서 왼쪽의 창에 이미지가 나타납니다.

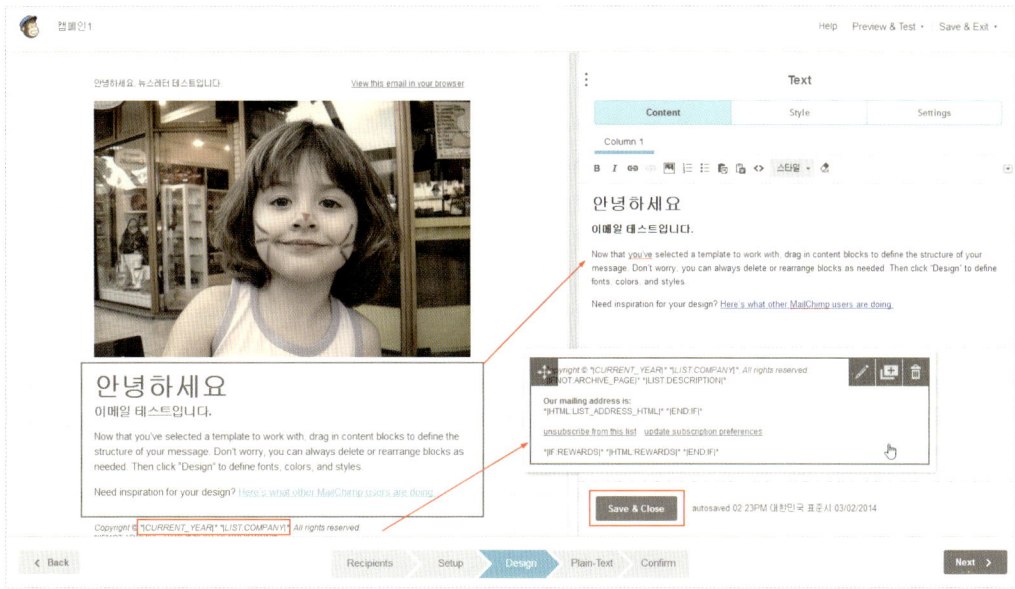

그림 4-243 이메일 바디 수정

다음 행을 선택하고 본문 내용을 편집하고 저장합니다. 그 다음 행은 푸터 부분인데 파이프로된 부분은 상호나 주소 등 변수 역할을 하므로 수정하시 않도록 합니다. 모든 편집이 완료됐으면 우측 하단의 Next 버튼을 클릭합니다.

## 디자인 확인

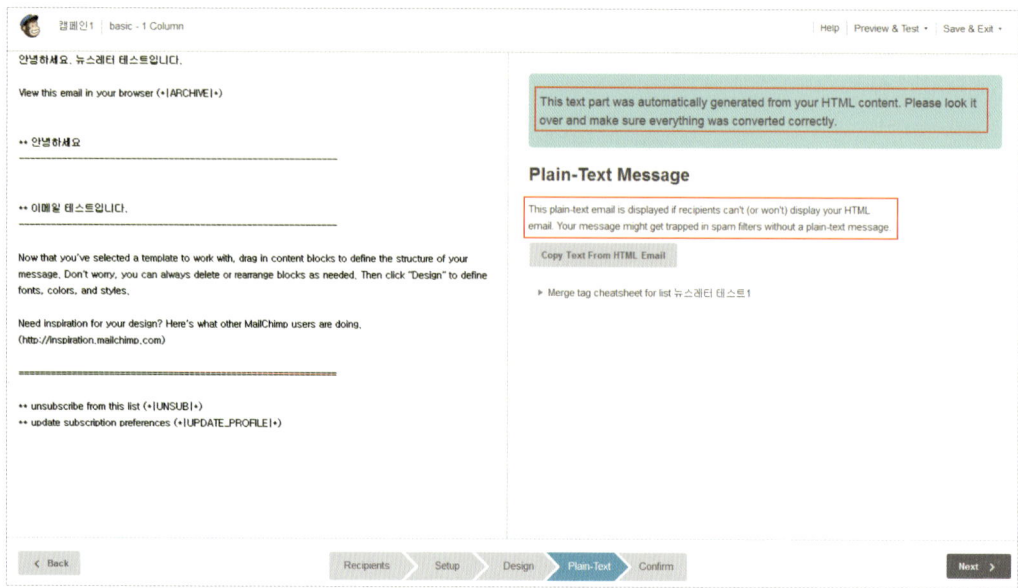

그림 4-244 디자인 확인

다음 화면에서 단순 텍스트 이메일 형태가 나타납니다. 우측의 메시지 내용은 HTML 이메일을 받을 수 없는 수신자가 있을 수 있으니 단순 이메일을 생성해 보내는 것이 좋고 스팸에도 걸리지 않는다고 합니다. Next 버튼을 클릭합니다.

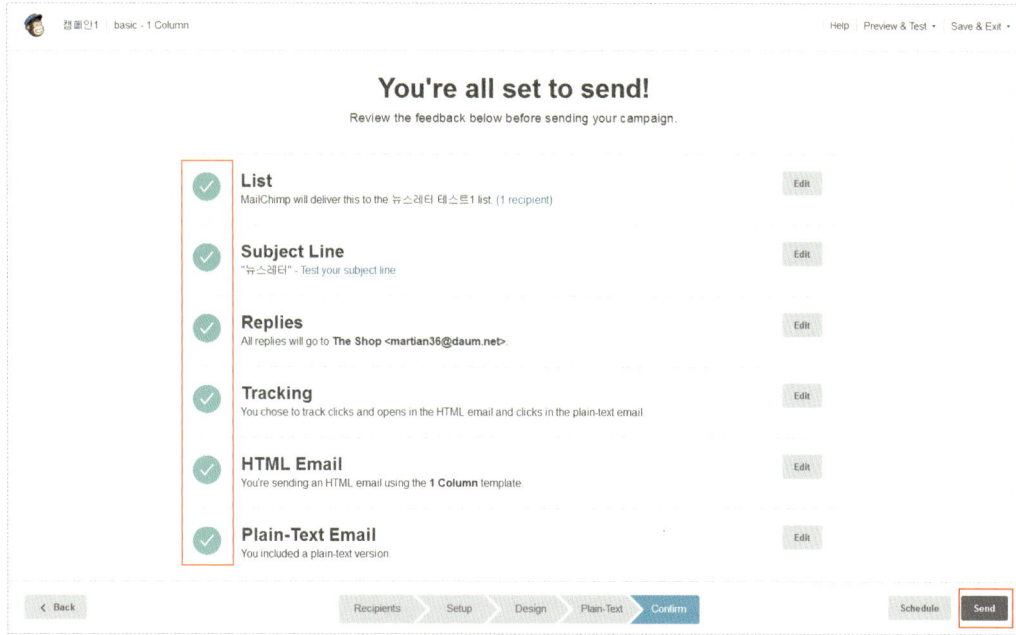

그림 4-245 디자인 점검

최종 화면에서 그동안 여러 단계를 거치면서 제대로 하지 않은 부분이 있는지 체크하고 안된 부분에 에러메시지를 보여줍니다. 그러면 해당 단계의 Edit 버튼을 클릭해 다시 작업하면 됩니다. 지금까지 모든 과정을 제대로 거쳤으면 그런 에러메시지가 나타나지 않습니다. 화면 내용이 더 있으니 스크롤해서 확인하세요. 최종 확인이 됐으면 Send 버튼을 클릭합니다.

## 뉴스레터 보내기

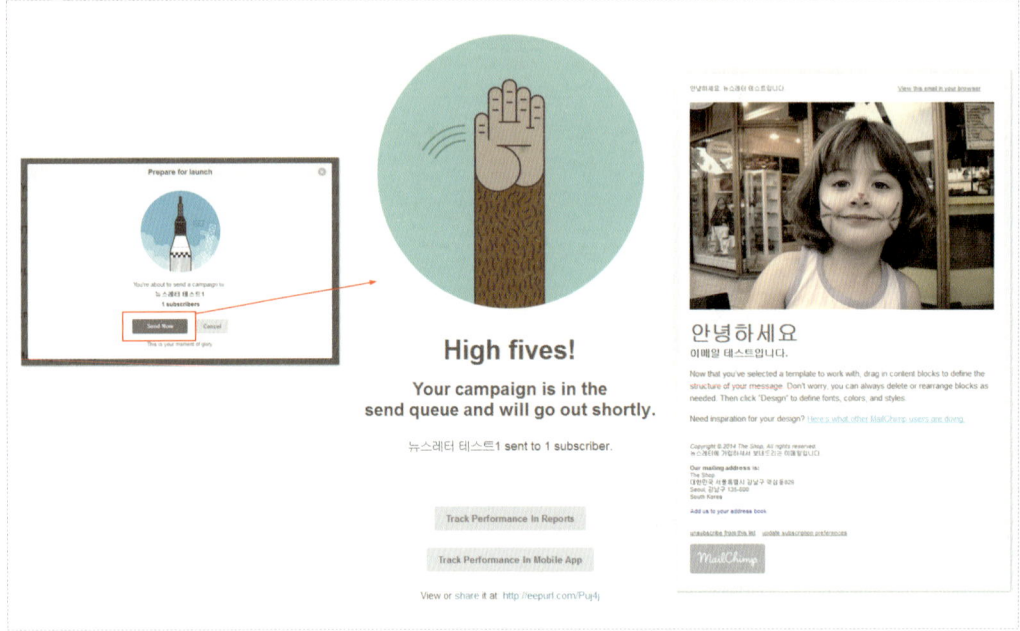

그림 4-246 디자인 종료 및 이메일 확인

팝업 창에서 Send Now 버튼을 클릭하면 하이파이브가 나타납니다. 수신자 이메일을 확인하면 편집한 내용으로 나타납니다. 수백 명의 회원에게 보내도 같은 내용이 전달됩니다.

그림 4-247 보고서 및 디자인 복사

Campaigns를 클릭하면 켐페인1의 목록이 나타나며 한 명에게 보냈고 한 명의 구독자가 열어 봤으니 열어본 비율이 100%로 나타납니다. 더 자세한 보고서는 View Report 버튼이나 메뉴에서 Reports를 선택하면 됩니다. 이미 보낸 캠페인을 복사하려면 우측 끝의 세모 아이콘을 클릭해 Replicate를 선택하면 다시 처음부터 디자인하는 단계가 시작됩니다. 바뀐 내용만 수정해서 보내면 됩니다. 수정 중에 다시 Campaings에 돌아오면 켐페인1(Copy01)이 목록 상단에 나타납니다. 제목 앞의 아이콘이 연필로 나타나서 편집할 수 있다는 것을 표시합니다.

# 채팅 플러그인 사용 15

Legenda 테마에 번들로 포함된 Screets chat 플러그인은 고객과 실시간 대화를 나눌 수 있는 채팅 프로그램입니다.

## 01 메시지 입력

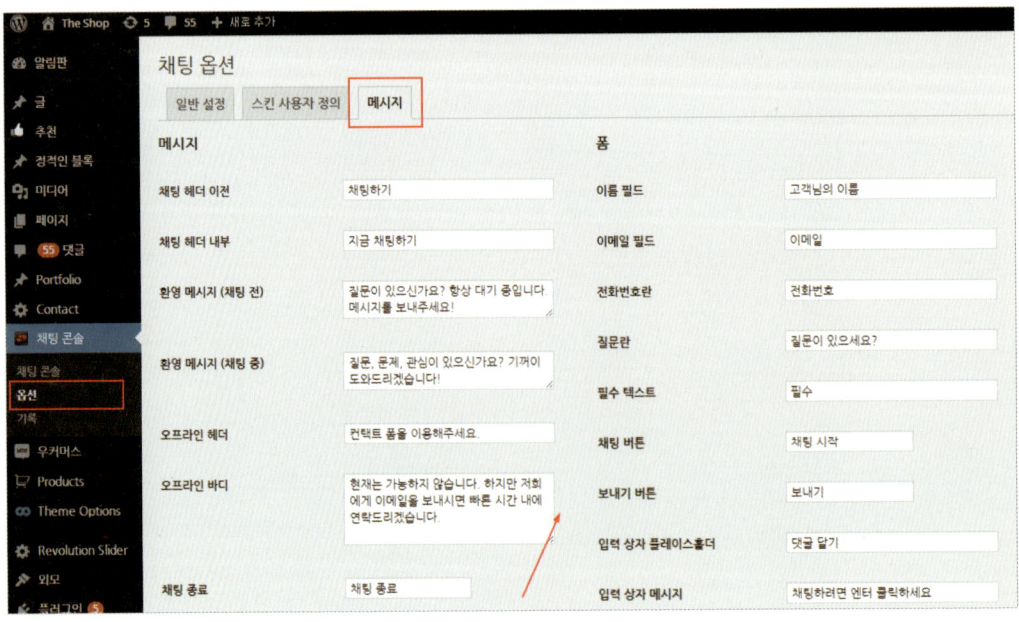

그림 4-248 채팅 메시지 번역

우선 채팅과 관련된 메시지를 한글로 번역합니다. 채팅 콘솔 → 옵션 → 메시지 탭을 선택하고 위 그림처럼 입력합니다. 한글 메시지는 첨부 파일의 기타 파일 폴더에 포함했으니 편집기에 열고 각각 복사해서 붙여넣으면 됩니다.

## 02 채팅 온라인

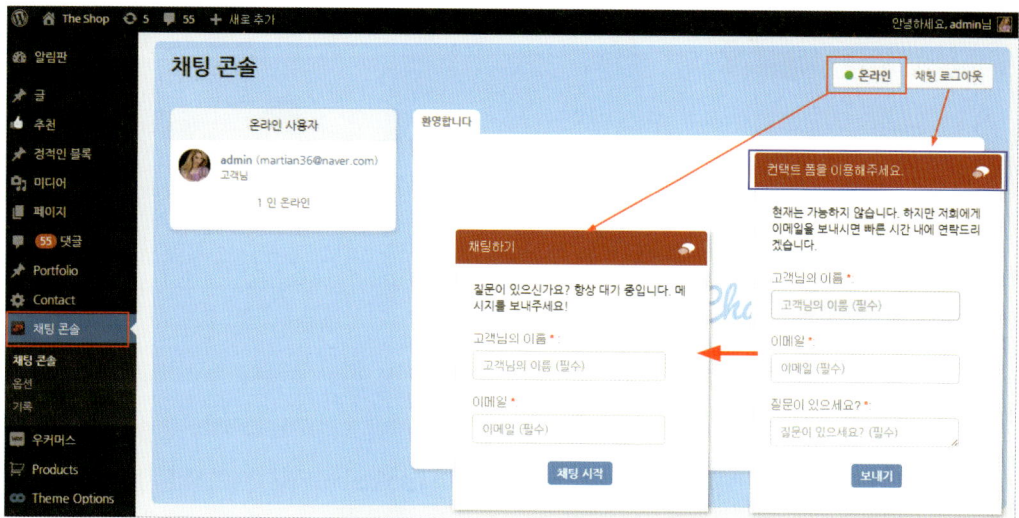

그림 4-249 채팅 온라인

채팅박스는 평상시에는 컨택트 폼의 형태로 있다가 관리자가 채팅 콘솔에 들어오면 채팅이 활성화되고 온라인 상태가 됩니다. 그러면서 채팅박스가 채팅 할 준비가 됩니다. 채팅 로그아웃 버튼을 클릭하면 다시 컨택트 폼으로 전환 됩니다.

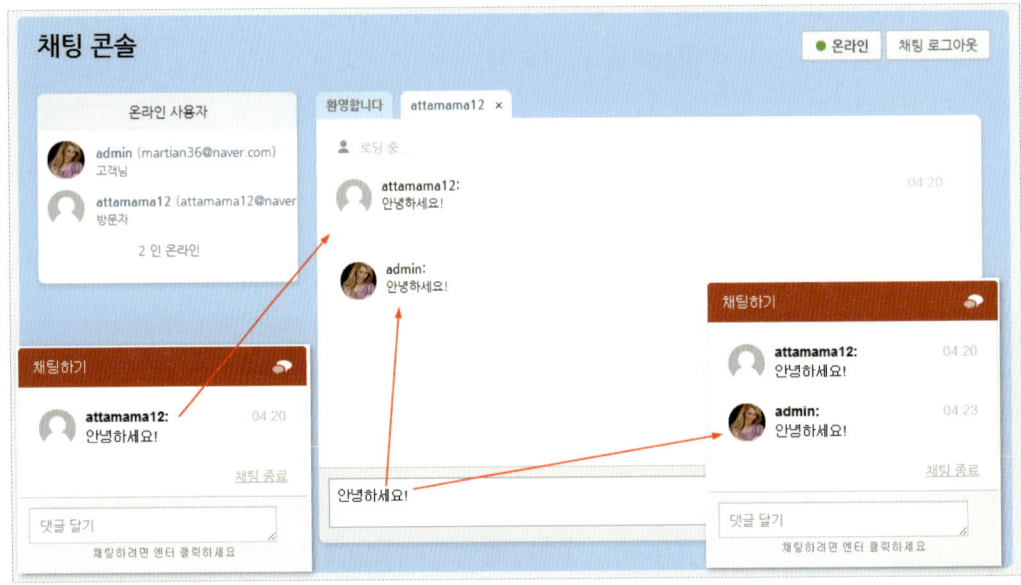

그림 4-250 고객 채팅 로그인

로컬호스트에서도 작동되니 다른 웹브라우저를 열고 실험해보세요. 고객이 채팅 창에 로그인하면 온라인 사용자로 나타나고 메시지를 입력하면 알림 벨이 울리면서 사이트의 채팅 창과 관리자의 채팅 창에 나타납니다. 나타나는데 시간이 5초 정도 걸립니다. 관리자가 입력하면 마찬가지로 두 곳에 나타납니다. 탭을 보면 여러 고객을 대상으로 채팅 할 수 있게 돼있습니다.

그림 4-251 다중 고객 채팅

다른 웹브라우저에서 다른 이메일로 사이트에 회원가입을 하고 채팅 창으로 들어오면 탭이 하나 더 만들어지면서 색상이 노란색으로 나타납니다. 한번에 채팅 할 수 있는 고객의 수는 제한할 수 있으며 옵션 화면에서 설정합니다.

## 03 일반설정

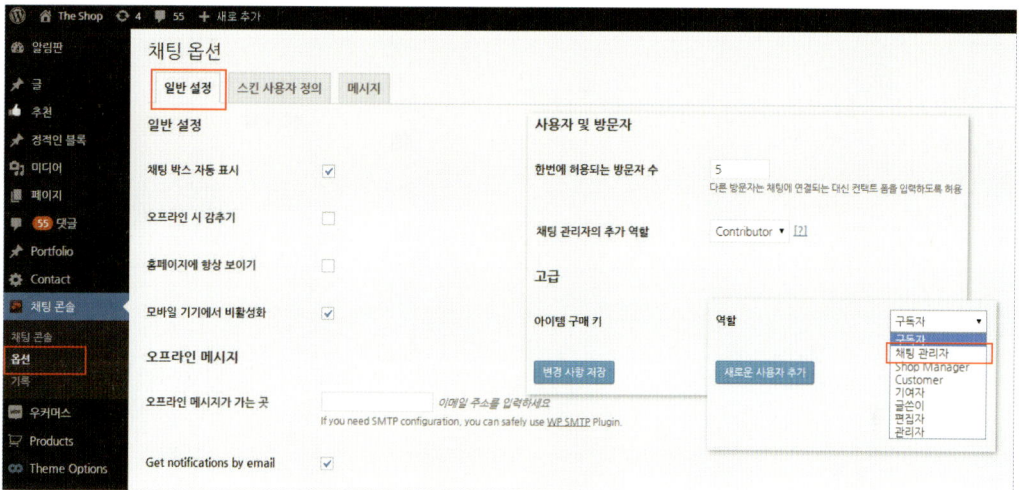

그림 4-252 채팅 일반 설정

채팅 화면에서 다른 곳으로 이동하면 오프라인이 되므로 Ctrl 키를 누르고 옵션 메뉴를 클릭해 새 탭에서 화면을 엽니다.

- 채팅 박스 자동 표시는 사이트에서 채팅 박스를 모든 페이지에서 활성화 합니다.
- 오프라인 시 감추기는 관리자가 채팅 화면에 들어가지 않은 상태가 오프라인 상태이며 이곳에 체크하면 사이트에서 채팅 창이 나타나지 않습니다
- 홈페이지에 항상 보이기에 체크하면 채팅 박스 자동 표시에 체크 해제 했더라도 홈페이지에는 나타납니다.
- 모바일 기기에서는 비활성화 할 수 있습니다.
- 오프라인 메시지가 가는 곳은 오프라인 상태에서는 컨택트 폼으로 전환되므로 컨택트 폼의 메시지가 전달될 이메일을 입력합니다.
- 한번에 허용되는 방문자 수에서 채팅 가능 고객 수를 제한합니다.
- 채팅 관리자의 추가 역할은 이 플러그인이 설치되면 채팅 관리자(Chat Operator)가 새로 만들어지며 전담 관리자를 둘 수도 있습니다. 메뉴에서 사용자 → 사용자 추가하기에서 추가하면서 채팅 관리자를 선택하면 되고 위에서 선택하면 역할을 추가할 수 있습니다.

## 04 스킨 사용자 정의

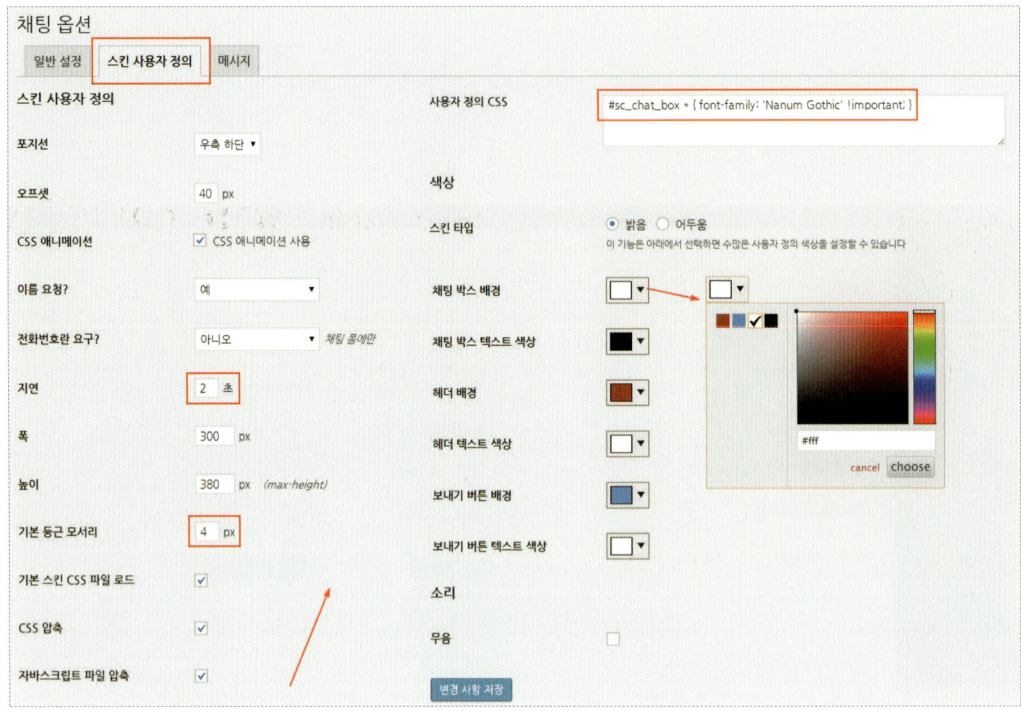

그림 4-253 스킨 사용자 정의

- 스킨 사용자 정의는 채팅 박스의 여러 가지 스타일을 수정할 수 있습니다.
- 포지션은 우측 하단과 좌측 하단에 채팅 박스를 배치할 수 있습니다.
- 오프셋은 채팅 박스를 브라우저의 좌측 끝이나 우측 끝에서 몇 픽셀 간격을 둘지 결정합니다.
- CSS 애니메이션은 채팅 박스가 나타나는 애니메이션을 결정합니다.
- 이름 요청은 로그인 시 사용자명의 필수, 선택적, 미입력을 결정합니다.
- 전화번호도 위와 마찬가지입니다.
- 지연은 페이지 로딩 완료 후 몇 초 후에 채팅 박스가 나타나는지 결정합니다.
- 폭은 채팅 박스의 폭입니다.
- 높이는 채팅 박스의 최대 높이입니다. 채팅 글이 늘어날 경우 최고 높이를 제한합니다.
- 기본 둥근 모서리는 요즘은 둥근 모서리를 잘 사용하지 않고 사이트의 전체적인 디자인도 사용하지 않으니 없는 것으로 설정합니다. 0을 입력하면 됩니다.

- 나머지 세 가지는 기본으로 둡니다.
- 사용자 정의 스타일시트에서는 채팅 박스의 일부 글자가 나눔고딕으로 나타나지 않으므로 아래의 스타일시트를 입력해줍니다.
- #sc_chat_box * { font-family: 'Nanum Gothic' !important; }
- 스킨 타입은 사이트의 전체적인 디자인 색상에 따라서 선택하고 그 아래의 각종 컬러피커에서 글자와 배경 색상을 결정합니다.
- 무음은 채팅 박스에 로그인 시 알림 벨 소리가 나지 않도록 설정할 수 있습니다.

# 게시판 사용 16

## 01 KBoard 플러그인 설치

워드프레스에서 개발한 bbpress라는 게시판 플러그인이 있고 다양한 기능이 있지만 국내에서는 kboard라는 게시판을 많이 사용하고 있어서 이 플러그인을 사용하는 방법을 알아보겠습니다. 아래의 링크로 이동합니다.

http://www.cosmosfarm.com/products/kboard

| 플러그인 | 날짜 | 다운로드 | 히스토리 |
|---|---|---|---|
| kboard-wordpress-plugin-4.3 | 2014-02-09 | 다운로드 | 내용보기 |
| kboard-comments-wordpress-plugin-3.5 | 2014-02-18 | 다운로드 | 내용보기 |
| kboard-wordpress-plugin-4.2 | 2014-02-02 | 다운로드 | 내용보기 |
| kboard-comments-wordpress-plugin-3.4 | 2014-02-09 | 다운로드 | 내용보기 |

그림 4-254 플러그인 다운로드

두 개의 플러그인을 사용하며 최신버전을 내려받아 현재 작업 중인 워드프레스의 wp-content/plugins 폴더로 이동합니다.

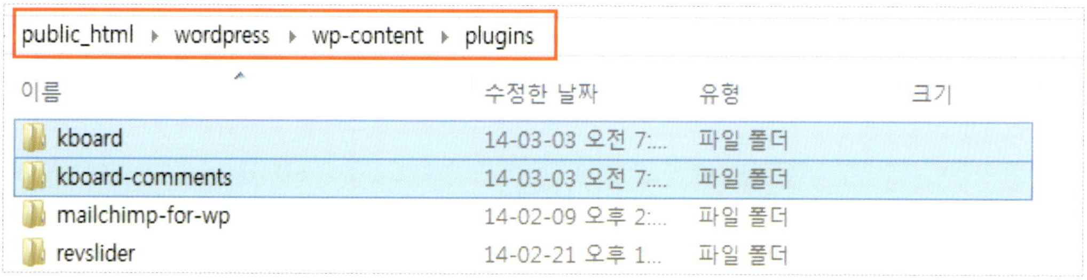

그림 4-255 플러그인 압축 해제

압축 파일을 마우스 오른쪽 버튼으로 클릭해 '여기에 압축 풀기'를 선택하면 kboard , kboard-comments 폴더가 만들어집니다.

그림 4-256 플러그인 활성화

설치된 플러그인 화면에서 두 개의 플러그인을 활성화 합니다.

## 02 게시판 생성

그림 4-257 게시판 생성

KBoard → 게시판 생성을 선택하고 게시판 이름을 입력한 다음 변경 사항 저장 버튼을 클릭합니다.

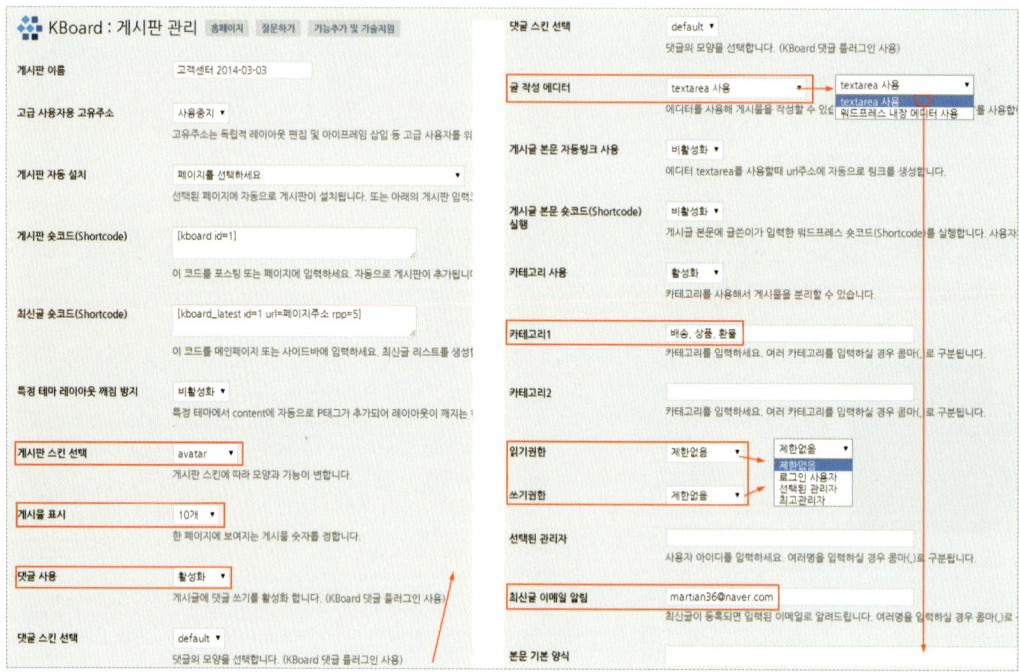

그림 4-258 게시판 설정

다음 화면이 위와 같이 나타납니다.

- 게시판 자동 설치의 선택박스를 클릭해 페이지를 선택할 수 있지만 아직 페이지를 만들지 않았으니 아래의 게시판 숏코드(단축코드)를 사용해서 만들기로 하겠습니다.
- 게시판 스킨은 아바타로 하고 게시물 표시는 페이지의 레이아웃을 봐가면서 늘려줍니다.
- 댓글 사용은 활성화합니다.
- 글 작성 에디터는 반드시 textarea를 사용합니다. 워드프레스 내장에디터를 사용하면 특히 레볼루션 슬라이더까지 나타나므로 바람직하지 않습니다.
- 카테고리는 활성화 하고 카테고리1의 입력란에 게시글의 성격에 따라 분류할 수 있게 합니다.
- 읽기 권한과 쓰기 권한은 아무나 가능한지 로그인 사용자만 가능한지 결정합니다.
- 최신글 이메일 알림은 게시글이 있을 경우 알림을 받도록 합니다.

설정이 완료되면 최신글 숏코드 입력란의 [kboard_latest id=1 url=페이지주소 rpp=5]를 복사합니다. 새로운 탭에서 위젯 화면으로 갑니다.

그림 4-259 게시판 사이드바 만들기

Custom Sidebar에서 '고객센터'로 입력하고 Add Sidebar 버튼을 클릭해 위젯 영역을 만듭니다. 텍스트 위젯을 추가하고 제목을 고객센터로 입력한 다음 입력란에 복사해온 단축코드를 붙여넣고 저장합니다.

# 03 게시판 페이지 만들기

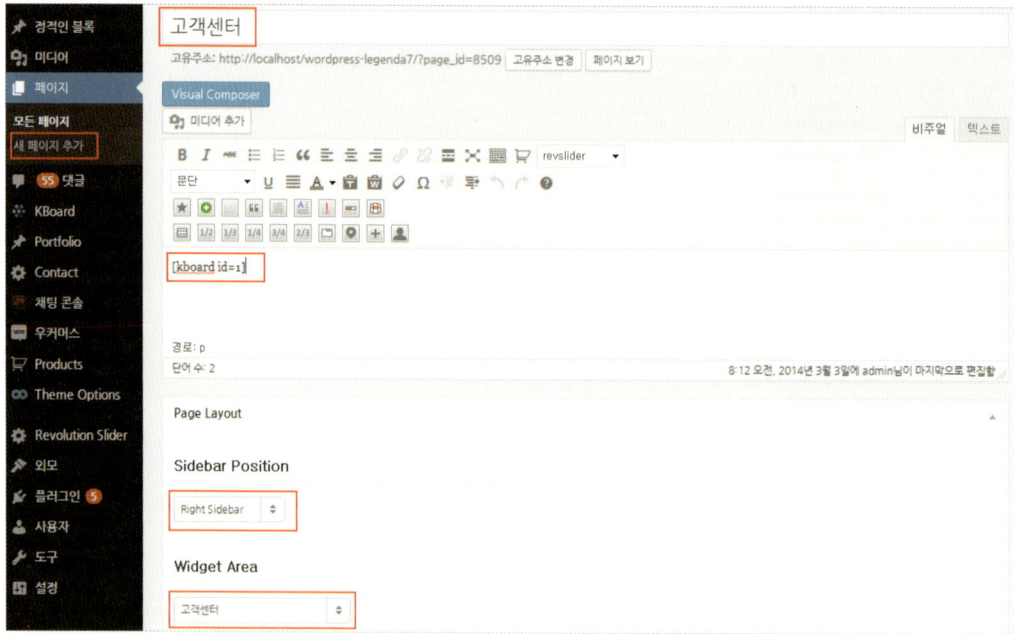

그림 4-260 게시판 페이지 만들기

새 페이지 추가 화면에서 제목을 입력하고 KBoard 화면에서 게시판 숏코드를 복사해 글 편집기에 붙여넣습니다. Page Layout에서 사이드바를 선택한 다음 위젯은 고객센터를 선택하고 공개하기 버튼을 클릭합니다.

그림 4-261 메뉴에 배치

외모 → 메뉴로 가서 페이지 메타박스에서 고객센터에 체크하고 메뉴에 추가하고 저장합니다.

사이트에서 확인하기 전에 아래의 스타일시트를 legenda-child 폴더의 style.css 파일을 열고 하단에 입력하고 저장합니다.

```
.kboard-poweredby { display: none; }
#kboard-avatar-editor input[type="checkbox"], #kboard-customer-editor input[type="checkbox"],
#kboard-default-editor input[type="checkbox"], #kboard-thumbnail-editor input[type="checkbox"]
{ width: 16px !important; height: 20px !important; }
```

위 스타일시트는 게시판 하단에 나타나는 플러그인 제작사의 로고를 제거하고 테마에 따라서 비밀글과 공지사항의 체크박스가 나타나지 않으므로 이를 나타나게 합니다.

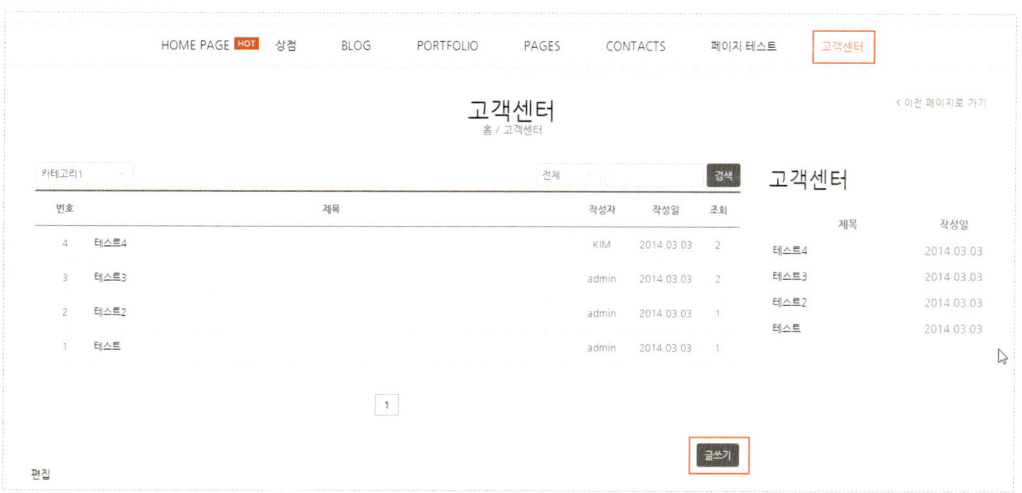

그림 4-262 사이트에서 확인

사이드에시 고객센터 메뉴를 선택하면 게시판이 나타납니다. 아직은 글이 없지만 테스트 글을 입력한 상태이므로 몇 개의 글과 사이드바에도 해당 글이 나타납니다. 카테고리를 설정했으므로 좌측 상단에 카테고리 선택상자가 나타납니다. 글쓰기 버튼을 클릭합니다.

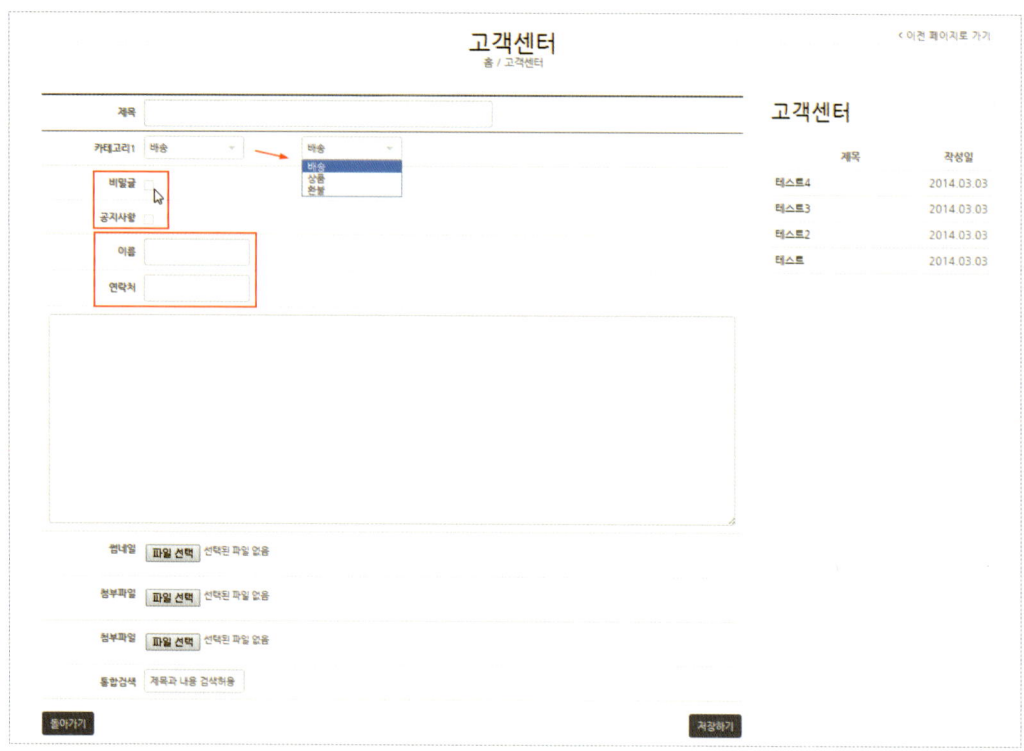

그림 4-263 _ 게시글 만들기

카테고리를 선택할 수 있고 비밀글과 공지사항에 체크박스가 나타납니다. 이름과 연락처는 게시판 스킨이 customer일 때 나타납니다. 각 스킨에 따른 게시글의 모양은 다음과 같습니다.

그림 4-264 스킨의 종류

default와 customer는 같은 모양이고 tumbnail은 게시글에서 썸네일 이미지를 업로드하면 위처럼 나타납니다. avatar는 작성자의 아이디 대신에 아바타 이미지가 나타납니다.

## 04 게시판 최신 글 목록 만들기

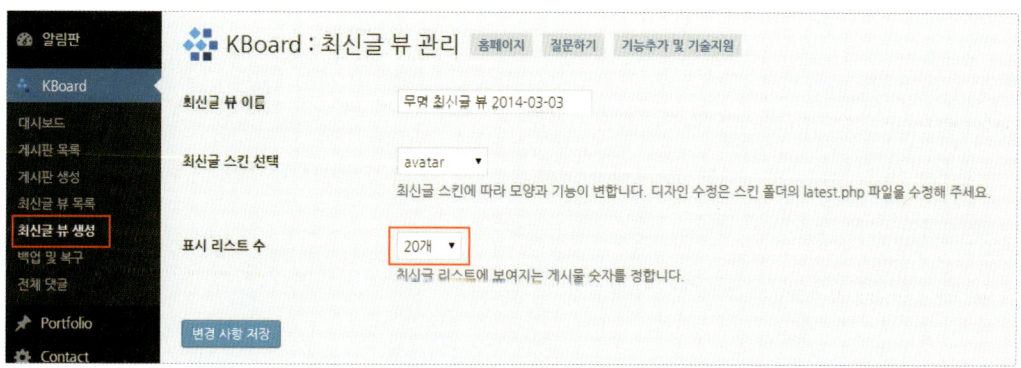

그림 4-265 최신 글 목록

최신글 뷰 생성을 선택하고 제목과 스킨, 표시 리스트 수를 선택하고 저장합니다.

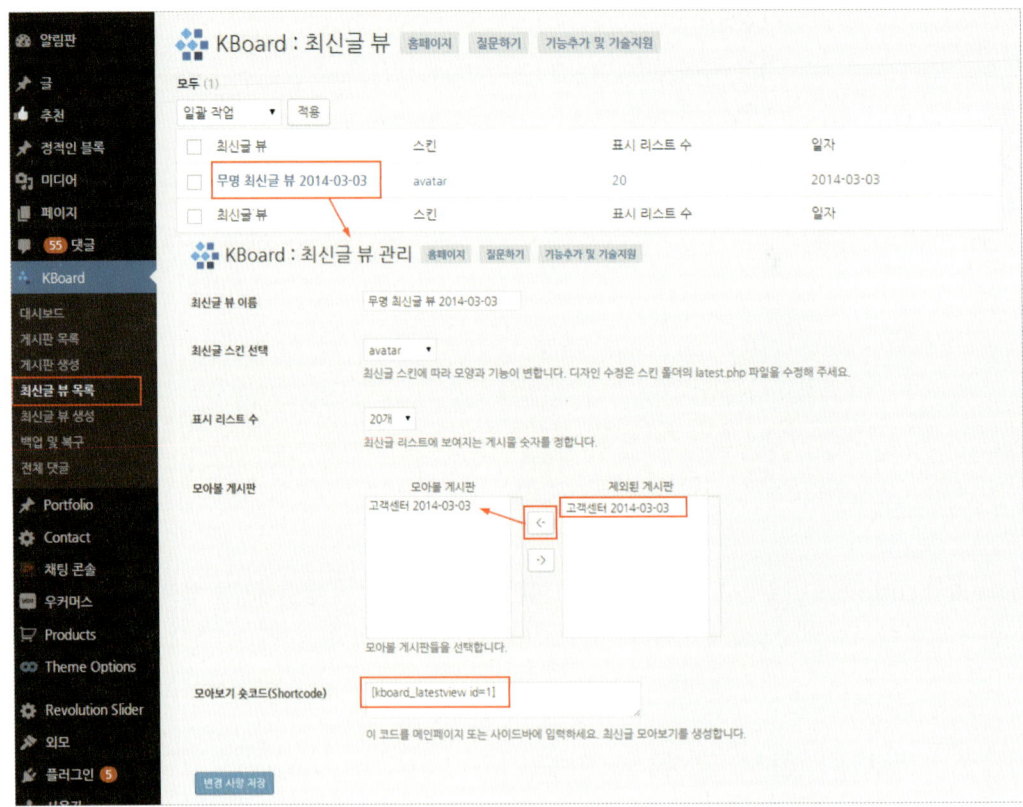

그림 4-266 최신 글 목록 만들기

최신 글 뷰 목록 메뉴를 선택하고 목록에서 최신글 뷰를 선택하면 관리 화면이 나타납니다. 모아볼 게시판의 제외된 게시판 패널에서 게시판을 선택하고 좌측으로 이동 아이콘을 클릭하면 이동합니다. 저장한 다음 모아보기 숏코드를 복사해 페이지를 만들거나 비주얼 컴포우저의 텍스트 블록을 이용해 원하는 곳에 배치하면 됩니다.

# 워드프레스 이전하기 17

1장에서 내 컴퓨터에서 만든 워드프레스를 그대로 복사해 다른 워드프레스를 만드는 작업을 했습니다. 이 방법은 내 컴퓨터에서 작업한 워드프레스 사이트를 그대로 보존해서 웹호스트로 이전하는 것과 동일합니다. 여기서는 1장의 내용을 참고하고 간략하게 웹호스트로 이전하는 방법을 알아보겠습니다.

## 01. 데이터베이스 백업하기

- 그림 1-74를 참고해서 phpMyAdmin에서 데이터베이스를 백업합니다.

## 02. wp-config.php 파일 수정

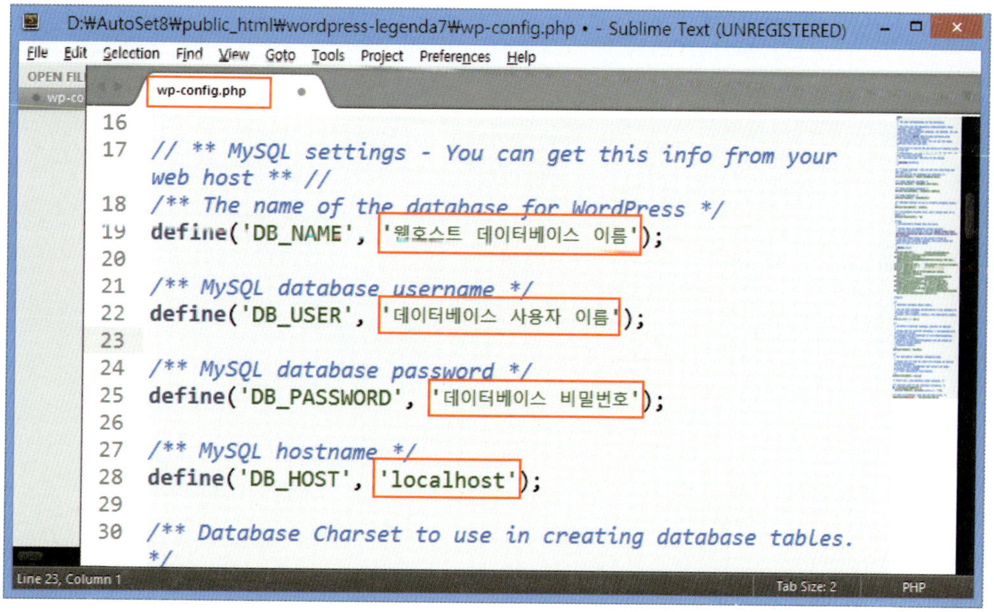

그림 4-267 환경설정 파일 수정

- 작업 중인 워드프레스 폴더에서 wp-config.php 파일을 편집기에 열고 19번째 줄부터 수정합니다. 웹호스트의 데이터베이스 이름, 데이터베이스 사용자 이름, 비밀번호, 호스트이름 등을 입력하고 저장합니다. 이 파일은 웹호스트에 업로드 한 후 계속 내 컴퓨터에서 작업하기 위해 다시 원상복구 해야 합니다.

## 03. 파일질라로 전체 파일 업로드하기

그림 4-268 파일질라 내려받기

- https://filezilla-project.org/
- 위 링크로 이동해 파일질라를 내려받아 설치하고 실행합니다.

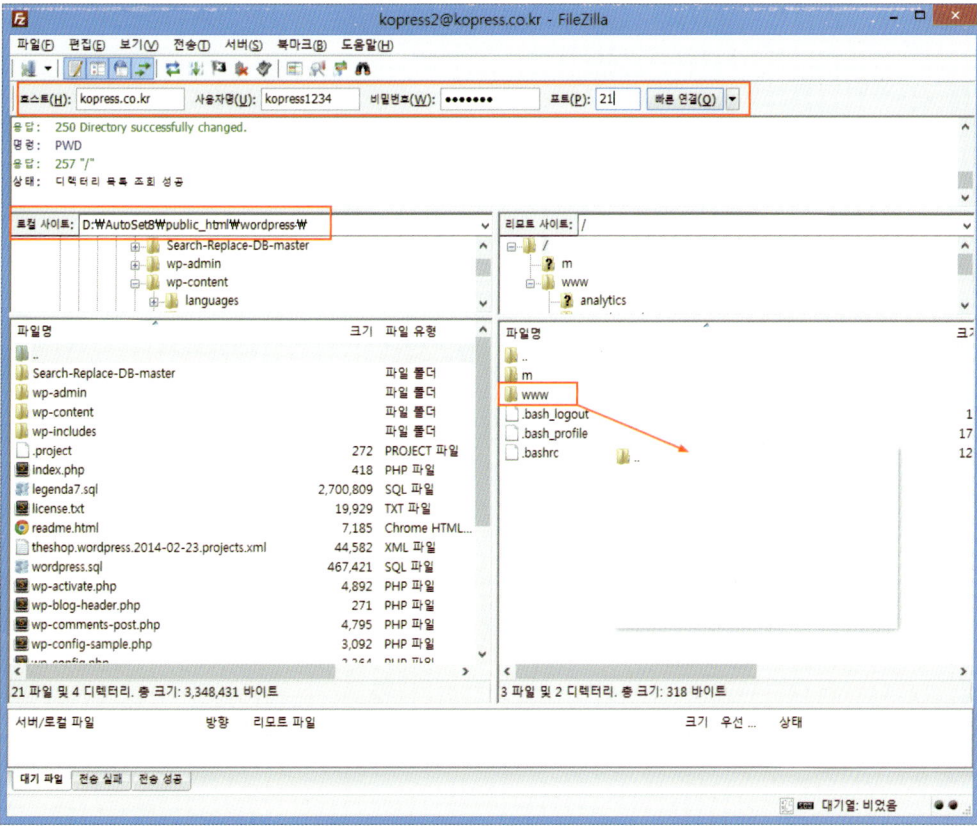

그림 4-269 FTP 정보 입력

- 상단에서 자신의 웹호스트 FTP 접속정보를 입력하고 **빠른 연결** 버튼을 클릭하면 우측 패널에 그림처럼 리모트 사이트의 디렉토리가 나타납니다. 웹호스트 회사에 따라 www또는 public_html 디렉토리가 있습니다. 이를 클릭해 들어가면 비어있습니다.

- 좌측의 패널은 로컬 사이트로 내 컴퓨터입니다. 워드프레스가 있는 폴더로 이동합니다. 데이터베이스 변경 프로그램인 Search_Replace_DB-master가 포함돼있어야 합니다. 1장에서 설명했듯이 자신만이 알 수 있는 이름으로 폴더 이름을 변경하는 것이 좋습니다.

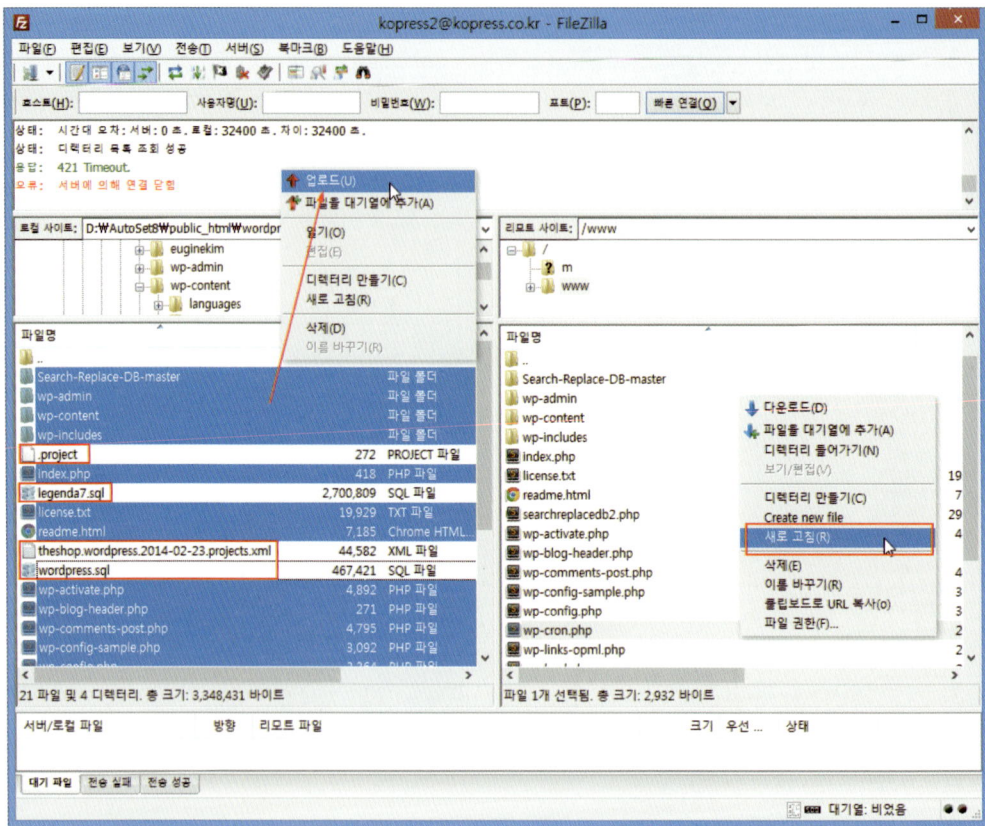

그림 4-270 파일 선택 및 업로드

- 좌측 패널을 클릭하고 Ctrl+A 키를 누르면 모든 폴더와 파일이 선택됩니다. 서버에서 필요하지 않은 파일은 Ctrl 키를 누르고 클릭해 선택에서 제외합니다.

- 패널 내부에 오른쪽 마우스 버튼을 클릭하고 업로드를 선택하면 업로드가 시작됩니다. 업로드가 완료되더라도 전체 파일이 보이지 않는 경우가 있으니 우측 패널에서 오른쪽 마우스 클릭해 새로고침을 클릭합니다.

## 04. 파일 권한 변경

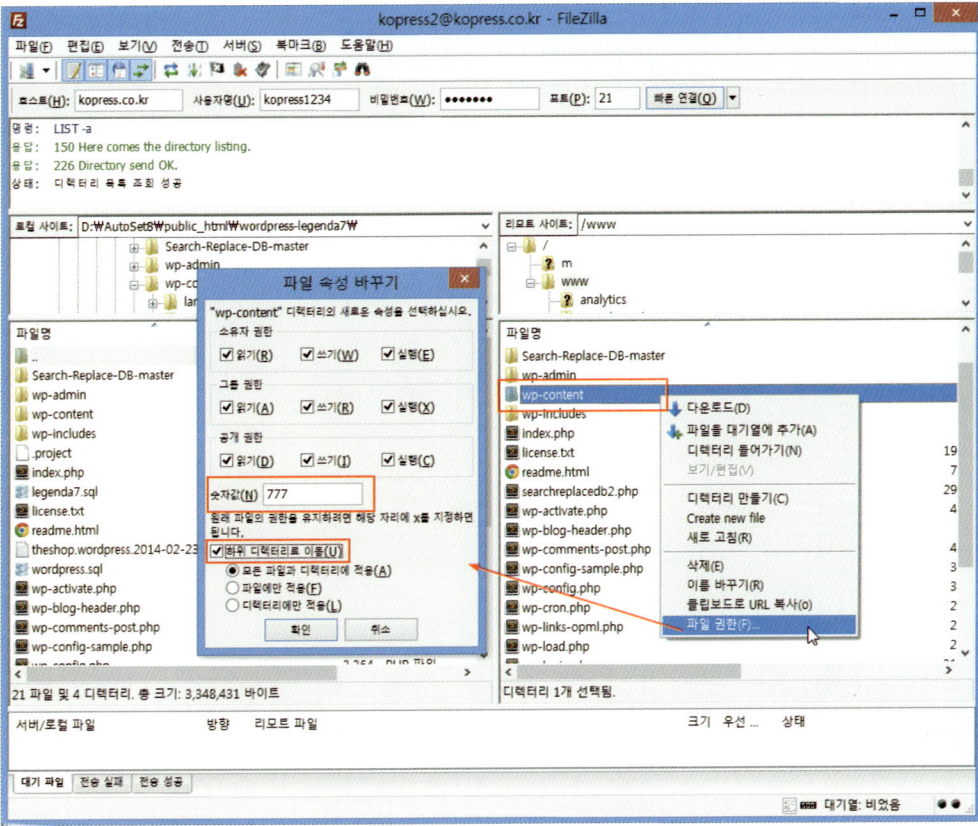

그림 4-271 **파일 권한 변경**

- 실제 사이트에서 파일을 수정할 일이 있으므로 사이트가 완료되기 전까지는 파일을 수정할 수 있도록 파일 권한을 변경합니다. wp-content 디렉토리를 대상으로 마우스 오른쪽 버튼을 클릭해 파일 권한을 선택하면 창이 나타납니다.

- 숫자값에 777을 입력하고 하위 디렉토리로 이동에 체크한 다음 확인 버튼을 클릭합니다. 그러면 파일 권한 변경이 시작됩니다.

## 05. URL 변경

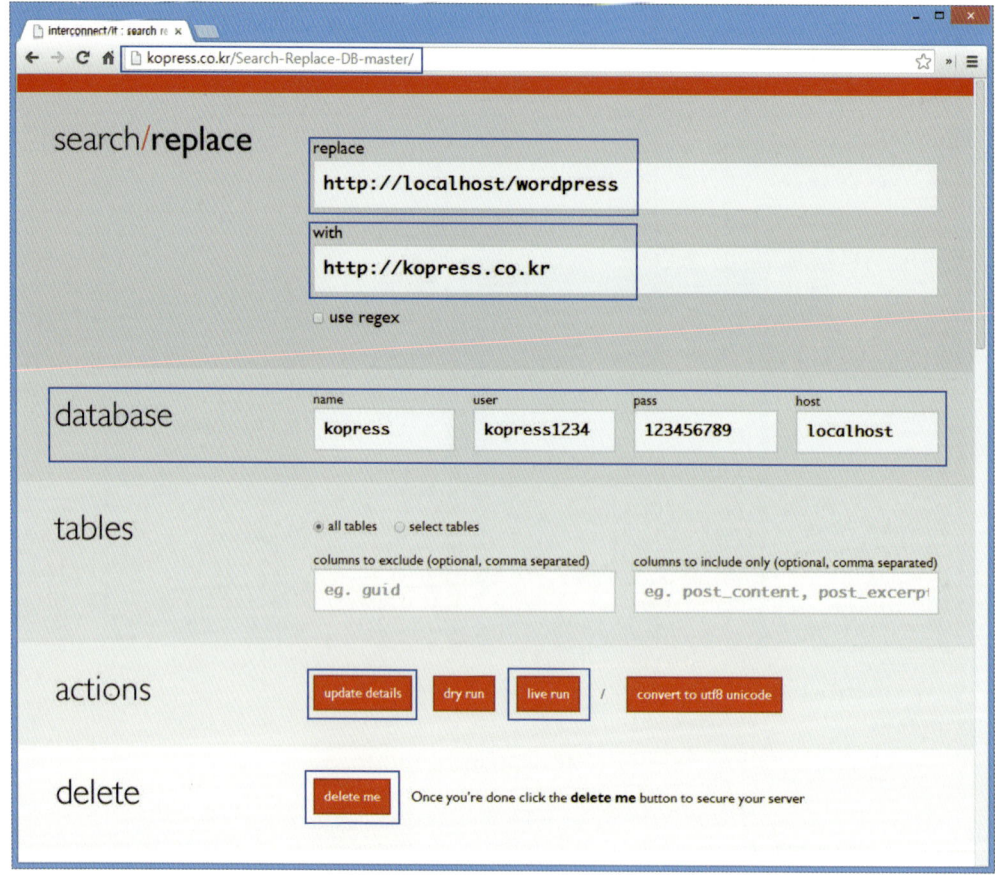

그림 4-272 데이터베이스 수정

- 웹브라우저의 주소창에 도메인과 데이터베이스 변경 프로그램 폴더 이름을 입력하고 엔터 키를 누르면 위와 같은 화면이 나타납니다.

- 브라우저 폭을 줄이면 입력란이 상하로 배치돼 넓게 볼 수 있습니다. replace에는 로컬호스트의 URL을 입력하고 with에는 실제 사이트의 도메인을 입력한 다음 update details 버튼을 클릭하고 live run 버튼을 클릭합니다. 수정이 완료되면 delete me 버튼을 클릭해 프로그램을 제거합니다.

사이트를 확인하고 로그인한 다음 모든 내용이 내 컴퓨터에서 작업한 것과 동일한지 확인합니다. 내 컴퓨터에서는 기능을 확대하고 메모리도 늘려서 작업했으나 실제 사이트에서는 메모리도 작아서 메모리 부족 현상이 발생하기도 합니다. 공유 서버를 사용하는 경우 발생하는 일이라서 기본 메모리가 64 Mb밖에 안되니 웹호스팅 업체에 요청하면 128 Mb로 늘려줍니다.

이상으로 워드프레스 프리미엄 테마를 이용한 쇼핑몰 만들기를 마치겠습니다. 수고하셨습니다.

## 찾·아·보·기

### [기호]

| | |
|---|---|
| 8theme | 27 |
| [template_url] | 103 |

### [A - Z]

| | |
|---|---|
| Accent Color | 129 |
| Accordion | 385 |
| Additional information block | 240 |
| AddShoppers | 217 |
| Admin Menu Editor | 107 |
| Ajax | 119 |
| Ajax "Add To Cart" | 145 |
| AJAX Infinite Posts Loading | 153 |
| Back To Top | 127 |
| BACS | 197 |
| badge-hot | 106 |
| badge-new | 106 |
| badge-sale | 106 |
| BIC 코드 | 197 |
| Blog Layout | 153 |
| Brands | 231 |
| Breadcrumb Type | 137 |
| Checkout page | 138 |
| contact form 7 | 84 |
| CSS 애니메이션 | 320 |
| Custom Sidebar | 113 |
| Custom Tab Title | 147 |
| Enable Ajax Filter | 138 |
| Enable cart widget | 136 |
| Enable Comments For Projects | 157 |
| Enable Google Map | 159 |
| Enable hidden top panel | 134 |
| Enable languages area | 135 |
| Enable Lightbox For Blog Posts | 154 |
| Enable Lightbox for Product Images | 146 |
| Enable Lightbox For Projects | 157 |
| Enable Navigation Accordion | 138 |
| Enable "Out Of Stock" label | 139 |
| ENABLE QUICK VIEW | 148 |
| Enable Responsive Design | 160 |
| Enable search form in header | 137 |
| Enable sidebar on "My Account" page | 142 |
| Enable Sliders for posts images | 154 |
| Enable top bar | 134 |
| Enable top links | 136 |
| et-col2 | 100 |
| et-col4 | 102 |
| FAQ | 388 |
| Favicon | 136 |
| Fixed navigation | 127 |
| Footer Copyright | 333 |
| Footer Links | 333 |
| Further | 76 |
| Google Analytics Code | 128 |
| Google Maps | 397 |
| Header Type | 134 |
| Hidden top panel area | 325 |
| Image Cropping | 143, 155, 158 |
| Items per page | 156 |
| Just Catalog | 138 |
| KBoard 플러그인 | 472 |
| KCP | 199 |
| Ken Burns | 295 |
| KG 이니시스 | 199 |
| Large resolution from | 160 |
| Legenda 편집기 도구 | 62 |
| Link Target | 320 |
| Location of upsell products | 145 |
| Logo image | 135 |
| Longitude and Latitude for google map | 159 |
| LOOK BOOK | 348 |
| mailchimp for wp | 85 |
| Main Color | 129 |
| Main color scheme | 128 |
| MAMP | 37 |

| | | | |
|---|---|---|---|
| Mark product as "New" | 240 | Show Previous and Next posts links | 156 |
| max_execution_time | 94 | Show Product name | 145 |
| max_input_vars | 94 | Show Project names | 157 |
| memory_limit | 94 | Show recent project | 157 |
| menu-full-width | 100 | Show share buttons | 146 |
| MySQL | 37 | Show Share buttons | 156 |
| Nice Scroll | 127 | Show wishlist link | 137 |
| Page Layout | 116 | Sidebar position | 145, 156 |
| PHP | 37 | Sidebar position for responsive layout | 156 |
| php.ini | 93 | Single Image | 320 |
| phpMyAdmin | 43 | Site Background | 129 |
| Piwik | 216 | Site Layout | 127 |
| Post Thumbnail Width | 154 | Size Guide img | 240 |
| Prefooter | 332 | SKU | 234 |
| Price Color | 129 | Slippy | 145 |
| Product Image Hover | 143 | SSL | 195 |
| Product Images Height | 143 | Tabs type | 146 |
| Product Images Width | 143 | Text for empty cart | 141 |
| Product Page Banner | 140 | Text for empty category | 142 |
| Products per page | 142 | Upload image for hover effect | 241 |
| Products per row | 142 | Use right side panel | 135 |
| Products view mode | 142 | WAMP 서버 | 35 |
| Product Thumbnails Height | 146 | woocommerce-delivery-notes | 211 |
| Product Thumbnails Width | 146 | WooCommerce Points and Rewards | 418 |
| Product Video | 239 | woocommerce-sequential-order-numbers | 211 |
| Project Images Height | 158 | WP-Members 플러그인 | 405 |
| Project Images Width | 158 | WPML | 340 |
| Promo | 149 | yith woocommerce wishlist | 85 |
| QR 코드 | 427 | yith 테마 | 28 |
| REST API | 164 | Zoom effect | 145 |
| Return | 147 | | |
| revslider | 85 | | |
| screets-chat | 85 | | |
| Search-Replace-DB-master | 88 | | |
| ShareThis | 217 | | |
| Show ByLine | 157 | | |
| Show Excerpt | 157 | | |
| Show footer demo blocks | 128 | | |
| Show Page Heading | 345 | | |

## 찾·아·보·기

### [ㄱ - ㅎ]

| 항목 | 쪽 |
|---|---|
| 가격 테이블 | 367 |
| 가격표시 접미어 | 175 |
| 가격 필터 | 118 |
| 가상 상품 | 248 |
| 개별 판매 | 235 |
| 개인정보 처리방침 | 384 |
| 게시판 | 472 |
| 결제 옵션 | 195 |
| 결제 탭 | 194 |
| 결합 탭 | 213 |
| 계정 메뉴 | 105 |
| 계정 탭 | 204 |
| 계층구조 보이기 | 114 |
| 고객 메모 | 212 |
| 고객 송장 | 211 |
| 고급 사용자 정의 필드 | 418 |
| 고정된 콘텐츠 | 431 |
| 고정 요금 | 183 |
| 공사중 페이지 | 446 |
| 공정거래 위원회의 표준약관양식 | 384 |
| 구글 애널리틱스 | 214 |
| 구글 웹폰트 | 132 |
| 구매 메모 | 237 |
| 국제 배송 | 180, 191 |
| 그룹 상품 | 262 |
| 그림자 없음 | 287 |
| 글(Posts) 티저 그리드 | 371 |
| 글 슬라이더 | 375 |
| 글쓰기 집중 모드 | 59 |
| 글자 정렬 | 57 |
| 글 형식 | 59 |
| 내려받기 만료 | 246 |
| 내려받기 한도 | 246 |
| 다른 주소로 배송 | 181 |
| 다운로드 가능한 상품 | 245 |
| 다중 사이트 | 37 |
| 단순 상품 추가 | 231 |
| 단축코드 | 147 |
| 대기중 | 271 |
| 더보기 | 58 |
| 데모 데이터 | 86 |
| 데모 사이트 | 74 |
| 레볼루션 슬라이더의 홈페이지 | 302 |
| 레이어 냅 | 119 |
| 레이어 슬라이더 사용 | 296 |
| 레이어 애니메이션 박스 | 299 |
| 레이어 타이밍 | 299 |
| 로그인 폼과 회원가입 폼 | 402 |
| 리뷰에서 평가 활성화 | 171 |
| 리뷰 활성화 | 237 |
| 링크 | 57 |
| 마젠토 | 24 |
| 메가 검색박스 | 379 |
| 메가 메뉴 | 99 |
| 메뉴 순서 | 237 |
| 메시지 박스 | 380 |
| 메일침프 | 437 |
| 메일침프 뉴스레터 | 450 |
| 메타박스 | 53 |
| 모든 옵션 링크하기 | 260 |
| 무게와 규격 | 171 |
| 무료 배송 | 189 |
| 무료 배송 쿠폰 | 276 |
| 무료 배송 허용 | 277 |
| 미결중 | 271 |
| 미재고 주문 | 235 |
| 밑줄 | 60 |
| 바이라인 | 157 |
| 반응형(Responsive) 설정 | 160 |
| 방문 수령 | 193 |
| 배너 추가 | 345 |
| 배송 계산기 | 180 |
| 배송 목적지 | 180 |
| 배송 방법 | 181 |
| 배송비 옵션 | 419 |
| 배송 세금 클래스 | 175 |

# 찾·아·보·기

| | | | |
|---|---|---|---|
| 배송을 특정 지역에 제한 | 181 | 상품 카테고리 단축코드 | 394 |
| 배송 클래스 | 181 | 상품 콘텐츠 슬라이더 만들기 | 312 |
| 배송 탭 | 179 | 상품 탭 | 166 |
| 배송 표시 모드 | 180 | 상품 페이지 레이아웃(Product Page Lauout) 설정 | 142 |
| 복사해서 새 임시글 만들기 | 244 | | |
| 부트스트랩 테마 | 31 | 새 계정 | 213 |
| 불릿의 형태 | 402 | 새 글 쓰기 | 53 |
| 브랜드 | 242 | 새 상품 아이콘 | 139 |
| 블로그 설정 | 153 | 새 주문 | 207 |
| 블록 설정 | 55 | 색상 설정 | 128 |
| 비디오 플레이어 | 381 | 서브라임 텍스트 | 34 |
| 비밀번호 초기화 | 213 | 세금 계산 기준 | 175 |
| 비주얼 컴포우저 | 316 | 세금과 함께 입력된 가격 | 175 |
| 비활성화 위젯 영역 | 113 | 세금 적용하기 | 178 |
| 사용자 정의 상품 속성 | 252 | 세금 탭 | 173 |
| 사용자 청구지 주소로만 배송 | 181 | 세금 활성화 | 174 |
| 사용할 수 있는 위젯 영역 | 113 | 세퍼레이터 | 363 |
| 사이즈 가이드 | 241 | 섹션 | 350 |
| 사이트 전면 편집기 | 33 | 속성 | 248 |
| 상세 페이지 | 167 | 쇼핑몰 플러그인 | 20 |
| 상세 페이지(Single Product Page) 설정 | 144 | 수동설치 | 48 |
| 상점(Shop) 설정 | 138 | 수표 | 198 |
| 상점 공지 | 164, 436 | 스튜디오 제이티 | 199 |
| 상점에 가격 표시 | 175 | 슬롯의 양 | 294 |
| 상점 페이지 | 167 | 실패함 | 271 |
| 상품 가격 변경하기 | 176 | 씸포레스트 | 30, 66 |
| 상품 갤러리 | 239 | 아이콘 박스 | 360 |
| 상품 데이터 | 111 | 아진 시스템 | 199 |
| 상품 데이터 메타박스 | 231 | 아파치 | 37 |
| 상품 데이터 입력 | 234 | 안전 결제 | 195 |
| 상품 목록 페이지 | 228 | 언어 선택기 영역 | 340 |
| 상품 보관함 | 167 | 엑심베이 | 199 |
| 상품 옵션 | 166 | 연결된 상품 탭 | 236 |
| 상품 이미지 크기 | 171 | 오토셋 | 36 |
| 상품 인도 결제 방식 | 198 | 오토셋 서버 성능 향상 | 92 |
| 상품 정보 옵션 | 417 | 오픈카트 | 24 |
| 상품 추가 | 228 | 옵션 상품 | 248 |
| 상품 카테고리 | 234, 267 | 완료된 주문 | 210 |

# 찾·아·보·기

| | |
|---|---|
| 완료됨 | 271 |
| 외부/연계상품 | 266 |
| 요약 | 53 |
| 우측 패널 영역 | 342 |
| 우커머스 | 22 |
| 우커머스 가격필터 | 114 |
| 우커머스 레이어 냅 | 114 |
| 우커머스 상품 카테고리 | 114 |
| 워드프레스 설치 | 42 |
| 워드프레스 이전하기 | 481 |
| 원산지 옵션 | 424 |
| 위시리스트 | 223 |
| 위젯 사용자 정의 | 32 |
| 위젯 영역 | 113 |
| 이메일 탭 | 205 |
| 이용약관 페이지 | 384 |
| 이징 | 299 |
| 인용 | 56 |
| 인증된 구매자 | 171 |
| 일괄 작업 | 230 |
| 일반 설정 | 126 |
| 일반 탭 | 163 |
| 자동설치 | 45 |
| 자식 상품 | 262 |
| 자식테마 | 77 |
| 저장소 | 166 |
| 저장소 탭 | 235 |
| 전체 정렬 | 60 |
| 정렬 & 포지션 | 296 |
| 정적인 블록 | 232, 316 |
| 주문 관리 페이지 | 270 |
| 주문 메모 | 275 |
| 주문 상세 박스 | 272 |
| 주문 아이템 박스 | 273 |
| 주문작업 박스 | 274 |
| 주문총계 박스 | 274 |
| 주문 편집 페이지 | 271 |
| 지고샵 | 20 |
| 지불 게이트웨이 | 196 |
| 지역 배송 | 192 |
| 지연 | 294 |
| 채팅 플러그인 | 466 |
| 처리중 | 271 |
| 처리 중인 주문 | 209 |
| 추가 배송 옵션 | 187 |
| 추가 상품 옵션 | 240 |
| 취소됨 | 271 |
| 취소 선 | 55 |
| 카드결제 | 199 |
| 카탈로그 가시성 | 239 |
| 카테고리 만들기 | 63 |
| 캡챠 | 410 |
| 컨택트 폼 | 389 |
| 컨택트 폼(Contact Form) 설정 | 158 |
| 코드엠샵 | 199 |
| 콘텐츠 슬라이더 만들기 | 307 |
| 콜 투 액션 | 358 |
| 쿠폰 사용 | 276 |
| 쿠폰 사용 활성화 | 276 |
| 쿼리 형식 | 114 |
| 퀵뷰(Quick View) | 148 |
| 크로스셀 | 236 |
| 타이머 라인 | 288 |
| 탭 | 376 |
| 텍스트 붙여넣기 | 61 |
| 텍스트 색상 | 60 |
| 텍스트 편집기 | 34 |
| 토론 | 53 |
| 통화 | 165 |
| 툴바 | 92 |
| 트랜지션 시간 | 294 |
| 트위터 트윗 | 330 |
| 특성 상품 | 230 |
| 특성 상품 추가 | 347 |
| 특성 이미지 설정 | 64, 237 |
| 특수 문자 | 61 |

## 찾·아·보·기

| 티저 그리드 | 371 |
| 티저 박스 | 378 |
| 티저 콘텐츠 | 359 |
| 파비콘 | 127 |
| 파이 차트 | 382 |
| 파일 권한 변경 | 485 |
| 파일 다운로드 방법 | 172 |
| 파트너와 고객 섹션 | 365 |
| 판매지역 | 164 |
| 페이게이트 | 199 |
| 페이지 레이아웃 | 344 |
| 페이지 템플릿 | 353 |
| 포크 | 20 |
| 포트폴리오 | 363 |
| 포트폴리오(Portfolio) 설정 | 156 |
| 포트폴리오 티저 그리드 | 373 |
| 폰트 설정 | 132 |
| 폰트 어썸 | 322 |
| 푸터 데모 블록 | 127 |
| 프레스타샵 | 24 |
| 프로모션 배너 | 427 |
| 프로모 팝업(Promo Popup) | 148 |
| 프리미엄 테마 | 19 |
| 플래닛에잇 | 199 |
| 헤더(Header) 설정 | 134 |
| 헤더 상단바 | 317 |
| 형식 제거 | 61 |
| 환경 설정 파일 만들기 | 45 |
| 환불됨 | 271 |
| 회원가입 페이지 | 399 |
| 회원가입 활성화 | 204 |